Informatik aktuell

Herausgeber: W. Brauer
im Auftrag der Gesellschaft für Informatik (GI)

Subreihe Künstliche Intelligenz

Mitherausgeber: C. Freksa
in Zusammenarbeit mit dem Fachbereich 1
„Künstliche Intelligenz" der GI

O. Herzog Th. Christaller D. Schütt (Hrsg.)

Grundlagen und Anwendungen der Künstlichen Intelligenz

17. Fachtagung für Künstliche Intelligenz
Humboldt-Universität zu Berlin
13.-16. September 1993

Springer-Verlag
Berlin Heidelberg New York
London Paris Tokyo
Hong Kong Barcelona
Budapest

Herausgeber

Otthein Herzog
IBM Deutschland Entwicklung GmbH
Hanns-Klemm-Straße 45, D-71034 Böblingen

Thomas Christaller
GMD- I3/L
Schloß Birlinghoven, D-53757 Sankt Augustin

Dieter Schütt
Siemens AG- ZFE ST SN
Otto-Hahn-Ring 6, D-81730 München

Mitglieder der Programmkomitees

Gesamtleitung:

Otthein Herzog, Böblingen

Wissenschaftlicher Kongreß:

Thomas Christaller, St. Augustin / Vorsitz

Uli Furbach, Koblenz
Christopher Habel, Hamburg
Gerhard Lakemeyer, Bonn
Hans-Hellmut Nagel, Karlsruhe
Bernd Neumann, Hamburg
Claus-Rainer Rollinger, Osnabrück
Stefan Wrobel, St. Augustin

Anwender-Kongreß:

Dieter Schütt / Vorsitz

Brigitte Bartsch-Spoerl, München
Wolfgang Daiser, Düsseldorf
Uwe Haas, Erlangen
Walter Klar, München
Klaus Winkelmann, München

Lokale Organisation:

Hans-Dieter Burkhard, Berlin
Renate Zirkelbach, Berlin

CR Subject Classification (1993): I.2, H.1, H.5, J.3

ISBN-13:978-3-540-57278-7 e-ISBN-13:978-3-642-78545-0
DOI: 10.1007/978-3-642-78545-0

Satz: Reproduktionsfertige Vorlage vom Autor/Herausgeber

33/3140-543210 – Gedruckt auf säurefreiem Papier

Vorwort

Eine Arbeitsgruppe des Fachbereichs KI der Gesellschaft für Informatik hatte auf Anregung von W. Bibel hin ein neues Konzept für die Jahrestagung dieses Fachbereichs erarbeitet. Christopher Habel, Claus-Rainer Rollinger und Thomas Christaller sind an erster Stelle als Autoren des Vorschlags zu nennen, auf dem wesentliche Elemente dieser 17. KI-Jahrestagung aufbauen. Diese neue KI-93 besteht im wesentlichen aus zwei Teilen mit einem gemeinsamen Tag: - vom 13. - 15. September findet der „Wissenschaftliche Kongress“ statt, der aus Vorträgen und 17 Workshops besteht (Leitung des Programmkomitees: Thomas Christaller), - vom 15. - 16. September schließt sich der „Anwender-Kongress“ an, der durch Vorträge den erfolgreichen Einsatz von KI-Methoden demonstrieren wird (Vorsitz des Programmkomitees: Dieter Schütt).
Daneben wird es auch zahlreiche Demonstrationen von Anwendungsbeispielen und von experimentellen KI-Programmen zur Weiterentwicklung geben. Gastgeber der KI-93 ist dankenswerterweise die Humboldt-Universität zu Berlin (Leiter der lokalen Organisation/Demos: Hans-Dieter Burkhard - schon jetzt vielen Dank an Renate Zirkelbach). Die „HUB“ freut sich bereits auf viele Gäste - und für den Mittwoch Abend ist schon eine Schiffsfahrt auf der Spree organisiert.

Mit dem neuen Tagungskonzept sollen - die neuesten Entwicklungen und Trends in der KI deutlich werden, - junge Wissenschaftler die Möglichkeit haben, ihre Arbeiten vorzustellen, - „Wissenschaftler und Praktiker“ auf dem Gebiet der KI zusammenfinden können.

Die Zusagen „gestandener Wissenschaftler“ für eingeladene Vorträge, die zahlreichen Anmeldungen für Workshops und die Qualität der eingereichten Vorträge zeigen, daß dieses Konzept Beifall fand. Dieses Heft gibt einen Überblick über die KI-93 - es soll den Appetit anregen, die Beiträge „live“ in Berlin zu erleben.

Der wissenschaftliche Teil der diesjährigen KI-Tagung bedient sich einer Reihe von eingeladenen Hauptvorträgen und einer Vielzahl von Workshops, um den Stand der Kunst in Deutschland zu reflektieren. Aus organisatorischen Gründen war es nicht möglich gewesen, auch die sonst üblichen Fachvorträge auszuschreiben. Die Auswahl der Hauptvorträge verfolgte zwei verschiedene Ziele. Das erste Ziel war es, ausgewählte Teilgebiete der KI vorzustellen. Zu dieser Kategorie gehören die Beiträge von Rüdiger Dillmann, Joachim Hertzberg, Hans-Peter Mallot, Erik Sandewall und Gerd Smolka. Neben einer Vielzahl von relativ kleinen Projekten gibt es einige wenige sehr große Forschungsvorhaben in Deutschland, in denen KI-Methoden und -Techniken eine wichtige und manchmal eine hervorragende Rolle spielen. So lag es nahe, Beiträge zu den Projekten PROMETHEUS, Elektronisches Auge und VERBMOBIL von Enkelmann, Reitböck und Wolfgang Wahlster zu erbitten. Die beiden letztgenannten haben erst vor kurzem begonnen. Deshalb stellt dies eine besondere Herausforderung dar, da sich die KI schon einige Male in der Öffentlichkeit den Vorwurf gefallen lassen mußte, zuviel zu versprechen, wenn sie ihre wissenschaftlich-technischen Visionen formulierte.

Die Workshops greifen die erfolgreiche Entwicklung der letzten vier Jahre auf. Der Bedarf besteht nach Diskussion und Austausch von Meinungen, dem am besten auf einer Tagung dadurch begegnet werden kann, daß geeignete Meinungsforen angeboten werden. Genau diese Rolle haben die Workshops übernommen, die für alle Konferenzteilnehmer offen sind. In diesem Jahr war das Angebot der eingereichten Vorschläge überwältigend. Insgesamt neunzehn Workshops konnten schließlich ausgeschrieben werden, und siebzehn davon haben soviel Resonanz gefunden, daß sie auch während der Tagung durchgeführt werden. Es gibt seit langem wieder einmal einen Workshop

Bildverarbeitung, ein sehr wichtiges und auch in Deutschland produktives Teilgebiet der KI, das aber auf den letzten Jahrestagungen nicht angemessen vertreten war.

Ein solches Programm für eine wissenschaftliche Tagung zusammenzustellen ist unmöglich ohne die Mithilfe vieler Kolleginnen und Kollegen. Deshalb vielen Dank an dieser Stelle an alle Mitglieder im Programmkomitee: Uli Furbach, Christopher Habel, Gerd Lakemeyer, Hans-Hellmuth Nagel, Bernd Neumann, Claus-Rainer Rollinger und Stefan Wrobel. Insbesondere Claus-Rainer Rollinger war eine große Hilfe. Luzia Sassen und Monika Wendel haben die Kommunikation aufrecht erhalten und die vielen Widrigkeiten der Textverarbeitung, E-mail-Systeme usw. überwunden. Ein großer Dank geht an die Workshop-Organisatoren, die mit viel Engagement ihre Themen vorgebracht haben; die Resonanz zeigt, daß sie eine Reihe von spannenden und aktuellen Fragestellungen in der KI-Forschung benannt haben.

Für die Disziplin Künstliche Intelligenz war die Auseinandersetzung mit praktischen Anwendungen schon immer eine wichtige Triebfeder. Seit überzogene Erwartungen einer realistischen Einschätzung des Machbaren gewichen sind, besteht umso drängender die Notwendigkeit eines Austausches zwischen Forschung und Praxis. Schließlich dürfen die Geldgeber für die Forschung erwarten, daß diese auch praktische Erfolge zeugt, und andererseits dürfen die Kunden der Praktiker erwarten, daß sie für ihre Probleme Lösungen nicht von gestern, sondern nach dem neusten Stand der Technik kaufen. Nur erfolgreiche Anwendungen innovativer KI-Technik können es erreichen, daß das Gebiet sich als beherrschbares, ingenieurmäßig umsetzbares und förderungswürdiges Teilgebiet der Informatik langfristig etabliert. Jedenfalls wäre es um die Zukunft der Disziplin schlecht bestellt, würde die KI-Gemeinde in Wissenschaftler und Praktiker auseinanderfallen, und jede Gruppe würde es der anderen überlassen, durch Umsetzung neuer wissenschaftlicher Ideen in reale Systeme zur Glaubwürdigkeit der Disziplin beizutragen, die einen aus Unkenntnis der wissenschaftlichen Entwicklung, die anderen in dem Glauben, Anwendungsentwicklung sei nur langweiliges Implementieren einer theoretisch bereits verstandenen Lösung.

Der Anwendungs-Kongress der KI-93 soll den Dialog zwischen beiden Gruppen fördern, indem er anhand ausgewählter Projekte den aktuellen Stand der Praxis präsentiert. Bei der Auswahl der Beiträge wurde besonderer Wert auf die Darstellung des Nutzens und der Wirtschaftlichkeit von wissensbasierten Prozessen und Anwendungen gelegt sowie auf Arbeiten, die Synergien zwischen konventioneller Software, klassischer Wissensverarbeitung und „Soft Computing“ (neuronale Netze, fuzzy etc.) verdeutlichen.

Das Echo auf die Ausschreibung war zunächst enttäuschend gering. Dies ist wohl weniger auf einen Mangel an attraktiven Anwendungen zurückzuführen, sondern teils auf den noch geringen Bekanntheitsgrad der Veranstaltung bei Anwendern, teils auf die Sparwelle bei Reise- und Fortbildungskosten, aber auch auf folgenden Effekt: erfolgreiche Anwendungsentwickler in der Industrie wollen und müssen ihre Systeme potentiellen Kunden vorstellen, also Banken, Auto-Herstellern, Papierwerken usw., aber nicht in erster Linie den erwarteten Teilnehmern einer Fachtagung für Künstliche Intelligenz. Durch gezieltes Werben seitens des Programmkomitees war es letztendlich nicht schwierig, eine Reihe weiterer attraktiver Beiträge zu gewinnen, so daß schließlich aus 18 Beiträgen ausgewählt wurde, von denen 10 für den Anwenderkongress akzeptiert wurden.

Im Heft finden Sie die Abstracts dieser Beiträge, die das ganze Spektrum der Anwendungen von der Kreditvergabe bis zur Prozeßführung abdecken, aber auch das Gebiet der KI ist vom neuronalen Ansatz, Objektorientierung bis zur Sprachverarbeitung recht breit repräsentiert. Besonders erfreulich erscheint mir, daß es ein so unkonventionelles Anwendungsfeld wie der Entwurf von Proteinen mit ermutigenden Resultaten vertreten ist. Das ehrgeizige Sprachübersetzungsprojekt CSTAR dürfte vielen bereits aus der populärwissenschaftlichen Presse bekannt sein, es wird hier erstmals einem breiten Fachpublikum vorgestellt. Von den zehn akzeptierten Beiträgen kommen sieben aus der Industrie, drei aus Universitäten und Forschungsinstituten - ein angemessenes Verhältnis angesichts des anwendungsorientierten Charakters der Veranstaltung.

Unser herzlicher Dank gilt allen Autoren und den Mitgliedern des Programmkomitees des Anwender-Kongresses: Brigitte Bartsch-Spoerl, Wolfgang Daiser, Uwe Haas, Walter Klar und Klaus Winkelmann.

Ein besonderer Dank geht an alle, die es ermöglicht haben, daß dieses Sonderheft KI erscheinen konnte.

O. Herzog	Th. Christaller	D. Schütt	H.-D.Burkhard
Leitung der KI-93	Leitung des Wissenschaftlichen Kongresses	Leitung des Anwender-Kongresses	Leitung der Lokalen Organisation

Inhaltsverzeichnis

Fachbeiträge des Anwenderkongresses

Eingeladene Hauptvorträge

KI-Handlungsplanung – Woran wir arbeiten, und woran wir arbeiten sollten

Joachim Hertzberg*

GMD, Forschungsbereich KI
Schloß Birlinghoven
53737 Sankt Augustin
e-mail: hertzberg@gmd.de

Zusammenfassung Das KI-Gebiet Handlungsplanung befindet sich in einer Phase der Neuorientierung. In Phasen von Neuorientierung ist es wichtig zu verstehen, wo man hinwollen kann. Der Aufsatz skizziert eine Perspektive „ingenieurorientierter" Handlungsplanung, die wesentlich basiert auf einem Raster aus Einschränkungen von Anwendungsbereichen und Anforderungen an Pläne und Planer. Er beschreibt dieses Raster, und er gibt Beispiele von Arbeiten, die sich in die Perspektive einordnen lassen.

1 Hintergrund

„We used to know what planning was.", ist der skeptische Beginn eines neueren Übersichtsaufsatzes von Drew McDermott [33] über *robot planning*. Handlungsplanung, kurz Planen, war in der KI seit GPS' [39], oder doch wenigstens seit STRIPS' [10] Zeiten das Generieren von Aktionenfolgen unter der folgenden Bedingung: wenn man eine der Aktionenfolgen im aktuellen Weltzustand auszuführen beginnt, führt sie einen Weltzustand herbei, in dem eine vorgegebene Menge von Zielmerkmalen wahr ist [10]. Mit einem unpräzisen Sammelnamen (den wir später präzisieren werden) wird Planen in diesem Verständnis oft „klassisches" Planen genannt.

„As stated, the problem turned out to be too hard and too easy.", schreibt McDermott dann übers klassische Planen. Aktionenfolgen der beschriebenen Art zu finden, ist im allgemeinen unhandhabbar komplex, wenn nicht unentscheidbar – daher ist es unter der Perspektive praktischer Einsetzbarkeit schwer. Andererseits kann man mit solcherlei Aktionenfolgen nur wenige der intuitiv sinnvollen, denkbaren Handlungspläne darstellen, und die Voraussetzungen des klassischen Planens sind für viele Anwendungen übermäßig restriktiv – daher macht man

* Dieser Text wurde geschrieben während eines Forschungsaufenthalts am International Computer Science Institute (ICSI), 1947 Center Street, Berkeley, CA 94704, USA. Die Arbeit wurde teilweise durch den BMFT im Verbundprojekt TASSO, Fördernummer ITW8900A7, gefördert. Für Kommentare zu Vorversionen des Textes danke ich Michael Beetz, Gerd Brewka, Joachim Funke, Hans Werner Güsgen, Alexander Horz, Matthias Oberländer, Josef Schneeberger und Angi Voß.

sich das Planen damit zu einfach. Ist aber klassisches Planen einerseits zu komplex, andererseits zu vereinfacht, dann könnte man vermuten, das Problem sei ungeschickt definiert und man müsse irgendetwas anders machen.

Das führt McDermott zu der Bemerkung „Nowadays nobody works on this any more." Spätestens hier irrt er. Daß er irrt, kann man in neueren Tagungsbänden verifizieren, etwa [17][2]; tatsächlich haben Arbeiten zum klassischen Planen immer noch Sinn, sofern man sie richtig interpretiert. Das aktuelle Bild, das [33] von *robot planning* zeichnet, trifft also Planen im allgemeinen nicht ganz.

Aber was heißt „richtig interpretieren"? Was sind bei richtiger Interpretation die Bereiche, in denen es sich für die Planungs-Forschung zur Zeit zu arbeiten lohnt – beziehungsweise: vor dem Hintergrund *welchen Interesses* lohnt sich dort welche Arbeit? Und welche Themen erscheinen weniger attraktiv? Um diese Fragen geht es in diesem Aufsatz. Bevor wir zu ihnen Stellung nehmen, müssen wir uns mit dem Hintergrund befassen, vor dem das geschieht.

Bekanntlich gibt es mindestens zwei Sichten auf Arbeiten und Ergebnisse aus der KI: die kognitionsorientierte mit dem Interesse, kognitive Prozesse beim Menschen zu modellieren oder zu erklären; und die ingenieurorientierte mit dem Interesse, Werkzeuge und Methoden zur systematischen Behandlung schwieriger Probleme durch Rechner bereitzustellen. Diese Sichten sind kompatibel, aber unterschiedlich, und sie können sich ergänzen und befruchten – das ist alles oft diskutiert. Das ingenieurorientierte Planen hat Wurzeln in der kognitionsorientierten KI (z.B. über die Arbeiten an GPS [39]); auch später gab es Planungs-Arbeiten, die beide Interessen verbanden (z.B. [16]) oder solche, die Ergebnisse aus den Kognitionswissenschaften im weiteren Sinn in die Ingenieurs-Planung zu übertragen versucht haben (z.B. Arbeiten von Agre [1] mit Bezug auf [50]).

In diesem Aufsatz geht es hauptsächlich um nicht-kognitive Arbeiten zum KI-Planen, also Arbeiten in der Tradition von Klassiker-Systemen wie STRIPS, ABSTRIPS [44] oder NOAH [45], oder neuere, „nicht-klassische" Arbeiten, von denen aber kein vernünftiger Mensch behauptet, ihre Bereichsdarstellung oder die in ihnen verwendeten Prozeduren hätten irgendetwas mit Planungsvorgängen beim Menschen zu tun. Sind aber nicht-kognitive Arbeiten automatisch ingenieurorientiert? Wohl kaum. Wenn Ingenieurorientierung hier bedeutet, Werkzeuge und Methoden zur systematischen Behandlung schwieriger Probleme durch Rechner bereitzustellen, dann setzt sie voraus, daß die Bereichsdarstellungen und Prozeduren, die verwendet werden, eine klare Semantik haben, dokumentiert und reproduzierbar sind, und daß ihre Performanz im vorhinein abschätzbar ist.[3] Akzeptiert man diese Anforderungen, dann sind auch von den nicht-kognitiven Planungs-Arbeiten die meisten nicht-ingenieurorientiert, da sie mindestens eine der Anforderungen unerfüllt lassen – oft auch alle. Das ist immer wieder beklagt

---

[2] Den Vorsitz über diese Konferenz hatte übrigens Drew McDermott. Der Satz kann also nicht ganz so gemeint sein, wie er klingt.

[3] Dieser Begriff von Ingenieurorientierung ist zugegebenermaßen idealistisch. Wir behaupten nicht, damit notwendigerweise die Wirklichkeit von Ingenieurdisziplinen zu beschreiben. Wir behaupten aber, damit anstrebenswerte Charakteristika für Ergebnisse bestimmter ingenieurwissenschaftlicher Arbeiten zusammenzufassen.

worden, und zwar auch in ernstzunehmenden Publikationen, z.B. [4].

Das sagt nichts gegen diese Arbeiten, versteht man sie in ihrer Entstehungszeit: Ohne STRIPS und NOAH könnten wir uns heute nicht an die saubere Formulierung des klassischen Planens machen, auch wenn diese in den defizienten Beschreibungen dieser Systeme ursprünglich fehlte. Wenn wir heute über ingenieurorientiertes Planen nachdenken können, dann nur deshalb, weil wir auf der Erfahrung mit diesen frühen, eher explorativen Arbeiten aufsetzen können.

Aber das sollten wir dann auch tun. Beispielsweise sollten wir nicht suggerieren, alles, was nicht *das Planungsproblem* an sich, als solches und in größtdenkbarer Allgemeinheit löst, sei wissenschaftlicher Arbeit unwürdig. Will man Planen ernsthaft ingenieurorientiert betreiben, ist es ja genau umgekehrt: je allgemeiner das betrachtete Problem ist, desto hoffnungsloser wird es, denn je weniger Einschränkungen ein Algorithmus voraussetzen kann, desto ineffizienter ist er normalerweise. Also: Allgemeinheit ist kein Verdienst, sondern eine Last. *Wie* mächtige Methoden man einsetzen muß, diktiert die Anwendung; und wäre Planen eine ideal entwickelte Ingenieurwissenschaft, dann hätte es ein Inventar von Prozeduren, die abhängig von Strukturmerkmalen eines Anwendungsproblems eingesetzt werden können und die desto effizienter sein können, je stärker eingeschränkt der Anwendungsprogrammierer sein Problem formulieren kann.

Und wir sollten nicht – nicht einmal eines rhetorischen Effekts wegen – Unvergleichbares vergleichen. Die Maßstäbe, bezüglich derer klassisches Planen *too hard* oder *too easy* ist, sind unterschiedlich, und, was besonders stört: sie werden oft nicht expliziert. Ernsthaft über ingenieurorientiertes Planen nachzudenken, heißt also auch, diese Maßstäbe offenzulegen: klarzumachen, welche Techniken welche Einschränkungen voraussetzen und welche Anforderungen erfüllen sollen.

Ein Raster aus solchen Bedingungen skizzieren wir in Abschnitt 2. Wir behaupten nicht, dieses Raster sei umfassend und endgültig; aber wir meinen, eine *vergleichbare* Menge von Einschränkungen und Anforderungen ist unerläßlich, um Anwendbarkeit und Performanz von Planungstechniken sinnvoll zu beschreiben. In Abschnitt 3 skizzieren wir Beispiele für Arbeiten, von denen wir meinen, sie beschreiben die Art von Ergebnissen, die man braucht. In Abschnitt 4 skizzieren wir, wie sich Ändern von Einschränkungen in Änderungen von Anforderungen niederschlägt. Abschnitt 5 faßt die gemäß der vorangehenden Diskussion derzeit lohnenden Themen für ingenieurorientiertes Planen zusammen.

Zuvor eine Bemerkung über die Grenzen unserer Weltsicht in diesem Aufsatz. Zur Zeit wird lebhaft über *situierte Aktion* debattiert (z.B. [42]). Entsprechende Arbeiten zum Planen kommen in diesem Aufsatz jedoch nur sporadisch vor. Der Grund dafür ist *nicht,* daß wir sie für uninteressant oder irrelevant hielten. Unser Verständnis von ingenieurorientiertem Planen setzt aber Formalisierbarkeit der dahinterstehenden Annahmen, der Prozeduren und der verwendeten Beschreibung des Planungsbereichs voraus – und zwar Formalisierbarkeit unter Verwendung von Symbolen. Damit setzen wir nicht voraus, *alles* in der Welt, insbesondere bei Menschen vorfindbare Planungsverhalten sei symbolisch beschreibbar; wir bleiben für diesen Aufsatz tatsächlich neutral bezüglich der Frage, ob die *physical symbol systems hypothesis* [38] im allgemeinen zutrifft oder nicht.

2 Einschränkungen und Anforderungen

Der erste Schritt zu einer ingenieurorientierten Systematik des Baus von Planern – oder, wie es anderswo ausgedrückt wird: zu einem *Modell des Planens* – muß also sein, sich über die möglichen Randbedingungen klarzuwerden: Über Eigenschaften von Anwendungsbereichen, von Plänen und von Planern. Die Performanz eines Planers kann natürlich immer nur relativ zu den gestellten Anforderungen bewertet werden.

Unseres Wissens ist ein Raster dieser Bedingungen nirgends sauber spezifiziert. Folglich wollen wir als erstes festhalten, daß wir es für eine dringendes und lohnendes Ziel fürs ingenieurorientierte Planen halten, ein solches Bedingungsraster im Detail zu entwerfen. Es ist gut möglich, daß das in idealer Weise gar nicht geht, weil Anwendungsbereiche von so vielfältiger Struktur sein können, daß sie unter kein ideales Raster passen. Wir halten es jedoch für sinnvoll, es wenigstens als Idealziel vor Augen zu behalten.

Als zweites wollen wir einige Linien in dem Bedingungsraster skizzieren. Wie gesagt: wir behaupten nicht vollständig zu sein; außerdem empfinden wir diese Linien insofern selber als unbefriedigend, als sie beispielsweise nicht alle orthogonal sind und in keiner Weise die Akquirierbarkeit von Bereichswissen oder die Darstellbarkeit von Plänen berücksichtigen, die entscheidende Punkte beim Bau von Anwendungsplanern sind (s. 3.5). Sie sind als Beispiele zu verstehen, in welche Richtung die Charakterisierung von Planern und ihren Anwendungsbereichen gehen sollte. Als Nebeneffekt sollen sie klarmachen, wie breit die Schar möglicher Kombinationen von Problemeigenschaften ist, die sich hinter dem einen Begriff Handlungsplanung verbirgt.

Wir haben es mit zwei Gruppen von Bedingungen zu tun: vorgefundene Eigenschaften der Anwendungsbereichs-Darstellung und geforderte Eigenschaften des Planers bzw. der Pläne, die er erstellt. Im Idealfall sollten die Eigenschaften des Bereichs auf die des Planers abbildbar sein in dem Sinn, daß man sagen kann, eine Kombination von Eigenschaften hier entspricht einer, ermöglicht, erzwingt oder verbietet eine Kombination von Anforderungen dort. Zum Beispiel hat es keinen Sinn zu fordern, der Planer solle korrekte, vollständige und optimale Pläne liefern, wenn das Wissen über den Anwendungsbereich widersprüchlich ist; Abschnitt 4 geht darauf näher ein. Wie eine solche Abbildung im Detail aussieht, ist derzeit ebenfalls noch unklar.

Wir beginnen mit vorfindbarenen Eigenschaften des Anwendungsbereichs.

Zeitmodell: Situationen oder Intervalle. Sollen komplette „Schnappschüsse" der Welt betrachtet werden, bei denen Ereignisse oder Aktionen vom einen zum anderen überführen? Oder kommt es auf Zeitintervalle und deren Verhältnis zueinander an, innerhalb derer Fakten gelten?

Zeitmodell: Qualitativ oder quantitativ. Sind numerische Zeitangaben, wie zum Beispiel Uhrzeiten oder Planausführungszeiten, wesentlich? Oder ist man nur am relativen Verhältnis von Aktionen, Situationen oder Gültigkeitsintervallen interessiert?

Bereichsdarstellung: Vollständig oder unvollständig. Ist die Situation, in der die Planausführung startet, eindeutig bzw. unter Verwendung von Bereichsaxiomen vervollständigbar? Oder gibt es Alternativen?

Aktionen: Kontextfrei oder kontextabhängig. Haben gleiche Aktionen unter allen Umständen gleiche Wirkungen, zumindest im betrachteten Abstraktionsgrad? Oder hängen die Effekte im Detail von der Anwendungssituation ab? Gibt es nebenläufig ausgeführte Aktionen, deren Effekte sich von der Summe der Effekte der Einzelaktionen unterscheiden?

Aktionseffekte: Deterministisch oder nicht-deterministisch. Sind Aktionseffekte im Anwendungskontext sicher vorhersagbar? Oder treten unterschiedliche Effekte auf, deren Eintrittsbedingungen im verwendeten Abstraktionsgrad der Bereichsdarstellung nicht unterschieden werden können?

Ziele: Direkt erreichbar oder über-/unterspezifiziert. Sind die Planungsziele konsistent? Sind Aktionen bekannt, die sie erfüllen können? Oder sind sie widersprüchlich? Müssen sie als Teil des Planens erst präzisiert oder operationalisiert werden?

Anwendungsbereich bei Planung: Dynamisch oder statisch. Kann sich während der Planung die Problemsituation ändern? Oder ist die Welt derweil „eingefroren“, bzw. die Rate von Veränderung vernachlässigbar?

Anwendungsbereich bei Ausführung: Dynamisch oder statisch. Können zur Anwendungszeit Ereignisse auftreten, welche die Planausführung nicht kontrolliert? Oder ereignen sich genau die Aktionen, die der Plan vorschreibt, und ereignen sie sich genau so wie repräsentiert?

Planerzahl: Einer oder mehrere. Gibt es genau einen Planer, der an der Veränderung des Anwendungsbereichs plant? Oder gibt es andere, mit denen er zusammen planen kann? Wenn ja: Hat der Planer ausreichende Information über die anderen? Sind sie kooperativ, neutral oder gar feindselig?

Fallwissen: Vorhanden oder nicht vorhanden. Sind fürs Planen Pläne oder Planungsprotokolle aus dem Anwendungsbereich als Informationsquelle verfügbar? Oder muß beim Planen bei Null angefangen werden?

Die folgende Charakteristik von Anwendungsbereichen könnte man am ehesten als klassisch im Planen bezeichnen: Situationsbasiert bei qualitativer Zeit; vollständige Bereichsdarstellung; kontextfreie, deterministische Aktionen; konsistente, operationalisierte Ziele; Anwendungsbereich bei Planung und Ausführung statisch; ein einziger Planer; kein Fallwissen. Bereits frühe und einflußreiche Arbeiten haben einzelne dieser Einschränkungen aufgehoben, so daß der Begriff „klassisch“ irreführt. Wir werden ihn dennoch wie beschrieben verwenden.

Kommen wir zu geforderten Eigenschaften von Plänen und Planern. Natürlich implizieren unterschiedliche Eigenschaften des Anwendungsbereichs unterschiedliche Pläne und Planer. Beispielsweise hat es in einem Bereich mit unvollständiger Information und kontextabhängigen Aktionen wenig Sinn, einen Plan nach Art von STRIPS als lineare Folge von Operatoren darzustellen. Wir meinen idealistischerweise jeweils solche Pläne und Planer, die an ihren Bereich entsprechend angepaßt sind, ohne notwendigerweise für alle Kombinationen von Bereichseigenschaften angemessene Planformate und Planer zu kennen.

Pläne: Korrekt oder nicht. Soll ein fertiger Plan korrekt sein bzgl. der Bereichsbeschreibung, also z.B. nur garantiert anwendbare Operatoren enthalten? Oder darf er gemessen an der Bereichsbeschreibung Fehler enthalten?

Pläne: Vollständig oder nicht. Soll ein fertiger Plan vollständig sein bzgl. der Bereichsbeschreibung, also z.B. alles berücksichtigen, was bekanntermaßen bei seiner Ausführung passieren kann? Oder darf er gemessen an der Bereichsbeschreibung Lücken enthalten?

Planer: Korrekt oder nicht. Soll der Planer korrekt sein bzgl. eines zu spezifizierenden Planer-Korrektheitsbegriffs, also z.B. nur korrekte und vollständige Pläne abliefern? Oder darf er – möglicherweise auch nur am Anfang der Bearbeitung eines Problems – inkorrekt sein?

Planer: Vollständig oder nicht. Soll der Planer vollständig sein bzgl. eines zu spezifizierenden Planer-Vollständigkeitsbegriffs, also z.B. alle korrekten und vollständigen Pläne abliefern? Oder reicht Teil-Vollständigkeit aus?

Pläne: Optimal oder nicht. Soll ein fertiger Plan optimal sein bzgl. eines anzugebenden Maßes, also z.B. Länge des Plans? Oder sind auch andere Pläne akzeptabel? Soll es einen Schwellwert geben, oberhalb dessen ein Plan akzeptabel ist? Hängt die Qualität eines Plans von den Ressourcen (z.B. Rechenzeit) ab, die der Planer zu seiner Erstellung verbraucht hat?

Planer: Ressourcenabhängig oder nicht. Soll das Verhalten des Planers, insbesondere ein erzeugter Plan, in Abhängigkeit der Ressourcen des Planers beurteilt werden, also z.B. abhängig von der verbrauchten Rechenzeit? Soll der Planer unter engen Realzeitanforderungen arbeiten können? Oder spielen Rechenressourcen keine Rolle?

Planer: Fallbasiert oder nicht. Soll der Planer vorhandenes Fallwissen verwenden können, also z.B. eine Bibliothek von Problemen und zugehörigen Lösungsplänen? Soll er Pläne, die er erstellt, oder Protokolle ihrer Erstellung einer vorhandenen Fall-Basis geeignet indiziert hinzufügen können? Oder soll er ohne Rücksicht auf etwa vorhandene Information arbeiten?

Unter dem Sammelbegriff „klassischer Planer" werden meist solche Planer verstanden, die korrekt sind bezüglich des Merkmals, korrekte und vollständige Pläne zu erzeugen; oft wird Optimalität von Plänen bzgl. Zahl oder Kostensumme der Operatoren verlangt; Ressourcenabhängigkeit und Fallbasierung ist ausgeschlossen; Planer-Vollständigkeit ist nicht gefordert. Wir verwenden im folgenden den Begriff in diesem Sinn.

Nach diesen Vorüberlegungen sind wir nun in der Lage, den Zentralbegriff in diesem Aufsatz genauer zu definieren: Plan. Es ist klar, daß es nicht *die* Definition geben kann, sondern daß es unterschiedliche Definitionen geben muß, je nachdem, welche Eigenschaften des Anwendungsbereichs vorausgesetzt werden können. Daher geben wir zum Vergleich zwei unterschiedliche Definitionen.

Nehmen wir als erstes einen klassischen Anwendungsbereich, und setzen wir voraus, daß Aktionen durch syntaktische Objekte namens Operatoren dargestellt sind, die eine Situation in eine Situation abbilden und für die Vor- und Nachbedingungen angegeben sind. Dann ist die folgende Definition sinnvoll:

Definition 1 Plan, „klassisch". Ein *Plan* besteht aus einer Menge von Operatoren und einer (möglicherweise partiellen) Ordnung auf dieser Operatormenge.

Das sagt beispielsweise noch nichts darüber, wie die Tatsache zu interpretieren ist, daß Operatoren zueinander nicht geordnet sind, oder was ein Operator bedeutet, dessen Vorbedingungen nicht oder nicht notwendig an der Stelle des Plans gelten, an der er eingesetzt ist. All das kann aber unter Berücksichtigung der Anwendungsbereichsmerkmale sinnvoll definiert werden; in Abschnitt 3.1 werden wir einige Arbeiten nennen, in denen es wenigstens zum Teil getan wurde. Planer, welche so definierte Pläne erzeugen sollen, haben offenbar immer noch Freiheitsgrade, beispielsweise nur korrekte oder außerdem auch inkorrekte Pläne zu liefern – einen entsprechenden Korrektheitsbegriff für Pläne vorausgesetzt.

Die Alternativdefinition für Pläne soll des Unterschieds halber extrem sein in Bezug auf Allgemeinheit: wir wollen keine der Alternativen in den Eigenschaften des Anwendungsbereichs fest voraussetzen. Entsprechend gibt es den Begriff von Situationen nicht, eine diskrete Ordnung auf Operatoren kann man nicht sinnvoll definieren, weil das überlappende Ausführung nicht darstellen könnte, und so fort. Die resultierende Definition *muß* von geradezu nichtssagender Allgemeinheit sein. Wollen wir wenigstens voraussetzen, daß ein Plan Aktionen und Ziele explizit repräsentiert, könnten wir ihn beispielsweise so definieren:

Definition 2 Plan, allgemein. Ein *Plan* ist eine Struktur, welche Repräsentationen von Aktionen und Zielen enthält und dazu dient, über die Wirkung zukünftiger Aktionen zu räsonieren und die zielgerichtete Ausführung von Aktionen zu beeinflussen.

Unter diese Definition passen fast alle gängigen Plandarstellungen in Arbeiten zum KI-Planen. Sie hat akademischen Reiz, wenn man sie gleichsam als Gerüst für spezifischere Definitionen versteht, welche die undefinierten Begriffe darin (Struktur, dienen, beeinflussen usf.) konkretisieren. Ist man aber am Bau effektiver Anwendungsplaner interessiert, hilft eine solch schwache Definition wenig.[4]

[4] Ein Beispiel für eine Plandarstellung, die *nicht* unter diese Definition paßt, sind Schoppers' *universal plans* [46], in denen Ziele nicht repräsentiert sind.
Die Definition ist ein Verschnitt aus Äußerungen von McDermott und Suchman

> The plan is that part of the robot's program whose future execution the robot reasons about explicitly. [33, S. 57]
> (P)lans are representations of situated action; [50, S. 50]
> (P)lans are resources for situated action, but do not in any strong sense determine its course. [50, S. 52]

mit einer eigenen Zutat (der ausdrücklichen Betonung von Zielen). Suchmans und McDermotts Aussagen zu mischen ist eigentlich unzulässig, weil sie von unterschiedlichen Weltsichten ausgehen. Daß das Mischen dennoch nicht zu Widersprüchen führt, liegt genau an dem Punkt, den wir hier demonstrieren wollen: Setzt man keine Einschränkungen und Anforderungen voraus, schließt man praktisch auch nichts aus, so daß Widersprüche unmöglich sind.

3 Ingenieur-Ergebnisse zum Planen

Eine Voraussetzung für Verwertbarkeit von Ergebnissen im Planen ist also, zu wissen, welche Eigenschaften des Anwendungsbereichs sie voraussetzen und welche Anforderungen sie erfüllen sollen, da Planen im allgemeinen viele unvereinbare Kombinationen solcher Bedingungen umfaßt. Nehmen wir nun an, Eigenschaften und Anforderungen seien geklärt: Wir interessieren uns beispielsweise für klassische Planer in klassischen Anwendungsbereichen. Wie sehen dann Ergebnisse aus, die dazu beitragen, Werkzeuge und Methoden zur systematischen Behandlung schwieriger Planungsprobleme bereitzustellen – also das, was wir ingenieurorientiert nennen? In diesem Abschnitt geben wir Beispiele dazu.

Der traditionelle Ansatz zum ingenieurorientierten Planen ist, einen generischen Planer bereitzustellen, also Planer wie STRIPS, ABSTRIPS, NOAH, SIPE [56], O-Plan [6], oder wie sie alle heißen. Um ein Anwendungssystem zu schreiben, muß der Benutzer dann lediglich in der durch den generischen Planer festgelegten Bereichsbeschreibungssprache den Bereich, also beispielsweise die ausführbaren Aktionen mit ihren Vor- und Nachbedingungen, modellieren und das aktuelle Planungsproblem spezifizieren.

Solche großen bereichsunabhängigen Planungssysteme zu schreiben, war in den 70er Jahren konsequent, als das KI-Thema die Erforschung allgemeiner, mächtiger *weak methods* war. Wir haben jedoch zwei Vorbehalte dagegen, die genannten generischen Planer oder vergleichbare als den letzten Schluß der Ingenieurorientierung im Planen anzusehen.

Erstens sind sie alle singuläre Systeme, deren Beschreibung nicht erlaubt, heuristische Voraussetzungen für ihren effektiven Einsatz zu beurteilen, geschweige denn sie nachzubauen; die oben erwähnte Kritik von Chapman am Stand der Kunst im Planen bezog sich genau auf diesen Mangel an Information. Wilkins [56] hat SIPE ausführlich beschrieben: Wenn dennoch allgemein nicht klar zu sein scheint, was es genau wie tut, liegt es offenbar nicht am mangelnden Bemühen. Es scheint eher so zu sein, daß die Begriffe im Planen noch nicht so elaboriert sind, daß es möglich ist, einen komplexen generischen Planer bündig zu beschreiben. Solange aber ein solcher Planer nur von den Implementierern selber oder einem engen Kreis um sie herum bedienbar ist, befindet sich Planen eher im Zustand einer Geheim- als einer Ingenieurwissenschaft.

Zweitens zweifeln wir, ob es heute noch sinnvoll ist, generische Planer der Mächtigkeit von SIPE oder O-Plan zu entwickeln. Wir werden weiter unten (3.2) Komplexitätsergebnisse zum Planen skizzieren, die zeigen, daß schon eingeschränkteste klassische Planungsprobleme in übelste Komplexitätsklassen führen. Verwendet man sehr ausdrucksstarke generische Planer, die möglicherweise sogar klassiche Einschränkungen aufheben, so heißt das, man muß deren aus theoretischen Gründen notwendig ineffiziente Prozeduren auch dann in Kauf nehmen, wenn man das Anwendungsproblem so hat formulieren können, daß es auch mit spezielleren, effizienteren Algorithmen hätte gelöst werden können.

Was kann an die Stelle solcher generischer Planer treten? Das Bild des Rasters von Einschränkungen und Anforderungen könnte suggerieren, es gebe den Rasterlinien entsprechende Softwarebausteine, aus denen man generische Planer für alle sinnvollen Problembereiche zusammenbauen könne. Solche Bausteine zu finden, haben wir in den letzten Jahren versucht [13], und das hat uns gelehrt: Insoweit wie ein Bedingungsraster nicht aus orthogonalen Linien besteht und insoweit wie einzelne Techniken und Prozeduren zum Planen nicht darein eingeordnet sind, sollte man auf solche Softwarebausteine nicht zählen. Beide Bedingungen sind derzeit nicht in nennenswertem Umfang erfüllt. (In Abschnitt 3.5 gehen wir auf diesen Punkt noch genauer ein.) Unter der Annahme, daß man Anwendungsplaner nicht jedesmal bei Null anfangend schreiben will, ist also die einzige derzeit realistische Alternative zu großen generischen Planern: kleine generische Planer – „klein“ in dem Sinn, daß sie auf eine eng begrenzte Menge von Voraussetzungen und Anforderungen zugeschnitten sind.[5]

Zusammengefaßt: Soll sich Planen auf unsere Interpretation von Ingenieurorientierung hin entwickeln, dann müssen Beschreibungen von Techniken und Prozeduren zum Planen – seien sie klassisch oder nicht – grundsätzlich die folgenden Angaben enthalten, soweit anwendbar:

- Einschränkungen des Anwendungsbereichs;
- Anforderungen an die Ergebnisse;
- Kombinierbarkeit mit anderen Techniken bzw. Prozeduren, die unter denselben Bedingungen einsetzbar sind;
- Beschreibung, wie verwendete Datenstrukturen und Ergebnisse in Termini des Bereichs zu interpretieren sind;
- theoretische und praktische Komplexität.

Im folgenden führen wir einige Ergebnisse an, die dazu beitragen. Der Erfahrung mit klassischem Planen entsprechend, gibt es überproportional viele Ergebnisse dazu; deshalb betonen wir nochmals, daß wir diese Art von Ergebnissen auch für Planen unter allen anderen Kombinationen von Bedingungen für sinnvoll und erforderlich halten. Unsere Ergebnis-Auswahl berücksichtigt insbesondere Ergebnisse aus Europa.

Wer an dieser Auswahl nicht interessiert ist, kann bei Abschnitt 3.5 weiterlesen; dort gehen wir auf die Frage genauer ein, wie man auf solchen Ergebnissen aufbauend Anwendungsplaner baut bzw. welche Art von Ergebnissen in der Planungs-Forschung im Hinblick auf dieses Ziel derzeit unterentwickelt sind.

3.1 Ergebnisse zum klassischen nichtlinearen Planen

Klassische Pläne sind Mengen von Operatoren, auf denen eine Ordnung definiert ist, siehe Definition 1. Ist die Ordnung nicht linear, spricht man von nichtlinearen

[5] Wir vermuten übrigens, daß sich hinter großen generischen Planern wie O-Plan oder SIPE-2, mit denen erfolgreich Anwendungsplaner gebaut wurden, in Wirklichkeit eine Schar solcher „kleiner“ generischer Planer verbirgt, die unter speziellen Einschränkungen des Anwendungsbereichs spezielle, effiziente Unterprozeduren zu verwenden erlauben. Uns ist nicht bekannt, daß das irgendwo nachvollziehbar beschrieben wäre.

Plänen, wobei ein nichtlinearer Plan alle linearen Pläne repräsentiert, zu denen er linearisierbar ist. Pioniersysteme waren NOAH und NONLIN [52].[6]

Auf dem nichtlinearen Planen lag in den letzten Jahren ein Schwerpunkt der Planungsforschung. Entsprechend gibt es eine Fülle tragfähiger Resultate. Herausstellen möchten wir Ergebnisse, welche die explizite Verwendung der Abhängigkeitsstruktur in nichtlinearen Plänen betreffen, wobei eine Abhängigkeit zwischen zwei Aktionen besteht, wenn die eine ein Merkmal als Nachbedingung erzeugt, das die andere als Vorbedingung verwendet [18].

Hier hat kürzlich die Veröffentlichung der Prozedur SNLP [31] ein kleines Publikations-Cluster initiiert. Die Kernidee in SNLP ist, die Abhängigkeiten in Plänen *explizit* festzulegen und sie nicht, wie in früheren Arbeiten, aus der Präzedenzordnung der Operatoren jeweils neu zu errechnen, wenn sich der Plan ändert. Dadurch wächst die Menge der Abhängigkeiten im Verlauf der Planung monoton und werden elementare Prozeduren zum nichtlinearen Planen elegant formulierbar. Speziell SNLP hat die angenehme Eigenschaft Systematizität, die besagt, daß Teilpläne auf dem Weg zu einer Lösung genau einmal erzeugt werden. Minton et. al. [35] untersuchen das Suchverhalten von UA, einer SNLP ähnlichen nichtlinearen Prozedur. (Genauer: dort werden nur solche Operatorordnungen zugelassen, die eine eindeutige Struktur der *impliziten* Abhängigkeiten induziert.)

Prozeduren wie die genannten oder auch die in [19] diskutierten sind nicht aus sich heraus besonders effizient – darauf kommt es uns hier nicht an. Entscheidend ist, daß ihre Formulierung es erlaubt, sie auf formale Eigenschaften zu untersuchen und gegebenenfalls den Fortschritt, den man mit alternativen Prozeduren erreicht, deutlich zu machen. Das ist noch nicht das Ziel ingenieurorientiertes Planen, aber es eröffnet einen Weg dorthin, der solange verschlossen war, wie man immer über komplette, singuläre Planungs-*Systeme* sprach, statt über handhabbare, untersuchbare Planungs-*Prozeduren.*

Beispiele vergleichbar fruchtbarer Ergebnisse zum nichtlinearen Planen sind

Die Formalisierung eines Gültigkeitskriteriums [4]. In nichtlinearen Plänen ist es selbst bei vollständiger Information und deterministischen Aktionen nicht trivial zu ermitteln, welche Merkmale gelten, nachdem ein Operator angewandt wurde. Chapman hat damit begonnen, das Kriterium explizit zu machen, das er zur Entscheinung dieser Frage in TWEAK verwendet hat. Eine ausdrückliche Variation von Chapmans Kriterium beschreibt beispielsweise [24]; eine alternative Formulierung enthält beispielsweise [18].

Die Formalisierung von Regression [40]. Die eben genannten Arbeiten ermitteln die Gültigkeit von Merkmalen in Plänen vorwärtsgerichtet: „Wenn vor einem Operator dies und jenes gilt, was gilt dann dahinter?“ Schon in der Planungs-Frühzeit [10, 55] wurde auch eine andere, gleichsam rückwärtsgerichtete Technik namens Regression verwendet: „Was muss vor einem Ope-

[6] Die inzwischen verbreitete Interpretation nichtlinearer Pläne als Kurzschreibweise aller damit kompatiblen linearen ist übrigens historisch nicht selbstverständlich. Liest man bei Tate [52] nach, stellt man fest, daß er nicht explizit definiert, wie er Ungeordnetheit von Operatoren interpretiert; durch den Hinweis auf Netzplantechnik wird aber suggeriert, er wolle sie als nebenläufige Ausführbarkeit ansehen.

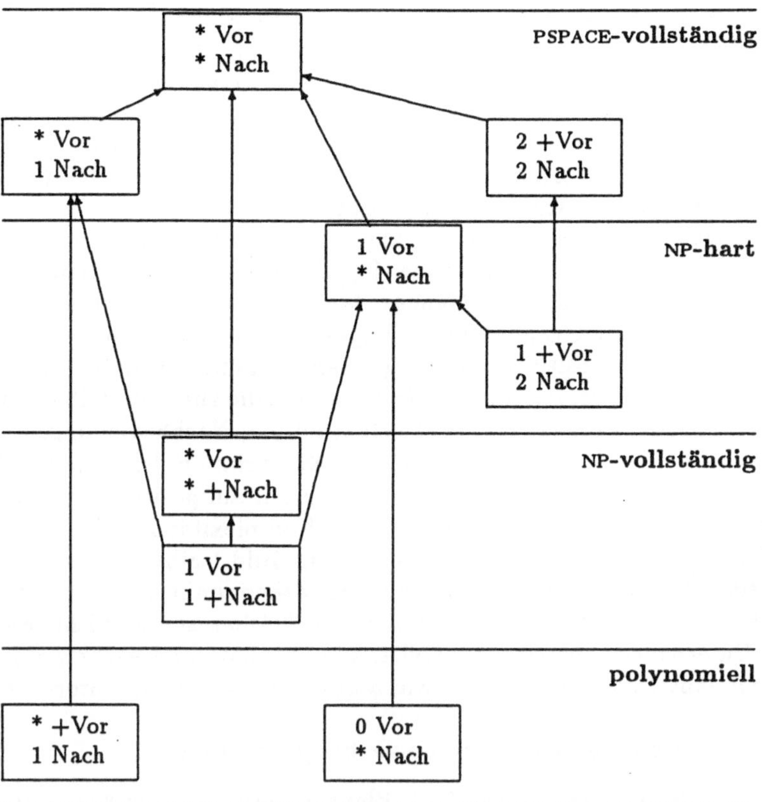

Bild 1. Komplexitätsergebnisse für propositionales Planen (nach [3], leicht vereinfacht). „+Vor" bedeutet „positive Vorbedingung(en)"; entsprechend „+Nach". „*" bedeutet „beliebig viele". Die Problemklasse unten links ist also zu lesen: Beliebig viele positive (und keine negativen) Vorbedingungen, 1 (positive oder negative) Nachbedingung; diese Problemklasse ist polynomiell lösbar. Die Pfeile zeigen von spezielleren in eine nächst allgemeinere Problemklasse.

rator gelten, damit dahinter dies und jenes gilt?" Pednault hat dafür eine formale Beschreibung geliefert (sogar auf kontextabhängige Aktionen verallgemeinert), [32] beschreibt eine Implementierung davon.

3.2 Ergebnisse zur Komplexität des klassischen Planens

Mit einer klaren Definition des klassischen Planens ist der Weg frei für Untersuchungen zu dessen theoretischer Komplexität. Dabei wird schnell klar, daß die Frage nach Komplexität für uneingeschränktes klassisches Planen nicht sinnvoll ist; tatsächlich konnte Chapman [4] einfach zeigen, daß es in der Form, die sein Planer TWEAK ausführt, unentscheidbar ist: jedes Turingmaschinenproblem kann in TWEAKs Bereichsrepräsentation dargestellt werden.

„However, we think that a planner that is capable of encoding a Turing machine has much more power than needed for most problems.“, wie es Bäckström und Klein [2] schreiben. In diesem Geist gibt es inzwischen einige Teilklassen des Planens, für welche polynomielle Lösbarkeit nachgewiesen ist. [2] beschreibt einen polynomiellen Algorithmus für die Problemklasse SAS-PUS (welche die Parallelausführung von Aktionen einschließt).

Daß triviale Einschränkungen des klassischen Planens nicht zu polynomiellen Algorithmen führen, zeigt Bylander [3]. Er untersucht die Komplexität von Varianten des *aussagelogischen Planens,* bei dem Situationen und Ziele durch endliche Mengen von Grundliteralen dargestellt sind, und Operatoren durch Mengen von jeweils positiven oder negativen Grundatomen. (Positive Vorbedingungen sind zu interpretieren als Grundatome, die zur Anwendbarkeit gelten müssen; negative als solche, die nicht gelten dürfen; Nachbedingungen entsprechen *add-* und *delete*-Listen in STRIPS). Durch Variation der Anzahl erlaubter Vor- und Nachbedingungen und Einschränkung nur auf positive erhält Bylander Probleme aus dem gesamten Spektrum der Komplexitätsklassen polynomiell, NP-vollständig, NP-hart und PSPACE-vollständig. Bild 1 gibt einige seiner Ergebnisse wieder. Gerade wenn man sich auf den Standpunkt stellt, es interessiere praktisch nur, ob eine Problemklasse polynomiell lösbar ist oder nicht (wenn man also die Unterschiede zwischen NP-vollständig, NP-hart und PSPACE-vollständig außer acht läßt), ist erschütternd, wie ausdrucksarm die Operatoren nur sein dürfen.

Desweiteren gibt es neuere Ergebnisse beispielsweise über

Komplexität von Planvalidierung [36]. Planvalidierung ist die Frage, ob ein gegebener Plan ausführbar ist und seine Ziele erreicht, also intuitiv ein typisches Teilproblem beim Planen. Die Theorie zeigt: Planvalidierung ist für viele Probleme polynomiell. Das war daher erstaunlich, weil es vorher mit *temporal projection* praktisch gleichgesetzt wurde, die NP-vollständig ist.

Effizienzgewinn beim Planen durch Planmodifikation [37]. Intuitiv spart es Planungsaufwand, früher erzeugte Pläne oder Planteile wiederzuverwenden – eine Form von Fallbasierung. Die Theorie zeigt jedoch: Fordert man optimale Pläne, ist es genauso komplex, alte Pläne oder Planteile wiederzufinden und zu modifizieren, wie sie neu zu generieren – mitunter sogar komplexer.

Natürlich muß man behutsam dabei sein, Ergebnisse aus der komplexitätstheoretischen Perspektive auf praktisch eingesetzte Planer zu übertragen, denn diese Ergebnisse betreffen jeweils den *worst case.* Im mindesten liefern die Theorie-Ergebnisse aber Hinweise darauf, wo genau auch praktisch Rechenzeit verlorengehen kann, was gegebenenfalls durch gezielte Einschränkung der Ausdrucksfähigkeit des Planers vermieden werden kann.

3.3 Ergebnisse zu Struktureigenschaften des Anwendungsbereichs

Um die praktische Komplexität des Planens zu reduzieren, kam bereits früh die Idee auf, den Suchraum in Teile zu partitionieren, die einzeln effizienter zu durchsuchen sind. In Sacerdotis [44] ABSTRIPS wurde das Abstraktion oder Situationsabstraktion genannt; heute spricht man präziser von Vorbedingungs-Elimination. Die Grundidee dabei ist, Vorbedingungen nach Wichtigkeit zu indizieren und einen Plan stufenweise dadurch zu generieren, daß zunächst nur die wichtigsten Merkmale berücksichtigt werden und anschließend auch zunehmend unwichtigere.

So plausibel diese Idee ist, ist es praktisch schwierig, eine Merkmalswichtung zu finden, die den Suchraum einschränkt, doch nicht zur Plänen führt, die auf einer höheren Wichtungsstufe als fertig eingestuft werden müssen, aber Situationen erzeugen, die Axiome des Anwendungsbereichs verletzen. Zu diesem Problem und möglichen, formal verifizierbaren Lösungen gibt es einige Arbeiten beispielsweise von Tenenberg, die in [53] zusammengefaßt sind.

Eine konsistente Merkmalswichtung bei Vorbedingungs-Elimination berücksichtigt oder codiert – je nach Sichtweise – Strukturinformation über den Anwendungsbereich, um einen Planer schneller zu machen. Dasselbe erreicht man mit dem Konzept der Nadelöhrmengen, das in [28] definiert und formal untersucht wird. Eine Nadelöhrmenge für ein gegebenes Planungsproblem ist eine Menge von Zuständen der Art, daß die Ausführung eines jeden optimalen Lösungsplans durch diese Zustände hindurchführt. Durch eine solche Menge N, ist das Planungsproblem also partitioniert: finde einen Plan vom Start nach (einem Zustand aus) N und einen Plan von dort zum Ziel. Nadelöhrmengen können ein wichtiges Element bei der Modellierung eines Anwendungsbereichs sein; tatsächlich wurde das Konzept beim Entwickeln eines Anwendungsplaners entdeckt.

3.4 Ergebnisse zur Semantik von Planern und deduktivem Planen

Tenenbergs bereits genannte Arbeit [53] baut wesentlich auf dem Konzept der STRIPS-Systeme auf, das von Lifschitz [27] entwickelt wurde, um eine formale Semantik für STRIPS anzugeben, und zwar nicht von einer idealisierten Variante, sondern einschließlich eines wesentlichen Bereichsmodellierungs-Tricks von STRIPS, der zur Effizienzsteigerung verwendet worden war. Das führt zum Konzept der *wesentlichen (essential)* Formeln; von den Formeln, die Situationen beschreiben und deren Wahrheitswert sich durch Anwendung von Operatoren ändern kann, sind das diejenigen Formeln, die in den Nachbedingungen von Operatoren vorkommen dürfen, und die vorkommen müssen, wenn sie verändert werden sollen. Die Identifikation von wesentlichen Formeln vereinfacht also die Modellierung von Anwendungsbereichen ganz entscheidend, da man sich bei der Definition der Operatoren eben nur noch um sie kümmern muß.

Nicht nur dieses Nebenprodukt der Lifschitzschen Arbeit ist jedoch bemerkenswert, sondern auch die eigentliche Zielrichtung: eine Semantik für Bereichsbeschreibungen im Planen anzugeben und entsprechend zu definieren, wann eine solche Beschreibung korrekt ist. Damit kommen die Theoriegrundlagen des Planens in die Nähe von Arbeiten zum logischen *reasoning about action and change,* wovon die Entwicklung des Planens hin zur Ingenieurdisziplin nur profitieren kann. [20] geht diesen Weg umgekehrt: In der Arbeit wird ein rechenzeitabhängiger Planer auf einen vorgegebenen Aktionskalkül aufgebaut. Um den

Planer nicht in aufwendiges Berechnen aller Ableitungen des Kalküls zu zwingen, seine Semantik aber dennoch an den Kalkül zu binden, wird das Konzept *Begrenzt-Korrektheit* eingeführt: Gegeben ausreichend Rechenzeit, liefert der Planer Pläne, die korrekt und vollständig bzgl. des Kalküls sind; mit weniger Rechenzeit sinkt der Grad dieser Eigenschaften monoton.

Eine historisch immer wieder verfolgte Idee beim Bemühen, Planer mit sauberer Semantik zu erzeugen, ist, Planen direkt als eine Form von Deduktion aufzufassen und entsprechend zu implementieren; eine der frühesten Arbeiten zum deduktiven Planen war [14]. Bei Arbeiten aus diesem Lager sind wir nicht immer sicher, ob nicht die Ebenen Beschreibung und Implementierung durcheinanderkommen: etwas, das eine Beschreibung in Logik hat, muß deshalb nicht gleich auf einem Theorembeweiser implementiert werden. Aus Sicht der Ingenieurorientierung können aber z.B. Ansätze zum deduktiven Planen in Prolog-Technik interessant sein; die Grundidee dazu ist in [25] beschrieben, ein neuerer, ausdrucksstärkerer Ansatz ist [21]. Weiterhin: Faßt man Pläne praktisch als eine Variante von Programmen auf, ist es nur konsequent, Planen mit automatischer Programmgenerierung zu identifizieren und deren Begrifflichkeit, Konzepte und Techniken zu benutzen, um z.B. auch Pläne mit nichttrivialen Kontrollkonstrukten wie Rekursion zu erzeugen. Dieser Weg wird bereits lange von Waldinger gegangen, z.B. [30]. Eine neuere Arbeit ist [49]; [15] bezieht zeitliche Überlappung von Aktionen ein.

3.5 Was fehlt dann noch zum Anwendungsplaner?

Aus Sicht der ingenieurorientierten KI ist die letztlich interessante Frage, ob die Ergebnisse aus dem Planen helfen, Anwendungssysteme zu bauen. „Helfen“ kann unterschiedliche Bedeutungen haben: Eine schwache Form von Hilfe könnte darin bestehen, sinnvolle und erprobte Konzepte zur Strukturierung und Programmierung von Planungs-Anwendungen bereitzustellen, die in jeder Anwendung spezifisch einzusetzen oder umzusetzen sind; eine starke Form von Hilfe könnte sein, ganze Softwarepakete in unterschiedlichen Anwendungen wiederverwenden zu können, zumindest wenn diese Anwendungen ähnliche Einschränkungen und Anforderungen aufweisen – siehe die Diskussion am Beginn dieses Abschnitts 3.

Mindestens diese starke Form von Hilfe ist zur Zeit nicht zu erwarten, wenn man Planer in nicht-klassischen Anwendungsbereichen bauen will, und auch in klassischen gibt es Anwendungsplaner keinesfalls umsonst. Wir wollen in diesem Abschnitt einige Gründe nennen, inwiefern das so ist.

Da es also um Defizite im Stand der Planungs-Kunst geht, wollen wir, damit die Perspektive nicht unangebracht negativ wird, zuvor kurz dem untoten Scherz entgegnen, KI-Planung sei etwas, das für die Blockwelt geeignet sei, und nur dafür. Dagegen gibt es zweierlei zu sagen. Zum einen halten wir Verständlichkeit für eine wichtige Eigenschaft guter Beispiele. Hat also jemand eine Technik zum Planen erdacht, erwarten wir geradezu, sie in einem Bereich demonstriert zu bekommen, der so eingängig ist, daß man sich auf die Technik konzentrieren kann, nicht aufs Beispiel. Um ein Beispiel zu geben: Mädler [28] hätte sein

Tabelle 1. Zwei Planungs-Anwendungssysteme aus dem deutschsprachigen Raum. Die angegebenen Publikationen behandeln wesentlich den jeweiligen methodischen Fokus.

Name	Veröffentlichung	Anwendungsbereich	Methodischer Fokus
SOLEIL	[28, 29]	Steuerung von Plasma-Depositionsanlagen bei der experimentellen Herstellung von Solarzellen.	Verwendung von Nadelöhrmengen (s. Abschnitt 3.3) zur Beschränkung des Planungs-Suchraums
Replan	[8, 48]	Scheduling bei der Stahl-Erzeugung.	Behandlung vager Information beim Scheduling, besonders durch Constraint-Abschwächung.

Konzept der Nadelöhrmengen sicher auch an seinem eigentlichen Anwendungsbereich demonstrieren können: der Steuerung von Plasmadepositionsanlagen zur Solarzellenherstellung. Nur hätte das keiner verstanden. Die Türme von Hanoi sind viel weniger beeindruckend, aber dafür versteht darin jeder, was Nadelöhrmengen sind. Man sollte denken, dieses Argument sei offensichtlich – unsere Erfahrung zeigt, es ist es nicht.

Zum zweiten gibt es einfach den Existenzbeweis. Auch wenn ihre Zahl geringer ist als die der Diagnose- oder Konfigurierungssysteme: Es *gibt* Anwendungsplaner, die auf KI-Planungstechniken aufbauen. Davon kann man sich zum Beispiel in zahlreichen Konferenzen über Expertensysteme oder *intelligent manufacturing* überzeugen. Es ist nicht Sinn dieses Aufsatzes, einen Überblick darüber zu geben; daher lassen wir es bei der parochial orientierten Minimalauswahl zweier Anwendungssysteme bewenden, die in Charakteristik des Anwendungsbereichs und verwendeten Methoden sehr unterschiedlich sind (Tabelle 1).

Damit kommen wir zu Defiziten der Planungsforschung, die es derzeit selbst dann erschweren würden, Anwendungsplaner zu bauen, wenn man sich vorstellt, es gäbe perfekte Ergebnisse zu Einzelbereichen wie den oben skizzierten. Beginnen wir mit einem Hindernis beim Abbau dieser Defizite: Es ist eine Binsenweisheit, daß eine Theorie über Anwendungssysteme ohne Berichte über Erfahrungen beim Bau solcher Anwendungssysteme nicht gut weiterkommt. Der Transfer dieser Erfahrungen in die theoretische Forschung scheint im Planen nicht gut zu funktionieren. Ein Grund dafür ist sicher, daß es wie gesagt zum Planen weniger Anwendungssysteme als zum Konfigurieren oder zur Diagnose gibt; aber das ist ein Schuster-Voigt-Argument: wenige Anwendungssysteme – wenig Transfer; und wenig Transfer – wenige Anwendungssysteme. In den USA hat sich seit einiger Zeit die ARPA der Sache angenommen und fördert unter besonderer Berücksichtigung ihrer Anwendungsperspektive Forschung über Planen und Scheduling; in Deutschland oder Europa gibt es Vergleichbares nicht.

Die genannten Defizite bestehen nun in zwei großen Bereichen. Offensichtlich lassen sich aus ihnen direkt Forschungsfelder ableiten, von denen wir meinen, sie seien entscheidend wichtig, will man das ingenieurorientierte Planen im Hinblick darauf voranbringen, Anwendungssysteme einfacher bauen zu können.

Kombination von Basistechniken untereinander. Es ist zu unklar, wie man die skizzierten Einzelergebnisse beim Bau komplexerer Anwendungssysteme zusammensetzen kann. Das ist in einigen Fällen grundsätzlich unmöglich, weil unterschiedliche Ergebnisse in unvereinbaren Kontexten stehen; ein Beispiel aus den vorigen Abschnitten: SNLP hat mit der automatischen Generierung von Rekursion einfach nichts zu tun. In anderen Fällen *sind* die Ergebnisse bereits integriert; zum Beispiel baut Tenenbergs Ansatz zur Formalisierung von Vorbedingungs-Elimination ausdrücklich auf Lifschitz' Planer-Semantik auf.

Doch es ist nicht immer so einfach. Eigene Erfahrungen in einem Projekt zum Bau eines Software-Werkzeugsystems zum Bau von Planern [13] haben an etlichen Stellen gezeigt, daß Konzepte, Methoden oder Prozeduren, die in sich gut verstanden sind, in unvorhergesehener Weise miteinander interagieren, wenn man sie in Kombination verwenden will. Der Grund dafür ist in der Regel, daß sie unausgesprochene Voraussetzungen machen, die in Isolation erfüllt sind, doch in Kombination kritisch werden. Ein Beispiel dafür ist der Übergang von dem rudimentären Zeitbegriff in klassischen Planern zu einem minimal darum erweiterten, daß Aktionen nicht nur sequentiell, sondern auch simultan ausgeführt werden dürfen: diese Erweiterung interagiert in unvorhergesehener Weise mit der Konfliktbehandlung in nichtlinearen Plänen [23].

Der wesentliche Beitrag zum Abbau dieses Defizits besteht darin, die Einsatzvoraussetzungen der entsprechenden Techniken in Termini von Einschränkungen und Anforderungen wie denen in Abschnitt 2 zu verstehen und zu beschreiben; eine wichtige Beschreibungsebene dabei ist das *scaling-up*-Verhalten, also die Frage, ob Techniken oder Kombinationen von Techniken, die in kleinen Anwendungen funktionieren, auch auf große übertragen werden können. Einige der Überraschungen, die zur Zeit beim Kombinieren von Planungstechniken auftreten, könnten dadurch möglicherweise vermieden werden, da man schon abstrakt die Unvereinbarkeit ihrer Grundvoraussetzungen sehen könnte.

Ankopplung von Basistechniken an Bereichsspezifika. Wie im Konfigurieren oder in der Diagnostik ist auch im Planen von vornherein zu vermuten, daß der Anteil von „eigentlichen" Planungstechniken oder -algorithmen an einem Anwendungssystem klein ist, verglichen mit dem Aufwand für Einbindung in existierende Hardware/Software-Umgebungen, Wissensakquisition und Bereichsmodellierung, Entwicklung bereichsspezifischer Heuristiken[7] oder Bau der Benutzerschnittstelle. Zuweilen mag es gar unwichtig sein, tief ins Planungsarsenal zu

[7] Puppe [41] unterscheidet zwischen heuristischer und modellbasierter Planung, wobei sich Modellbasiertheit dadurch auszeichnet, daß ein Modell der Wirkung von Aktionen vorhanden ist; alle Planung, über die wir hier bisher geschrieben haben, ist also in diesem Sinn modellbasiert. Wir halten diese Unterscheidung insofern für unglücklich, als nahezu jeder modellbasierte Anwendungsplaner Heuristiken zum Einschränken seines Suchraums brauchen wird.

greifen, sondern es reicht aus, einzelne, aus Sicht der Planungs-Forschung nicht einmal besonders tiefsinnige Techniken zu verwenden.

Zu alldem gibt es unseres Wissens keine systematische Forschung. Natürlich sind alle diese Probleme in allen ernsthaften Anwendungsplanern irgendwie gelöst worden, und möglicherweise haben *allgemeine* Techniken und Ergebnisse zu Wissensakquisition, Bereichsmodellierung oder Schnittstellenbau dabei geholfen. Für diese Klassen von Techniken oder Ergebnissen gibt es aber keine auf Planen oder Planen unter bestimmten Einschränkungen bezogenen Spezialisierungen.

Wir denken nicht, daß es zu diesen Problemen allgemein optimale Patentlösungen gibt. Beispielsweise wird es beim Bau einer Benutzerschnittstelle immer wenigstens zu erwägen sein, Pläne so darzustellen wie im Anwendungsbereich traditionell üblich und vertraut, wenn es dort eine solche Darstellung gibt: also beispielsweise als Netzplan in manchen Bereichen von Projekt-Ablaufplanung. Das fällt definitionsgemäß aus der Entwicklung bereichsunabhängiger Techniken heraus. Doch es muß für Standard-Planformate wie gerichtete azyklische Graphen auch Standard-Benutzerschnittstellen geben. Diese Schnittstelle darf *nicht* einfach darin bestehen, den Graph auf den Bildschirm zu malen und dem Benutzer die Möglichkeit zu geben, ein Fenster darüberzulegen. Spätestens bei Plänen mit 1000 Operatoren ist eine solche Benutzerschnittstelle unbenutzbar.

Stellen wir uns vor, es gäbe einen auch nur eng beschränkten Satz von Planungstechniken, für den es eine darauf abgestimmte Bereichsdarstellung, Standard-Plandarstellung für Benutzer und möglicherweise sogar eine Unterstützung zur Wissensakquisition gibt – wir vermuten, ein solcher „kleiner generischer Planer“ würde beim Bau von Anwendungsplanern mehr helfen als jede noch so effiziente oder ausdrucksstarke neue Planungstechnik.

4 Andere Einschränkungen – andere Anforderungen

Betrachtet man die Ergebnisse in Abschnitt 3.2 zur Komplexität des klassischen Planens, so mag man fragen, wie wir den Gedanken überhaupt wagen können, dessen Einschränkungen bezüglich zulässiger Anwendungsbereiche zu lockern: Will man effiziente Systeme bauen, sind PSPACE-vollständige Probleme schon schlimm genug – und dann soll es noch komplizierter werden?!

Unsere Antwort darauf ist: Wir können uns nicht aussuchen, wie die Welt ist. Sollen KI-Planungsansätze nicht nur in Bereichen angewandt werden, wo es gelingt, beispielsweise Unsicherheit auszufiltern, bleibt gar keine Wahl, als diese zu verkraften. Gerade eine der Traumanwendungen der Planungsforscher von altersher kann die klassischen Einschränkungen nicht voraussetzen: die Steuerung „wirklich“ intelligenter Roboter, die in der Alltagswelt zielgerichtet handeln.

Es wäre offenbar sinnlos, Techniken und Prozeduren, welche die klassischen Einschränkungen voraussetzen, in Bereiche zu übertragen, in denen diese Einschränkungen nicht gelten. Es wäre aber außerdem sinnlos, in nicht-klassischen Bereichen dieselben Anforderungen an Pläne zu stellen wie in klassischen: gibt es beispielsweise keine vollständige Information über den Bereich, kann man von einem Plan schlecht klassische Vollständigkeit verlangen, also verlangen, daß er für alle denkbar auftretenden Situationen sagt, was zu tun ist. Deshalb haben wir weiter oben abstrakt behauptet, andere Kombinationen von Einschränkungen würden mit anderen Kombinationen von Anforderungen einhergehen.

Unseres Wissens gibt es keine Untersuchung darüber, welche Einschränkungen zu welchen Anforderungen passen, und wir empfinden das als behebenswerten Mangel. Um plausibel zu machen, daß eine solche Untersuchung Sinn hätte, und um die abstrakte Behauptung, Einschränkungen und Anforderungen seien korreliert, zu exemplifizieren, behandeln wir in diesem Abschnitt die Anforderungen Optimalität und Korrektheit von Plänen. In beiden Fällen plädieren wir nicht dafür, die entsprechende Anforderung komplett aufzuheben, sondern wir skizzieren, wie sie sich unter veränderten Einschränkungen *verändert;* Anforderungen aufzuheben ist offensichtlich ein Spezialfall davon, sie zu verändern.

4.1 Was ist Plan-Optimalität?

Im klassischen Planen wird oft gefordert, Planer müßten Pläne finden, die *optimal* sind bezüglich der Ausführungskosten, wobei diese oft mit der Länge eines Plans gleichgesetzt werden. Die vielen Arbeiten, in denen das Planungsproblem namens „Sussman-Anomalie“ [51, 19] als Beispiel vorkommt, sind Beispiele für diesen Optimalitätsbegriff: Die Schwierigkeit bei diesem Planungsproblem besteht darin, daß naheliegende Planungsstrategien, wie sie beispielsweise in STRIPS fest eingebaut sind, den optimal kurzen Plan nicht finden können. Voraussetzung für den Wunsch nach Strategien, die den kürzesten Plan *doch* finden, ist also, daß dieser für besser gehalten wird als längere.

Dieser Optimalitätsbegriff ist nur dann sinnvoll, wenn man von der Zeit abstrahieren kann, die zur Planung verbraucht wird. Ist der Anwendungsbereich dynamisch, kann ein Plan, der bei statischem Bereich optimal gewesen wäre, aber dessen Konstruktion zu lange gedauert hat, schlechter sein als ein anderer, der statisch schlechter wäre, aber rechtzeitig fertig ist. Kurz: Ist der Anwendungsbereich dynamisch, darf die Bewertung eines Planes nicht von dem *Prozeß* abstrahieren, ihn zu finden; in ein Qualitätsmaß für Pläne muß dann auch die Zeit eingehen, sie zu finden. Der Wunschplan ist nicht ein „ideal“ optimaler Plan, sondern einer, der *optimal* ist *in den Grenzen,* die durch die verfügbare Rechenzeit und Information gesetzt sind (*bounded optimality* in der Terminologie von Russell und Wefald [43]).

Diese Überlegung wird seit einiger Zeit im Planen verfolgt; Beispiele dafür sind [7, 43]. Tatsächlich geht sie wesentlich weiter zurück, nämlich mindestens auf Simons [47] Begriff der *bounded rationality.* McDermotts Aufsatz [33, besonders S. 65–67] geht ein wenig näher darauf ein.

Für unsere Argumentation ist am Konzept Begrenzt-Optimalität wichtig, daß sie, soweit sie Beschränkungen der verfügbaren Rechenzeit einschließt, ein zentrales Problem des klassischen Planens zum Unproblem macht: Zeitkomplexität. Weiß ich von vornherein, daß ich 5 Sekunden Rechenzeit habe, schreckt mich NP-Härte meines Planungsproblems nicht ganz so, denn ich weiß, daß ich maximal 5 Sekunden lang rechnen werde.[8]

[8] Auch bei festgelegter Rechenzeit mag ein komplexeres Problem „schwieriger“ sein als

Natürlich erzeugt das neue Probleme: Wie stellt man sicher, daß der Planer nach begrenzter Rechenzeit einen „einigermaßen" guten Plan gefunden haben wird? Gibt es eine untere Grenze, unterhalb derer kein sinnvoller Plan gefunden werden kann? Ist garantiert, daß mit steigender verfügbarer Rechenzeit der gefundene Plan sich asymptotisch einem „ideal optimalen" Plan annähert? Bringt es bessere Ergebnisse, alte Pläne zu modifizieren oder ganz neue zu erzeugen?[9]

Die genannten Arbeiten [7, 43] bearbeiten solche Fragen, wobei [7] den Begriff des *anytime*-Algorithmus in den Vordergrund stellt und [43] die zentrale Rolle des Meta-Reasoning für Begrenzt-Optimalität betont („Wo erweitere ich den Plan zuerst, wenn ich weiß, die Zeit drängt?") und Algorithmen fürs Meta-Reasoning für Begrenzt-Optimalität entwickelt; da diese Form von Meta-Reasoning natürlich auch nicht neu ist (s.z.B. [5]), besteht Hoffnung, aus anderen Arbeiten fürs Erzeugen begrenzt-optimaler Pläne lernen zu können.

Zusammengefaßt: Erfüllt ein Anwendungsbereich die Voraussetzung nicht, der Bereich sei zur Planungszeit statisch, so ändern sich die Anforderung Plan-Optimalität, und das Problem Zeitkomplexität. Gleichzeitig entsteht eine neue Herausforderung: Algorithmen zum begrenzt-optimalen Planen zu entwickeln.

4.2 Was ist Plan-Korrektheit?

Alle klassischen Planer fordern – meist unausgesprochen – ein fertiger Plan habe *korrekt* bezüglich der Modellierung des Anwendungsbereichs zu sein. Was Korrektheit im Detail bedeutet, ist selten definiert; die oben (s. 3.4) genannte STRIPS-Semantik ist eine Ausnahme. Zuweilen wird wenigstens die schwächere Forderung ausgesprochen, daß fertige Pläne wohlgeformt und konfliktfrei sein müssen (in der Terminologie von [18]), also daß alle Aktions-Vorbedingungen und die Planziele vor den entsprechenden Aktionen zugesichert sein müssen und zwischendurch nicht wieder zerstört werden dürfen. Desweiteren wird im klassischen Planen vorausgesetzt, daß nur fertige Pläne ausgeführt werden.

Diese Forderungen klingen plausibel, haben aber Konsequenzen. Sie implizieren beispielsweise eine Trennung von Planungs- und Ausführungsphase beim Planen: Muß die Ausführung warten, bis der Planer fertig ist, ist es unmöglich Planung und Ausführung zu verzahnen. Weiterhin impliziert die Forderung nach Korrektheit, daß für unlösbare Probleme, also beispielsweise Probleme mit inkonsistenten Zielen, auch keine Teillösung erzeugt werden kann, also kein Plan, der wenigstens einen konsistenten, positiv erzeugbaren Teil der Ziele erfüllt.

Heben wir nun die Einschränkungen auf, daß die Bereichsdarstellung vollständig und alle Aktionseffekte deterministisch sein müssen. Für alle möglichen

ein weniger komplexes, z.B. in dem Sinn, daß eine rechenzeit-unabhängig optimale Lösung beim komplexeren Problem vom errechneten Ergebnis weiter weg ist als beim weniger komplexen. Allerdings ist zu beachten, daß die Standard-Komplexitätsklassen nichts über die Qualität von „Zwischenergebnissen" aussagen.

[9] Das genannte Ergebnis [37], daß Planmodifikation mindestens so zeitkomplex ist wie Neuplanen, bezog sich ja gerade auf Pläne minimaler Länge, ist also nicht direkt anwendbar, wenn dieses Optimalitätskriterium nicht mehr gilt.

Ausprägungen der derart unsicheren Information im Voraus zu planen, zöge offensichtlich Rechenzeitprobleme nach sich. Es gibt mindestens zwei sinnvolle Alternativen; beide geben die klassische Idee von Plankorrektheit auf. Die erste ist, den Korrektheitsbegriff beizubehalten, aber aufzuweichen. Ein Beispiel haben wir weiter oben (3.4) angesprochen: Begrenzt-Korrektheit wie in [20].

Eine zweite Alternative ist, *Sensoraktionen* einzuplanen – also Aktionen, deren Zweck ist, die fehlende Information zu der Zeit zu akquirieren, da sie gebraucht wird – und in Abhängigkeit von der erhaltenen Information weiterzuplanen. Das erfordert aber, Planung und Planausführung zu verzahnen: mit dem Beginn der Ausführung nicht zu warten, bis der Plan fertig ist. Eine neuere Arbeit dazu ist [26]; eine Arbeit, die das Thema in stärkerer Verbindung zur Prozeßkontrolle anspricht, ist [11].

Planung und Planausführung zu verzahnen ist weiterhin dann nötig, wenn man Planungs- und Ausführungssysteme nicht getrennt betrachtet, sondern ein Gesamtsystem sieht, das eine Planungskomponente einschließt, deren Pläne im Sinne der Plandefinition 2 das Verhalten des Gesamtsystems beeinflussen. Dieses Gesamtsystem kann sich nicht *nicht verhalten;* allenfalls kann es sich entscheiden, untätig zu verharren. Dementsprechend ist der Plan, der das Verhalten des Gesamtsystems beeinflußt, nie fertig, sondern wird gleichzeitig entwickelt und benutzt, solange das Gesamtsystem existiert.

Pläne, die verzahnt erstellt und ausgeführt werden, sind bei Beginn der Planausführung im allgemeinen nicht korrekt – höchstens in einem Anfangsstück, mit dessen Ausführung gerade begonnen werden soll. Das hat wiederum erfreuliche Auswirkungen auf die Rechenzeit für die Planung, da jeweils nur ein kleiner Teil des Gesamtplans auf Ausführbarkeit geprüft werden muß; dadurch ist Planvalidierung also nicht nur von lediglich polynomieller Komplexität (s. 3.2), sondern muß nur noch auf kurze Planstücke angewendet werden.

Nebenbei gesagt kann für verzahnt erstellte und ausgeführte Pläne natürlich keine Optimalität garantiert werden, denn vorschnell ausgeführte Aktionen können sich später negativ auswirken. Wir halten das aber für unausweichlich, zumindest dann, wenn man Gesamtsysteme betrachtet, die permanent ihren „Lebensplan“ erweitern und gleichzeitig ausführen: Welche Aktion in welcher Situation „lebens“-global optimal gewesen wäre, ist allenfalls nach dem „Ableben“ des Systems zu entscheiden. Auch für Systeme also, die vollständige Bereichsinformation nicht voraussetzen, ist Begrenzt-Optimalität (s. 4.1) alles, was man erwarten kann. Das ist kein Wunder, denn Verzahnen von Planen und Ausführen erzeugt eine Zeitschranke für den Planer: die nächste Aktion muß klar sein, wenn die bisher geplanten ausgeführt sind.

Neue Fragen, die statt des Problems auftauchen, umfangreiche Pläne komplett zu validieren, sind beispielsweise diese: Wie weit muß ein Plan-Anfangsstück erstellt sein, damit man es ausführen kann, ohne allzu planloses Verhalten zu erreichen? Unter welchen Bedingungen kann man die begonnene Ausführung eines Planes stoppen, wenn man nach weiterer Planung einen insgesamt besseren gefunden hat, mit dem die Ausführung weitergehen sollte? Die letztere Frage spricht [34] unter dem Stichwort *plan-swapping* an, das ebenso [54] verwendet.

Exkurs: Nutzen für Kognitionsorientiere Planungsmodelle

Wir vermuten, daß Verständnis der genannten Einschränkungen, Anforderungen und ihrer Kombinationsmöglichkeiten auch dabei helfen kann, kognitionsorientierte Planungsmodelle zu entwickeln und zu bewerten, zumindest soweit diese Modelle symbolorientiert sind. Diese Vermutung wollen wir kurz plausibel machen. Wer an diesem Kurz-Exkurs ins kognitionsorientierte Planen nicht interessiert ist, kann nach Abschnitt 5 springen.

Wir haben den Eindruck, daß die bekannten Einschränkungen des klassischen Planens im kognitionsorientierten Planen nicht in allen Fällen berücksichtigt werden. Folge davon ist, daß manche Planungs-Theorie weniger allgemein ist als sie gemeint war. Nehmen wir als Beispiel Funkes [12] Planungs- bzw. Problemlösungsmodell.[10] Es unterscheidet die beiden Begriffe Planen und Problemlösen, wobei, salopp gesagt, Planen das relativ direkte Erstellen eines Plans leistet und Problemlösen dann einsetzt, wenn Schwierigkeiten dabei auftauchen. Planen wird unterteilt in Planerstellen und Planausführen. Hier sehen wir einen ersten kritischen Punkt: Über die Verzahnung dieser beiden Prozesse ist nichts gesagt, also treten alle in 4.2 skizzierten Probleme mit der Trennung auf.

Beim Planen unterscheidet Funke die fünf Teilleistungen

- Abfolgen von Operatoren erkennen, also Validieren, ob zwischen zwei Operatoren Abhängigkeiten bestehen;
- Randbedingungen an den Plan erkennen, beispielsweise Randbedingungen bezüglich des Verbrauchs von Ressourcen bei Planausführung;
- Zwischenziele bilden, also Zerlegung des Planungsproblems;
- Alternativen verfügbar machen, also vorsorgen für den Fall, daß Teile des primär auszuführenden Plans bei Ausführung scheitern sollten; und
- Angemessene Auflösung wählen, also Grenzen für die Planungstiefe und -weite setzen. (Hierdurch könnte man zumindest Teile der Verzahnung von Planen und Ausführen erreichen.)

Hier sehen wir den zweiten kritischen Punkt. Es ist nicht vorgesehen, daß der Planer beispielsweise darüber reflektiert, wieviel Planungszeit noch verbleibt: es ist also anscheinend Ressourcenunabhängigkeit des Planers vorausgesetzt; weiterhin ist nicht vorgesehen, daß der Planer seine Planziele in dem Sinn reflektiert, Inkonsistenzen aufzudecken oder Prioritäten zu setzen: es scheint also vorausgesetzt zu sein, daß alle Ziele direkt erreichbar sind. Beides sind offenbar Alltagsphänomene, und beide Phänomene werden in der Literatur über kognitionsorientierte Planung behandelt (z.B. [9, „Zeitstress"], [16]).

Wie auch immer die Zusammenarbeit dieser Teilleistungen organisiert wird, sind also Alltagsphänomene wie Planen unter Zeitdruck oder Umgang mit widersprüchlichen Zielen unter einem Modell der Erstellung, Ausführung und Verwendung von Plänen direkt nicht subsumiert, das genau diese fünf Teilleistungen

[10] Es sei darauf hingewiesen, daß wir dieses Modell deshalb als Beispiel verwenden, weil wir es trotz der daran geäußerten Kritik vor dem Hintergrund des Ingenieur-Planens für vergleichsweise plausibel und sinnvoll halten.

umfaßt, Deshalb ist ein solches Modell natürlich nicht falsch oder sinnlos – um Umgang mit Plänen in einer vorausgesetzten Test-Umgebung zu beschreiben, mag es völlig adäquat sein. Weiterhin behaupten wir nicht, daß das Modell nicht entsprechend erweitert werden könnte. Es kommt uns hier nur darauf an: das Verständnis von Einschränkungen und Anforderungen im ingenieurorientierten Planen kann unmittelbar dabei helfen, Modelle des (symbolorientierten) kognitiven Planens zu bewerten bzw. zu formulieren.

5 Fazit: Themen im ingenieurorientierten Planen

Ausgangspunkt dieses Textes ist, daß wir unter ingenieurorientiertem Planen nicht einfach das Komplement von eindeutig kognitionsorientiertem verstehen, sondern damit einen gewissen Anspruch verbinden wollen. Wir haben dann die eigentlich weder besonders originelle noch besonders tiefsinnige Forderung aufgestellt, Techniken und Prozeduren fürs Planen zu charakterisieren entlang der Einschränkungen an den Anwendungsbereich, die sie voraussetzen, und der Anforderungen an Planer und Pläne, die sie erfüllen. Wir haben gezeigt, daß eine solche Charakterisierung in vielfältiger Weise sinnvoll sein kann, daß aber die entsprechenden Einschränkungen und Anforderungen nicht befriedigend geklärt und untersucht sind. Das zu tun, halten wir für die derzeit wesentliche, alle anderen wichtigen Aufgaben berührende Aufgabe, wenn man KI-Planung in unserem Verständnis von Ingenieurorientierung weiterbringen will. Auch für die eher akademische Aufbereitung des Gebiets halten wir eine solche Charakterisierung übrigens für fruchtbar, weil sie es besser strukturiert als Scheinalternativen wie klassisch vs. nicht-klassisch oder reflektiv (*deliberative*) vs. reaktiv.

Eine Klasse von Aufgaben haben wir zusammengefaßt unter dem Etikett „Ankopplung von Planungs-Basistechniken an Bereichsspezifika". Das umfaßt Aufgaben wie Wissensakquisition, Bereichsmodellierung, Benutzerschnittstellenbau – vielleicht auch Bau von Erklärungskomponenten – für Planer, und zwar für Planer mit einer engen Charakteristik von Einschränkungen und Anforderungen, da wir an die „großen generischen Planer" nicht (mehr) glauben. Abgesehen davon, daß er für den Bau von Anwendungssystemen offensichtlich wichtig ist, ist dieser Bereich auch bezüglich theoretischer Ergebnisse im wesentlichen Neuland, also vermutlich auch wissenschaftlich ergiebig.

Es bleibt natürlich das ein wichtiger Bereich von Aufgaben, was zur Zeit sowieso im Planen geschieht: Planungstechniken und -prozeduren zu untersuchen, die andere als die klassischen Charakteristiken aufweisen. Wir wünschten uns nur, es würden nicht nur diese Techniken und Prozeduren jeweils sauber beschrieben, sondern auch, was nun *genau* die Einschränkungen und Anforderungen sind, die aufgehoben oder verändert werden, und welche bestehenbleiben.

Wir vermuten stark, daß das Bild, das wir vom Arsenal der Techniken und Prozeduren zum Planen entworfen haben, zu ideal ist, um wahr zu sein: alles sauber nach orthogonalen Merkmalen klassifiziert, einsortiert und auf Kombinierbarkeit untersucht. Wahrscheinlich ist die Welt im Detail einfach nicht so.

Doch denken wir, das Gebiet Planen könnte davon profitieren, zu verstehen, wie weit dieses Idealbild leitet – und wo es warum nicht weiterführt.

Literatur

1. P.E. Agre. *The Dynamic Structure of Everyday Life.* Dissertation, MIT Artificial Intelligence Laboratory, 1988.
2. C. Bäckström und I. Klein. Parallel non-binary planning in polynomial time. In *Proc. IJCAI-91*, S. 268–273, San Mateo, CA, 1991. Morgan Kaufmann.
3. T. Bylander. Complexity results for planning. In *Proc. IJCAI-91*, S. 274–279, San Mateo, CA, 1991. Morgan Kaufmann.
4. D. Chapman. Planning for conjunctive goals. *J. Art. Intell.*, 32:333–377, 1987.
5. C.H. Coulon, F. van Harmelen, W. Karbach und A. Voß. Controlling generate & test in any time. In H.J. Ohlbach (Hrsg.), *GWAI-89 – 16th German Workshop on Artificial Intelligence*, Berlin, 1993. Springer.
6. K. Currie und A. Tate. O-plan: The open planning architecture. *J. Art. Intell.*, 52(1):49–86, 1991.
7. T.L. Dean und M. Boddy. An analysis of time-dependent planning. In *Proc. AAAI-88*, S. 49–54, 1988.
8. J. Dorn und R. Shams. An expert system for scheduling in a steelmaking plant. In *Proc. World Congress on Expert Systems (Orlando, Florida)*, S. 395–404, 1991.
9. D. Dörner. *Die Logik des Mißlingens. Strategisches Denken in komplexen Situationen.* Rowohlt, Reinbek, 1989.
10. R.E. Fikes und N.J. Nilsson. STRIPS: A new approach to theorem proving in problem solving. *J. Art. Intell.*, 2:189–208, 1971.
11. R.J. Firby. Building symbolic primitives with continuous control routines. In *[17]*, S. 62–69, 1992.
12. J. Funke und A.-S. Glodowski. Planen und Problemlösen: Überlegungen zur neuropsychologischen Diagnostik von Basiskompetenzen beim Planen. *Zeitschrift für Neuropsychologie*, 1(2):139–148, 1990.
13. T. Gordon, J. Hertzberg und A. Horz. qwertz. A toolbox for building AI planners. in Vorbereitung.
14. C. Green. Application of theorem proving to problem solving. In *Proc. IJCAI-69*, S. 219–239. Morgan Kaufmann, 1969.
15. G. Große und R. Waldinger. Towards a theory of simultaneous actions. In J. Hertzberg (Hrsg.), *European Workshop on Planning. EWSP'91, Proceedings*, S. 78–87. Springer (LNAI Bd. 522), 1991.
16. B. Hayes-Roth und F. Hayes-Roth. A cognitive model of planning. *Cogn. Sci.*, 3:275–310, 1979.
17. J. Hendler (Hrsg.). *Artificial Intelligence Planning Systems: Proceedings of the First International Conference (AIPS92)*, San Mateo, CA, 1992. Morgan Kaufmann.
18. J. Hertzberg und A. Horz. Towards a theory of conflict detection and resolution in nonlinear plans. In *Proc. IJCAI-89*, S. 937–942, 1989.
19. J. Hertzberg. *Planen. Einführung in die Planerstellungsmethoden der Künstlichen Intelligenz.* BI Wissenschaftsverlag, Mannheim u.a., 1989.
20. J. Hertzberg und S. Thiébaux. Turning an action formalism into a planner—A case study. Technical Report 738, IRISA, Rennes, 1993. Eingereicht zur Publikation.

21. S. Hölldobler und J. Schneeberger. A new deductive approach to planning. *New Generation Computing*, 8:225–244, 1990.
22. A. Horz (Hrsg.). *Beiträge zum 7. Workshop "Planen und Konfigurieren"*. Arbeitspapiere der GMD Nr. 723, January 1993.
23. A. Horz. Relating classical and temporal planning. In *[22]*, S. 63–73, 1993.
24. E. Jacopin, C. Le Pape und J.F. Puget. A theoretical analysis of the "uselessness" of White Knights. Technical Report Rapport Technique 27/92, LAFORIA, 1992.
25. R. Kowalski. *Logic for Problem Solving*. Elsevier, New York, 1979.
26. K. Krebsbach, D. Olawsky und M. Gini. An empirical study of sensing and defaulting in planning. In *[17]*, S. 136–144, 1992.
27. V. Lifschitz. On the semantics of STRIPS. In M.P. Georgeff und A.L. Lansky (Hrsg.), *Proc. 1986 Workshop Reasoning about Actions and Plans, Timberline, OR*, S. 1–9, Los Altos, 1987. Morgan Kaufmann.
28. F. Mädler. Problemzerlegung als optimalitätserhaltende Operatorabstraktion. In T. Christaller (Hrsg.), *Proc. GWAI-91*, S. 74–83. Springer, Informatik-Fachberichte Bd. 285, 1991. Nachgedruckt in: KI, Heft 2/1992.
29. F. Mädler. Towards structural abstraction. In *[17]*, S. 163–171, 1992.
30. Z. Manna und R. Waldinger. How to clear a block: Plan formation in situational logic. *J. Autom. Reasoning*, 3:343–377, 1987.
31. D. McAllester und D. Rosenblitt. Systematic nonlinear planning. In *Proc. AAAI-91*, S. 634–639, 1991.
32. D. McDermott. Regression planning. *Int. J. Intell. Syst.*, 6(4):357–416, 1991.
33. D. McDermott. Robot planning. *AI Magazine*, 13(2):55–79, 1992.
34. D. McDermott. Transformational planning of reactive behavior. Technical Report YALEU/CSD/RR#941, Yale University, December 1992.
35. S. Minton, M. Drummond, J.L. Bresina und A.B. Philips. Total order vs. partial order planning: Factors influencing performance. In *Proc. KR'92*, S. 83–92, San Mateo, CA, 1992. Morgan Kaufmann.
36. B. Nebel und C. Bäckström. On the computational complexity of temporal projection and plan validation. In *Proc. AAAI-92*, San Mateo, CA, 1992. Morgan Kaufmann.
37. B. Nebel und J. Köhler. Plan modification versus plan generation: A complexity-theoretic perspective. In *[22]*, S. 7–17, 1993. Überarbeitete Version erscheint in Proc. IJCAI-93.
38. A. Newell. Physical symbol systems. *Cogn. Sci.*, 4:135–183, 1980.
39. A. Newell, J.C. Shaw und H.A. Simon. Report on a general problem solving program. In *Proc. Intern. Conf. on Inf. Processing (ICIP)*, 1959.
40. E.P.D. Pednault. Synthesizing plans that contain actions with context-dependent effects. *J. Comp. Intell.*, 4:356–372, 1988.
41. F. Puppe. *Problemlösungsmethoden in Expertensystemen*. Studienreihe Informatik. Springer, 1990.
42. M.D. Ringle (Hrsg.). *Special Issue: Situated Action*, Bd. 17(1) *Cogn. Sci.* 1993.
43. S. Russell und E. Wefald. *Do the Right Thing. Studies in Limited Rationality.* MIT Press, Cambridge, Massachusetts, 1991.
44. E.D. Sacerdoti. Planning in a hierarchy of abstraction spaces. *J. Art. Intell.*, 5(2), 1974.
45. E.D. Sacerdoti. *A Structure for Plans and Behavior.* Elsevier/North Holland, 1977.

46. M.J. Schoppers. *Representation and Automatic Synthesis of Reaction Plans.* Dissertation, Dept. of Computer Science, Univ. of Illinois at Urbana-Champaign, 1989. also as Tech. Rep. UIUCDCS-R-89-1546.
47. H. A. Simon. *Administrative Behavior. A Study of Decision-Making Processes in Administrative Organizations.* Free Press, New York, 3. Aufl., 1976. Original: New York (Macmillan) 1947.
48. W. Slany, C. Stary und J. Dorn. Vague data management in production process scheduling applied to high-grade steelmaking. In *[17]*, S. 214–221, 1992.
49. W. Stephan und S. Biundo. A new logical framework for deductive planning. In *[22]*, S. 27–38, 1993. Überarbeitete Version erscheint in Proc. IJCAI-93.
50. L. Suchman. *Plans and Situated Actions.* Cambridge University Press, Cambridge, 1987.
51. G. Sussman. *A Computer Model of Skill Acquisition.* Elsevier, New York, 1975.
52. A. Tate. Generating project networks. In *Proc. IJCAI-77*, S. 888–893, San Mateo, CA, 1977. Morgan Kaufmann.
53. J.D. Tenenberg. Abstraction in planning. In J. Allen, H. Kautz, R. Pelavin und J. Tenenberg (Hrsg.), *Reasoning about Plans*, Kap. 4, S. 213–283. Morgan Kaufmann, 1991.
54. S. Thiébaux. Anytime reaction planning in probabilistic logic. Master's thesis, Florida Institute of Technology, June 1992.
55. R. Waldinger. Achieving several goals simultaneously. *Mach. Intell.*, 8:94–136, 1977.
56. D. Wilkins. *Practical Planning. Extending the Classical AI Planning Paradigm.* Morgan Kaufmann, San Mateo, CA, 1988.

Entwicklungstendenzen und Anwendungen symbolischer Lernverfahren in der Robotik

R.Dillmann
Institut für Prozeßrechentechnik und Robotik
Universität Karlsruhe
Kaiserstraße 12
76128 Karlsruhe

1. Einleitung

Im Gegensatz zu heutigen weit verbreiteten Industrierobotern sollen zukünftige autonome Roboter in der Lage sein, auf unerwartete, unsichere und/oder unbekannte Ereignisse zu reagieren und zielgerichtet zu interagieren. Dies soll entweder durch Parameteranpassung oder durch zusätzliche Analyse- und Planungsaktivitäten geschehen. Ein autonomes System sollte daher in Szenarien agieren können, die nicht vollständig modelliert vorliegen, oder für die überhaupt kein Modell a priori zur Verfügung steht. Eine weitere wichtige Anforderung für zukünftige autonome Systeme ist daher, daß sie in der Lage sind, aus eigenen gemachten Erfahrungen zu lernen, und ihr Wissen auf möglichst einfache Art z.B. durch Experimentieren oder durch Benutzerinteraktion zu akquirieren.
Seit Mitte der 80er Jahre wird auf dem Gebiet des Maschinellen Lernens intensiv an Algorithmen und Wissensrepräsentationen gearbeitet, die als Grundlage für lernende Systeme eingesetzt werden können. Dazu zählen sowohl symbolische Lernverfahren, deren Wissen in expliziter, symbolischer und dem menschlichen Benutzer verständlicher Form repräsentiert

sind, als auch subsymbolische Verfahren, wie künstlich neuronale Netze oder genetische Algorithmen, deren Information z.B. als Gewichtsmatrix gespeichert ist.

Ein wichtiges Anwendungsgebiet von Verfahren maschinellen Lernens ist die Robotik. Häufig wird als eigentliches langfristiges Ziel in der KI die Entwicklung autonomer lernender Robotersysteme genannt. Man findet daher oft in Beiträgen zu zukünftigen Robotersteuerungsarchitekturen eine Lernkomponente, deren Struktur und Arbeitsweise aber selten detailliert beschrieben wird. Ein wesentlicher Grund hierzu ist, daß bisher erst sehr wenige effiziente Anwendungen von Lernverfahren in der Robotik existieren sowie eine Diskrepanz zwischen den meist einfachen typischen Beispielfragestellungen des Maschinellen Lernens und der Komplexität der Aufgaben beim Einsatz eines Roboters oder auch mobilen Fahrzeugs auftritt.

In diesem Beitrag wird der Stand der Forschung und Entwicklung bei der Anwendung symbolischer und subsymbolischer Lernverfahren in der Robotik als Überblick aufgezeigt und Forderungen nach einer integrierten Lernarchitektur skizziert.

2. Methoden des maschinellen Lernens

Bisher wurde maschinelles Lernen im Kontext von KI-Anwendungen überwiegend als eine Methode zum Wissenserwerb für regelbasierte Systeme betrachtet. Diese Sicht schränkt potentielle Anwendungsbereiche in der Robotik sowie Erweiterungsideen von Lernmethoden unnötig ein. Betrachtet man die Definition lernender Systeme nach /Fu 1971/:

"Ein System wird als lernend bezeichnet, wenn es in der Lage ist, unbekannte Eigenschaften eines Prozesses oder seiner Umgebung durch schrittweises Handeln und Beobachten zu erfassen. Die dadurch gewonnene Erfahrung wird benutzt um Vorhersagen, Klassifikationen und Entscheidungen durchzuführen, damit ein vorgegebenes optimales Systemverhalten erreicht werden kann.",

dann wird neben der Wissensakquisition auch eine Verbesserung des Systemverhaltens als Lernziel definiert. Lernmethoden können daher auch generell als Verfahren zur Ergänzung anderer Methoden oder auch Systeme gesehen werden. Induktive und deduktive Schlußfolgerungsmethoden können in durchaus unterschiedlichen Problemfeldern angewandt werden. Die Integration von Lernfähigkeit in ein Wisseserwerbssystem hängt daher von der Art des betrachteten Prozeß oder Sachverhalt sowie den Handlungen, Beobachtungen und auch Erfahrungen ab. In der Robotik bieten sich eine große Zahl von Wissenserwerbsmöglichkeiten an. Die im Folgenden angesprochenen Lernverfahren richten sich nach den üblichen in der Literatur oft zu findenden Klassifikationesschemata. Das Problem des Lernens von Begriffen und Strukturbeschreibungen von Objekten, Sachverhalten oder Situationen ist das am häufigsten behandelte Problem in der Literatur. Es existieren zahlreiche Arbeiten dazu. Andere Arbeiten betreffen das Lernen von zeitlich gegliederten Aktionsplänen z.B. für Roboter oder Diagnosewissen. Zusammenfassend wird für diese Lernziele das in der KI übliche englische Wort "concept" benutzt, das im Folgenden nicht ganz korrekt als "Konzept" ins deutsche übersetzt wird. Lernen von Konzepten hängt stark von dem vorhandenen apriori Wissen ab. Sind Beispiele oder Beobachtungen vorgegeben, erscheinen induktive Lernmethoden als gut geeignet. Liegt vollständiges bereichsspezifisches Wissen vor, erweisen sich deduktive Methoden als erfolgsversprechend. Im Falle umfangreichen Wissens bezüglich der vorliegenden Beispiele, läßt sich dieses über analoge Schlußfolgerungen auf neue Situationen übertragen. Aus der Kombination von Beispielen, partiellem bereichsspezifischem Wissen und mehrstufigen Schlußfolgerungen können effiziente Induktionsverfahren aus der Integration mehrerer Inferenzmechanismen hergeleitet werden.

In Eränzung zu der Klassifikation von Lernverfahren nach der ihnen zugrunde liegenden Schlußfolgerungsmethode (induktive Verfahren, deduktive Verfahren, Mischformen) wird häufig eine Unterscheidung in symbolische und subsymbolische Lernverfahren vorgenommen. Von ihrem Basisverfahren her sind die meisten subsymbolischen Ansätze induktive Lernverfahren. Während die symbolischen Verfahren auf explizitem Wissen operieren, das auch zur Kommunikation mit dem Benutzer verwendet werden kann, manipulieren subsymbolische Verfahren im wesentlichen Informationen, die für den Benutzer keine explizite Bedeutung haben

(Gewichte in einem Netz, Übergangswahrscheinlichkeiten in Automaten, etc,). Typische Repräsentationen, die in symbolischen Verfahren manipuliert oder erzeugt werden, sind aussagen- oder prädikatenlogische Ausdrücke, Regeln, Entscheidungsbäume, semantische Netze, Gleichungen, Frames und Grammatiken.

3. Induktive Lernmethoden

Induktive Lernverfahren stellen bezüglich ihrer Anzahl und Anwendungen die größte Gruppe maschineller Lernmethoden in der Robotik dar. Algorithmen und Methoden zum Lernen von Konzepten werden seit Jahren insbesondere im Zusammenhang mit KI - Projekten vorgeschlagen. In allen Fällen werden die gelernten Konzeptbeschreibungen durch eine symbolische Sprache repräsentiert, die auf Logik erster Ordnung (INDUCE, SMART, BLIP), Entscheidungsbäumen (ID3), Frames oder semantischen Netzen (KLUSTER) beruhen. Die Konzeptbeschreibungen werden benutzt, um neue Beispiele zu klassifizieren und zukünftige Ereignisse oder Merkmale vorherzusagen. Induktive Lernverfahren nutzen entweder Beispiele und Gegenbeispiele oder stützen sich auf Beobachtungen ab. Der wesentliche Unterschied besteht darin, daß Beispiele und Gegenbeispiele explizit Hinweise über die Zugehörigkeit zu dem zu lernenden Konzept geben (überwachtes Lernen), während Beobachtungen zunächst symbolisch ausgewertet werden müssen (unüberwachtes Lernen), um auf Konzepte schließen zu können. Ein Vergleich der wichtigsten induktiven Lernverfahren wird von Kreuziger in /Kreuziger 1991/ gegeben. Eine hierzu implementierte Sammlung von Lernalgorithmen, sowie ein vorgegeber Problembereich diente hierzu als Grundlage.

3.1 Lernen von Konzeptbeschreibungen aus Beispielen

Heute sind zahlreiche Systeme vorhanden, die nach der Strategie -Lernen aus Beispielen- arbeiten. Sie reichen von den ersten klassischen Ansätzen bis zu neueren Systemen, die beispielsweise vohandenes Bereichswissen nutzen und neue Terme in die Repräsentationssprache einfügen können. Der grundlegende Algorithmus für Lernen aus Beispielen kann beschrieben werden als top-down Spezialisierung einer Menge von Beispielen, indem in der Beispielmenge nach geeigneten Merkmalen zur Strukturierung der Beispielmenge gesucht werden. Ziel ist die Erstellung von Teilmengen aus Beispielen des gleichen Konzepts (conceptual clustering). Die Klassifikation der Beispiele wird durch den Benutzer oder durch ein anderes System vorgegeben (überwachtes Lernen). Die Eignung der gefundenen Konzeptbeschreibung kann statistisch beschrieben werden. Dieser Vorgang kann auch als Lernen von Funktionen zur Bestimmung der Nützlichkeit des Konzepts aufgefaßt werden. Anstelle der top-down Spezialisierung kann auch eine bidirektionale Strategie gewählt werden, in der die top-down Strategie mit einer bottom-up Verallgemeinerungsstrategie kombiniert wird, und zwar so lange, bis beide Prozesse zu dem gleichen Konzept führen. Sind einmal die Regeln zur Erkennung der Merkmale gefunden, können unklassifizierte Beispiele automatisch klassifiziert werden.

Erweiterungen dieser Grunstrategien können in der Literatur gefunden werden. Michalski beschreibt in /Michalski 1986/ eine 2-Ebenen Repräsentationsmethode für Konzepte, um den beschreibenden prototyphaften Teil eines Konzepts von seiner Interpretation zu trennen. Diese beschreibt die Art in der Beispiele mit dem Konzept verglichen werden. Eine wichtige Methode zur Charakterisierung von Konzepten besteht in der Nutzung disjunktiver Konzeptbeschreibung zur besseren Eingrenzung.

Lernen in verrauschter Umgebung ist typisch bei technischen Anwendungen von Robotersystemen oder deren Einsatz in natürlicher Umgebung. Rauschen erschwert maschinelles Lernen ungemein, aber führt im Falle einer erfolgreichen Lösung zu einem erhöhten Nutzen von lernenden Systemen. Verrauschte Daten sind Beispiele fehlklassifizierter Beispiele. Eine geringe Anzahl fehlklassifizierter Beispiele sollte nicht ein System davon abhalten können, einen Regelsatz zu finden, der ein Konzept für die meisten aller Fälle finden kann. Dieser Gesichtspunkt wurde in Systemen wie beispielsweise ID3 /Quinlan 1986/ besonders berücksichtigt. ID3 lernt effiziente Entscheidungsbäume um Objekte klassifizieren zu

können. SMART lernt strukturierte Beschreibungen komplexer Objekte, die auf Graphenstrukturen beruhen.
Das gleiche Problem wird von Kodratoff in /Kodratoff 1987/ behandelt, worin Methoden zur Erkennung und zur Behandlung von Rauschen bei der Strategie - Lernen aus Beispielen - diskutiert werden. In einigen Fällen zeigen Ausnahmen bezüglich einer Regel nicht Rauschen sondern die Notwendigkeit der Verfeinerung dieser Regel an. Das System BLIP zieht ein Plausibilitätskriterium heran, das anzeigt, ob die Menge von Ausnahmesituationen als verrauschte Daten interpretiert werden sollen oder ob eine Verfeinerung der Regelmenge erforderlich ist. Andere Systeme adressieren ähnliche Probleme mit einfacheren Mitteln.

3.2 Konzeptuelle Ballungsverfahren

Lernen aus Beobachtungen oder auch unüberwachtes Lernen ist die ehrgeizigste und langwierigste Form maschineller Lernverfahren, die für autonome Systeme in unbekannter Umgebung große potentielle Bedeutung erlangt hat. Sie wird derzeitig aus hauptsächlich 3 Richtungen untersucht. Diese lassen sich zusammenfassen zu -Generierung von Konzepten durch konzeptuelle Ballungsverfahren-, -Generierung von Theorien- und -quantitatives Entdecken-. Im Gegensatz zu Lernen aus Beispielen ist die konzeptuelle Ballung eine bottom-up Methode die Mengen von Beispielgruppen generiert und diese in einer Hierarchie anordnet. Michalskis erster Ansatz zu konzeptueller Ballung führte zu CLUSTERT/2 /Michalski 1983/. Dieses führte zu der Einführung von Hintergrundwissen und Klassifikationszielen, die in zielabhängigen Netzwerken kodiert wurden, um bedeutsamere Ballungen konstruieren zu können. Das neue System CLUSTER/S /Stepp 1987/ enthält einen konjunktiven konzeptuellen Ballungsalgorithmus für strukturierte Beispiele. UNIMEM /Lebowitz 1987/ ist ein System, das inkrementell Beispiele in überlappende konzeptuelle Kategorien unterteilt, indem es prädiktive Merkmale nutzt. DISCON /Langley 1984/ basiert auf hierarchischer Ballung bei einer vorgegebenen Menge relevanter Attribute.

COBWEB /Fisher 1987/ ist ein konzeptuelles Ballungssystem, das Daten generiert und manipuliert, um die Fähigkeit des Schließens zu verbessern. Während die genannten Systeme baumähnliche Hierarchien aufbauen, erzeugt KLUSTER eine Gitterstruktur im Rahmen des Repräsentationsformalismus von KL-ONE . Dies ermöglicht somit Kreuz-Klassifikationen. Konzeptuelle Ballung kann mit der Technik des Lernens aus Beispielen realisiert werden. Der Unterschied besteht jedoch darin, daß keine Klassifikation durch den Benutzer vorgegeben werden muß. Die relevanten Relationen bzw. Merkmale müssen jedoch in der Datenstruktur berücksichtigt werden. Ansonsten ist es auch für konzeptuelle Ballungsverfahren nicht möglich, konzeptuelle Strukturen aufzufinden.

4. Deduktive Methoden

Bei deduktiven oder auch analytischen Lernverfahren wird im Gegensatz zu induktivem Lernen versucht, bereits in der Wissensbasis implizit vorhandenes Wissen zu analysieren und auf eine explizite effektive Form zu transformieren (deduzieren). Die Arbeitsweise eines Problemlösers besteht üblicherweise im Ableiten expliziter Informationen, die implizit in der Wissensbasis vorliegen. Die kann um so effizienter erfolgen, wenn es gelingt auf Teile oder auf Gesamtlösungen, die zuvor bereits einmal erfolgreich genutzt wurden, zurückzugreifen. Eine Wiederholung der gleichen Inferenzfolge kann somit vermieden werden. Der am besten untersuchte Ansatz zu deduktivem Lernen ist EBL (explanation based learning) und wurde schon früh von Mitchell in /Mitchell 1986/ und De Jong in /De Jong 1986/ vorgestellt. Vorgegeben ist eine meist als konsistent und vollständig angenommene Bereichstheorie (z.B. Diagnosewissen) und wenige Beispiele. Durch eine gerechtfertigte Generalisierung, die Transformation von Wissen, das Erzeugen von Makrooperatoren oder das Erzeugen von Kontrollwissen soll die Leistungsfägihkeit des Systems verbessert werden. Im Gegensatz zu induktiven Verfahren ist die Anwendung deduktiver Verfahren wahrheitserhaltend.
Ein Schwerpunkt erklärungsbasierter Verfahren bildet die Klasse der Systeme, die Makrooperatoren zur Reduktion der Planungskomplexität eines Problemlösers lernen (z.B. Montageplanungsprobleme oder Routenplanungsprobleme in der Robotik). Eingabe ist eine

lineare oder baumartig strukturierte Sequenz von Operatoren, die die Lösung einer Planungsaufgabe repräsentieren. Sie wird von dem Lernsystem in einen neuen Operator überführt, der auch als Makrooperator oder "Chunk" bezeichnet wird. Allerdings ist dabei jeweils die Nützlichkeit des neuen Makrooperators bezogen auf das anliegende Problem zu überprüfen.

Konstruktive Deduktion ist ein wissensbasierter Prozeß, der Beschreibungen einer Repräsentation in eine besser geeignete andere überführt und dabei die relevanten Informationen erhält. Abstraktion ist eine konstruktive Deduktion, die eine detaillierte Beschreibung in eine abstraktere überführt, ohne den Wahrheitsgehalt der vorhandenen Relationen zu verändern. Die Abstraktion reduziert die ursprüngliche Beschreibung auf die zum Erreichen eines Ziels relevanten Merkmale. Im Gegensatz zur Abstraktion generalisiert die deduktive Generalisierung eine Beschreibung durch Anwendung logischer Regeln, überführt sie aber nicht in eine andere Repräsentation. Wie die Abstraktion ist auch die deduktive Generalisierung wahrheitserhaltend.

4.1 Lernen aus Analogie - Integration mehrer Methoden

Eine Kombination von induktiven und Deduktiven Komponenten bildet das Lernen aus Analogien. Dabei soll eine Lösung für ein neues Problem oder eine Aufgabe gefunden werden, die in einer Wissensbasis bereits angewandt auf einen ähnlichen Fall vorliegt, und die auf das neue Problem angewandt in modifizierter Form zum Erfolg führt. Hierzu ist eine Ähnlichkeitsmetrik von Nutzen, die die Ähnlichkeit zweier Probleme aufzeigen kann. Für ein gefundenes ähnliches Problem und seine Lösung muß eine Ähnlichkeitsabbildung definiert werden, mit der die Transformation des Wissens erfolgen kann. In einem letzten induktiven Schritt wird dann das erfolgreich übertragene Wissen auf Konsistenz zu dem Gesamtwissen hin überprüft und in die Wissensbasis als neu gelerntes Wissen eingetragen.

Lernen aus Analogien integriert mehrere Lernkomponenten, um Generalisierungen, Spezialisierungen auf eine größere Problemklasse wahrheitserhaltend anwenden zu können.

Das bekannteste, auf mehreren Lernmethoden basierende System, das in der Lage ist heuristisches Steuerungswissen zu akquirieren, ist möglicherweise das System PRODIGY, das an der Carnegie Mellon University entwickelt wurde, um Planungsaufgaben aus dem Bereich Robotik zu unterstützen. Das System beinhaltet zahlreiche Lernmethoden, die von EBL, analogem Schließen bis hin zur Abstraktion reichen. Die Integration von induktiven und EBL Methoden und möglichen Interaktionen dazwischen wurden von Lebowitz in /Lebowitz 1986/ eingehend untersucht. Andere Systeme die mehrere Lernverfahren integrieren sind BLIP und DISCIPLE . Die Integration von induktivem und deduktivem Schlußfolgern ist eine sehr wichtige form des integrierten Schließens. Es ermöglicht das sogenannte wissesintensive Lernen wie zum Beispiel das System CHARADE. Es ist in der Lage, Produktionsregeln aus einer Menge von Beispielen, einer Menge von Axiomen und einer Berschreibungssprache zu lernen. ML - SMART als weiteres Beispiel wurde erweitert, um große Mengen bereichsspezifischen Wissens zu Lernzwecken zu nutzen. BLIP benutzt eine Inferenz Maschine um negative Beispiele zu erzeugen. Diese werden für Konsistenzprüfungen, zur Vermeidung von inkonsistenten Hypothesen und zur Ermittlung der Konsequenzen im Falle neuer Regeln eingesetzt. Die über Induktion gefundenen neuen Regeln werden unmittelbar durch eine deduktive Inferenzmaschine angewandt und überprüft. Somit kann ein geregeltes Lernen erzielt werden. Aus positiven und negativen Beispielen können auch inkrementell konjuktive Systemkonzepte abgeleitet werden. Solche Beschreibungen sind geeignet, um eine erweiterte Bereichstheorie zu generieren , die durch konstruktive Induktion auf weitere zukünftige Lernaufgaben angewandt werden kann.

5. Subsymbolische Ansätze

Eine alternative Sichtweise induktiven Lernens liegt bei subsymbolischen Lernverfahren vor, wie sie bei dem Einsatz neuronaler Netze verfolgt wird. Neuronale Netze unterscheiden sich in der Art, wie Informationen des zu lösenden Problems gehandhabt werden. Zum einen unterscheidet man sogenannte überwachte Ansätze, bei denen vollständige Zielinformationen in Form von Eingabe-Ausgabe Paaren gelernt werden. Ziel eines solchen Lernvorgangs ist die Konstruktion einer Abbildungsvorschrift von Eingabevektoren auf die gewünschten

Ausgabevektoren sowie deren Verallgemeinerung. Unüberwachtes Lernen liegt zum anderen dann vor, wenn keine explizite Information bezüglich eines betrachteten Problems vorliegt, und zunächst durch Ballungsmethoden relevante Merkmale der eingegebenen Beispiele gefunden werden müssen, um eine Klassenbildung zu ermöglichen. Das in der Literatur mit "Reinforcement Learning" liegt dann vor, wenn durch Gewichtungsfunktionen die Güte der zugeordnten Eingabe- und Ausgabevektoren bewertet wird. Die Generierung der Abbildung von Eingabe- auf Ausgabevektoren erfolgt dann unter dem Gesichtspunkt der Maximierung der Gütefunktion. Auf eine Vorstellung der Arbeitsweise neuronaler Netze sei an dieser Stelle verzichtet und auf die umfangreiche aktuelle Literatur verwiesen. Ein Vergleich bezüglich der Frage, ob symbolische Ansätze subsymbolischen Lernverfahren überlegen sind, ist nicht sinnvoll, da bei beiden Methoden komplementäre Paradigmen zugrunde liegen und daher eher eine Kombination bzw. eine Integration beider Methoden in eine Lernarchitektur sinnvoll ist. Bedingt durch die implizite Parallelität neuronaler Netze liegt ihre Eignung für Realzeitanwendungen auf der Hand. Fehlertolerantes Verhalten kann durch die redundante Speicherung von Wissen in den Netzen erzielt werden. Durch induktive Lernstrategien kann die Fähigkeit zur Selbstorganisation erzielt werden. Das Erkennen von Mustern und Ähnlichkeiten sowie die Fähigkeit Beispiele auf implizite Regeln zu verallgemeinern öffnet ein weites Anwendungsfeld für subsymbolische Lernverfahren sofern auf explizites Wissen oder Verhaltenserklärungen verzichtet werden kann.

Neuronale Netze werden in der Robotik überwiegend zur Signalverarbeitung, Merkmalsextraktion oder aber auch zu Planungsaufgaben wie Navigation, Routenplanung aber auch zur Steurung kinematischer Ketten angewandt. In /Connell 1993/ werden zahlreiche Anwendungen von subsymbolischen Lernverfahren am Beispiel autonomer mobiler Roboter aufgezeigt.

6. Lernziele in der Robotik

Typische Aufgaben, die ein intelligenter Roboter bearbeiten soll, reichen von kollisionsfreien sensorgeführten Bewegungen, Greifoperationen, Montagesequenzen bis hin zu komplexen

Aufträgen wie die Wartung von technischen Einrichtungen. Im Bereich mobiler autonomer Roboter kommen noch Probleme wie die reaktive Kollisionsvermeidung, Navigation und Kartographieren unbekannter Verfahrbereiche hinzu. In beiden Fällen ist das Zusammenspiel von Planungskomponenten mit Ausführungskomponenten und überwachenden Moduln erforderlich. Sensoren unterstützen dabei die Erfassung aktueller Situationen sowie unsicherer Informationen aus der Umwelt des Roboters. Die Anwendung von Methoden des Maschinellen Lernens ist in der Robotik dann von Bedeutung, wenn eine zu bearbeitende Aufgabenklasse oder ein Problemspektrum eine oder mehrere der folgenden Eigenschaften erfüllt:

- Die Roboteroperationen werden in teilweise unbekannter Umgebung ausgeführt
- Es treten unerwartete Ereignisse oder Situationen auf
- Aktorik und Sensorik sind mit Unsicherheiten behaftet
- In der Wissensbasis liegt unvollständiges oder fehlerhaftes Wissen vor
- Die Programmierung und/oder die Wissensbasis weist hohe Komplexität auf

Durch die Anwendung von Methoden Maschinellen Lernens erwartet man kurzfristig und on-line eine Adaption des Robotersystems an seine Umwelt bzw. an aktuelle Situationen und langfristig einen Lernvorgang, der zu effizientem Verhalten bei zukünftigen Aufgabenstellungen führt. Zusammenfassed lassen sich die Teilziele der Lernvorgänge in der Robotik wie folgt beschreiben:

- Prinzipielle Wissensakquisition
- Auswertung der Wirkungen eigener Aktionen im Sinne einer Verbesserung des eigenen Verhaltens in ähnlichen zukünftigen Situationen
- Schnelle Reflexe bzw. geeignets reaktives Verhalten in kritischen Situationen
- Bessere Erkennung und Interpretation der Umwelt
- Höhere Effizienz des Gesamtrobotersystems
- Einfachere Programmierung komplexer Roboteraktionen und Verhaltensschemata
- Programmieren durch Vormachen oder Trainieren

Die oben skizzierten Lernmethoden sowie ihr praktischer Einsatz stoßen in der Roboterforschung auf zunehmendes Interesse. Dabei werden unterschiedliche Anwendungen für Manipulatoren sowie auch für mobile Systeme untersucht. Die eingesetzten Lerntechniken reichen von Lernen aus Anweisungen, auswendig Lernen, induktiven Verfahren , analoges Lernen bis hin zu deduktiven Methoden und dem Einsatz fallbasierter Methoden. Viele dieser Methoden werden allerdings nur auf sehr spezielle Teilprobleme angewandt, die eine Verallgemeinerung auf andere Anwendungen nicht zulassen.

	Maschinelles Lernen	**Robotik**
Wissensrepräsentation	Attribut-Wert-Paare, Regeln, Prädikatenlogik, Frames (mit meist ausschließlich symbolischen Werten), Pläne mit Vor- und Nachbedingungen	Geometrie-, Kinematik-, Dynamikmodelle, Frames (mit meist ausschließlich numerischen Werten), oft nur Planschablonen, Ablaufwissen oft prozedural codiert
Datenquelle	i.a. Benutzer	Sensorik (Kosten), Benutzer
Korrektheit der Daten	oft als zuverlässig angenommen	fast ausschließlich unsichere Daten (Motorik, Sensorik, Modelle)
Planen und Ausführen	Werden i.a. als sequentielle Prozesse angesehen, d.h. die Planung wird off-line durchgeführt	Überlappung von Planung, Ausführung und Überwachung ist wichtig
Determiniertheit von Aktionen	Aktionen werden i.a. als deterministisch vorausgesetzt	Aktion kann auch nicht deterministisch sein, da bestimmte Effekte nicht modelliert sind
Zeitanforderung	meistens keine	oft Realzeit gefordert
Beispieldomänen	Blockswelten, Expertensysteme (zur Wissensakquisition), Spiele	Greif-, Transport-, Manipulations-, Montage-, Navigations-, Identifikationsaufgaben

Tabelle 1: Unterschiede zwischen typischen ML-Anwendungen und Anwendungen der Robotik nach /Kreuziger 1992/

Gründe hierzu liegen in der noch vorliegenden Diskrepanz und schwierigen Übertragbarkeit grundlegender ML Methoden zu bzw. auf reale Roboteranwendungen, vergl. Tabelle 1. In /Kreuziger 1992/ wird eine umfassende Zusammenstellung und Bewertung existierender symbolischer Lernverfahren in der Robotik gegeben. Lernverfahren können auf unterschiedlichen Abstraktionsebenen eines Robotersystems eingesetzt werden. Dies reicht von vollständigen Roboterprogrammen, die einen speziellen Aufgabentyp lösen, über Teile von Aktionsplänen bis hin zu Regeln für reaktives Verhalten, vergl. Tabelle 2. Hier sei auch auf die enge Koppelung zu subsymbolischen Verfahren verwiesen, die auf der Basis von "Reinforcement - Verfahren" den Aufbau reaktiver Verhaltensschemata erlauben. Die untere Ebene einer Robotersteuerung wird entweder durch traditionelle Regelungsalgorithmen, adaptiven Regelungsverfahren oder durch neuronale Netze unterstützt. Gleiches gilt auch für die untere Ebene der Sensorsignalverarbeitung. Auf höheren Systemebenen sind nahezu alle Verfahren des maschinellen Lernens prinzipiell einsetzbar. Wärend die Konstruktion von Klassifikatoren und Struktur- bzw. Situationsbeschreibungen bisher Hauptanwendungegebiet symbolischer Lernverfahren war, gibt es zunehmend Arbeiten, die sich mit Anwendungen der Robotik auseinandersetzen.

Neben der Ableitung neuer Aktionspläne aus vorhandenen Modellinformationen, Sensordaten bzw. ihren Interpretationen, ist die Behandlung von Fehlern und Ausnahmesituationen mit ihren Teilkomponenten Fehlererkennung, Fehlerdiagnose und Fehlerbehebung ein wichtiger Anwendungsbereich. Während in früheren Arbeiten nur Blockweltaufgaben behandelt wurden ist in jüngeren Arbeiten der ungemein schwierigere Fall von realen Anwendungen von Manipulatoren und mobile Systeme in verrauschter Umwelt Gegenstand des Interesses.

7. Zusammenfassung

Symbolische und subsymbolische Lernverfahren stellen Methoden dar, die angewandt auf geeignete Problemklassen und Teilprobleme in der Robotik erfolgreich angewandt werden können. Neben den charakteristischen Repräsentationen und Lernalgorithmen spielt die Frage der Wissensakquisition bei überwachten und unüberwachten Lernstrategien eine große Rolle.

An zukünftige Lernsysteme oder integrierte Lernarchitekturen für Robotersysteme wird die Forderung gestellt, die Wissensakquisition auf die speziellen vielfältigen internen Repräsentationen eines integrierten Robotersystems anzupassen. Dem Bereich der Signal-Symboltransformation kommt bei verrauschten Umgebungen große Bedeutung zu. Ein lernendes Robotersystem kann dann erfolgreich arbeiten, wenn mehrere Wissensquellen wie z.B. Sensoren in Kombination mit effizienten Ballungsverfahren, Tutoren mit der Möglichkeit zur Vorgabe von Beispielen, Simulatoren sowie das Zielsystem Roboter über eine integrierende gemeinsame Wissensbasis kommunizieren können. Zahlreiche individuelle Lernstrategien sind hierzu denkbar. An der Universität Karlsruhe wird gegenwärtig an einer Roboterarchitektur für lernende autonome Roboter gearbeitet, die über ein Mehragentensystem unterschiedliche Wissensquellen integriert und in der Lage ist spezifische interne Repräsentationen wie z.B. Pläne, Regeln, Objektwissen, Verhaltensschemata aufzubauen.

	Induktives Lernen		Deduktives Lernen	
	Benutzer	Automatisch	Benutzer	Automatisch
Roboter-programme	Heise 89 Andreae 85 Sato und Hirai 87	Dufay und Latombe 84	Selfridge und Levas 83	
Aktionspläne		Langley et al 89 Tan 90	Segre 88	
Operatoren	Kadie 91	Carbonell et al 87 Sobek und Laumond 89	Laird et al 90	Bonnott 89 Bennett 90 Laird et al 90
Situations-Aktions-Regeln	Bartenstein und Inoue 87 Chen 86 Simon 90	Langley et al 89 Christiansen 90 Vaaler et al 91 Moore 90 Barbehenn und Hutchinson 91		Mitchell 90
Fehlerdiagnose			Zheng und Daneshmend 91	
Tuning von Parametern/ Regeln		Tallis 88		
Klassifikatoren		Langley et al 89 Tan 90		

Tabelle 2: Klassifikation existierender ML-Ansätze in der Robotik nach / Kreuziger 1992/

Schrifttum

/Connell 1993/, Connell, J.H., Mahadevan, S.:"Robot Learning", Kluver Academic Publishers, 1993

/De Jong 1986/, De Jong, G., Mooney, R.:"Explanation-Based Learning: An Alternative View",Machine Learning, vol. 1, pp. 145-176, 1986

/Fisher 1987/, Fisher, D.H.:"Knowledge Acquisition Via Incremental Conceptual Clustering", Machine Learning, no. 2-2, pp. 139 -162, 1987

/Fu 1971/, Fu, K.S.:"Learning Control Systems and Intelligent Control Systems: An Intersection of Artificial Intelligence and Automatic Control", IEEE Transactions on Automatic Control, Vol. AC-16, p. 70 -72 1971

/Kodratoff 1987/, Manago, M.V., Kodratoff,Y.:"Noise and Knowledge Acquisition", Proc. IJCAI 87, pp. 348 - 349, Milano, Italy, 1987

/Kreuziger 1991/, Kreuziger, J., Hamann,R., Wenzel,W.:"Comparison of Inductive Learning", in Mitchell,T. et al.: "The MONK´s Problems - A Performance Comparison of Different Learning Algorithms", CMU Report , CMU-CS-91-197, 1991

/Kreuziger 1993/, Kreuziger, J.,Cord,S.:" Anwendungen symbolischer Lernverfahren in der Robotik", Interner Bericht Nr. 23/92, Universität Karlsruhe, Fakultät für Informatik, 1992

/Langley 1984/, Langley,P., Sage, S.:"Concetual Clustering as Discrimination Learning", Proc. of the 5. BCCSCSI; Canada, 1984

/Lebowitz 1986/, Lebowitz,M.:"Not the Path to Perdition: The Utility of Similarity Based Learning", Proc. of IMAL-86, Les Arc, 1986

/Lebowitz 1987/ , Lebowitz, M.:"Exoperiments with Incremental Concept Formation: UNIMEM", Machine Learning, no. 2-2, pp. 103 - 138, 1987

/Michalki 1983/, Michalski, R.S.; Stepp, R.E.:"Learning from Observation: Conceptual Clustering", in Machine Learning, An AI Approach, Vol. 2, eds.: Michalski, R.S.,Carbonell, J.G.,Mitchell, T.M., pp. 331-364, Tioga Publishing Comp. 1983

/Michalski 1986/, Michalski, R.S. et al. :"The AQ15 Inductive Learning System: An Overview and Experiments", Proc. of the Intern ational Meeting on Advances in Learning - IMAL, 1986

/Mitchell 1986/, Mitchell, T.M., Keller, R.M., Kedar-Cabelli, S.J.:"Explanation-Based Generalization: a Unifying View," Machine Learning, vol.1, pp. 47 - 80, 1986

/Quinlan 1986/, Quinlan, J.R.: "Induction of decision trees", Machine Learning, 1, 81 -106, 1986

/Stepp 1987/, Stepp,R.E.:"Concepts in Conceptual Clustering", Proc. of the IJCAI-87, pp. 211-213, Milano, 1987

Object-Oriented Concurrent Constraint Programming in Oz

Gert Smolka, Martin Henz, Jörg Würtz

German Research Center for Artificial Intelligence (DFKI)
Stuhlsatzenhausweg 3
D-66123 Saarbrücken
Germany
E-mail: {smolka, henz, wuertz}@dfki.uni-sb.de

Abstract. Oz is an experimental higher-order concurrent constraint programming system under development at DFKI. It combines ideas from logic and concurrent programming in a simple yet expressive language. From logic programming Oz inherits logic variables and logic data structures, which provide for a programming style where partial information about the values of variables is imposed concurrently and incrementally. A novel feature of Oz is that it accommodates higher-order programming without sacrificing that denotation and equality of variables are captured by first-order logic. Another new feature of Oz is constraint communication, a new form of asynchronous communication exploiting logic variables. Constraint communication avoids the problems of stream communication, the conventional communication mechanism employed in concurrent logic programming. Constraint communication can be seen as providing a minimal form of state fully compatible with logic data structures.
Based on constraint communication and higher-order programming, Oz readily supports a variety of object-oriented programming styles including multiple inheritance.

1 Introduction

Oz is an attempt to create a high-level concurrent programming language bringing together the merits of logic and object-oriented programming.

Our starting point was concurrent constraint programming [14], which brings together ideas from constraint and concurrent logic programming. Constraint logic programming [8, 4], on the one hand, originated with Prolog II [5] and was prompted by the need to integrate numbers and data structures in an operationally efficient, yet logically sound manner. Concurrent logic programming [15], on the other hand, originated with the Relational Language [3] and was promoted by the Japanese Fifth Generation Project, where logic programming was conceived as the basic system programming language and thus had to account for concurrency, synchronization and indeterminism. For this purpose, the conventional SLD-resolution scheme had to be replaced with a new computation model based on the notion of committed choice. At first, the new model developed as an ad hoc construction, but finally Maher [11] realized that commitment of agents can be captured logically as constraint entailment. A major landmark in the new field of concurrent constraint programming is AKL [9], the first implemented concurrent constraint language accommodating search and deep guards.

The concurrent constraint model [14] can accommodate object-oriented programming along the lines of Shapiro and Takeuchi's stream-based model for Concurrent Prolog [16, 10]. Unfortunately, this model is intolerably low-level, which becomes fully apparent when one considers inheritance [7]. Vulcan, Polka, and A'UM are attempts to create high-level object-oriented languages on top of concurrent logic languages (see [10] for references). Due to the wide gap these languages have to bridge, they however loose the simplicity and flexibility of the underlying base languages.

Oz avoids these difficulties by extending the concurrent constraint model with the features needed for a high-level object model: a higher-order programming facility and a communication primitive avoiding the clumsiness of stream communication. With these extensions the need for a separate object-oriented language disappears since the base language itself can express objects and inheritance in a concise and elegant way.

The way Oz provides for higher-order programming is unique in that denotation and equality of variables are nevertheless captured by first-order logic only. In fact, denotation of variables and the facility for higher-order programming are completely orthogonal concepts in Oz. This is in contrast to existing approaches to higher-order logic programming [13, 2].

Constraint communication is asynchronous and indeterministic. A communication event replaces two complementary communication tokens with an equality constraint linking the partners of the communication. Constraint communication introduces a minimal form of state that is fully compatible with logic data structures. Efficient implementation of fair constraint communication is straightforward.

The new concepts in Oz cannot be accounted for within the established semantical frameworks. Thus the semantics of Oz is specified by a new mathematical model, called the Oz Calculus, whose technical setup was inspired by the π-calculus [12], a recent foundationally motivated model of concurrency.

The paper is organized as follows. The next section outlines a simplified version of the Oz Calculus. Section 3 shows how the constraint system of Oz accommodates records, which are the congenial data structure for object-oriented programming. Section 4 introduces the concrete language. Section 5 presents one possible style of object-oriented programming in Oz featuring multiple inheritance.

2 The Oz Calculus

The operational semantics of Oz is defined by a mathematical model called the Oz Calculus [17]. In this section we outline a simplified version sufficing for the purposes of this paper.

The basic notion of Oz is that of a computation space. A computation space consists of a number of agents connected to a blackboard (see Fig. 1). Each agent reads the blackboard and reduces once the blackboard contains the information it is waiting for. The information on the blackboard increases monotonically.

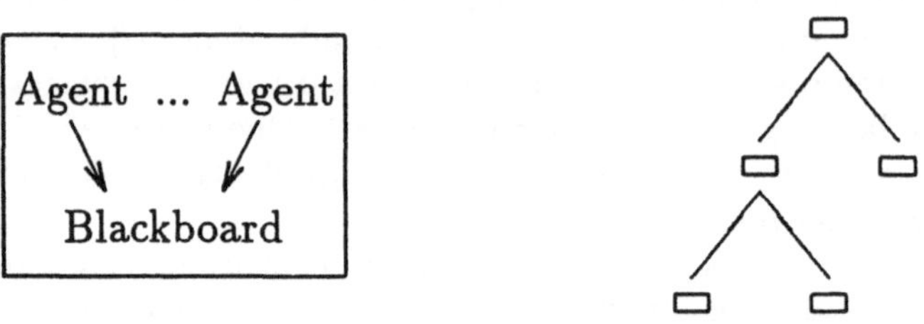

Fig. 1. The blackboard metaphor

When an agent reduces, it may put new information on the blackboard and create new agents. Agents themselves may have one or several local computation spaces. Hence the entire computation system is a tree-like structure of computation spaces (see Fig. 1).

The agents of a computation space disappear as soon as they reduce. We will see later how one can express long-lived agents with persistent identity.

Formally, a computation state is an expression σ according to Fig. 2. (If ξ is a syntactic category, $\overline{\xi}$ denotes a possibly empty sequence $\xi \ldots \xi$.) Constraints, abstractions and communication tokens reside on the blackboard. Applications and conditionals are agents. Composition and quantification are the glue assembling agents and blackboard items into a computation space. Quantification introduces local variables. Abstractions may be seen as procedure definitions and applications as procedure calls.

The clauses of a conditional are unordered. Their guards, i.e., σ in $\exists\overline{x}\,(\sigma \textbf{ then } \tau)$, constitute local computation spaces. Note that any expression can be taken as a guard; one speaks of a *flat* guard if the guard is a constraint.

There are two variable binders: quantification $\exists x\sigma$ binds x with scope σ, and abstraction $x{:}\,\overline{y}/\sigma$ binds the variables in $\overline{y}$ with scope σ. Free variables of an expression are defined accordingly.

Computation is defined as reduction (i.e., rewriting) of expressions. A reduction step is performed by applying a reduction rule to a subexpression satisfying the application conditions of the rule. There is no backtracking. Control is provided by the provision that reduction rules must not be applied to *mute* subexpressions, i.e., subexpressions that occur within bodies of clauses, else parts of conditionals, or bodies of abstractions. It is up to the implementation which non-mute subexpression is rewritten by which applicable rule.

x, y, z :	*variables*	
σ, τ, μ ::=	ϕ	*constraint*
	$x{:}\,\overline{y}/\sigma$	*abstraction*
	$x\,!\,y$	*put token*
	$x?\,y$	*get token*
	$x\overline{y}$	*application*
	if ω ... ω **else** σ	*conditional*
	$\sigma \wedge \tau$	*composition*
	$\exists x \sigma$	*quantification*
ω ::=	$\exists \overline{x}$ (σ **then** τ)	*clause*
ϕ, ψ ::=	$\bot \mid \top \mid s \doteq t \mid r(\overline{s}) \mid \phi \wedge \psi$	

Fig. 2. Expressions of the Oz Calculus

Reduction "$\sigma \rightarrow \tau$" is defined modulo structural congruence "$\sigma \wedge \tau$" of expressions, that is, satisfies the inference rule

$$\frac{\sigma \wedge \sigma' \quad \sigma' \rightarrow \tau' \quad \tau' \wedge \tau}{\sigma \rightarrow \tau}.$$

Structural congruence is an abstract equality for computation states turning them from purely syntactic objects into semantic objects. Structural congruence provides for associativity and commutativity of composition, renaming of bound variables, quantifier mobility

$$\exists x \sigma \wedge \tau \wedge \exists x(\sigma \wedge \tau) \qquad \text{if } x \text{ does not occur free in } \tau,$$

constraint simplification, and information propagation from global blackboards to local blackboards.

2.1 Constraints

Constraints (ϕ,ψ in Figure 2) are formulas of first-order predicate logic providing for data structures. Logical conjunction of constraints coincides with composition of expressions. Constraints express partial information about the values of variables. The semantics of constraints is defined logically by a first-order theory Δ and is imposed on the calculus by the congruence law

$$\phi \wedge \psi \qquad \text{if } \Delta \models \phi \leftrightarrow \psi.$$

This law closes the blackboard under entailed constraints (since $\Delta \models \phi \rightarrow \psi$ iff $\Delta \models \phi \leftrightarrow \phi \wedge \psi$). The congruence law

$$x \doteq y \wedge \sigma \ \wedge \ x \doteq y \wedge \sigma[y/x] \qquad \text{if } y \text{ is free for } x \text{ in } \sigma$$

extends equalities on the blackboard to the rest of the computation space ($\sigma[y/x]$ is obtained from σ by replacing every free occurrence of x with y). Equality of variables is strictly first-order: Two variables x, y are equal if the constraints on the blackboard entail $x \doteq y$, and different if the constraints on the blackboard entail $\neg(x \doteq y)$. The information on the blackboard may be insufficient to determine whether two variables are equal or different. Moreover, an inconsistent blackboard entails both $x \doteq y$ and $\neg(x \doteq y)$.

The Anullation Law

$$\exists\overline{x}(\phi \;\wedge\; \overline{y}{:}\,\overline{\alpha}) \;\wedge\; \top$$

$$\text{if } \Delta \models \exists\overline{x}\,\phi \text{ and } \overline{y} \subseteq \mathcal{L}(\overline{x},\phi), \text{ where}$$
$$\mathcal{L}(\overline{x},\phi) \;:=\; \{y \in \overline{x} \mid \forall z{:}\; \phi \models_{\Delta} y \doteq z \;\Rightarrow\; z \in \overline{x}\}$$

provides for the deletion of quantified constraints and abstractions not affecting visible variables. $\mathcal{L}(\overline{x},\phi)$ is the set of all variables in $\overline{x}$ that are not equated to variables outside of $\overline{x}$ by the constraint ϕ.

2.2 Application

An application agent $x\overline{y}$ waits until an abstraction for its *link* x appears on the blackboard and then reduces as follows:

$$x\overline{y} \;\wedge\; x{:}\,\overline{z}/\sigma \;\rightarrow\; \exists\overline{z}\;(\overline{z} \doteq \overline{y} \wedge \sigma) \;\wedge\; x{:}\,\overline{z}/\sigma$$

if $\overline{y}$ and $\overline{z}$ are disjoint and of equal length.

Note that the blackboard $y{:}\,\overline{z}/\sigma \wedge x \doteq y$ contains an abstraction for x due to the congruence laws stated above. Since the link x of an abstraction $x{:}\,\overline{y}/\sigma$ is a variable like any other, abstractions can easily express higher-order procedures. Note that an abstraction $x{:}\,\overline{y}/\sigma$ does not impose any constraints (e.g., equalities) on its link x.

2.3 Constraint Communication

The semantics of the two communication tokens is defined by the Communication Rule:

$$x\,!\,y \wedge z?y \;\rightarrow\; x \doteq z.$$

Application of this rule amounts to an indeterministic transition of the blackboard replacing two complementary communication tokens sharing the same link y with an equality constraint. The Communication Rule is the only rule deleting items from the blackboard. Since agents read only constraints and abstractions, the information visible to agents nevertheless increases monotonically.

2.4 Conditional

It remains to explain the semantics of a conditional agent

$$\textbf{if } \exists\overline{x}_1\,(\sigma_1 \textbf{ then } \tau_1) \;\cdots\; \exists\overline{x}_n\,(\sigma_n \textbf{ then } \tau_n) \text{ else } \mu.$$

The guards σ_i of the clauses are local computation spaces reducing concurrently. For the local computations to be meaningful it is essential that information from global blackboards is visible on local blackboards. This is achieved with the Propagation Law (recall that the clauses are unordered):

$$\pi \;\wedge\; \textbf{if } \exists\overline{x}\,(\sigma \textbf{ then } \tau)\;\overline{\omega} \textbf{ else } \mu$$

$$\wedge$$

$$\pi \;\wedge\; \textbf{if } \exists\overline{x}\,(\pi \wedge \sigma \textbf{ then } \tau)\;\overline{\omega} \textbf{ else } \mu$$

if π is a constraint or abstraction and
no variable in $\overline{x}$ appears free in π.

Read from top to bottom, the law provides for copying information from global blackboards to local blackboards. Read from bottom to top, the law provides for deletion of local information that is present globally. An example illustrating the application of the Propagation Law in both directions (as well as constraint simplification) is

$$x \doteq 1 \;\wedge\; \textbf{if } (x \doteq 1 \textbf{ then } \sigma)\;(x \doteq 2 \textbf{ then } \tau) \textbf{ else } \mu$$
$$\wedge\; x \doteq 1 \;\wedge\; \textbf{if } (\top \textbf{ then } \sigma)\;(\bot \textbf{ then } \tau) \textbf{ else } \mu.$$

The example assumes that the constraint theory entails that 1 and 2 are different.

Operationally, the constraint simplification and propagation laws can be realized with a so-called relative simplification procedure [1]. Relative simplification for the constraint system underlying Oz is investigated in [18].

There are two distinguished forms a guard of a clause may eventually reduce to, called *satisfied* and *failed*. If the guard of a clause is satisfied, the conditional can reduce by committing to this clause:

$$\textbf{if } \exists\overline{x}\,(\sigma \textbf{ then } \tau)\;\overline{\omega} \textbf{ else } \mu \;\rightarrow\; \exists\overline{x}\,(\sigma \wedge \tau) \qquad \text{if } \exists\overline{x}\,\sigma \wedge \top.$$

Reduction puts the guard on the global blackboard and releases the body of the clause.

A guard is failed if the constraints on its blackboard are unsatisfiable. If the guard of a clause is failed, the clause is simply discarded:

$$\textbf{if } \exists\overline{x}\,(\bot \wedge \sigma \textbf{ then } \tau)\;\overline{\omega} \textbf{ else } \mu \;\rightarrow\; \textbf{if } \overline{\omega} \textbf{ else } \mu.$$

Thus a conditional may end up with no clauses at all, in which case it reduces to its else part:

$$\textbf{if else } \mu \;\rightarrow\; \mu.$$

The reduction

$$x \doteq 1 \;\wedge\; \textbf{if } (x \doteq 1 \textbf{ then } \sigma)\;(x \doteq 2 \textbf{ then } \tau) \textbf{ else } \mu \rightarrow x \doteq 1 \;\wedge\; \sigma$$

is an example for the application of the first rule, and

$$x \doteq 3 \ \wedge\ \textbf{if}\ (x \doteq 1\ \textbf{then}\ \sigma)\ (x \doteq 2\ \textbf{then}\ \tau)\ \textbf{else}\ \mu \rightarrow^{*} x \doteq 3 \ \wedge\ \mu$$

is an example employing the other two reduction rules.

The conditional provides a possibility to synchronize computations upon presence of information. The conditional **if** $X = 1$ **then** σ **else** τ **fi** will only reduce when sufficient information on X becomes available on the blackboard.

The clauses of our conditionals are similar to Saraswat's ask-clauses [14] in that they reduce upon entailment. Note, however, that our calculus provides for deep guards (i.e., every expression can be used as guard) while Saraswat's framework is restricted to flat guards (i.e., only constraints can be used as guards).

2.5 Logical Semantics

The subcalculus obtained by weakening the Anullation Law to

$$\exists\overline{x}\,\phi \ \wedge\ \top \qquad \text{if } \Delta \models \exists\overline{x}\,\phi$$

and disallowing communication tokens and conditionals with more than one clause enjoys a logical semantics, which is obtained by translating expressions into formulas of first-order predicate logic as follows: composition translates to conjunction, quantification to existential quantification, and abstraction, application and conditional translate as follows:

$$x{:}\,\overline{y}/\sigma \Longrightarrow \forall\overline{y}\,(\mathsf{apply}(x\overline{y}) \leftrightarrow \sigma)$$
$$x\overline{y} \Longrightarrow \mathsf{apply}(x\overline{y})$$
$$\textbf{if}\ \exists\overline{x}\,(\sigma\ \textbf{then}\ \tau)\ \textbf{else}\ \mu \Longrightarrow \exists\overline{x}\,(\sigma \wedge \tau)\ \vee\ (\neg\exists\overline{x}\sigma \wedge \mu).$$

Under this translation, reduction is an equivalence transformation, that is, if $\sigma \rightarrow \tau$ or $\sigma \wedge \tau$, then $\Delta \models \sigma \leftrightarrow \tau$. Moreover, negation can be expressed since $\neg\sigma$ is equivalent to **if** σ **then** $\bot$ **else** $\top$.

2.6 Unique Names

A problem closely related to equality and of great importance for concurrent programming is the dynamic creation of new and unique names. Roughly, one would like to have a construct $\mathsf{gensym}(x)$ such that $\mathsf{gensym}(x) \wedge \mathsf{gensym}(y)$ is congruent to a constraint entailing $\neg(x \doteq y)$. For this purpose we assume that there are infinitely many distinguished constant symbols called *names* such that the constraint theory Δ satisfies:

1. $\Delta \models \neg(a \doteq b)$ for every two distinct names a, b
2. validity of sentences with respect to Δ is invariant under permutation of names.

Now $\mathsf{gensym}(x)$ is modeled as a generalized quantification $\exists a(x \doteq a)$, where the quantified name a is subject to α-renaming. With that and quantifier mobility as stated above we in fact obtain a constraint entailing that x and y are different:

$$\exists a(x \doteq a) \wedge \exists a(y \doteq a) \;\;\wedge\;\; \exists a(x \doteq a) \wedge \exists b(y \doteq b) \;\;\wedge\;\; \exists a \exists b(x \doteq a \wedge y \doteq b).$$

Note that composition is not idempotent. Hence the expressions $\exists a(x \doteq a)$ and $\exists a(x \doteq a) \wedge \exists a(x \doteq a) \wedge \bot$ are not congruent.

3 Records

The constraint system underlying Oz [18] provides a domain of so-called feature trees that is closed under record construction. Since records are the congenial data structure for modelling object-oriented programming, we outline their constraint theory as far as is needed for the purposes of this paper. We will be very liberal as it comes to syntax. The reader may consult [18] for details.

Records are obtained with respect to an alphabet of constant symbols, called *atoms*, and denoted by a, b, f, g. Records are constructed (and possibly decomposed) by constraints of the form

$$x \doteq f(a_1\!: x_1 \ldots a_n\!: x_n)$$

where f is the *label*, $a_1, \ldots, a_n$ are the pairwise distinct field names, and $x_1, \ldots, x_n$ are the values of the record x. The order of the fields is not significant. A zero-field record $f()$ is identified with the atom f. The semantics of record construction is defined by the two axiom schemes

$$\begin{array}{ll} f(\overline{a}\!:\overline{x}) \doteq f(\overline{a}\!:\overline{y}) \leftrightarrow \overline{x} \doteq \overline{y} & \\ f(\overline{a}\!:\overline{x}) \doteq g(\overline{b}\!:\overline{y}) \rightarrow \bot & \text{if } f \neq g \text{ or } [\overline{a}] \neq [\overline{b}] \end{array}$$

where $[\overline{a}]$ is the set of elements of the sequence $\overline{a}$. Field selection $x.y$ is a partial function on records satisfying the axiom schemes

$$\begin{array}{ll} f(\overline{a}\!:\overline{x}\; b\!:y)\,.\,b \doteq y & \\ f(\overline{a}\!:\overline{x})\,.\,b \doteq y \rightarrow \bot & \text{if } b \notin [\overline{a}]. \end{array}$$

The function $\mathsf{label}(x)$ yields the label of a record according to the scheme

$$\mathsf{label}(f(\cdots)) \doteq f.$$

Finally, record adjunction "$\mathsf{adjoinAt}(x, y, z)$" adjoins a field $y\!: z$ to a record x:

$$\begin{array}{ll} \mathsf{adjoinAt}(f(\overline{a}\!:\overline{x}\; b\!:y),\, b,\, z) \doteq f(\overline{a}\!:\overline{x}\; b\!:z) & \\ \mathsf{adjoinAt}(f(\overline{a}\!:\overline{x}),\, b,\, z) \doteq f(\overline{a}\!:\overline{x}\; b\!:z) & \text{if } b \notin [\overline{a}]\,. \end{array}$$

We write $f(x_1 \ldots x_n)$ as a short hand for the record $f(1\!: x_1 \ldots n\!: x_n)$. Thus we obtain Prolog terms as a special case of records. The outlined constraint system is in fact a conservative extension of Prolog II's rational tree system.

4 The Programming Language

Having glimpsed at the mathematical model of Oz, we are now ready to see the concrete programming language.

A procedure P taking n arguments can be defined with the concrete syntax

$$\textbf{proc}\,\{P\;X_1\ldots X_n\}\;\;\sigma\;\;\textbf{end}$$

standing for the abstract expression

$$P{:}\,X_1\ldots X_n/\sigma\;\wedge\;\exists \mathrm{a}\,(P \doteq \mathit{procedure}(\mathit{name}{:}\,\mathrm{a}\;\mathit{arity}{:}\,n)).$$

Thus a procedure definition introduces an abstraction and equips it with a unique identity. This construction ensures that a variable can link at most one abstraction on a consistent blackboard. Since the variable P denotes the record *procedure*(*name*: a *arity*: n) rather than the abstraction, we can test for equality between P and other variables. The resulting first-class equality for procedures (i.e., procedure identities) provides for useful programming techniques. The fact that procedures have unique identity is also important for the efficient implementation of the reduction rule for applications.

The following expression defines a map function for lists in concrete Oz syntax:

```
proc {Map X P Y}
   if H T in
      X = H|T
      then
      Y = {P H}|{Map T P}
   else
      X = nil
      Y = nil
   fi
end
```

The atom *nil* stands for the empty list, and $H|T$ abbreviates the record *cons*($H\;T$) representing the list whose head is H and whose tail is T. The "$H\;T$ **in**" prefix quantifies the variables H and T in both the guard and the body of the clause. Composition is written as juxtaposition. Variables start with an upper-case letter and are thus distinguished from atoms, which start with a lower-case letter. The line $Y = \{P\,H\}|\{\mathit{Map}\;T\,P\}$ contains two nested applications, which are eliminated using auxiliary variables and composition:

$$\exists U\,\exists V\;(Y \doteq \mathit{cons}(U\;V)\;\wedge\;P\,H\,U\;\wedge\;\mathit{Map}\,T\,P\,V).$$

We will use nested notation frequently, thus alleviating the verboseness of the purely relational calculus. (The Oz Calculus is designed purely relational since this setup provides for the minimal and orthogonal organization of its constructs; for instance, constraints are completely separated from the other constructs.)

Constraint communication is asynchronous. Synchronous communication can be expressed by combining constraint communication with the conditional. In the producer-consumer example in Figure 3, recursion is delayed until communication has taken place (signaled by an acknowledgement). The default for a missing else part of a conditional is **else true**. The nested get token *item(X ok Ack) ? Channel* translates into

$$\exists Y\,(Y \doteq item(X\,ok\,Ack)\ \wedge\ Y?Channel).$$

```
proc {Producer}
    exists Ack in
    item('yellow brick' Ack ok) ! Channel
    if Ack = ok then {Producer} fi
end
proc {Consumer}
    exists X Ack in
    item(X ok Ack) ? Channel
    if Ack = ok then {AddToRoad X} {Consumer} fi
end
```

Fig. 3. Synchronized producer-consumer communication

5 Objects

An object is a persistent agent processing messages from the outside world. It has a static aspect, its method table, and a dynamic aspect, its state. Although their state may change, objects do have a persistent identity. Methods are possibly indeterministic functions

$$method\colon\ state\ \times\ message\ \rightarrow\ state$$

defining the behavior of objects. Messages are processed as follows: First obtain the method name from the message, then obtain the corresponding method from the object's method table, and finally change to a possibly new state by applying the method to the current state and the message.

There are several possibilities for expressing objects in Oz. The one we will present here represents an object O as a procedure "sending" the message given as its argument.

```
proc {O Message Continuation}
    if Method in
     Method = MethodTable.{Label Message}
    then exists State in
       State ? Channel
       if {Label State} = state
       then {Method State Message} ! Channel
           {Continuation}
       fi
    fi
end
```

A message is represented as a record whose label is taken as the name of the requested method. The method table is represented as a record whose field names act as method names. The state of the object resides on the blackboard as a put token *State!Channel*, where only the object *O* is supposed to know the link *Channel*. The state is represented as a record whose fields act as the attributes of the object. The guard {*Label State*} = *state* delays the application of the method until the state is known on the blackboard.

The argument *Continuation* of the procedure *O* is is a zero-argument procedure to be applied concurrently with the method. It provides for synchronization upon and sequentialization of message sending.

There is sugared syntax for message sending (**local** is a variant of **exists** having a closing **end**):

$$\text{O}\hat{\ }\text{M};\ \sigma \implies \textbf{local}\ \text{P}\ \textbf{in}\ \{\text{O M P}\}\ \textbf{proc}\ \{\text{P}\}\ \sigma\ \textbf{end}\ \textbf{end}.$$

Moreover, *O^M* abbreviates *O^M*; **true**. Thus *O^M*; *O^N* sends first message *M* and then message *N* to the object *O*. Since we are in a concurrent setting, it is possible that *O* takes other messages between *M* and *N*.

Since objects are represented as procedures, they enjoy in fact persistent identity (recall the translation of **proc** ··· **end** given in Section 4). Thus one can test for identity of two objects *O1*, *O2* using a conditional **if** *O1* = *O2* **then** ··· **fi**.

Note that many agents may know an object *O* and thus may concurrently attempt sending messages. Handling the state with constraint communication ensures mutual exclusion: the respective method applications are implicitly and indeterministically sequentialized since there will be at most one put token holding the state on the blackboard.

Since procedures are first-class citizens, we can write a generic procedure creating a new object from a method table and an initializing message:

```
proc {Create MethodTable IMessage O}
    exists Channel in
    {MethodTable.{Label IMessage}  state(self:O)  IMessage} ! Channel
    proc {O Message Continuation}  ···  end
end
```

The notion of "self" is captured straightforwardly by equipping the initial state *state*(*self*: *O*) with a self-reference. Note that the object's state is encapsulated since quantification ensures that only the procedure *O* knows the link *Channel*.

To summarize, we are now in a position where we can create a concurrent object by simply applying the procedure *Create* to a method table and an initializing message. The method table may be seen as the class of the object. Both the object and its class are first-class citizens having unique identity. A message is sent by simply applying the object to it.

5.1 A Counter Object

Figure 4 shows how a counter can be set up as an object having methods for initializing, incrementing and reading its value. The initializing message *set*(*0*) adjoins the new attribute *val*: *0* to the initial state *state*(*self*: *Counter*). In fact, due to the semantics of *AdjoinAt* (see Section 3), every method may adjoin new attributes to an object's state.

```
local Set Inc See in
   Counter = {Create mt(set:Set  inc:Inc  see:See) set(0)}
   proc {Set InState Message OutState}
      OutState = {AdjoinAt InState val Message.1}
   end
   proc {Inc InState Message OutState}
      OutState = {AdjoinAt InState val (InState.val + 1)}
   end
   proc {See InState Message OutState}
      OutState = InState
      Message.1 = InState.val
   end
end
```

Fig. 4. A counter object in plain syntax

Reduction of *Counter*^*see*(X) constrains the variable X to the current value of *Counter*. Reduction of

Counter^set(X); Counter^inc; Counter^inc; Counter^see(5)

results in the constraint $(X + 1) + 1 = 5$ (which is simplified to $X = 3$), provided no one else is sending intervening messages to *Counter*. We will see in the next section how this can be prevented. This example illustrates the smooth integration of the notions of state and logic variable.

Oz supports special syntax for object creation and method definition, which allows writing the expression in Figure 4 as follows:

```
create Counter with set(0)
    meth set(X)    val ← X  end
    meth inc       val ← @val + 1  end
    meth see(X)    X = @val  end
end
```

5.2 Inheritance

The behavior of an object is determined by its method table. Inheritance thus means that the method table of a new object is obtained by combining and extending method tables of existing objects. Since method tables are represented as first-class values, combining and extending them is straightforward (e.g., by record adjunction). To make the methods of an object accessible, we will now represent an object as a record

object(table: MT send: Q)

where *MT* is the method table and *Q* is the previous object representation. The sugared syntax for synchronized message sending translates now as follows:

$$\text{O\^{}M};\ \sigma \implies \textbf{local}\ \text{P}\ \textbf{in}\ \{\text{O.send M P}\}\ \textbf{proc}\ \{\text{P}\}\ \sigma\ \textbf{end end}.$$

With the new object representation we can create an object *DecCounter* by inheriting the methods of *Counter* and adding a method for decrementing the value:

```
local Dec in
    DecCounter = {Create {AdjoinAt Counter.table dec Dec} set(0)}
    proc {Dec InState Message OutState}
        OutState = {AdjoinAt InState val (InState.val - 1)}
    end
end
```

In sugared syntax we can write more nicely:

```
create DecCounter from Counter with set(0)
    meth dec  val ← @val - 1 end
end
```

To create a new counter *C* having exactly the same methods as *DecCounter* and taking *X* as initial value, we simply write

```
create C from DecCounter with set(X)  end.
```

Observe that our model alleviates the distinction between classes and their instances by combining object creation and inheritance into one single operation.

In a concurrent setting it is sometimes essential to send an object a block of messages to be processed without intervening messages. The ability to obtain and release locks on objects is equally important. To this purpose we define an object with a single method *batch* taking a list of messages as argument [10]:

```
create BatchObject with batch(nil)
   meth batch(L)
      if H T in L=H|T then ⟪@self H⟫ ⟪@self batch(T)⟫ fi
   end
end
```

The two consecutive *message applications* are threaded with an intermediate state

$$\exists State\ ({}^{InState}⟪@self\ H⟫^{State} \wedge {}^{State}⟪@self\ batch(T)⟫^{OutState})$$

and a threaded message application ${}^{InState}⟪O\ Message⟫^{OutState}$ expands into

```
{O.table.{Label Message} InState Message OutState}.
```

The notation for message application exploits the fact that in our model every method *m* of every object *O* can be referred to by *O.table.m*. Incidentally, our notation for message application also serves the purpose of Smalltalk's "super" notation.

A decrementable counter with a batch method can now be obtained by multiple inheritance from *DecCounter* and *BatchObject*:

```
create C from DecCounter BatchObject with set(0) end
```

The method table of *C* is obtained by adjoining the tables of *DecCounter* and *BatchObject*. Now

C^batch(set(X) | inc | inc | see(5) | nil)

is guaranteed to constrain X to 3 (compare with the example in Section 5.1).

6 Implementation

A implementation of Oz based on a compiler and an abstract machine written in C++ shows encouraging performance.

Constraint communication is implemented using queues, in which either put tokens or get tokens are buffered. Communication happens, when a put token arrives at a channel containing get tokens or vice versa. Taking the oldest buffered token ensures fair many-to-1 communication.

The construction of new states by record adjunction can be safely optimized to destructive assignment (i.e., compile-time garbage collection) if the compiler enforces certain syntactic restrictions.

7 Summary

Oz is an attempt to create a high-level concurrent programming language bringing together the merits of logic and object-oriented programming. For this purpose, we extend the concurrent constraint model with a facility for higher-order programming and the new notion of constraint communication. The semantics of Oz is specified by a new mathematical model, called the Oz Calculus. In addition to higher-order programming and constraint communication, the Oz Calculus provides an abstract compositional semantics for deep guards and the dynamic creation of new and unique names.

We have shown how concurrent objects created by multiple inheritance can be expressed concisely and naturally in Oz. Objects, classes, methods and messages are all modeled as first-class citizens. Although objects change their state, they enjoy persistent identity. The object model profits from the fact that the constraint system underlying Oz provides records as logic data structure.

Acknowledgements

We thank all members of the Programming Systems Lab at DFKI for inspiring discussions on all kinds of subjects and objects; particularly many suggestions came from Michael Mehl, Ralf Scheidhauer, and Ralf Treinen. The research reported in this paper has been supported by the Bundesminister für Forschung und Technologie, contract ITW 9105 (Hydra), and by the ESPRIT basic research project 7195 (ACCLAIM).

References

1. H. Aït-Kaci, A. Podelski, and G. Smolka. A feature-based constraint system for logic programming with entailment. In FGCS'92 [6], pages 1012–1021.
2. W. Chen, M. Kifer, and D. S. Warren. Hilog: A foundation for higher-order logic programming. *Journal of Logic Programming*, 15:187–230, 1993.
3. K. Clark and S. Gregory. A relational language for parallel programming. In *Proc. of the ACM Conference on Functional Programming Languages and Computer Architecture*, pages 171–178, 1981.
4. A. Colmerauer and F. Benhamou, editors. *Constraint Logic Programming: Selected Research*. The MIT Press, Cambridge, Mass., 1993. To appear.
5. A. Colmerauer, H. Kanoui, and M. V. Caneghem. Prolog, theoretical principles and current trends. *Technology and Science of Informatics*, 2(4):255–292, 1983.
6. *Proceedings of the International Conference on Fifth Generation Computer Systems*, Tokyo, Japan, 1992. ICOT.
7. Y. Goldberg, W. Silverman, and E. Shapiro. Logic programs with inheritance. In FGCS'92 [6], pages 951–960.
8. J. Jaffar and J.-L. Lassez. Constraint logic programming. In *Proceedings of the 14th ACM Symposium on Principles of Programming Languages*, pages 111–119, Munich, Germany, Jan. 1987.

9. S. Janson and S. Haridi. Programming paradigms of the Andorra kernel language. In V. Saraswat and K. Ueda, editors, *Logic Programming, Proceedings of the 1991 International Symposium*, pages 167–186, San Diego, USA, 1991. The MIT Press.
10. K. Kahn. Objects: A fresh look. In *Proceedings of the Third European Conference on Object Oriented Programming*, pages 207–223. Cambridge University Press, Cambridge, MA, 1989.
11. M. J. Maher. Logic semantics for a class of committed-choice programs. In J.-L. Lassez, editor, *Logic Programming, Proceedings of the Fourth International Conference*, pages 858–876, Cambridge, MA, 1987. The MIT Press.
12. R. Milner. The polyadic π-calculus: A tutorial. ECS-LFCS Report Series 91-180, Laboratory for Foundations of Computer Science, University of Edinburgh, Edinburgh EH9 3JZ, Oct. 1991.
13. G. Nadathur and D. Miller. An overview of λProlog. In R. A. Kowalski and K. A. Bowen, editors, *Proceedings of the Fifth International Conference and Symposium on Logic Programming*, pages 810–827, Seattle, Wash., 1988. The MIT Press.
14. V. Saraswat and M. Rinard. Concurrent constraint programming. In *Proceedings of the 7th Annual ACM Symposium on Principles of Programming Languages*, pages 232–245, San Francisco, CA, January 1990.
15. E. Shapiro. The family of concurrent logic programming languages. *ACM Computing Surveys*, 21(3):413–511, Sept. 1989.
16. E. Shapiro and A. Takeuchi. Object oriented programming in Concurrent Prolog. *New Generation Computing*, 1:24–48, 1983.
17. G. Smolka. A calculus for higher-order concurrent constraint programming. Research report, DFKI, Postfach 2080, 6750 Kaiserslautern, Germany, 1993. Forthcoming.
18. G. Smolka and R. Treinen. Records for logic programming. In K. Apt, editor, *Proceedings of the Joint International Conference and Symposium on Logic Programming*, pages 240–254, Washington, USA, 1992. The MIT Press. Full version has appeared as Research Report RR-92-23, DFKI, Stuhlsatzenhausweg 3, 6600 Saarbrücken 11, Germany.

Computational Psychophysics of Stereoscopic Depth Perception[1]

Hanspeter A. Mallot
Max-Planck-Institut für biologische Kybernetik
Spemannstr. 38, D-72076 Tübingen, FRG

Introduction

Stereoscopic depth perception is based on the differences between the images of the two eyes which, in turn, are due to the differences of viewpoint (parallax) or specular reflectance. The mechanisms of stereoscopic depth perception have been studied intensively in Psychophysics, Neurophysiology, and, most recently, in Computer Vision. For review see Poggio & Poggio (1984), Arditi (1986), Dhond & Aggarwal (1989), Regan, Frisby, Poggio, Schor & Tyler (1990) and Blake & Wilson (1991). Most of the more recent work in all of these approaches is strongly influenced by the seminal book by Bela Julesz (1971) which treats stereo vision as a problem of information processing. Three major question are:

1. What stage of (uniocular) image processing feeds into the binocular comparison mechanism? Julesz showed that simple local image features rather that more complex object descriptions suffice, i.e., that stereopsis is a process of *early vision* (see also Julesz 1991).
2. What exactly is the binocular comparison operation? Especially in images of points in various depth positions, *correspondences* between image features depicting the same 3D object feature have to be found. Julesz proposed a cooperative, neural-network type mechanism for solving the correspondence problem.
3. What is the result of stereo processing? Julesz distinguishes two types of stereopsis: global stereopsis does not establish detailed correspondences and leads to the perception of planes or smooth surfaces (sometimes even subjective surfaces) in depth. Feature-based or local stereopsis results in a sparse disparity map with one disparity value assigned to each pair of corresponding image features.

In this paper, I will review a number of psychophysical experiments showing that (i) stereovision can take place even earlier than what is usually considered "early vision", i.e., on the level of image intensities, (ii) image intensity or local contrast is relevant in feature-based stereo as well. In the discussion, an evolutionary account of stereo processing is attempted linking levels of complexity in behaviour and neural network architecture.

Intensity-based stereo

Expt. 1 Stereo without localized image features

Stereovision is still possible with stereograms lacking intensity edges (e.g., smoothly shaded spheres, Bülthoff & Mallot 1988, see Fig. 1). We have designed binocular stimuli

[1]Supported by the *Deutsche Forschungsgemeinschaft* Grants Ey8/17-2(8) and Ma1038/3-1,2. The work described in this paper was carried out while the author was with the *Institut für Neuroinformatik, Ruhr-Universität Bochum*, Germany. The collaboration of P. Arndt, H. Bülthoff (then at Brown University, Providence, RI) S. Dartsch, A. Erben, P. Unrath and W. von Seelen is gratefully acknowledged.

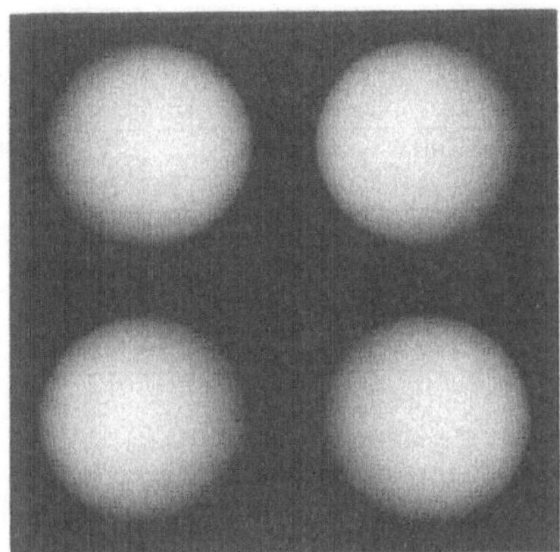

Figure 1: Stereograms of a smoothly shaded Lambertian ellipsoid with elongation 1 : 2 out of the image plane. Stereoscopic fusion can be obtained by placing a piece of cardboard vertically between the two halfimages such that the left and right eyes see only their appropriate pictures. **Top**: Orthoscopic view. **Bottom**: Pseudoscopic view. In the orthoscopic view, the object is perceived closer to the observer and with higher curvature. The difference between the two views is due to intensity-based stereopsis.

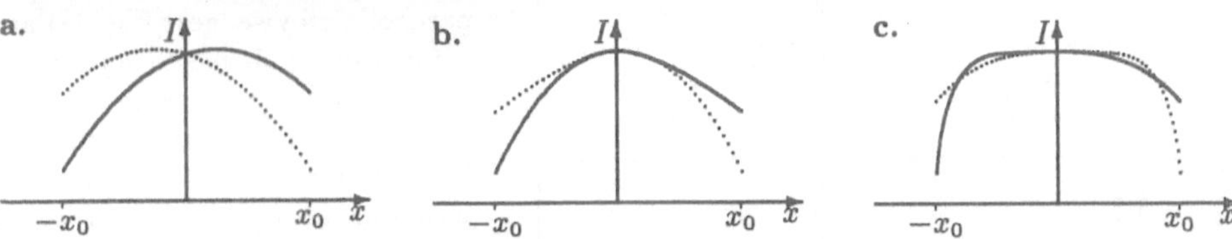

Figure 2: Intensity profiles of stimuli testing the role of localized features in stereo processing. Solid and dotted lines correspond to the two half-images of the stereograms. **a.** Parabolic greywedge: no Laplacian zerocrossings. **b.** Cubic greywedge: no Laplacian zerocrossing, intensity-peak at position $x = 0$ (i.e. without disparity information). **c.** Rational greywedge: no Laplacian zerogrossing, both intensity-peak and centroid at position $x = 0$.

that lack Laplacian zero-crossings, and whose intensity extrema and centroids have identical positions (Arndt, Mallot & Bülthoff, *in prep.*). Still, the intensity distributions for the left and right eye are different (Fig. 2).

As a criterion for the use of stereo information, we tested the ability of subjects to distinguish between the two possible arrangements of two given halfimages[2] into one stereogram. If we denote the intensity profiles for the two halfimages by $I_a(x)$ and $I_b(x)$ (solid and dotted lines in Fig. 2), we can form the stereograms S_{ab} (I_a left and I_b right) and S_{ba} (I_a right and I_b left). If the subject is able to tell stereogram S_{ab} from S_{ba}, we conclude that the differences between I_a and I_b have been extracted. In the experiments, we presented pairs of stereograms each of which could be either of type S_{ab} or S_{ba}. In a two alternative forced choice paradigm, subjects had to judge whether the stereograms were "equal" or "different".

The data summarized in Table 1 indicate that binocular differences can still be perceived in the described stimuli. Subjects reported to perceive the difference between the

[2]The images presented to each eye are usually called "halfimages" which together constitute the "stereogram." If the left halfimage is presented to the left eye and vice versa, the presentation is called "orthoscopic." Otherwise (left halfimage to right eye) it is "pseudoscopic." From simple binocular perspective, pseudoscopic stereograms should appear mirrored in depth at the zero-disparity-plane (horopter). However, this is not always true.

Table 1: Average results of Expt. 1 for 4 subjects. "Peak condition:" intensity profiles as depicted in Fig. 2 (bright centers). "Trough condition:" inverted intensity profiles $1 - I(x)$ (dark centers). "=" and "≠" denote the "equal" and "unequal" stimulus presentations and judgements. In all cases, perception depends significantly on the stimulus presented ($p < 10^{-6}$). (Compiled from Arndt et al. *in prep.*)

profile	stim.	percept			
		peak		trough	
		=	≠	=	≠
parabolic	=	84	6	77	3
(Fig. 1a)	≠	11	79	0	80
cubic	=	77	13	64	16
(Fig. 1b)	≠	10	80	28	52
rational	=	48	2	40	10
(Fig. 1c)	≠	9	41	10	40

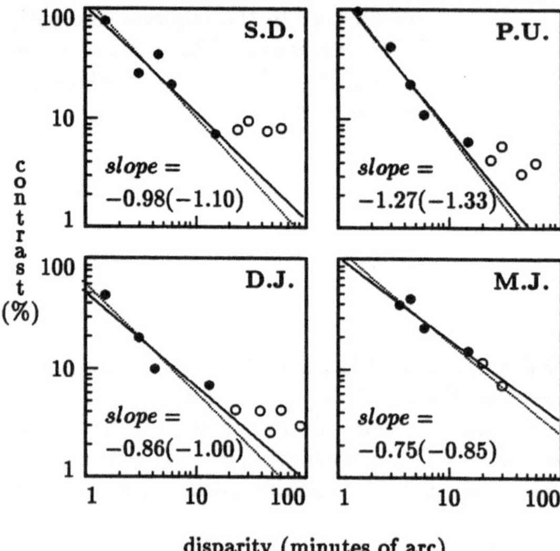

Figure 3: Results of Expt. 2. Discrimination thresholds for ortho– and pseudoscopic presentation of parabolic greywedges (Fig. 2a) as a function of disparity and contrast. Solid lines: regression of contrast as a function of disparity. Dotted lines: regression of disparity as a function of contrast. Since fusion becomes increasingly difficult for higher disparities (Panum's area), disparities above 15 minutes of arc have been excluded from the regression calculations (open circles). (From Arndt et al. *in prep.*)

stereograms as a depth difference. We conclude that intensity information is still available at the binocular ("cyclopean") stage of stereo computation. Localized features such as zerocrossings, intensity peaks, or centroids are not required to perceive stereoscopic depth.

Expt. 2 Mechanism of intensity–based stereo

What can be the mechanism of intensity–based stereo? For the perception of dotted regions with constant disparity, Julesz (1971, p. 122ff) proposed a simple area–based mechanism using a difference measure of the type

$$\Psi(\delta) = \int \left| I_l(x - \frac{\delta}{2}) - I_r(x + \frac{\delta}{2}) \right|^{\alpha} dx. \tag{1}$$

While Julesz proposed to choose $\alpha = 1$, we will argue in Expt. 5 that $\alpha = 2$ might be a better estimate. For an elaborated image matching algorithm based on the above difference measure, see Mallot *et al.* 1991 and Bohrer *et al.* 1990.

One possible test for the difference mechanism is the tradeoff of disparity and contrast at the discrimination threshold for ortho– and pseudoscopic views: if we decrease contrast by some amount, how much more disparity is needed to compensate for contrast decrease and restore visibility? Suppose that intensity–based stereo is perceived if $\Psi(0)$ exceeds some fixed value Ψ_ϑ. We assume that I_l and I_r are actually identical except for a true disparity δ_T, i.e., $I_l(x - \delta_T) = I_r(x) =: I_o + cg(x)$, where I_o is mean luminance, g a zero–mean greylevel function and c the resulting image contrast. This situation applies to the parabolic grey–wedges used in Expt. 1 (Fig. 2a). We can now expand the integrant in Eq. 1 into a Taylor–series and obtain

$$\Psi(0) \approx \int |c\delta_T g'(x)|^\alpha \, dx \propto |c\delta_T|^\alpha. \tag{2}$$

Therefore, the prediction of an intensity–difference scheme is that disparity and contrast be inversely proportional at threshold, $c \propto d^{-1}$. As has been pointed out by Legge & Gu (1989), intensity–peak matching predicts $c \propto d^{-2}$.

Fig. 3 shows contrast threshold for intensity–based stereo as a function of disparity δ_T measured with a parabolic grey wedge for four different subjects. The results show clearly that for our stimuli contrast is inversely proportional to disparity, not disparity squared. Thus, the difference mechanism is supported by this experiment.

Correspondence

The previous section summarized evidence for a stereo mechanism operating with differences of image intensities rather than with localized image features. While this result concerns largely the uniocular preprocessing for stereo vision, this section will address the binocular interaction stage, especially the correspondence problem. In psychophysical experiments, matching or correspondence can be studied by means of the *double–nail illusion*: if two vertical bars are presented to each eye, two globally consistent interpretations are possible, a frontoparallel one with the matches *left–left, right–right* and a medial (stacked) one with the matches *left–right, right–left.* The double–nail illusion was used in Expt. 3 (Mallot & Bideau 1990) where we showed that matches with small (relative) disparity are preferred over matches with large disparities. In the language of Computer Vision, this is evidence for an "ordering constraint" of small disparity (Marr & Poggio 1979).

A second psychophysical paradigm for studying correspondence is the so–called *wallpaper illusion* wich occurs with horizontally repetitive patterns: besides matches with the "correct" disparity, matches with an offset of one or several pattern repetitions can be perceived. Unlike the situation in pointwise matches, the correspondence problem in the wallpaper–illusion is global, i.e., one offset is selected for the entire stereogram. In Expt. 4 (Dartsch, Mallot & Arndt 1993) we present a special case of the wallpaper illusion indicating that stereo correspondences are not necessarily established in a coarse–to–fine hierarchy. Again, the difference–model of Eq. 1 accounts for our results.

Expt. 3 Vergence position influences the assignment of stereo correspondence

One standard psychophysical demonstration of the stereo correspondence problem is the double nail illusion (Krol & van de Grind 1980). Since normally the frontoparallel interpretation is perceived almost inevitably, we used a modified double nail display with a prolonged "nail" in front, presented on a CRT monitor. The length difference was chosen such that the frontoparallel and the medial arrangement of the bars were both perceived sufficiently often (Fig. 4). In each trial, subjects fixated a 3D target at one of the possible nail positions ("ghosts"). When the target was turned off, the double nail display was flashed for 200 *ms* excluding visual feedback from vergence eye movements (see Collewijn & Erkelens 1990). Fig. 5 summarizes the results from six subjects indicating a strong

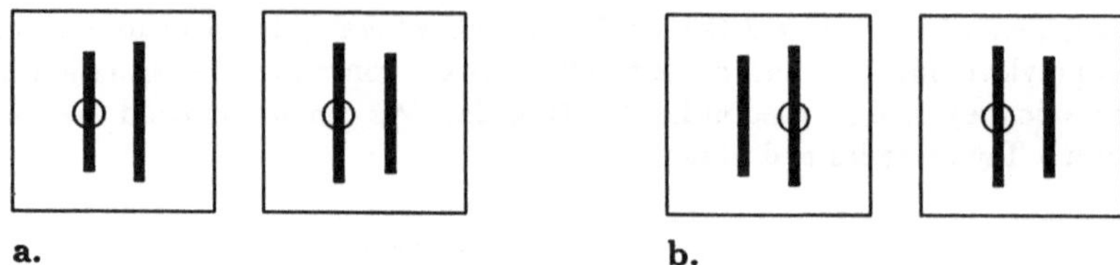

Figure 4: Stimuli for Expt. 3. **a.** Stereogram showing the modified double–nail stimulus and the location of the fixation target in condition "left". In the experiment, the fixation target was turned off before the double–nail stimulus was presented. **b.** "Near" condition. Angular separation of the two bars in each halfimage was 7.4 minutes of arc.

perceived matches	fixation point			
	left	right	near	far
fronto-parallel	92.5	95.7	59.3	50.3
medial	7.5	4.3	40.7	49.7

Figure 5: Averaged results of Expt. 3 from six subjects (100 forced choice trials each). For all subjects, there was a clear relation of the perceived arrangement and the directions of sight (significance level < 0.1 %). If the lines of sight had been directed to one of the four possible bar locations in space, the 3D interpretation including a bar at this location was prefered. For details see Mallot & Bideau (1990).

effect of vergence position on perceived correspondence: matches close to the horopter, i.e. matches with small disparities are preferred (Mallot & Bideau 1990).

A bias favouring matches with small disparities can be due to a limited "search–window" for the correspondence process. One such search–window is of coarse Panum's fusional area limiting binocular fusion (or single vision) to disparities ± 10 minutes of arc. Search–windows are used in most computer vision algorithms both feature– and intensity–based. They are particularly important in coarse–to fine schemes (Marr & Poggio 1979; see below) where the disparity estimate of the previous scale is merely refined on the finer one.

Expt. 4 Coarse spatial scales do not disambiguate fine scale information

One popular approach to solve the correspondence problem in technical vision systems is the *coarse–to–fine* strategy proposed by Marr & Poggio (1979). The idea is to start with a lowpass filtered version of the stereogram where only a few, sharp or high–contrast edges persist and the false–matches problem is therefore rather easy. In the next step, a somewhat higher resolution is chosen and the search–space for matches is restricted to a suitable window around the disparities found at the previous, coarser scale.

In order to study the role of scale information in human stereo vision, we performed experiments with periodic stimuli based on the wallpaper–illusion. Since edges differing in contrast polarity cannot be fused stereoscopically, we can construct a contradictory wallpaper–stimulus as is sketched in Fig. 6a. It consists of a low spatial frequency component $\sin x$ that can be matched with disparities $\delta = 0, 2\pi, 4\pi, ...$ and a high spatial frequency component $\sin 2x$ that can be matched at disparities $\delta = 0, \pi, 2\pi, 3\pi, ...$ Suitable combinations of both contain two types of edges called "strong" (a, at even multiples

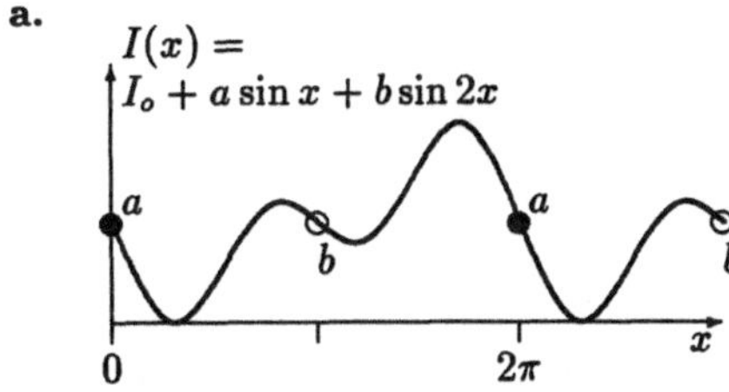

Figure 6: **a.** One cycle of the ambiguous wallpaper profile (schematic). a: location of "strong" edge; b: "weak" edge. **b.** Low frequency component $\tilde{I}$ of I. Matches with disparity π (i.e. a–b) are impossible due to inverse contrast polarity. **c.** Square difference function $\Psi(\delta)$ of I. Disparity π may be perceived due to local minimum of image difference.

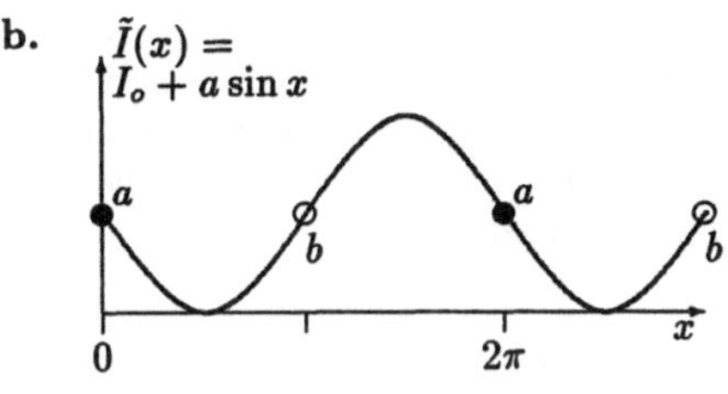

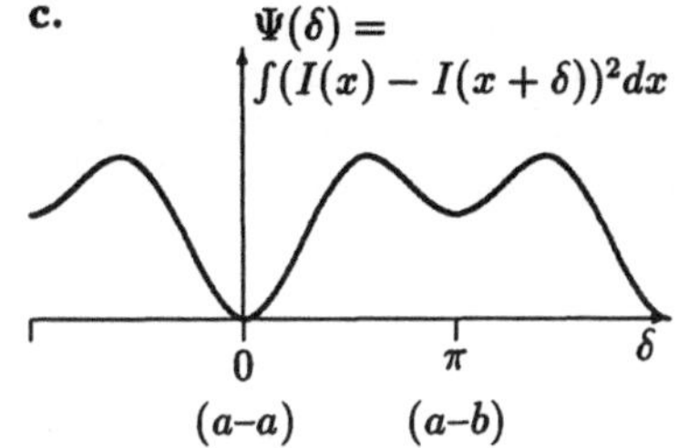

of π) and "weak" (b, at odd multiples of π) in Fig. 6.

If stereoscopic matching started with the low frequency component (Fig. 6b), matches with disparity π should not occur since for this shift, contrast is reversed.[3] If, however, information from all spatial frequency channels is evaluated simultaneously, matches between b and a edges in Fig. 6a are well possible. As a possible mechanism, consider the image difference function Ψ (Eq. 1, Fig. 6c), which has a local minima for the shift $\delta = \pi$.

In the experiments, stereograms were presented with various horizontal offsets between the two halfimages. In a forced choice task similar to the one used by Jordan, Geisler & Bovik (1990), subjects report "top in front" or "top in rear" (Fig. 7). Since this corresponds to crossed or uncrossed disparities, respectively, we can infer which edges have been matched in each trial. Fig. 8 shows results for a number of different offsets and three cominations of high and low spatial frequency. The stimuli used in this measurement differ slightly from those described in Fig. 6 in that they are not derived from sinewaves but from sawtooth–gratings. If the only the high spatial freqeuncy is presented, ie. the two edge are alike (diamonds in Fig. 8), edges with the smallest disparities are matched. Therefore, we find equal matches at small offsets and unequal matches at offsets of half a cycle. If the edges are more different, i.e. the stimuli contain a higher amount of low spatial frequency information, (triangles and asteriscs in Fig. 8) equal–type matches occur at larger disparities. However, we still do find a significant number of matches a–b.

This result shows that human stereo matching does not proceed from coarse to fine. Rather, information from all spatial scale appears to enter the binocular comparison operation in a more balanced way.

[3]See Julesz (1971, p. 157ff) for a discussion of fusion with inverted contrast polarity. Fusion of images with reversed contrast polarity is possible only if a few, clear contours are visible and leads to the perception of "binocular luster." Interestingly, stereograms with reversed contrast can elicity correct vergence eye–movements even though they cannot be fused after vergence has taken place (Westheimer & Mitchell 1969).

Figure 7: Schematic representation of Expt. 4. The intensity distributions are repetitive patterns as depicted in Fig. 6a superimposed by a fade-out term to exclude boundary information. The middle (smaller) stereogram (3 repetitions) defines the plane of fixation; the halfimages of the sterograms on top and bottom (5 repetitions, disparity $\pm\frac{2}{3}\pi$ are exchanged. If in uncrossed fusion (cf. Fig. 1) the bottom stereogram appears in front of the paper plane, a match *a–a* with disparity $\pm\frac{2}{3}\pi$ has been made. If, however, the top stereogram appears in front, a match *a–b* with disparity $\mp\frac{\pi}{3}$ has occured.

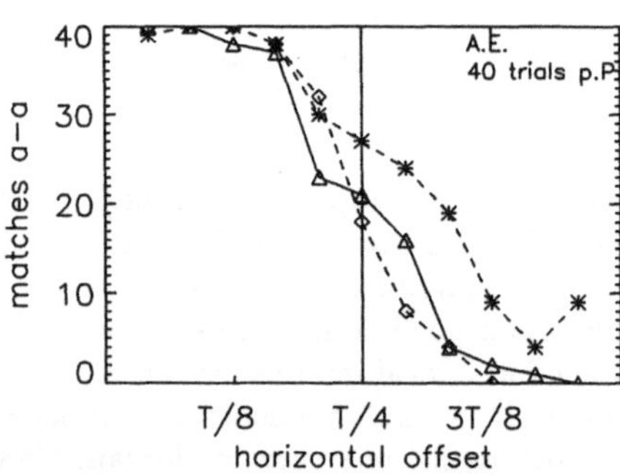

Figure 8: Results of Expt. 4. T: period length of wallpaper stimulus. (T = 43.2 min. of arc. Low spatial frequency: 1.4*cpd.*) Number of equal-type matches out of 40 forced-choice trials is plotted as a function of presented shift. $\diamond$: high spatial frequency only. Both matches are equally likely at offsets around $T/4$. $\triangle, *$: various amounts of low spatial frequency added. Matches *a–b* do still occur. (From Dartsch *et al.* 1993)

Quantitative perceived depth

In the experiments reported so far, we studied qualitative properties of stereoscopic depth perception, i.e. when does it occur and how do we deal with ambiguities? In this section we address the problem of quantitative perceived depth in a particularly simple case: only one depth vaule is assessed over the entire image. In Expt. 5 we measured the vergence eye-movements elicited by the presentation of random-dot stereograms comprising two targets at two different depth locations (Erben, Mallot & Arndt 1993). Vergence eye-movements adjust stereoscopic vision to a 3D region of interest determined by the point of fixation and Panum's fusional area (see Collewijn & Erkelens 1990). The last experiment, Expt. 6 leads back to the initial demonstration given in Fig. 1. As already mentioned, the difference between the ortho- and the pseudoscopic view of the ellipsoid is largely a difference in perceived overall distance. This depth offset is measured in Expt. 6 (Arndt et al., *in prep.*).

Expt. 5 Disparity-evoked vergence is directed towards average depth

Vergence eye-movements were elicited by random dot stereograms showing two transparent planes. In two series of experiments, we varied the relative number of dots per plane and the contrast of the dots in the two planes. After a fixation target, the two-plane stimulus is flashed for 230 ms to minimize visual feedback by the beginning vergence eye-movement. The resulting angle of vergence was measured psychophysically with a

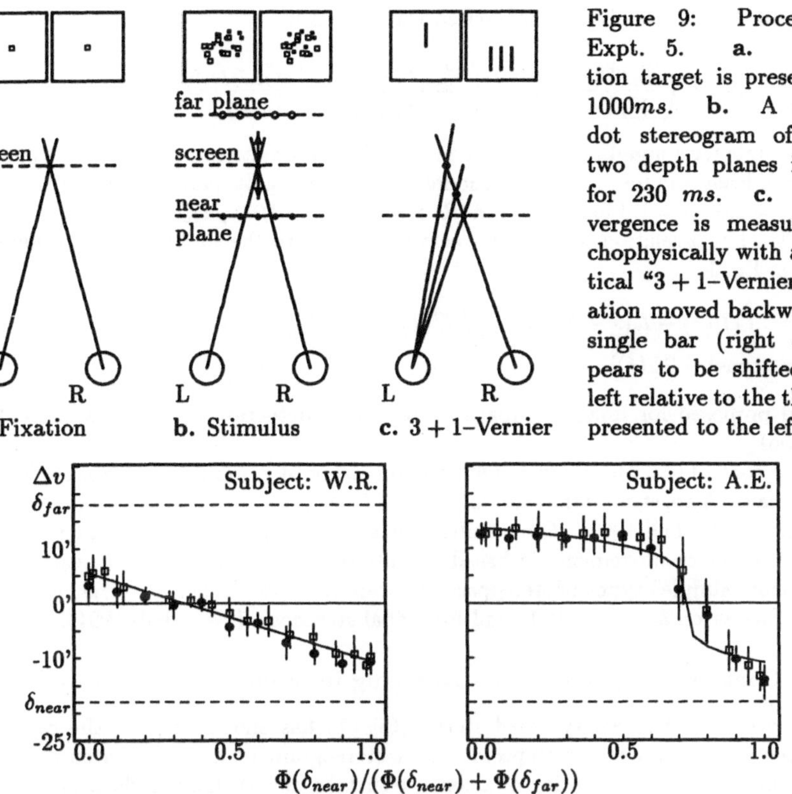

Figure 9: Procedure of Expt. 5. **a.** A fixation target is presented for $1000ms$. **b.** A random-dot stereogram of one or two depth planes is shown for 230 ms. **c.** Elicited vergence is measured psychophysically with a dichoptical "3 + 1–Vernier". If fixation moved backwards, the single bar (right eye) appears to be shifted to the left relative to the three bars presented to the left eye.

Figure 10: Results of Expt. 5. Elicited vergence (Δv) as a function of relative signal energy per plane ($\Phi = \#$ of dots $\times$ (dot contrast)^2). • Variation of dot number. □ Variation of dot contrast. Each point is the average of 40 trials. Both curves coincide.

dichoptic "3+1" vernier stimulus (cf. McKee & Mitchison 1988) presented immediately after the stimulus. During the trial, subjects attended to the final presentation of the vernier stimulus (see Fig. 9).

For the brief presentation times used in our experiments, the resulting vergence is an average of the planes' depth positions. I.e., eye–movements are guided towards the empty region between the stimulus planes. If one of the planes contains more dots or dots with higher contrast, vergence approaches this plane. We propose that this depth averaging is a center of gravity process in which each plane's "pulling strength" is a function of dot number and contrast. In Fig. 10, elicited vergence is plotted as a function of relative energy (correlation) per plane, $\Phi(\delta) = \int I_l(x) I_r(x + \delta) dx$, which for our stimuli amounts to Φ = (no. of dots) $\times$ (dot contrast)^2. The curves for the dependency on dot number and dot contrast coincide, indicating that signal energy is an appropriate measure of the assumed pulling strength (Erben *et al.* 1993).

To formulate the center of gravity model, we need the "pulling strength" $\Phi(\delta)$ and an "effective disparity" a_i towards which vergence is actually pulled by a stimulus presented at disparity δ_i. The effective disparities depend on the subject and can be measured independently by using just one depth plane with disparity δ_i; they are used as free parameters in the fit. We obtain the elicited vergence Δv:

$$\Delta v = \left(\frac{\sum_i a_i^p \Phi(\delta_i)}{\sum_i \Phi(\delta_i)} \right)^{\frac{1}{p}} = \left(\frac{a_{near}^p n_{near} c_{near}^2 + a_{far}^p n_{far} c_{far}^2}{n_{near} c_{near}^2 + n_{far} c_{far}^2} \right)^{\frac{1}{p}} \tag{3}$$

where p accounts for a non-linearity of the probability-summation type. The lines plotted in Fig. 10 are least-square fitts of this model. The resulting fit-parameters were $a_{near} = -10.6'$, $a_{far} = 5.6'$, $p = 1.0$ for subject W.R. and $a_{near} = -10.9'$, $a_{far} = 13.7'$, $p = 4.2$ for subject A.E. The correlation function Φ is closely related to the squared image difference as defined in Eq. 1:

$$\begin{aligned} \Psi(\delta) &= \int (I_l(x) - I_r(x+\delta))^2 dx = \int I_l^2(x)dx + \int I_r^2(x)dx - 2\int I_l(x)I_r(x+\delta)dx \\ &= \text{const} - 2\Phi(\delta); \end{aligned} \tag{4}$$

it has been proposed for image comparison in motion detection by Hassenstein & Reichardt (1956).

Vergence control is a simple type of stereo processing; it computes just one angle from the entire image. Also, stimuli that cannot even be fused are still effective to elicit vergence (Westheimer & Mitchell 1969). Our results indicate that the mechanism underlying the guidance of vergence movements is based an interocular correlation. Correlation as a mechanism for "simple" types of stereopsis has been proposed earlier for vergence control (Cormack, Stevenson & Schor 1991) and for global stereopsis (Weinshall 1991).

Expt. 6 Contrast-weighted depth averaging in intensity-based stereo

The demonstration of intensity-based stereo (Fig. 1) has shown that in the case of a pseudoscopic stereogram of an ellipsoid (i.e. a stereogram of a bowl), intensity-based stereo does not lead to a perception of a concave surface (bowl). One might conclude that intensity-based stereo cannot overcome prior assumptions such as convexity and general viewpoint. Instead, intensity-based stereo changes the perceived distance of the entire object. In the following experiment we examine this global depth effect in more detail (cf. Fig. 11).

An interactive adjustmend task was used to quantify the overall depth separation between orthoscopic and pseudoscopic stereograms. The pseudoscopic stereogram was displayed on the left half of the monitor screen with fixed disparities of ±9, ±3.6, or 0 minutes of arc in pseudorandom order. On the right half of the screen an orthoscopic version of the stereogram appeared in a randomly chosen depth position. Subjects were asked to adjust the depth position of the orthoscopic stereogram by shifting the halfimages horizontally (under computer-"mouse" control) until it appeared to be at the same depth as the pseudoscopic stereogram. The pseudoscopic image of a smoothly shaded ellipsoid is perceived as a solid albeit somewhat flatter object at an increased distance as compared to the orthoscopic presentation. The difference in perceived overall distance increases for more elongated objects, i.e. objects with a higher depth variation (Fig. 12).

If the 3D surface is reconstructed point-by-point and the depth averaging occurs after that, one would expect that the perceived offset be proportional to the displayed elongation of the ellipsoid; i.e., the expected slope in Fig. 12 would be 1.0. It, however, the image intensities are compared by the square difference mechanism, i.e., they are shifted globally such that the difference between $I_l(x)$ and $I_r(x+\delta)$ is minimized, the expected slope is 1.58 which is much closer to the values found in our experiments. As is discussed in detail by Arndt et al. (*in prep.*), the global image difference mechanism is equivalent to an averaging of local disparities which is weighted by local image contrast.

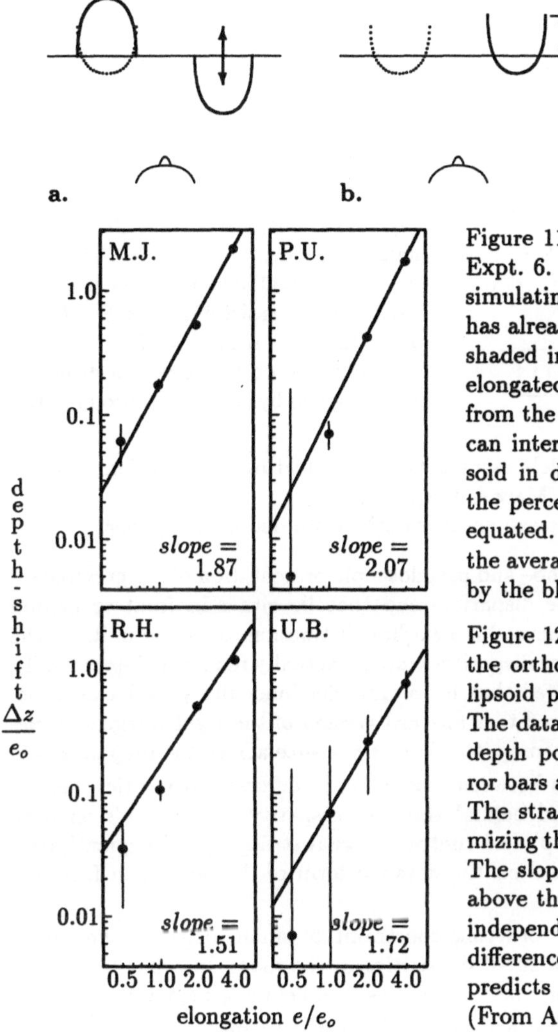

Figure 11: Bird's eye view of the design of Expt. 6. **a.** Two stereograms are displayed simulating an ellipsoid (right) and a bowl. As has already been demonstrated in Fig. 1, the shaded image of a bowl will look like a less elongated ellipsoid, somewhat further away from the observer (dotted line). The subject can interactively shift the orthoscopic ellipsoid in depth. **b.** In an adjustment task, the perceived distances of both surfaces are equated. **c.** A possible interpretation is that the average depth of both surfaces (indicated by the black dot) is equated.

Figure 12: Relative perceived offset between the ortho– and pseudoscopic view of an ellipsoid plotted as a function of elongation. The data are averaged over the five absolute depth positions presented in Expt. 6. Error bars are standard deviations of the mean. The straight lines are regression lines minimizing the error–weighted square deviations. The slopes range from 1.51 to 2.07, i.e. way above the value 1.0 prediced from contrast–independent averaging. The mean square difference mechanism (Eq. 1 with $\alpha = 2$) predicts a straight line with a slope of 1.58. (From Arndt et al., *in prep*)

Discussion

Disparity map interpretation

Fig. 13 shows a useful scheme for a neural interpretation of disparity computations. While the regular arrangement of disparities in cortical space is hypothetic, disparity–tuned neurons that might built up such a map are well known (e.g., Poggio 1984). A more realistic approach using units with overlapping tuning curves has been studied by Lehky & Sejnowski (1990). In the simplest case, which actually suffices to account for our data, we might assume that the excitation of a unit at location (x, δ) depends on the product of the image intensities presented to each eye:

$$e(x, \delta) = I_l(x + \frac{\delta}{2}) I_r(x - \frac{\delta}{2}) \qquad (5)$$

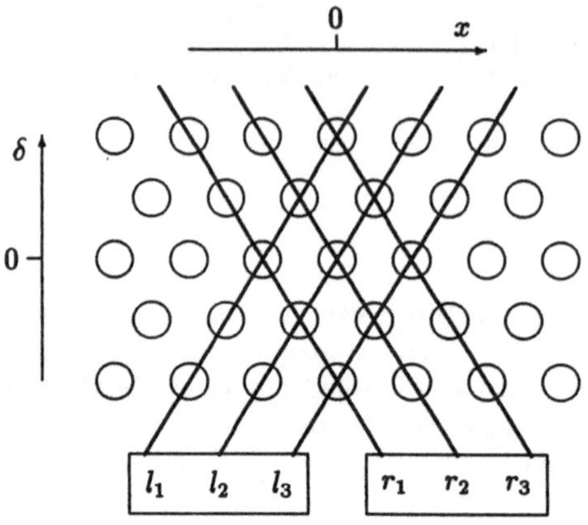

Figure 13: Disparity–map. Retinal signals from locations $l_1,..,l_3$ (left) and $r_1,...,r_3$ (right) activate units at the locations (x, δ) satisfying $x + \delta/2 = l_i$ and $x - \delta/2 = r_j$. A survey of stereo algorithms based on the idea of a disparity map is given by Blake & Wilson (1991).

In contrast, most of the earlier models assume that only feature–based information is available to the binocular units (e.g., Marr & Poggio 1976).

We can now briefly review the experimental situations studied in this paper:

Expt. 1 (Intensity–based stereo): Ortho– and pseudoscopic presentation of the greywedges results in activity–peaks in the disparity–map that lie either in front or behind the zero–disparity line. To achieve this near/far distinction, only the units at the "cyclopean position" $x = 0$ in the disparity–map are actually required. Interestingly, Manteuffel & Roth (1993) showed that in salamander binocular prey localization, the left image is simply compared to a mirrord version of the right image and *vice versa*. In terms of the disparity–map, this is just the slice across the map at $x = 0$.

Expt. 2 (Threshold): The distinction between crossed and uncrossed disparities, i.e. between activity–peaks before and behind the zero–disparity line depends on both disparity (separation in the map) and contrast (signal strength). The quantitative result $c \propto \delta^{-1}$ allows conclusions on the detailed form of the activation function, Eq. 5.

Expt. 3 (Double–nail illusion): The ordering constraint of small disparities might be due to an overrepresentation of small disparities in the map. In other words, the disparity–map has a "fovea" for small disparities (see Lehky & Sejnowski 1990).

Expt. 4 (Wallpaper–illusion): If neural activity in the disparity–map is given by image correlation, i.e. basically by the inverse of the squared image difference plotted in Fig. 6c, a similarity–peak occurs at the disparities corresponding to both possible matches. One might assume that perceived disparity corresponds to the similarity (activity) peak closest to the zero–disparity line in the map. In the presence of a fovea, this might well be the strongest one, too.

Expt. 5 (Disparity–evoked vergence): The center of gravity model of evoked vergence translates into the formation of the center of gravity of the acitivity–pattern on the disparity map. The generation of motor commands by means of a center of gravity mechanism has been termed "population coding" by Georgopoulos, Kalasak, Caminiti & Massey (1982). The differences between our subjects in the amount of vergence elicited by a given retinal disparity (accounted for by the "effective disparities" a_i in the fit) relate to a finding of Richards (1971): In his "pool hypothesis", he proposed that deficits in the perception of certain disparities result from a lack of the accordingly tuned neurons in the disparity map. Clearly, if the map lacks

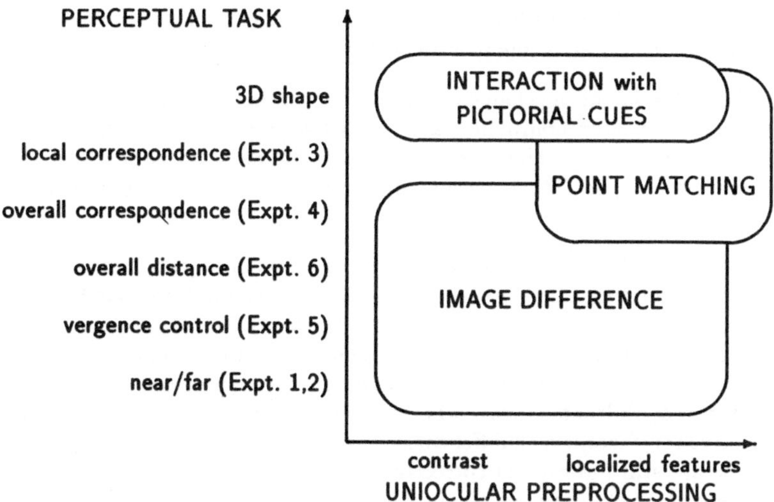

Figure 14: A classification of stereo mechanisms based on the input (uniocular preprocessing) and the perceptual tasks they subserve. For explanation see text.

units for some disparities, signals in the concerned depth plane will not contribute to the center of gravity computation.

Expt. 6 (Pseudoscopic presentation): The contrast–weighted depth averaging performed in the adjustment of the ortho– and pseudoscopic image of ellipsoids translates similarly into the alignment of the centers of gravity of the corresponding activity peaks.

In summary, all data presented in this paper have a very simple disparity–map interpretation if we assume that neural activity is a continuous function of the original image intensities. Higher mechanisms, such as the pointwise solution of the correspondence problem can be realized in disparity–maps as well (Marr & Poggio 1976). It is tempting to consider the simple center of gravity calculations discussed here as evolutionary precursors of the cooperative activation–dynamics required for these higher tasks.

Different mechanisms for stereopsis?

The data presented in this paper concern a simple stereo mechanism that performs a global computation similar to the squared image difference operation. It shares a number of properties with the mechanism termed "global stereopsis" by Julesz (1971). The main difference between intensity–based and global stereopsis seems to be that Julesz focused on feature–based stimuli.

Fig. 14 shows a highly speculative scheme for the classification of stereo mechanisms. The perceptual tasks listed on the left are increasingly more complicated in terms of the amount of information required by each of them. If more complicated preprocessing steps are included (e.g., orientation, motion, 2D shape), higher level disparities can be included along the horizontal axis. A survey of higher order disparities is given in Arndt et al. (*in prep.*) The mechanisms distinguished in Fig. 14 are:

1. Image–difference: Global (average) perception of sign and amount of disparity both in smoothly shaded images and arrays of localized features. Global image differences can play an important role both in animal vision (prey catching behaviour in

salamanders, see Manteuffel & Roth 1993) and in mobile robots (obstacle avoidance, see Mallot, von Seelen & Giannakopoulos 1990, Mallot *et al.* 1991).

2. Point matching: This is the mechanism studied most intensively. It is relevant for the perception of isolated points in space, i.e. 3D segmentation (figure/ground separation), transparency, and high–precision manipulations such as threading a needle. Julesz (1988) proposed that a segmentation task, i.e. camouflage breaking, is the evolutionary origin of stereoscopic vision.

3. Interaction with pictorial cues: The perception of 3D shape of objects rests heavily on pictorial or monocular depth cues such as shape–from–shading (with contrast as preprocessing) or texture gradients (with feature extraction). These cues give no or little information on distance. There is only little evidence that shape–perception requires an additional module; one interesting finding in favor of this view has been presented by Blake & Bülthoff (1990), who showed that the disparity of specular highlights on curved surfaces, which differ considerably from the disparities of nearby surface markers, are still interpreted correctly. This result suggests that disparity and shading are evaluated jointly for the problem of shape perception.

Conclusion

In summary, we conclude that (i) human stereo vision does not exclusively rely on image features, (ii) it uses an ordering constraint of "small disparity", (iii) it does not always proceed coarse–to–fine and (iv) it involves a comparison stage of the correlation type. We speculate that these properties characterize an intensity–based stereo mechanism which is simple, coarse and maybe evolutionary old. It comprises only rough information as is required for vergence control and navigation tasks. Detailed depth maps at high resolution as may be useful for object recognition and manipulation tasks require a more evolved mechanism which, however, is likely to build on intensity–based precursors.

References

Arditi, A. Binocular vision. In K. R. Boff, L. Kaufmann, and J. P. Thomas, editors, *Handbook of Perception and Human Performance, Vol. 1: Sensory Processes and Perception.* John Wiley & Sons, New York, 1986.

Arndt, P. A., H. A. Mallot, and H. H. Bülthoff. Stereovision without localized image–features, in preparation.

Blake, A. and H. H. Bülthoff. Does the brain know the physics of specular reflection? *Nature*, 343:165 – 168, 1990.

Blake, R. and H. R. Wilson. Neural models of stereoscopic vision. *Trends in Neurosciences*, 14:445 – 452, 1991.

Bohrer, S., H. H. Bülthoff, and H. A. Mallot. Motion detection by correlation and voting. In R. Eckmiller, G. Hartmann, and G. Hauske, editors, *Parallel Processing in Neural Systems and Computers*, pages 125 – 128, Amsterdam, 1990. North–Holland.

Bülthoff, H. H. and H. A. Mallot. Integration of depth modules: Stereo and shading. *Journal of the Optical Society of America A*, 5:1749 – 1758, 1988.

Collewijn, H. and C. J. Erkelens. Binocular eye movements and the perception of depth. In E. Kowler, editor, *Eyemovements and Their Role in Visual and Cognitive Processes.* Elsevier Science Publishers, 1990.

Cormack, L. K., S. B. Stevenson, and C. M. Schor. Interocular correlation, luminance contrast and cyclopean processing. *Vision Research*, 31:2195 – 2207, 1991.

Dartsch, S., H. A. Mallot, and P. A. Arndt. Human stereopsis does not always proceed coarse–to–fine. In N. Elsner and M. Heisenberg, editors, *Gene – Brain – Behaviour (Proc. 21th Göttingen Neurobiol. Conf.)*, page 26, Stuttgart, 1993. G. Thieme Verlag.

Dhond, U. R. and J. K. Aggarwal. Structure from stereo – a review. *IEEE Transactions on Systems, Man, and Cybernetics*, 19:1489 – 1510, 1989.

Erben, A., H. A. Mallot, and P. A. Arndt. How do vergence eye–movements select 3D regions of interest in complex visual scenes? In N. Elsner and M. Heisenberg, editors, *Gene – Brain – Behaviour (Proc. 21th Göttingen Neurobiol. Conf.)*, page 27, Stuttgart, 1993. G. Thieme Verlag.

Georgopoulos, A. P., J. F. Kalasak, R. Caminiti, and J. T. Massey. On the relation of the direction of twodimensional arm movements and cell discharge in primate motor cortex. *The Journal of Neuroscience*, 2:1527 – 1537, 1982.

Hassenstein, B. and W. Reichardt. Reihenfolgen-Vorzeichenauswertung bei der Bewegungsperzeption des Rüsselkäfers Chlorophanus. *Zeitschrift für Naturforschung, Teil B*, 11:513 – 524, 1956.

Jordan III, J. R., W. S. Geisler, and A. C. Bovik. Color as a source of information in the stereo correspondence process. *Vision Research*, 30:1955 – 1970, 1990.

Julesz, B. *Foundations of Cyclopean Perception.* Chicago University Press, Chicago and London, 1971.

Julesz, B. Early vision and focal attention. *Reviews of Modern Physics*, 63:735 – 772, 1991.

Julesz, B. In the last minutes of evolution of life, stereoscopic depth perception captured the input layer to the visual cortex to break camouflage. *Perception*, 17:A3, 1988.

Krol, J. D. and W. A. van de Grind. The double-nail illusion: Experiments on binocular vision with nails, needles, and pins. *Perception*, 9:651 – 669, 1980.

Legge, G. E. and Y. Gu. Stereopsis and contrast. *Vision Research*, 29:989 – 1004, 1989.

Lehky, S. R. and T. J. Sejnowski. Neural model of stereoacuity and depth interpolation based on a distributed representation of stereo disparity. *The Journal of Neuroscience*, 10:2281 – 2299, 1990.

Mallot, H. A. and H. Bideau. Vergence eye movements influences the assignment of stereo correspondences. *Vision Research*, 30:1521 – 1523, 1990.

Mallot, H. A., H. H. Bülthoff, J. J. Little, and S. Bohrer. Inverse perspective mapping simplifies optical flow computation and obstacle detection. *Biological Cybernetics*, 64:177 – 185, 1991.

Mallot, H. A., W. von Seelen, and F. Giannakopoulos. Neural mapping and space–variant image processing. *Neural Networks*, 3:245 – 263, 1990.

Manteuffel, G. and G. Roth. A model of the saccadic sensorimotor system of salamanders. *Biological Cybernetics*, 68:431 – 440, 1993.

Marr, D. and T. Poggio. Cooperative computation of stereo disparity. *Science*, 194:283 – 287, 1976.

Marr, D. and T. Poggio. A computational theory of human stereo vision. *Proceedings of the Royal Society (London) B*, 204:301 – 328, 1979.

McKee, S. P. and G. J. Mitchison. The role of retinal correspondance in stereoscopic matching. *Vision Research*, 28:1001 – 1012, 1988.

Poggio, G. F. Processing of stereoscopic information in primate visual cortex. In G. M. Edelman, W. E. Gall, and W. M. Cowan, editors, *Dynamic Aspects of Neocortical Function*, pages 613 – 635. John Wiley & Sons, 1984.

Poggio, G. F. and T. Poggio. The analysis of stereopsis. *Annual Review of Neuroscience*, 7:379 – 412, 1984.

Regan, D., J. P. Frisby, G. F. Poggio, C. M. Schor, and C. W. Tyler. The perception of stereodepth and stereo–motion: Cortical mechanisms. In L. Spillmann and J. S. Werner, editors, *Visual Perception. The Neurophysiological Foundations.* Academic Press, San Diego etc., 1990.

Richards, W. A., Anomalous stereoscopic depth perception. *Journal of the Optical Society of America*, 61:410 – 414, 1971.

Weinshall, D. Seeing "ghost" planes in stereo vision. *Vision Research*, 31:1731 – 1748, 1991.

Westheimer, G. and D. E. Mitchell. The sensory stimulus for disjunctive eye movements. *Vision Research*, 9:749 – 755, 1969.

Konzeption und Nutzung von Wissensrepräsentationen bei videogestützten Assistenzsystemen für die Straßenfahrzeugführung

Wilfried Enkelmann

Fraunhofer-Institut für Informations- und Datenverarbeitung (IITB)
Fraunhoferstr. 1, D-76131 Karlsruhe
Fax: +49 721 6091-413, E-Post: enk@iitb.fhg.de

Zusammenfassung

In diesem Beitrag werden Ansätze zur Repräsentation von Wissen bei videogestützten Assistenzsystemen für die Straßenfahrzeugführung betrachtet, die unter anderem im deutschen Teilprogramm PRO-ART des Forschungsprogramms PROMETHEUS erarbeitet worden sind. Um die Komplexität des Szenarios Straßenverkehr zu beherrschen und um zu einer angemessenen Beurteilung von Verkehrssituationen im Hinblick auf Gefahrenmomente und zu empfehlende Reaktionen zu gelangen, ist es nötig, auf Wissen über den Fahrer, auf Wissen über die verwendeten Sensoren sowie über das Fahrzeug und auf Wissen über die Fahrzeugumgebung zuzugreifen. Wie dieses Wissen akquiriert und genutzt werden kann, um vorausschauend zu fahren und damit das Unfallrisiko zu vermindern, wird am Beispiel der Modellierung von Verkehrssituationen, Fahrmanövern sowie der Detektion von Hindernissen dargestellt.

1 Einleitung

Im Rahmen des Forschungsprogramms PROMETHEUS (PROgraMme for a European Traffic with Highest Efficiency and Unprecedented Safety) wurde angestrebt, die Sicherheit, Umweltverträglichkeit und Effizienz des Straßenverkehrs deutlich zu steigern. Seit 1986 arbeitet die europäische Automobilindustrie gemeinsam, in vorwettbewerblicher Forschungskooperation, an dem von ihr initiierten Forschungsprogramm [Reister *et al.* 88].

Dem Teilprogramm PRO–ART (PROmetheus ARTificial intelligence) ist in diesem Zusammenhang die Grundlagenforschung auf dem Gebiet wissensbasierter Systeme übertragen worden. Ein Forschungsschwerpunkt im Rahmen des Teilprogrammes PRO-ART [Franke 89, Sandewall *et al.* 90] lag in einer expliziten und hinreichend präzisen Modellierung von Verkehrssituationen im Hinblick auf den Einsatz solcher Modelle zur Durchführung folgender Aufgaben:

- Unterstützung bei Spezifizierung, Entwurf und Validierung von Fahrerassistenzsystemen.
- Fortlaufende Interpretation von Bildfolgen mehrerer Kameras sowie von Signalen weiterer Sensoren zur Erfassung des Fahrer-, Fahrzeug- und Umgebungszustandes.

- Nutzung systeminterner Repräsentationen von Verkehrssituationen, um kritische, aktuelle Situationen in der Fahrzeugumgebung zu erkennen.

Um einem der angestrebten Ziele, und zwar der Steigerung der Verkehrssicherheit, näher zu kommen, wurde zunächst durch Auswertung verfügbarer Unfallprotokolle untersucht, wie das Unfallrisiko gesenkt werden könne. Dabei stellte sich heraus, daß bei einer eine halbe Sekunde früher einsetzenden Reaktion der beteiligten Verkehrsteilnehmer ein Großteil der Unfälle (etwa 60 Prozent der Auffahrunfälle, 50 Prozent der Kreuzungsunfälle und 30 Prozent der Gegenverkehrsunfälle) hätte vermieden werden können [Panik 87]. In den PROMETHEUS Teilprogrammen wurde deshalb untersucht, inwieweit sich das Informationsangebot an einen Fahrer erweitern läßt, um vorausschauend zu fahren und rechtzeitig auf Gefahrensituationen reagieren zu können.

In diesem Beitrag möchte ich den Schwerpunkt bei der Auswahl dargestellter Ansätze auf Arbeiten von deutschen, an PRO-ART mitwirkenden Forschungsgruppen legen. Einen Zugang zur Literatur auf dem Gebiet autonom mobiler Straßenfahrzeuge erhält man zum Beispiel in den Büchern [Thorpe 90, Masaki 92], den Tagungsbänden einschlägiger Konferenzen [Intelligent Vehicles '92, Intelligent Autonomous Systems 93] sowie diesem Thema gewidmete Sonderhefte [Grimson & Huttenlocher 92] oder Konferenzsitzungen [ICCV '93]. Übersichten zu Fragestellungen, die die Mensch-Maschine-Interaktion bei Fahrerassistenzsystemen betreffen, sind in [Gale 91, Michon 91] zu finden.

In PRO-ART sollten Komponenten für Fahrerassistenzsysteme untersucht werden mit dem Ziel, den Fahrer sowohl durch bessere Information als auch durch aktive Systemkomponenten wirksam zu unterstützen. Um die Komplexität des Szenarios Straßenverkehr zu beherrschen und um zu einer angemessenen Beurteilung von Verkehrssituationen im Hinblick auf Gefahrenmomente und zu empfehlende Reaktionen zu gelangen, ist es nötig, auf Wissen über den Fahrer, auf Wissen über die verwendeten Sensoren sowie über das Fahrzeug und auf Wissen über die Fahrzeugumgebung zuzugreifen. Am Beispiel einer Fahrt mit einem Kraftfahrzeug soll dies verdeutlicht werden.

Um von einem Startpunkt zum Fahrtziel zu gelangen, sind nebenläufig ablaufende Fahrerhandlungen erforderlich, die [Nagel 88b] in Anlehnung an Begriffsbildungen in der Produktionstechnik folgendermaßen formuliert hat:

Leitebene	Vorgabe der Reise-Ziele und -Modalitäten einschließlich etwaiger Zwischenziele (Reiseplanung).
Dispositionsebene	Auswahl des nächsten Teilwegestückes (Navigation).
Koordinationsebene	Auswahl des aktuell durchzuführenden Fahrmanövers.
Prozeßebene	Fahrzeugführung: Regelkreise zur Auswertung des sensorisch erfaßten Zustandes von Fahrzeug sowie Umgebung und zur darauf aufbauenden Betätigung der Fahrzeugaktuatoren wie Lenkung, Bremse, Gas etc.

Aus dem Zielort und den auf dem Weg dorthin zu erreichenden Zwischenzielen resultiert die Fahrtroute, die vom Fahrer oder mit Unterstützung eines kartenbasierten Systems wie dem kommerziell verfügbaren Travelpilot[1] geplant wird. Die Fahrmanöver, die sich aus der Fahrtroute unter Berücksichtigung der aktuell vorliegenden Verkehrssituation ergeben, werden durch Betätigen der Fahrzeugaktuatoren ausgeführt. Ein Assistenzsystem, das den

[1] Travelpilot ist ein geschütztes Warenzeichen der Robert Bosch GmbH.

Fahrer unterstützen soll, muß auf allen Ebenen der Prozeßhierarchie handlungsfähig sein. Eine Realisierung für ein System, das nach interaktiver Vorgabe der Reise-Ziele automatisch auf allen Ebenen der Prozeßhierarchie operiert, ist in [Siegle *et al.* 92] beschrieben.

Eine notwendige Voraussetzung für die Akzeptanz eines Assistenzsystems besteht darin, daß Systemreaktionen in einer vom Fahrer nachvollziehbaren Weise erfolgen. Das Zutrauen zu Systemempfehlungen, insbesondere in kritischen Verkehrssituationen, wächst in dem Maße, wie das System in der Lage ist, seine Entscheidungskriterien auf einer angemessenen Abstraktionsebene auf Anfrage mitzuteilen. Das bedingt eine explizite Repräsentation des im System vorhandenen Wissens, wobei der Abstraktionsgrad der Beschreibung vom Signal bis zur begrifflichen Charakterisierung einzelner Operationen reicht.

Im folgenden soll der Beitrag von Wissensrepräsentationen zur Modellierung von Verkehrssituationen, Fahrmanövern sowie der Beitrag einer videogestützten Sensordatenauswertung zur Detektion von Hindernissen im Hinblick auf das Erreichen des oben formulierten Zieles erörtert werden, nämlich vorausschauend zu fahren, um rechtzeitig auf Gefahrensituationen reagieren zu können. Dabei kommt der Akquisition von Wissen über Art und Verhalten von anderen Verkehrsteilnehmern in der Fahrzeugumgebung unter den jeweiligen Randbedingungen der aktuell vorliegenden Verkehrssituation eine besondere Bedeutung zu, unabhängig davon, ob automatisch fahrende Systeme [Dickmanns 87, Franke 91, Ulmer 92] oder einen Fahrer warnende Assistenzsysteme [Geiser & Nirschl 93, Enkelmann *et al.* 93] betrachtet werden.

2 Interpretationszyklus

Die Realisierung eines Assistenzsystems erfordert eine fortlaufende maschinelle Erfassung und Auswertung verschiedenartiger Signale über Fahrer, Fahrzeug und Umgebung. Die erfaßten Sensordaten dienen zur Erzeugung einer system-internen Beschreibung der aktuell vorliegenden Situation. Am Beispiel der Auswertung von Kamerasignalen sollen sowohl datengetriebene als auch modellgestützte Interpretationsvorgänge bei Einzelbildern sowie zeitlichen Bildfolgen aus [Nagel 89] rekapituliert werden.

In einer datengetriebenen Auswertung eines Einzelbildes (siehe Abb. 1) werden zunächst Bildbereichshinweise (z.B. Kantenelemente, Grauwertecken) extrahiert. Aus diesen Beschreibungen im zweidimensionalen Bildbereich können unter Verwendung von physikalischem Wissen über den Abbildungsvorgang Hypothesen (z.B. über Kurven- oder Flächenelemente) im dreidimensionalen Szenenbereich erzeugt werden. Diese Szenenbereichshinweise lassen sich nun zur Bildung von Hypothesen über Objekte, Beleuchtung oder Abbildungsmodalitäten verwenden, indem Schemata der für den untersuchten Diskursbereich [Nagel 87b] vorliegenden generischen Beschreibung ausgeprägt werden, wobei zumindest ein Teil der Modellparameterwerte (z.B. Lage und Orientierung von Objekten) festgelegt wird.

Aus den (partiell) ausgeprägten Schemata der begrifflichen Beschreibung erhält man unter Ausnutzung der Abbildungsparameter eine zweidimensionale Szenenprojektion. Diese kann sowohl in Form eines synthetischen Bildes als auch in Form einer Szenenskizze erzeugt werden, so daß ein Vergleich mit dem aufgenommenen Grauwertbild oder den daraus extrahierten Bildbereichshinweisen zu einer verbesserten Schätzung der Modellparameterwerte verwendet werden kann. Das Ergebnis dieses Interpretationszyklusses besteht also in

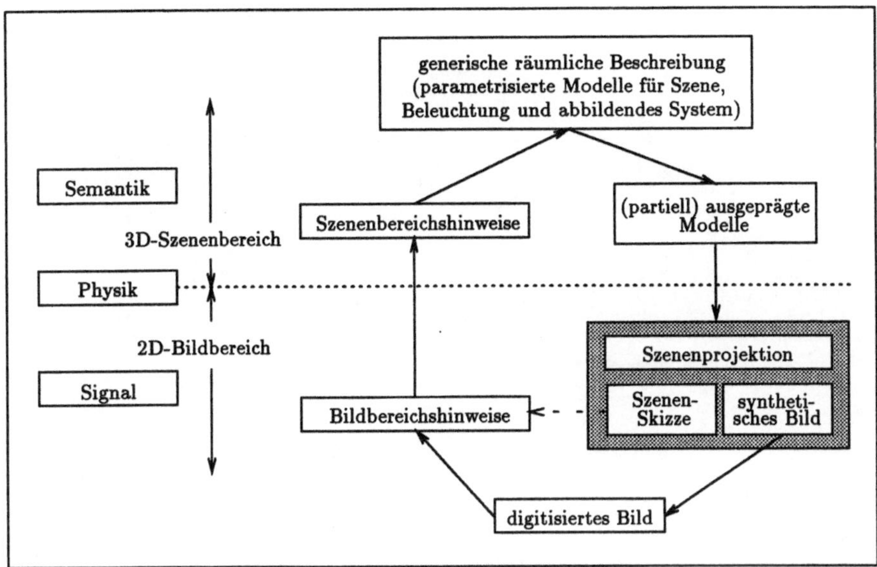

Abbildung 1: Aus [Koller 92] entnommenene Abbildung des Interpretationszyklusses zur Auswertung von Einzelbildern nach [Kanade 78] mit Modifikationen nach [Nagel 79].

einer Zuordnung zwischen Teilbereichen eines einzelnen Bildes und Teilen der generischen Beschreibung des betrachteten Diskursbereiches.

Diese zu einem Zeitpunkt gültige Beschreibung eines einzelnen Bildes läßt sich für die Interpretation von Folgebildern nutzen, sofern Wissen über die Art der zeitlichen Änderungen vorliegt (Abb. 2). Dieses Wissen kann dann zur Formulierung von Erwartungen über das Folgebild herangezogen werden, die in anschließenden Interpretationszyklen, wie oben beschrieben, überprüft werden können. Wenn Abweichungen lediglich bei den Modellparameterwerten auftreten, so können die beobachteten Differenzen direkt in Korrekturen der Parameterwerte umgesetzt werden.

Diese Art der Aktualisierung von Modellparameterwerten wurde in schnellen Regelkreisen erfolgreich eingesetzt, um Fahrzeuge automatisch zu führen [Dickmanns & Mysliwetz 92]. Das Wissen über die Art der zeitlichen Änderung stand in Form der Newton'schen Differentialgleichungen der Bewegung des zu führenden Fahrzeugs zur Verfügung. Die Ausprägung der zum automatischen Fahren zu modellierenden Objekte (wie z.B. der Fahrbahn) war dem System jedoch a-priori bekannt.

Im nächsten Abschnitt wird eine Möglichkeit für generische räumliche und zeitliche Beschreibungen in der Bildfolgenauswertung näher diskutiert.

3 Situationsmodellierung

Um die aktuell vorliegenden Randbedingungen einer Fahrerhandlung oder einer Empfehlung eines Assistenzsystems einzufangen, wurde von [Nagel 87a, Nagel 88a] der Begriff

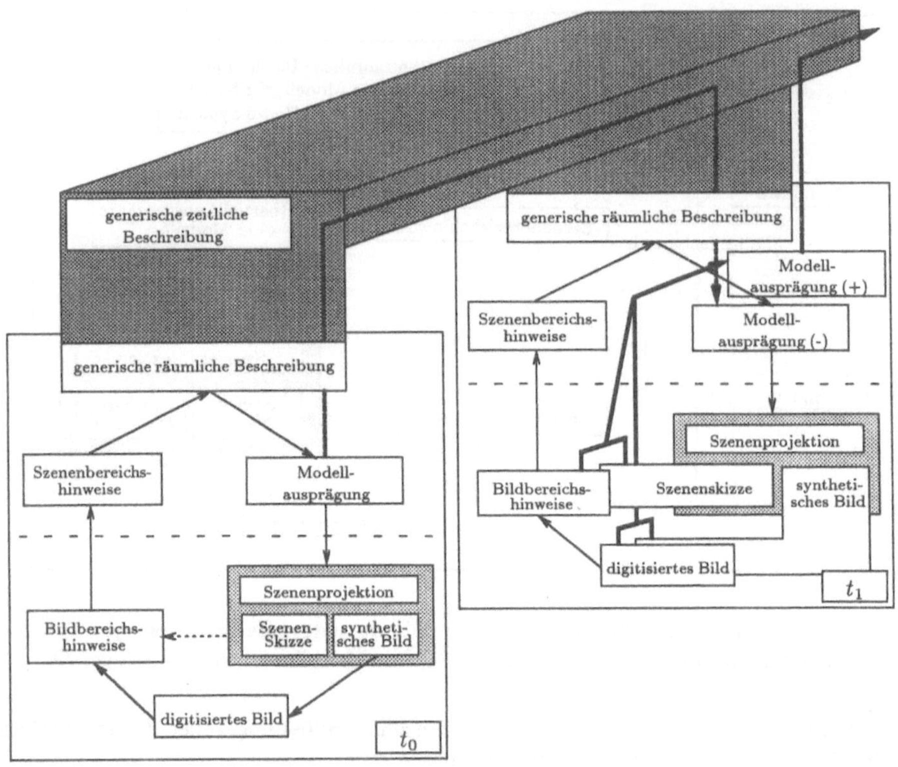

Abbildung 2: Aus [Koller 92] entnommenene Abbildung des Interpretationszyklusses zur Auswertung zeitlicher Bildfolgen von [Nagel 89]. Aus einer Modellausprägung zum Zeitpunkt t_n (durch (+) gekennzeichnet) wird die Modellausprägung zum Zeitpunkt t_{n+1} (durch (-) gekennzeichnet) prädiziert. Aus der prädizierten Modellausprägung wird eine Szenenskizze und ein synthetisches Bild berechnet, die zusammen mit Bildbereichshinweisen und digitisiertem Bild für die Berechnung einer aktualisierten Modellausprägung zum Zeitpunkt t_{n+1} herangezogen werden (durch dicke Linien dargestellt).

Situation eingeführt. Eine Situation ist eine generische Beschreibung aller wesentlichen Sachverhalte und umfaßt:

1. eine Zustandsbeschreibung aller relevanten Objekte und ihrer Relationen zueinander,
2. Alternativen für die zeitliche Entwicklung der aktuellen Situation und
3. die mit einer Situation verbundenen Handlungsmöglichkeiten.

Bei einer Zustandsbeschreibung handelt es sich zunächst um physikalische Beziehungen, die zu einem bestimmten Zeitpunkt zwischen den an der aktuellen Situation beteiligten Körpern bestehen. Wenn die Beziehungen zwischen einem Körper und anderen Körpern in seiner Umgebung zu einem Zeitpunkt nicht nur durch die Dynamik bestimmt, sondern zusätzlich die Freiheitsgrade berücksichtigt werden, dann gelangt man von einer statischen

Objektbeschreibung zu einer Beschreibung von *Akteuren*. Mit dem Begriff Akteur bei der Situationsmodellierung soll ausgedrückt werden, daß Zustandsänderungen der beteiligten Körper nicht allein durch physikalische Objektbeziehungen festgelegt sind, sondern auch durch die im jeweiligen Situationskontext vorhandenen Intentionen der beteiligten Körper als Akteure — beispielsweise im potentiellen Verhalten anderer Verkehrsteilnehmern. Zur Repräsentation von Situationsabfolgen entwickelte [Krüger 91] Situationsgraphen. Diese sind eine konsequente Weiterentwicklung semantischer Netze [Brachman 79] auf der Basis der Begriffsgraphen von [Sowa 84], die auch in eine prädikatenlogische Formulierung transformiert werden können [Krüger 91, Anhang C].

Situationsgraphen modellieren Abfolgen von Situationen mit Hilfe von Situationsknoten, die durch Prädiktionskanten miteinander verbunden sind (siehe Abb. 3). Jeder Situationsknoten enthält ein Zustandsschema, das in Situationen ausgeprägt werden kann, in denen der im Zustandsschema beschriebene Zustand vorliegt. Weiterhin ist mit jedem Situationsknoten ein Handlungsschema enthalten, das in der aktuellen Situation ebenfalls ausgeprägt wird und eine durchzuführende Aktion festlegt.

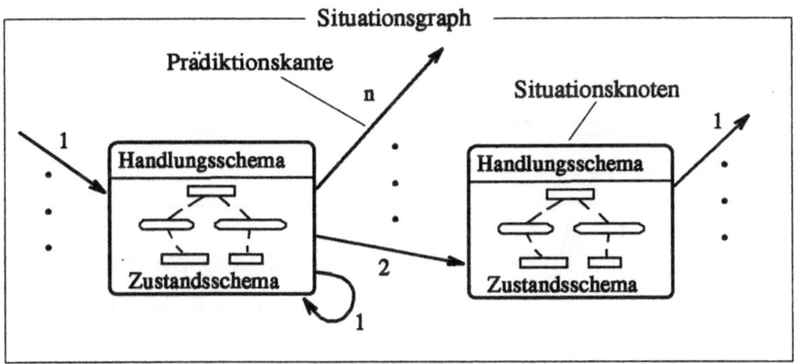

Abbildung 3: Situationsgraph.

Um die zeitliche Abfolge von Situationen zu modellieren, wird zu jedem Zeittakt versucht, eine vom aktuellen Situationsknoten ausgehende Prädiktionskante zu finden, die zu einem Situationsknoten mit ausprägbarem Zustandsschema führt. Gelingt dies, so wird dieser Knoten zum aktuellen Situationsknoten. Die Prädiktionskanten umfassen außerdem einen in der Abbildung nicht dargestellten 'Bindungsknoten', der angibt, welche bereits ausgeprägten Beziehungen vom aktuellen in den nachfolgenden Situationsknoten übernommen werden. Jede Prädiktionskante besitzt eine Priorität, die die Reihenfolge der Anwendbarkeitsprüfung von Nachfolgesituationen festlegt. Die Prädiktionsbeziehungen müssen also nicht erst aus Zustands- und Handlungskomponente erschlossen werden, sondern können effizient überprüft werden.

Der Ansatz von [Krüger 91] sieht vor, daß Beschreibungen von Zuständen, in denen sich ein System gerade befindet, mit Hilfe eines Interpretationsprozesses erzeugt und aktualisiert werden. Aufgabe des Interpretationsprozesses ist es, aus den Eingabedaten Ausprägungen vorgegebener generischer Schemata zu gewinnen (Abb. 4). Dabei wird eine Zuordnung zwischen dem Zustandsschema eines vorgegebenen Situationsknotens und den verfügbaren Sensordaten hergestellt. Zur Repräsentation der Zustandsschemata werden Begriffsgraphen verwendet, die auf Begriffsstrukturen von [Sowa 84] zurückgehen. Das Ausprägen der Schemata erfolgt durch einen Projektionsvorgang.

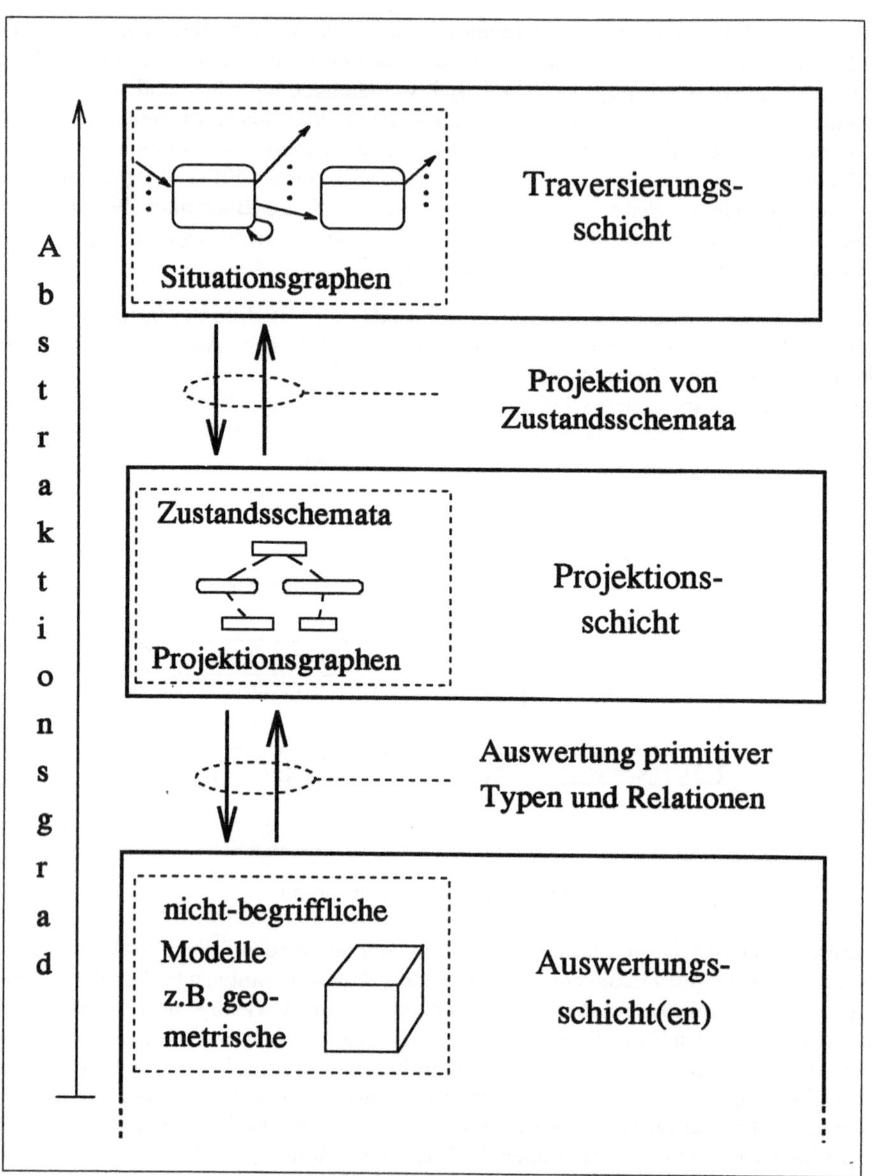

Abbildung 4: Zuordnung von Zustandsschemata zu Sensordaten.

Indem das Interpretationsziel zur Überprüfung vorgegeben wird, sind die dabei zu bestätigenden Ausprägungen nicht nur für die Handlungssteuerung eines Assistenzsystems von Interesse, sondern können auch dazu verwendet werden, beim Interpretationsvorgang nur situationsrelevante Auswertungen vorzunehmen.

Um die Darstellung von Situationsabfolgen durch Situationsgraphen weiter zu strukturieren, wurde eine Hierarchie von Beschreibungsebenen eingeführt. Innerhalb der Hierarchie können die Schemata eines Situationsknotens getrennt, in kleineren und damit überschaubareren Einheiten beschrieben werden. Dazu werden die Situationsknoten in einem Baum mit der Eingangssituation als Wurzel angeordnet (siehe Abb. 5). Die Zustandsschemata

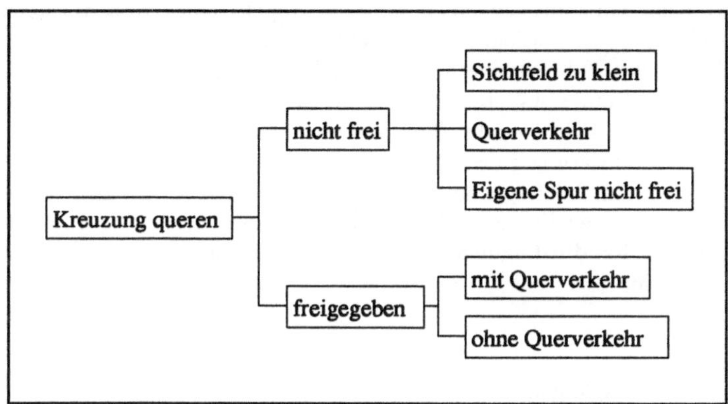

Abbildung 5: Hierarchischer Situationsgraph.

der Situationsknoten werden von den jeweiligen Ahnen geerbt, mit denen sie über Vererbungskanten verbunden sind. Prädiktionskanten dürfen nur zwischen Sohnknoten desselben Vaters existieren. Die Handlungsschemata der Situationsknoten werden nicht vererbt, sondern werden für jeden Situationsknoten aller Hierarchieebenen individuell festgelegt. Damit besteht die Möglichkeit, in allgemeineren Situationen andere, der allgemeineren Situation angepaßte Handlungsschemata vorzusehen.

Zur Modellierung der zeitlichen Abfolge von Situationen werden auch in hierarchischen Situationsgraphen mögliche Nachfolgeknoten betrachtet, die wie zuvor über Prädiktionskanten erreichbar sind, in hierarchischen Situationsgraphen jedoch auch über Vererbungskanten. Deshalb wurde die Traversierungsstrategie in hierarchischen Situationsgraphen um den Wechsel zwischen Ebenen erweitert. Dabei wird angestrebt, zu jedem Zeitpunkt die speziellste von der Eingangssituation erreichbare Situationsbeschreibung in einem Folgeknoten des aktuellen Situationsknotens auszuprägen. Die Bestimmung des Folgeknotens erfolgt in mehreren Schritten. Zunächst wird entsprechend der Prädiktionspriorität überprüft, ob es auf der aktuellen Hierarchieebene einen Situationsknoten mit ausprägbarem Zustandsschema gibt. Ist dies nicht der Fall, so wird auf die nächst allgemeinere Ebene zurück gewechselt, und die dort vorhandenen Situationsknoten werden auf Ausprägbarkeit überprüft. Dieser Prozeß wird gegebenenfalls wiederholt, bis ein Situationsknoten mit ausprägbarem Zustandsschema erreicht wurde. Da zu diesem bisher gefundenen Situationsknoten noch speziellere Situationsbeschreibungen existieren können, werden in einer Abstiegsphase entlang der Vererbungskanten die Sohnknoten — ebenfalls prioritätsgesteuert — auf Ausprägbarkeit überprüft. Gelingt dies nicht, so wird der zuletzt erfolgreich ausgeprägte Knoten zum aktuellen Situationsknoten.

Durch eine Modellierung von Verkehrssituationen mit hierarchischen Situationsgraphen wurde einerseits eine redundanzarme Strukturierung der Zustandsschemata von Verkehrssituationen erreicht. Andererseits ermöglicht die Einführung von Rückfallebenen eine der Hierarchieebene angepaßte Handlungssteuerung.

4 Fahrmanöver

Nachdem im vorherigen Kapitel ein Ansatz zur Modellierung von Verkehrssituationen beschrieben wurde, soll jetzt auf einen weiteren Aspekt eines vorausschauenden Assistenzsystems eingegangen werden, und zwar auf den Aspekt der Gefährdungsanalyse bei der Durchführung von Fahrmanövern. Die Modellierung von Fahrmanövern ist ein notwendiger Bestandteil eines Assistenzsystems, um alle relevanten Handlungsmöglichkeiten eines menschlichen Fahrers zum Führen eines Kraftfahrzeugs zu berücksichtigen. Im Hinblick auf eine Realisierung eines den Fahrer unterstützenden Assistenzsystems wurde in [Nagel & Enkelmann 91] folgende Menge von 17 elementaren Fahrmanövern vorgeschlagen, die zum sicheren Fahren auf öffentlichen Straßen notwendig und zum Teil, unter vereinfachenden Randbedingungen, realisiert sind [Ulmer 92, Freund & Lammen 93, Dickmanns *et al.* 93]:

1. Anfahren,
2. einem Straßenzug folgen,
3. Annähern an ein Hindernis,
4. Überholen,
5. vor einem Hindernis anhalten,
6. ein Hindernis links/rechts passieren,
7. hinter einem anfahrenden Fahrzeug anfahren,
8. einem Fahrzeug folgen,
9. eine Kreuzung passieren,
10. Fahrspurwechsel links/rechts,
11. links/rechts abbiegen,
12. am Fahrbahnrand anhalten,
13. rückwärts fahren,
14. Kehre links/rechts,
15. Wenden,
16. Einparken,
17. Ausparken.

Ein Assistenzsystem muß wenigstens diese 17 Fahrmanöver ausführen können, um über interne Repräsentationen für die vom Fahrer tatsächlich ausgeführten Fahrmanöver — sowie die dabei benötigten Meß-, Interpretations- und Stellprozesse — zu verfügen. Dabei ist es notwendig, diese Fahrmanöver zunächst bei statischer Fahrzeugumgebung zu beherrschen.

Um eine individuelle Modellierung aller möglichen Hinderniskonfigurationen zu vermeiden, erscheint es vorteilhaft, Vorsorge gegen Unfälle direkt bei der Durchführung von Fahrmanövern zu treffen. Dies läßt sich dadurch erreichen, daß für jedes der oben genannten Fahrmanöver eine *minimale Manöver-Zone* definiert wird, die groß genug ist, um das aktuelle Fahrmanöver — zunächst ohne Berücksichtigung anderer Verkehrsteilnehmer — sicher ausführen zu können. Darüberhinaus wird eine größere, die minimale Manöver-Zone beinhaltende *komfortable Manöver-Zone* festgelegt (Abb. 6). Wenn es gelingt, durch Auswertung von Sensordaten die aktuell *verfügbare Manöver-Zone* zu bestimmen, dann können *Risiko-Zonen* durch einen Vergleich von verfügbarer Manöver-Zone und komfortabler Manöver-Zone ermittelt werden.

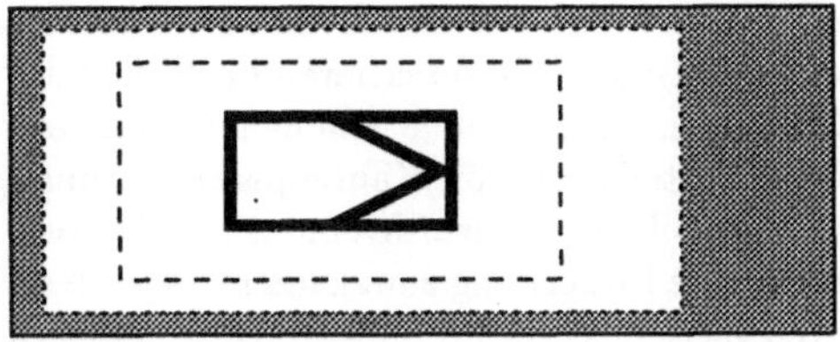

Fahrzeug
- - minimale Manöver-Zone
— komfortable Manöver-Zone
···· verfügbare Manöver-Zone
Risiko-Zone

Abbildung 6: Manöver-Zonen.

Die Definition der Elementarmanöver, d.h. der Manöver, die innerhalb der minimalen Manöver-Zone sicher ausgeführt werden können, wird dadurch zu *Basismanövern* erweitert, daß risikomindernde Sub-Manöver wie z.B. Ausweichen oder Anhalten vorgesehen werden. Die Parameterwerte der Sub-Manöver sind durch die aktuelle Verkehrssituation bestimmt.

Um Vorsorge gegen Kollisionen mit möglichen Hindernissen auch bei nicht stationärer Fahrzeugumgebung zu treffen, ist es erforderlich, das eigene Verhalten und das Verhalten sensorisch erfaßter Objekte auf mögliche Kollisionsgefahr in der aktuell vorliegenden Verkehrssituation zu untersuchen. Um ein mögliches Eindringen von anderen bewegten Objekten in die komfortable Manöver-Zone vorherzusagen, ist es nötig, neben der rein physikalischen Beschreibung der Objektbewegung auch die Intentionen und Pläne anderer Verkehrsteilnehmer als Akteure zu erkennen [Nagel 91]. Pläne werden durch Folgen von Handlungen repräsentiert, die für Kraftfahrzeuge durch die Elementarmanöver gegeben sind. Intentionen können dann dadurch modelliert werden, daß aus der Beobachtung von anfänglichen Sub-Sequenzen eines Plans Hypothesen über die weitere Entwicklung des Plans generiert werden können. Der Grad des Zutrauens in einen hypothetisierten Plan für das Verhalten eines anderen Verkehrsteilnehmers wächst in dem Maße, wie generierte Teil-Hypothesen zutreffen. Damit eröffnen sich Möglichkeiten einer vorausschauenden Fahrt bei Berücksichtigung des Handlungsspielraumes von Akteuren.

5 Hindernisdetektion

Bei der Erfassung der Fahrzeugumgebung besteht eine der wichtigsten Aufgaben darin, potentielle Hindernisse frühzeitig zu detektieren und einmal detektierte Hindernisse zu verfolgen. Der Untersuchung dieser Aufgabe haben sich mehrere Forschungsgruppen gewidmet.

Eine Klasse von Ansätzen arbeitet, was den Detektionsprozeß betrifft, im zweidimensionalen Bildbereich. Dabei wird Wissen über das Erscheinungsbild abgebildeter Kraftfahrzeuge herangezogen. [Solder & Graefe 90] detektieren im Videotakt auffällige Strukturen im Bildbereich der Fahrbahn in Form von je einem horizontalen und vertikalen Kantenpaar. Wenn solch eine Konstellation von Kantenpaaren einmal gefunden wurde und über mehrere Bilder hinweg stabil auftrat, wurde eine Objekthypothese formuliert und ein Verfolgungsprozeß gestartet. Die Entfernung zum kameratragenden Fahrzeug kann zur Initialisierung von rekursiven Zustandsschätzverfahren [Dickmanns *et al.* 90] bei bekannter Fahrbahnbreite aus den abgebildeten Fahrbahnrändern an der Position der detektierten Bildbereichskonstellationen eines Hindernisses bestimmt werden. Eine weitere Möglichkeit besteht in der Bestimmung einer Zeit bis zum Aufprall [Hoyle 57] aus Korrespondenzen von Bildmerkmalen des betrachteten Objektes und der daraus ableitbaren Größenänderung des Objektbildes. Ist der während des betrachteten Zeitintervalls zurückgelegte Weg beispielsweise aus Odometriedaten des kameratragenden Fahrzeugs bekannt, dann kann eine ausreichend genaue Schätzung der Objektentfernung erfolgen [Graefe 90].

[Zielke *et al.* 92] nutzen die bei vielen Kraftfahrzeugen vorhandenen Symmetrieeigenschaften aus, die bei Betrachten der Rückansichten abgebildeter Kraftfahrzeuge auch im Bildbereich relativ gut angetroffen werden. Aus den so detektierten linken und rechten Abbildungen der seitlichen Fahrzeugbegrenzungen kann, wie oben beschrieben, die Breite bestimmt und eine Entfernung geschätzt werden [Schwarzinger *et al.* 92]. Symmetriebasierte Detektionsansätze werden ebenfalls von [Kuehnle 91] sowie von [Dickmanns *et al.* 93] verwendet.

Mit einer zweiten Verfahrensklasse wird versucht, durch einfache Differenzbildung im Bildbereich Abbildungen von Hindernissen auf der Fahrbahn zu detektieren. Dazu wird ein bewegungskompensiertes Bild generiert unter der Annahme, daß die hindernisfreie Fahrbahn in dem überschaubaren Bereich durch eine Ebene im Raum hinreichend gut approximiert werden kann. Weiterhin muß die Kamerabewegung bekannt sein, die zwischen den Aufnahmezeitpunkten des auszuwertenden Bildpaares stattgefunden hat. Für eine Stereo-Kamera-Anordnung lassen sich die Transformationsparameter zwischen den beiden fest zueinander angeordneten Kameras in einem einmal vorab durchzuführenden Kalibriervorgang ermitteln und für eine Hindernisdetektion durch Auswertung von Stereobildpaaren einsetzen [Storjohann *et al.* 90]. Für den Fall einer bewegten Kamera sind diese Transformationsparameter für jedes Bildpaar neu zu schätzen. [Carlsson & Eklundh 90] ermitteln diese Parameter aus dem zu analysierenden Bildpaar, müssen jedoch Wissen über einen (sich nahe vor dem Fahrzeug befindlichen) Bereich einsetzen, der kein Hindernisabbild enthält.

Eine dritte Verfahrensklasse wertet die Bewegungsinformation aus, die im optischen Fluß enthalten ist. [Enkelmann 91] nutzt ebenfalls Wissen über die Szene, z.B. in Form einer als eben angenommenen Fahrbahn, um mit einem Modellvektorfeld Verschiebungen in der Bildebene zu repräsentieren, die für den Fall erwartet werden, daß die abgebildeten Szenenpunkte der zugrundeliegenden Modellvorstellung im dreidimensionalen Szenenbereich entsprechen. Abweichungen von der Modellvorstellung werden dann als Hinderniskandidaten in Betracht gezogen. Die zugrundeliegende Modellvorstellung ist — im Gegensatz zu den Bilddifferenzverfahren — nicht auf das Vorhandensein von physikalischen Ebenen angewiesen, sondern kann auch andere räumliche Modelle im Szenenbereich heranziehen, etwa in Form eines Bewegungstunnels. Ein Bewegungstunnel beschreibt das Volumen, das ein Fahrzeug bei prädiziertem Bewegungszustand passieren wird, und kann als ein Beispiel für eine Manöver-Zone bei Geradeausfahrt angesehen werden.

Ein weiterer, auf der Auswertung von optischem Fluß basierender Ansatz [Schnörr 91b] versucht, durch Minimierung eines Funktionals ein Gebiet so zu wählen, daß dessen Ränder mit den im Bild beobachteten Bewegungsgrenzen möglichst gut zusammenfallen. Dazu wird die Passung des berechneten Gebietes bezüglich verwendeter Modellvektorfelder für Objekt und Hintergrund bewertet und gegebenenfalls modifiziert [Schnörr 92]. Zur Berechnung des optischen Flusses für irreguläre Gebiete verwendet [Schnörr 91a] ein Verfahren auf der Basis finiter Elemente.

Zur Detektion von Hindernissen in Bildfolgen, die aus einem fahrenden Fahrzeug heraus aufgenommen werden, wird also Wissen über Erscheinungsformen im Bildbereich, Szenenwissen über die Fahrbahn sowie Wissen über erwartete Objektbewegungen ausgenutzt.

6 Zusammenfassung

In diesem Beitrag wurde die Rolle von Wissensrepräsentationen zur Nutzung bei der Interpretation von Daten, insbesondere bildgebender Sensoren, diskutiert. Es hat sich gezeigt, daß es nicht nur eine einzige Art der Wissensrepräsentation in einem einen Fahrer unterstützenden Assistenzsystem geben kann, sondern den Anforderungen der unterschiedlichen Systemkomponenten entsprechend verschiedene Repräsentationsformen — unter Umständen sogar desselben Sachverhaltes — benötigt werden. Der Abstraktionsgrad der Repräsentationsformen reicht von signalnahen bis zu begrifflichen Beschreibungsebenen. Dabei kommt der generischen Situationsmodellierung, die fähig ist, Randbedingungen für die Durchführung von Fahrmanövern zu setzen, Absichten und Pläne eines Akteurs zu erkennen und gezielt Auswerteprozesse zu steuern, eine zentrale Bedeutung zu.

Im Unterschied zu Expertensystemen, die wegen ihrer oberflächennahen Modellierung für einen Einsatz in einem den Fahrer unterstützenden Assistenzsystem inadäquat sind, wird eine feinkörnige Modellierung benötigt, die auch die Tiefenstruktur repräsentieren kann, die in der Komplexität des Diskursbereiches begründet ist. Deshalb werden mit den Situationsgraphen Beziehungen über mehrere Abstraktionsebenen hinweg hergestellt. Diese Abstraktionsebenen umfassen unterlagerte, in Echtzeit auszuführende Regelkreise, geometrische Modelle von Körpern, wie sie etwa beim rechnergestützten Entwurf eingesetzt werden, sowie Fahrmanöver, Intentions-, (Teil-)Plan- und Situationserkennung. Durch Verwendung generischer Körpermodelle z.B. für Kraftfahrzeuge [Koller 92, Koller *et al.* 92], Straßenzüge [Heinze *et al.* 91] und Fußgänger [Hogg 83] kann die Vielfalt der geometrischen Beschreibungen von Körpern überschaubar gehalten werden.

Auf den genannten Abstraktionsebenen werden Beziehungen zwischen Sensorik und Aktuatorik hergestellt, so daß sich die Semantik des modellierten Wissens darin widerspiegelt, wie ein Assistenzsystem letztendlich handelt. Aus diesem Grunde reichen die Darstellungsmöglichkeiten von Wissensrepräsentationssprachen wie z.B. KL-ONE [Brachman & Schmolze 85] nicht aus. Um die Handlungen, seien es Stellbefehle an Aktuatoren oder Warnungen an einen Fahrer, in realen Verkehrssituationen unter Echtzeitbedingungen zu erproben, müssen derzeit Einschränkungen der semantischen Vielfalt, wie etwa im vorangehenden Kapitel beschrieben, in Kauf genommen werden.

Im Hinblick auf die Entwicklung von Fahrer-Assistenzsystemen ist es unerläßlich, über präzise formulierte systeminterne Beschreibungen zu verfügen, um durch vorausschauende Erweiterung des sensorisch erfaßbaren räumlichen und zeitlichen Wissens über den aktuellen Zustand einen Fahrer wirkungsvoll zu unterstützen, damit Unfälle nicht nur durch den '7. Sinn' vermieden werden.

7 Danksagungen

Ich danke H.-H. Nagel sowie meinen Kollegen E.-J. Blum, N. Heinze und W. Krüger für die zahlreichen, intensiven Diskussionen während der vergangenen Jahre, in denen wesentliche Teile der in diesem Beitrag zusammengefaßten Resultate erarbeitet worden sind. W. Krüger danke ich für die bereitwillige Überlassung der Abbildungen 3 und 4.

Diese Arbeit wurde teilweise im Rahmen des EUREKA-Projektes PROMETHEUS durch das Bundesministerium für Forschung und Technologie sowie durch die folgenden Firmen gefördert: BMW AG, Daimler-Benz AG, MAN AG, Dr.-Ing. h.c. F. Porsche AG und Volkswagen AG.

Literatur

[Brachman 79] R. Brachman. *On the Epistemological Status of Semantic Networks.* Readings in Knowledge Representation, R.J. Brachman, H.J. Levesque (eds.), Morgan Kaufman, Los Altos/CA, 1985, 287-295. Ursprünglich in: Associative Networks: Representation and Use of Knowledge by Computers, N.V. Findler (ed.), Academic Press, New York, 1979, 3-50.

[Brachman & Schmolze 85] R. Brachman, J. Schmolze. *An Overview of the KL-ONE Knowledge Representation System.* Cognitive Science 9 (1985) 171–216.

[Carlsson & Eklundh 90] S. Carlsson, J.-O. Eklundh. *Object detection using model based prediction and motion parallax.* First European Conference on Computer Vision, O. Faugeras (ed.), Antibes, France, April 23-27, 1990, Lecture Notes in Computer Science 427, Springer-Verlag Berlin Heidelberg New York, 1990. 297–306.

[Dickmanns 87] E. Dickmanns. *4D-Szenenanalyse mit integralen raum-/zeitlichen Modellen.* 9. DAGM Symposium, Braunschweig, 29.9-1.10.1987, E. Paulus (Hrsg.), Mustererkennung 1987, Informatik-Fachberichte 149, Springer-Verlag Berlin Heidelberg New York 1987. 257–271.

[Dickmanns & Mysliwetz 92] E. Dickmanns, B. Mysliwetz. *Recursive 3D Road and Relative Ego-State Recognition.* IEEE Transactions on Pattern Analysis and Machine Intelligence, PAMI-14 (1992) 199–214.

[Dickmanns *et al.* 90] E. Dickmanns, B. Mysliwetz, T. Christians. *An Integrated Spatio-Temporal Approach to Automatic Visual Guidance of Autonomous Vehicles.* IEEE Transactions on Systems, Man, and Cybernetics SMC-20 (1990) 1273–1284.

[Dickmanns *et al.* 93] E. Dickmanns, R. Behringer, C. Brüdigam, D. Dickmanns, F. Thomanek, V. v. Holt. *An All-Transputer Visual Autobahn-Autopilot/Copilot.* Fourth International Conference on Computer Vision, May 11-14, 1993, Berlin, Germany, IEEE Computer Society Press, 1993. 608–615.

[Enkelmann 91] W. Enkelmann. *Obstacle Detection by Evaluation of Optical Flow Fields from Image Sequences.* Image and Vision Computing 9 (1991) 160–168.

[Enkelmann *et al.* 93] W. Enkelmann, G. Nirschl, V. Gengenbach, W. Krüger, S. Rössle, W. Tölle. *Realization of a Driver's Warning Assistant for Intersections.* Proc. IEEE Conference Intelligent Vehicles '93, July 14-16, 1993, Tokyo, Japan. in press.

[Franke 89] U. Franke. *PROMETHEUS - wissensbasierte Systeme eröffnen neue Perspektiven im Straßenverkehr.* Wissensbasierte Systeme, 3. Internationaler GI-Kongreß, München, Oktober 1989, W. Brauer, C. Freksa (Hrsg.). Informatik-Fachberichte 227. Springer Verlag, 363–376.

[Franke 91] U. Franke. *Real time 3D-road modeling for autonomous vehicle guidance.* Proc. of the 7th Scandinavian Conference on Image Analysis, 13.-16.8.91, Aalborg/Denmark, P. Johansen, S. Olsen (eds.). 316–323.

[Freund & Lammen 93] E. Freund, B. Lammen. *Collision Free Guidance of Autonomous Road Vehicles.* IAS-3, Int. Conference on Intelligent Autonomous Systems, February 15-19, 1993, Pittsburgh/PA, USA, F.C.A. Groen, S. Hirose, C.E. Thorpe (eds.). 125–134.

[Gale 91] A. Gale (ed). *Vision in Vehicles III.* Elsevier Science Publishers B.V., North-Holland, Amsterdam, 1991.

[Geiser & Nirschl 93] G. Geiser, G. Nirschl. *Realization and evaluation of driver's interactions with a warning assistant for collision avoidance.* Int. Symposium "New Frontiers for Automotive Electronics", ATA-EL 93, March 24-25, 1993, Turin, Italy. 47–56.

[Graefe 90] V. Graefe. *Precise Range Measurement by Monocular Stereo Vision.* Japan - USA Symposium on Flexible Automation, July 1990, Kyoto, Japan. 1321–1324.

[Grimson & Huttenlocher 92] W. Grimson, D. Huttenlocher. 1992. *Special Issue on Interpretation of 3D Scenes - Part II.* IEEE Transactions on Pattern Analysis and Machine Intelligence, PAMI-14:2, February 1992.

[Heinze *et al.* 91] N. Heinze, W. Krüger, H.-H. Nagel. *Berechnung von Bewegungsverben zur Beschreibung von aus Bildfolgen gewonnenen Fahrzeugtrajektorien in Straßenverkehrsszenen.* Informatik - Forschung und Entwicklung, Springer-Verlag 6 (1991) 51–61.

[Hogg 83] D. Hogg. *Model-based vision: a program to see a walking person.* Image and Vision Computing 1 (1983) 5–20.

[Hoyle 57] F. Hoyle. *The Black Cloud.* Harper & Row, New York. 1957.

[ICCV '93] *Fourth International Conference on Computer Vision, May 11-14, 1993, Berlin, Germany, IEEE Computer Society Press, 1993.*

[Intelligent Autonomous Systems 93] *IAS-3, Int. Conference on Intelligent Autonomous Systems, February 15-19, 1993, Pittsburgh/PA, USA, F.C.A. Groen, S. Hirose, C.E. Thorpe (eds.).*

[Intelligent Vehicles '92] *Proc. IEEE Conference Intelligent Vehicles '92, June 29 - July 1, 1992, Detroit/MI, USA.*

[Kanade 78] T. Kanade. *Region Segmentation: Signal vs. Semantics.* Proc. Int. Joint Conference on Pattern Recognition, Kyoto/Japan, November 7-10, 1978. 95–105.

[Koller *et al.* 92] D. Koller, K. Daniilidis, T. Thorhallsson, H.-H. Nagel. *Model-Based Object tracking in Traffic Scenes.* Computer Vision - ECCV '92, G. Sandini (ed.), 2nd European Conference on Computer Vision, Santa Margherita Ligure, Italy, May 19-22, 1992, Lecture Notes in Computer Science 588, Springer-Verlag Berlin Heidelberg New York, 1992. 437–452.

[Koller 92] D. Koller. *Detektion, Verfolgung und Klassifikation bewegter Objekte in monokularen Bildfolgen am Beispiel von Straßenverkehrsszenen.* Dissertation, Fakultät für Informatik, Universität Karlsruhe (TH), Juni 1992. Erschienen in Dissertationen zur künstlichen Intelligenz DISKI 13, Sankt Augustin, Infix 1992.

[Krüger 91] W. Krüger. *Begriffsgraphen zur Situationsmodellierung in der Bildfolgenauswertung.* Dissertation, Universität Karlsruhe (TH), Fakultät für Informatik, Januar 1991. Erschienen in: Informatik-Fachberichte 311, Situationsmodellierung in der Bildfolgenauswertung, Springer-Verlag, Berlin Heidelberg, 1992.

[Kuehnle 91] A. Kuehnle. *Symmetry-Based Recognition of Vehicle Rears.* Pattern Recognition Letters 12 (1991) 249–258.

[Masaki 92] I. Masaki (ed). *Vision-based Vehicle Guidance.* Springer-Verlag, New York Berlin, 1992.

[Michon 91] J. A. Michon. *A Vision of the Future.* Vision in Vehicles III, A.G. Gale (ed.), Elsevier Science Publishers B.V., North-Holland, Amsterdam, 1991. 3–15.

[Nagel 79] H.-H. Nagel. *Über die Repräsentation von Wissen zur Auswertung von Bildern.* J.P. Foith (Hrsg.), Angewandte Szenenanalyse, Informatik-Fachberichte 20, Springer-Verlag Berlin Heidelberg New York, 1979, 3-21.

[Nagel 87a] H.-H. Nagel. *From Image Sequences Towards Conceptual Descriptions.* Alvey Vision Conference, Cambridge/UK, Sept. 15-17, 1987.

[Nagel 87b] H.-H. Nagel. *Principles of (Low-Level) Computer Vision.* Fundamentals in Computer Understanding: Speech and Vision, J.-P. Haton (ed.), Cambridge University Press, Cambridge/UK, 1987. 113–139.

[Nagel 88a] H.-H. Nagel. *From image sequences towards conceptual descriptions.* Image and Vision Computing 6 (1988) 59–74.

[Nagel 88b] H.-H. Nagel. *Wodurch zeichnet sich ein "umsichtiges" Automobil aus? oder Zur Frage der impliziten und expliziten Repräsentation von Wissen in maschinellen Ko-Piloten für den Straßenverkehr.* Elektronik im Kraftfahrzeug, Baden-Baden, 8.-9. September 1988. VDI-Berichte 687. VDI Verlag Düsseldorf, 1988, 25–40.

[Nagel 89] H.-H. Nagel. *Zur Erkennung von Situationen durch Auswertung von Bildfolgen.* FhG-Berichte 1-89 (1989) 25–33.

[Nagel 91] H.-H. Nagel. *Wissensbasierte Systeme für Anwendungen im Verkehr.* Entwicklungslinien in Kraftfahrzeugtechnik und Straßenverkehr - Forschungsbilanz 1991. 14. Statusseminar des BMFT in Zusammenarbeit mit dem Bundesminister für Umwelt, Naturschutz und Reaktorsicherheit (BMU) und dem Bundesminister für Verkehr (BMV), 13.-15. Mai 1991, Dresden. Herausgegeben durch Projektbegleitung Kraftfahrzeuge und Straßenverkehr des TÜV Rheinland e. V., Köln 1991, 457–466.

[Nagel & Enkelmann 91] H.-H. Nagel, W. Enkelmann. *Generic Road Traffic Situations and Driver Support Systems.* Proc. 5th PROMETHEUS Workshop, Munich, October 15-16, 1991. 76–85.

[Panik 87] F. Panik. *Automobiltechnik als Korrektiv menschlichen Unvermögens?* FhG-Berichte 4-87 (1987) 25–29.

[Reister *et al.* 88] D. Reister, E. Hamm, F. Panik, W. Zimdahl. *PROMETHEUS - Ansätze zur umfassenden Informationsfluß-Gestaltung auf allen Ebenen des Straßenverkehrs.* Elektronik im Kraftfahrzeug, Baden-Baden, 8.-9. September 1988. VDI-Berichte 687. VDI Verlag Düsseldorf, 1988, 1–23.

[Sandewall *et al.* 90] E. Sandewall, G. Adorni, H.-H. Nagel, M. Thonnat. *PROMETHEUS Session.* ECAI 90 - Proc. of the 9th European Conf. on Artificial Intelligence. Europ. Coordinating Committee for Artificial Intelligence (ECCAI) and Swedish Artificial Intelligence Society (SAIS), August 1990, Stockholm/Sweden, 779–780.

[Schnörr 91a] C. Schnörr. *Determining Optical Flow for Irregular Domains by Minimizing Quadratic Functionals of a Certain Class.* Int. Journal of Computer Vision 6 (1991) 25–38.

[Schnörr 91b] C. Schnörr. *Funktionalanalytische Methoden zur Gewinnung von Bewegungsinformation aus TV-Bildfolgen.* Dissertation, Fakultät für Informatik, Universität Karlsruhe (TH), Juni 1991.

[Schnörr 92] C. Schnörr. *Computation of Discontinuous Optical Flow by Domain Decomposition and Shape Optimization.* Int. Journal of Computer Vision 8 (1992) 153–165.

[Schwarzinger *et al.* 92] M. Schwarzinger, T. Zielke, D. Noll, M. Brauckmann, W. von Seelen. *Vision-Based Car-Following: Detektion, Tracking, and Identification.* Proc. IEEE Conference Intelligent Vehicles '92, June 29 - July 1, 1992, Detroit/MI, USA. 24–29.

[Siegle *et al.* 92] G. Siegle, J. Geisler, F. Laubenstein, H.-H. Nagel, G. Struck. *Autonomous Driving on a Road Network.* Proc. IEEE Conference Intelligent Vehicles '92, June 29 - July 1, 1992, Detroit/MI, USA. 403–408.

[Solder & Graefe 90] U. Solder, V. Graefe. *Object Detection in Real Time.* SPIE Symposium on Advances in Intelligent Systems, November 8-9, 1990, Boston/MA, Vol. 1388. 112–119.

[Sowa 84] J. Sowa. *Conceptual Structures - Information Processing in Mind and Machine.* Addison Wesley, Reading/MA, 1984. 1984.

[Storjohann *et al.* 90] K. Storjohann, T. Zielke, H. Mallot, W. von Seelen. *Visual Obstacle Detection for Automatically Guides Vehicles.* IEEE Conf. on Robotics and Automation, May 13-18, 1990, Cincinnati/Ohio. 761–766.

[Thorpe 90] C. E. Thorpe (ed). *Vision and Navigation - The Carnegie Mellon Navlab.* Kluwer Academic Publisher, Boston. 1990.

[Ulmer 92] B. Ulmer. *VITA – An Autonomous Road Vehicle (ARV) for Collision Avoidance in Traffic.* Proc. IEEE Conference Intelligent Vehicles '92, June 29 - July 1, 1992, Detroit/MI, USA. 36–41.

[Zielke *et al.* 92] T. Zielke, M. Braukmann, W. von Seelen. *Intensity and Edge-Based Symmetry Detection Applied to Car-Following.* Computer Vision - ECCV '92, G. Sandini (ed.), 2nd European Conference on Computer Vision, Santa Margherita Ligure, Italy, May 19-22, 1992, Lecture Notes in Computer Science 588, Springer-Verlag Berlin Heidelberg New York, 1992. 865–873.

Mechanismen der Mustererkennung im Sehsystem

Herbert J. Reitböck, A.G. Angewandte Physik und Biophysik
Philipps-Universität, Renthof 7, D-35032 Marburg

1 Einleitung

Das Sehsystem des Menschen ist bei Aufgaben der Objekterkennung und Szenenanalyse von einer Leistungsfähigkeit und Universalität, wie sie mit technischen Mustererkennungssystemen gegenwärtig nicht realisierbar ist. Viele Aspekte der Informationsverarbeitung im Sehsystem sind noch unbekannt; es wurden jedoch wichtige neurophysiologische und neuroanatomische Entdeckungen gemacht, die Hinweise auf grundlegende Funktionsprinzipien der visuellen Informationsverarbeitung geben, und es wurden Hypothesen und Modelle entwickelt, die diese Ergebnisse in einen größeren Zusammenhang einbinden.

Im folgenden werden nach einer Diskussion grundlegender Probleme der visuellen Mustererkennung einige dieser Ergebnisse und Hypothesen aus der Hirnforschung vorgestellt, und es wird ein Konzept eines Mustererkennungssystems, das sich eng an biologische Vorbilder anlehnt, entwickelt.

2 Probleme der optischen Mustererkennung

2.1 Die Figur/Hintergrundtrennung

Bei der Aufgabe, ein beliebiges Objekte vor einem beliebigem Hintergrund maschinell zu erkennen, tritt ein Zirkelschluß auf: Um ein Objekt analysieren und schließlich "erkennen" zu können, muß es vom Hintergrund getrennt sein, weil sonst beliebige Hintergrundelemente als zum Objekt gehörig einbezogen werden können. Um das Objekt aber vom Hintergrund trennen zu können, müssen die Objektgrenzen und somit im allgemeinen auch das Objekt bereits bekannt sein. Da die Objektseparation und Figur/Hintergrundtrenung dem Sehsystem von Menschen und Tieren in den meisten Fällen keinerlei Schwierigkeiten bereitet, besteht ein besonders Interesse daran, wie dieses Problem im visuellen Sysstem gelöst ist. Die im Abschnitt 4 aufgestellten Hypothesen, die sich auf neurophysiologische Befunde stützen, geben dafür Anhaltspunkte.

2.2 Die invariante Objektdefinition

Objekte treten in einer Unzahl möglicher Erscheinungsformen auf, und das Bild, das sie in einer Kamera oder im Auge des Betrachters erzeugen, hängt zudem von der Aufnahmesituation ab.
Für die invariante Objektdefinition gibt es Algorithmen, die in speziellen Fällen brauchbare Ergebnisse liefern. So kann bei einem einzelnen (vom Hintergrund und von anderen Objekten separierten) Objekt eine verschiebungs-, größen- und rotationsinvariante Darstellung durch einfache globale Transformationen (z.B. über die Fourier- und Mellintransformation) erzielt werden (siehe z.B. [Reitboeck, Altmann 84], [Altmann, Reitboeck 84]). Auch die gegenüber Drehungen um beliebige Achsen invariante Beschreibung starrer dreidimensionaler Objekte ist mit elementaren Algorithmen möglich. Die großen und bisher weitgehend ungelösten Mustererkennungsprobleme treten jedoch auf, wenn Objekte erkannt werden sollen, die in einer großen Formenvielfalt auftreten, oder die ihre Form sogar ständig ändern, wie es bei den in einer natürlichen Umwelt vorkommenden Objekten in der Regel der Fall ist. Hier ist eine Zusammenfassung zu Invarianzgruppen und damit eine Objekterkennung nur möglich, indem die Objekte auf die wesentlichen sie bestimmenden Merkmale reduziert und durch diese charakteristischen Merkmale und deren räumliche Lage zueinander beschrieben werden. Dabei treten jedoch die Probleme auf, daß zunächst

a.) diese Merkmale selbst invariant aus der Szene extrahiert werden müssen,
b.) daß bestimmt werden muß, welche Merkmale für das Objekt charakteristisch und welche unwesentlich sind, und
c.) daß Kriterien entwickelt werden müssen, nach denen die Merkmale als zum Objekt gehörig einzuordnen und zu verbinden sind.

3 Biologie-orientierte Lösungsansätze

Seit Anfang der 80er Jahre vollziehen sich Entwicklungen, die u.a. für die obigen Probleme der technischen Mustererkennung neue, biologie-orientierte Ansätze zur Diskussion stellen. Durch die Arbeiten von Hopfield, Rumelhart, Hinton, Sejnowski und McClelland wurde erneut das Interesse auf massiv parallele Netzwerke aus (funktionell) neuronenähnlichen Elementen gelenkt [Hopfield 82], [Rumelhart, Hinton, Williams 86], [Rumelhart, McClelland 87], und die Ergebnisse, die in den vergangenen Jahren mit neuronalen Netzen auf den verschiedensten Gebieten (von der Nachbildung optischer Täuschungen bis zur Spracherkennung und zur Lösung von Optimierungsaufgaben) erzielt wurden, geben zu dem vorsichtigen Optimismus Anlaß, daß auch grundlegende Probleme der visuellen Mustererkennung mit neuronalen Netzen (in Verbindung mit klassischen symbolischen Verarbeitungsmethoden der KI) zu lösen sind.

Die zweite wichtige Entwicklung vollzieht sich auf dem Gebiet der Hirnforschung. Durch die Entwicklung neuer Gewebefärbetechniken (Funktioalfärbetechniken, photosentitive Farbstoffe u.a.) konnten wichtige neue Informationen über die Anatomie und Physiologie des visuellen Cortex gewonnen werden. So besitzen wir derzeit bereits detailierte Kenntnisse über die Projektion des Sehraumes auf die primären visuellen Areale und über die Verbindungen zwischen den zahlreichen visuellen Arealen (siehe z.B. [Dinse, Krüger, Best 90], [Rose, Dobson 85]). Es gibt gut fundierte Modelle über die Funktion der breit gefächerten reziproken Verbindungen zwischen den Arealen [Braitenberg, Schütz 91], die bei der Merkmalskopplung und Objektdefinition eine wichtige Rolle zu spielen scheinen. Durch die Entwicklung neuartiger Multielektroden-Ableittechniken [Reitboeck 83a,b,c] konnten zeitliche Signalkorrelationen in größeren neuronalen Verbänden untersucht werden. Durch die Entdeckung der sog. "stimulus-induzierten Oszillationen" - im olfaktorischen Kortex durch Freeman [Freeman, Skarda 85] und im visuellen Kortex durch Gray und Singer [Gray, Singer 87] - und der für Mechanismen der Merkmalskopplung besonders interessanten oszillatorischen intra- und interarealen Synchronisation neuronaler Ensembles mit ähnlichen Kodierungseigenschaften durch Eckhorn [Eckhorn, Bauer, Jordan, Brosch, Kruse, Munk, Reitboeck 88] konnten frühere theoretische Ansätze bestätigt werden, nach denen synchrone Ensembleaktivitäten eine Schlüsselrolle bei der Merkmalskopplung, Objektdefinition und Figur/Hintergundseparation spielen.

3.1 Konzepte zur Rolle korrelierter neuronaler Aktivitäten

Die grundlegenden Funktionskonzepte unseres Modelles der visuellen Informationsverarbeitung sind [Reitboeck 83c], [Reitboeck,, Eckhorn, Arndt, Dicke 90]:

3.1.1 Assoziationen werden im Zentralnervensystem (ZNS) durch zeitliche Signalkorrelationen kodiert.

3.1.1.1 Die Merkmalskopplung und Objektdefiniton geschieht im ZNS über assoziative Verknüpfungen und damit über zeitliche Signalkorrelationen.

3.1.1.1.1 In elementarster Weise werden die zum Objekt gehörenden Bereiche definiert, wenn eine Objektbewegung vorliegt, da die bewegte Region korrelierte (synchrone) Aktivität in dem von der Objektregion erregten Rezeptoren und in den korrespondierenden neuronalen Ensembles der höheren Verarbeitungsschichten hervorruft.

3.1.1.1.2 Ohne Objektbewegung kann sich korrelierte Ensembleaktivität über laterale Kopplungen (Assoziation durch räumliche Nachbarschaft im Objekt- oder Merkmalsraum) und über reziproke (efferente, d.h. absteigende) Verbindungen von höheren Verarbeitungsschichten aufbauen.

3.1.2. Laterale Interaktionen innerhalb synchron aktiver neuronaler Ensembles im Objekt- und Merkmalsraum erzeugen einen objektspezifischen (von der räumlichen Lage aktiver Zellen zueinander abhängigen) zeitlichen Code.

3.1.2.1 Diese objektspezifischen Signale bestimmen selbst durch ihr charakteristisches Impulsmuster die Pfade ihrer Ausbreitung in einem neuronalen Netz, und sie adressieren damit selbsttätig objekt- und attributspezifische Regionen eines Assoziativspeichers.

3.1.2.2 Über reziproke Verbindungen von höheren Verarbeitungsschichten (einschließlich der Assoziativspeicher) können

3.1.2.2.1 die Signalkorrelationen in den vorgeschalteten Verarbeitungsschichten modifiziert werden (zur Musterergänzung, Änderung der Merkmalskopplung, Regionenmarkierung etc.) und

3.1.2.2.2 besteht über diese reziproken Verbindungen die Möglichkeit des Rückgriffs auf Informationen, die bei höheren Verarbeitungsprozessen verloren gingen, z.B. Rückgriff auf die Positions- oder Größeninformation nach der Bildung einer verschiebungs- bezw. größeninvarianten Repräsentation des Objektes.

4 Beispiele zur Nachbildung von Informationsverarbeitungsprozessen im Sehsystem durch neuronale Netze

4.1 Das Marburger Neuronenmodell

In den im folgenden beschriebenen Modellen der visuellen Informationsverarbeitung verwenden wir von den ersten Verarbeitungsstufen bis einschließlich zum Assoziativspeicher neuronale Netze aus einem funktionell biologienahen dynamischen Neuronenmodell mit zeitabhängiger postsynaptischer Integration, entsprechend dem Auf- und Abbau der postsynaptischen Potentiale [Echhorn, Reitboeck, Arndt, Dicke, 89]. Das Neuronenmodell besitzt eine dynamische Schwelle mit absoluter und relativer Refraktärzeit, und es verfügt über zwei funktionell verschiedene Synapsentypen, die regulären "Feeding-Synapsen" und die modulatorisch wirkenden "Linking-Synapsen". Die Linkingsynapsen steuern im wesentlichen den Zeitpunkt des Auftretens eines Aktionspotentials, ohne die mittlere Entladungsrate wesentlich zu beeinflussen (Abb.1). Die lateralen und reziproken Verbindungen in unseren Netzen wirken in der Regel auf die Linkingsynapsen ein und können somit über eine Phasensteuerung zeitlich korrelierte Aktivitäten aufbauen. Dieses Modellneuron ist besonders geeignet, bei der notwendigen weitreichenden (im Extremfall globalen) Verschaltung der Neuronen des Netzes die Struktur der rezeptiven Felder und damit die räumliche Auflösung zu erhalten.

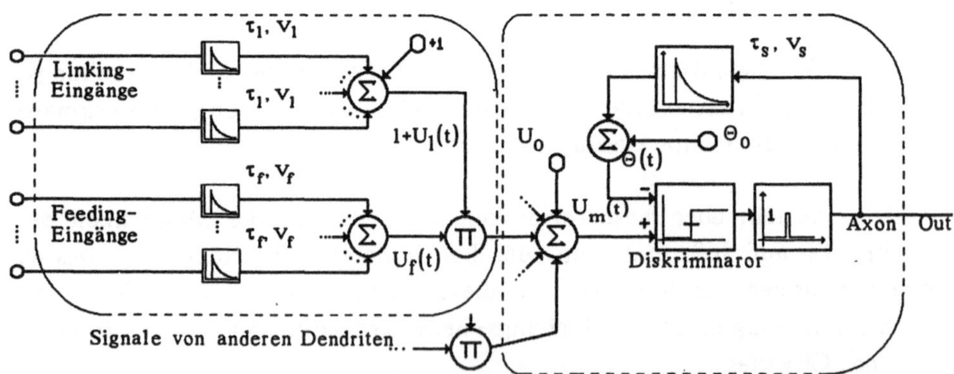

Abb. 1 Dynamisches Neuronenmodell mit zwei Synapsentypen, den regulären "Feedingsynapsen" und den modulatorisch wirkenden "Linkingsynapsen". Das Membranpotential wird unter Berücksichtigung des Zeitabfalls der postsynaptischen Potentiale integriert. Ein Ausgangsimpuls wird generiert, wenn das Membranpotential einen (variablen) Schwellwert überschreitet. Diese dynamische Schwelle bildet die absolute und relative Refraktärzeit des Neurons nach [Eckhorn, Reitboeck, Arndt, Dicke, 89].

Die Existenz modulatorischer Verbindungen im Kortex, die zunächst aufgrund theoretischer Überlegungen postuliert wurde, ist inzwischen durch neurophysiologische Befunde [Hirsch, Gilbert, 91] gestützt, die einen modulatorischen Einfluß lateraler Verbindungen im Kortex nachwiesen.

4.2 Simulation visueller Musterverarbeitungsprozesse

4.2.1 Regionendefinition durch synchrone neuronale Aktivität

Die folgende Simulation wurde mit eindimensionalen neuronalen Netz durchgeführt, wobei der Ausgang jedes Neurons auf die Linkingeingänge von jeweils vier seiner linken und rechten Nachbarneuronen einwirkt, wie es in Abb. 2 für ein Neuron dargestellt ist.

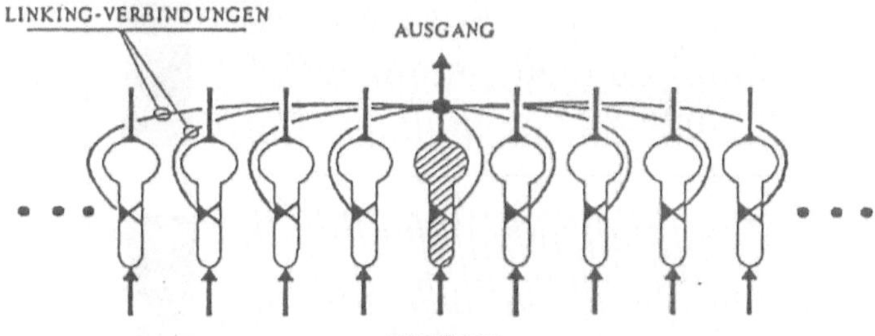

Abb. 2 Verbindungsschema der Modellneuronen [Reitboeck, Eckhorn, Arndt, Dicke 90]

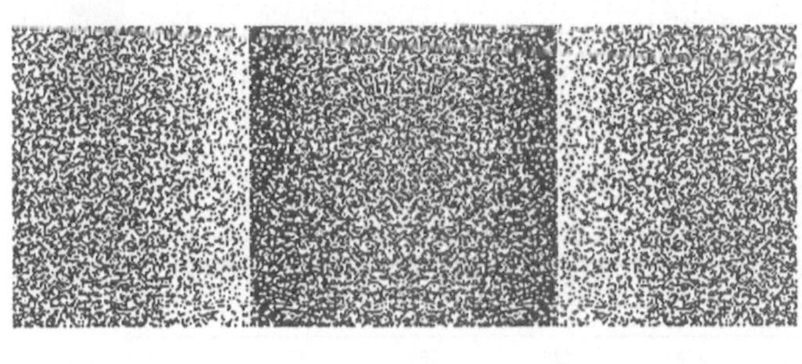

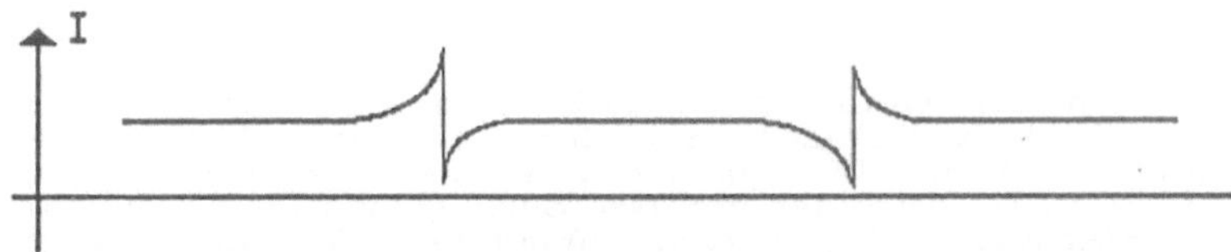

Abb. 3 Die Craik-Cornsweet-O'Brian Kontrasttäuschung. Darunter das zugehörige Helligkeitsprofil.

Als Stimulus wurde eine Zeile eines Bildes verwendet, bei dem ein Mensch die sog. Craik-Cornweet-O'Brian-Kontrasttäuschung sieht: die gesamte mittlere Region in Abb. 3 scheint dunkler als die linke und rechte Region, obwohl die Punktdichte und damit die Helligkeit nur an den Regionengrenzen verändert ist. Die Ergebnisse der Simulation sind in Abb. 4 dargestellt.

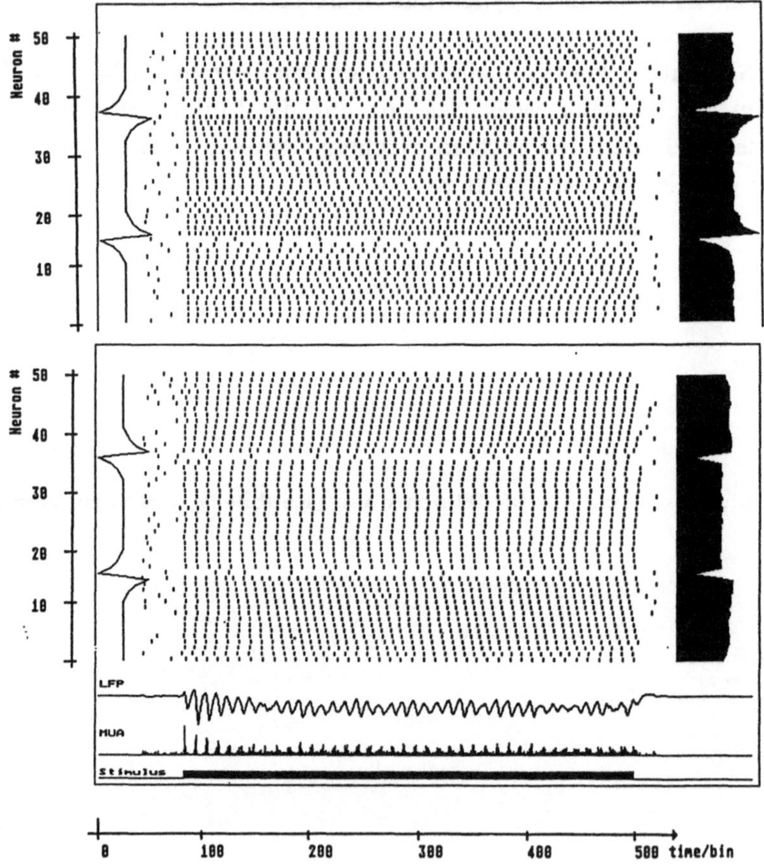

Abb. 4 Simulation der Craik-Cornsweet-O'Brian Kontrasttäuschung. Bei eingeschalteten Linkingverbindungen (unterer Teil der Abb.) werden die Regionen durch synchrone Aktivität der von ihnen stimulierten Neuronen definiert. Die mittlere Aktivität der Neuronen (Diagramme rechts) entspricht der subjektiven Helligkeitsempfindung des Menschen. [Reitboeck, Eckhorn, Arndt, Dicke 90]

Das Stimulusprofil ist in Abb. 4 links über den Neuronen aufgetragen. Auf der Abszisse ist die Zeit aufgetragen; jeder der kleinen Striche bedeutet das Feuern eines Neurons. Die großflächigen schwarzen Diagramme rechts geben die zeitlich integrierte Aktivität der entlang der Ordinate aufgelisteten 50 Neuronen. Der obere Teil der Abb. 4 zeigt die neuronalen Aktivitäten **ohne** laterale Linkingverbindungen. Die integrierte Aktivität folgt in diesem Fall ziemlich genau den jeweiligen, mit einem geringfügien Rauschanteil beaufschlagten Inputamplituden der 50 Neuronen. Die Antwort der Neuronen ist nicht synchronisiert. Wenn die Linkingverbindungen dagegen aktiv sind (unterer Teil der Abb. 4), feuern die Neuronen in korrelierter, nahezu synchroner Weise. (Die leichte Zeitverschiebung ist durch die Zeitkonstanten der lateralen Kopplung im einlagigen Netz bedingt; bei einer Rückkopplung aus einer zweiten Schicht kann exakte Synchronität erzielt werden.)

Die Simulation zeigt zwei wichtige Ergebnisse: Mit den Linkingverbindungen wird a.) eine Regionen durch synchrone Aktivität der von ihr aktivierten Neuronen gekennzeichnet, und b.) entspricht im Zeitmittel die neuronale Aktivität nicht mehr der Amplitude des physikalischen Reizes, sondern sie folgt der subjektiven Helligkeitsempfindung des Menschen, d.h., die gesamte mittlere Region wird als dunkler (niedrigere neuronale Aktivität) wahrgenommen. Im unteren Teil der Abb. 4 sind die lokalen Feldpotentiale (LFP), die die gewichtete Gesamt-Eingangsaktivität aller Neuronen in Abhängigkeit von der Zeit darstellen, aufgetragen. Darunter ist die Multi-Unit-Aktivität (MUA), d.i. die gesamte Ausgangsaktivität der Neuronen aufgetragen. Interessant ist, daß sich bei den lokalen Feldpotentialen Oszillationsspindeln ausbilden, die in ihrer Form den neurophysiologisch nachgewiesenen stimulusinduzierten Oszillationen sehr ähnlich sind.

4.2.2 Regionendefinition bei bewegten Objekten

Eine Objektbewegung ist für das visuelle System ausreichend, um ein Objekt vom Hintergrund zu trennen, ohne daß eine Objekterkennung notwendig ist. Da eine Objektbewegung korrelierte (und bei starren Ojekten sogar synchrone) Aktivierung der Rezeptoren der Retina und vermutlich auch von Neuronengruppen in höheren Verarbeitungsschichten bewirkt, war dies der Ausgangspunkt für unserer Hypothese, daß die Objekdefinition durch synchrone Aktivität im Laufe der Evolution beibehalten wurde und bei höheren Organismen bei unbewegten Objekten über efferente Signale aus Assoziativspeichern aufgebaut wird.

Die Ausbildung synchroner neuronaler Aktivität bei Stimulierung durch einen bewegten Reiz zeigt Abb. 5. Als Reiz wurde ein Balken verwendet, der sich von unten nach oben bewegt und dem geringfügiges Rauschen überlagert ist. Das eindimensionale, einlagige neuronale Netz ist wie in Abb. 2 lateral gekoppelt. Die Antwort der 50 Neuronen bei unterbrochenen Linkingverbindungen zeigt der linke Teil der Abb. 5. Durch die Bewegung bildet sich korrelierte Aktivität aus, die jedoch bei einem ungemusterten Objekt zu keiner synchronen Aktivierung führt. Bei eingeschalteten Linkingverbindungen wird dagegen selbst ein unstrukturiertes bewegtes Objekt durch synchrone Aktivität der von ihm erregten Neuronen definiert.

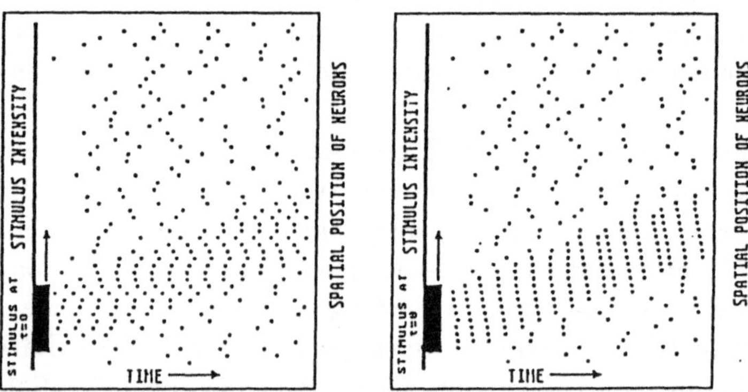

Abb. 5 Ausbildung synchroner neuronaler Aktivität bei einem bewegten Reiz. Links: Ohne Linkingverbindungen bilden sich zwar periodische korrelierte Aktivitäten aus, jedoch keine Synchronität. Rechts: Bei eingeschalteten Linkingverbindungen sind die Aktivitäten der vom Objekt aktivierten Neuronen nahezu synchron [Arndt, Dicke, Erb, Eckhorn, Reitboeck 92].

4.2.3 Objektdefinition bei teilweiser Verdeckung

Durch die Verbindung zweier neuronaler Verarbeitungsschichten, wobei der direkte Signalfluß von der ersten zur zweiten Schicht über Feedingverbindungen läuft und die zweite Schicht auf die erste über efferente Linkingverbindungen einwirkt (Abb. 6) kann erzielt werden, daß die Objektdefinition auch bei teilweiser Verdeckung erhalten bleibt. Abb. 7 zeigt einen Balkenreiz, der sich hinter einem Vordergrundobjekt verschiebt. Die Aktivität der Neuronen in Schicht 1, die vom Objekt erregt werden, bleibt trotz der Verdeckung erhalten. Bei unbewegten teilweise verdeckten Objekten kann die Verbindung der zusammengehörigen Objektteile durch die Ankopplung des Netzes an einen Assoziativspeicher erzielt werden.

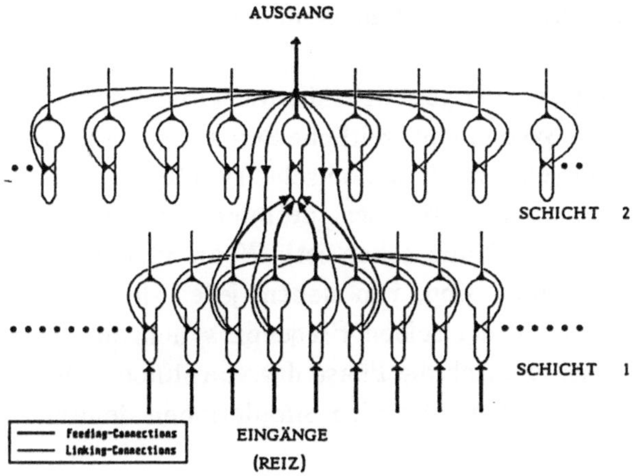

Abb. 6 Reziproke Verschaltung der Neuronen eines zweischichtigen Netzes. Jedes Neuron der Schicht 2 erhält über Feedingverbindungen die Ausgangssignale von vier benachbarten Neuronen der Schicht 1 und wirkt auf diese über deren Linkingeingänge ein. Die laterale Linkingverknüpfung innerhalb einer Schicht ist wie in Abb. 2 [Eckhorn, Dicke, Kruse, Reitboeck 91].

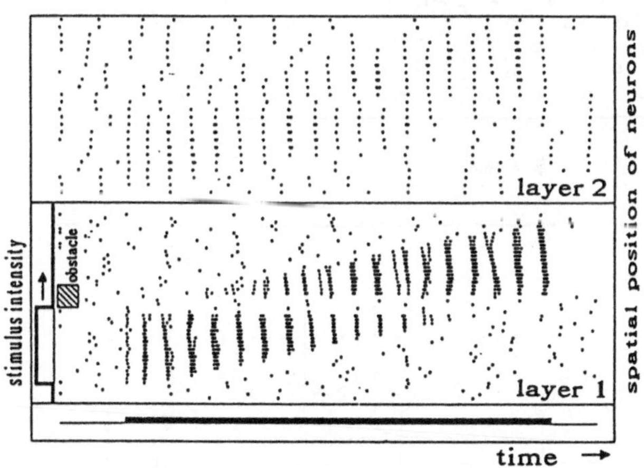

Abb. 7 Simulation der Regionendefinition bei teilweiser Verdeckung. Bei seiner Bewegung von unten nach oben wird der Balken zum Teil von einem "Hindernis" verdeckt. Die Aktivität des neuronalen Netzes definiert die unterbrochen Stimulusregionen über die Synchronität als zusammengehörig. Der obere Teil der Abb. 7 zeigt die Aktivität der Neuronen in Schicht 2. [Eckhorn, Dicke, Kruse, Reitboeck 91].

4.2.4 Objektseparierung in zweidimensionalen Szenen

Nach unserer Hypothese 3.1.1.1 geschieht die Merkmalskopplung und Objektdefinition im visuellen System über zeitliche Signalkorrelationen. Im einfachsten Fall wird ein Objekt durch periodische synchrone Aktivität der von ihm erregten neuronalen Ensembles definiert (wobei die **periodische** Aktivität als ein Sonderfall anzusehen ist). Wenn in einer Szene mehrere gleiche Objekte vorhanden sind, von denen jedes die von ihm erregten neuronalen Ensembles mit der selben Frequenz synchron aktiviert, muß es möglich sein, die Objekte durch die Phase der von ihnen induzierten Signale zu trennen. Dies wird in den folgenden Simulationen demonstriert.

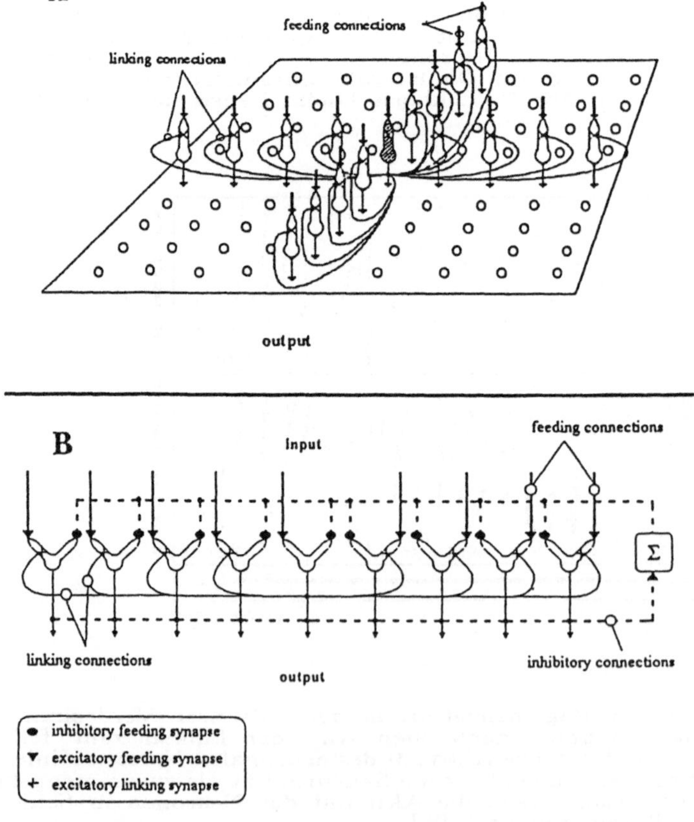

Abb. 8 Verbindungen innerhalb des Netzes [Reitboeck, Stoecker, Hahn 93] (für Details siehe Text).

Abb. 8 zeigt die Verschaltung des verwendeten zweidimensionalen, einlagigen Netzes. Jedes Neuron wirkt auf seine 80 Nachbarn in einem Quadrat von 9x9 Neuronen über deren Linkingeingänge ein (Abb.8 A). Zusätzlich wird die aufsummierte Gesamtaktivität an inhibitorische Feedingeingänge aller Neuronen zurückgeführt Abb.8 B).
Die Ergebnisse der Simulation sind in Abb.9 dargestellt. Abb.9A zeigt die Szene: zwei gleich große weiße Quadrate in einem schwarzen Feld. Analysiert wurde die Antwort der Neuronen entlang der durch Pfeile markierten Diagonale, die beide Objekte schneidet. Der Szene wurde geringfügiges Rauschen überlagert.
Die Antwort von Neuronen der von den Ojbjekten aktivierten Ensembles 1 und 2 zeigt Abb. 9B. Die ursprüngliche Synchronität der Aktivität der beiden Ensembles löst sich allmählich auf, bis sich eine Phasenverschiebung von 180^{0} eingestellt hat.

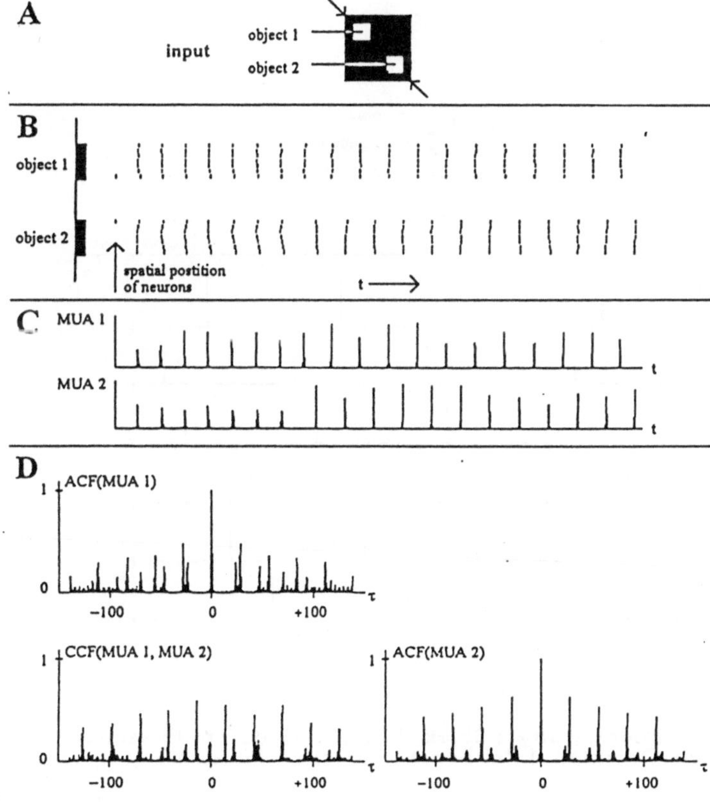

Abb. 9 Objekttrennung durch Phasenverrschiebung der neuronalen Aktivität. Für Details siehe Text [Reitboeck, Stoecker, Hahn 93].

Die Objekte sind damit separiert und können z.B. durch eine zweidimensionale Schicht von (neuronalen) UND-Toren, deren gemeinsamer Eingang mit der entsprechenden Frequenz und Phase getaktet wird, einzeln für die weitere Analyse aus der Szene herausgefiltert werden. Daß sich diese Phasentrennung nicht nur bei den Neuronen entlang der Diagonale, sondern bei der Gesamtaktivität des jeweiligen Ensembles einstellt, zeigen die Multi-Unit-Aktivitäten (MUA) Abb.9C. Die Auto- und Kreuzkorrelationsfunktionen der MUAs der beiden neuronalen Ensembles sind in Abb. 9D dargestellt.

Abb. 10 zeigt die Phasenseparierung bei vier Objekten, die sich hier (bei gleichen Objekten) bei einem Viertel der Periode (90^0) einstellt. Da den Objektintensitäten bezw. der neuronalen Aktivität ein geringfügiger Rauschanteil überlagert wurde, unterliegt es hier dem Zufall, welches Objekt mit welcher Phasenlage repräsentiert wird.

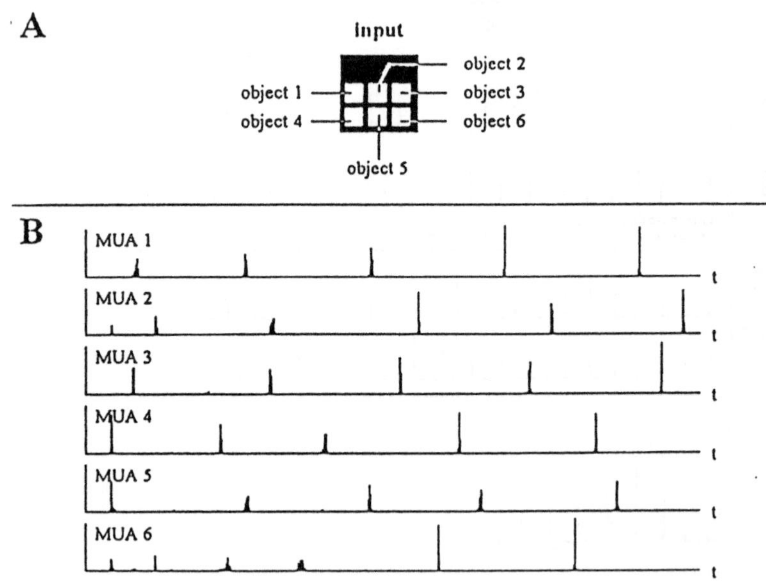

Abb.10 Szenensegmentierung (Objektdefinition) durch Phasenverschiebung bei vier gleichen Objekten. [Reitboeck, Stoecker, Hahn 93].

5 Diskussion

Die Simulationen in Kapitel 4 zeigen, daß die in 3.1 angeführten Hypothesen -soweit sie den vorgestellten Netzen zugrunde liegen- Ergebnisse bringen, die oft in verblüffender Übereinstimmung mit neurophysiologischen und psychophysischen Daten sind (z.B. das Auftreten von Oszillationsspindeln bei den "Feldpotentialen" und die Nachbildung optischer Täuschungen). Wir haben eine Anzahl weiterer optischer Täuschungen mit unseren Netzen untersucht, u.a. die Reaktion der Netze auf Scheinkonturen [Stoecker, Eckhorn, Reitboeck 91] und fanden sehr gute Übereinstimmungen mit der menschlichen Wahrnehmung. Wir nehmen daher an, daß sowohl das Neuronenmodell als auch die bisher verwendeten Verschaltungskonzepte funktionelle Aspekte der Informationsverarbeitung im Sehsystem nachbilden, und daß komplexere Netzwerke aus diesen Modellneuronen - wie unsere Ergebnisse zur Invariantenbildung und Objekterkennung [Stoecker, Reitboeck 93) zeigen- auch zur Nachbildung höherer visueller Funktionen geeignet sind.

Literatur

[Altmann, Reitboeck 84] Altmann, J., Reitboeck, H.J.: *A fast correlation method for scale- and translation-invariant pattern recognition.* IEEE Transactions on Pattern Analysis and Machine Intelligence, PAMI-6, 1984, 46-57.

[Arndt, Dicke, Erb, Reitboeck 91] Arndt, M., Dicke, P., Erb, M., Reitboeck, H.J.: *A multilayered, physiology-oriented neuronal network model that combines feature linking with associative memory.* In: N. Elsner, H. Penzlin (eds.): Synapse, Transmission, Modulation, Stuttgart, New York: Thieme, 1991, 587.

[Arndt, Dicke, Erb, Eckhorn, Reitboeck 92] Arndt, M., Dicke, P., Erb, M., Eckhorn, R., Reitboeck, H.J.: *Two-layered physiology-oriented neuronal network models that combine feature linking via synchronization with a classical associative memory.* In: Taylor, J.G., Caianiello, E.R., Cotterill, R.M.J., Clark, J.W. (eds.): Neural Network Dynamics, London, Berlin, New York: Springer, 1992, 140-154.

[Braitenberg, Schüz 91] Braitenberg, V., Schüz, A.: *Anatomy of the cortex. Statistics and geometry.* Stuttgart, New York: Springer, 1991.

[Dinse, Krüger, Best 90] Dinse, H.R., Krüger, K., Best, J.: *A temporal structure of cortical information processing.* Concepts in Neuroscience, Volume 1, 1990, 199-238.

[Eckhorn, Bauer, Jordan, Brosch, Kruse, Munk, Reitboeck 88] Eckhorn, R., Bauer, R., Jordan, W., Brosch, M., Kruse, W., Munk, M., Reitboeck, H.J.: *A mechanism of feature linking in the visual cortex?' Multiple electrode and correlation analyses in the cat.* Biol. Cybernetics 60, 1988, 121-130.

[Eckhorn, Reitboeck 88] Eckhorn, R., Reitboeck, H.J.: *Assessment of cooperative firing in groups of neurons: Special concepts for multi-unit recordings from the visual system.* In: E. Basar (ed.): Springer Series in Brain Dynamics, Berlin: Springer, 1988, 219-227.

[Eckhorn, Reitboeck, Arndt, Dicke 89] Eckhorn, R., Reitboeck, H.J., Arndt, M., Dicke, P: *Feature linking via stimulus-evoked oscillations: Experimental results from cat visual cortex and functional implications from a network model.* Confer. Abstr. Intern. Conf. on Neural Networks, Washington DC, 1989, 723-730.

[Eckhorn, Reitboeck, Arndt, Dicke 89] Eckhorn, R., Reitboeck, H.J., Arndt, M., Dicke, P.: *A neural network for feature linking via synchronous neural activity.* In: R.M.J. Cotterill (ed.): Models of Brain Function, Cambridge: University Press, 1989, 255-272.

[Eckhorn, Bauer, Reitboeck 89] Eckhorn, R., Bauer, R., Reitboeck, H.J.: *Discontinuities in visual cortex and possible functional implications: Relating cortical structure and funciton with multi-electrode/correlation techniques.* In: E. Basar, Th. Bullock (eds.): Springer Series in Brain Dynamics, Stuttgart, New York: Springer, 1989, 267-278.

[Eckhorn, Reitboeck, Arndt, Dicke, Kruse 90] Eckhorn, R., Reitboeck, H.J., Arndt, M. Dicke, P., Kruse, W.: *Feature linking across cortical maps via synchronization.* Proceedings Intern. Conference on Parallel Processing in Neural Systems and Computers, Amsterdam: North-Holland, 1990, 101-104.

[Eckhorn, Reitboeck 90] Eckhorn, R., Reitboeck, H.J.: *Stimulus-specific synchronizations in cat visual cortex and their possible role in visual pattern recognition.* In: H. Haken (ed.): Synergetics of Cognition, Berlin, Heidelberg, New York, Tokyo: Springer, 1990, 99-111.

[Eckhorn, Dicke, Kruse, Reitboeck 91] Eckhorn, R., Dicke, P., Kruse, W., Reitboeck, H.J.: *Stimulus-related facilitation and synchronization among visual cortical areas: Experiments and Models.* In: H.G. Schuster (ed.): Nonlinear Dynamics and Neuronal Networks, Weinheim, New York, Basel: VCH-Verlag, 1991, 57-76.

[Eckhorn, Dicke, Arndt, Reitboeck 92] Eckhorn, R., Dicke, P., Arndt, M., Reitboeck, H.J.: *Flexible linking of visual features b stimulus-related synchronizations of model neurons.* In: Th. Bullock, E. Basar (eds.): Induced Rhythms in the Brain. Series in Brain Dynamics, Boston, Basel, Berlin: Birkhäuser, 1992, 397-416.

[Freeman, Skarda 85] Freeman, W.J., Skarda, C.A.: *Spatial EEG patterns, nonlinear dynamics and perception: the Neo-sherringtonian view.* Brain Research (Rev 10), 1985, 147-175.

[Hirsch, Gilbert 91] Hirsch, J.A., Gilbert, C.D.: *Synaptic physiology of horizontal connections in the cat's visual cortex.* Journal Neuroscience, 11(6), 1991, 1800 -1809.

[Hopfield 82] Hopfield, J.J.: *Neural networks and physical systems with emergent collective computational abilities.* Proceedings of the National Academy of Sciences, 79, 1982, 2554-2558.

[Gray, Singer 87] Gray, C.M., Singer, W.: *Stimulus-dependent neuronal oscillations in the cat visual cortex area 17.* Neuroscience (Suppl.) 22, 1987, 1301P.

[Mountcastle, Reitboeck, Poggio, Steinmetz 91] Mountcastle, V.B., Reitboeck, H.J., Poggio, G.F., Steinmetz, M.A.: *Adaptation of the Reitboeck method of multiple microelectrode recording to the neocortex of the waking monkey.* Journal of Neuroscience Methods, 36, 1991, 77-84.

[Rausch, Erb, Arndt, Reitboeck 93] Rausch, M., Erb, M., Arndt, M., Reitboeck, H.J.: *A dynamic associative memory: Synchronization and segmentation for pattern discrimination and completion.* In: N. Elsner, M. Heisenberg (eds.): Gene-Brain-Behaviour, Stuttgart, New York: Thieme, 1993, 872.

[Reitboeck 83a] Reitboeck, H.J.: *Fiber microelectrodes for electrophysiological recordings.* J. Neuroscience Methods 8, 1983, 249-262.

[Reitboeck 83b] Reitboeck, H.J.: *A 19-channel matrix drive with individually controllable fiber microelectrodes for neurophysiological applications.* IEEE Transactions on Systems, Man and Cybernetics, SMC-13, 1983, 676-683.

[Reitboeck 83c] Reitboeck, H.J.: *A multi-electrode matrix for studies of temporal signal correlations within neural assemblies.* In: E. Başar (ed.): Synergetics of the Brain, Stuttgart, New York: Springer, 1983, 174-182.

[Reitboeck, Altmann 84] Reitboeck, H.J., Altmann, J.: *A model for size- and rotation-invariant pattern processing in the visual system.* Biol. Cybernetics 51, 1984, 113-121.

[Reitboeck, Eckhorn, Pabst 87] Reitboeck, H.J., Eckhorn, R., Pabst, M.: *A model of figure/ground separation based on correlated neural activity in the visual system.* In: H. Haken (ed.): Computational Systems - Natural and Artificial, Stuttgart, New York: 1987, 44-54.

[Reitboeck, Eckhorn, Pabst 88] Reitboeck, H.J., Eckhorn, R., Pabst, M.: *Texture description in the time domain.* In: R.M.J. Cotterill (ed.): Computer Simulation in Brain Science, Cambrigde: University Press, 1988, 479-494.

[Reitboeck 89] Reitboeck, H.J.: *Neural mechanisms of pattern recognition.* In: J. Lund (ed.): Sensory Processing in the Mammalian Brain: Neural Substrates and Experimental Strategies, New York: Oxford Univ. Press, 1989, 307-330.

[Reitboeck, Eckhorn, Arndt, Dicke 90] Reitboeck, H.J., Eckhorn, R., Arndt, M., Dicke, P.: *A model of feature linking via correlated neural activity.* In: H. Haken (ed.): Synergetics of Cognition, Berlin, Heidelberg, New York: Springer, 1990, 112-125.

[Reitboeck, Eckhorn, Arndt, Dicke, Stoecker 91] Reitboeck, H.J., Eckhorn, R., Arndt, M., Dicke, P., Stoecker, M.: *Neural network models for the simulation of basic visual information processing tasks.* In: I. Dvorak, A.V. Holden (eds.): Proceedings in Nonlinear Science, Mathematical Approaches to Brain Functioning Diagnostics, Manchester, New York: University Press, 1991, 257-268.

[Reitboeck, Stoecker, Hahn 93] Reitboeck, H.J., Stoecker, M., Hahn, Ch.: *Object separation in dynamic neural networks.* Proceedings of the IEEE ICNN, San Francisco, USA, 1993.

[Reitboeck, Stoecker 93] Reitboeck, H.J., Stoecker, M.: *A model for scene segmentation and invariant object recognition in the visual system.* Proceedings of the 11th International Biophysics Conference, Budapest, Hungary, 1993.

[Rose, Dobson 85] Rose, D., Dobson, V.G. (eds.): *Models of the Visual Cortex.* Chichester, New York: John Wiley & Sons, 1985.

[Rumelhart, Hinton, Williams 86] Rumelhart, D.E., Hinton, G.E., Williams, R.J.: *Learning representations by back-propagation errors.* Nature 33, 533-536.

[Rumelhart, McClelland 87] Rumelhart, D.E., McClelland, J.L.: *Parallel Distributed Processing.* Vol. 1 and 2, Cambridge, Massachusetts, London: MIP press, 1987.

[Stoecker, Eckhorn, Reitboeck 91] Stoecker, M., Eckhorn, R., Reitboeck, H.J.: *Oscillatory synchronizations in neural networks: Responses to stimuli that induce the perception of subjective contours in humans.* In: N. Elsner, H. Penzlin (eds.): Synapse, Transmission, Modulation, Stuttgart, New York: Thieme, 1991, 216.

[Stoecker 92] Stoecker, M.: *Objektdefinition durch Synchronisation: Ein neuronales Netz zur visuellen Mustererkennung.* In: TAT '92, Abstraktband des 4. bundesweiten Transputer-Anwender-Treffens (TAT), Aachen, 1992, 221-222.

[Stoecker, Reitboeck 93] Stoecker, M., Reitboeck, H.J.: *Scene segmentation and invariant object recognition in a dynamic neural network.* In: N. Elsner, M. Heisenberg (eds.): Gene-Brain-Behaviour, Stuttgart, New York: Thieme, 1993, 868.

[Werner, Reitboeck, Eckhorn 93] Werner, G., Reitboeck, H.J., Eckhorn, R.: *Construction of concepts by the nervous system: From neurons to cognition.* Behavioral Science, Volume 38, 1993, 114-123.

Nonmonotonic temporal logics and autonomous agents: each contributes to the rigorous basis for the other

Erik Sandewall
Department of Computer and Information Science
Linköping University
Linköping, Sweden
E-mail ejs@ida.liu.se

Abstract. There is a mutual relationship between the software architecture of an intelligent autonomous agent and a logic for reasoning about action and change. The logic can be used as a formal basis for the software, and at the same time the design of the agent defines the reality that the logic is supposed to describe.
In the work reported here we have defined the relationship between the software architecture and the logic in a formal fashion, and used it for the formal analysis of several proposed logics. The same software architecture has also been used as the guiding principle for an implementation project. On this basis it has been possible to identify upper as well as lower bounds on the range of applicability for several of the logics which have previously been described in the literature.

1 Introduction: the systematic approach

Methods for reasoning about actions and change are of central importance for artificial intelligence, and in particular for the design of intelligent robots or other intelligent autonomous agents. In this paper I address two issues in that context, namely the *character of systematic and reliable results* in such research, and the *relationship between the software architecture of an autonomous agent and a logic of action and change.*

The A.I. research on logics for action and change has mostly been concerned with the so-called "frame problems". When a non-monotonic logic has been proposed for this purpose, it has traditionally been supported by informal arguments about its general plausibility, and by applying it to a small number of test examples for which the logic is claimed (and sometimes proven) to obtain the intended set of conclusions. The limitations of this approach have become more apparent in recent years, and at the same time some results of more systematic nature have been presented in particular by Lin and Shoham[LS91], Lifschitz[Lif91], and Reiter[Rei91], all of which have used a situation-calculus framework.

In this paper I present another approach which differs from these previous authors in three ways. It addresses logics with *explicit time*, such as the integers, and not only the situation calculus. This allows one to deal with actions with extended duration, and to analyze plans where the order of the actions is indetermined. Also it is based on an *underlying semantics* which captures basic notions of intelligent agents. This is hoped to facilitate the use of these results for the design of practical autonomous agents. Finally, rather than starting with a fixed class of reasoning problems and analyzing whether a single, proposed logic is correct or not for that class, I start by defining a *taxonomy* of reasoning problems. For each of several different logics I can then identify some class of reasoning problems within the taxonomy wherein the logic is provably correct. The identification of such a range of applicability constitutes an *assessment* of the logic at hand.

The use of the taxonomy allows us to compare the range of applicability of different proposed logics. It is not clear that a broader-range logic will always be preferred, since a logic with a more narrow range of applicability maybe allows a more efficient implementation. However in order to make use of it one must have precise knowledge of whether it is correctly applicable for the application one has at hand.

The underlying semantics captures the basic A.I. intuitions, similar to the "agent model" of Genesereth and Nilsson [GN87]. In particular the notion of inertia is built into the underlying semantics. The semantics is used both for defining the taxonomy of reasoning problems, and as the basis for the assessments of applicability.

The definition of correctness for a logic is that for a specified class of reasoning problems, the set of intended models (as defined by the underlying semantics) equals the set of selected or preferred models. It is therefore a soundness-and-completeness condition and not only a soundness condition.

The present paper summarizes the current results in this research, and is by necessity quite brief. The complete results are available in a forthcoming book, for which a preliminary review version appeared last year[San92]. Some of the material is made available in conference or journal papers[San93a, San93b, San93c, San93d].

2 Embedded intelligence

If a logic of action and change is going to be used by an autonomous agent, then it must reflect the perception of the world or the "world model" that the agent uses. A choice of ontology must therefore precede a choice of logic. I consider the following to be the characteristic features of environments where intelligent autonomous agents will be required to operate:

- *Piecewise continuous change.* The environment may be in any of a number of "modes" or "configurations". Its state variables change continuously within each mode, whereas the shift of mode is typically associated with discontinuous change in some state variables, or even with the appearance or disappearance of state variables.

- *A discrete level of description is allowed.* Even in regions where state variables change continously, it may be possible and appropriate to describe them on a qualitative level where state variables are piecewise constant. For example, the distance between two successive cars along a road may be classified as "too short", "reasonable", or "long" although the cars move continuously.
- *Inertia (persistence)* is appropriate for describing the environment on the discrete level. In fact, a major reason for introducing the discrete level of description at all is to be able to reason in terms of inertia.
- *Real-time interaction between agent and environment.* The world changes according to its own pace. The agent does not have a "pause" button whereby it can cause the world to halt until it has finished thinking. However the environment is also not entirely independent of the agent: the agent has certain limited capabilities for influencing the rate of change in its environment, which it may use in a calculated manner in order to gain enough time for its considerations.

The following capabilities will be needed in the agent in order for it to operate intelligently in such an environment:

- *Perception:* A process which continuously classifies the observations of the world into qualitative and piecewise constant state variables, which are suitable as the basis for reasoning.
- *Actions:* An action is a sensori-motoric process that operates over a limited time interval, and which halts when a specified objective has been achieved. Moving a given object to a given position is an example of an action.
- *Activities:* An activity is a sensori-motoric process which aims at keeping some part of the world in a certain state. Riding a bicycle and keeping it balanced is an example of an activity.

The discrete-level behavior of the agent can therefore be understood as decisions to invoke actions, and to initiate and terminate activities.

A standard three-level architecture is appropriate for such an agent. The three levels provide three parallel data paths from sensors to actuators. The lowest level contains continuous control algorithms which implement actions and activities, as well as the perception processes. The middle level is a finite-state automaton which receives discrete inputs and produces discrete outputs in a stimulus-response fashion. The outputs from this level may serve to initiate and terminate actions and activities. The highest level provides the agent with an awareness of time, whereby it can anticipate future problems as well as opportunities, plan for avoiding dangers and profiting from opportunities, and diagnosing mishaps in order to learn from them. These functions can not be performed in a systematic fashion by the first two levels alone, so there are objective technical reasons for introducing the third level as well.

It seems plausible that a large portion of the agent's behavior can be realized already on the lower and middle level, but there is no reason to consider either of them as a seat of intelligence. This should not be surprising: much of human behavior does not require intelligence, and the same may well apply for robots. Intelligence should therefore be considered as an embedded capability. Just as "embedded computers" may be included in a mechanical system in order to provide certain control facilities, so an *embedded intelligence* can be included in a system which already has the lower and middle levels of behaviour that have now been described.

The capability for anticipation, planning, and diagnosis on the uppermost level can very appropriately be characterized as "intelligence". Its role is to monitor and – when needed – to modify the routine behaviour that is defined by the lower levels. Anticipation, planning, and diagnosis are of course examples of reasoning processes, and in particular processes of temporal reasoning. In what follows I mostly use the term "reasoning" which is more specific than "intelligence".

As the strategy of embedded intelligence is accepted, a major consideration must be how to define the interaction between the main parts of the robot and the reasoning subsystem in its third software layer. The following issues are of particular interest:

- The interface i.e. the protocol of interaction between the reasoning subsystem and the lower two levels.
- The model of the lower layers that the reasoning subsystem uses.

From a logicist point of view, the natural answer to the first issue is that the interaction should be in terms of logical formulae or parts thereof. The second issue is answered if the logic is able to represent the lower-level behaviors that were mentioned above. In particular, the logic should be able to represent time as a distinct type, qualitative state variables and their values as functions of time, and actions and activities that are performed over time.

3 Anticipation in the agent's game against nature

Figure 1 illustrates the world as seen from the reasoning level or "ego" of the autonomous agent. The ego ($\mathbf{K}_0$) interacts directly with its own hardware parts and lower software levels ($\mathbf{V}_0$). They in turn interact with the physical environment ($\mathbf{M}$), and with other agents that may inhabit the same environment ($\mathbf{V}_1/\mathbf{K}_1$, $\mathbf{V}_2/\mathbf{K}_2$,...). Over time, the ego receives discrete information which is the result of perception, and it produces discrete decisions about invocations of actions and activities.

What is the simplest possible behavior that such a reasoning system or ego can exhibit? The A.I. literature has usually emphasized the capability of planning, but I view *anticipation* as a more basic capability. In an anticipating agent, the function of the reasoning layer is to continously maintain a prediction of the immediate future. This function is similar to the look-ahead in a game-playing program. The anticipation is formed as a tree of possible futures. As time (or the game) goes by, the tree is pruned from the root and at the same time it is extended at the leaves, so that it always maintains about the same size. Its size

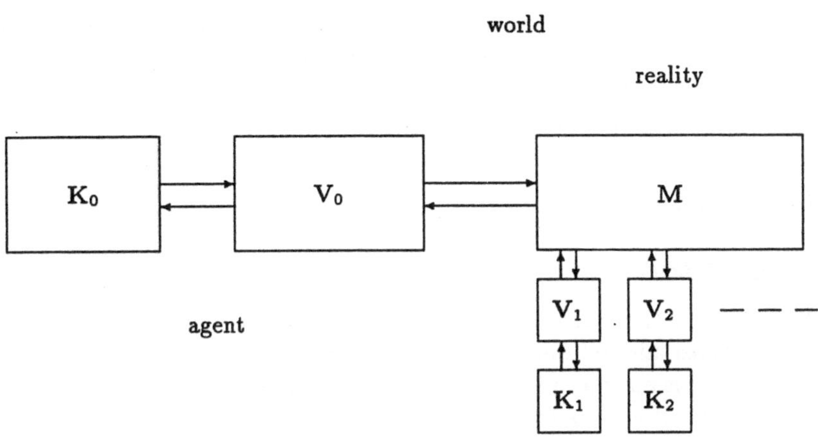

Fig. 1. Structure of an agent and its environment

is of course limited by the agent's capability to generate branches in the tree in real time. From the point of view of the lower levels in the architecture ($\mathbf{V}_0$), the anticipation structure can be thought of as an additional source of stimuli. Besides reacting to actual observations of the world, the agent is able to react to possible future events, so as to increase or to decrease the likelihood of their actual occurrence.

For the purpose of planning and agenda-making, the agent must also be able to predict the results of its own possible actions. Since an action is invoked by the ego at one point in time, and then is executed by the agent's lower levels over a period of time, there is a basic asymmetry between the "moves" of the two players. The game can be formulated in abstract form as follows: the "board" or "position" of the game is a finite development ($\approx$ history) of the world from time zero and up to the present "now". When the ego has the move, it may initiate actions or activities, and terminate activities, but the "now" does not change. When the world (the other player, consisting of the environment plus the lower levels of the agent) has the move, it will increase the value of "now" and thereby extend the duration of the finite development. For each action that the ego initiates, it is well defined what are the possible ways for the world to implement that action and thereby to extend the finite development.

This abstraction of the relationship between the ego and the world could be used as the basis for implementing a practical robotic system with intelligence based on anticipation. However I have also used it as the formal basis for assessment of the range of applicability of several previously proposed logics of action and change. This suggests a mutual relationship between agent architectures and logics. A carefully defined logic of action and change can provide the theoretical basis for the agent's reasoning capabilities. Reciprocally, the agent architecture has provided the basic concepts for the underlying semantics of the logic, and for assessing its range of applicability.

4 Formalism

4.1 Logical syntax and surface semantics

Developments in the world of the autonomous agent will be characterized in terms of features and actions. (Activities are omitted for the time being). "The color of box #5" is an example of a feature. The set of all features will be denoted $\mathcal{F}$. A state r is a mapping from features to corresponding values.

The domain of time-points is chosen as the non-negative integers. A history R is a mapping from time-points to states, or equivalently a mapping from features times timepoints to feature-values.

The syntax of logical formulae has been defined in previous publications e.g. [San93a], and will be clear from context in this paper. The basic construct has the form $[t]\, f \hat{=} \mathtt{A}$, saying that the feature f has the value A at time t. Interpretations for logical formulae will have the form $\langle M, R\rangle$, where R is a history, and M is a valuation i.e. a mapping from constant symbols (for objects or timepoints) to their values.

Actions are characterized using a domain $\mathcal{E}$ of *action designators.* "Moving object #5 to location L" is an example of an action designator.

The game between ego and world is performed over partial (partial for time, i.e. finite) developments. A development is formally a tuple $\langle \mathcal{B}, M, R, \mathcal{A}, \mathcal{C}\rangle$, where M and R are as in interpretations. $\mathcal{B}$ is the set of timepoints at which the ego has made a decision, and its largest member is the present "now". $\mathcal{A}$ is a set of triples $\langle s, A, t\rangle$ representing actions that have been performed and completed until now. A is an action designator, s is the starting time of the action, and t is its ending time. $\mathcal{C}$ is a set of triples $\langle s, A\rangle$ representing action(s) that is(are) presently going on. Developments will be designated as Υ.

The set of all possible finite developments is written as $\mathcal{J}$. In terms of the game between ego and world, an ego is a mapping from $\mathcal{J} \rightarrow \mathcal{J}$, and a world is a relation on $\mathcal{J} \times \mathcal{J}$. The difference represents that a world is considered as non-deterministic but the ego as deterministic.

4.2 Underlying semantics: the trajectory semantics

Although the world is in the most general case a relation over $\mathcal{J} \times \mathcal{J}$, one needs to impose some more structure on it in order to obtain any useful results. We define worlds in terms of a *trajectory semantics.* A *trajectory* for a set $F \subseteq \mathcal{F}$ of features is a sequence $\langle r_1', ...r_k'\rangle$ where each r_i' is a partial state assigning values to the features in F.

Each world is characterized as a pair $\langle \texttt{Infl}, \texttt{Trajs} \rangle$, where Infl (influenced features) and Trajs (trajectories) are functions such that if A is an action designator and $r \in \mathcal{R}$ is a state, then $\texttt{Infl}(A, r) \subseteq \mathcal{F}$, and $\texttt{Trajs}(A, r)$ is a non-empty set of trajectories for $\texttt{Infl}(A, r)$.

Informally speaking, $\texttt{Trajs}(A, r)$ is the set of possible ways that the action can be realized in the world. A world description $\langle \texttt{Infl}, \texttt{Trajs} \rangle$ specifies a world **W** with the following behavior in the game. If the ego has invoked the action A at time s by adding the pair $\langle s, A \rangle$ to the $\mathcal{C}$ component of the development, then the world chooses an arbitrary member $\langle r'_1, ... r'_k \rangle$ of $\texttt{Trajs}(A, R(s))$. The world's move is to modify the current partial development by (1) adding $s+k$ as a member of $\mathcal{B}$, thereby making it the new "now" time; (2) extending the history component R by defining $R(s+i) = R(s) \oplus r'_i$, for $1 \leq i \leq k$. Here the symbol $\oplus$ represents "override" so $[u \oplus v](f)$ equals $v(f)$ when it is defined, otherwise $u(f)$; (3) adding the completed action $\langle s, A, s+k \rangle$ to the $\mathcal{A}$ component of the development; (4) resetting the $\mathcal{C}$ component for ongoing actions to the empty set.

After this it is the ego's turn to make its move, which it does in the new situation for the new "now" of $s+k$. The described procedure works for sequential actions; otherwise a more elaborate definition is required.

Complete developments are obtained in the game as the limiting case as time goes to infinity, and are characterized by $R(t)$ being defined for all non-negative t. They can be obtained in two ways: either the game goes on with an infinite number of moves each of which has a finite duration, or the agent ceases to make any moves and the world remains constant to infinity after the agent's last move.

4.3 Chronicles

A scenario will not be described as a single set of logic formulae, but as a tuple $\langle \mathcal{O}, \mathsf{A}, \textsc{scd}, \textsc{obs} \rangle$ where $\mathcal{O}$ is a set of objects $\{\#1, \#2, ... \#k\}$ that are used in interpretations e.g. as arguments when constructing features. The other elements in the tuple are sets of formulae. A is a set of "laws" characterizing the effects of actions, and is in fact an exhaustive description of Trajs in logic. SCD is a schedule i.e. a set of formulae characterizing the actions, chosen among the following two simple kinds:

- $[s, t]\, E(...)$
- A disjunction of one or more $s < t$ or $s \leq t$.

where E is an action name, e.g. *Move* or *Paint*, and the arguments may be objects or feature values. The thing to be moved or painted may be an object argument; the color or location to be assigned to it may be a feature-value argument. In this way it is possible to specify what actions there are, and what are the values or constraints on the timing of each action. Finally OBS is a set of observation statements, which can be chosen as any formulae not containing any action statements. A scenario of this kind will be called a *chronicle*.

I will write $\mathsf{A}(\textsc{scd})$ for the result of replacing each action statement in SCD by the effects specified by the laws in A. For example the effect of loading the gun in the Yale shooting scenario could be expressed as the following formula in A:

$$[s,t]\,Load \Rrightarrow [t]\,l \mathrel{\hat{=}} \mathrm{T}$$

saying that if the gun-loading action takes place over the interval from s to t, then the feature for the gun being loaded is true (T) at time t. If SCD has the member $[4,6]\,Load$, A(SCD) would then in its place have the member $[6]\,l \mathrel{\hat{=}} \mathrm{T}$. From a formal point of view, action statements are considered to be a separate language, and action laws in A are rules for translating that language to the main language.

4.4 Intended models

The correctness of a logic was defined above in terms of equality between the sets of intended and selected models, and we can now finalize the definition of the intended models. If a chronicle $\langle \mathcal{O}, \mathsf{A}, \mathrm{SCD}, \mathrm{OBS}\rangle$ is given, then the set of *intended models* is defined using the set of infinite developments obtained as follows. Select an arbitrary world **W** which is exactly described by A, and select also an arbitrary ego, an arbitrary initial state, and an arbitrary initial valuation. Generate all possible developments which can be obtained in games between them. Then restrict the set of developments to those where all formulas in $\mathsf{A}(\mathrm{SCD}) \cup \mathrm{OBS}$ are satisfied, and where there is a one-to-one correspondence (equality relative to M) between actions in the $\mathcal{A}$ component of the development and action statements in SCD. Finally extract the M and R components from the remaining developments, obtaining a set of interpretations $\langle M, R\rangle$. This is the set of intended models for the given chronicle.

4.5 Taxonomy of chronicles

Since the purpose of assessment is to identify the class of chronicles for which a given logic obtains exactly the intended set of models, there must be some systematic way of characterizing the relevant properties of chronicles. I use a coding scheme which distinguishes what *epistemological* and *ontological* assumptions are being made. The outer frame is given by the set $\mathcal{K}$-**IA** of chronicles, which is characterized as follows. Epistemological completeness: all actions are supposed to be known about, and all effects of actions are known. (More precisely, the set of alternative, possible effects of each actions is known). Simple inertia: features retain their values unless explicitly changed by an action. No ramfication, qualification, concurrency, delayed effects, surprises, or other similar difficulties for the logic. The following are allowed: non-deterministic actions, actions with an extended duration in time, actions where the detailed changes within its duration period are specified by the action law, chronicles where the timing or even the order of the actions is incompletely specified, chronicles with partial or complete specification of the state of the world at time zero (prediction) or at later times (postdiction), or combinations thereof.

Within this outer framework, one may impose a combination of epistemological constraints taken from the following ones:

$\mathcal{K}$s: The state of the world at time zero is completely specified by the chronicle.
$\mathcal{K}$p: No observations for times later than zero.
$\mathcal{K}$c: The chronicle is consistent i.e. the set of intended models is not empty.
$\mathcal{K}$l: The chronicle is linear, i.e. the actions and the observations occur in the same order in all the intended models (the actual definition is slightly more complex).

Also one may impose a combination of ontological constraints taken from the following ones:
Is: Actions always take a single step of time.
Ad: Actions are deterministic.
Ae: Actions are equidurational i.e. the set of possible durations of an action is independent of the state of the world when the action starts.
Au: Actions have uniform change i.e. the set of features that are affected by an action is independent of the state of the world when the action starts.
Ax: Actions are PCM-compatible (defined below).
An: Each action has necessary change: either it is deterministic, or it is nondeterministic in such a way that in two different outcomes, the set of changes in one is never a subset of the set of changes in the other one.

These codes may be freely combined. For example $\mathcal{K}$p-**IsAd** is the set of chronicles where there are no observations for times later than zero, and where all actions are deterministic and take a single timestep.

5 Assessments of some simple nonmonotonic logics for action and change

The following are the assessments of some currently proposed logics for action and change. For the full proofs please refer to the book. The results in the book are more general, but a simplified account has been chosen here in order to avoid certain technical details.

5.1 Original chronological minimization

The original chronological minimization (OCM) according to Kautz[Kau86] is correct for $\mathcal{K}$sp-**IsAd**. In other words, the initial state must be completely specified, there must not be any observations for times later than the initial one, and all actions must take a single timestep and be deterministic. It is easy to find counterexamples when any of these restrictions is violated.

5.2 Prototypical chronological minimization

With a minor correction, OCM can be changed to prototypical chronological minimization (PCM) which is correct for $\mathcal{K}$p-**IAex**. Here the initial state does not have to be completely specified, but still there must not be any observations for times later than the initial one. The **Ax** requirement is that each action must be PCM-compatible, i.e. if one considers the set of trajectories of equal length in $\mathtt{Trajs}(A, r)$ for given A and r, then the preference relation $\ll_{pcm}$ (defined below) shall not prefer any of them over any other. (As a technical detail, one must "cons" the state r itself at the beginning of each trajectory before making this comparison). This means effectively that if an action is non-deterministic so that there are several possible ways of performing it, then the PCM preference relation shall not prefer one execution over another one.

One special case of $\mathcal{K}$p-**IAex** is $\mathcal{K}$p-**IsAn**, which in turn is more general than $\mathcal{K}$p-**IsAd**. In $\mathcal{K}$p-**IsAn** all actions must take a single timestep and satisfy the condition of "necessary change", which is weaker than the deterministic requirement that was established for OCM. For example if a feature with three possible values red, yellow, green is influenced by an action, then the action is allowed to nondeterministically change the value from red to yellow or red to green, but it is not allowed to choose between switching from red to green or keeping it red.

The analysis which Lin and Shoham performed with another methodology (compare section 1) was based on the $\mathcal{K}$p-**IsAd** family of reasoning problems, and they proved that PCM is correct for that family. The present result confirms and subsumes theirs.

5.3 Prototypical global minimization

The original proposal by McCarthy[McC84], which Hanks and McDermott reacted against in their Yale shooting problem paper[HM87], can be characterized as prototypical global minimization of change (PGM). It is correct for chronicles in the $\mathcal{K}$cl-**IsAun** family. Here there are no restrictions on the timepoints that observations refer to, but actions must be single-step (**Is**), satisfy the necessary change condition (**An**), and satisfy uniform change (**Au**). The last condition says that $\texttt{Infl}(A, r)$ must be independent of r, i.e. the set of features that change as the result of the action must be independent of the starting state. This means that only delay actions (having no effect except the passage of time) and toggle-type actions are allowed. Even an action such as loading the gun (if the gun was unloaded it becomes loaded, if it was already loaded then nothing happens) does not satisfy uniform change.

The $\mathcal{K}$cl-**IsAun** family is very restricted. However it has not been possible to strengthen the result: even in a slightly broader family there are counterexamples where PGM gives incorrect results. Surprisingly PGM appears to be restricted to single-step actions.

5.4 Formal definitions of PGM, OCM, and PCM

The formal definitions of the three entailment criteria that have been discussed so far are as follows. Let a chronicle $\langle \mathcal{O}, \mathsf{A}, \textsc{scd}, \textsc{obs} \rangle$ be given, and let W be the set of those classical models $\langle M, R \rangle$ for $\mathsf{A}(\textsc{scd}) \cup \textsc{obs}$ where $\mathcal{O}$ is the object domain. Then select a subset of W, which will be called the *selected* models, defined as the minimal ones according to the preference relations $\ll_{pgm}$, $\ll_{ocm}$, and $\ll_{pcm}$ which are defined as follows. Let $I = \langle M, R\rangle$ and $I' = \langle M', R'\rangle$ be two members of W. The changeset of I is defined as

$changeset(I) = \{\langle f, t\rangle \mid R(f, t-1) \neq R(f, t)\}$

i.e. the set of pairs of a feature and a timepoint t where the feature changes value from time $t-1$ to time t. Then $I \ll_{pgm} I'$ iff $M = M'$ and $changeset(I) \subset changeset(I')$. The breakset of I at time t is defined as

$breakset(I, t) = \{f \mid R(f, t-1) \neq R(f, t)\}$

i.e. the set of features which change value from time $t-1$ to time t. Then $I \ll_{ocm} I'$ iff $M = M'$ and there is some timepoint $\mathtt{t}$ such that

- for all $t < \mathtt{t}$, $breakset(I, t) = breakset(I', t)$
- $breakset(I, \mathtt{t}) \subset breakset(I', \mathtt{t})$

Also $I \ll_{pcm} I'$ iff $M = M'$ and there is some timepoint $\mathtt{t}$ such that

- for all $t < \mathtt{t}$, $R(t) = R'(t)$
- $breakset(I, \mathtt{t}) \subset breakset(I', \mathtt{t})$

6 Assessments of logics based on occlusion and filtering

It is already known that the logics that were assessed in the previous section fail fairly easily, and the new results give a precise form to that insight. In order to obtain a logic that gives correct results for a larger class of systems while still retaining the preferential character, it is necessary to use the concepts of *filtering* and *occlusion*.

The idea with filtering [San89] is to separate the premises in the sets SCD and OBS. In the methods defined above, the set of selected models is chosen by preferential entailment as

$S_x(\langle \mathcal{O}, \mathsf{A}, \text{SCD}, \text{OBS}\rangle) = Min(\ll_x, [\![\mathsf{A}(\text{SCD}) \cup \text{OBS}]\!])$

where x ranges over ocm, pcm, and pgm, and $[\![\Gamma]\!]$ denotes the set of classical models for the set Γ using $\mathcal{O}$ as its object domain. In filtered preferential entailment it is instead chosen as

$Min(\ll, [\![\mathsf{A}(\text{SCD})]\!]) \cap [\![\text{OBS}]\!]$

so that the minimization is imposed "before" the observations. If the preference relation $\ll$ is chosen as $\ll_{pcm}$ then the resulting logic is correct for the $\mathcal{K}$-**IAex** family of chronicles, which is already some improvement.

The idea with occlusion [San89] is to not minimize change directly, but instead to have a separate property of occlusion. Interpretations are extended from $\langle M, R\rangle$ to $\langle M, R, X\rangle$ where X is a mapping from features times timepoints to truth-values. An action law saying that a feature f changes its value from x to any of $\{x_1, x_2, ... x_k\}$ over an interval of time $[s, t]$, is now expressed as saying that f is occluded throughout $(s, t]$, and in addition there is some information about its value within or at the end of the interval. The minimization criteria are changed so that they minimize *unoccluded* change rather than any change. Also of course occlusion itself has to be minimized.

The exact syntax for referring to the occlusion predicate X in action laws is not important here, but can be found in the book[San92].

6.1 Prototypical chronological minimization with filtering

If filtering is used with the $\ll_{pcm}$ preference ordering, but without the use of occlusion, then the resulting entailment criterion

$S_{pcmf}(\langle \mathcal{O}, \mathsf{A}, \textsc{scd}, \textsc{obs}\rangle) = Min(\ll_{pcmf}, [\![\mathsf{A}(\textsc{scd})]\!]) \cap [\![\textsc{obs}]\!]$

is correct for all $\mathcal{K}$-**IAex** temporal reasoning problems. This subsumes the three methods described above, but is still restrictive. In other words, filtering eliminates the epistemological restriction $\mathcal{K}$p.

6.2 Chronological minimization of occlusion and change

A preference relation that chronologically minimizes occlusion and change together, is defined as follows and will be referred to as CMOC. Let $\langle \mathcal{O}, \mathsf{A}, \textsc{scd}, \textsc{obs}\rangle$ be a chronicle in $\mathcal{K}$-**IA**, and let $I = \langle M, R, X\rangle$ and $I' = \langle M', R', X'\rangle$ be two models for $\mathsf{A}(\textsc{scd})$, both having $\mathcal{O}$ as their object domains. Define a modified breakset function as

$brs(I, t) = \{f \mid R(f, t-1) \neq R(f, t) \wedge \neg X(f, t)\}$

i.e. as the set of features having unoccluded changes at time t. Then the preference relation $\ll_{cmoc}$ is defined so that $I \ll_{cmoc} I'$ iff $M = M'$ and there is some timepoint $\mathtt{t}$ such that both of the following hold:

- For all $t < \mathtt{t}$, $R(t) = R'(t)$ and $X(t) = X'(t)$.
- Either of the following hold:
  - $X(\mathtt{t}) \subset X'(\mathtt{t})$
  - $X(\mathtt{t}) = X'(\mathtt{t}) \wedge brs(I, \mathtt{t}) \subset brs(I', \mathtt{t})$.

The CMOC selected set of models is defined by

$S_{cmoc}(\langle \mathcal{O}, \mathsf{A}, \textsc{scd}, \textsc{obs}\rangle) = Min(\ll_{cmoc}, [\![\mathsf{A}(\textsc{scd})]\!]) \cap [\![\textsc{obs}]\!]$,

similar to the previous definitions except for the new preference relation. This entailment criterion was tested against a fairly extensive set of test examples, which contains or subsumes most problems that have been used by other authors in the field, and it passed all the tests. However when attempting to prove the correctness of this criterion for $\mathcal{K}$-**IA** it was discovered that it is in fact not completely general, and the correct assessment is that CMOC is correct for $\mathcal{K}$-**IAe** chronicles. The **Ae** ontological property says that actions are *equidurational*, i.e. the duration of an action or the set of possible durations of an action is not allowed to differ depending on the starting state of the action. This is in fact a quite strong restriction: certainly if you allow actions to have conditional effects depending on the starting state and you allow them to have a duration different from 1, you would expect that the duration of the action may depend on the starting state. However once you know of this restriction, it is also easy to construct counterexamples outside $\mathcal{K}$-**IAe** where CMOC gives the wrong results.

6.3 Chronological assignment and chronological minimization of occlusion and change

Fortunately it is possible to correct the problem and have a method which obtains the correct results throughout $\mathcal{K}$-**IA**. The modified method, CAMOC, is characterized by an additional syntactic restriction and a modification of the preference relation.

The syntactic restriction is as follows. All action statements must be written on the form $[s_i, t_i] A_i$ where s_i and t_i are constant symbols, and the same constant symbol is only used in one single action statement. The premise set SCD may only contain such action statements and temporal ordering statements of the form $s_i < t_i$ or $t_i \leq s_j$ which serve to order the actions. All other information about the order and distance between timepoints must be placed in the set OBS of observations.

Notice that this syntactic restriction does not limit the expressiveness of the logic. It does not essentially reduce the set of formulae that may be included among the premises; it just restricts how the premises are to be divided between the schedule and the set of observations.

The preference relation is modified as follows. Given a chronicle and two models I and I' like for CMOC, we first define $M_{0:t}$ as a partial function which is obtained from M by restricting it to object constants and to those temporal constants whose value is $\leq t$. (Remember that M is a mapping from constant symbols to corresponding values). This operation is a restriction on a function to a restricted value range, not to a restricted argument range.

Then the preference relation $\ll_{camoc}$ is defined as follows: $I \ll_{camoc} I'$ iff there is some timepoint $\mathtt{t}$ such that all of the following hold:

- $M_{0:\mathtt{t}} = M'_{0:\mathtt{t}}$.
- for all $t < \mathtt{t}$, $R(t) = R'(t)$ and $X(t) = X'(t)$.
- Either of the following hold:
  - $X(\mathtt{t}) \subset X'(\mathtt{t})$
  - $X(\mathtt{t}) = X'(\mathtt{t}) \wedge brs(I, \mathtt{t}) \subset brs(I', \mathtt{t})$.

The set of selected models is defined like before as

$$S_{camoc}(\Upsilon) = Min(\ll_{camoc}, [\![A(\text{SCD})]\!]) \cap [\![\text{OBS}]\!].$$

It has been proved that this entailment criterion is correct for all $\mathcal{K}$-**IA** chronicles.

7 Upper bounds

The assessments in the previous sections obtain lower bounds on the range of applicability. It is natural to also look for corresponding upper bounds for the same entailment criteria. Ideally one would like to know that a certain chronicle family is both a lower bound and an upper bound, so that no additional improvement of the result is possible.

The concept of upper bound however deserves some consideration. The simplest definition would be that $\mathcal{Z} \subseteq \mathcal{K}$-**IA** is an upper bound on the range of applicability for an entailment method S iff $\Sigma_{\text{IA}}(\Upsilon) \neq S(\Upsilon)$ for any $\Upsilon \in \mathcal{K}$-**IA** $- \mathcal{Z}$, where $\Sigma_{\text{IA}}(\Upsilon)$ denotes the set of intended models for the chronicle Υ. This is however an inconvenient and fairly uninformative definition, since there are always a number of cases where an entailment method so to say accidentally obtains the intended models. A more useful definition can be obtained along the following lines.

Consider first the method CMOC, which has been proved correct for $\mathcal{K}$-**IAe**.

Fact 1 *If* $\Upsilon = \langle \mathcal{O}, \mathbb{A}, \text{SCD}, \text{OBS} \rangle \in \mathcal{K}$-**IA** $-$ $\mathcal{K}$-**IAe**, *then there is some modified chronicle* $\Upsilon' = \langle \mathcal{O}, \mathbb{A}, \text{SCD}', \text{OBS}' \rangle$ *such that* $\Sigma_{\text{IA}}(\Upsilon') \neq S_{cmoc}(\Upsilon')$.

Proof. In this case there is some action designator E, some states r and r', and some trajectory $v \in \texttt{Trajs}(E, r)$ of length k such that no trajectory $v' \in \texttt{Trajs}(E, r')$ has length k. If there are several r with this property, for the same E, k, and r', then select an r which minimizes the set of features where r and r' differ. Construct SCD' as $[1, k+1]E$ and OBS' as $[0]\phi$, where ϕ is a formula that precisely characterizes the state r'. Then Υ' does not have any intended models according to $\mathcal{K}$-**IA**. However the interpretation $\langle M, R \rangle$ where $R(0) = r'$, $R(1) = r$, and R then continues according to v is a preferred CMOC model. □

Of course if $\Upsilon \in \mathcal{K}$-**IA** $-$ $\mathcal{K}$-**IAe** then $\Upsilon' \in \mathcal{K}$-**IA** $-$ $\mathcal{K}$-**IAe** as well, since the ontological characterization is only based on the properties of the world, which is specified by the action laws $\mathbb{A}$. In other words, if we are building a robot that is to operate in an equidurational world, then the entailment method CMOC will obtain the correct conclusions in all the chronicles that can arise, and if the world is not equidurational then there are some scenarios in the world where CMOC will obtain the wrong conclusions. In that sense of upper bound on range of applicability, the lower bound and the upper bound that we have obtained are equal.

For PCMF the proven lower bound is $\mathcal{K}$-**IAex**. Here the situation is similar:

Fact 2 *If* $\Upsilon = \langle \mathcal{O}, \mathbb{A}, \text{SCD}, \text{OBS} \rangle \in \mathcal{K}$-**IA** $-$ $\mathcal{K}$-**IAex**, *then there is some modified chronicle* $\Upsilon' = \langle \mathcal{O}, \mathbb{A}, \text{SCD}', \text{OBS}' \rangle$ *such that* $\Sigma_{\text{IA}}(\Upsilon') \neq S_{pcmf}(\Upsilon')$.

Proof. Since $\Upsilon \in \mathcal{K}$-**IA** $-$ $\mathcal{K}$-**IAex**, it is either not equidurational or does not satisfy the **Ax** property. In the former case the proof of fact 1 applies. In the latter case there is some action designator E, some state r, and some positive integer k such that the set W_k of trajectories in $\texttt{Trajs}(E, r)$ of length k (after "consing" r before each trajectory as mentioned above) satisfies $Min(\ll_{pcm}, W_k) \neq W_k$. Choose SCD' with $[0, k]E$ as its only member, and OBS' as $[0]\phi$ where ϕ completely characterizes r. The result follows immediately. □

For PCM the proven lower bound is $\mathcal{K}$p-**IAex**, which contains both ontological and epistemological constraints. The ontological constraint can be analyzed in similar terms as the previous cases:

Fact 3 *If* $\Upsilon = \langle \mathcal{O}, \mathbb{A}, \text{SCD}, \text{OBS} \rangle \in \mathcal{K}$p-**IA** $-$ $\mathcal{K}$p-**IAex**, *then there is some modified chronicle* $\Upsilon' = \langle \mathcal{O}, \mathbb{A}, \text{SCD}', \text{OBS}' \rangle$ *which also has the epistemological property* p, *and such that* $\Sigma_{\text{IA}}(\Upsilon') \neq S_{pcm}(\Upsilon')$.

Proof. The proof for fact 2 applies for this case also. □

Therefore, as long as we stay within the epistemological constraint $\mathcal{K}$p-**IA**, the assessment $\mathcal{K}$p-**IAex** is both lower and upper bound. However the epistemological requirement p can be improved upon. It is easy to find single examples where a relaxation is possible, for example a chronicle containing observations of the form $[t]\phi$ where $t > 0$ but ϕ is a tautology. One would therefore be interested in an upper bound in the epistemological dimension as well, if such a concept can be defined. The following is proposed as an appropriate framework. Let S be an entailment method, for example PCM, let $\mathcal{K}\xi$-Φ be a chronicle family formed using the ontological family Φ and the epistemological properties ξ, and where S is correctly applicable for all chronicles in $\mathcal{K}\xi$-Φ. Then:

- $\mathcal{K}\xi$-Φ is an *ontologically maximal* assessment iff the following condition holds. If $\Upsilon = \langle \mathcal{O}, \mathsf{A}, \textsc{scd}, \textsc{obs} \rangle \in \mathcal{K}\xi\text{-}\mathbf{IA} - \mathcal{K}\xi\text{-}\Phi$, then there is some modified chronicle $\Upsilon' = \langle \mathcal{O}, \mathsf{A}, \textsc{scd}', \textsc{obs}' \rangle$ that also has the epistemological property ξ, and such that $\Sigma_{\mathrm{IA}}(\Upsilon') \neq S(\Upsilon')$.
- $\mathcal{K}\xi$-Φ is an *epistemologically maximal* assessment iff the following condition holds. If $\Upsilon = \langle \mathcal{O}, \mathsf{A}, \textsc{scd}, \textsc{obs} \rangle \in \mathcal{K}\text{-}\Phi - \mathcal{K}\xi\text{-}\Phi$, then there is some modified chronicle $\Upsilon' = \langle \mathcal{O}, \mathsf{A}', \textsc{scd}, \textsc{obs} \rangle \in \mathcal{K}\text{-}\Phi - \mathcal{K}\xi\text{-}\Phi$ (so that the world described by A' is also in Φ), such that $\Sigma_{\mathrm{IA}}(\Upsilon') \neq S(\Upsilon')$.

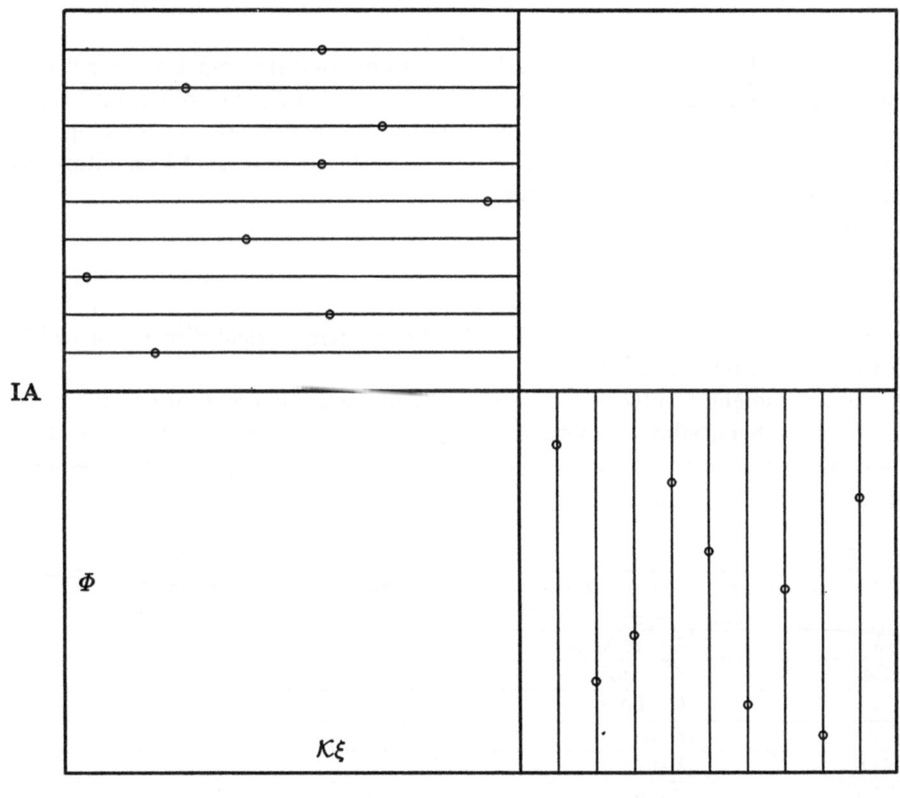

Fig. 2. Maximal assessments

Figure 2 illustrates these definitions, with the (slightly simplified) assumption that the epistemological constraints only refer to the SCD and OBS components of the chronicle. The horizontally striped rectangle to the upper-left indicates how the ontologically maximal assessment works. For every chronicle Υ (arbitrary position on any of the lines) there is some chronicle Υ' with the same action laws and therefore the same world (other position on the same horizontal line) where the entailment condition obtains the wrong result (dot on the line). The vertically striped rectangle on the lower-right indicates similarly how the epistemologically maximal assessment works. For every chronicle Υ (arbitrary position on any of the lines) there is some chronicle Υ' with the same schedule and observations but not necessarily the same world (other position on the same vertical line) which satisfies the same epistemological properties, and where the entailment condition obtains the wrong result (dot on the line).

Therefore, although some chronicles Υ in the striped areas of the figure may satisfy $S(\Upsilon) = \Sigma_{\mathrm{IA}}(\Upsilon)$, it is not possible to extend the assessed region, represented by the lower-left rectangle, either upwards while retaining its right side, or rightwards while retaining its upper side.

For CAMOC, CMOC and PCMF the epistemological upper bound is not an issue since the assessment does not include any epistemological constraint besides $\mathcal{K}$ itself. For PCM, $\mathcal{K}$p-**IAex** is ontologically maximal but not epistemologically maximal. The full epistemological range for PCM relative to **IAex** allows for example some chronicles of the form

$[0]\phi$

$[0, t_1]A$

$[t_1]\psi$

where $\phi \models \psi$. The exact upper bound in the epistemological dimension will be the topic of a later paper.

The assessment results for these entailment methods are summarized in table 1. For each entailment method it indicates the assessment that has been stated here, whether that assessment is ontologically maximal, and whether it is epistemologically maximal.

Entailment criterion	Current assessment	Ontologically maximal?	Epistemologically maximal?
PGM	$\mathcal{K}$cl-**IsAun**	?	?
OCM	$\mathcal{K}$sp-**IsAd**	?	?
PCM	$\mathcal{K}$p-**IAex**	Yes	No
PCMF	$\mathcal{K}$-**IAex**	Yes	Yes
CMOC	$\mathcal{K}$-**IAe**	Yes	Yes
CAMOC	$\mathcal{K}$-**IA**	Yes	Yes

Table 1. Summary of assessments

8 Conclusion

The assessment of entailment methods in this paper represents only a beginning, in several ways. A considerable number of other nonmonotonic logics for action and change have been proposed in the literature, and their range of applicability should be assessed similarly. The underlying semantics that we have used here corresponds only to a fairly restricted case of simple inertia, and does not take "surprises", "qualification", or "ramification" into account. It remains to extend the underlying semantics to account for those phenomena, as well as to concurrent actions and actions with delayed effects, and to assess proposed logics with respect to the resulting, more complex criteria.

In spite of these limitations, I hope to have demonstrated (1) that there is a concrete way of establishing crisp results about the range of correct applicability for various logics of action and change, (2) that the basic formal machinery of those assessments is based on a formalized account of widely accepted design principles for intelligent autonomous agents, and (3) that logics of this kind are relevant for the principled design of autonomous agents. This establishes a mutual relationship between the formal bases for autonomous agents and for logics of action and change.

References

[GN87] Michael R. Genesereth and Nils J. Nilsson. *Logical Foundations of Artificial Intelligence.* Morgan-Kaufmann Publishing Co., 1987.

[HM87] Steve Hanks and Drew McDermott. Nonmonotonic logics and temporal projection. *Artificial Intelligence*, 33(3):379–412, 1987.

[Kau86] Henry Kautz. The logic of persistence. In *Proc. AAAI 1986*, pages 401–405, 1986.

[Lif91] Vladimir Lifschitz. Toward a metatheory of action. In *International Conf. on Knowledge Representation and Reasoning*, pages 376–386, 1991.

[LS91] Fangzhen Lin and Yoav Shoham. Provably correct theories of action (preliminary report). In *National (U.S.) Conference on Artificial Intelligence*, pages 349–354, 1991.

[McC84] John McCarthy. Applications of circumscription to formalizing common sense knowledge. In *Proc. of the Nonmonotonic reasoning workshop*, pages 295–324, October 1984.

[Rei91] Ray Reiter. The frame problem in the situation calculus: a simple solution (sometimes) and a completeness result for goal regression. In Vladimir Lifschitz, editor, *Artificial Intelligence and Mathematical Theory of Computation*, pages 359–380. Academic Press, 1991.

[San89] Erik Sandewall. Filter preferential entailment for the logic of action in almost continuous worlds. In *Proc. International Joint Conf. on Artificial Intelligence, Detroit, USA*, 1989.

[San92] Erik Sandewall. Features and fluents. Review version of 1992. Technical Report LiTH-IDA-R-92-30, Linköping University, Department of Computer and Information Science, 1992.

[San93a] Erik Sandewall. The range of applicability of nonmonotonic logics for the inertia problem. In *International Joint Conference on Artificial Intelligence*, 1993.

[San93b] Erik Sandewall. The range of applicability of some nonmonotonic logics for simple inertia (extended version). Submitted for publication, 1993.

[San93c] Erik Sandewall. The role of temporal reasoning subsystems in the architecture of autonomous robots. In G. Rzevski, J. Pastor, and R.A. Adey, editors, *Artificial Intelligence in Engineering VIII*, pages 3–6. Computational Mechanics Publications/ Elsevier, 1993.

[San93d] Erik Sandewall. Systematic assessment of temporal reasoning methods for use in autonomous agents. In J. Komorowski and Z.W. Ras, editors, *International Symposium on Methodologies for Intelligent Systems*, pages 558–570. Springer Verlag Lecture Notes in Artificial Intelligence, no. 689, 1993.

Expertensysteme im Dienste des Kunden

Peter Mertens
Bayerisches Forschungszentrum für
Wissensbasierte Systeme (FORWISS)
FG Wirtschaftsinformatik
Am Weichselgarten 7
91058 Erlangen

1 Einleitung

Für Zufriedenheit des Kunden zu sorgen, ist in der Marktwirtschaft ein selbstverständliches Teilziel jedes Unternehmens. In den letzten Jahren sind jedoch einige Facetten dieses Themas verstärkt in das Blickfeld gerückt:

1. Kundenzufriedenheit resultiert mehr als früher auch aus **rascher** Bedienung. Charakteristisch hierfür sind die Schlagworte "time based competition" und "Zeit als Wettbewerbsfaktor".

2. Gerade deutsche Betriebe, die im internationalen Wettbewerb beim Preis von Standarderzeugnissen oft nicht mehr mithalten können, suchen ihre Chance darin, daß sie im Vergleich zu ihren Konkurrenten aus anderen Ländern **individueller** auf den Kunden eingehen. Z.B. erklären sie sich eher bereit, eine kundenindividuelle Variante zu entwerfen und zu fertigen.

3. Will man den Kunden zuvorkommend bedienen, so setzt das eine im Verhältnis zu den Auftragszahlen und Umsätzen großzügige Kapazität des Verkaufs und des Kundendienstes voraus. Wegen der Personalintensität dieser Funktionen steigen die Kosten der betrieblichen Gesamtleistung dadurch freilich rasch an, so daß von daher die Wettbewerbsfähigkeit in Gefahr gerät. Nach mehreren "Rationalisierungswellen" in Produktion und Verwaltung geraten die **Vertriebskosten** ins Visier der Controller.

4. Kurze Lebenszyklen der Produkte und der zugrundeliegenden Technologien bedingen, daß das Personal in Verkauf und Kundendienst mehr Mühe als früher hat, das **Fachwissen auf dem neuesten Stand** zu halten. Man denke etwa an einen PKW-

Verkäufer oder KFZ-Meister, der sich mit ABS, ASC, EDC und EDS auseinandersetzen muß, um einem kritisch hinterfragenden Kunden die Vorzüge und Nachteile dieser Ausstattungsvarianten im Winterfahrbetrieb zu erläutern, wobei ja nicht nur die isolierte Wirkung jeder Komponente bekannt sein muß, sondern auch deren Wechselwirkung und Kombinierbarkeit mit anderen. Ähnliches gilt z.B. für die aktuellen Themen "Sicherheitspakete" oder "Präventivwirkung verschiedener Diebstahlsicherungen".

5. Auch wenn wir bisher keine empirische Evidenz liefern können, häufen sich doch die Einschätzungen von Praktikern, wonach der **Verlust eines Stammkunden sehr hohe Opportunitätskosten** bedingt; umgekehrt ist es sinnvoll, einen hohen Aufwand zu treiben, um gefährdete, weil verärgerte Kunden "bei der Stange zu halten".

Voraussetzungen der Kundenzufriedenheit	Potentielle XPS-Beiträge
Schnelle und treffende Reaktion auf Kundenanfragen	
Hoher Grad an Übereinstimmung zwischen Kundenbedarf und Produkt	
Angebot von Mehrwertdiensten ohne wesentliche Mehraufwendungen auf seiten der Kunden	
Gute Qualität der Produkte	
Niedrige Kosten und damit Preise der Produkte	
Schnelle und vor allem pünktliche Lieferungen	
Gute Lieferqualität (im logistischen Sinne)	
Effiziente Hilfe bei der Inbetriebnahme	
Rasche Reaktion bei Serviceanforderungen	
Kostengünstiger und qualitativ hochwertiger Service	
Rasches und kostengünstiges Reklamationsmanagement	
Gute Beratung bei der Alternativentscheidung "Reparatur oder Ersatzinvestition"	
Effiziente Hilfen bei der Außerbetriebnahme	
Legende: hohes Potential ⟷ geringes Potential	

Abb. 1: Voraussetzungen der Kundenzufriedenheit im Bedienzyklus / Potentielle XPS-Beiträge

Hier ist zunächst zu fragen, welchen Beitrag die Informationsverarbeitung leisten kann, und festzuhalten, daß diese Verpflichtung erkannt und akzeptiert ist. Beispielsweise setzten in der Online-Umfrage unter Informationsmanagern 1992 diese Führungskräfte die Vertriebssteuerung und -abrechnung an den zweiten Platz ihrer Prioritätenliste vor den Komplexen Finanz- und Rechnungswesen/Budgetierung/Controlling und mit noch deutlicherem Vorsprung vor der IV-Unterstützung der Produktion und der Entwicklung, ja sogar klar vor der Qualitätssicherung (CAQ) [Wesseler 92]. Eine Umfrage der Deutschen Verkaufsleiter-Schule im Jahre 1991 zu den Prioritäten sah die "Einführung und stärkere Nutzung moderner EDV-Techniken in der Verkaufsorganisation" an der Spitze.

Es ist zu vermuten, daß innerhalb der Informationsverarbeitung die wissensbasierten Techniken einen interessanten Beitrag zur guten Kundenbedienung leisten können. Abbildung 1 faßt wichtige Voraussetzungen der Kundenzufriedenheit zusammen (sie ist nach den Phasen im Kundenbedienzyklus organisiert). In diesem Referat wollen wir prüfen

- an welchen Stellen des betrieblichen Geschehens hierzu Möglichkeiten bestehen,
- wo interessante Pionierentwicklungen und Resultate vorliegen,
- wo reizvolle Aufgaben für den weiteren fruchtbaren Einsatz der XPS-Methodik liegen.

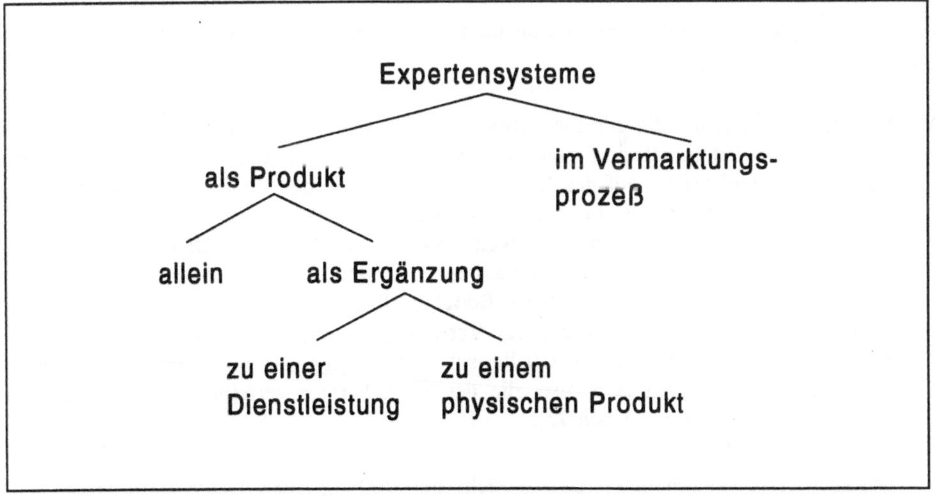

Abb. 2: Einsatzmöglichkeiten von Expertensystemen im Kundenkontakt

Abbildung 2 zeigt die Einsatzmöglichkeiten von XPS in unserem Kontext. Zum einen werden sie als Produkt im weitesten Sinne dem Kunden angeboten. Zum anderen können sie auch vom Hersteller verwendet werden, um den Vermarktungsprozeß an sich zu unterstützen.

Sollen XPS als Produkte offeriert werden, so lassen sich wiederum zwei Alternativen unterscheiden, wobei der Übergang fließend ist. Das XPS wird entweder alleinstehend verkauft, oder es dient als Ergänzung einer Dienstleistung bzw. zu einem physischen Produkt.

Der Beitrag orientiert sich weitgehend an dieser Unterteilung, wobei zu den einzelnen Punkten jeweils charakteristische Beispiele und die erzielbaren Nutzeffekte für die Kundenbeziehung beschrieben werden. Neben den Bereichen, in denen schon **Prototypen und/oder produktiv eingesetzte XPS** existieren, verweist der Referent auch auf Gebiete, für die sich **Machbarkeitsstudien** anbieten. Der XPS-Begriff ist im Zweifel weit gefaßt. Dazu gehören auch Systeme mit wissensbasierten Komponenten, auch wenn letztere nur einen kleinen Teil des Programm-Codes ausmachen.

2 Kundenzufriedenheit über neue und verbesserte Produkte

2.1 EXPERTENSYSTEME ALS EIGENSTÄNDIGE PRODUKTE

Dieser Erscheinungsform begegnen wir vor allem bei Dienstleistungsunternehmen, die häufig ihre zunächst selbstgenutzten wissensbasierten "Hilfsmittel" **an Kunden weiterverkaufen.** Diese können das XPS dann allein und unabhängig von der übrigen Software des Anbieters verwenden. Beispiele sind:

1. Eine Genossenschaft, die für ihre Mitglieder des steuerberatenden Berufsstandes die Buchhaltung erledigt, offeriert diesen ein WBS zur Diagnose der finanziellen Situation ihrer Mandantenbetriebe auf der Basis von Kennzahlen der Bilanz, der Gewinn- und Verlustrechnung und von Betriebsvergleichsdaten.
   Das von meinem Institut mitentwickelte System UNTERNEHMENSREPORT der DATEV eG, das an über tausend Steuerberater ausgeliefert worden ist, generiert zum Beispiel "auf Knopfdruck" derartige Berichte. Die benötigten Jahresabschlußdaten werden von der Finanzbuchhaltung zur Verfügung gestellt. Nach einigen einleitenden Fragen zur Gestaltung (z.B. die tabellarische Darstellung der Kennzahlen betreffend) erarbeitet das XPS eine Expertise, die der Steuerberater verfeinern bzw. in andere Systeme integrieren kann [Koch 92].

2. Marktforschungsunternehmen stellen nicht nur umfangreiche Datensammlungen zur Marktentwicklung bereit, sondern auch wissensbasierte Auswertungshilfen.
   So bietet z.B. die GFK AG, Deutschlands größtes Marktforschungsinstitut, das System PANELYSER an, mit dessen Hilfe der Zugang zu den immensen Informationspotentialen der Paneldatenbanken[1] erleichtert wird. PANELYSER

---

1 Panel sind Wiederholungsbefragungen von Haushalten oder Händlern, die von Marktforschungsinstituten durchgeführt werden und zahlreiche Daten über das aktuelle Geschehen am Absatzmarkt liefern.

verwendet einen Drill-Down-Ansatz, der im Rahmen einer *Marktanalyse* schrittweise einen geeigneten Navigationspfad durch die Warengruppenhierarchie legt. Das System ermittelt auf jeder Stufe dieses Analysepfades jeweils die verursachenden, kompensierenden und extremen Absatzentwicklungen. Jede ausgewiesene Abweichung kann darüber hinaus einerseits einer *Langfristanalyse* unterzogen werden, um Trends oder Ausreißer aufzudecken. Andererseits lassen sich mit Hilfe einer modellorientierten *Ursachenanalyse* Absatzveränderungen auf andere Panelkennzahlen zurückführen [Beys 92].

3. Das System KOKON, entwickelt von der Systemtechnik Berner & Mattner, München, entwirft weitgehend automatisch Immobilienkaufverträge im Notariat. Zunächst wird in einem freien Dialog ein Dokument erstellt. Dabei können sowohl der Notar als auch das System die Initiative ergreifen und jeweils fragen und antworten. Der Text baut sich in dem Maße auf, wie der Dialog fortschreitet. Begriffe im Text und Ergebnisse der "Konfigurierung" kann sich der Benutzer in mehreren Erklärungsstufen erläutern lassen. Ferner bietet das System eine What-if-Komponente, die es zuläßt, Angaben jederzeit zu revidieren [Kowalewski 89].

4. Die Firma MKI Inc. entwickelte ein WBS, mit dessen Hilfe sie für verschiedene Kreditkartenunternehmen - zunächst als Dienstleistung - feststellte, welche Kunden wahrscheinlich ihre Kreditkarten nicht erneuern würden. Diese "gefährdeten" Kunden wurden dann gezielt beworben, um so Umsatzausfälle und andere Opportunitätskosten zu vermeiden. Da die benötigten Kundendaten sehr sensibel sind, wurden sie unvollständig und erst mit größerer Verspätung von den Kreditkartenunternehmen an MKI weitergegeben, was das Beratungsergebnis natürlich negativ beeinflußte. Aus diesem Grund entschloß sich MKI, auf die Dienstleistung zu verzichten und das XPS als eigenständiges Produkt den Kreditkartenunternehmen zu verkaufen [O.V. 93a].

5. Verschiedene Versicherungen überlassen freiberuflichen Versicherungsagenten wissensbasierte Beratungssoftware, mit der der Agent die aktuelle Risiko- und Versicherungssituation seiner Kunden analysieren und ergänzende Versicherungsprodukte auswählen und/oder konfigurieren kann.

2.2 EXPERTENSYSTEME ALS PRODUKTKOMPONENTEN (EMBEDDED SYSTEMS)

Unter einem "Embedded-System" wollen wir hier ein System, speziell ein Wissensbasiertes, verstehen, das in ein anderes Hardware- oder auch Software-Erzeugnis eingebaut ist und dessen Bedienung erleichtert oder Dispositions- bzw. Optimierungsnutzen hervorbringt. Als Erzeugnis ist natürlich auch eine Dienstleistung zu sehen, die durch ein XPS ermöglicht bzw. verbessert wird. Die Abgrenzung zur Erscheinungsform "XPS als eigenständiges Produkt" ist nicht immer problemlos. Beispiele für eine Ergänzung von **physischen** Produkten sind:

1. Ein PPS-Softwarepaket enthält eine Komponente zur Parametereinstellung.
   Das PPS-System IBM-CIMAPPS wird durch eine Vielzahl von Parametern an die Bedürfnisse der einzelnen Unternehmen angepaßt. Zur Unterstützung dieser komplexen

Aufgabe wird vom FORWISS das XPS PAREX entwickelt, das weitgehend ohne interaktive Eingriffe auskommt.
Der Konfigurationsprozeß beginnt mit der Suche nach Fertigungsproblemen, die ein wissensbasiertes Subsystem anhand von Kennzahlenvergleichen ermittelt. Anschließend werden Stellgrößen bestimmt, die zu einer Therapie der gefundenen Probleme geeignet erscheinen. Bevorzugt werden Parameter mit geringen schädlichen Nebenwirkungen, einem starken Einfluß auf das betrachtete Problem sowie positiven Verbundwirkungen. In einem Produktionsprozeß treten bspw. häufiger Verspätungen einer bestimmten Auftragsklasse auf; eine Anpassung der Stellgröße "externe Auftragspriorität" kann hier Abhilfe schaffen. Eine zu starke Erhöhung der Priorität verursacht möglicherweise Verzögerungen bei anderen Auftragsklassen. Das Verfahren basiert auf einer Tabelle, in der die Ergebnisse einer umfangreichen Untersuchung der CIMAPPS-Parameter abgelegt sind. Eine einfache Bedienung des Systems wird durch eine Hypertext-Benutzeroberfläche gewährleistet [Mertens 91a].

2. Mit einer CNC-Maschine wird eine Benutzerführung ausgeliefert, die vor allem mit Ikonen operiert und daher auch wenig geschulten Maschinenbedienern in Entwicklungsländern (bis hin zu Analphabeten) erlaubt, das Betriebsmittel zu führen.

3. Mit einem Roboter wird eine Diagnose-Komponente verbunden, die es in einem Großteil der Fälle erübrigt, nach einer Störung den Kundendienst des Roboter-Herstellers zu bemühen.
Die Rieter AG hat ein Diagnose-XPS in die von ihr vertriebenen Spinnmaschinen eingebaut. Das System dient der Störungsdiagnose und Instandsetzung eines Spulenwechselroboters. Bei der Diagnose unterscheidet das WBS vier Komplexitätsstufen. Tritt eine Störung an der Maschine auf, so startet das XPS automatisch und analysiert die verfügbaren Prozeßdaten. Erst wenn Informationen benötigt werden, die nicht unmittelbar auf der Anlage verfügbar sind, wird der Anlagenbediener eingeschaltet. Auf der nächsten Komplexitätsstufe unterstützt das System einen Spezialisten aus dem Hause des Anwenders, der aufgrund seiner Kenntnisse aufwendigere Tests und komplexere Reparaturarbeiten ausführen kann. Ist die Störung, bspw. aufgrund fehlender Spezialwerkzeuge, immer noch nicht behebbar, so wird ein Wartungstechniker des Anbieters hinzugezogen [Luft 89].

4. Der Bordcomputer eines Fahrzeugs enthält eine wissensbasierte Routenempfehlung.
Im Rahmen des europäischen PROMETHEUS-Projektes sollen Maßnahmen gegen den drohenden Verkehrsinfarkt entwickelt werden. Erste Versuche mit dem System "Euro-Scout" der Siemens AG sind bereits angelaufen. In einer Pilotversion zeigt das System dem Fahrer die günstigste Route zum Zielort, wobei Hinweise zur Parkplatzsituation im Zielgebiet mitgeliefert werden. In einer weiteren Ausbaustufe sollen auch Verkehrsinformationen, z.B. über Staus und Umleitungsempfehlungen, in Echtzeit zur Routenermittlung verwendet werden.

Eine weitere Möglichkeit zum Einsatz von XPS besteht darin, das Angebot eines Dienstleisters zu **ergänzen**. Man kann dann im Sinne des Mehrwertgedankens eine besondere Dienstleistung in Gestalt des Wissensbasierten Systems kaufen und zusammen mit den anderen Angeboten nutzen. Hierfür mögen die folgenden Beispiele stehen:

1. Der Anbieter einer externen Datenbank erleichtert seinen Kunden die Benutzung durch ein wissensbasiertes Zugangssystem.
Das System KONDOR ermöglicht es, sowohl dem gelegentlichen Benutzer als auch professionellen Rechercheuren in einer einheitlichen Dialogumgebung qualifizierte Online-Recherchen in externen Datenbanken durchzuführen. Die Zielsetzung bei der Konzeption liegt darin, die durch die heterogene Struktur der externen Datenbanken und die diversen Retrieval-Sprachen entstehenden Probleme zu lösen. Weiterhin hilft KONDOR ungeübten Anwendern durch einen intelligenten Vorab-Dialog bei der Auswahl der für sie geeigneten Datenbank. Für jede von KONDOR unterstützte Datenbank wurde ein Frame angelegt, der die wichtigsten Informationen, etwa Art und Weise des Zugangs, Kosten, Abfragesprache etc., enthält. Im Rahmen einer Online-Recherche baut KONDOR die Verbindung zum ausgewählten Host selbständig auf, sobald der Benutzer eine vollständige Abfrage formuliert hat [O.V. 88a].

2. Ein Unternehmensberater hat sich auf mittelständische Betriebe spezialisiert. Da bei individueller Beratung die zeitabhängigen Honorare sehr rasch den Mandanten überfordern würden, setzt er sogenannte intelligente Checklisten ein, mit deren Hilfe auf beim Berater gespeicherte Erfahrungswerte zugegriffen wird. Diese können den betriebsindividuellen Kennzahlen des Mandanten gegenübergestellt werden. Die Soll-Ist-Abweichungen sind der Ausgangspunkt einer gezielten Analyse.
Die deutsche Gesellschaft für Mittelstandsberatung mbH verwendet beispielsweise das XPS KOSTENMANAGEMENT, um die optimale Kostenstruktur für das gesamte Kunden-Unternehmen vorzuschlagen. Die umfangreichen Datenbestände enthalten Informationen über die Hierarchietiefe, die personelle Besetzung, den Organisationsplan sowie die GuV und die Betriebsabrechnung über verschiedene Zeiträume. Mit Hilfe daraus berechneter Kennzahlen vergleicht das System die Kostenentwicklung mit der anderer Unternehmen derselben Branche. Zum Abschluß liefert das WBS eine Begründung für die Kostenentwicklung und untersucht die Schwachstellen [O.V. 88b].

3. Eine Mittelstands-Beratungsstelle sucht mit Hilfe eines WBS nach passenden Subventionen.
Das von uns entwickelte und inzwischen von einer DV-Beratungsgesellschaft vertriebene XPS STAKNETEX zur Subventionsanalyse ermittelt mögliche Fördermittel des Bundes und der Länder. Dazu stellt das System in einem intelligenten Dialog die Ausgangssituation und zukünftige Pläne eines Unternehmens fest und folgert daraus die in Frage kommenden staatlichen Fördermaßnahmen. Im Ergebnisteil präsentiert STAKNETEX zunächst eine Zusammenfassung der ermittelten Subventionen und ihre Verteilung auf die einzelnen Fördergebiete. Abschließend werden detaillierte Informationen zu den einzelnen Fördermaßnahmen geliefert [Krug 87].

4. Ein Hersteller umfangreicher und komplexer Anwendungssoftwarepakete zur Produktionsplanung und -steuerung verwendet ein Modul zur Parametereinstellung.
Hier kann man sich vorstellen, daß das oben genannte System PAREX auch über eine spezielle Hotline von den CIMAPPS-Anwendern genutzt werden kann, die das Modul nicht erworben haben.

5. Eine Bank hat ein Cash-Management-System im Angebot. Ein ergänzendes XPS unterstützt parameterabhängig das Netting und Pooling[2].
Das System CRESUS liefert schnelle Informationen über Tagessalden, Soll- und Habenumsätze, Wertstellungen etc. und führt die Zahlungsverkehrstransaktionen teilautomatisiert aus. Die Hauptaufgaben von CRESUS sind: (1) die automatische Suche und Ausführung der besten Lösung für einen gegebenen Zeitraum, (2) die regelgestützte Suche nach Fehlern und Ineffizienz in der Bearbeitung, (3) die Simulation der Transaktionen des Benutzers zwecks Kostenabschätzung und (4) die Bewertung der Kosten zu jedem Zeitpunkt der simulierten Periode [Hernandez-Rubio 91].

3 Kundenzufriedenheit über Fortschritte im Vermarktungsprozeß

Abbildung 3 zeigt von hoher Warte den Kundenbedienzyklus von der Produktentwicklung über die Produktion, den Verkauf und die Marktkontrolle; letztere stellt wichtige Entscheidungsunterlagen für die Neuentwicklung bereit, so daß sich der Kreis schließt (vgl. auch [Mertens 93a]). Hierbei handelt es sich nur um eines der möglichen Schemata. Beispielsweise würde bei stark kundenwunschorientierter Fertigung der Verkauf **vor** der Produktion anzuordnen sein.

Wir blenden zunächst den Verkauf, der gemäß Abbildung 4 seinerseits in verschiedene Abschnitte untergliedert werden kann, aus und halten fest, daß auch in den anderen Phasen Expertensysteme zur Kundenzufriedenheit beitragen können.

Im Produktentwicklungsprozeß helfen sie, **geeignete Rohstoffe und Komponenten auszuwählen**. So existieren eine ganze Reihe von WBS zur Werkstoffauswahl. An der Grenze von Produktentwicklung und Produktion haben wir die wissensbasierte Generierung von Arbeitsplänen und NC-Programmen. Bei kundenwunschorientierter Fertigung erlauben sie eine unter Umständen beträchtliche Durchlaufzeitverkürzung. Ähnliches gilt für die WBS-Komponenten, die in die Produktionsplanung und -steuerung eingebaut sind (z.B. wissensbasierte Steuerungselemente auf einem Fertigungsleitstand).

Besondere Erfolge hat man bekanntlich mit XPS zur **Qualitätssicherung** in der Produktion erzielt. Dadurch wird naturgemäß ebenfalls sehr stark zur Kundenzufriedenheit beigetragen. Wir wollen auf diesen Aspekt hier nicht näher eingehen, weil sonst dieser Vortrag zu allgemein geraten würde.

---

2 Beim Netting, das insbesondere für Konzerne in Frage kommt, melden die angeschlossenen Unternehmen ihre gegenseitigen Forderungen an eine Zentralstelle. Dort werden diese verrechnet und nur die jeweiligen Differenzen überwiesen.
Beim Pooling werden kleine Beträge, die auf den verschiedenen Konten verstreut sind, auf wenigen Konten zusammengefaßt.

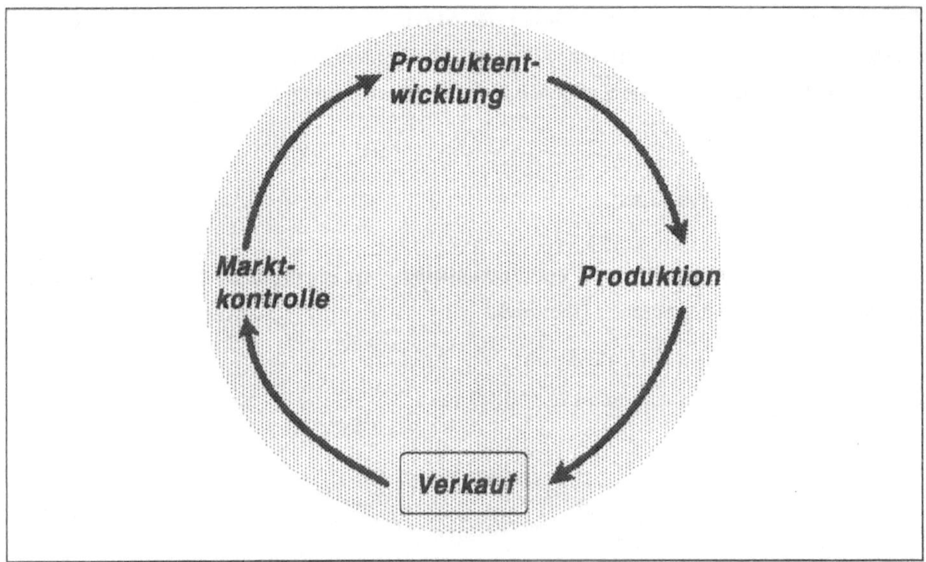

Abb. 3: Informationskreis im Kundenbedienzyklus

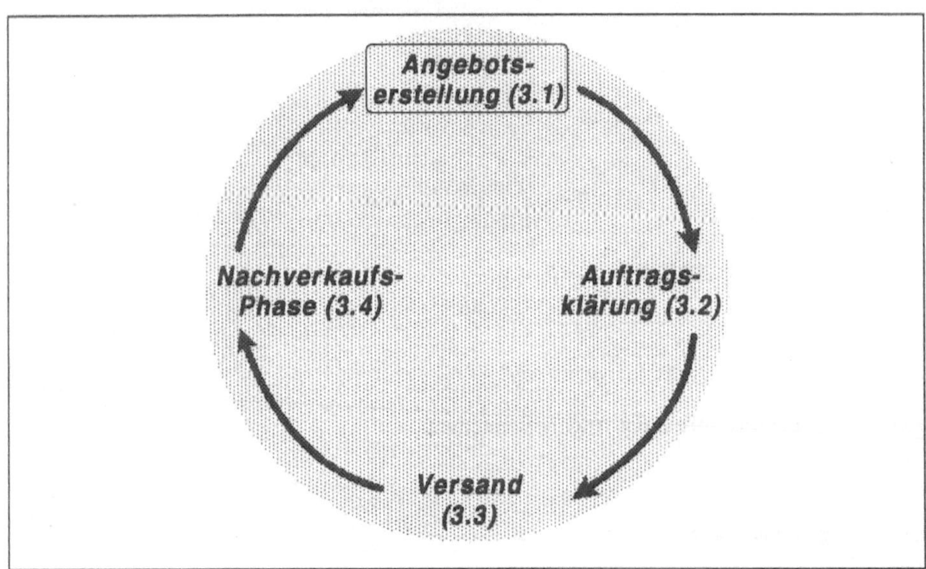

Abb. 4: Informationskreis im Verkauf

Ebenso indirekt sind die Beziehungen bei der **Marktkontrolle**. Die Prämisse ist, daß gute Marktkontrolle es erlaubt, Schwachstellen in der Kundenbedienung zu erkennen und das eigene Angebot präziser auf die Kundenbedürfnisse abzustimmen (vgl. Abschnitt 2.1).

3.1 ANGEBOTSERSTELLUNG

Der Bereich Angebotserstellung in der Verkaufsphase ist ebenfalls in mehrere Abschnitte gegliedert. Abbildung 5 gibt einen Überblick.

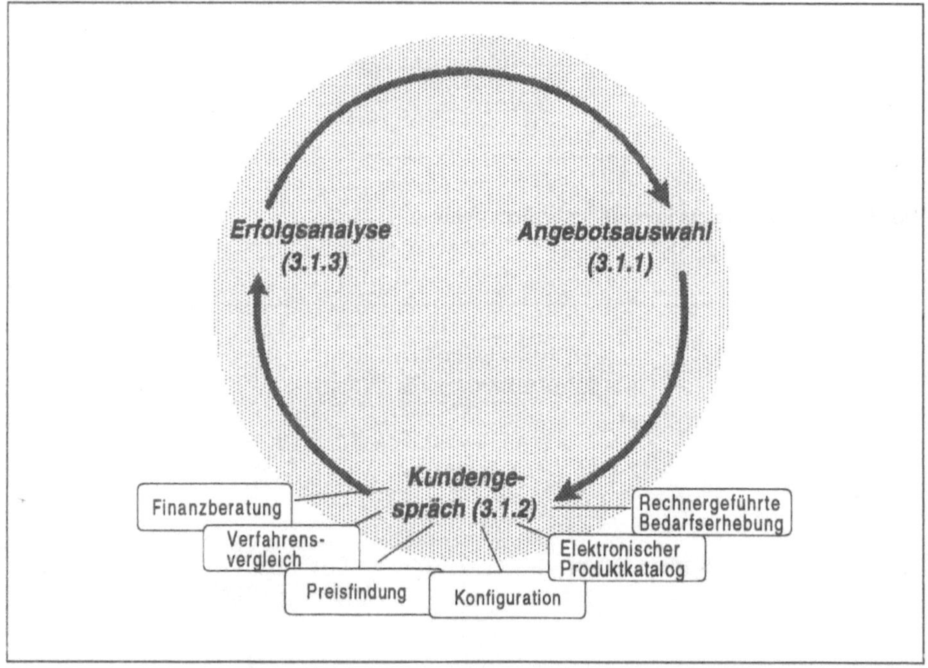

Abb. 5: Informationskreis in der Angebotserstellung

3.1.1 Angebotsauswahl

In Unternehmen, in denen die Ausarbeitung von Angeboten sehr aufwendig und gleichzeitig wegen vieler und starker Wettbewerber die Wahrscheinlichkeit, daß ein Angebot zum Auftrag führt, nicht hoch ist, muß sorgfältig entschieden werden, ob man auf eine Kundenanfrage hin überhaupt ein Angebot stellt. Man will lieber weniger Interessenten eine

Offerte stellen, diese aber sehr gründlich und zur Zufriedenheit des Kunden ausfeilen, als viele "08/15-Angebote" versenden. Einige Unternehmen haben begonnen, rechnergestützte Entscheidungshilfen hierfür zu entwickeln (**Angebotsauswahl-Systeme**). Das XPS TEES bietet hier Hilfe [King 92]. Anhand verschiedener Einflußfaktoren untersucht das System, ob ein Angebot erarbeitet bzw. abgelehnt wird oder ob weitere Informationen eingeholt werden müssen. Zu den berücksichtigten Einflußfaktoren zählen u.a. die Verfügbarkeit entsprechender Produktionskapazitäten, die Größenordnung des möglichen Auftrages, die Wahrscheinlichkeit von Folgeaufträgen sowie die Wettbewerbsintensität.

Insbesondere bei dezentralem und weltweitem Vertrieb ist es wichtig, das in Entwicklung, Produktion und Vertrieb erworbene Wissen an allen Stellen, an denen es benötigt werden könnte, bereitzuhalten. Beispielsweise ist zu gewährleisten, daß ein in einem Land erarbeitetes und abgegebenes Angebot auch für die Angebotsbearbeitung in einem anderen Land herangezogen werden kann. Aber auch bei zentraler Angebotsbearbeitung muß gewährleistet werden, daß man das Know-how wiederfindet, das bei früheren Offerten oder Aufträgen gewonnen wurde. Dem dienen Know-how-Datenbanken. Es gibt erst relativ wenige Realisierungen. Diese sind - soweit uns bekannt - nicht wissensbasiert. Da aber ein einfaches Information Retrieval über Deskriptorenkombinationen zuweilen nicht ausreicht, sondern assoziative Recherchen geboten sind, mag hier ein neues Feld für Wissensbasierte Systeme liegen. Dabei sollte Wissen von anderen Kunden, das während der Angebotsphase oder auch bei der Nutzung des gelieferten Erzeugnisses in anderen Kundenunternehmen entstand, den neuen Kunden zugute kommen. Gute Know-how-Datenbanken helfen nicht nur dem Anbieter, sondern auch dem Kunden, denn es steigt die Wahrscheinlichkeit, daß ihm die beste Lösung angeboten wird, zu der der Lieferant in der Lage ist.

3.1.2 Kundengespräch

Um die kurze Zeit, in der man mit dem Kunden kommuniziert, besonders effizient zu nutzen, können in verschiedenen Phasen des Kundengesprächs Expertensysteme, die zum Teil auch integriert sind, eingesetzt werden.

Mit Hilfe einer rechnergeführten **Bedarfserhebung** wird versucht, den wirklichen Bedarf (qualitativ und quantitativ) des potentiellen Kunden gezielt zu erfahren. Die Herausforderung liegt darin, das WBS so zu gestalten, daß es sich ähnlich wie ein guter Verkäufer rasch auf den potentiellen Kunden einstellt. Das ist insbesondere dann erforderlich, wenn das Produktspektrum sehr umfangreich ausfällt und der Kunde noch keine präzisen Vorstellungen über die benötigten Erzeugnisse hat. Ein Beratungssystem, das mit wenigen Dialogschritten sehr schnell zu einer Lösung kommt, ist der ADVISER (Advanced Interactive System for Efficient Product Retrieval), der im Rahmen eines umfassenden

Verkaufsunterstützungssystems (VERKAUFS-ASSISTENT) für die TA Triumph-Adler AG vom FORWISS entwickelt worden ist. Der VERKAUFS-ASSISTENT beinhaltet neben der Bedarfserhebung auch einen Elektronischen Produktkatalog (EPK), einen Konfigurator sowie eine Finanzierungs- und Subventionsberatung [Ponader 93]. Kunden, die keine profunden Fach- und Produktkenntnisse haben, werden durch den ADVISER bei der Auswahl geeigneter PC unterstützt. Im Anschluß daran kann zu den gewünschten Artikeln eine maßgeschneiderte Präsentation mit dem EPK erstellt werden. Wegen der besonderen Bedeutung dieser Phase für die Kundenzufriedenheit und wegen der nicht einfachen methodischen Probleme wollen wir an dieser Stelle etwas mehr ins Detail gehen. Wir gewinnen so gleichzeitig einige Einsichten in die Möglichkeiten und Grenzen der Benutzermodellierung, die wir für die Weiterentwicklung von kundenorientierten IV-Systemen dringend brauchen.

Technische Determinanten für die Auswahl eines PC sind seine Portabilität, Leistungsfähigkeit und Erweiterbarkeit. Die geforderte Leistungsfähigkeit resultiert aus der eingesetzten Software, die benötigte Portabilität ergibt sich aus dem geplanten Einsatzort, die Erweiterbarkeit hängt von beiden Faktoren ab. Um den Aufwand für die Datenerhebung zu minimieren und dem Kunden möglichst schnell eine erste Basislösung präsentieren zu können, stützt sich das Konzept der Bedarfsanalyse auf **Anwenderstereotypen** (z.B.: Rechtsanwalt = mobiler Standard-User mit geringem Erweiterungsbedarf). Diese Benutzermodelle repräsentieren Anforderungsprofile für typische Konstellationen der zuvor genannten Merkmale. Sobald der Kunde dem Programm seine Branche, seinen Beruf oder den Bereich, in dem er in seinem Betrieb arbeitet, mitteilt, aktiviert dieses den zugeordneten Stereotypen und damit das zugehörige Anforderungsprofil.

Diese Daten übergibt die Bedarfsanalyse dem Modul FINDER (Fuzzy Interactive Description and Evaluation of Product Requirements), einem Selektionssystem, das auch Substitutionsbeziehungen der Erzeugnisse berücksichtigt. Der FINDER ermittelt die Produkte, die das Anforderungsprofil ganz oder teilweise erfüllen, und bewertet sie mit einem Gesamteignungskoeffizienten.

Die Selektion von Produkten basierend auf ihren Eigenschaften ist im Sinne der Entscheidungstheorie ein Multiattribut-Problem [Zimmermann 91, S. 25 ff.]. In unserem Beispiel müssen Substitutionsbeziehungen berücksichtigt werden, da auch ein 386er Prozessor die Kundenanforderungen z.T. erfüllt, auch wenn der Interessent zunächst für einen 486er plädiert. Die Abstände zwischen den beiden Produkten in der subjektiven Wertschätzung des Kunden können sich dann noch verringern, wenn bspw. der 386er das Budget des Kaufinteressenten nicht so stark belastet wie der 486er.

Die qualitativen und quantitativen Anforderungsdeskriptoren A_i (i = 1, .., n, n: Anzahl der Deskriptoren, mit denen sich eine Gruppe ähnlicher Produkte beschreiben läßt) sind daher im Gegensatz zu einer SELECT-Anweisung in Datenbanksystemen nicht als scharfe Grenzen anzusehen. Sie sind eher weich bzw. unscharf (fuzzy) [Rosewitz 92, S. 3 f.].

In Anlehnung an die Fuzzy-Theorie lassen sich mit Hilfe des Anforderungsdeskriptors zur Laufzeit Membership-Funktionen M parametrieren, die die Eignung eines Produktmerkmals (Produktdeskriptor P_{ij}; j = 1, .., m, m: Anzahl ähnlicher Produkte) bezüglich des entsprechenden Anforderungsdeskriptors liefern. Dies setzt allerdings voraus, daß sich auf den qualitativen Merkmalen wie der Prozessorklasse eine Rangreihe definieren läßt.

$M(A_i,P_{ij})$ erzeugt bei Übereinstimmung von A_i und P_{ij} den Wert Eins. Andernfalls ergeben sich die Funktionswerte aus dem Typ des Attributs. So existieren z.B. Merkmale, bei denen der Nutzen für den Käufer mit abnehmender Wertigkeit steigt (minimierende Merkmale). Beispiele sind der Preis und die Zugriffszeit einer Festplatte. Andere Eigenschaften eines Produkts erhöhen mit steigenden Werten die Zweckmäßigkeit des Produkts (maximierende Merkmale), so z.B. die Hauptspeicherkapazität.

Liegt die Ausprägung der Produkteigenschaft je nach Merkmalstyp über/unter den Anforderungen, so liefert die Funktion ebenfalls den Wert eins zurück, da dadurch die Anforderungen des Kunden mehr als erfüllt sind.

Nachdem der FINDER die gewünschten mit den vorhandenen Eigenschaften eines Produktes verglichen hat, multipliziert er die Einzeleignungsgrade, um den Gesamteignungsgrad des jeweiligen Erzeugnisses zu erhalten. Der verwendete Operator "algebraisches Produkt" hat den Vorteil, daß er kompensatorisch ist, aber Abweichungen vom Anforderungsprofil im Ergebnis deutlich erkennen läßt [Rosewitz 92, S. 15 ff.].

Der FINDER erstellt so eine Liste der 10 geeignetsten Produkte, aus der der Kunde ein ihn interessierendes Erzeugnis auswählen kann. Zu diesem generiert der ADVISER dann aus den Seiten des Elektronischen Produktkatalogs eine ansprechende Präsentation. Letztere ist auf die kognitiven Fähigkeiten und die Vorkenntnisse des Kunden zugeschnitten. Dazu verwendet das Programm ein weiteres, auf Stereotypen basierendes Benutzermodell. Die Zuordnung des Benutzers zu den Stereotypen erfolgt mittels Messungen während der Konsultation des ADVISER. Die Dimensionen des Benutzermodells sind die Fach- (Kompetenztyp: Profi, Könner und Laie) und Produktkenntnisse (Kauftyp: Neu-, Ähnlichkeits- und Wiederkauf) sowie die kognitiven Fähigkeiten des Anwenders (kognitiver Typ: schneller Generalist, langsamer Spezifist). Letztere sind der Typologie Bierachs [Bierach 90, S. 155 f.] entnommen.

Damit der ADVISER das Benutzermodell auf den EPK abbilden kann, ordnet der Autor des EPK jeder Seite die verschiedenen Typen des Benutzermodells zu. So legt er z.B. fest, daß eine Seite, die technische Details enthält, für einen schnellen Generalisten ungeeignet ist. Unabhängig davon bestimmt der Verfasser des EPK dann noch, daß diese Seite nur in die Präsentation für technisch versierte Kunden (Profis) aufzunehmen ist. Mit diesen Informationen bestimmt der ADVISER, welche Seiten des zu einem Produkt gehörenden Kapitels in die kundenindividuelle Präsentation aufzunehmen sind. Dabei berücksichtigt der ADVISER auch die Kenntnisse des Kunden über bereits erworbene Produkte.

Elektronische Produktkataloge und Produktpräsentationssysteme, bei denen man moderne Multi-Media-Techniken nutzt, ermöglichen es, alle Facetten und Vorzüge des eigenen Angebotes besonders eindrucksvoll darzustellen [Kohl 92]. Bei dem Elektronischen Produktkatalog für Rechner der TA Triumph-Adler AG wurde besonderer Wert auf eine möglichst einfache Bedienung gelegt, damit nicht nur Fachpersonal, sondern auch Endkunden in Selbstbedienung das System nutzen können. Durch den hierarchischen Aufbau war es möglich, den Anwendern sowohl allgemeine, eher werbliche Informationen als auch sehr spezielle technische Details zur Verfügung zu stellen.

Wie allgemein bekannt ist, zählen **Konfiguratoren** zu den erfolgreichsten Einsatzfeldern der Expertensystem-Methodik. So verwundert es nicht, daß sich inzwischen eine große Zahl von Typen ausgeprägt hat (siehe den Überblick in Abbildung 6). Einen Eindruck von der Vielfalt vermittelt das Themenheft der Zeitschrift KI 1/93 "Konfigurieren mit KI". Ein besonders wichtiges Element von Konfiguratoren ist, daß das System möglichst viele Lösungselemente aus früheren Dialogschritten übernimmt, wenn der Kunde seine Vorstellungen ändert. Vorbildlich scheint hier ein Konfigurator zu sein, der als Teil eines Angebotssystems für Mercedes-PKW fungiert:

> Angenommen, im Dialog zwischen einem Fahrzeugverkäufer und dem Kunden und unter Verwendung eines XPS sei ein Angebot für einen Mercedes der mittleren Baureihe erarbeitet worden. Wegen der vielen vom Kunden gewünschten Sonderausstattungen resultiere ein zu hoher Preis. Daraufhin wünsche der Kunde ein ähnlich ausgestattetes Fahrzeug der kleinen Baureihe (C-Reihe). Die für die Mittelklasse verfügbaren Extras passen nicht ohne weiteres für das kleinere Modell, sie lassen sich aber sinngemäß übertragen. Beispielsweise gebe es ein Polster mit ähnlichem Design, benachbarter Farbe und gleicher Qualität. Das System wird dann von der für den größeren Wagen vorgesehenen Polsterung auf die Ausstattung für den kleineren PKW schließen.

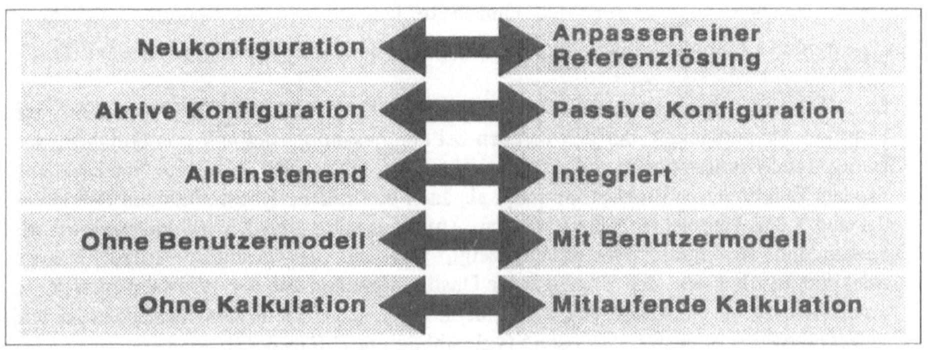

Abb. 6: Typen von Konfiguratoren

Nach dem Anlaß kann in **Neu- und Anpassungskonfiguration** unterschieden werden. Bei letzterer sucht das System eine passende Referenzlösung und startet von dieser. (Wir haben hier Parallelen zur Neu- und Änderungskonstruktion bzw. -arbeitsplanung.) Bei der Anpassungskonfiguration liegt ein großer Teil der Herausforderung darin, die passende Referenzlösung zu finden, möglicherweise unter Hinzuziehung eines Benutzermodells.

Aktive Konfiguratoren stellen das Angebot selbst zusammen, der Mensch kann es anschließend modifizieren. Hingegen wirken **passive** Konfiguratoren nach dem Muster von **Kritiksystemen**: Der Verkäufer oder Kunde konfiguriert, das System achtet aber auf Fehler und suboptimale Entscheidungen und weist auf diese hin. Konfiguratoren können **allein** stehen oder **Baustein eines integrierten Auftragsabwicklungssystems** sein, wie es unseres Wissens zum ersten Mal von SAP vorgeführt wird [O.V. 92]. (Der SAP-Konfigurator hat übrigens verblüffende Flexibilität bewiesen, als er sowohl für physische Erzeugnisse als auch für Versicherungsverträge eingesetzt wurde.) Ein interessantes System wurde auch von der MAN AG entwickelt:

> Das XPS MANEX unterstützt Kundenberater der MAN AG beim Vertrieb von Nutzfahrzeugen. MANEX, das neben einer umfassenden Kunden- und Interessentendatenbank sämtliche Informationen über alle verfügbaren und technisch realisierbaren Maschinenvarianten enthält, erleichtert es den Vertriebsmitarbeitern, auch sehr komplizierte Probleme, für die sonst ein Fachmann aus der Zentrale herangezogen werden müßte, schnell und sicher während des Kundengesprächs zu lösen. Der Funktionsumfang des WBS deckt das Spektrum der professionellen Nutzfahrzeug-Beratung ab, von der Besuchsvorbereitung über technische Einzelheiten und individuelle Realisierungsvarianten bis hin zum Nutzfahrzeug-Leasing. Das Konfigurationsmodul erlaubt es, alle wesentlichen Aspekte, wie Maße und Gewichte, Fahrgestelle, Antriebsstrang, Ausstattung oder gesetzliche Vorschriften, zu berücksichtigen. Die Informationen werden in der Kundendatenbank gespeichert und stehen so bei weiteren Kontakten zur Verfügung. Die Auftragsdaten werden per DFÜ an den Zentralrechner in der Hauptniederlassung übertragen und dort an das PPS-System weitergeleitet [O.V. 93b].

Weitere Unterscheidungen lassen sich danach treffen, ob der Konfigurator **mit** einem **Benutzermodell** zusammenarbeitet oder nicht und ob eine **Kalkulationsprozedur** mitläuft.

Im Rahmen des FORWISS-Projektes VERKAUFS-ASSISTENT wurde ein Konfigurator entwickelt, der den Kunden bei der Zusammenstellung von portablen und stationären PC unterstützen soll. Dabei sind sowohl fehlerhafte (gewählte Netzkarte und Modem funktionieren nicht zusammen) als auch ineffiziente Konstellationen (Windows 3.1 und 1 MB Hauptspeicher) zu melden. Auf einer speziellen Auswahlmaske wird das vorhandene Erzeugnisspektrum angezeigt, und die gewünschten Artikel können selektiert werden. Hat der Konfigurator Unstimmigkeiten bei der Auswahl erkannt, so unterbricht er die Aktionen des Anwenders, zeigt die Ursache des Konfliktes an und liefert Hinweise zu dessen Auflösung (vgl. Abbildung 7) [Groß 92].

Abb. 7: Hinweise des Konfigurators im VERKAUFS-ASSISTENT

Sichtet man unser Material [Mertens 93b] nach den Gegenständen der Konfiguration, so dominieren Erzeugnisse der Informationstechnik, und zwar sowohl bei den Rechnern und Peripherie-Aggregaten als auch bei Netzen, Datenbanken und bei der Systemsoftware.

Die Konfigurationsproblematik läßt sich offenbar relativ leicht verallgemeinern. So sind z.B. Konfiguratoren für Fertigungszellen, Gebäudeverglasung, Turbinen, Ölbohrinseln ebenso bekannt wie solche für die Komposition von Farben und Reinigungsmitteln, Finanzierungspaketen, Verträgen oder auch Zeitungsseiten. Selbst von der Konfiguration von Musikstücken oder Romanen aus bekannten Passagen scheint man nicht so weit entfernt zu sein.

Konfiguratoren lassen sich verhältnismäßig gut in die administrative Datenverarbeitung bei der Vertriebsabwicklung integrieren, da die relevanten Informationen häufig bereits beim Konfigurationsprozeß verwendet werden. Möglicherweise ist daher Konfiguratoren auf lange Sicht eine solidere "Lebensgrundlage" beschieden als ihren "Konkurrenten" um die Führungsposition bei den betrieblichen Expertensystem-Anwendungen, den wissensbasierten Diagnosehilfen in der Produktion. Letztere haben - wie die Verfolgung unseres Datenmaterials (die Entwicklung kann man durch Vergleiche der Auflagen des folgenden Buches erkennen: Mertens, P., Borkowski, V., Geis, W., Betriebliche Expertensystem-Anwendungen, Berlin u.a., 1. Aufl. 1988, 2. Aufl. 1990, 3. Aufl. 1993) über der Zeitachse lehrt - oft nur einen kurzen Lebenszyklus, da das Diagnosepersonal relativ bald weiß, wie das XPS in einer bestimmten Situation reagieren würde, und es dann nicht mehr aufruft. Im Gegensatz dazu stellt sich bei Konfiguratoren die zu lösende Aufgabe oft völlig neu.

Die wissensbasierte **Preisbildung** dient nur indirekt der Kundenzufriedenheit. Immerhin sollte man nicht vernachlässigen, daß bei Zuhilfenahme solcher XPS weniger die Gefahr droht, daß man einzelnen Kunden Preisangebote unterbreitet, die denen aus früheren Anfragen oder denen an Mitbewerber des Kunden wenig entsprechen. Gerade durch solche Widersprüche entsteht besonders rasch eine tiefgreifende Verärgerung des Kunden. Das System PREBEX, das die Firma INA Wälzlager Schaeffler KG zusammen mit uns entwickelt hat, trägt diesem Gedanken besonders Rechnung. In einer Datenbank historischer Angebote sucht das WBS nach vergleichbaren Fällen. Zuerst wird geprüft, ob der Kunde den gleichen Artikel bereits gekauft hat, andernfalls wird nach einem vergleichbaren Artikel gesucht. Abbildung 8 verdeutlicht die Vorgehensweise [Schorr 92, S. 72 ff.].

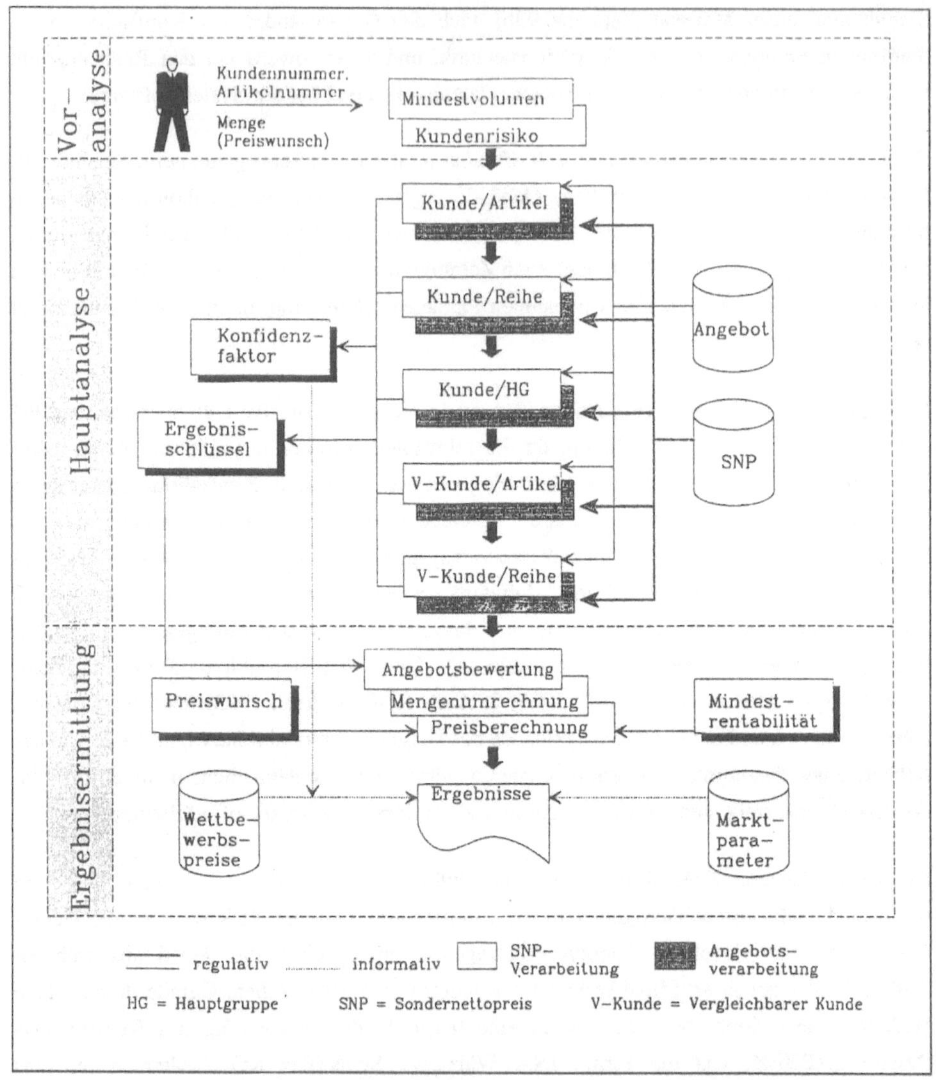

Abb. 8: Ableitung der Preisvorschläge in PREBEX

Rechnergestützte **Verfahrensvergleiche** zur Auswahl zwischen mehreren angebotenen Alternativen (u.U. auch zum Vergleich mit Angeboten des Wettbewerbs) sind in bestimmten Branchen bereits anzutreffen. Die Mercedes-Benz AG hat für den Vertrieb von Nutzfahrzeugen ein System zur Verkaufsunterstützung entwickelt. Dieses beinhaltet neben Modulen zur Auswahl von geeigneten Fahrzeugen, Aufbauten und Antriebseinheiten auch Komponenten, die die Fahrleistungen und die entstehenden Transportkosten verschiedener Fahrzeugtypen einander gegenüberstellen [Marquardt 90, S. 74 f.].

Einen wichtigen Mehrwertdienst im Bereich der Angebotserstellung liefern **Finanzberatungspakete**. Die Auswahl und Kombination ("Konfiguration") geeigneter Finanzierungsinstrumente (Financial Engineering) wird durch die große Zahl der Vertragsformen und vielfältige Möglichkeiten, diese zu variieren, erschwert. Will man Steuern, mögliche Subventionen, Budgetbeschränkungen, geplantes Wachstum etc. berücksichtigen, so stellt dies hohe Anforderungen an das Finanzierungs-Know-how.

Der im Zusammenhang mit dem FORWISS-Projekt VERKAUFS-ASSISTENT geschaffene Prototyp FINAD (*Fin*ancial *Ad*visor) soll die Entscheidung für eine geeignete Vertragsalternative (Kauf, Mietkauf und mehrere Leasingvarianten) unterstützen, indem anhand der Kundenanforderungen wissensbasiert Empfehlungen erarbeitet werden [Breuker 90, S. 147 ff.]. Bei der Ermittlung der Kosten werden steuerliche Konsequenzen und die von PROFI, einem Subventionsberatungssystem, gefundenen Fördermittel berücksichtigt [Ponader 92]. Die in Frage kommenden Finanzierungsalternativen können durch vielfältige Anzeigemöglichkeiten einander gegenübergestellt werden, um die endgültige Auswahl zu unterstützen.

3.1.3 Erfolgsanalyse

Es gilt als unbestritten, daß die Berichte der Außen- und Kundendienstmitarbeiter für die Marktbearbeitung eine besonders wichtige Informationsquelle sind, denn diese Angestellten "haben das Ohr am Markt"; bspw. kann der Außendienstmitarbeiter, der anläßlich einer Reklamation einen Kunden besucht, anschließend einen detaillierten Bericht über die Ursachen erstellen. Oft genug wird aber mangels Informationsverarbeitungskapazität im Vertriebsinnendienst die Flut der Reports nicht gründlich genug ausgewertet. Dies mag wiederum dazu führen, daß der Außen- bzw. Kundendienst die Berichterstattung für unwichtig hält und entsprechend nachlässig agiert.

Bei der INA Wälzlager Schaeffler KG in Herzogenaurach wurde daher ein Anwendungssystem geschaffen, mit dem die Vertriebsmitarbeiter ihre Berichte im Mensch-Maschine-Dialog unter Verwendung vorgefertigter Bausteine am Bildschirm "komponieren" können. Entsprechend strukturiert gelangen diese Informationen in den Verkaufsinnendienst.

Sobald derartige Systeme vorhanden sind, lohnt es darüber nachzudenken, ob ein Wissensbasiertes System diese halbstrukturierten Nachrichten im Sinne eines Expertisesystems zu kompakten Management-Informationen verdichten kann [Mertens 89]. Sollte dies gelingen, so wird der Informationsstand im Unternehmen über die Sorgen der Kunden erhöht, und dies kann wiederum dazu führen, daß hier Schwachstellen ausgemerzt werden.

3.2 AUFTRAGSKLÄRUNG

Je komplexer der Konfigurationsvorgang war und je selbständiger der Kunde seinen Auftrag zusammengestellt hat, desto höher ist die Wahrscheinlichkeit, daß sich Fehler eingeschlichen haben. Hier können wissensbasierte Auftragsklärungssysteme wertvolle Hilfe stellen. Sie sollen einen großen Prozentsatz der Fehler durch Analyse der Aufträge in Batch-Läufen herausfiltern. In unproblematischen Fällen sind falsche Konfigurationen automatisch zu korrigieren. Die übrigen mit Fehlern behafteten Aufträge werden Sachbearbeitern vorgelegt, wobei der Mangel nach Möglichkeit in kompakter Form zu beschreiben ist. Methodisch ähneln Auftragsklärungssysteme den oben erwähnten Konfigurationsprüfern.

XPS zur Auftragsklärung tragen dem Gedanken Rechnung, daß Fehler so früh wie möglich zu entdecken sind. Geht der fehlerhafte Auftrag in die Produktion, so verursacht er wesentlich höhere direkte Kosten (vgl. Abbildung 9), von den indirekten Kosten bzw. Erlösentgängen, die aus der Kundenverärgerung entstehen, ganz abgesehen. Erst recht ist der Aufwand zur Behebung sehr hoch, wenn der Defekt erst nach Auslieferung beim Kunden entdeckt wird oder wenn gar der Kunde seinerseits eine mangelhaft gelieferte Komponente an seine Kunden weiterleitet usw. So verwundert es nicht, daß der Medizin-Bereich von Hewlett-Packard angibt, das wissensbasierte Auftragsklärungssystem OCEX [Herrmann 87] habe nicht nur eine Planstelle für die personelle Auftragsklärung erübrigt, sondern auch ein Mehrfaches an Kosten dadurch eingespart, daß weniger fehlerhafte Aufträge in die Produktion gelangen.

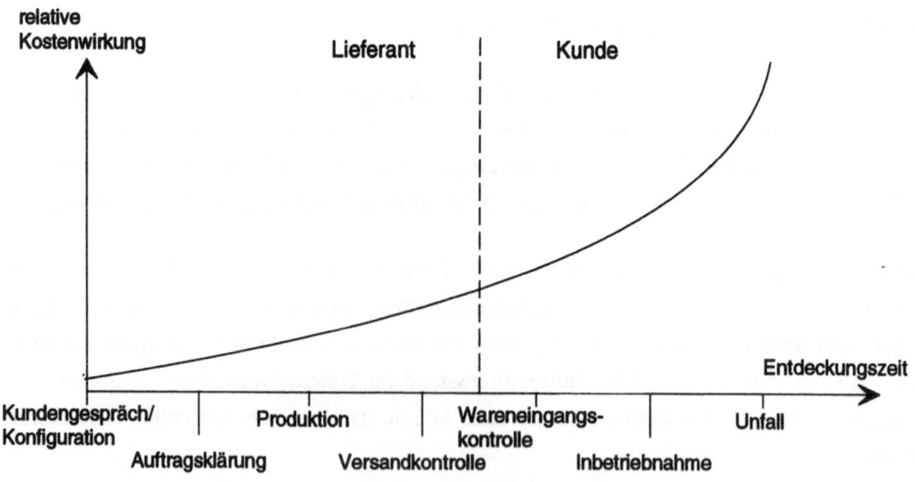

Abb. 9: Relative Kostenwirkung von Fehlern je nach Entdeckungszeitpunkt (idealisiert)

3.3 VERSAND

Den Versandbereich seines Lieferanten würde der Kunde wohl oft im Sinne Herzbergs als einen "Hygiene-Faktor" sehen (vgl. [Steinmann 93, S. 480 ff.]). Das heißt, den pünktlichen Versand durch seinen Lieferanten nimmt er als Selbstverständlichkeit und bewertet ihn nicht als Merkmal der Qualität; hingegen werden logistische Fehler als besonderes Negativum gesehen. Von daher können die - im übrigen bisher noch wenig verbreiteten - logistischen Systeme eher dem Lieferanten dienen, wenn sie helfen, die Fuhrparkkapazität besser auszulasten oder kostengünstigere Versandlosgrößen zu finden.

In der Halbleiterindustrie ist die **Lieferqualität** ein ausgesprochener "Criticial Success Factor". So verwundert es nicht, daß in der Siemens AG in Kooperation mit meinem Bereich das System LOGEX entstehen konnte. (Es wird mittlerweile unter der Bezeichnung LES kommerziell angeboten.)

> Dieses WBS dient der übergreifenden Betrachtung der Vertriebslogistik, indem verschiedene Kontrollgrößen (z.B. Lieferfähigkeit, Liefertreue, Lieferzeit, Lieferqualität) zu einem "Servicegrad" zusammengefaßt und anschließend analysiert werden. In einem ersten Schritt kann der Logistikcontroller Grafiken über die erbrachte Logistische Leistung abrufen. Die zweite Stufe hat die Aufgabe eines Assistenten, der das Datenmaterial liest und entsprechend kommentiert aufbereitet [Dräger 88].

Auch das WBS OptiTREX, das einem Unternehmensberater mit Schwerpunkt auf Logistik-Consulting hilft, die Versandstrukturen des Beratungskunden zu analysieren, trägt indirekt zur Kundenzufriedenheit bei, denn es ermittelt beispielsweise unnötige Teillieferungen (die z. B. aus verschiedenen Außenlagern auf den Weg gebracht wurden). Gelingt es, von solchen Teillieferungen wegzukommen, so hat der Kunde weniger Aufwand im Wareneingangskanal und in der Buchhaltung [Meusel 93].

3.4 NACHVERKAUFS-PHASE

Effiziente Reklamationsbearbeitung (vgl. Abbildung 4) - bspw. Problem-Management-Systeme (PMS) - fördern im ganz besonderen Maße die Kundenzufriedenheit, denn bei Qualitätsmängeln im weitesten Sinn wird das Lieferanten-Kunden-Verhältnis besonders belastet [Mertens 91b]. Freilich ist dieses Feld mit WBS wenig bestellt. Abbildung 10 listet die Funktionen eines solchen PMS auf. Chancen, die Expertensystemmethodik einzubringen, sehen wir vor allem bei den Positionen 3, 4, 5, 6 und 8:

Funktionen eines Problem-Management-Systems	Potentielle XPS-Beiträge
Masken zur Problemerfassung/Vormerkspeicher eröffnen	▪
Masken zur Erfassung von Problemlösungen	▪
Anzeige von potentiellen Verknüpfungen	■
Anzeige von Problemlösern - Weiterleitung	■
Teilautomatische Diagnosehilfen	■
IR-Funktionen zur Recherche in Datenbanken (historische Problemfälle, Know-how, Literatur)	■
Automatische Terminmahnung	▪
Brief an Kunden aufbauen	■
Statistiken zur Qualitätssicherung	▪
Legende: hohes Potential ■ ←→ ▪ geringes Potential	

Abb. 10: Funktionen eines Problem-Management-Systems

Das WBS müßte vor allem Verknüpfungen zwischen dem akuten Kundenproblem, weiteren, in Bearbeitung befindlichen Fällen und bei historischen Kundenbeschwerden angesammeltem Know-how herstellen.

Nachdem sich Wissensbasierte Systeme bei der **technischen Diagnose** besonders bewährt haben, liegt es nahe, sie ganz entschieden einzusetzen, um Kundenzufriedenheit zu fördern. Hier sind weniger Diagnosesysteme in der Produktion gemeint, sondern vielmehr Anwendungen, die beim Kunden vom Außendienst benutzt werden.

Abbildung 11 typisiert die Erscheinungsformen nach der Kundenbeteiligung sowie dem Automationsgrad; in eine weitere Spalte haben wir unsere Einschätzung zur Verbreitung der einzelnen Erscheinungsformen in der Praxis eingebracht.

Einsatz	Kunden-beteiligung	Automa-tionsgrad	Realisie-rung in der Praxis
Kunde ohne weitere Unterstützung			
Aggregat diagnostiziert sich selbst			
Weniger geschulter Mitarbeiter beim Lieferanten, z.B. Telefonist an der Störungsannahme			
Automatische Diagnose beim Lieferanten ("Ferndiagnose")			
Portables System für den Außendienst-Techniker			
Legende: hoher Grad ⟷ geringer Grad			

Abb. 11: Erscheinungsformen von Diagnosesystemen

Im ersten, dem weitaus häufigsten Fall ist der Kunde auf sich alleine gestellt. Er kann zwar versuchen, die Ursache der Störung zu ergründen und in wenigen Fällen auch zu beheben. In der Regel wird er aber den Kundendienst des Herstellers benachrichtigen müssen, der dann, auch bei vergleichsweise einfachen Problemen, "anreisen" muß und so hohe Kosten verursacht.

Typ 2 entspricht den eingebetteten Systemen gemäß Abschnitt 2.2. Derartige XPS sind noch außerordentlich selten. Dem Kunden wird eine wissensbasierte Diagnosehilfe an die Hand gegeben, die es ihm in der Mehrzahl der Fälle erlauben soll, einen Störungsgrund herauszufinden, ohne das Servicepersonal des Herstellers in Anspruch zu nehmen. Charakteristisch hierfür ist das oben skizzierte System zur Roboter-Diagnose der Firma Rieter.

Typ 3 zielt zum einen auf eine Funktionsintegration der telefonischen Störungsannahme und des technischen Kundendienstes ("Telefonseelsorge"). Sofort wenn der Kunde seine Beschwerde dem Lieferanten telefonisch gemeldet hat, bemüht die Dame oder der Herr möglichst noch während des Telefonats ein XPS und versucht abzuklären, ob es sich um eine Störungsursache handelt, die vom Kunden selbst behoben werden kann. Es handelt sich also um eine sogenannte wissensbasierte Hotline (vgl. [Schröder 93]).

Unter der Variante 4 hat man sich die Ergänzung der Ferndiagnose, wie man sie beispielsweise von Großrechnern her kennt, um wissensbasierte Elemente vorzustellen.

Die letzte Erscheinungsform ist als "Brain Amplifier" für Außendiensttechniker/innen zu verstehen. Fachleute des Marketings und des Vertriebs halten es für erfolgversprechend, nicht zuletzt mit derartiger Computerunterstützung eine weitere Funktionsintegration anzustreben: Der Außendienst-Techniker wird als besonders chancenreicher Wiederverkäufer gesehen. Nach der technischen Diagnose eines gestörten Geräts führt er eine Ersatz-Investitionsrechnung durch und erarbeitet sofort ein Sonderangebot einschließlich Finanzierungspaket.

4 Charakteristische Nutzeffekte

Lassen wir unsere Beispiele Revue passieren und konfrontieren wir die Nutzeffekte mit dem in der Einleitung erwähnten Bestreben der Unternehmen, die Kundenzufriedenheit in der Zielpyramide hoch anzusiedeln, so können wir eine ganze Reihe von Chancen identifizieren. Neben Rationalisierungen durch Arbeitszeiteinsparungen und damit verbundene Kostensenkungen sind vor allem folgende Aspekte zu nennen und mit typischen Beispielen zu belegen (vgl. zur Systematik auch [Mertens 93b, S. 10 ff.])

1. Das eigene Erzeugnis bzw. Produktionsprogramm erringt Wettbewerbsvorteile.
   "Embedded-XPS" reichern die eigenen Erzeugnisse um Funktionalitäten an, die die der Konkurrenten noch nicht haben; dadurch besitzt das Produkt in der Auswahlphase des Kunden einen größeren "Appeal", was wiederum zu Marktanteilsgewinnen führt.

2. Im Kundenbetrieb können auch weniger qualifizierte Mitarbeiter eingesetzt werden, der Schulungsaufwand sinkt.
   Wir hatten hierzu das - freilich extreme - Beispiel eines Betriebsmittels, das in einem Entwicklungsland von Analphabeten bedient werden kann.

3. Der Kunde kann die Kapazität des erworbenen Produkts besser nutzen.
   Dieser Nutzeffekt kommt vor allem durch rasche wissensbasierte Störungsdiagnose und -behebung zustande.

4. Der Abnehmer findet einen leichteren Zugang zu einem - möglicherweise vorerst unkonventionellen - Erzeugnis (Akzeptanzverbesserung).
   Eine inhaltsreiche, aber vom Systemtechnischen her schwer zu benutzende externe Informationsbank mag auch von Kunden mit geringerem Systemwissen aufgerufen werden, weil ein wissensbasiertes Zugangssystem dabei hilft.

5. Bestimmte Dienstleistungen, die wegen ihrer Personalintensität sehr teuer sind und infolgedessen nur großen Kunden verkauft werden konnten, sind teilweise automatisiert und stehen so auch kleineren und mittleren Unternehmen zur Verfügung.

6. Die Dienstleistung wird einer großen Komplexität besser gerecht.
Ein Cash-Management-System mit wissensbasierter Komponente trägt den Zins- und Gebührenbedingungen, den Wechselkurs-Verhältnissen und den Kosten alternativer Routen detaillierter Rechnung als ein nicht wissensbasiertes. Hier resultieren Zinserträge und/oder Kostenminderungen.

7. XPS erleichtern es, trotz Produktion in großen Serien das Produkt so zu konfigurieren, daß es sich an den Bedarf bzw. die Wünsche des Kunden unter Berücksichtigung von deren individuellen Gewichten gut "anschmiegt". Auf der gleichen Linie liegt es, wenn bei der Auswahl des Erzeugnisses mehr Alternativen berücksichtigt werden.
Diese Chance erhält man vor allem durch wissensbasierte Konfiguratoren, zumal wenn diese mit einem guten Benutzermodell verbunden sind. Beim "Schnüren" eines Finanzierungspaketes werden die Finanzmittelblöcke (Eigenkapital, Subventionen, Darlehen, Leasing-Komponenten) ganz unterschiedlich kombiniert.

8. Es steigt die Wahrscheinlichkeit, daß der Kunde ein vollständiges und fehlerfreies Produkt angeboten und geliefert bekommt.
Möglichkeiten hierzu werden ebenfalls durch wissensbasierte Angebotssysteme, eventuell in Verbindung mit einem XPS zur Auftragsprüfung, erhöht.

9. Durchlauf- und Reaktionszeiten im Kundenbedienzyklus werden verkürzt.
Angebotssysteme verkürzen die Zeit, bis dem Kunden eine entscheidungsreife Offerte übergeben werden kann; im Idealfall entsteht das Angebot schon beim ersten Kundenkontakt. Diagnosen nach Störungen werden rascher gestellt.

10. Der Kunde hat es mit weniger Ansprechpartnern beim Lieferanten zu tun.
XPS als "Brain Amplifier" bzw. "Qualification Amplifier" erlauben Arbeitsvereinigung bzw. Funktionsintegration beim Verkaufs-, Beratungs- und Service-Personal des Lieferanten. Beispielsweise muß ein Kunde im Zuge der Vermögensberatung durch eine Bank nicht an verschiedene Spezialisten für Unternehmensbeteiligungen, Immobilien, Wertpapiere oder Steuern "weitergereicht" werden.

Literatur

[Beys 92] Beys, O., Fischer, M., Tripmaker, S., Mertens, P.: Wissensbasierte Analyse von Handelspaneldaten, Marketing Zeitschrift für Forschung und Praxis, 14 (1992) 3, S. 157 ff.

[Bierach 90] Bierach, A.J.: NLP - Die letzten Geheimnisse der Starverkäufer, Landsberg/Lech 1990.

[Breuker 90] Breuker, J.-S., Büttel-Dietsch, I., Mertens, P., Ponader, M.: Ein Konzept zur wissensbasierten Angebotsunterstützung mit Finanzierungsberatung, in: VDI-Gesellschaft Entwicklung, Konstruktion, Vertrieb (Hrsg.), Erfolgreich im Vertrieb: Innovative Informationssysteme zur Angebotserstellung, Düsseldorf 1990, S. 147 ff.

[Dräger 88] Dräger, U., Elmer, L.: Wissensbasiertes Logistikcontrolling, in: Siemens AG (Hrsg.), Tagungsband Künstliche Intelligenz in der Praxis, München 1988, S. 207 ff.

[Groß 92] Groß, R.: Konzeption und prototypische Realisierung eines Konfigurators für ein wissensbasiertes Angebotsunterstützungssystem im Marketing und Verkauf von Büromaschinen, Diplomarbeit, Nürnberg 1992.

[Hernandez-Rubio 91] Hernandez-Rubio, J.A., Prieto, J.M., Quiroga, G., Encinas, E., Carbonell, J., Shell, P., Kau, P.: A User-Friendly Expert System: CRESUS, in: Hashemi, S., Gouarderes, J.G., Marciano, J.P. (Hrsg.), EXPERTSYS-91 - Expert Systems Applications, Gournay sur Marne 1991, S. 117 ff.

[Herrman 87] Herrmann, F.: OCEX - Ein Expertensystem zur Konfiguration von Kundenaufträgen, in: Wildemann, H. (Hrsg.), Expertensysteme in der Produktion, Passau 1987, S. 485 ff.

[King 92] King, M., Pythian, G.J.: Validating an Expert Support System for Tender Enquiry Evaluation: A Case Study, Journal of the Operational Research Society, 43 (1992) 3, S. 203 ff.

[Koch 92] Koch, H., Krehl, H., Mertens, P.: An Expert System for Analyzing the Profit and Financial Situation of Small and Medium Sized Companies, in: Liebowitz, J. (Hrsg.), Proceedings of the World Congress on Expert Systems, New York u.a. 1991, S. 1269 ff.

[Kohl 92] Kohl, A., Lödel, D., Büttel-Dietsch, I., Breuker, J.-S., Ponader, M., Mertens, P., Thesmann, S.: Elektronische Produktkataloge - Entwicklungsstand und Einsatzmöglichkeiten, in: WIRTSCHAFTSINFORMATIK, 34 (1992) 5, S. 509 ff.

[Kowalewski 89] Kowalewski, D.L., Schneeberger, J., Wiefel, S.: KOKON-3: Ein prototypisches System zur Wissensbasierten Vertragskonfigurierung, in: Paul, M. (Hrsg.), Proceedings der 19. GI-Jahrestagung - "Computergestützter Arbeitsplatz", Berlin u.a. 1989, S. 79 ff.

[Krug 87] Krug, P., Effenhauser, R.: Stand des Expertensystems STAKNETEX zur Subventionsberatung, Arbeitspapiere der Informatik-Forschungsgruppe VIII der Universität Erlangen-Nürnberg 1987.

[Luft 89] Luft, K.H., Gleisinger, R.: Ein Expertensystem zur technischen Diagnose, Information Management, 4 (1989) 3, S. 50 ff.

[Marquardt 90] Marquardt, U., Fujimoto, P.: Erfahrungen bei Einführung/Einsatz von Portables im Nutzfahrzeug-Verkauf, in: Karcher, H.B. (Hrsg.), Mobile Office: Anwendungen und Erfahrungen, München 1990, S. 65 ff.

[Mertens 89] Mertens, P.: Expertisesysteme als Variante der Expertensysteme zur Führungsinformation, in: Zeitschrift für betriebswirtschaftliche Forschung, 41 (1989) 10, S. 835 ff.

[Mertens 91a] Mertens, P., Wedel, T., Hartinger, M.: Management by Parameters?, in: Zeitschrift für Betriebswirtschaft, 6 (1991) 5/6, S. 569 ff.

[Mertens 91b] Mertens, P.: Problem-Management-Systeme, in: WIRTSCHAFTSINFORMATIK, 33 (1991) 1, S. 72.

[Mertens 93a] Mertens, P.: Die Verantwortung des Informationsmanagements für die Kundenbedienung, in: Scheer, A.W. (Hrsg.), Handbuch des Informations-Management Aufgaben - Konzepte - Praxislösungen, Wiesbaden 1993, S. 655 ff.

[Mertens 93b] Mertens, P., Borkowski, V., Geis, W.: Betriebliche Expertensystem-Anwendungen, 3. Auflage, Berlin u.a. 1993.

[Meusel 93] Meusel, W., Brucker, A., Niemann, H., Borkowski, V., Mertens P., Städtler-Schumann, M.: OptiTREX - Frachtkostenanalyse mit wissensbasierten Elementen, in: WIRTSCHAFTSINFORMTIK, in Vorbereitung.

[O.V. 88a] O.V.: KONDOR - Ein wissensbasiertes System zur Unterstützung von Recherchen in Online-Datenbanken, Broschüre der GfD Ingenieur- und Beratungsgesellschaft mbH, Dortmund 1988.

[O.V. 88b] O.V.: Jetzt ersetzt der Computer den Betriebsberater, Sonderdruck aus Impulse, o.Jg. (1988) 8, o.S.

[O.V. 92] O.V.: Der SAP-Konfigurator, Produktbeschreibung der SAP AG, Walldorf 1992.

[O.V. 93a] O.V.: MKI develops intelligent credit card analyzer, Intelligent Systems Report, 19 (1993) 5, S. 10.

[O.V. 93b] O.V.: ExperNews - Ausgabe CeBIT '93, Broschüre der Experteam GmbH, Köln 1993.

[Ponader 92] Ponader, M.: Wissensbasierte Subventions- und Finanzierungsberatung im Rahmen der Angebotsunterstützung, Dissertation, Nürnberg 1992.

[Ponader 93] Ponader, M., Mertens, P., Breuker, J.-S., Lödel, D., Popp, H.: Integration von Hypermedia und KI-Komponenten am Beispiel eines umfassenden Angebotsunterstützungssystems, in: Nagl, M. (Hrsg.), Software- und Information-engineering, ONLINE 93, Band VI, Velbert 1993, S. C613.01 ff.

[Rosewitz 92] Rosewitz, M.: Entwurf und Implementierung eines Moduls zur direkten Ansteuerung von Informationsseiten in einem Elektronischen Produktkatalog mit Hilfe von variabel verknüpfbaren Deskriptoren, Diplomarbeit, Nürnberg 1992.

[Schorr 92] Schorr, G.: Computergestützte Planungs- und Kontrollsysteme für das Branchen- und Produktmanagement im Komponentengeschäft, Dissertation, Nürnberg 1992.

[Schröder 93] Schröder, M.: Help-Desk-System, in: WIRTSCHAFTSINFORMATIK, 35 (1993) 3, S. 280 f.

[Steinmann 93] Steinmann, H., Schreyögg, G.: Management, 3. Aufl., Wiesbaden 1993.

[Wesseler 92] Wesseler, B.: Schweres Amt für DV-Chefs, Online, o.Jg. (1992) 11, S. 40 ff.

[Zimmermann 91] Zimmermann, H.-J., Gutsche, L.: Multi-Criteria Analyse, Berlin u.a. 1991.

Adaptivität und Benutzermodellierung in interaktiven Softwaresystemen[1]

Alfred Kobsa[2]
AG Wissensbasierte Informationssysteme
Informationswissenschaft, Universität Konstanz
Postfach 5560-D73, D-78434 Konstanz
kobsa@inf-wiss.uni-konstanz.de

1 Einleitung

Interaktive Softwaresysteme werden von Benutzern[3] mit unterschiedlichsten Zielen, Interessen, Fähigkeiten, Erfahrenheitsgraden und Präferenzen verwendet. Um einem möglichst breiten Personenkreis zugänglich zu sein, bieten viele derzeit erhältliche Programme bereits die Möglichkeit, daß Benutzer (oder Systemadministratoren) in bestimmtem Ausmaß eine Anpassung des Programms an die jeweiligen individuellen Präferenzen vornehmen können. (Dies erfolgt meistens durch das Ausfüllen von Präferenzmenüs oder das Editieren von Profildateien.)

Diese *benutzerinitiierte und -selektierte* Adaption[4] ist meistens nicht ausreichend, um Computersysteme benutzerangepaßter zu machen, und wird auch wenig verwendet (siehe etwa Oppermann 1991). Der Grund dafür ist, daß in vielen Fällen die erwünschten Adaptionsleistungen viel zu umfangreich sind, als daß der Benutzer jede einzelne von sich aus anfordern könnte oder wollte, und daß auch oft der Benutzer einfach nicht das notwendige Wissen über die Domäne, die gemachten Fehler oder die Anpassungsfähigkeiten des Computersystems hat, um die Notwendigkeit einer Anpassung erkennen und die optimale Anpassung bestimmen zu können. Die folgenden Anpassungsleistungen sind beispielsweise erwünscht (siehe etwa Kobsa & Wahlster 1989, Kok 1991, Kobsa 1991a, Kobsa & Pohl 1993, Schneider-Hufschmidt et al. 1993):

- Hypertext-Systeme, Erklärungskomponenten von Expertensystemen und natürlichsprachliche Auskunftssysteme sollten ihre Ausgabetexte an den (terminologischen) Wissensstand des Benutzers anpassen können.
- Information-Retrieval-Systeme, Datenbanken und Hypertext-Systeme sollten Navigationshilfen anbieten, die die Interessen, Ziele und Pläne des Benutzers berücksichtigen.
- Information-Retrieval- und Informationsfilter-Systeme sollten die Informationsbedürfnisse der jeweiligen Benutzer berücksichtigen, die sich aus deren Zielen und Interessen ergeben.

---

[1] Die vorliegende Arbeit entstand im Rahmen des Projekts BGP-MS, das von der Deutschen Forschungsgemeinschaft (Födernummer Ko-1044/4-2) und von der Universität Konstanz (Fördernummer AFF 17/92) unterstützt wird. Für Kommentare und Anmerkungen danke ich Jörg-Cyril Höhle, Detlef Küpper und Wolfgang Pohl.

[2] Derzeit Gastforscher am Computer Science Department der Columbia University, New York.

[3] Statt 'Benutzer' lese man wahlweise auch 'Benutzerin'.

[4] Vgl. die Klassifikation von Adaptionsarten in Dieterich et al. (1993).

- Natürlichsprachliche Systeme sollten bei der Generierung referentieller Ausdrücke das gemeinsame Wissen von System und Benutzer berücksichtigen.
- Die Lehrstrategien von tutoriellen Systemen sollten das jeweilige Verständnis und die Fertigkeiten des Lernenden miteinbeziehen.
- Online-Hilfesysteme sollten ihre Erklärungen an die Ziele, Pläne, Mißverständnisse und den Wissensstand des Benutzers anpassen.
- Das Layout, die Interaktionsoptionen und -formen von Benutzerschnittstellen sollten an die unterschiedlichen Aufgaben, Fähigkeiten und Präferenzen von Benutzern angepaßt sein.

Auch für andere komplexe technische Geräte mit inhomogenem Benutzerkreis, wie etwa Autos, Büromaschinen, Unterhaltungselektronik und Haushaltsgeräte, werden bereits Anpassungsmöglichkeiten an den jeweiligen Benutzer in Erwägung gezogen.

Da der Umfang bzw. die Art der notwendigen Anpassungsleistungen in vielen Fällen eine (ausschließlich) benutzerinitiierte und -selektierte Adaption ausschließt, werden schon seit längerer Zeit Möglichkeiten untersucht, interaktive Computersysteme zu befähigen, die Notwendigkeit einer Anpassung an den jeweiligen Benutzer *selbst zu erkennen*. Dafür müssen Computersysteme *Annahmen* über den Benutzer bilden und diese bei komplexerer Adaption in einem *Benutzermodell* speichern und verwalten. Ein Benutzermodell ist dabei eine Wissensquelle des Systems, "die Annahmen über alle Benutzeraspekte enthält, die für das Dialogverhalten des Systems relevant sind" (Wahlster & Kobsa 1989). Aufgabe einer *Benutzermodellierungskomponente* in einem interaktiven System ist es, ein Benutzermodell während der Interaktion mit dem Benutzer aufzubauen und laufend zu aktualisieren, aus Erstannahmen weitergehende Annahmen zu inferieren, die Konsistenz der Annahmen sicherzustellen, und andere Systemkomponenten auf Anfrage mit den derzeitigen Annahmen über den Benutzer zu versorgen.

Im Bereich der Benutzermodellierung (Kobsa & Wahlster 1989; Kok 1991, Kobsa 1991a, 93; McTear 1993, Kobsa & Pohl 1993) werden seit gut 10 Jahren Methoden entwickelt, mit deren Hilfe Benutzermodellierungskomponenten diese Aufgaben erfüllen können. Dabei werden zum einen verschiedene KI-Techniken verwendet und an die speziellen Bedürfnisse der Benutzermodellierung angepaßt. Zum anderen wurden in der Benutzermodellierung aber auch eine Reihe von eigenen Methoden entwickelt. In den folgenden Abschnitten sollen einige dieser Methoden beschrieben werden, getrennt nach den Problemkreisen 'Aufbau des Benutzermodells während der Interaktion mit dem Benutzer', 'Repräsentation von Annahmen über den Benutzer, Schlußfolgerungen daraus und Konsistenzerhaltung' sowie 'Verwendung von Benutzermodellen in interaktiven Softwaresystemen'.

2 Automatischer Aufbau eines Benutzermodells

Im Laufe der letzten zehn Jahre wurde eine große Anzahl von Methoden entwickelt, mit deren Hilfe ein interaktives Softwaresystem selbständig Annahmen über den gegenwärtigen Benutzer aufbauen kann. Welche davon in einem konkreten Anwendungssystem einsetzbar sind, hängt sehr stark von der Art des Systems ab, insbesondere von dessen Anwendungsdomäne, von der Art der Aufgaben, die Benutzer unter Verwendung des Systems erfüllen sollen, und teilweise auch von seiner Benutzerschnittstelle. Die meisten bisher entwickelten adaptiven Softwaresysteme setzen mehrere verschiedene Methoden ein.

Die Methoden zum Benutzermodellaufbau lassen nach mehreren Dimensionen klassifizieren, von denen in Hinblick auf die praktische Einsetzbarkeit die Unterscheidung nach folgenden Kriterien am interessantesten erscheint:

- Art der getroffenen Annahmen über den Benutzer,
- Integriertheit des Benutzermodellerwerbs in den normalen Mensch-Maschine-Dialog,
- verwendete Techniken,
- Beobachtungsnähe der getroffenen Annahmen, und
- Sicherheit der getroffenen Annahmen.

Im folgenden werden Benutzermodell-Erwerbsmethoden anhand dieser Klassifikation beschrieben. Weitere oder andere Dimensionen oder Bezeichnungen dafür finden sich etwa in Kass (1991) oder Chin (1993).

2.1 Art der getroffenen Annahmen über den Benutzer

Von bisher entwickelten Systemen werden üblicherweise eine oder mehrere der folgende Arten von Annahmen über den Benutzer gemacht (nach abnehmender Häufigkeit geordnet):

- *Vorhandenes oder fehlendes Wissen* des Benutzers, etwa um an das Benutzerwissen angepaßte Erklärungen, Beschreibungen oder Bildschirmlayouts zu generieren;
- *Ziele* und *Pläne* des Benutzers, etwa um Navigationshilfen oder relevante Zusatzinformationen zu geben;
- *Benutzerpräferenzen,* etwa zur Informationsselektion für den Benutzer;
- *Benutzerfähigkeiten,* etwa zur Anpassung von Benutzerschnittstellen;
- *Benutzermißverständnisse,* etwa zur Generierung von angepaßten Erklärungstexten oder zur Generierung von Übungsaufgaben.

2.2 Integriertheit des Benutzermodellerwerbs

Der Erwerb eines Benutzermodells kann während der normalen Interaktion "im Hintergrund" stattfinden (integrierter Erwerb), oder *getrennt* von der normalen Interaktion des Anwendungssystems mit dem Benutzer erfolgen (separierter Erwerb). Der integrierte Erwerb eines Benutzermodells bleibt für den Benutzer weitgehend "unsichtbar", da er ausschließlich auf Basis des regulären Dialogs mit dem Anwendungssystem stattfindet. Es werden dabei praktisch alle der in Abschnitt 2.3 beschriebenen Erwerbstechniken eingesetzt.

Ein separierter Erwerb des Benutzermodells basiert üblicherweise auf einem eigenen Dialog mit dem Benutzer. Dieser Erwerbsdialog kann vor der allerersten Interaktion mit dem Benutzer stattfinden; er kann aber auch (zusätzlich) mehrfach in die normale Interaktion eingeschoben werden. Je nachdem, ob die Initiative zum Benutzermodellerwerb beim Benutzer oder beim System liegt, kann man zwischen den folgenden beiden Erwerbsarten unterscheiden:

- *Systemgesteuerter Erwerb*

Hierzu gehören vor allem Eingangsinterviews (Rich 1979ab, Koller 1993, Sanderson & Treu 1993) oder Eingangstests (Nwana 1991), die der Benutzer durchlaufen muß, bevor er ein System verwenden kann. Manche Systeme (etwa Sleeman 1985) verlangen auch, daß der Benutzer während der Normalinteraktion Zwischenfragen des Systems beantwortet, damit das System das Benutzermodell ergänzen und benutzerangepaßt reagieren kann. Beide Formen des systemgesteuerten separierten Benutzermodellerwerbs können von Benutzern als störend empfunden werden, insbesondere unter Zeitdruck.

- *Benutzergesteuerter Erwerb*
  Hierzu gehört vor allem das Ausfüllen von Profil- oder Präferenzdateien durch den Benutzer. Ihre Inhalte können bereits das Benutzermodell darstellen (wie das vielfach schon bei neueren Softwaresystemen der Fall ist) oder indirekt für den Benutzermodellaufbau verwendet werden (wie etwa bei Boyle & Encarnacion, im Erscheinen). Solche Dateien enthalten meist Default-Werte und der Benutzer kann selbst entscheiden, wann und ob er die normale Interaktion unterbrechen und dieses Standardangaben verändern möchte. Da die Initiative dafür ausschließlich beim Benutzer liegt, ist die Störung für ihn wohl geringer als bei einer systemgesteuerten Erwerbsphase (vgl. Oppermann 1992, Grunst et al. 1993).

Ein von der normalen Interaktion separierter Erwerb kann aber auch darin bestehen, daß ein Anwendungssystem auf ein *bereits existierendes* Benutzermodell zurückgreift. Ein solches kann vom System selbst in früheren Interaktionen mit dem Benutzer aufgebaut worden sein, oder auch aus der Interaktion des Benutzers mit anderen Softwaresystemen stammen. So kann etwa ein Datenbanksystem Annahmen über die Interessen des Benutzers in bezug auf die Inhalte der Datenbank bilden, die dann zur Filterung von Bulletin-Board-Artikeln und Electronic-Mail-Nachrichten über diese Datenbank verwendet werden (vgl. Kass & Stadnyk 1992). Orwant (1991) stellt die Idee in den Raum, daß alle Programme eines lokalen Netzwerks Annahmen über ihre Benutzer machen und an einen zentralen Benutzermodell-Server schicken, dessen gespeicherte Benutzermodelle wiederum von allen Programmen abgefragt werden können. Neal (1989) untersucht die Verwendung von Testsoftware (insbesondere von Computerspielen) zur Bestimmung bestimmter Benutzerfähigkeiten und zum Aufbau eines entsprechenden Benutzermodells für die eigentlichen Anwendungssysteme.

2.3 Verwendete Techniken

Im Bereich der Benutzermodellierung wurden bislang eine große Anzahl von Mitteln verwendet, um aus der Interaktion mit Benutzern Annahmen über deren Wissen, Ziele, Pläne, Mißverständnisse, Präferenzen, Fähigkeiten etc. zu gewinnen. Dabei läßt sich eine Reihe von häufig verwendeten Techniken unterscheiden, die im folgenden beschrieben werden.

2.3.1 Primäre Erwerbsheuristiken

Unter primären Erwerbsheuristiken sollen hier Regeln zum Aufbau von Benutzermodellen auf Basis hauptsächlich der *unmittelbaren* Interaktion mit dem Benutzer verstanden werden. Solche Heuristiken sind üblicherweise stark domänenabhängig. In einer Zugauskunftsdomäne (Allen 1979) läßt sich etwa aus der Benutzerfrage des Typs "Wann fährt der nächste Zug nach x" schließen, daß der Benutzer mit dem nächsten Zug nach x fahren will. In einer Bahnspeditionsdomäne (wie etwa in Allen & Schubert 1993) ist diese Annahme nicht mehr legitim; der Benutzer will hier vielleicht einen Container nach x verladen oder Waggons dorthin verschicken.

Es gibt aber auch eine Reihe von domänen*unabhängigen* Erwerbsheuristiken, wie etwa die folgenden:

- Korrekte Verwendung: "Objekte (etwa Betriebssystemkommandos, mathematische Operationen, Begriffe), die der Benutzer korrekt verwendet, kennt er auch" (Chin 1989, Nwana 1991, Sukaviriya & Foley 1993).
- *Inkorrekte Verwendung*: "Objekte, die der Benutzer inkorrekt verwendet, kennt er nicht" (Quilici 1989, Hirschmann 1990).
- *Erklärungsanforderung*: "Objekte, über die der Benutzer Erklärungen anfordert, kennt er nicht" (Chin 1989; Boyle & Encarnacion, im Erscheinen).
- *Detaillierungsanforderung*: "Objekte, über die der Benutzer mehr Details wissen möchte, kennt er" (Boyle & Encarnacion, im Erscheinen).
- *Feedback*: "Wurde eine Systemausgabe unter Verwendung bestimmter Annahmen aus dem Benutzermodell erzeugt und kommt vom Benutzer positives/negatives Feedback, so verstärke/verringere die Plausibilität dieser Annahmen" (Rich 1979ab).

Einige dieser Heuristiken lassen sich unter sprechakttheoretischen Gesichtspunkten verallgemeinern, wobei die Annahmen über den Benutzer als ihm zuschreibbare Handlungsvoraussetzungen interpretiert werden (siehe Pohl et al. 1993).

2.3.2 Stereotype

Der Stereotypenansatz wurde von Rich (1979ab) in die Benutzermodellierung eingeführt und später etwa von Chin (1989) erweitert. Er stellt eine beliebte Technik zum Erwerb von Benutzermodellen in solchen Anwendungsbereichen dar, in denen bald nach Dialogbeginn Annahmen über den Benutzer getroffen werden müssen, dabei aber ein bestimmtes Ausmaß von Fehlern in Kauf genommen werden kann. Das Aufstellen von Stereotypen für die Benutzer eines Anwendungssystems erfolgt in drei Schritten:

- *Identifikation von Benutzeruntergruppen*: Es müssen Untergruppen in der Benutzermenge identifiziert werden, deren Mitglieder üblicherweise bestimmte homogene anwendungsrelevante Merkmale besitzen.
- *Identifikation von Schlüsselmerkmalen*: Es müssen charakteristische Merkmale für die Zuordenbarkeit von Benutzern zu diesen Untergruppen identifiziert werden. Das Vorhandensein dieser Merkmale beim gegenwärtigen Benutzer muß vom Anwendungssystem beobachtet werden können.
- *Repräsentation in (hierarchisch geordneten) Stereotypen*: Die anwendungsrelevanten Charakteristika der identifizierten Benutzeruntergruppen müssen in einem geeigneten Repräsentationsschema (siehe Abschnitt 3) formal dargestellt werden. Die Gesamtheit aller repräsentierten Eigenschaften einer Benutzeruntergruppe wird als Stereotyp für diese Untergruppe bezeichnet. Wenn die Inhalte eines Stereotyps eine Untermenge der Inhalte eines anderen Stereotyps bilden, können Stereotypenhierarchien gebildet werden.

2.3.3 Ziel- und Planerkennung mit Planbibliotheken

Aufgabe von Planerkennungstechniken ist es, aus der momentanen Benutzereingabe sowohl das vermutliche Ziel des Benutzers zu erkennen als auch die zu erwartenden nachfolgenden Planschritte, mit denen der Benutzer dieses Ziel zu erreichen sucht. In Anwendungsdomänen, in denen es nur eine begrenzte Anzahl von möglichen Benutzerzielen und -plänen gibt, können diese in sogenannten Planbibliotheken repräsentiert werden. Planerkennungsmechanismen vergleichen dann die Benutzereingaben kontinuierlich mit den gespeicherten Plänen und schränken die Menge der möglichen Interpretationen für diese Eingabe laufend ein (siehe etwa Schwab 1989).

2.3.4 Ziel- und Planerkennung durch Plankomposition

Bei diesem Ansatz besitzt das System eine Bibliothek aller möglichen Benutzeraktionen, zusammen mit den Vorbedingungen und Effekten ihrer Ausführung (siehe etwa Carberry 1989). Die Benutzereingabe wird laufend verfolgt und ergänzt um alle möglichen nachfolgenden Benutzeraktionen, deren Vorbedingungen durch die Effekte der vorhergehenden Aktionen erfüllt sind und die auch alle beobachteten Benutzeraktionen als (indirekte) Vorbedingung haben. Diese Menge stellt die möglichen Planinterpretationen für die beobachteten Benutzeraktionen dar; sie wird im Verlauf der Interaktion kontinuierlich eingeschränkt.

2.3.5 Fehlerbibliotheken

In Anwendungsbereichen, in denen ein Großteil der auftretenden Benutzerfehler auf eine begrenzte Anzahl von Fehlerarten zurückgeführt werden kann (siehe etwa Genesereth 1982, Hirschmann 1990) können die Charakteristika dieser Fehlerarten in sogenannten Fehlerbibliotheken repräsentiert werden. Fehlererkennungsmechanismen vergleichen dann kontinuierlich die Benutzereingabe mit den gespeicherten Fehlertypen.

2.3.6 Schlußfolgerungen

Schlußfolgerungen sind ebenfalls zumeist Heuristiken zur Bildung von Annahmen über den Benutzer. Im Gegensatz zu den primären Erwerbsheuristiken basieren Schlußfolgerungen aber nicht auf der unmittelbaren Interaktion mit dem Benutzer, sondern hauptsächlich auf bereits gebildeten Annahmen. Schlußfolgerungen sind gleichfalls sehr domänenabhängig und müssen als Inferenzregeln in einem geeigneten Repräsentationsschema formal dargestellt werden.

2.4 Sicherheit der getroffenen Annahmen

Die von Erwerbsheuristiken gebildeten Annahmen über den Benutzer sind normalerweise mit Unsicherheit behaftet. Der Grad der Unsicherheit ist stark domänenabhängig. Üblicherweise wird aber auch eine Abhängigkeit von der Beobachtungsnähe der verwendeten Erwerbstechnik und der "Präzision" der verwendeten Erwerbsregel angenommen. Annahmen, die auf unmittelbaren Beobachtungen in der Benutzerinteraktion beruhen (wie etwa Annahmen, die mit primären Erwerbsheuristiken gebildet werden) wird meistens eine höhere Sicherheit zugebilligt als

Annahmen, die durch Inferenzketten gebildet wurden. Annahmen, die aufgrund einer Erwerbsregel mit wenigen Prämissen und vielen Konsequenzen gebildet wurden (wie das etwa meistens bei Stereotypen der Fall ist) wird üblicherweise weniger Sicherheit zugesprochen als Annahmen, die auf einer Erwerbsregel mit hoher Prämissen/Konsequenz-Ratio beruhen.

3 Repräsentation, Schlußfolgerungen und Konsistenzerhaltung

Sobald Annahmen über den Benutzer gebildet wurden, können sie in einigen Anwendungsbereichen unmittelbar zu Adaptionszwecken verwendet und gleich wieder "vergessen" werden. Wenn es jedoch in einem Anwendungsbereich erwünscht ist, Annahmen für mögliche spätere Adaptionszwecke aufzuheben oder aus bereits gebildeten Annahmen weitere Annahmen zu inferieren, oder wenn Widersprüche zwischen den Annahmen über den Benutzer auftreten können, dann müssen sie in einem geeigneten Repräsentationssystem formal dargestellt werden.

In den meisten bisher entwickelten Systemen wurden nur relativ einfache Formalismen verwendet, wie etwa Attribut-Wert-Paare (Rich 1979ab), Frames (Schwab 1989), oder Untermengen von KL-ONE-ähnlichen Sprachen (Kobsa 1985, Paris 1989, Kass 1991). Der Grund hierfür ist, daß die repräsentierten Annahmen nur eine relativ einfache Struktur hatten (etwa die Form <Benutzermerkmal> <Merkmalsausprägung>). In den letzten Jahren gibt es jedoch zunehmenden Bedarf danach, auch komplexere Annahmen über den Benutzer bilden und repräsentieren zu können. Dazu gehören etwa

- Annahmen über Regeln, die der Benutzer verwendet,
- Annahmen über den Benutzer, die universelle oder existentielle Quantifikation bzw. Disjunktion oder Negation beinhalten,
- mehr als eine Art von Annahmen über den Benutzer (etwa sein Wissen und seine Ziele),
- geschachtelte Annahmen (etwa Annahmen des Systems über Annahmen des Benutzers über Ziele des Systems) oder gemeinsame Überzeugungen (Mutual Beliefs), sowie
- mehrere Stereotype und insbesondere Stereotypenhierarchien.

Aus diesem Grund wurden in den letzten Jahren zunehmend komplexere Repräsentationsformen für Benutzermodelle verwendet. Dazu gehören etwa

- *PROLOG* (Finin 1989; Eydner & Vergara 1993), das neben den Repräsentations- und Inferenzmöglichkeiten auch noch einen gleitenden Übergang in eine Programmiersprache bietet;
- *Prädikatenlogik* (Appelt & Pollack 1992, Kobsa 1992, Fink & Herrmann, 1993), die mehr Ausdruckskraft als Prolog aufweist, was in vielen Domänen auch benötigt wird;
- Sprachen mit *Prädikaten höherer Ordnung* (van Arragon 1991), *Mögliche-Welten-Übersetzungen von Modallogik* (Bunt 1990, Pohl 1993) und *Partitionen,* die die Repräsentation von (geschachtelten) Annahmen über eventuell mehrere Akteure ermöglichen;
- *Konnektionistische Netzwerke* (Jennings & Higuchi 1993, Lindner & Bodendorf 1993), die etwa für Klassifikationsaufgaben eingesetzt werden, sowie *hybride Repräsentationssysteme* (Schwinn 1993).

Für Schlußfolgerungen auf Basis von Benutzermodellen werden übliche KI-Techniken verwendet, und zwar meistens Produktionsregeln (Kay 1990; Zukerman & McConachy 1993) oder Vererbungsmechanismen (Kass 1991), manchmal aber auch logikbasierte Methoden wie Klassifikation (Kobsa 1990a), Deduktion (van Arragon 1991) oder Abduktion (Appelt & Pollack 1992).

Bei den meisten Systemen sind die Schlußfolgerungen nichtmonotoner Natur, da bisherige Annahmen über den Benutzer beim Vorliegen konfliktärer neuer Annahmen eventuell zurückgezogen werden. In diesem Fall müssen auch alle Schlußfolgerungen, die aus den alten Annahmen gezogen wurden, revidiert werden, falls sie nicht von anderen Annahmen unterstützt werden. In der KI wurden für diese Aufgabe Truth-Maintenance-Systeme entwickelt, die die inferentiellen Abhängigkeiten zwischen Annahmen verwalten und beim Vorliegen von Konflikten zwischen Annahmen auf Basis von Prioritätsregeln festlegen, welche davon zurückgezogen werden sollen. Solche Systeme werden auch in der Benutzermodellierung in den letzten Jahren verstärkt eingesetzt (Huang et al. 1991, Brajnik & Tasso 1992, Eydner & Vergara 1993). Zu den Besonderheiten von Truth-Maintenance in diesem speziellen Anwendungsbereich gehört, daß die Prioritätsregeln für die Auswahl von zurückzusetzenden Annahmen stark die Herkunft dieser Annahmen berücksichtigen (Annahmen aus direkter Beobachtung werden üblicherweise Annahmen aus Inferenzen und diese wiederum Annahmen aus aktivierten Stereotypen vorgezogen). Eine weitere Besonderheit ist das (bisher noch ungelöste) Problem der Integration von Stereotypendeaktivierung in einen Truth-Maintenance-Algorithmus.

4 Shell-Systeme für Benutzermodellierungskomponenten

Da die Entwicklung von Benutzermodellierungskomponenten in Anwendungssystemen sehr aufwendig ist, gibt es seit einigen Jahren Bestrebungen, Benutzermodellierungs-Shell-Systeme zu entwickeln (ähnlich wie etwa im Bereich Expertensysteme). Diese Shell-Systeme stellen eine Anzahl integrierter Mechanismen zur Verfügung, die in Benutzermodellierungskomponenten häufig benötigt werden. Ein Benutzermodellentwickler soll die Möglichkeit haben, ein für seine Anwendungsdomäne passendes Shell-System und daraus wiederum die für die Anwendung notwendigen Komponenten auszuwählen und mit dem Benutzermodellierungswissen des Anwendungsbereichs zu füllen. Das resultierende Laufzeitsystem würde dann alle oder zumindestens zentrale Benutzermodellierungsaufgaben im Anwendungssystem erfüllen. Die Dienste der bisher entwickelten Werkzeugsysteme konzentrieren sich auf Repräsentation, Inferenz, Stereotypenverwaltung und Truth-Maintenance. Primärannahmen über den Benutzer müssen üblicherweise vom Anwendungssystem geliefert werden, da sie stark domänenabhängig sind.

Im folgenden soll die Funktionalität der bisher entwickelten umfangreicheren KI-orientierten Benutzermodellierungs-Shell-Systeme kurz beschrieben werden.

4.1 GUMS

Das System GUMS (Finin 1989) akzeptiert Annahmen über den Benutzer als Eingabe des Anwendungssystems, speichert sie, prüft ihre Konsistenz mit bereits existierenden Annahmen (und zwar derart, daß es versucht, die Negation der neuen Annahme aus den bisherigen Annahmen herzuleiten), informiert die Anwendung über erkannte Widersprüche und beantwortet Fragen in bezug auf die derzeitigen Annahmen über den Benutzer. Das System gestattet die Definition einer Stereotypenhierarchie, die streng baumartig sein muß. Auch kann jeweils nur ein einziges Stereotyp auf den Benutzer angewandt werden. Das Anfangsstereotyp muß vom Anwendungsprogramm bestimmt werden. Jedes Stereotyp enthält eine Anzahl von sicheren Fakten über den Benutzer. Gerät einer davon in Konflikt mit einer von der Anwendung gelieferten Annahme über den Benutzer, so wird das Stereotyp aufgegeben zugunsten des nächsthöheren Stereotyps, das den konfliktären Fakt nicht mehr enthält (Stereotype in Parallelzweigen werden als Alternative nicht in Betracht gezogen).

GUMS unterstützt zwei Arten von Inferenzregeln, nämlich "gesicherte" Inferenzregeln und Default-Inferenzregeln. Beide werden in Prolog repräsentiert und in Rückwärtsverkettung verarbeitet, wenn GUMS auf Anfrage der Anwendung die Herleitbarkeit einer Annahme aus den derzeitigen Annahmen über den Benutzer prüft und die Konsistenz von neu eintreffenden Annahmen mit den bisherigen Annahmen testet. Wenn das befragte Prädikat als geschlossen deklariert wurde (d.h. als *definiert* durch alle Assertionen, auf deren linken Seite es vorkommt), dann wendet GUMS dabei auch "negation as failure" an. Die Verwendung von Default-Regeln zwingt GUMS dazu, nach dem Finden einer Default-Lösung weiter nach einer Nicht-Default-Lösung zu suchen. Das Ergebnis einer Anfrage an GUMS wird im System nicht gespeichert. Deswegen besteht keine Notwendigkeit für Dependenzverwaltung und Truth Maintenance.

4.2 UMT

UMT (Brajnik & Tasso 1992) erlaubt die Definition von Stereotypen, die die Charakteristika von Benutzeruntergruppen in Form von Attribut-Wert-Paaren enthalten. Stereotype können in beliebigen Hierarchien geordnet sein, wobei Vererbung unterstützt wird. Jedes Stereotyp besitzt eine Aktivierungsbedingung, die festlegt, wann ein Stereotyp auf den gegenwärtigen Benutzer angewandt werden kann. UMT stellt auch einen Regelinterpreter zur Verfügung, der die Definition von Inferenzregeln für Benutzermodelle gestattet. Mögliche Kontradiktionen zwischen angenommenen Benutzereigenschaften müssen ebenfalls explizit mit Hilfe solcher Regeln spezifiziert werden.

UMT akzeptiert und speichert Assertionen über den Benutzer, die vom Anwendungssystem gebildet werden. Diese Assertionen können nach dem Grad der Zuverlässigkeit als invariante *Prämissen* oder als später wieder zurückziehbare *Annahmen* betrachtet werden. Stereotype, deren Aktivierungsbedingungen durch die bisherigen Annahmen erfüllt werden, fügen weitere Annahmen hinzu (nämlich die Attribut-Wert-Paare, die die entsprechenden Benutzeruntergruppen charakterisieren). Einige dieser Annahmen können dabei untereinander widersprüchlich sein. UMT wendet nach jeder Veränderung des Benutzermodells alle Inferenzregeln (inklusive die Widerspruchsentdeckungsregeln) auf die Menge der Prämissen und Annahmen an und zeichnet auch die inferentiellen Dependenzen auf.

Eine Truth-Maintenance-Komponente bestimmt dann alle möglichen Benutzermodelle, d.h. alle maximalen konsistenten Mengen von Assertionen, bestehend aus den Prämissen, einer Auswahl von Annahmen sowie allen Ableitungen daraus. Das "gegenwärtige Benutzermodell" wird durch Anwendung von Präferenzkriterien aus den möglichen Benutzermodellen selektiert. (Es wird dabei etwa den von der Anwendung gelieferten Annahmen ein höheres Gewicht beigemessen als den aus Stereotypen stammenden Annahmen.) Wenn später Inkonsistenzen mit neuen

Informationen aus der Anwendung entdeckt werden, können die Annahmen, auf denen die konfliktären Assertionen basieren, leicht entdeckt werden, da die Dependenzen aufgezeichnet wurden. Die Menge der möglichen Benutzermodelle kann revidiert und re-evaluiert werden, um das neue gegenwärtige Benutzermodell zu finden.

4.3 PROTUM

PROTUM (Eydner & Vergara 1993) stellt eine Art von Vereinigung der Stärken von GUMS und UMT dar. Es basiert wie GUMS auf Prolog und besitzt wie UMT eine Dependenzverwaltung und ein Truth-Maintenance-System. Die Stereotypenhierarchie von PROTUM ist jedoch im Unterschied zu GUMS nicht auf eine Baumstruktur beschränkt und die vom TMS verwalteten Annahmen über den Benutzer nicht auf Attribut-Wert-Paare wie bei UMT. PROTUM berechnet für jedes Stereotyp den Grad der Erfülltheit seiner Aktivierungsvoraussetzungen und verwendet dieses Maß sowohl für die Aktivierung und Zurücksetzung von Stereotypen als auch für die Konfliktauflösung zwischen widersprüchlichen Annahmen aus zwei verschiedenen aktiven Stereotypen. Bei der Konfliktauflösung im Truth-Maintenance-System wird die Art und die Herkunft der konfliktären Annahmen berücksichtigt.

4.4 BGP-MS

Das in Entwicklung befindliche System BGP-MS (Kobsa 1990a, 1992, Höhle et al. 1993) enthält ein "partitioniertes" Benutzermodell, das die gleichzeitige Repräsentation von *mehreren* Typen von Annahmen über den Benutzer gestattet, insbesondere über sein Wissen, seine Ziele und seine Fähigkeiten. Annahmen können auch beliebig geschachtelt sein, d.h. sie können etwa Annahmen des Benutzers über Systemziele o.ä. umfassen. Großer Wert gelegt wird auf die Unterscheidung zwischen "privaten" Systemannahmen über den Benutzer und solchen Annahmen, die gemeinsam bekannt sind (Mutual Beliefs).

BGP-MS stellt beliebig hierarchisch geordnete Stereotype zur Verfügung, für die Aktivierungs- und Deaktivierungsregeln definiert werden können (dabei kann auf vordefinierte Regeln zurückgegriffen werden). Ein Stereotypenverwaltungssystem bestimmt zur Laufzeit die gegenwärtig am besten zutreffenden Stereotype (Präzision, Recall und Häufigkeit der Re-Evaluierung können dabei voreingestellt werden). Das Anwendungssystem kann BGP-MS Annahmen über den Benutzer in einer Sprache erster Ordnung mit Modaloperatoren mitteilen, die in effizientere interne Repräsentationen wie KN-PART (Fink & Herrmann 1993), SB-ONE (Kobsa 1991b) und Prädikatenlogik übersetzt wird. Das Deduktionssystem OTTER (McCune 1990) steht für prädikatenlogische Inferenzen zur Verfügung; eine Dependenzverwaltungs- und Truth-Maintenance-Komponente ist in Entwicklung. Graphische Schnittstellen erleichtern die Arbeit des Benutzermodellentwicklers.

Wie alle anderen Shell-Systeme verlangt auch BGP-MS, daß Primärannahmen über den Benutzer von der Anwendung gebildet werden, da sie sehr domänenabhängig sind. Zusätzlich offeriert BGP-MS aber auch eine Bibliothek von domänenunabhängigen Annahmen, die über den Benutzer getroffen werden können, wenn bestimmte Kommunikationsakte in der Interaktion mit ihm aufgetreten sind (Pohl et al. 1993). Das Anwendungssystem braucht dann BGP-MS nur mehr darüber zu informieren, welche Kommunikationsakte stattgefunden haben. Die daraus resultierenden Annahmen über den Benutzer werden von BGP-MS getroffen und in das Benutzermodell eingetragen. Wenn etwa das Anwendungssystem BGP-MS darüber informiert, daß es dem Benutzer mitgeteilt hat, daß es sein Ziel *p* ablehnt, dann wird BGP-MS die Annahme bilden, daß von nun an eine gemeinsame Überzeugung darüber besteht, daß der Benutzer *p* möchte, nicht aber das System. Diese Kommunikationsakte sind unabhängig vom Interaktionsmedium zwischen dem Benutzer und der Anwendung.

5 Verwendung und Evaluierung von Benutzermodellen in interaktiven Softwaresystemen

Während der Interaktion mit dem Benutzer kann das Anwendungssystem die gegenwärtigen Annahmen über den Benutzer bei der Benutzermodellierungskomponente laufend anfordern und zur Anpassung an den Benutzer verwenden. Das Anwendungssystem kann dabei

- diese Anpassung unmittelbar selbst durchführen (*automatische Adaption*), oder
- den Benutzer auf die Notwendigkeit einer Anpassung aufmerksam machen, ihm die Gründe dafür verständlich machen, und ihm die Entscheidung überlassen, ob die Anpassung auch tatsächlich durchgeführt werden soll (*computer-gestützte Adaption,* vgl. Dieterich et al. 1993).

Die zweite Alternative wird hauptsächlich dann in Frage kommen, wenn Anpassungen selten vorkommen, aber sehr bedeutsam sind. Dies wird beispielsweise wohl oft bei adaptiven Änderungen der Benutzerschnittstelle eines Anwendungssystems der Fall sein, da hier Benutzer eventuell umlernen oder auf neue Möglichkeiten aufmerksam gemacht werden müssen. Bei der Mehrzahl der oben aufgelisteten Anwendungsbereiche sind die Anpassungen jedoch extrem zahlreich (bei natürlichsprachlichen Systemen etwa muß bei der Generierung jedes einzelnen Pronomens oder Artikels das Benutzermodell konsultiert werden) und auch verhältnismäßig unauffällig (so daß dem Benutzer die Anpassung meistens wohl gar nicht auffällt). Aus diesem Grund wurden in den letzten 10 Jahren größtenteils Systeme mit automatischer Anpassung an den Benutzer entwickelt. Die beiden Alternativen schließen sich natürlich nicht aus, wie Oppermann (1992) und Fischer (1993) illustrieren.

Adaptivität und Benutzermodellierung können nicht Selbstzweck sein, sondern sollen die Benutzbarkeit eines Computersystems in bezug auf Effizienz, Verringerung der Fehlerrate, Verbesserung des Verständnisses und nicht zuletzt Benutzerzufriedenheit verbessern helfen. Während in den 80-er-Jahre kaum Wert auf eine entsprechende empirische Verifikation der Nützlichkeit der entwickelten adaptiven Systeme gelegt wurde, ist die Einsicht in die Notwendigkeit solcher Evaluierungen in den letzten Jahren deutlich gestiegen. Die folgenden Ergebnisse liegen derzeit vor:

- Kontext-sensitive Hilfe in einem WYSIWYG-Texteditor (Hirschmann 1990; Maurer et al. 1993; Krause et al., im Erscheinen): Es wurde gezeigt, daß die Anpassung von Hilfemenüs an den jeweiligen Benutzerfehler in einem WYSIWYG-Texteditor signifikant die Performanz verbesserte und die Redundanz und Fehlerrate signifikant verringerte.
- Navigationshilfe in einem Hypertext-System (Kaplan et al., 1993): Es wurde gezeigt, daß Navigationshilfe basierend auf Systemwissen über frühere Benutzer und die Ziele des derzeitigen Benutzers dessen Informationssuche signifikant beschleunigen kann.

- Adaptiver Hypertext (Boyle & Encarnacion, im Erscheinen): Es wurde gezeigt, daß die automatische Anpassung eines Hypertexts an den Wissensstand des Benutzers signifikant das Textverständnis und die Suchgeschwindigkeit verbesserte.
- Personalisierter News-Filter (Jennings & Higuchi, 1993): Es wurde gezeigt, daß die Präzision und der Recall eines Filters für elektronische News-Artikel, der Annahmen über die jeweiligen Benutzerinteressen bildet, von vielen Benutzern als zufriedenstellend empfunden wurde.

Diese und eine ganze Reihe anderer weniger stark empirisch abgesicherter Ergebnisse zeigen, daß Benutzermodellierung und automatische Adaption wahrscheinlich zumindestens in einigen Anwendungsbereichen nützlich sind. Die Ergebnisse sollten jedoch nicht übergeneralisiert werden, da "lohnende Adaption systemspezifisch ist; sie hängt von den Benutzern eines Systems ab und von den Anforderungen, die dieses System erfüllen soll" (Browne 1993, p. 69). Auch muß der Gewinn für den Benutzer in Relation gesetzt werden zum Zusatzaufwand, der für die Entwicklung eines adaptiven Systems mit Benutzermodellierung entsteht. Es sollten daher in Zukunft weitere adaptive Systeme mit Benutzermodellierungskomponenten in verschiedenen Anwendungsbereichen entwickelt, ihre Brauchbarkeit empirisch überprüft und damit die Breite möglicher Anwendungen für adaptive Systeme ausgelotet werden. Industrielle Anwendungen werden bereits konkret ins Auge gefaßt.

Nicht unerwähnt soll zum Schluß noch bleiben, daß es neben der Berücksichtigung individueller Benutzerunterschiede natürlich auch andere Gründe gibt, warum interaktive Dialogsysteme adaptive Komponenten enthalten sollten. Benutzer können etwa im Laufe Ihrer Arbeit mit einem System an Erfahrung gewinnen, oder ihre mit diesem System zu erfüllenden Aufgaben können sich ändern. Auch ist ein Benutzermodell in vielen Anwendungsdomänen nicht die einzige notwendige Wissensquelle für Adaptivität. Dialogmodelle, die den Inhalt und die Struktur der bisherigen Interaktion aufzeichnen, und Domänen- oder Aufgabenmodelle spielen ebenfalls eine wichtige (und vielfach noch wenig erforschte) Rolle. Benutzermodellierung und Adaptivität sind auch keine Allheilmittel, um ein benutzerunfreundliches System schlagartig besser zu machen. Benutzermodellierung ist zuletzt auch mit einer ganzen Reihe von Problemen in bezug auf Benutzerrechte an Benutzermodellen und den möglichen Mißbrauch von Benutzermodellierungstechniken verbunden (siehe Kobsa 1990b). Auf alle diese Punkte kann hier jedoch nicht weiter eingegangen werden.

Literatur

Allen, J. F. (1979): A Plan-Based Approach to Speech Act Recognition. TR 131/79, Dept. of Computer Science, University of Toronto, Canada.

Allen, J. F. and L. K. Schubert (1993): The TRAINS Project. TRAINS Technical Note 91-1, Dept. of Computer Science, Univ. of Rochester, Rochester, NY.

Appelt, D. E. and M. E. Pollack (1992): Weighted Abduction for Plan Ascription. User Modeling and User-Adapted Interaction 2, 1-25.

Boyle, C. and A. O. Encarnacion (im Erscheinen): An Adaptive Hypertext Reading System. Submitted to User Modeling and User-Adapted Interaction.

Brajnik, G. and C. Tasso (1992): A Flexible Tool for Developing User Modeling Applications with Nonmonotonic Reasoning Capabilities. Proceedings of the Third International Workshop on User Modeling, Dagstuhl, Germany, 42-63.

Browne, D. (1993): Experiences from the AID Project. In: M. Schneider-Hufschmidt et al. (1993).

Bunt, H. (1990): Modular Incremental Modelling of Belief and Intention. In: Proc. of the Second International Workshop on User Modeling, Honolulu, HI, 1-30.

Carberry, S. (1989): Plan Recognition and Its Use in Understanding Dialog. In: Kobsa & Wahlster (1989).

Chin, D. N. (1989): KNOME: Modeling what the User Knows in UC. In: Kobsa & Wahlster (1989).

Chin, D. N. (1993): Acquiring User Models. In: Artificial Intelligence Review 7, Special Issue on User Modeling, in press.

Dieterich, H., U. Malinowski, T. Kühme, M. Schneider-Hufschmidt (1993): State of the Art in Adaptive User Interfaces. In: M. Schneider-Hufschmidt et al. (1993).

Eydner, G. und H. Vergara (1993): Die Benutzermodellierungsshell PROTUM basierend auf PROLOG und KN-PART. In: Kobsa & Pohl (1993).

Finin, T. W. (1989): A General User Modeling Shell. In: Kobsa & Wahlster (1989).

Fink, J. and M. Herrmann (1993): KN-PART - Ein Verwaltungssystem zur Benutzermodellierung mit prädikatenlogischer Wissensrepräsentation. WIS Memo Nr. 5, AG Wissensbasierte Informationssysteme, Informationswissenschaft, Universität Konstanz.

Fischer, G. (1993): Shared Knowledge in Cooperative Problem-Solving Systems: Integrating Adaptive and Adaptable Components. In: M. Schneider-Hufschmidt et al. (1993).

Genesereth, M. R. (1982): The Role of Plans in Intelligent Teaching Systems. In: D. Sleeman and H. S. Brown, Intelligent Tutoring Systems. New York: Academic Press.

Grunst, G., R. Oppermann und C. G. Thomas (1993): Benutzungmodellierung bei kontext-sensitiver Hilfe und adaptiver Systemgestaltung. In: Kobsa & Pohl (1993).

Hirschmann, A. (1990): Das Hilfesystem MATHILDE. Dissertation, Philosophische Fakultät, Universität Regensburg.

Höhle, J.-C., A. Kobsa and W. Pohl (1993): BGP-MS: Ein Werkzeugsystem für Benutzermodellierung (Projektbericht 1992-1993). Memo 6, AG Wissensbasierte Informationssysteme, Informationswissenschaft, Universität Konstanz.

Huang, X., G. I. McCalla, J. E. Greer and E. Neufeld (1991): Revising Deductive Knowledge and Stereotypical Knowledge in a Student Model. User Modeling and User-Adapted Interaction 1, 87-115.

Jennings, A. and H. Higuchi (1993): A User Model Neural Network for a Personal News Service. To appear in User Modeling and User-Adapted Interaction 3(1).

Kaplan, C., J. Fenwick and J. Chen (1993): Adaptive Hypertext Navigation Based on User Goals and Context. To appear in User Modeling and User-Adapted Interaction 3(2).

Kass, B. (1991): Building a User Model Implicitly from a Cooperative Advisory Dialog. User Modeling and User-Adapted Interaction 1, 203-258.

Kass, B. and I. Stadnyk (1992): Using User Models to Improve Organizational Information. In: Proceedings of the 3rd International Workshop on User Modeling, Dagstuhl, Germany, 135-147.

Kay, J. (1990): um: A Toolkit for User Modelling. In Proc. of the Second International Workshop on User Modeling, Honolulu, HI, 1-11.

Kobsa, A. (1985): Benutzermodellierung in Dialogsystemen. Springer, Berlin, Heidelberg.

Kobsa, A. and W. Wahlster, eds. (1989): User Models in Dialog Systems. Berlin: Springer.

Kobsa, A. (1990a): Modeling the User's Conceptual Knowledge in BGP-MS, a User Modeling Shell System. Computational Intelligence 6, 193-208.

Kobsa, A. (1990b): User Modeling in Dialog Systems: Potentials and Hazards. AI & Society: The Journal of Human and Machine Intelligence 4, 214-231.

Kobsa, A., ed. (1991a): User Modeling and User-Adapted Interaction: An International Journal. Dordrecht: Kluwer Academic Publishers (published since 1991).

Kobsa, A. (1991b): Utilizing Knowledge: The Components of the SB-ONE Knowledge Representation Workbench. In: J. Sowa, ed.: Principles of Semantic Networks: Explorations in the Representation of Knowledge. San Mateo, CA: Morgan Kaufmann.

Kobsa, A. (1992): Towards Inferences in BGP-MS: Combining Modal Logic and Partition Hierarchies for User Modeling (Preliminary Report). In: Proceedings of the 3rd International Workshop on User Modeling, Dagstuhl, Germany, 35-41.

Kobsa, A. (1993): User Modeling: Recent Work, Prospects and Hazards. In: M. Schneider-Hufschmidt et al. (1993).

Kobsa, A. und W. Pohl (1993): Arbeitspapiere des Workshops 'Adaptivität und Benutzermodellierung in interaktiven Softwaresystemen', Berlin, 13.-15. 9. 1993. WIS-Memo 7, AG Wissensbasierte Informationssysteme, Informationswissenschaft, Universität Konstanz.

Kok, A. (1991): A Review and Synthesis of User Modeling in Intelligent Systems. The Knowledge Engineering Review 6, 21-47.

Koller, F. (1993): A Demonstrator Based Investigation of Adaptability. In: Schneider-Hufschmidt et. al. (1993).

Krause, J., A. Hirschmann and E. Mittermaier (im Erscheinen): The Intelligent Help System COMFOHELP: Towards a Solution of the Practicability Problem for User Modeling and Adaptive Systems. Submitted to User Modeling and User-Adapted Interaction.

Lindner, H.-G. und F. Bodendorf (1993): Ein neuronales Konzept für adaptive Anwendungen. In: Kobsa & Pohl (1993).

Maurer, H., E. Mittermaier und M. Schommler (1993): Das intelligente Hilfesystem ComfoHelp. In: Kobsa & Pohl (1993).

McCune, W. W. (1990): OTTER 2.0 Users Guide. Technical Report ANL-90/9, Argonne National Laboratory, Mathematics and Computer Science Division, Argonne, IL.

McTear, M., ed. (1993): Artificial Intelligence Review, special issue on user modeling (in press).

Neal, L. R. (1989): The Role of User Models in System Design. Ph.D. Dissertation, TR-18-89, Harvard University, October 1989.

Nwana, H. S. (1991): User Modelling and User Adapted Interaction in an Intelligent Tutoring System. User Modeling and User-Adapted Interaction 1, 1-32.

Oppermann, R. (1991): Experiences with Evaluation Methods for Human-Computer Interaction. Arbeitspapiere der GMD, Nr. 540, St. Augustin, Germany.

Oppermann, R. (1992): Adaptively Supported Adaptability. In: Proceedings of the 6th European Conference on Cognitive Ergonomics, Balatonfuered, Hungary, 255-268.

Orwant, L. (1991): The Doppelganger User Modelling System. In Proc. of the IJCAI Workshop W4: Agent Modelling for Intelligent Interaction, pp. 164-168, Sydney, Australia.

Paris, C. (1989): The Use of Explicit User Models in a Generation System for Tailoring Answers to the User's Level of Expertise. In: Kobsa & Wahlster (1989).

Pohl, W. (1993): Viewübergreifendes Schließen in BGP-MS. In: Kobsa & Pohl (1993).

Pohl, W., A. Kobsa und O. Kutter (1993): Benutzermodellaufbau durch Präsuppositionsanalyse in interaktiven Softwaresystemen. In: Kobsa & Pohl (1993).

Quilici, A. (1989): AQUA: A System that Detects and Responds to User Misconceptions. In: Kobsa & Wahlster (1989).

Rich, E. (1979a): Building and Exploiting User Models. PhD Thesis, Department of Computer Science, Carnegie-Mellon University, Pittsburgh, PA.

Rich, E. (1979b): User Modeling via Stereotypes. Cognitive Science 3, 329-354.

Sanderson, D. P. and S. Treu (1993): Adaptive User Interface Design and Its Dependence on Structure. In: Schneider-Hufschmitdt et al. (1993).

Schneider-Hufschmidt, M., T. Kühme and U. Malinowski, eds. (1993): Adaptive User Interfaces: Principles and Practise. Amsterdam: North Holland Elsevier.

Schwab, T. (1989): Methoden zur Dialog- und Benutzermodellierung in adaptiven Computersystemen. Dissertation, Institut für Informatik, Universität Stuttgart.

Schwinn, J. (1993): Architecture for Hybrid User Modelling. In: Kobsa & Pohl (1993).

Sleeman, D. (1985): UMFE: A User Modelling Front-End Subsystem. Intl. J. Man-Machine Studies 23, 71-88.

Sukaviriya, P. and J. D. Foley (1993): A Built-in Provision for Collecting Individual Task Usage Information in UIDE: the User Interface Design Environment. In: Schneider-Hufschmidt et. al. (1993).

Wahlster, W. and A. Kobsa (1989): User Models in Dialog Systems. In: Kobsa & Wahlster (1989).

van Arragon, P. (1991): Modeling Default Reasoning Using Defaults. User Modeling and User-Adapted Interaction 1, 259-288.

Zukerman, I. and R. McConachy (1993): Consulting a User Model to Address a User's Inferences during Content Planning. To appear in User Modeling and User-Adapted Interaction.

Workshops des wissenschaftlichen Kongresses

Modelle beim Konfigurieren

Andreas Günter[1]
Universität Hamburg, FB Informatik
Bodenstedtstr. 16, 22765 Hamburg

Vorbemerkung

Der Workshop über "Modelle beim Konfigurieren" auf der KI-93 ist ein Diskussionsworkshop mit Kurzvorträgen (5-10min) über ein Thema, welches z.Z. kontrovers diskutiert wird. Für einen solchen Workshop vorab eine inhaltliche Zusammenfassung zu erstellen, ist naturgemäß eine kaum lösbare Aufgabe. Ich werde im folgenden versuchen, die Thematik zu beschreiben und dabei möglichst die Positionen der aktiven Workshopteilnehmer zu berücksichtigen.

1. Einführung und Motivation

Konfigurieren ist in den letzten Jahren zu einem der Hauptanwendungsgebiete für Expertensysteme geworden. Dabei ist noch nicht vollständig geklärt, was unter Konfigurieren eigentlich zu verstehen ist – in Abschnitt 2 folgt der Versuch einer Beschreibung. Eine allseits akzeptierte Referenzdomäne ist die Rechnerkonfiguration, u.a. bedingt durch das bekannte und oft zitierte Konfigurierungssystem R1/XCON [McDermott82]. Für XCON und für viele andere Anwendungssysteme wurden keine abstrakten Konfigurierungsmodelle konzipiert und nur selten wurden die verwendeten Methoden als allgemeine Problemlösungsmethoden für Konfigurierungsaufgaben spezifiziert.

Modellbildung ist ein für empirische Wissenschaften grundlegendes Vorgehen, das es ermöglichen soll, ein Stück Realwelt durch Abstraktion und Formalisierung zu analysieren und speziell in der Informatik für die rechnergestützte Bearbeitung aufzubereiten. Ein Konfigurierungsmodell ist auch Mittel zum Verstehen von Konfiguierungsaufgaben, aber die Modelle und Methoden müssen nicht wie menschliche Konfigurierungstätigkeit strukturiert sein. Allgemeine Anforderungen an Modelle sind: Explizieren wesentlicher Eigenschaften, Explizieren einer Berechnungstheorie, Analysierbarkeit, Terminologie, Abstraktion, Problemdekomposition und Problemreduktion.

---

[1] Der Autor dieses Beitrags wird mit Mitteln des Bundesministers für Forschung und Technologie (Förderkennzeichen ITW9101A6, Verbundvorhaben: PROKON) gefördert. Die Verantwortung für den Inhalt liegt beim Autor.

Aus Anwendersicht ist für die Definition von Modellen und Methoden die Strukturierung des Wissensgebiets durch die Fachexperten von Bedeutung und weiterhin die Nachvollziehbarkeit des Konfigurationsprozess für den Endnutzer, der sich ebenfalls an der Vorgehensweise des Fachexperten orientiert. Zur Zeit können Entwickler bei der Konzipierung und Implementierung nicht auf eine bekannte Menge von Modellen und damit verbundenen Problemlösungsmethoden zurückgreifen. In Abschnitt 3 werden einige auf dem Workshop diskutierte Methoden und deren zugrundliegende Modelle kurz aufgeführt.

2. Was ist Konfigurieren?

In Anlehnung an den Vorschlag in [Prokon93] möchte ich hier eine Beschreibung von Konfigurieren versuchen. Ähnliche Definitionen finden sich u.a. in [Biundo93], [Cunis91], [Günter91], [Puppe90], [Richter89], [Syska91], [Tank91]. Aus Sicht eines Anwendungsproblems ist Konfigurieren – ebenso wie Planen – ein Synthesevorgang. Allgemein wird unter Konfigurieren das Zusammenfügen einer Konfiguration aus Objekten verstanden. Dabei sind gegeben:

- Eine Spezifikation der Aufgabe, die angibt, welche Anforderungen die zu erzeugende Konfiguration erfüllen soll.
- Eine Menge von Objekten und deren Eigenschaften.
- Eine Menge von Relationen und Restriktionen zwischen den Objekten. Dabei sind für die Konfigurierung insbesondere die kompositionellen Beziehungen von Bedeutung.
- Wissen über die Vorgehensweise bei der Konfigurierung.

Es gibt verschiedene Einteilungen von Syntheseaufgaben, die für das Konfigurieren interessanteste ist die von Brown und Chandrasekaran [Brown89]. Die folgenden Bemerkungen beziehen sich auf deren Einteilung in die Design-Klassen 1 bis 3. Ausgehend von dem allgemeinen Modell, kann das sogenannte *Routine-Konfigurieren* (vergleichbar mit der Design-Klasse 3: Routine-Design) als eine Problemstellung beschrieben werden, bei der die Spezifikation der Objekte, ihre Eigenschaften und ihre kompositionelle Struktur bereits vorgegeben sind und die Lösungsfindung auf einer ebenfalls bekannten Vorgehensweise basiert. Die Aufgabe lautet dann, aus den bekannten Objekten und nach einem vorgegebenen Ablaufplan eine Konfiguration zusammenzubauen, welche die Aufgabenspezifikation erfüllt. Ein Beispiel hierfür ist die Angebotserstellung für technische Systeme auf der Basis einer vollständigen Beschreibung von Komponenten, deren Eigenschaften, einer kompositionellen Struktur und Kombinationsrestriktionen.

Das Routine-Konfigurieren bildet die "einfachste" Form der Konfigurierung, es kann in mehrere Richtungen erweitert werden, z.B.

- Unscharfe und unvollständige Aufgabenspezifikation.
- Formulierung von funktionalen und optionalen Anforderungen.
- Unscharfe und unvollständige Definition von Objekten, Eigenschaften und Relationen.
- Fehlende oder unbekannte Komponentenstrukturen.
- Finden einer optimalen Lösung.
- Berücksichtigung von räumlichen Aspekten zur Anordnung von Objekten.
- Flexible Vorgehensweisen bei der Konfigurierung.
- Bewerten von Lösungen, u.a. mit Hilfe von Simulations- und Optimierungsverfahren.

Sind die genannten Einschränkungen nicht in der Domäne gegeben, dann kann von *Innovativem Konfigurieren* (vgl. Design-Klasse 2) oder noch weitergehend von *Kreativem Konfigurieren* (vgl. Design-Klasse 1) gesprochen werden. Dabei sind die Übergänge zwischen den verschiedenen Konfigurierungsklassen fließend, insofern ist eine eindeutige Zuordnung selten möglich und zwischen dem Routine-Konfigurieren und dem Kreativen Konfigurieren könnten mehrere Abstufungen eingeführt werden. Aus diesem Grunde wird hier von einer Skala vom Routine-Konfigurieren zum Kreativen Konfigurieren ausgegangen. Ein Beispiel für Kreatives Konfigurieren wäre der künstlerische Architekturentwurf [Fabel92]. Zu diskutieren bleibt allerdings, ob in diesem Fall der Begriff "Konfigurieren" noch zutrifft. In [Tank91] wird z.B. Konfigurieren auf den Bereich des Routine-Konfigurierens eingeschränkt.

Übertragen auf den Maschinenbau und die Konstruktionslehre könnte hier das Spektrum von der Prinzipkonstruktion, Variantenkonstruktion, Anpassungskonstruktion bis hin zur Neukonstruktion als Vergleich herangezogen werden (vgl. [Gläser93], [Kratz91]).

3. Modelle und Methoden beim Konfigurieren

Es wurden in der KI einige Techniken und Verfahren entwickelt, welche Konfigurierungsaufgaben grundsätzlich anders bearbeiten als das oben genannte schrittweise Zusammenfügen und Spezifizieren von Objekten. Aufgrund der Anwendungsproblematik – die als Konfigurieren verstanden wird – werden diese Systeme auch als Konfigurierungssysteme bezeichnet.

Aus der Konfigurierungs*beschreibung* lassen sich folgende zentrale Aufgaben für Konfigurierungs*systeme* ableiten:

- Erfassung der Aufgabenspezifikation
- Repräsentation von Objekten und ihren Eigenschaften
- Repräsentation und Auswertung von Relationen
- Steuerung der Konfigurierung (Kontrolle)

Über die Repräsentation von Objekten und auch von Relationen (Restriktionen) besteht weitgehend Klarheit. Es exisitieren hierzu verschiedene Techniken und teilweise damit verbundene technische Probleme, aber die Konzepte sind relativ gut ausgearbeitet. Z.B. Konzepthierachien zur Repräsentation von Objekten und Constraints, Funktionen oder Regeln zur Repräsentation und Auswertung der Relationen. Noch nicht so gut aufgearbeitet ist das Problem der Aufgabenspezifikation. Hier ist insbesondere die Berücksichtigung von funktionalen Anforderungen problematisch (auch bedingt durch die überwiegend objektorientierte Repräsentation der Domänen) und die Möglichkeit zur Formulierung von konkurrierenden optionalen Teilzielen.

Das zur Zeit interessanteste Thema für die Diskussion über Modelle sind die Problemlösungsmethoden und dort insbesondere die Ablaufsteuerung bei der Konfigurierung (Kontrolle). In der Modelldiskussion wird hierfür auch der Begriff *Prozeßmodelle* verwendet. Auf dem Workshop werden u.a. diskutiert:

- **Konfigurieren als Suche**

Wenn Konfigurieren als das schrittweise Zusammenfügen einer Lösung verstanden wird, dann kann dies als ein Suchproblem aufgefaßt werden. Entsprechend können die bekannten Suchverfahren der KI eingesetzt werden. So könnte z.B. eine Konfiguration mit Hilfe einer Breitensuche gefunden werden, dies ist aber aufgrund der Suchraumgröße nur für einen eingeschränkten Bereich der Konfigurierungsaufgaben sinnvoll und erfordert auch hier die Verwendung von speziellen und effizienten Techniken, z.B. ATMS und Kompilation ([Hein91], [Posthoff93]). In den meisten Fällen wird eine Tiefensuche eingesetzt, d.h. daß im wesentlichen eine Teillösung kontinuierlich schrittweise weiterentwickelt wird, wobei verschiedene Formen des Backtrackings zum Einsatz kommen könnnen (vgl. [Günter93]).

- **Strukturorientiertes Konfigurieren**

Hierbei orientiert sich die Problemlösung an der kompositionellen hierarchischen Struktur der Konfigurationsobjekte. Dies ist in vielen Systemen erkennbar [Günter91], z.B.: XCON mit Regelkontexten, Und-Oder-Bäume, hierarchische Planung mit Operatorabstraktion, Skelettpläne, Begriffshierarchie-orientierte Kontrolle von PLAKON. Die Strukturinformation hat dabei zwei Bedeutungen: (1) Die deklarative Vorgabe der Lösungsstruktur, die aus hierarchisch angeordneten Komponenten besteht und (2) die Unterstützung der Kontrolle durch die Möglichkeit sich bei der Dekomposition von Aufgaben an der Struktur zu orientieren.

In *schwach strukturierten* Domänen ist gerade diese Struktur nicht a priori gegeben, insofern sind auch die strukturorientierten Konzepte und Methoden nur schlecht einsetzbar [Dörner91].

- **Ressourcenorientiertes Konfigurieren**

Dies beruht auf folgendem elementaren Prinzip: Komponenten eines technischen Systems werden verwendet, weil sie eine Leistung bieten, die vom System als Ganzes gefordert wird, oder weil andere Komponenten des Systems diese Leistung benötigen (vgl. [Heinrich93], [Heinrich93a], [Neumann89], [Stein91]). Schnittstellen zwischen Komponenten werden durch die darüber ausgetauschten *Ressourcen* beschrieben. Gleiches gilt für die Beziehungen zwischen System und Umgebung. Zu den Ressourcen gehören technische Ressourcen wie Stromverbrauch, Speicherkapazität, aber auch kaufmännische Ressourcen wie Preis und Wartungsaufwand. Komponenten stellen eine Menge von Ressourcen bereit und verbrauchen ihrerseits Ressourcen. Eine Aufgabenspezifikation besteht darin, daß die konkrete Umgebung des gewünschten Systems als Komponente ressourcenorientiert beschrieben wird. In einem iterativen Konfigurierungsprozess werden Ressourcendefizite erkannt und sukzessive durch das Hinzufügen von Komponenten ausgeglichen (Bilanzierungsverfahren).

- **Bezüge zwischen Struktur- und Ressourcenorientiertem Konfigurieren**

In [Najmann92] werden zwei Konfigurierungsmodelle (M1, M2) beschrieben, die einen formalen Rahmen zur Beschreibung von Konfigurierungsproblemen darstellen. Wichtiges Kennzeichen ist, daß sie das zu konfigurierende technische System bzw. alle an der Konfigurierung beteiligten Objekte mit Hilfe von Funktionalitäten beschreiben. M1 erlaubt die Formulierung von Konfigurierungsproblemen, wie sie bei der Ressourcenorientierten Konfigurierung operationalisiert werden. M2 ist eine Erweiterung von M1 um eine Regelsprache. Obwohl M2 somit zusätzlich die Möglichkeit zur Beschreibung von Struktur- und Restriktionswissen besitzt (was aus Anwendungssicht oftmals adäquater sein kann), kann gezeigt werden, daß beide Ansätze bzgl. ihrer Ausdrucksstärke äquivalent sind.

- **Einteilung in Kontrolltypen**

In [Günter91] wird auf der Basis einer Analyse existierender Konzepte und Systeme sowie grundlegenden Überlegungen eine Einteilung der Vorgehensweise bei der Konfigurierung in sechs *Kontrolltypen* (Struktur-orientiert, Benutzer-orientiert, Daten-orientiert, Fall-orientiert, Starr vorgegeben und Programmierbar) vorgenommen. Die Einteilung orientiert sich an der Art und Weise wie der Konfigurierungsvorgang gesteuert werden kann und in welcher Form domänenabhängiges und -unabhängiges Kontrollwissen repräsentiert wird. Im Kontext der Modellbildung sind die Kontrolltypen als Methoden zur Steuerung der Konfigurierung anzusehen, welche jeweils auf einem bestimmten Konfigurierungsmodell basieren.

- **Konfigurieren als Auswahl (Bezüge zur Diagnostik)**

Querbezüge zwischen Diagnose und Konfigurieren existieren, wenn das Zusammensetzen der Problemlösung (Konfiguration) als ein wiederholter Auswahlvorgang betrachtet werden kann. Dies gilt insbesondere für die Problemlösungsmethode des Skelett-Konfigurierens [Puppe90], die in einer schrittweisen Auswahl in einem Und-Oder-Graphen besteht. Interaktionen zwischen den Komponenten können bis zu einer gewissen Komplexität mit heuristischen Annahmen und wissensbasierten Belief-Revision-Techniken gelöst werden. Die kritische Frage bei diesem Ansatz ist, wo die Komplexitätsgrenze liegt, wie weit somit Diagnostik-Problemlösungsmethoden für Konfigurierungsprobleme verwendbar sind.

- **Assoziative Konfigurierung**

Aufbauend auf der Sichtweise der Konfigurierung als empirische Transformation von einer Aufgabenspezifikation in eine Lösung wurde die Methode der assoziativen Konfigurierung eingeführt (s. [Hein91], [Tank91]), die Aspekte der heuristischen Klassifikation und der Constraint-Propagierung verbindet. Einschränkungen sind hierbei: hierarchische Vorstrukturierung der Objekte, endliche vordefinierte Objektmenge (ohne Parametrierung) und keinerlei Anordungsaspekte. Mit diesen Einschränkungen (vgl. Routine-Konfigurieren) lassen sich effizient Konfigurationen erstellen, obwohl eine vollständige Suche durchgeführt wird.

- **Optimierungsbasiertes Konfigurieren**

Existierende Konfigurierungssysteme sind meistens nur in der Lage eine zwar korrekte, aber nicht unbedingt optimale Lösung zu erzeugen. Wenn dies gewünscht wird, dann erfordert dies eine explizte Berücksichtigung im Konfigurierungsmodell und in den verwendeten Methoden. Zentrale Probleme sind die Repräsentation von Optimierungszielen und die Optimierung des Gesamtergebnisses in einen schrittweisen Prozeß aus Einzelentscheidungen.

- **Logikbasiertes Konfigurieren**

In [Klein91] wird ein logik-basierter Ansatz (Constructive Problem Solver) vorgestellt, welcher es ermöglicht die "typischen" Aktionen (Objektauswahl, Parametrierung, hierarische Verfeinerung) bei der Konfigurierung auf einer logischen Ebene zu beschreiben. Die Inferenzregeln basieren auf Abduktion. Die Implementation erfolgte mit Hilfe von Constraint-Verfahren.

- **Modellierung von Konfigurierungsaufgaben mit KADS.**

KADS ist eine allgemeine Methodik zur Modellierung von Expertenwissen sowie zur Entwicklung von Expertensystemen. Bisherige Arbeiten betreffen ganz überwiegend den Diagnose- und Klassifikationsbereich. Erst in letzter Zeit werden auch zum Konfigurieren Untersuchungen durchgeführt, allerdings liegen hierfür noch keine operationalisierbaren

Methoden vor. Schwerpunkte der Arbeiten sind die Abgrenzung der verschiedenen Syntheseaufgaben untereinander und die Beschreibung von Problemlösungsmethoden.

4. Zusammenfassung

Ziele der Diskussion über Modelle und Methoden beim Konfigurieren sind: Konfigurierungsaufgaben zu analyisieren, zu verstehen, Modelle und Methoden zu konzipieren, diese ggf. aufeinander abzubilden und die Methoden Entwicklern zur Verfügung zu stellen. Diese können dann in Abhängigkeit von den Charakteristika der Anwendungsdomänen die geeigneten Methoden auswählen. Einige Methoden werden in [Biundo93], [Günter91] und [Puppe90] bereits zusammenfassend vorgestellt, desweiteren gibt es viele Arbeiten zur Beschreibung einzelner Methoden (siehe Literatur). In [Dörner91] wird ein Überblick über abstrakte Konfigurierungsmodelle gegeben. In diesem Beitrag wurde eine bestimmte Terminologie verwendet, diese ist jedoch keine allseits akzeptierte. Es gibt Bestrebungen eine Terminologie für das Konfigurieren zu definieren, dies ist allerdings neben der inhaltlichen Diskussion oftmals auch eine "Glaubensfrage".

Danksagung

An diesem Beitrag haben mitgewirkt: Axel Brinkop, Hartmut Dörner, Michael Heinrich, Joachim Hertzberg, Rüdiger Klein, Norbert Kratz, Christiane Löckenhoff, Bernd Neumann, Frank Puppe, Sabine Schmitgen und Benno Stein.

Literatur

[Biundo93] Biundo,S.; Günter,A.; Hertzberg,J.; Schneeberger,J.; Tank,W..:
Planen und Konfigurieren
in: Görz,G. (Hrsg.) *Einführung in die Künstliche Intelligenz*, Addison-Wesley, S.767- 828 (1993)

[Brown89] Brown, D.C.; Chandrasekaran, B.:
Design Problem Solving
Pitman, (1989)

[Cunis91] Cunis, R.; Günter, A.; Strecker, H. (Hrsg.):
Das PLAKON-Buch
Springer, Informatik Fachberichte N° 266, (1991)

[Dörner91] Dörner, H.:
Modelle für wissensbasiertes Konfigurieren
Habilitationsschrift, Uni Halle-Wittenberg (1991)

[Fabel92] Das Fabel-Konsortium:
Fabel im Überblick
FABEL-Report Nr. 1, (1992)

[Gläser93] Gläser,H.:
Konstruktionslehre im Maschinenbau
Votrag auf einem PROKON-Projekttreffen, (1993)

[Günter91] Günter, A.:
Flexible Kontrolle in Expertensystemen zur Planung und Konfigurierung in technischen Domänen
Dissertation, Uni Hamburg (1991), auch infix-Verlag, KI-Disserationsreihe Nr. 3 (1992)

[Günter93] Günter, A.:
Verfahren zur Auflösung von Konfigurationskonflikten in Expertensystemen
in: KI 1/93, FBO-Verlag, S.16-23, (1993)

[Hein91] Hein,M.:
Effizientes Lösen von Konfigurierungsaufgaben
Dissertation TU Berlin, (1991)

[Heinrich93] Heinrich, M.; Jüngst, E.-W.:
Konfigurieren technischer Einrichtungen ausgehend von den Komponenten des technischen Prozesses: Prinzip und erste Erfahrungen
in: Puppe, F.; Günter, A. (Hrsg.): *Expertensysteme '93*, Springer, S. 98-111, (1993)

[Heinrich93a] Heinrich, M.:
Ressourcenorientiertes Konfigurireen
in: KI 1/93, FBO-Verlag Baden-Baden, S. 11-15, (1993)

[Klein91] Klein, R.:
Model Representation and Taxonomic Reasoning in Configuration Problem Solving
in: Proc. GWAI-91, Springer Informatik-Fachberichte 285, (1991)

[Kratz91] Kratz,N.:
Architektur eines wissensbasierten Systems zur Unterstützung der Konzeptionsphase in der Konstruktion
Dissertation Uni Kaiserslautern, (1991)

[McDermott82] McDermott,J.:
R1: A Rule-based Configurer of Computer Systems
in: Artificial Intelligence Vol. 19, S. 39-88 (1982)

[Najmann92] Naymann,O.; Stein,B.:
Zwei induktive Konfigurierungsmodelle
in: Beiträge zum 6. Workshop *Planen und Konfigurieren*, München, FORWISS-Report, S.: 112-121, (1992)

[Neumann89] Neumann,B.; Weiner,J.:
Anlagenkonzept und Bilanzverarbeitung
in: Beiträge zum 3. Workshop *Planen und Konfigurieren*, Berlin, GMD-Arbeitspapiere Nr. 388, (1989)

[Pfitzner93] Pfitzner,K.:
Fallbasierte Konfigurierung technischer Systeme
in: KI 1/93, FBO-Verlag Baden-Baden, S. 24-30 (1993)

[Posthoff93] Posthoff,C.:
Unschärfe beim Konfigurieren
PROKON-Memo Nr. 34, (1993)

[Prokon93] Prokon-Projekt:
Konfigurieren in PROKON und eine Terminologie
PROKON-Memo Nr. 35, (1993)

[Puppe90] Puppe, F.:
Problemlösungsmethoden in Expertensystemen
Springer Verlag, (1990)

[Richter89] Richter,M.M.:
Prinzipien der Künstlichen Intelligenz
B.G. Teubner, Stuttgart (1989)

[Stein91] Stein,B.; Weiner,J.:
MOKON: - Eine modellbasierte Entwicklungsplattform zur Konfigurierung technischer Systeme
in: Beiträge zum 5. Workshop *Planen und Konfigurieren*, Uni Hamburg, LKI-Memo, S.100-106 (1991)

[Syska91] Syska,I.:
Modulare Architekturen für Konstruktionssysteme
Dissertation Uni Hamburg 1991, auch infix-Verlag, KI-Disserationsreihe Nr. 4 (1992)

[Tank91] Tank,W.:
Modellierung von Expertise über Konfigurierungsaufgaben
Dissertation TU Berlin 1991, auch infix-Verlag, KI-Disserationsreihe Nr. 5 (1992)

Adaptivität und Benutzermodellierung in interaktiven Softwaresystemen

Alfred Kobsa, Wolfgang Pohl

AG Wissensbasierte Informationssysteme
Informationswissenschaft, Universität Konstanz
Postfach 5560-D73, D-78434 Konstanz
{kobsa,pohl}@inf-wiss.uni-konstanz.de

1 Einführung

Die Untersuchung von Möglichkeiten, wie interaktive Softwaresysteme sich an den jeweiligen Benutzer individuell anpassen können, ist in den letzten Jahren auf großes Interesse sowohl der grundlagen- als auch der anwendungsorientierten Forschung gestoßen (ein kurzer Überblick über die Zielsetzungen und bisherigen Ergebnisse findet sich in der Vortragszusammenfassung von Kobsa in diesem Band). Die Forschungskommunikation und die Verbreitung von Forschungsergebnissen fand dabei bisher hauptsächlich auf internationaler Ebene statt. Hier sind zunächst die "Workshops on User Modeling" der Jahre 1986, 1990 und 1992 zu nennen, die sich so bewährt haben, daß diese Reihe 1994 mit einer Konferenz fortgesetzt werden wird. Dazu kam 1991 ein Workshop auf der IJCAI und 1992 eine nationale Konferenz in Italien. Das zentrale Medium des Forschungsgebietes ist die internationale Zeitschrift "User Modeling and User Adapted Interaction", die seit 1991 publiziert wird. Inzwischen gibt es aber auch im deutschsprachigen Raum bereits so viele Forscher oder Forschungsgruppen auf diesem Gebiet, daß die Ausrichtung eines wissenschaftlichen Treffens dieser Gruppen sinnvoll erschien, um die gegenseitigen Arbeiten im Detail kennenzulernen und im weiteren eventuell aufeinander abstimmen zu können. Ziel des hier beschriebenen Workshops mußte folglich sein, eine in bezug auf ihre Herkunft und ihre Arbeitsgebiete möglichst gemischte Teilnehmerschaft zu versammeln.

Dieses erste Ziel wurde erreicht. Das Programm dieses Workshops umfaßt fünfzehn Beiträge von Forschern aus dreizehn Forschungsgruppen, deren Orientierung von stark KI-orientierter, grundlagennaher Forschung über KI-Anwendungen und Wirtschaftsinformatik bis hin zur Software-Ergonomie reicht. Entsprechend wird das Thema des Workshops in breiter Form abgehandelt werden: von grundlegenden Überlegungen zur Adaptivität über Techniken zum Bau adaptiver und benutzermodellierender Systeme sowohl symbolischer als auch subsymbolischer Natur, intelligente Tutorsysteme und psychologische Untersuchungen bis hin zur konkreten Anwendung von Adaptivitätstechniken, die auch in mehreren Systemvorführungen demonstriert werden. Hier ist als ein weiteres Ziel zu erkennen, konkrete Anwendungen, die bisher noch meist nur im Forschungsrahmen existieren, kennenzulernen.

Im nächsten Abschnitt werden die einzelnen Beiträge vorgestellt, und zwar in der Reihenfolge, in der sie auf dem Workshop auch vorgetragen werden. Den Abschluß dieser Zusammenfassung bilden einige Bemerkungen zu den erwarteten Ergebnissen dieses Workshops.

2 Programm

In einer ersten Sitzung werden, ein wenig auch als Einstimmung gedacht, zwei konkrete adaptive und benutzermodellierende Systeme vorgestellt. In beiden Fällen handelt es sich um ein Hilfesystem, das vorwiegend mit Plänen zur Dialogbeschreibung arbeitet. Gerhard Peter und Dietmar Rösner vom FAW Ulm werden in einem Vortrag über TECHDOC-I sprechen, ein System, das seinen Benutzer bei der Wartung von Automobilen unterstützt. TECHDOC-I verwendet ein Benutzermodell, um seine auf einen einzelnen Schritt eines Wartungsplans oder z.B. ein Werkzeug bezogenen Ausgaben an die Kenntnisse und Fähigkeiten des Systemanwenders anzupassen. Es generiert diese Ausgaben (Handlungsanweisungen, Erklärungen und Hinweise) in natürlichsprachlicher Form mittels eines mehrsprachigen Textgenerators. Von Harald Maurer, E. Mittermaier und U. Schommler, alle aus dem Fachbereich Linguistische Informationswissenschaft der Uni Regensburg, wird ComfoHelp, ein Hilfesystem für das Textverarbeitungsprogramm ComfoTex, besprochen und vorgeführt. Dieses System soll real eingesetzt und kommerziell vertrieben werden. Es verwendet deshalb ein anwendungsorientiertes Planerkennungsverfahren, das auf einer umfassenden empirischen Ermittlung aller möglichen, also auch der fehlerhaften Vorgehensweisen eines Benutzers basiert. Dadurch vermeidet das Verfahren Plangenerierungen und ist wenig aufwendig und effektiv.

Der zweite Block beschäftigt sich mit grundlegenden Überlegungen zum Thema Adaptivität und Benutzermodellierung. Cornelia Karger (Forschungszentrum Jülich) und Michael Paetau (GMD Birlinghoven, Institut für angewandte Informationstechnik, Bereich Mensch-Maschine-Kommunikation (I3.MMK)) kritisieren, daß bisherige Methoden der Benutzermodellierung die Komplexität und Dynamik von Benutzern nicht adäquat behandeln. Zum Beleg betrachten sie die Benutzermodellierung verschiedener adaptiver Systeme und untersuchen, inwieweit diese Modellierungen den Erkenntnissen von Psychologie und Soziologie standhalten. Sie halten die Modellierung des Benutzers durch die Gewinnung möglichst vollständigen Wissens für wenig aussichtsreich und schlagen als Ausweg den Übergang zu einer prozeßorientierten Software-Entwicklung vor. Uwe Malinowski (Siemens ZFE, München) und Anton Obermaier (TU München, Lehrstuhl für Mensch-Maschine-Kommunikation) haben sich ebenfalls mit existierenden adaptiven Systemen befaßt. Sie stellen drei Systeme vor, die sie miteinander vergleichen: ein System zur intelligenten Benutzerunterstützung, das sich an den Wissensstand des Benutzers anpaßt, ein System mit adaptiven Dialogboxen, das sich gemäß dem Interaktionsverhalten adaptiert, und ein System, das eine Komponente zur Akzeptanzmessung enthält. Anhand dieses Vergleichs versuchen sie, die Zusammenhänge zwischen Adaptionsarten und Benutzermodellgestaltung aufzuzeigen. Zuletzt tragen Gernoth Grunst, Reinhard Oppermann und Christoph Thomas (alle GMD Birlinghoven, I3.MMK) wichtige Ergebnisse ihrer Arbeit im Projekt SAGA vor. Dort wurde nach Wegen gesucht, gezielte Hilfe- und Individualisierungsleistungen durch Systemkomponenten zu unterstützen und dabei Adaptierbarkeit und Auto-Adaptivität zu verbinden. Außerdem wurde untersucht, inwieweit ein Benutzer- bzw. ein Benutzungsmodell zur Realisierung adaptiver Unterstützung benötigt wird. Zusätzlich zum Vortrag werden zwei implementierte Systemkonzepte, HYPLAN, eine hypermediale Hilfeumgebung aufgrund von Planerkennung, und FLEXCEL, eine Umgebung zur system-und benutzerinitiierten Anpassung der Benutzungsschnittstelle, demonstriert.

Intelligente tutorielle Systeme (ITS) bilden ein wichtiges Spezialgebiet im Bereich des Workshopthemas. Zwei Beiträge werden ganz unterschiedliche Aspekte dieses Forschungsbereichs behandeln: Knut Pitschke von der Abteilung Lehr-/Lernsysteme des Fachbereichs Informatik der Universität Oldenburg stellt einen Ansatz vor, in dem Lernende nicht relativ zu Wissen über die Domäne, sondern relativ zum Verhalten anderer Lernender, genauer gesagt zu als korrekt verifizierten Problemlösungen vorheriger Benutzer, eingestuft werden. Die Lerndomäne des vorgestellten Systems Petri-Help ist die Modellierung mit Petri-Netzen; dort ist der gewählte Ansatz besonders hilfreich, da a priori nur sehr schwer eine Domänentheorie in Form möglicher zum Entwurf von Petri-Netzen verwendbarer Pläne zu beschreiben ist. Julita Vassileva (Universität der Bundeswehr München, Institut für Technische Informatik) untersucht, ob ein Benutzermodell pädagogische Entscheidungen eines ITS z.B. über einen Eingriff in den Problemlösungsprozeß eines Lernenden unterstützen kann. In ihrer Arbeit werden beispielhaft einige Regeln aufgestellt, die im wesentlichen auf der Basis eines Modells des Wissens und der Charakteristika des Lernenden die pädagogischen Reaktionen eines Algebra-Lernsystems steuern. Außerdem stellt sie einen allgemeinen Rahmen auf, innerhalb dessen verschiedene solcher Regeln untersucht werden können, indem sie Situationen für pädagogische Entscheidungen, mögliche Reaktionen darauf und die für die Entscheidungen wichtigsten Faktoren beschreibt.

In einer weiteren Sitzung werden zwei Ansätze zur Einschätzung von Wissen und auch Interessen eines Benutzers oder Dialogpartners besprochen, die beide auf der Technik der doppelten Stereotypisierung von Chin basieren. Andreas Becker (GMD Birlinghoven, Institut I3, Forschungsbereich KI) verfolgt dabei eher einen logisch-informatischen Ansatz: In seiner Arbeit wird für die Benutzermodellierung eine lineare Ordnung von Wisseneinheiten nutzbar gemacht, die durch die Analyse von Serien individueller Benutzermodelle ermittelt wird. In dieser Ordnung findet die Verbreitung der Wissenseinheiten innerhalb der Benutzergemeinde ihren Ausdruck, weshalb sie besonders zur Einschätzung des globalen Kenntnisstandes eines Benutzers bezüglich der Domäne verwendet werden kann. Anthony Jameson und Ralf Schäfer (Universität des Saarlandes, SFB 314) besprechen, wie die Theorie der intuitiven Psychometrik, die auf der modernen psychologischen Testtheorie aufbaut, als Generalisierung des Ansatzes von Chin in einer neuen Domäne eingesetzt werden kann und welche Probleme dabei entstehen. Mit dem sogenannten Ipsometer steht ein Simulationsmodell dieser Theorie zur Verfügung. Die Autoren werden in einer Systemvorführung zeigen, wie das Dialogsystem PRACMA durch die Integration des Ipsometers, hier als Implementation der Ideen der intuitiven Psychometrik, zur probabilistischen Einschätzung des Wissensniveaus eines Benutzers und Vorhersage seiner Reaktionen sowie außerdem zur Einschätzung der Interessen des Dialogpartners befähigt wird.

In den letzten Jahren werden zunehmend komplette Shell-Systeme für die Benutzermodellierung entwickelt. Ein Beispiel dafür ist BGP-MS, das im gleichnamigen DFG-Projekt an der Universität Konstanz im Bereich Informationswissenschaft, AG Wissensbasierte Informationssysteme, entwickelt wird. Ein Schwerpunkt dieses Projekts ist die Modellierung von Benutzerwissen und -inferenzen, was sich in den drei Beiträgen niederschlägt, die aus seinem Umfeld stammen: Wolfgang Pohl versucht Möglichkeiten aufzuzeigen, wie Inferenzen in einem Benutzermodell mit verschiedenen Repräsentationskontexten (z.B. modelliertes Benutzerwissen oder Systemwissen) durchgeführt werden können, die über die einzelnen Kontexte hinausgehen. Die an solche Möglichkeiten gestellten Anforderungen betreffen die Formulierbarkeit und Verarbeitbarkeit von Beziehungen zwischen den Kontexten, die sich auf spezielle Wissenseinheiten beziehen, vor allem aber auch genereller Natur sein können. Eine prinzipielle Lösung besteht im Einsatz von Modallogik, Techniken zur Übersetzung modallogischer Formeln und Formelschemata in Prädikatenlogik und einer prädikatenlogischen Inferenzmaschine. Wolfgang Pohl, Alfred Kobsa und Oliver Kutter beschreiben eine Methode zur Unterstützung des Benutzermodellaufbaus, die die sich aus kommunikativen Akten des Mensch-Maschine-Dialogs (den sog. Dialogakten) ergebenden Primärannahmen über den Benutzer bildet. Vorbild für das Verfahren ist die Methode der Präsuppositionsanalyse, die in natürlichsprachlichen Dialogsystemen verwendet wird. Voraussetzung für seinen Einsatz ist, daß die für das Anwendungssystem relevanten Dialogakttypen zusammen mit ihren "Präsuppositionen", also die dem Dialogakt zugrundeliegenden Überzeugungen und Ziele des Benutzers, zum Entwicklungszeitpunkt bekannt gemacht werden. Dabei kann auch auf in BGP-MS vordefinierte, domänenunabhängige Dialogakte zuräckgegriffen werden. Zum Abschluß stellen Gerold Eydner und Harald Vergara die PROLOG-basierte Benutzermodellierungsshell PROTUM vor, bei der es sich um eine Verbindung und Verbesserung der Systeme GUMS (von Tim Finin) und UMT (von Brajnik und Guida) handelt. Im Gegensatz zu GUMS erlaubt PROTUM Stereotypenhierarchien mit multipler Vererbung. Dadurch entstehen bei der Zuordnung von Benutzern zu (evtl. mehreren) Stereotypen verschiedenartige Konflikte, für die Lösungswege vorgeschlagen werden. Eine zentrale Eigenschaft von PROTUM ist der Einsatz von Truth-Maintenance-Techniken zur Konsistenzverwaltung innerhalb des individuellen Benutzermodells. Damit werden sowohl Konflikte zwischen dem aktuellen Modell und hinzukommenden Annahmen gelöst als auch einmal getätigte Inferenzen zum Wiedergebrauch aufgezeichnet.

Ein weiteres Anwendungssystem wird in einem Vortrag von Stephan Roppel (ebenfalls Universität Regensburg, Linguistische Informationswissenschaft, Projekt WING-IIR) vorgestellt werden. Er beschreibt den Einsatz adaptiver Komponenten zur Optimierung der Retrievaloberfläche einer multimodalen Benutzerschnittstelle für Werkstoffinformationssysteme. Die Domäne Werkstoffinformation ist durch große Datenmengen und komplexe Datenstrukturen charakterisiert, die sich in der Komplexität der Retrievalschnittstelle widerspiegeln. Deshalb wird in einem Benutzermodell Wissen über die Interessen einzelner Benutzer bzw. von Benutzergruppen repräsentiert, das zur Vereinfachung von Interaktionsstrukturen z.B. durch die Reduzierung von Auswahloptionen eingesetzt wird. In diesem Projekt wurden bereits Forschungsbeziehungen zum Projekt BGP-MS an der Universität Konstanz angebahnt.

Die abschließende Sitzung des Workshops behandelt ein für die Benutzermodellierung noch relativ neues Thema, nämlich den Einsatz künstlicher neuronaler Netzwerke zur Erzielung adaptiven Systemverhaltens. Johannes Schwinn von der Universität Kassel, Bereich Mensch-Maschine-Systeme und Systemtheorie, stellt mögliche Architekturtypen hybrider (symbolische und subsymbolische Techniken verbindender) Benutzermodellierungskomponenten vor: Zum einen lassen sich symbolische und subsymbolische Methoden vertikal – indem sie auf verschiedenen Eben eingesetzt werden – oder horizontal – durch eine funktionale Aufteilung – miteinander verbinden. Zum zweiten kann man die verschiedenen Aufgaben einer Benutzermodellierungskomponente wie Planerkennung oder Wissensmodellierung und Inferenzen konkret den unterschiedlichen Methoden zuordnen. Als dritte Möglichkeit wird vorgeschlagen, die eher dynamischen Modelle individueller Benutzer mit subsymbolischen, die eher statischen Modelle von Benutzergruppen mit symbolischen Techniken zu realisieren. Abschließend wird ein konkretes Beispiel für eine hybride Benutzermodellierung beschrieben. Hans-Günter Lindner und Friedrich Bodendorf (Universität Erlangen-Nürnberg, Institut für Wirtschaftsinformatik) hingegen stellen ein neuronales Konzept für adaptive Anwendungen vor, von dem sie meinen, daß es andere Verfahren und Methoden nachbilden und zum Teil auch ersetzen kann. Grundbaustein dieses Konzepts ist eine auf dem ABAM (Adaptive Bidirectional Associative Memory) basierende neuronale Grundstruktur, die vom Entwickler deterministisch eingestellt werden kann und sich selbstorganisierend an das Benutzerverhalten anpaßt. Die darin enthaltenen Informationen über den Benutzer und das Anwendungssystem sind mittels Interpretation der Knoten und Verbindungen zu extrahieren. Ein Hauptbestandteil des Vortrags wird die Vorführung eines Systems zur Unterstützung des Versicherungsverkaufs sein, das durch die Verwendung des vorgestellten Konzeptes realzeitfähiges und benutzerakzeptiertes adaptives Verhalten zeigen kann.

3 Ergebnisse

Obwohl das Thema dieses Workshops ein noch eher überschaubares Forschungsgebiet darstellt, sind die Arbeiten doch so inhomogen, daß es zu keinem faßbaren abschließenden Ergebnis kommen wird. Das ist aber auch nicht als Ziel des Workshops anvisiert. Vielmehr wird der Schwerpunkt auf die Diskussionen der einzelnen Beiträge und auf Vorführungen konkreter adaptiver und benutzermodellierender Systeme gelegt. Dadurch sollen die aktiven Teilnehmer möglichst viel Gewinn und Anregungen für die Weiterführung ihrer Arbeiten davontragen und ihre Arbeiten vielleicht auch gegenseitig abstimmen können. Allen anderen Teilnehmern kann dieser Workshop einen Überblick über die deutsche Forschungslandschaft im Bereich des Workshopthemas und hoffentlich Anregungen geben, wie durch den Einsatz adaptiver Konzepte und Benutzermodellierungstechniken das Verhalten interaktiver Softwaresysteme benutzerfreundlicher und effizienter gestaltet werden kann.

Verwaltung und Verarbeitung von strukturierten Objekten

Georg Lausen
Univ. Mannheim

Kai v. Luck
FH Hamburg

Für die effektive Nutzung von Systemen der Künstlichen Intelligenz, deren Performanz ursächlich durch ihre jeweiligen Wissensbasen determiniert werden, rückt die Verwaltung der Wissensbasen immer mehr in den Vordergrund, nachdem lange nur die Ausdrucksstärke von Formalismen und die Realisierung ihrer Inferenzmechanismen die Diskussionen bestimmt haben.

Auf der anderen Seite findet im Bereich von Datenbanken eine Entwicklung hin zu Systemen statt, die komplexere Einheiten zu verwalten erlauben sowie Inferenzen (Deduktionen) über diesen Einheiten ermöglichen, ohne die schon erreichten Fähigkeiten von Datenbanken zu verlieren.

Eine Diskussion der Vertreter beider Forschungsrichtungen, wie sie seit Jahren – mehr oder minder – kontinuierlich stattfindet (s.z.B. [Karagianis 90], [Studer 92]), ist auch Gegenstand dieses Workshops. Daher wird im Folgenden nicht über Daten bzw. Wissen geredet, sondern über strukturierte Objekte.

Folgende Beiträge sind für den Workshop geplant:

Informationssysteme und Künstliche Intelligenz: Von der Integration zur Synergie
D. Karagiannis (Universität Wien)

Objekt-Beziehungen: Spezifikation und Integritätssicherung
G. Koschorreck, U. W. Lipeck (Universität Hannover)

Für komplexe Anwendungen ist es erforderlich, Beziehungen zwischen Objekten verschiedener Klassen adäquat beschreiben zu können. Ein wesentliches Charakteristikum solcher Beziehungen ist, daß das Verhalten der daran beteiligten Objekte eingeschränkt wird. Beziehungsspezifikationen werden als den Klassendefinitionen gleichberechtigt angesehen und dienen dazu, die Struktur und die Restriktionen für die beteiligten Objekte zu beschreiben. Die Integritätsbedingungen für Beziehungen sind dann an einer Stelle zusammengefaßt. Hier wird festgelegt, unter welchen Bedingungen Objekte in eine Beziehung aufgenommen werden dürfen, und andererseits, welchen Einschränkungen beteiligte Objekte unterliegen. Um eine effiziente Überwachung solcher Integritätsbedingungen zu ermöglichen, soll die Überwachung möglichst objektlokal durchgeführt werden. Zum einen können dazu Techniken der differentiellen Integritätsüberwachung angewandt werden, zum anderen ist es sinnvoll, den Methodenaufrufmechanismus für Objekte so zu modifizieren, daß je ein Objekt ein Methodenkontext existiert, der die relevanten Integritätsprüfungen für das Objekt enthält. So kann sichergestellt werden, daß bestehende Klassen auch in neue Beziehungen eingebunden werden können, ohne die Klassendefinitionen verändern zu müssen.

Datenbankbasierung eines Frame-Modells: Abbildung auf ein Objektmodell und effiziente Unterstützung komplexer Operationen

U. Reimer (Swiss Life), M. Rys, H.-J. Schek, R. Marti (ETH Zürich)

Wir skizzieren zunächst eine Erweiterung des Frame-Modells FRM, das die Repräsentation terminologischen Wissens unterstützt, um eine Logikkomponente zu einem hybriden Modell. Dazu werden jedem Frame standardmäßig die in FRM vorgesehenen Anfrage- und Änderungsoperationen als Methoden (im objektorientierten Sinn) zugeordnet. Diese Methoden können durch die in Logik formulierbaren Ableitungsregeln, Vor- und Nachbedingungen auf deklarative Weise anwendungsspezifisch erweitert bzw. eingeschränkt werden.

Der Hauptteil des Beitrags befaßt sich anschließend mit der Abbildung von Framestrukturen auf Strukturen des Objektmodells COCOON sowie mit der Abbildung zugehöriger Anfrageoperationen. Dabei werden Gemeinsamkeiten und Unterschiede von Frame- und Objektmodellen deutlich. Es wird eine formale Abbildung definiert, die Konzeptklassenbeschreibungen des Frame-Modells in Objekttypdefinitionen des Objektmodells überführt. Eine zweite Abbildung legt fest, wie Klassenbeschreibungen, die als Anfragen an eine Frame-Wissensbasis fungieren, auf Ausdrücke der Objektalgebra von COCOON abgebildet werden.

Im letzten Teil des Beitrags wird diskutiert, wie COCOON auf ein Speichersystem abzubilden ist, damit eine effiziente Ausführung von Anfrage- und Änderungsoperationen, die im Frane-System initiiert werden und als komplexe Transaktionen im Objektmodell auftreten, erreicht wird. Dabei spielen vor allem Überlegungen zur Parallelisierung von Teiltransaktionen im Rahmen eines Mehrschichtentransaktionsansatzes eine Rolle.

L-KARL und F-Logic

J. Angele, D. Fensel (Universität Karlsruhe)

Die Knowledge Acquisition and Representation Language KARL definiert eine modelltheoretische und operationale Semantik für *Models of Expertise.* Ein *Model of Expertise* ist die Spezifikation eines Expertensystems, welches dieses unabhängig von Design- und Implementierungsaspekten beschreibt. Zur Beschreibung deklarativen Wissens wird die Subsprache L-KARL und zur Beschreibung prozeduralen Wissens wird die Subsprache P-KARL angeboten.

L-KARL ist eine Modifikation der F-Logik. F-Logik integriert Objektorientierung, d.h. Frames, und Logikorientierung, d.h. modelltheoretische Semantik, in eine Sprache. F-Logik wurde deshalb als Bezugspunkt für L-KARL benutzt, da es Modellieren auf einem hohen konzeptuellen Niveau (Objekte und Frames) mit wohldefinierter und deklarativer Semantik verbindet. Andererseits wurden für L-KARL nicht alle Eigenschaften von F-Logik übernommen und Modifikationen der Modellierungsprimitive vorgenommen. Durch die Operationalisierung von L-KARL und die Entwicklung von optimierten Auswertungsalgorithmen wurden semantische Modifikationen bezüglich der Handhabung von Equalities notwendig.

Der Vortrag wird die Unterschiede von L-KARL und F-Logik und ihre jeweiligen Gründe angeben.

A logical framework for concept based information retrieval
Adrian Müller, Ulrich Thiel (GMD Darmstadt)

According to van Rijsbergen's formulation of information retrieval as an inferential process, we propose a logical framework which enables a unified modeling of users, domains, databases and retrieval techniques. For enhanced retrieval operations, e.g. concept retrieval, a semantic modelling of the domain as well as an explicit representation of the structure of the documents will be necessary. Therefore, we propose a unified approach to semantic modeling and the representation of document structures. Using a formal representation of complex objects we define syntactic and semantic relationships, which are used in an object-oriented model of multimedia documents.

Given this theory T of terms, concepts and databases and a sentence ω, which needs to be explained in terms of T. An abductive reasoning process will yield an explanation φ so that

$$T \cup \varphi \rightarrow \omega.$$

Assuming now that ω is a user defined query (i.e., an existential quantified sentence combining elements of T) and that T maps from descriptions of concepts to database access methods. Then we can rewrite the abductive reasoning process as

$$T \cup Concept \rightarrow Query,$$

thus leading to the notion of abductive information retrieval.

This approach allows a clear separation between static and dynamic aspects of T. Intrinsic properties of the underlying data and access methods will be represented as rules (modeling structured objects), whereas extensional information (e.g. indices, concept-data relationships etc.) will be re-evaluated for each access by means of procedural attachment to predicates.

Literatur

[Karagianis 90] D. Karagiannis (ed.): *Information Systems and Artificial Intelligence: Integration Aspects.* Springer-Verlag 1990.

[Studer 92] R. Studer (Hrsg.): *Informationssysteme und Künstliche Intelligenz: Modellierung.* Springer-Verlag 1992.

Maschinelles Lernen: Theoretische Ansätze und Anwendungsaspekte

Dieter Fensel (*) und Gholamreza Nakhaeizadeh (+)

(*) Institut für Angewandte Informatik und Formale Beschreibungsverfahren (AIFB)
Universität Karlsruhe, Postfach 6980, 76128 Karlsruhe, fensel@aifb.uni-karlsruhe.de

(+) Forschung und Technik Ulm, F2-D,
Daimler-Benz-AG, Postfach 2360, W-7900 Ulm, reza@fuzi.uucp

Abstract. In 21 Beiträgen werden verschiedene Aspekte des maschinellen Lernens behandelt. Erstmals wird der Ansatz der formalen Begriffsanalyse im Kontext des maschinellen Lernen diskutiert um so die Bestimmung von Gemeinsamkeiten und Unterschieden zu ermöglichen. Ein weiterer wichtiger thematischer Schwerpunkt des Workshops besteht aus der Diskussion von Anwendungen von maschinellen Lernverfahren. In acht Beiträgen werden Anwendungen im Bereich der Halbleiterproduktion, des Umweltschutzes, der Modellierung komplexer dynamischer technischer Systeme, der Wissensgewinnung zum Bau wissensbasierter Diagnose- und Planungssysteme und den Kognitionswissenschaften dokumentiert. Die Weiterentwicklung bestehender Techniken des maschinellen Lernens bzw. die Neuentwicklung von Techniken werden u.a. für die Bereiche induktives logisches Programmieren, dem Lernen von Klassifikatoren (z.B. für Zeitreihen) und für fallbasierte Ansätze diskutiert. In seiner Gesamtheit erlaubt der Workshop einen breiten Überblick über die Aktivitäten im Bereich des maschinellen Lernen.

Einleitung

Der Workshop *Maschinelles Lernen: Theoretische Ansätze und Anwendungsaspekte* setzt die Reihe der jährlichen Treffen der GI-Fachgruppe Maschinelles Lernen fort und bietet ein Forum für alle Entwickler und Anwender von maschinellen Lernverfahren. Maschinelles Lernen ist eines der ältesten Gebiete der Künstlichen Intelligenz (KI) und einer der wichtigsten Themenschwerpunkte der internationalen KI-Konferenzen. Anwendungsgebiete des maschinellen Lernens sind u.a.:

- Explorative Datenanalyse zur Entdeckung von Regelmäßigkeiten in Daten (vgl. [PSF91], [Yag92]);
- Automatische Programmierung, d.h. Synthese von Programmen aus Beispielen (vgl. [Sum77], [Mug92]), oder Effizienzsteigerung vorhandener Programme;
- Unterstützung bei der Erstellung von Wissensbasen, d.h. automatische Wissensakquisition (vgl. [KSU92], [MWK93]).

Aufgrund der vielfältigen Fragestellungen, die unter dem Begriff *maschinelles Lernen* vereint sind, ist eine das Fachgebiet charakterisierende und aussagekräftige Definition sehr schwer zu formulieren. Die meisten Ansätze im maschinellen Lernen zeichnen sich jedoch dadurch aus, daß computergestützte Verfahren oder ihnen zugrunde liegende methodische Ansätze entwickelt werden, die das induktive Schließen von einzelner Information (meist von

Beispielen) auf generalisiertes Wissen ermöglichen. Darüber hinaus gibt es jedoch auch Arbeiten im Bereich des analogen und abduktiven Schließens und der Effizienzsteigerung von Programmen oder allgemeiner der Theoriereformulierung durch deduktives Schließen. Für eine Einführung in das maschinelle Lernen siehe [Mor93]. Eine Auswahl wichtiger Veröffentlichungen ist z.B. in [ShD90] enthalten.

Im Einzelnen werden auf dem Workshop vier thematische Schwerpunkte behandelt. Der erste Schwerpunkt behandelt die formale Begriffsanalyse, die dazu benutzt werden kann aus einer Menge von Objekten begriffliches Wissen zu gewinnen. Aus den Objekten wird ein Verband von Begriffen und für jeden Begriff eine Menge von Merkmalen, welche den Begriff hinreichend und notwendig beschreibt, gewonnen. Ein zweiter Schwerpunkt des Workshops behandelt Anwendungen von maschinellen Lernverfahren. Ein dritter Themenblock umfaßt die Weiterentwicklung bzw. Neuentwicklung verschiedener Techniken des maschinellen Lernens. Die Abgrenzung der beiden zuletzt genannten Themenblöcke war dabei nicht immer eindeutig, da spezielle Techniken oft spezifische Anwendungsszenarios widerspiegeln bzw. Ausdruck von der Anstrengung sind, allgemeine Verfahren des maschinellen Lernens praxistauglich werden zu lassen. In einem vierten Themenblock werden drei Arbeiten aus dem Bereich der induktiven logischen Programmierung vorgestellt.

1 Formale Begriffsanalyse

Der erste Themenblock ist der *Formalen Begriffsanalyse* gewidmet (vgl. [GWW87]). Unter diesem Namen ist in den letzten Jahren an der TH Darmstadt ein wirkungsvolles Methodeninventar zur Behandlung begrifflichen Wissens entwickelt und erprobt worden. Eine Besonderheit dieses Ansatzes besteht in der mathematisch strengen Modell- und Theoriebildung, die sich ein klassisches Begriffsverständnis der Philosophie zum Vorbild genommen hat. In dem Vortrag von Bernhard Ganter und Monika Zickwolff wird ein bewährtes interaktives Akquisitionsverfahren (die sog. Merkmalsexploration) für begriffliches Wissen vorgestellt. Die zugrundeliegende mathematische Theorie kann dabei dafür benutzt werden, Kriterien für Vollständigkeit und Minimalität des erzeugten begrifflichen Wissens zu definieren. Dabei ist dieses Verfahren auf Merkmalslogik beschränkt. In dem Vortrag wird die Erweiterung des Verfahrens auf Prädikatenlogik gezeigt (die sog. Regelexploration) und die damit verbundenen mathematischen und algorithmischen Probleme und Anwendungen diskutiert. Das begriffliche Wissen wird dabei in Form von Regeln, d.h. Hornklauseln, behandelt.

2 Anwendungen maschineller Lernverfahren

In zwei folgenden Sitzungen werden *Anwendungen maschineller Lernverfahren* diskutiert. In insgesamt acht Beiträgen werden Anwendungen im Bereich der Halbleiterproduktion, des Umweltschutzes, der Modellierung komplexer dynamischer technischer Systeme, der wissensbasierten Diagnose und Planung und den Kognitionswissenschaften dokumentiert. Deutlich wird dabei der Umfang und die große Breite der Anwendungsfelder in denen maschinelle Lernverfahren zur Lösung praktischer Probleme verwendet werden. In dem Vortrag von Günter Seidelmann wird die Verwendung von Induktionsverfahren am Hahn-Meitner-Institut in Berlin zur Bewertung der Qualität von Halbleiterschichten während ihrer Produktion geschildert. Für die geschilderte Anwendung erweisen sich vor allem das starke Rauschen in den Daten sowie der Zwang zu einer diskreten Klasseneinteilung als problematisch. Es werden daher Defizite des verwendeten Induktionsverfahrens ID3 (vgl. [Qui84]) aufgezeigt. Für die Behandlung des Rauschens wird ein Ansatz beschrieben, der die

Klassifikationsgüte in dem Anwendungsbereich erheblich steigern konnte. In dem Vortrag von Gerd Pews und Ralph Bergmann von der Universität Kaiserslautern wird ein Ansatz zur erklärungsbasierten Ähnlichkeitsbestimmung und dessen Anwendung in den Bereichen wissensbasierte Diagnose und Planung aufgezeigt. Die Güte des fallbasierten Problemlösens wird dadurch verbessert, daß die Erklärungen dazu verwendet werden, Ähnlichkeiten zu definieren und eine Fallübertragung und -anpassung zu ermöglichen. In dem Vortrag von Ralph Steuernagel von der Universität Karlsruhe wird das Werkzeug CAKETool zur Extraktion von Wissen aus produktionstechnischen Daten vorgestellt. CAKETool ist ein graphisch-interaktives Werkzeug zur Generierung ablauffähiger Wissensbasen ausgehend von verteilten und heterogen gehaltenen Beispielsdaten. Spezifikum ist dabei, daß entsprechend der spezifischen Anwendung geeignete Lernverfahren aus einer Bibliothek von Lernverfahren ausgewählt und adaptiert werden. In dem Vortrag von Harald Hiessl und Jürgen Lang vom Institut für Systemtechnik und Innovationsforschung, Frauenhofer-Gesellschaft Karlsruhe, werden die beiden Heuristiken Gini und Entropie zum Lernen von Entscheidungsbäumen aus verrauschten Grundwasserdaten verwendet und miteinander verglichen. Die gelernten Entscheidungsbäume sollen dabei die Grundwasserbeschaffenheit eines Brunnens auf der Basis des Landnutzungstyps in seinem Eintragsbereich vorhersagen. Von Thomas Weinberger und Hubert B. Keller vom Kernforschungszentrum Karlsruhe wird ein Ansatz zur heuristischen Modellierung komplexer dynamischer technischer Systeme vorgetragen. Wissen in der Form von Ursache-Wirkungs-Beziehungen wird aus dem beobachtbaren Verhalten eines komplexen dynamischen technischen Systems und den Eingriffen eines erfahrenen Anlagenfahrers (oder eines Regelalgorithmus) abgeleitet. Das wissensbasierte System C^3R, dessen Funktionsweise auf dem Konzept der heuristischen Modellierung basiert, wird in seinem grundsätzlichen Aufbau beschrieben.

Die erfolgreiche Einsatz maschineller Lernverfahren zur Lösung von Diagnoseproblemen ist einer der am besten dokumentierten Anwendungsbereiche (vgl. u.a. [HuN93]). In dem Vortrag von Stefan K. Bamberger von der Universität Würzburg wird die Verwendung maschineller Lernverfahren für die wissensbasierte Diagnose thematisiert. Allgemein ist es die Aufgabe eines Diagnosesystems zu einer Menge von Symptomen eine oder mehrere Diagnosen aus einer vorgebenen Lösungsmenge auszuwählen. Gleichwohl unterscheiden sich die Diagnoseaufgaben bezüglich der benutzten Problemlösemethode und des dafür notwendigen Wissens. Im Bereich der Diagnose werden u.a. sichere, heuristische, modellbasierte, statistische und fallbasierte Diagnose unterschieden (vgl. [Pup93]). Um die mehrfache Erhebung von Wissen für unterschiedliche Problemlöser überflüssig zu machen, ist die Transformation einer Wissensart in eine andere von entscheidender Bedeutung. In dem Vortrag wird das System BUBE dargestellt, welches aus Abhängigkeitsprofilen zwischen Beobachtungen und Lösungen und einer Falldatenbank heuristisches Regelwissen erzeugt. In dem Vortrag von Dieter Fensel und Ute Gappa von der Universität Karlsruhe und Stefan Schewe von der Medizinischen Poliklinik München wird die Anwendung des maschinellen Lernalgorithmus RJ/JoJo (vgl. [FKN93]) im Bereich der rheumatologischen Diagnose vorgestellt. Aus Patientenbeschreibungen werden heuristische Diagnoseregeln für die Expertensystemshell MED2/CLASSIKA (vgl. [Pup93]) gelernt. Dabei werden eine ganze Reihe von Problemen exemplarisch diskutiert, die aus der praktischen Anwendung von Lernverfahren im Bereich der Diagnose erwachsen. Die Entwicklung spezieller Lernverfahren für die unterschiedlichen Teilschritte einer Problemlösungsmethode bzw. für die verschiedenen Problemlösungsmethoden, wird als eine der Voraussetzungen aufgezeigt, um maschinelles Lernen erfolgreich im Bereich des Knowledge Acquisition (Wissensgewinnung zum Bau von Expertensystemen bzw. allgemein wissensbasierter System) anzuwenden. Martin Mühlenbrock von der Universität Dortmund untersucht die Abhängigkeit des menschlichen Lernprozesses vom bereits vorhandenem Hintergrundswissen. Hierzu wurden die Erklärungen von Kindern verschiedener Alterstufen für den Tag/Nacht-Zyklus im System MOBAL repräsentiert. Mittels der formalen und operationalen Modelle wird gezeigt, wie die unterschiedlichen Vorstellungen über die Himmelskörper wie Erde, Sonne und Mond und vorhandene Begriffe für das Verschwinden und Erscheinen von Objekten die Integration neuer Information beeinflussen. MOBAL (vgl. [MWK93]) ist ein Wissenserwerbssystem, welches das maschinelle Lernen prädikatenlogischer Theorien aus Beispielen ermöglicht.

Thomas Hoppe von der Technischen Universität Berlin entwickelt in seinem Vortrag eine Klassifikation von ML-Verfahren und Entscheidungskriterien für den Einsatz dieser Verfahren. Ziel ist die Unterstützung potentieller Anwender von ML-Verfahren. Die Kriterien sollen Hilfe bei der Beantwortung der Frage geben, ob und wenn ja welche ML-Verfahren für ein gegebenes Problem geeignet sind. Der Vortrag ist als Initialzündung für weitere Aktivitäten in diesem Bereich geplant. Die Notwendigkeit eines solchen Leitfadens für potentielle Anwender zur Überwindung von Schwellenängsten wird auch gerade durch die Zusammensetzung dieses Themenschwerpunkts des Workshops deutlich. Obwohl die vorgestellten Anwendungen eine breite Palette bieten, fehlen Vorträge über erfolgreiche Anwendungen im industriellen Bereich, d.h. im Bereich außerhalb von Universitäten und Forschungseinrichtungen.

3 Spezielle Techniken des maschinellen Lernens

In den im Folgenden charakterisierten acht Beiträgen, die auf zwei Sitzungen verteilt sind, werden jeweils *Neu- bzw. Weiterentwicklung spezieller Techniken des maschinellen Lernens* diskutiert. Christel Wi[1]sotzki und Fritz Wysotzki vom Frauenhofer-Institut für Informations- und Datenverarbeitung in Berlin stellen Verfahren zur Klassifikation von Zeitreihen vor. Bei der Entwicklung von Klassifikatoren spielt die Merkmalsbildung eine zentrale Rolle. In dem vorgestellten Ansatz werden zur Merkmalsbildung die Zeitreihen durch Splinefunktionen approximiert. Die Beschreibungen dieser Splinefunktionen definieren Merkmalsvektoren, die wiederum als Input für beliebige Klassifikationsverfahren wie z.B. ID3 verwendet werden können. Barbara Schulmeister und Fritz Wysotzki vom Frauenhofer-Institut für Informations- und Datenverarbeitung in Berlin kombinieren statistische Verfahren mit Prinzipien neuronaler Netze und symbolischer Lernverfahren zum Lernen eines Klassifikators aus Beispielen. Mit Hilfe linearer Regression werden Trennebenen im Merkmalsraum bestimmt. In Abhängigkeit von den Kosten der Fehlklassifikationen dieser Ebenen wird ein Fehlerfunktional definiert und in einem zweiten Schritt mit Hilfe eines Gradientenverfahrens minimiert. Das Verfahren wendet Clusteranalyse an um inhomogene, d.h. nichtkonvexe, Klassen weiter zu unterteilen. Die Leistungsfähigkeit des Verfahrens wird an Hand einer Reihe von Datensätzen demonstriert. Svetlana Anoulova und Stefan Pölt von der Universität Dortmund stellen in ihrem Vortrag die Verallgemeinerung der Bahadur-Lazarsfeld Approximation für den nichtbinären Fall vor und wenden diesen verallgemeinerten Ansatz zur Musterklassifikation an.

Roderick Murray-Smith und Sunil Thakar von Daimler-Benz-AG Berlin stellen eine auf neuronalen Netzen basierende Technik zur Abbildung von Problemsituationen auf Problemlösungen für Anwendungen im Bereich des fallbasierten Schließens vor. Das neuronale Netz dient dazu, die Beziehung zwischen Problemsituationen und Problemlösungen zu lernen. Das Generalisieren von Fallbeschreibungen wie es vom fallbasierten Schließen benötigt wird und die Möglichkeit vager Information (Fuzzy-Logic) sind dabei unmittelbar in

1. Dies ist kein Tippfehler.

das Verfahren integriert. Auch der Vortrag von Christoph Globig und Stefan Weß von der Universität Kaiserslautern beschäftigt sich mit dem Bereich des fallbasierten Schließens bzw. Lernens. Das fallbasierte Lernen und Schließen kann ähnlich wie traditionelle symbolische Lernverfahren ID3 [Qui84] oder AQ [MMH86] zum Klassifizieren neuer Objekte auf der Basis gegebener Beispiele benutzt werden. Damit stellt sich die Frage nach den Gemeinsamkeiten und Unterschieden der beiden Ansätze. Zu diesem Zweck wird in dem Vortrag für den klassischen symbolischen Lernalgorithmus Version Space (vgl. [Mit81]) eine äquivalente, fallbasiert arbeitende Variante entwickelt. Werner Emde von der Gesellschaft für Mathematik und Datenverarbeitung (GMD) in Bonn beschäftigt sich mit dem induktiven Lernen aus wenigen Beispielen. Das Lernen von Klassifikationsregeln aus Beispielen ist ein klassisches Gebiet des maschinellen Lernens. Die Qualität der Lernresultate hängt dabei entscheidend von der Anzahl der verfügbaren Beispiele ab. Oft ergibt sich damit ein Engpaß für die erfolgreiche Anwendung von Lernverfahren. Die grundlegende Idee des vorgestellten Ansatzes ist, das Lernen aus Beispielen durch Ausnutzung von Information zu unterstützen, die aus unklassifizierten Beschreibungen von Objekten des Anwendungsbereiches ermittelt werden können. Wolfgang Müller und Fritz Wysotzki vom Frauenhofer-Institut für Informations- und Datenverarbeitung in Berlin stellen das Verfahren CAL5 vor, welches Entscheidungsbäume aus Beispielen lernt. CAL5 ist speziell für kontinuierliche Attribute entwickelt worden. Ansätze zur Berücksichtigung von Kosten und die Behandlung von stark unterrepräsentierten Klassen in den Lerndaten werden erläutert. Die Güte des Lernverfahrens wird an Hand einer Reihe von Datensätzen demonstriert. Ralph Bergmann und Wolfgang Wilke von der Universität Kaiserslautern integrieren erklärungsbasiertes und induktives Lernen um die Performanz von Planungssystemen zu verbessern. Gelöste Planungsprobleme werden mit einem wissensintensiven Verfahren abstrahiert und generalisiert. Durch einen Induktionsalgorithmus wird zusätzlich eine Abstraktionshierarchie gelernt, in der die Planungsprobleme angeordnet werden. Die gelernte Abstraktionshierarchie dient zur Klassifikation neuer Problemstellungen und unterstützt so die Auswahl einer speziellsten anwendbaren abstrakten Problemlösung.

4 Induktives Logisches Programmieren

Induktives Logisches Programmieren (vgl. [Mug93]) bezeichnet das maschinelle Lernen von logischen Programmen aus Beispielen und logischem Hintergrundwissen. Im Unterschied zu klassischen Lernverfahren wie ID3 oder AQ wird Prädikatenlogik bzw. syntaktisch beschränkte Teilmengen der Prädikatenlogik zur Repräsentation des Lernergebnisses verwandt. Auf dem Workshop befassen sich drei Beiträge mit diesem Gebiet des maschinellen Lernens. Das entscheidende Problem des logik-basierten Lernens liegt in der Größe des Hypothesenraumes. Volger Klingspor von der Universität Dortmund untersucht die Verwendung iterativer Regelschemata zur Steigerung der Effizienz prädikatenlogisch-basierter Lernverfahren. Hierbei werden die bereits vom Lernverfahren RDT[1] (vgl. [KiW92]) verwendeten Schemata generalisiert. Iterative Regelschemata sind in ihrer Länge nicht festgelegt und werden in dem vorgestellten Ansatz durch Grammatiken definiert, deren Sprachumfang zumindest die kontextfreien Sprachen umfaßt. Prinzipiell bestehen zwei Möglichkeiten, den Suchaufwand logisch-basierter Verfahren zu beschränken: Heuristische (d.h. unvollständige) Suche wie z.B. bei FOIL (vgl. [QuC93]) und Einschränkung des Hypothesenraumes wie z.B. bei RDT. Während bereits vielfältige theoretische Vergleichsergebnisse existieren vergleichen Guido Lindner und Uschi Robers von der Universität Dortmund experimentell das heuristische Durchsuchen des Lösungsraumes mit

1. RDT ist eine Teilkomponente des Systems MOBAL.

dem vollständigen Durchsuchen eines eingeschränkten Lösungsraumes an Hand zweier Testszenarios. Auch der dritte Beitrag von Irene Stahl von der Universität Stuttgart beschäftigt sich mit dem Problem der Beschränkung des Lösungsraumes für logik-basierte Lernverfahren. Einerseits muß aus Effizienzgründen der Lösungsraum zumindest bei vollständiger Suche eingeschränkt werden, andererseits können damit auch gesuchte Lösungen aus dem Raum möglicher Hypothesen ausgeschlossen werden. Enthält ein Hypothesenraum nur unvollständige oder inkonsistente Programme muß er erweitert werden, um einen Lernerfolg zu ermöglichen. Eine der Möglichkeiten der Hypothesenraumerweiterung ist die Einführung neuer Prädikate. In dem Vortrag wird ein Überblick über und eine kritische Bewertung von Methoden zur Einführung neuer Prädikate im logisch-basierten Lernen gegeben.

Danksagung

Wir danken all den Mitgliedern der GI-Fachgruppe Maschinelles Lernen, die durch ihre eingereichten Beiträge und die Begutachtung eingereichter Beiträge diesen Workshop möglich machen und so Forschung zu und Anwendung von maschinellen Lernverfahren dokumentieren helfen.

Literatur

[GWW87] B. Ganter, R. Wille und K. E. Wolff (Hrsg.): *Beiträge zur Begriffsanalyse*, B.I.-Wissenschaftsverlag, Mannheim, 1987.

[FKN93] D. Fensel, J. Klein und U. Neubronner: RJ: A System for Learning From Example. In *Proceedings of the 13th International Conference AI, Expert Systems, Natural Language (Avignon'93)*, Avignon, May 24-28, 1993.

[HuN93] K.-P. Huber und G. Nakhaeizadeh: Maschinelle Lernverfahren als Unterstützung beim Wissenserwerb von Diagnose-Expertensystemen. In *Proceedings der 2. Deutsche Tagung Expertensysteme (XPS-93)*, Hamburg, 17.-19. Februar 1993, Frank Puppe et al. (Hrsg.), *Expertensysteme 93*, Informatik aktuell, Springer-Verlag, Berlin, 1993.

[KiW92] J.-U. Kietz und S. Wrobel: Controlling the Complexity of Learning in Logic Through Syntactical and Task-oriented Models. In S. Muggleton (Hrsg.), *Inductive Logic Programming*, Academic Press, London, 1992.

[KSU92] Y. Kodratoff, D. Sleeman, M. Uszynski, K. Causse, S. Craw: Knowledge Acquisition Through Machine Learning (MLT). In L. Steels et al. (Hrsg.), *Enhancing the Knowledge Engineering Process, Contributions from ESPRIT*, North-Holland, Amsterdam, 1992.

[MMH86] R. S. Michalski, I. Mozetic, J. Hong und N. Lavrac: The Multi-Purpose Incremental Learning System AQ15 and its Testing Application to Three Medical Domains. In *Proceedings of the 5th National Conference on AI (AAAI-86)*, Philadelphia, PA, August 11-15, 1986.

[Mit81] T.M. Mitchell: Generalization as Search. In B. Webber et al. (Hrsg.), *Readings in Artificial Intelligence*, Tioga Publishinh Co., Palo Alto, 1981.

[Mor93] K. Morik: Maschinelles Lernen. In Günther Görz (Hrsg.), *Einführung in die künstliche Intelligenz*, Addison-Wesley, Bonn, 1993.

[MWK93] K. Morik, S. Wrobel, J.-U. Kietz und W. Emde: *Knowledge Acquisition and Machine Learning - Theory, Methods, and Applications*, Academic Press, London, 1993.

[Mug92] S, Muggleton (Hrsg.): *Inductive Logic Programming*, Academic Press, London, 1992.

[Mug93] S. Muggleton: Inductive Logic Programming: Derivations, Successes and Shortcomins. In *Proceedings of the European Conference on Machine Learning*

(ECML-93), Vienna, Austria, April 5-7, 1993, *Lecture Notes in Artificial Intelligence*, no 667, Springer-Verlag, Berlin, 1993.

[PSF91] G. Piatetsky-Shapiro und W. J. Frawley: *Knowledge Discovery in Databases*, AAAI Press / The MIT Press, Menlo Park, California, 1991.

[Pup93] F. Puppe: *Systematic Introduction to Expert Systems: Knowledge Representation and Problem-Solving Methods*, Springer-Verlag, Berlin, 1993.

[Qui84] J.R. Quinlan: Learning Efficient Classification Procedures and their Application to Chess End Games. In R.S. Michalski et al. (Hrsg.), *Machine Learning. An Artificial Intelligence Approach, vol 1*, Springer-Verlag, Berlin, 1984.

[QuC93] J.R. Quinlan und R. M. Cameron-Jones: FOIL: A Midterm Report. In *Proceedings of the European Conference on Machine Learning (ECML-93)*, Vienna, Austria, April 5-7, 1993, *Lecture Notes in Artificial Intelligence*, no 667, Springer-Verlag, Berlin, 1993.

[ShD90] J. W. Shavlik und T. G. Dietterich (Hrsg.): *Readings in Machine Learning*, Morgan Kaufmann Publisher, San Mateo, California, 1990.

[Sum77] P. D. Summer: A Methodology for LISP Program Construction from Examples. In *Journal of the Association for Computing Machinery*, vol 24, no 1, January 1977.

[Yag92] R. R. Yager (Hrsg.): *Special Issue Knowledge Discovery in Data- and Knowledge Bases, International Journal of Intelligent Systems*, vol 7, no 7, September 1992.

KI-Methoden in der Finanzwirtschaft

Christof Weinhardt
BWL-Wirtschaftsinformatik
Justus-Liebig-Universität
Licher Straße 60
35394 Gießen
chris@wirtschaft.uni-giessen.dbp.de

Stefan Kirn
Institut für Wirtschaftsinformatik
Westfälische Wilhelms-Universität
Grevener Straße 91
48149 Münster
KirnS@uni-muenster.de

1 Einleitung und Motivation

Die Finanzwirtschaft gehört zu den betriebswirtschaftlichen Anwendungsbereichen, in denen die Verarbeitung von Information und Wissen eine zentrale Rolle spielt. Eine Flut unternehmensinterner und kundenspezifischer Daten muß nicht nur verwaltet und an allen denkbaren Stellen des Unternehmens zur Verfügung gestellt, sondern auch für die unterschiedlichsten Fragestellungen und Zielsetzungen ausgewertet werden können.

Das verstärkte Auftreten von Non- bzw. Near-Banks im Finanzdienstleistungssektor, die erhöhte Sensibilität der Kunden, die durch Einsatz der Informationstechnik gestiegene Markttransparenz sowie die Öffnung des Europäischen Binnenmarktes bewirkten in den letzten Jahren eine deutliche Verschärfung der Wettbewerbssituation. Finanzdienstleister müssen deshalb versuchen, sich mit Hilfe von innovativen und individuellen Beratungsleistungen einen strategischen Vorteil zu verschaffen. Um dieser sehr komplexen Aufgabe gerecht werden zu können, benötigen sie eine informationstechnische Unterstützung, die nicht mehr ausschließlich auf konventionellen Methoden beruhen kann.

Folgt man beispielsweise den von Mertens durchgeführten empirischen Untersuchungen zum Einsatz von KI-Methoden, dann weisen Unternehmen des Finanzsektors insbesondere im Vergleich zu solchen des Produktionssektors ein signifikantes "KI-Defizit" auf. Während Finanzdienstleistungsunternehmen im Backoffice-Bereich zwar eine Schrittmacherfunktion beim Einsatz konventioneller Informationssysteme und von Softwaerentwicklungsmethoden übernommen hatten, setzen sie KI-Methoden auch heute noch nur in einigen wenigen Fällen praktisch ein.

Das gilt in ganz besonderem Maß für den sogenannten Frontoffice-Bereich, also den Einsatz von KI-Methoden an der "Kundenschnittstelle", z.B. zur Unterstützung der Finanzberatung. Schwabe / Dolinsky / Krcmar weisen dabei darauf hin, daß neben einigen Mißerfolgen bei Pilotprojekten und generellen Vorbehalten gegenüber neuen Technologien auch die geringe Verbreitung an Know-How sowie die mangelnde KI-Kompetenz der Mitarbeiter eine wesentliche Rolle spielen.

Ein weiterer wichtiger Grund ist sicherlich darin zu sehen, daß es bis heute weder in der KI noch in der Finanzwirtschaft eine nennenswerte domänenbezogene Diskussion von KI-Methoden gibt. Diese ist jedoch erforderlich, um KI-Methoden gezielt für eine bestimmte finanzwirtschaftliche Anwendung auswählen zu können, die Entwicklung domänenspezifischer Shells zu initiieren und voranzutreiben, oder um domänenspezifische Methoden für Verifizierung, Validierung und Test finanzwirtschaftlicher KI-Systeme bereitstellen zu können.

2 Aktuelle Entwicklungen

In jüngerer Zeit wird versucht, den oben genannten Defiziten auch auf der Ebene von Wissenschafts- und Berufsverbänden zu begegnen. Hier sind beispielsweise die Gründung der Fachgruppen *5.3.5, Wettbewerbsorientierte Informationssysteme*, und *5.4.1, Informationssysteme in der Finanzwirtschaft* im Fachbereich 5 (Wirtschaftsinformatik) der GI, oder die im Aufbau befindliche Arbeitsgruppe *"AI in Finance"* der "International Society of Applied Intelligence" zu nennen. Auch die Einrichtung des DFG-Schwerpunktprogramms *"Verteilte Systeme in der Betriebswirtschaft"* fördert gezielt KI-orientierte Forschungsprojekte im finanzwirtschaftlichen Anwendungsbereich. Alle diese berufsständischen und forschungsbezogenen Aktivitäten sind dabei durch das gemeinsame Ziel verbunden, Forschung und Entwicklung eng mit den Anforderungen der betrieblichen Praxis zu verzahnen. - Es sei angemerkt, daß die Verfasser dieses Beitrags jederzeit gerne auch für Fragen zu den angesprochenen Aktivitäten zur Verfügung stehen.

Der Workshop "KI-Methoden in der Finanzwirtschaft" wird gemeinsam von der Arbeitsgruppe "AI in Finance" der "International Society of Applied Intelligence" sowie den Fachbereichen 1 (KI) und 5 (Wirtschaftsinformatik) organisiert. Im Mittelpunkt der Veranstaltung steht die Diskussion von KI-Methoden und -Werkzeugen im Kontext finanzwirtschaftlicher Applikationen. In diesem Sinn wendet sich der in den Anwenderkongress der KI-Fachtagung eingebettete Workshop sowohl an Praktiker als auch an Wissenschaftler, um in einer möglichst breiten Diskussion den oben genannten Fragen nachgehen zu können.

3 Die Themenschwerpunkte

Der Workshop bietet zwei thematische Schwerpunkte:

1) Im ersten Teil des Workshop werden kooperative intelligente Problemlösungssysteme betrachtet. Anhand von Beratungsvorgängen wird untersucht, auf welche Weise und in welchem Umfang kooperative intelligente Systeme das an der "Kundenschnittstelle" verfügbare Beratungs-Know How erweitern und vertiefen können. Zusätzlich wird eine verteilte KI-Anwendung für das interne Rechnungswesen vorgestellt. Dieser Teil des Workshops schließt mit einer Paneldiskussion, in der das Potential von Methoden der KI zur Verbesserung der Wettbewerbssituation von Finanzdienstleistern diskutiert wird.

2) Im zweiten Teil des Workshops werden klassische KI-Themen, wie Deduktion, Problemlösungsmethoden, Maschinelles Lernen und Neuronale Netze behandelt. Am

Beispiel unterschiedlicher finanzwirtschaftlicher Anwendungen wird diskutiert, welchen Beitrag die jeweiligen KI-Techniken und / oder -Werkzeuge zur Lösung anwendungsspezifischer Probleme leisten können. Dabei wird auch untersucht, welche Vor- und Nachteile KI-Ansätze gegenüber den heute überwiegend eingesetzten konventionellen Verfahren aufweisen.

Damit leistet der Workshop einen anwendungsbezogenen Beitrag zur Methodendiskussion und -evaluation innerhalb der KI.

4 Die Beiträge im Überblick

4.1 Teil I: Methoden der Verteilten KI in der Finanzwirtschaft

Im ersten Beitrag stellen Berkau / Scheer eine Verteilte KI-Anwendung im internen Rechnungswesen vor, die gleichermaßen für Finanzdienstleister wie auch für andere Unternehmen relevant ist. Gerade im Finanzdienstleistungssektor gibt es verstärkt Bemühungen, angefallene Kosten verursachungsgerecht zuzuordnen. Zwei Gründe motivieren den Einsatz von KI-Systemen im Rechnungswesen: Hohes Datenvolumen und die Notwendigkeit, Kostenrechnungsmethoden durch Erfahrungswissen zu unterstützen. Gerade der letztgenannte Aspekt beinhaltet wegen der Tendenz zur Dezentralisierung und wegen des Einsatzes unzureichend fundierter Kostenrechnungsmethoden ein hohes Unterstützungspotential. Es wird gezeigt, auf welche Weise KI-Methoden dazu beitragen können, die Nutzenpotentiale der Prozeßkostenrechnung in betriebswirtschaftliche Anwendungen zu transformieren. Aufgrund des abteilungsübergreifenden Charakters der Prozeßkostenrechnung ist das beschriebene System verteilt konzipiert; die abteilungsspezifischen KI-Systeme werden über einen aktiven Blackboardansatz koordiniert.

König / Römer / Sandbiller / Will behandeln im zweiten Beitrag ein verteiltes Problemlösungssystem für die Allfinanz-Kundenberatung. Dabei geht es darum, gute Lösungen für finanzwirtschaftliche Probleme als Kombinationen mehrerer Finanzprodukte aus unterschiedlichen Domänen zu generieren. Will ein Finanzdienstleister solche Lösungen anbieten, muß er in der Regel verteilt vorliegendes Domänenwissen während des Problemlösungsprozesses logisch integrieren. Das vorgestellte verteilte Problemlösungssystem dient zur Unterstützung der Erstellung von Allfinanzangeboten. Dazu werden zunächst in einem Szenario Charakteristika des zugrundeliegenden verteilten Problemlösungsprozesses ermittelt, um anschließend die darauf aufbauende Konzeption eines Blackboardsystems darzustellen.

In einem verwandten Bereich legt Gröling ein etwas stärkeres Augenmerk auf Aspekte der Systementwicklung und des Werkzeugzeugeinsatzes: Während oben sowohl Finanzierungs- als auch Anlageprobleme und sogenannte gemischte Probleme betrachtet werden, steht hier die Kapitalanlage als komplexes Beratungsproblem im Mittelpunkt. Sie schließt die Nutzung inhärent verteilter, unabhängig voneinander entstandener Wissensquellen ein. Wesentliches Ziel eines Beratungsvorganges muß es sein, die Kundenpräferenzen den aktuellen Möglichkeiten des Marktes entsprechend zu befriedigen. Zu diesem Zweck wurde ein Blackboard-basiertes Kapitalanlage-Beratungssystem entwickelt. Dieses unterstützt den Anlageberater durch fallbezogene Erschließung von in physisch verteilten Systemen verfügbarem Wissen über verschiedene Anlagealternativen sowie über die an dem Kundenprofil orientierte Steuerung des Beratungsvorgangs. Die Wissensquellen zeichnen sich dabei dadurch aus, daß sie zunächst für den lokalen Einsatz bei dem jeweiligen Anlagespezialisten entwickelt wurden und dort auch zur Verfügung stehen, gleichzeitig aber auch als "Knowledge Source" des Blackboard-basierten Systems genutzt werden können.

Ebenfalls auf die Unterstützung der Anlageberatung zielt der Beitrag von Heissel / Müller-Wünsch: Die Autoren sprechen von "Teamarbeit in kooperierenden Organisationseinheiten" und wollen diese durch verteilte wissensbasierte Systeme unterstützen. Um als "Mitspieler" im sich verändernden Wettbewerb überlebensfähig zu bleiben, sind viele Banken darauf angewiesen, ihre Marktposition durch Unternehmenskooperationen abzusichern. Unter dem Schlagwort "Allfinanz" finden deshalb zwischen Banken und Versicherungen Kooperationen statt, die bei räumlich getrennter Teamarbeit sinnvoll durch verteilte wissensbasierte Systeme unterstützt werden können. Anhand einer Beispielanwendung wird ein Multi-Agenten-System beschrieben, das auf der Architektur MAGIC basiert. Diese Architektur eignet sich generell für verteilte Beratungsprobleme und stellt in diesem Sinn eine domänenspezifische Shell für verteilte Systeme dar.

Im letzten Beitrag des ersten Workshopabschnitts behandeln Mack / Weinhardt einen weiteren speziellen Aspekt der Anlageberatung. Fragen der "intelligenten" Kombination unterschiedlicher Anlagegeschäfte sind hier nur ein Aspekt für die Entwicklung eines Multi-Agenten-Systems (MAS). Diese bieten sich generell für eine informationstechnische Unterstützung von Angebotsprozessen einer Bank an, denn sie erlauben, physisch verteilt vorliegendes Fachwissen einzelner Produktbereiche zu integrieren und dabei gleichzeitig die positiven Effekte einer gewünschten logischen Verteilung zu nutzen. Vereinfachend läßt sich jedes Anlageprodukt einer Bank - sogar jeder für ein Anlageprodukt zuständige Geschäftsbereich - als Wertpapier auffassen. Solche als autonome Agenten modellierte "intelligente Wertpapiere" bilden zusammen mit den für die Durchsetzung globaler Strategien verantwortlichen Bank- und Kunden-Agenten das in diesem Beitrag formal dargestellte MAS. Der vorgestellte Formalismus zeigt, wie unter Verwendung spieltheoretischer und ökonomischer Konzepte das Verhalten der Agenten aus dem Gesamtverhalten des Systems heraus erklärt werden kann.

4.2 Teil II: "Klassische" KI-Methoden in finanzwirtschaftlichen Anwendungen

Im ersten Beitrag dieses Abschnitts präsentiert Poddig eine Untersuchung aus dem Bereich Neuronaler Netzwerke (NN). Eines der Kernprobleme bei der Anwendung von NN in der Finanzwirtschaft, z.B. bei Kursprognosen, besteht in dem Problem der geringen Datenmengen. Um hier zu einer brauchbaren Generalisierungsfähigkeit des NN zu gelangen, bedarf es spezieller Methoden. Ein aus der empirischen Sozialforschung bekanntes Verfahren ist der Jackknife-Ansatz. Poddig wendet diesen auf das Multilayer-Perceptron an und untersucht die Leistungsfähigkeit des Verfahrens in zwei Laborexperimenten und einem realen Anwendungsproblem. Dabei wird der Jackknife-Ansatz mit den Ergebnissen dreier verschiedener Pruning-Verfahren verglichen.

Im folgenden Beitrag behandelt Nackhaeizadeh "machine learning" und diskutiert alternative Methoden des Lernen aus Beispielen in Anwendungen zur Aktienkursprognose sowie zur Bonitätsprüfung im Kreditgeschäft. Auch hier zeigt sich, daß die domänengerechte Verwendung von KI-Methoden finanzwirtschaftliche Anwendungen signifikant unterstützen kann.

Detloff / Weinhardt diskutieren die Integration der u.a. bei Puppe beschriebenen Problemlösungsmethoden in einem Informationssystem zur Unterstützung einer innovativen Finanzierungsberatung. Für die Finanzierung von Mobilien und Immobilien allgemein kommt Leasing nicht nur am deutschen, sondern auch am europäischen Markt eine wachsende Rolle zu. Ausgehend von einem wissensbasierten Entscheidungsunterstützungssystem FES zur Finanzierungsberatung wird die Integration verschiedener Problemlösungsmethoden zu einem hybriden Klassifikations- und Konstruktionsansatz vorgestellt. Es wird dabei deutlich, wie für gewisse Teilprobleme der Beratung die jeweils adäquate Problemlösungsmethode in einem solchen System zum Einsatz kommt, um einerseits innovative aber auch vorteilhafte und akzeptable Finanzierungsvorschläge generieren zu können.

Innovation ist auch ein wichtiges Schlagwort im letzten Beitrag des Workshops: Stickel beschreibt die Konzeption eines wissensbasierten Systems zur Unterstützung der Produktentwicklung in Kreditinstituten. Bedingt durch steigenden Wettbewerbsdruck wächst der Bedarf, Kreditinstituten leistungsfähige DV-Systeme zur Unterstützung des Produktentwicklungsprozesses zur Verfügung zu stellen. Diese Systeme müssen die heute immer noch sehr häufig anzutreffenden Spartengrenzen überwinden. Nur dadurch kann die Entwicklung innovativer Produkte ermöglicht werden. In dem Beitrag wird ein System beschrieben, das es dem Produktmanager ermöglicht, interaktiv sogenannte Produktrahmen zu generieren. Dazu wird das Datenmodell, der Aufbau der Wissensbasis und die Architektur des Systems vorgestellt. Durch Vorgabe von Anforderungen sollen durch das System weitgehend 'automatisch' neue Produktrahmen generiert werden können.

Abschließend sei vermerkt, daß alle Workshopbeiträge in Langfassung vorliegen und in einem Discussion Paper der Universität Gießen, BWL/Wirtschaftsinformatik zusammengefaßt wurden.

Die Bedeutung kognitionswissenschaftlicher Erkenntnisse für die automatische Sprachgenerierung

Organisationskomitee:

Michael Herweg
Universität Hamburg
Fachbereich Informatik
Bodenstedtstr. 16
22765 Hamburg
040 / 4123-6111
herweg@rz.informatik.uni-hamburg.dbp.de

Wolfgang Hoeppner
Universität Duisburg
Fachbereich 3 Computerlinguistik
Lotharstr. 65
47048 Duisburg
0203 / 379 2006
he232ho@unidui.uni-duisburg.de

Helmut Horacek
Universität Bielefeld
Fakultät für Linguistik und Literaturwissenschaft
Universitätsstr. 25
33615 Bielefeld
0521 / 106 3678
horacek@techfak.uni-bielefeld.de

Jutta Kreyß
Universität Hamburg
Graduiertenkolleg „Kognitionswissenschaft“
Bodenstedtstr. 16
22765 Hamburg
040 / 4123-6153
kreyss@informatik.uni-hamburg.de

Hans-Joachim Novak
IBM-Deutschland Entwicklungs Gmbh
AE SAT/7030-91
71003 Böblingen
07031 / 16 - 6269
novak@vnet.ibm.com

In diesem Workshop sollen die Zielsetzungen der automatischen Sprachgenerierung und der Kognitionswissenschaft in Beziehung zueinander gesetzt und gegenseitiges Verständnis für die Probleme und Methoden entwickelt werden.

Der Gegenstand der Kognitionswissenschaft ist im weitesten Sinne der menschliche Geist. Sie befaßt sich mit den kognitiven, kommunikativen und perzeptiven Fähigkeiten des Menschen. Ein zentrales Problem der Kognitionswissenschaft bildet die Untersuchung der Frage, wann jemand als kompetenter Sprecher einer Sprache gilt. Teilantworten auf diese Frage werden dabei interdisziplinär in der Psychologie, Philosophie, Informatik und Sprachwissenschaft gesucht.

In der automatischen Sprachgenerierung wird angestrebt, daß ein System ein kommunikatives Ziel mit sprachlichen Mitteln realisiert, etwa „Gib dem Benutzer eine angemessene Wegauskunft“. Dabei soll das System nach Möglichkeit die Kommunikationssituation, den Diskurstyp und auch Wissen über den Benutzer berücksichtigen. Da ein Generator häufig als Teil eines umfangreicheren Systems aufgenommen wird, damit dessen Transparenz und Benutzerfreundlichkeit erhöht wird, stellt die Performanz eines Generierungssystems ein wichtiges Kriterium für die Untersuchung der eingesetzten Sprachproduktionsverfahren dar. Tritt dagegen die Performanz als Kriterium bei der automatischen Generierung in den Hintergrund, sind die Bezüge zu den Fragestellungen der kognitionswissenschaftlichen Sprachgenerierungsforschung offensichtlich.

Der Einfluß kognitionswissenschaftlicher Erkenntnisse bei der Erstellung operationaler Modelle zur Sprachgenerierung schwankt sehr, z.B. in den Auswirkungen auf die Architektur und das Ausgabeverhalten von Systemen betrifft. Der Einfluß reicht von der Berücksichtigung experimentell ermittelter Präferenzen menschlicher Sprecher in Auswahlprozessen von Systemen (z.B. [Dale und Reiter, 1992] bei der Generierung definiter Nominalphrasen) über die Motivation für Eigenschaften von Architekturen (wie Inkrementalität und Parallelität in [Reithinger, 1992]) bishin zur von kognitiver Plausibilität bestimmten Architektur eines gesamten Systems [Kempen und Hoenkamp, 1987; De Smedt, 1990].

Obwohl das Gebiet der Sprachgenerierung von seinem Verständnis her grundlegend interdisziplinär ist (siehe den Sammelband [Zock und Sabah, 1988]), haben kognitionswissenschaftliche Erkenntnisse insgesamt gesehen jedoch einen eher geringen Einfluß auf die von Performanzkriterien dominierte Entwicklung operationaler Systeme. Zum Teil liegt dies daran, daß in den empirischen Wissenschaften dem Verstehensprozeß erheblich mehr Aufmerksamkeit gewidmet wird als der menschlichen Sprachproduktion. Zwar haben Erkenntnisse über den sprachlichen Verstehensprozeß durchaus Bedeutung für Sprachproduktionsmodelle, aber sie können nur einen begrenzten Beitrag z.B. für die Integration von Antizipationsrückkopplungsschleifen in Architekturen [Yazdani, 1987] liefern.

In konkreten Realisierungen allerdings ist die Integration von Sprachverstehensprozessen jedoch auf bestimmte Teilphänomene wie die Identifikation von Referenzobjekten [Jameson und Wahlster, 1982] und die Berücksichtigung bestimmter Arten von Inferenzen [Horacek, 1991] beschränkt. Beim Erkennen von potentiellen Verständnisproblemen existieren für die genannten Phänomene relativ einfache, lokale Korrekturstrategien. Bei anderen Phänomenen wie z.B. strukturellen Ambiguitäten würde dagegen eine geeignete Korrektur Auswirkungen auf den gesamten Generierungsvorgang besitzen. Mit Antizipations-Rückkopplungsschleifen wird also keineswegs der gesamte Verstehensprozeß erfaßt, der in der Kognitionswissenschaft im Sinne von [Johnson-Laird, 1983] als durch linguistische Information gesteuerter Aufbau mentaler Modelle betrachtet wird [Granham und Oakhill, 1992].

Empirische Arbeiten im Bereich der Sprachproduktion beschränken sich traditionellerweise auf die Untersuchung von Fehlverhalten wie Aphasie und Versprechern. Aus bestimmten Regelmäßigkeiten des Auftretens von Fehlverhalten, was durchaus auch sprachspezifische Beobachtungen umfassen kann (etwa in [Garcia und del Viso, 1989]), können plausible Rückschlüsse auf Stufen von Repräsentationen und Prozessen gezogen werden. Die Mehrzahl der vorgeschlagenen Modelle beschränken sich allerdings auf Einzelsatzproduktion (z.B. [Garrett, 1980]). Es existieren nur relativ wenige Modelle, die auch satzübergreifende Phänomene erfassen. Das Modell von [Levelt, 1989] bildet eine der wenigen Ausnahmen. Die satzübergreifenden Modelle dienen der Beschreibung des mentalen Prozesses, der von der Absicht, eine 'Idee' auszudrücken, bis zu ihrer Realisierung in Form von sprachlichen Äußerungen reicht. Es gibt empirische Evidenz dafür, daß dieser Prozeß in mehreren Produktionsstufen ablauft, was auch in die meisten Modellen aufgenommen wird. Es gibt auch Hinweise für eine Interaktion zwischen den Produktionsstufen. Diese Annahme wird aber kaum in den bekannten kognitiven Modellen berücksichtigt. Je nach Produktionsstufe werden unterschiedliche Planungseinheiten angenommen, typischerweise in den Bereichen Semantik, Syntax und Phonologie/Prosodie. Da sich einzelne Modelle in den Annahmen über Produktionsstufen unterscheiden, hat dies auch Auswirkung auf die Annahmen über entsprechende Planungseinheiten. Im weiteren wird zwischen automatischen und kontrollierten Prozessen in der gesamten Verarbeitung unterschieden, was Auswirkungen auf Annahmen über Parallelität und Sequentialität von Teilprozessen hat. [Levelt, 1989] geht z.B. davon aus, daß mehrere automatische Prozesse parallel ablaufen können, eventuell sogar gleichzeitig mit einem kontrollierten Prozeß.

Generell läßt sich jedoch feststellen, daß die derzeit verfügbaren kognitiven Modelle zu unpräzise formuliert sind, um konkrete Kriterien für den Aufbau von Generierungssystemen zu liefern und Grundlagen für Entscheidungen in deren Ablauf beizusteuern. Eine Ausnahme bilden in dieser Hinsicht die Arbeiten zur Objektbenennung von [Pechmann, 1989], die einen kleinen, aber wichtigen Bereich abdecken und entscheidenden Einfluß auf Verfahren zur automatischen Generierung von Objektbenennungen ausgeübt haben. [Dale, 1989] und [Reiter, 1990] haben technisch motivierte Verfahren zur Auswahl von Attributen für eindeutige Objektbeschreibungen entwickelt, die auf jeweils unterschiedlicher

Interpretation der Optimalitätsforderung nach möglichst geringer Anzahl von Attributen in den erzeugten Beschreibungen beruhen. Dabei erweist sich das Verfahren von Reiter, das in jedem Fall die Erzeugung minimaler Beschreibungen garantiert, als NP-vollständig. Für ein verallgemeinertes, in der Minimalitätsforderung weniger striktes Verfahren von [Dale und Haddock, 1991] wurde polynomiale Komplexität nachgewiesen. Diese Entwicklung gipfelte in dem kognitiv motivierten, in linearer Zeit berechenbaren Verfahren von [Dale und Reiter, 1992], das den Untersuchungen von Pechmann Rechnung trägt. Weiterhin berücksichtigt das Verfahren die psychologischen Erkenntnisse über den von Menschen präferierten Gebrauch von "basic level" Kategorien wie „Hund", „Tisch" [Rosch, 1978], bei der Auswahl von Objekttypbenennungen. Es bleibt zu hoffen, daß eine ähnlich fruchtbare und intensive Beeinflussung zwischen Kognitionswissenschaft und automatischer Sprachgenerierung auch in anderen Bereichen der Sprachproduktion entsteht, wozu auch dieser Workshop beitragen soll.

In diesem Workshop soll anhand folgender Leitfragen untersucht werden, wie die Forschungsergebnisse und Methoden aus der Kognitionswissenschaft für die automatische Sprachgenerierung fruchtbar gemacht werden können:

- Welche Evidenz für die Plausibilität von Architekturkonzepten bieten kognitionswissenschaftliche Erkenntnisse? Wie beeinflussen sie die Organisation eines maschinellen Sprachprozesses, und welchen Nutzen haben sie für die Sprachverarbeitung?
- Welche Evidenz gibt es für Präferenzen und Konventionen, die Menschen bei der Sprachverarbeitung verwenden? Wie sind daraus Entscheidungskriterien abzuleiten, die in der automatischen Sprachgenerierung eingesetzt werden können?
- Wie können die Ergebnisse aus der Kognitionswissenschaft (besser) für die automatische Sprachverarbeitung zugänglich gemacht werden? Welche Anliegen gibt es zur Wahl von Experimenten und Fragestellungen, zur Aufbereitung und Interpretation von Ergebnissen?
- Wie werden Verfahren und Ergebnisse aus dem Bereich der automatischen Sprachgenerierung aus kognitionswissenschaftlicher Sicht bewertet?

Workshopgliederung Der Workshop setzt sich aus zwei Überblicksvorträgen, drei themenspezifischen Workshopblöcken, wobei jeder Workshopblock durch ein kommentierendes Koreferat zur Diskussion gestellt wird, und zwei Plenumsdiskussionen zusammen. Im ersten Block wird in drei Arbeiten die Frage behandelt, inwieweit kognitionswissenschaftliche Prozeßmodelle den Systemarchitekturen von Sprachgeneratoren entsprechen bzw. welche Erkenntnisse aus empirischen Ansätzen für den Aufbau von Sprachgenerierungskomponenten übernommen werden können („Architekturen zur Inhaltsplanung"). Mit dem Thema „Wortwahl" befassen sich zwei Arbeiten im zweiten Block und tragen damit zur Diskussion über die Schnittstelle zwischen Inhaltsplanung und Formbestimmung bei („Lexikalisierung"). Im letzten Block - wiederum aus drei Arbeiten bestehend - wird der Übergang zwischen sprachunspezifischen und sprachspezifischen Verarbeitungsabschnitten in der Generierung thematisiert. Die einzelnen Beiträge sollen im folgenden kurz skizziert werden.

Überblicksvorträge Um die Zusammenhänge zwischen den Vortragsblöcken zu thematisieren, werden Giesela Redeker (Universität Tilburg) zum Thema „Kognitive und linguistische Aspekte der Textorganisation" und Gerard Kempen (Universität Leiden) zum Thema „Die Architektur des Sprechens" vortragen. Redeker wird auf dem Gebiet der Textorganisation folgende interessante Berührungspunkte zwischen Kognitionswissenschaft und automatischer Sprachgenerierung bzw. -verarbeitung aufzeigen:

- Wie werden globale Strukturen ('Macro-' und 'Superstrukturen') und Rhetorische Schemata durch die Informationsselektion und Linearisierung mitbestimmt?
- Wie können globale und lokale Kohärenzbeziehungen durch meta-kommunikative Strukturierung ("advance organizers" usw.) und durch "Discourse Operatoren" markiert werden?
- Wie kann thematische Organisation und Chunking stattfinden, wobei insbesondere Wahl und Plazierung (pro)nominaler Ausdrücke eine Rolle spielen?

Zu diesen Themen wird Redeker einige Ansätze und Befunde aus der Kognitionswissenschaft bzw. Textlinguistik skizzieren und ihre Relevanz und Anwendbarkeit in der automatischen Sprachgenerierung diskutieren.

Kempen geht in seinem Vortrag „Die Architektur des Sprechens" auf neuere psycholinguistische Befunde für das Design eines natürlichsprachlichen Generierungssystems ein:

Experimentelle und theoretische Untersuchungen innerhalb der Psycholinguistik haben in den letzten Jahren eine Fülle von Befunden zu den Sprachproduktionsprozessen des Menschen hervorgebracht. W. Levelt gibt in seiner einschlägigen Monographie „Speaking: from intention to articulation" einen detaillierten Überblick über diese Prozesse auf dem Forschungsstand von 1988/89. Kempen thematisiert in seinem Vortrag, welche neuen Ergebnisse die Forschung der letzten fünf Jahre vorweisen kann. Er wird sich schwerpunktmäßig mit den Fragen zur Sprachproduktion auf der Satzebene befassen, die möglicherweise relevant für das Design eines Generierungssystems sind. Folgende Fragen sollen diskutiert werden:

Die Hypothese einer modularen Architektur mit einem unidirektionalen und absteigenden Datenfluß, vom Konzeptualisierer über die grammatische Enkodierung bis zu den phonologischen Enkodierungsregeln, schließt einen aufsteigenden Informationsfluß aus. Grammatikalische Regeln zur Pronominalisierung und zu Anaphern erlegen jedoch der Form referentieller Ausdrücke Einschränkungen auf und restringieren dadurch auch die Inhalte der präverbalen Botschaft. Ist diese Beobachtung verträglich mit der ursprünglichen Hypothese?

Experimentelle Befunde zur Bildbenennung sprechen stark für eine Eins-zu-eins-Korrespondenz zwischen Konzepten und Lemmata und für eine dreistufige Verarbeitung bei der Lexikalisierung (Wortwahl): von den Konzepten über die Lemmata zu den Lexemen [Roelofs, 1992; Roelofs, 1993]. Wenn die präverbale Botschaft tatsächlich konzeptueller Natur ist, impliziert dies, daß die Lexikalisierung eher durch den Konzeptualisierer als durch die grammatische Enkodierung kontrolliert wird (und Botschaften, die vom Konzeptualisierer zugestellt werden, können nicht länger als „prä"-verbal bezeichnet werden)? Die Wörter müssen aber grammatikalisch kompatibel sein. Deswegen stellt sich die Frage: Können wir die Annahme aufrecht erhalten, daß der Konzeptualisierer keinen Zugang zu grammatikalischen Regeln hat?

Die Hypothese der „Perzeptuellen Schleife" besagt, daß Selbstbeobachtung („Self-monitoring") bzgl. syntaktischer und lexikalischer Fehler Mechanismen betrifft, die ein Sprecher normalerweise für das Verstehen von Sprache verwendet. Dies scheint zu implizieren, daß unser kognitives System über zwei syntaktische Prozessoren verfügt und eventuell auch über zwei Lexika: eines für die Produktion und eines für das Verstehen von Sprache. Ist dies eine wünschenswerte und / oder notwendige Konklusion? Wäre es möglich, einen syntaktischen und lexikalischen Prozessor zu konstruieren, der beide Funktionen gleichzeitig erfüllt (d.h. einen reversiblen Prozessor)?

Psycholinguisten neigen dazu anzunehmen, daß die Intonationskonturen vom phonologischen Enkodierer berechnet werden. Diese Konturen spiegeln sowohl die syntaktischen als auch die semantischen Merkmale einer Äußerung wider. Impliziert dies, daß der phonologische Enkodierer direkten Zugriff nicht nur auf den grammatischen Enkodierer, sondern auch auf den Konzeptualisierer hat?

Im folgenden werden die einzelnen Vorträge der Workshopblöcke vorgestellt.

„Architekturen zur Inhaltsplanung" Kornelia Peters (Universität Bielefeld) diskutiert in ihrem Vortrag „Das Textgenerierungssystem KLEIST im Vergleich mit psycholinguistischen Sprachproduktionsmethoden" die Unterschiede zwischen mehreren empirischen Untersuchungen zur menschlichen Sprachproduktion und dem implementierten Sprachgenerierungssystem KLEIST, das Wegbeschreibungen erzeugt. Es zeigt sich hier, daß Aspekte eines inkrementellen Generierungsprinzips auch in diesem System enthalten sind. Gegenüber den psycholinguistischen Modellen sind im System jedoch Vereinfachungen enthalten, die teilweise auf Effizienzüberlegungen gegründet sind. So ist beispielsweise Wissen über die Gesprächssituation in KLEIST von vornherein festgelegt. Ähnliches gilt für die Planung der zu übermittelnden Inhalte, z.B. den Prozeß der Wegsuche. Allerdings sind kognitiv adäquate Lösungen denkbar, die in eine erweiterte Version des Systems eingehen können.

Jutta Kreyß (Universität Hamburg) stellt in ihrer Arbeit „Vom Textverstehen zur Textplanung: 5 Schritte auf dem Weg zu einem kognitiv motivierten Inhaltsplanungsverfahren" den Antizipationseffekt der Sprachgenerierung in den Vordergrund. Die Untersuchung der Frage, inwieweit ein Sprecher den Einfluß einer geplanten Äußerung auf den Hörer antizipieren kann, wird als zentrale Herausforderung an ein Generierungssystem angesehen. Hieraus werden Leitlinien für die Entwicklung von Generierungssystemen abgeleitet, die in fünf Stufen von der Wahl eines Textverstehensansatzes bis hin zur Implementation führen. Dieses zunächst theoretisch eingeführte und motivierte Entwicklungsmodell wird dann durch das Forschungsprojekt der Autorin illustriert. Es geht dabei um Mechanismen der Aufmerksamkeitssteuerung am Beispiel von Rundfunkwerbetexten. Erwartungen des Hörers werden dabei gezielt verletzt, um so seine Aufmerksamkeit auf bestimmte Inhalte zu lenken.

Im dritten Beitrag des „Architekturenblocks" untersucht Elisabeth Maier (IRST, Trento) die Rolle empirischer Erkenntnisse für die maschinelle Sprachgenerierung. Sie konzentriert sich hierbei in erster Linie auf die Wissensquellen eines Generierungssystems und auf die Beziehungen zwischen den Elementen verschiedener Wissensquellen. In diesem Beitrag wird deutlich, daß Entwurfskriterien für Generierungssysteme aus empirischen Untersuchungen stammen, daß sich aber auch aus der Systementwicklung heraus Anforderungen für neue empirische Fragestellungen ergeben.

„Lexikalisierung" Stephan Mehl und Rainer Perkuhn (Universität Duisburg) leiten mit ihrem Beitrag „Zwischen Inhalt und Form - das Beispiel „Wortwahl"" den thematischen Block zur Wortwahl ein. Ähnlich wie Kreyß gehen sie von hörerzentrierten Generierungsprinzipien aus, d.h. als Leitlinie der Sprachgenerierung fungieren die vermuteten Kenntnisse und Intentionen des Rezipienten. In einer empirischen Fallstudie wird die Beschreibung von visuell präsentierten Handlungen untersucht, wobei die Rolle der aus sprachlichen Äußerungen gezogenen Inferenzen und der damit verbundene Aufwand als Indikator für die Wortwahl gelten kann.

Manfred Stede (University of Toronto) und Birte Schmitz (TU Berlin) schlagen mit ihrem Beitrag „Zur Rolle der "basic-level categories" und "core vocabulary" bei der Wortwahl" Methoden vor, wie aus der vereinfachenden eins-zu-eins-Abbildung zwischen Konzepten und Lexemen eine flexiblere Lexikalisierung entstehen kann. Sie argumentieren für eine 'robuste Wortwahl', die kognitionswissenschaftliche und linguistische Erkenntnisse einbezieht. Zum einen sind dies basic-level Kategorien nach Rosch, zum anderen die aus der angewandten Linguistik stammenden Kriterien für einen Kernwortschatz.

„Übergang zwischen sprachunspezifischen und sprachspezifischen Verarbeitungsschritten" Andrea Schopp (Universität Hamburg) vergleicht in ihrem Beitrag „Ein kognitiv-orientiertes Modell der Pronomenproduktion" kognitiv-motivierte und KI-orientierte Modellierungen der menschlichen Sprachproduktionsprozesse. Der Vergleich zeigt, daß trotz unterschiedlicher Voraussetzungen oftmals dieselben Architekturentscheidungen getroffen werden und dementsprechend auch vergleichbare Probleme gelöst werden müssen. In der KI ist unter dem Schlagwort „Generierungslücke" (generation gap) das Problem bekannt, wie unter der Annahme einer modularen und rückkopplungsfreien Verarbeitung die sprachliche Realisierbarkeit eines geplanten Inhalts gewährleistet werden kann. Für dieses Problem bietet die psycholinguistische Forschung als Ausweg die Annahme einer Prozeßkomponente an, die wohlstrukturierte Fragmente aus der konzeptuellen Planung unter Rückgriff auf sprachspezifisches Wissen organisiert, wobei zusätzlich in den Ergebnissen der konzeptuellen Planung sprachspezifisches Wissen kodiert wird. Durch dieses Vorgehen wird jedoch die postulierte Modularität durchbrochen.

Am Beispiel der Pronomenproduktion zeigt die Autorin, wie der Vorschlag von Bierwisch/Schreuder, eine eigenständige Ebene der semantischen Kodierung innerhalb des Formulators zu postulieren, für den Entwurf von KI-Generierungssystemen fruchtbar gemacht werden kann. Diese neue Ebene, der Verbalisator, berechnet die semantische Struktur einer Äußerung aus der konzeptuellen Struktur unter Rückgriff auf konzeptuelles wie auch kontextuelles Wissen. Beim anschließenden Abbildungsprozeß ist eine direkte Überführung semantischer in lexikalische Entitäten sichergestellt.

Schopp zeigt, daß Pronominalisierung weder rein auf der konzeptuellen Ebene noch rein auf der Formulatorebene angesiedelt sein kann. Um den sprachlichen Möglichkeiten der Pronominalisierung gerecht zu werden, muß eine Prozeßkomponente der „semantischen Kodierung" als Schnittstelle zwischen Konzeptualisierer und Formulator angenommen werden.

Nils Lenke (Universität Duisburg) thematisiert in seinem Vortrag „Antizipation von Rezipientenproblemen und Revision bei der menschlichen und maschinellen Produktion von Texten", wie in kognitionswissenschaftlichen Ansätzen zur gesprochenen und geschriebenen Sprache mittels einer Sprachverstehenskomponente die Antizipation von Rezipientenproblemen modelliert wird.

Die Antizipation von Leserproblemen spielt bei der Textproduktion und Textrezeption eine besondere Rolle, da im allgemeinen keine Möglichkeit zur Rückfrage besteht. Modelle des Schreibprozesses sehen daher zumeist Revisionsphasen vor, in denen sich der Autor in die Rolle des Leser versetzt und mögliche Probleme zu erkennen und entschärfen versucht. Textproduzenten stehen dann verschiedene Revisionsstrategien zur Verfügung. Sie können Metakommentare, Periphrasen (eine problematische Äußerung wird durch eine weniger problematische ersetzt) oder Paraphrasen (die ursprüngliche Äußerung wird durch eine bedeutungsähnliche Formulierung ergänzt) formulieren.

Lenke legt den Schwerpunkt auf Paraphrasierungen und folgt dabei einer Auffassung, in der die Frage, ob zwei Äußerungen als Paraphrasen anzusehen sind, als kontextabhängig angesehen wird und von den Kommunikationsteilnehmern in der konkreten Situation entschieden werden muß. Er schlägt ein System zur Erzeugung kommunikativer Paraphrasen vor, in dessen Architektur eine Revisionskomponente unter Zugriff auf die Oberflächenstruktur einer Äußerung und ein Benutzermodell folgende vier Fragen prüft: Ist die vom Formulator vorgeschlagene Formulierung verständlich? Werden Wörter und Begriffe benutzt, die dem Leser unbekannte sind? Werden ambige Wörter verwendet, die nicht durch den Kontext aufgelöst werden? Sind die gewünschten Bedeutungsaspekte genügend hervorgehoben?

Für die letzten beiden Aufgaben wird ein Aktivationsausbreitungsverfahren in einem KL-ONE-artigen Begriffsnetz verwendet.

Die Bedeutung und den Einfluß psycholinguistischer Untersuchungen sehen Bernd Abb und Kai Lebeth (Universität Hamburg) in ihrem Beitrag „Kognitiv motivierte Sprachproduktion: Konsequenzen für Architektur und Grammatik“ darin, daß sie Vorgaben für die Entwicklung eines inkrementell und parallel arbeitenden Prozeßmodell stellen.

Weiterhin können Erkenntnisse der Spracherwerbsforschung hinzugezogen werden, um zur Validierung grammatiktheoretischer Modelle zur Beschreibung der Sprachkompetenz beizutragen. Allerdings wurde dieser Zweig in bisherigen Arbeiten nicht genügend beachtet. Aus kognitiver Sicht sollte der Wahl einer Grammatiktheorie ebenfalls eine maßgebliche Bedeutung zukommen.

Neuere linguistische Theorien bieten die Möglichkeit, grammatische Kompetenz mithilfe weniger universalsprachlicher Prinzipien zu modellieren, die durch sprachspezifische Lexika parametrisiert werden und somit die grammatischen Formen einzelner Sprachen determinieren.

Attraktiv hieran ist insbesonders, daß durch diesen Ansatz keinerlei sprachabhängige Kodierung in der Ergebnisrepräsentation der konzeptuellen Planung nötig ist, was die Autoren aus kognitiver Sicht ablehnen.

Am Beispiel der Verbstellung und Topikalisierung motivieren die Autoren weiterhin, daß eine inkrementelle und modulare Architektur zur Sprachproduktion sich in allen Teilbereichen der Grammatik der Phonologie, der Syntax und der Semantik wiederfinden sollte, wie es in ihrem SYNPHONICS-System der Fall ist.

Im Gegensatz zur Standardauffassung zur deutschen Syntax, nach der die Verb Erst- und Zweitstellung aus der Verbletztstellung abzuleiten ist, wird in SYNPHONICS durch den Prozeßverlauf die Auswertung der phonologischen Information des finiten Verbs direkt in Top-Position durchgeführt und nicht etwa in der finalen Basisposition. Nach den Autoren ist die Darstellung einer Äußerung in deklarativer Form direkt an die Existenz einer strukturellen Position gebunden, in der das Verb phonologisch evaluiert wird. SYNPHONICS benötigt keine Bewegungsoperation für das Verb. Stattdessen wird die phonologische Auswertung als prozedurale Operation im Zuge der inkrementellen Generierung betrachtet, deren Domänen durch deklaratives grammatisches Wissen restringiert werden.

Plenumsdiskussionen Die Fragen und Ergebnisse, die sich in den Vorträgen als zentral herausgestellt haben, sollen in zwei Diskussionsrunden unter jeweils einer der folgenden Aspekte aufgegriffen werden. Beim ersten Aspekt liegt der Schwerpunkt auf der Frage: Wie wird die automatische Sprachgenerierung aus der Sicht der Kognitionswissenschaft bewertet? Beim zweiten Aspekt wird primär die folgende Fragestellung untersucht: Wie können Erkenntnisse und Methoden aus den empirischen Wissenschaften auf Generierungsverfahren übertragen werden?

Zur angeregten Diskussion an diesen interdisziplinären Fragestellungen sind alle Interessenten herzlich eingeladen.

Literatur

[Dale und Haddock, 1991] Robert Dale und Nicholas Haddock. Generating referring expressions involving relations. In *Proceedings of the 5th Conference of the European Chapter of the Association for Computational Linguistics (EACL)*, Seite 161 - 166, Berlin, Germany, 1991. ACL.

[Dale und Reiter, 1992] R. Dale und E. Reiter. Generating Definite NP Referring Expressions. In *Proceedings of the 14th Conference on Computational Linguistics (COLING)*, Nantes, France, 1992.

[Dale, 1989] Robert Dale. Cooking up referring expressions. In *Proceedings of the 27th Annual Meeting of the Association for Computational Linguistics*, Seite 68 – 75, Vancouver, BC, Canada, 1989. ACL.

[De Smedt, 1990] Koenraad De Smedt. IPF: An Incremental Parallel Formulator. In Robert Dale, Chris Mellish und Michael Zock (Hrsg.), *Current Research in Natural Language Generation*, Seite 141 – 166. Academic Press, London, 1990.

[Garcia und del Viso, 1989] J. Garcia und J. Igoa del Viso. Movement Errors and Levels of Processing in Sentence Production. *Journal of Psycholinguistic Research*, 18:145–161, 1989.

[Garrett, 1980] M. Garrett. Levels of Processing in Sentence Production. In B. Butterworth (Hrsg.), *Language Production Vol. 1*, Seite 177 – 200. Academic Press, 1980.

[Granham und Oakhill, 1992] A. Granham und J. Oakhill. Discourse Processing and Text Representation from a 'Mental Models' Perspective. *Language and Cognitive Processes*, 7(3/4):193 – 204, 1992.

[Horacek, 1991] Helmut Horacek. Exploiting Conversationel Implicature for Generating Concise Explanations. In *Proceedings of the 5th Conference of the European Chapter of the Association for Computational Linguistics (EACL)*, Seite Seitenangabe fehlt. ACL, 1991.

[Jameson und Wahlster, 1982] Anthony Jameson und Wolfgang Wahlster. User modeling in anaphora generation: ellipsis and definite description. In *Proceedings of the 1st European Conference on Artificial Intelligence (ECAI)*, Seite 222 – 227, Orsay, France, 1982.

[Johnson-Laird, 1983] P. N. Johnson-Laird. *Mental Models: Towards a Cognitive Science of Language, Inference, and Consciousness.* Cambridge University Press, 1983.

[Kempen und Hoenkamp, 1987] Gerard Kempen und Edward Hoenkamp. An Incremental Procedural Grammar for Sentence Formulation. *Cognitive Science*, 11:201 – 258, 1987.

[Levelt, 1989] Willem J. M. Levelt. *Speaking: From intention to articulation.* The MIT Press, Cambridge, MA, 1989.

[Pechmann, 1989] T. Pechmann. Incremental Speech Production and Referential Overspecification. *Linguistics*, 27:89 – 110, 1989.

[Reiter, 1990] E. Reiter. The Computational Complexity of Avoiding Conversational Implicatures. In *Proceedings of the 28th Annual Meeting of the Association for Computational Linguistics*, Seite 97 – 104, 1990.

[Reithinger, 1992] Norbert Reithinger. *Eine parallele Architektur zur inkrementellen Generierung multimodaler Dialogbeiträge.* Infix-Verlag, Sankt Augustin, 1992.

[Roelofs, 1992] A. Roelofs. A spreading-activation theory of lemma retrivial in speaking. *Cognition*, 42:107 – 142, 1992.

[Roelofs, 1993] A. Roelofs. Testing a non-decompositional theory of lemma retrivial in speaking: Retrivial of verbs. *Cognition*, 47:59 – 87, 1993.

[Rosch, 1978] E. Rosch. Principles in Categorization. In E. Rosch und B. Lloyd (Hrsg.), *Cognition and Categorization*, Seite 27 – 48. Lawrence Earlbaum, 1978.

[Yazdani, 1987] Masoud Yazdani. Reviewing as a component of the text generation process. In Gerard Kempen (Hrsg.), *Natural Language Generation: New Results in Artificial Intelligence, Psychology and Linguistics*, Kapitel 13, Seite 183 – 190. Martin Nijhoff Publishers, Dordrecht, Boston, Lancaster, 1987.

[Zock und Sabah, 1988] Michael Zock und Gerald Sabah (Hrsg.). *Advances in Natural Language Generation: An Interdisciplinary Perspective.* Pinter Publishers, 1988.

Workshop: Planen und Planausführung in verteilten Anwendungsszenarien

Josef Schneeberger

Bayerisches Forschungszentrum für Wissensbasierte Systeme (FORWISS)
Am Weichselgarten 7, D–91058 Erlangen
Tel: +49 (9131) 691-193, email: jws@forwiss.uni-erlangen.de

1 Einleitung

Themenstellung des Workshops. Die Erstellen und Ausführen von Plänen sind zentrale Tätigkeiten in vielen Bereichen eines modernen Industriebetriebs, z.B. in den Anwendungsfeldern rechnerintegrierte Fertigung (CIM), flexible Fertigungssysteme, Just-in-Time Produktion und computerunterstütztes Büro. Dazu muß eine Vielfalt von räumlichen, zeitlichen und organisatorisch verteilten Tätigkeiten *geplant, ausgeführt* und *überwacht* werden.

Zielsetzung des Workshops. Dieser Workshop will Wissenschaftler aus den Arbeitsgebieten Verteilte Künstliche Intelligenz (VKI) und Planen zusammenzubringen. Sein Ziel ist es,

- das Verständnis für die Problemstellungen und Lösungsansätze des jeweils anderen Arbeitsgebietes zu verbessern, und
- die Diskussion zwischen den Wissenschaftlern des jeweils anderen Arbeitsgebietes in Gang zu bringen.

Insbesondere soll erarbeitet werden, wie die spezifischen Möglichkeiten zur Erstellung valider Handlungsvorschriften durch Scheduling- und Planungssysteme einerseits sowie Kommunikation und Kooperation verteilter Akteure andererseits synergetisch kombiniert werden können.

Form des Workshops. Da der Workshop neben einer intensiven Diskussion auch eine tutorielle Funktion erfüllen soll ist er für alle Teilnehmer der KI-93 offen. Aus diesem Grund wird ein Tutorium über verteilte Künstliche Intelligenz (VKI) am Anfang des Workshops stehen und es wird es einen Überblicksvortrag über den Stand der Kunst beim „verteilten Planen“ geben.

2 Beiträge zum Workshop

Traditionell haben Ansätze zum Planen und Scheduling in den Gebieten der VKI und des KI-Planens (siehe [3]) unterschiedliche Schwerpunkte. Wärend der Schwerpunkt beim KI-Planen auf der Erzeugung von „strategischen“, d.h. mit einiger Sicherheit ausführbaren Plänen liegt, hat sich die VKI vor allem mit schnell und direkt reagierenden Systemen bestehend aus mehreren aktiven Einheiten befaßt. Ausgehend von dieser Situation konzentrieren sich die Beiträge auf dem Workshop vor allem auf die Kombination von strategischem Planen mit der Fähigkeit zu schneller und adäquater Reaktion auf unvorhergesehene Ereignisse.

Auf dem Workshop werden u.a. folgende Beiträge präsentiert:

Beitrag: „State-Event Logic" Gerd Große (Technische Hochschule Darmstadt) präsentiert in seinem Beitrag eine neue Logik, die es erlaubt die Gleichzeitigkeit bzw. die kausale Abhängigkeit von Ereignissen und Aktionen zu modellieren. In dieser Logik haben Ereignisse den selben Stellenwert wie Zustände in den herkömmmlichen Situations-Logiken. Genauso wie Zustände als Modelle von Fakten aufgefaßt werden können, so werden hier Ereignisse als Modelle von Teil-Ereignissen begriffen. Die Menge der primitiven Objekte dieser neue Logik sind also nicht nur Zustände, sondern es tritt die Menge der Ereignisse gleichberechtigt an ihre Seite. Das Universum, im Sinne einer Modallogik, ist also eine Menge von Paaren, bestehend aus einem Zustand *und* einem Ereignis, das auf den Zustand folgt. Die Übergangsrelation – wiederum im Sinne einer Modallogik – beschreibt dann mögliche Folgen von Situations- und Ereignispaaren.

Mit dieser neuen Logik wird nun die Modellierung von Simultanität und Kausalität möglich, da Aktionen und Ereignisse für bestimmte augewählte Situationen kombiniert oder ausgeschlossen werden können. Der Beitrag präsentiert eine Syntax und eine Semantik (als Kripkestruktur) für die Logik und er demonstriert ihre Eigenschaften anhand mehrer eingängiger Beispiele.

Beitrag: „Planning in Dynamic Environments". Jörg P. Müller und Markus Pischel (DFKI Saarbrücken) beschreiben die INTERRAP [4] Architektur zur Modellierung von multiplen Agenten. INTERRAP ist hierarchisch aufgebaut und jeder Agent ist in vier Schichten gegliedert:

1. Eine Welt-Schnittstelle für Wahrnehmung, Aktion und Kommunikation.
2. Die verhaltens-basierte Komponente (BBC – behaviour-based component) ist für das Verhalten des Agenten, für seine Entscheidungen und Aktionen zuständig.
3. Die plan-basierte Komponente (PBC – plan-based component) erzeugt einen Plan für den einzelnen Agenten, und
4. die Kooperationskomponenten (CC – cooperation component) dient zur Abwicklung kooperativer Aufgabenstellungen.

Ein INTERRAP Agent benutzt weiterhin eine Wissensbasis, die analog zur Systemarchitektur wiederum in vier Schichten unterteilt ist.

Die wesentliche Komponente für das Planen – die PBC – übernimmt mehrere verschiedene Aufgaben. (1) Sie entwickelt einen Plan für ein bestimmtes Ziel und überwacht die Ausführung dieses Plans. Zur Entwicklung eines Plans steht dem Agenten eine Planbiliothek zur Verfügung. (2) Die PBC kann auch einen Plan entwickeln ohne ihn selbst auszuführen. Stattdessen kann dieser Plan einem anderen Agenten zur Verfügung gestellt werden. (3) Die PCB bewertet Pläne, wenn alternative Pläne zur Verfügung stehen und wenn ein Agent einen Planvorschlag eines anderen Agenten vorliegen hat. Die Bewertung resultiert ggfs. in einer Integration der Pläne, wenn der eigene Plan mit einem fremden Plan in Kooperation ausgeführt werden muß. (4) Schließlich kann die PCB einen Plan interpretieren bzw. ausführen, den sie von einem anderen Agenten erhalten hat.

Das INTERRAP System wird illustriert am Beispiel einer Laderampe für LKWs die mit autonomen Gabelstaplern beladen werden.

Beitrag: „Distributed Plan Maintenance for Scheduling and Execution“. Clemens Beckstein, Gerhard Kraetzschmar und Josef Schneeberger (FORWISS Erlangen) beschreiben die Konzeption eines Systems bestehend aus einer Menge von planenden und ausführenden Einheiten. Diese Einheiten operieren zeitlich und räumlich getrennt und sie kommunizieren ihre Pläne untereinander. Solche Pläne basieren auf Annahmen über die Verfügbarkeit von Zeit und Ressourcen und sie werden mit einem annahmenbasierten Begründungsverwaltungssystem repräsentiert.

Der Beitrag beschreibt das verteilte Begründungsverwaltungssystem DARMS [1], ein System, das mehrere ATMS miteinander koppelt. Dadurch wird zum einen der Zugriff auf die Pläne und Annahmen vereinfacht und effizienter. Zum anderen wird so erreicht, daß jeder Planer bzw. Ausführer von Plänen auf dem Hintergrund eines eigenen Kontexts operiert, der unabhängig von den anderen Kontexten anderer Akteure existiert. Der Beitrag beschreibt weiterhin, wie das DARMS System zum Planen und Scheduling benutzt werden kann. Jeder Akteur repräsentiert seine Pläne in einem eigenen DARMS Subsystem und er macht damit seine spezifischen Planungsannahmen explizit. Damit können solche Annahmen zusammen mit den Plänen kommuniziert und die Zuständigkeit für die Revision von Annahmen angemessen verteilt werden.

Beitrag: „Ein anwendungsunabhängiges Unterstützungssystem zum integrierten annahmenbasierten und temporalen Schließen“. Clemens Beckstein und Tim Geisler (Universität Erlangen-Nürnberg) untersuchen in ihrem Beitrag Begründungsverwaltungssysteme und Systeme zum temporalen Schließen. Solche Systeme zählen zu den prominentesten anwendungsunabhängigen Unterstützungssystemen beim Planen, da beim Erstellen und Ausführen von Plänen Annahmen über zukünftige Situationen, Verfügbarkeit von Ressourcen und die Dauer von Ereignissen und Aktionen getroffen werden müssen. Solche Annahmen müssen explizit verwaltet werden, damit sie bei Bedarf getroffen oder verworfen werden können.

Im Falle des verteilten Planens und Planausführens sind diese Systeme aufgrund ihrer Isoliertheit nur beschränkt tauglich. Dies trifft besonders auf das kombinierte Planen und Scheduling, da dort zwischen Agenten kommunizierte Informationen auf den Annahmen unterschiedlicher Agenten beruhen. Die Autoren stellen ein hybrides Unterstützungssystem vor, das annamenbasiertes logisches und temporales Schließen integriert. Dieses System basiert auf dem Konzept des verteilten Begründungsverwaltungssystems DARMS [1], das mit einem Constraint System zur Verwaltung einfacher temporaler Constraints STP [2] kombiniert wurde. Die Autoren diskutieren die konzeptuellen Entscheidungen bei der Integration, die theoretischen Grundlagen des resultierenden Gesamtsystems und wie sich eine effiziente, inkrementell arbeitende Implementierung realisieren läßt.

Abschliessende Bemerkungen. Der Workshop wird von Sahin Albayrak, Alexander Horz, Gerhard Kraetzschmar und Frank von Martial mitorganisiert. Sie alle – und Joachim Hertzberg – haben durch Fachbeiträge, konstruktive Kritik und Hinweise zum Gelingen des Workshops beigetragen.

References

1. Beckstein, C.; Fuhge, R.; Kraetzschmar, G. K.: *Supporting Assumption-Based Reasoning in a Distributed Environment.* In Sycara, K. P., editor: *Proceedings of the 12th Workshop on Distributed Artificial Intelligence*, 1993.
2. Dechter, R.; Meiri, I.; Pearl, J.: *Temporal Constraint Networks. Artificial Intelligence*, 49:61–95, 1991.
3. Hertzberg, J.: *KI-Handlungsplanung – woran wir arbeiten und woran wir arbeiten sollten.* In *Tagungsband KI-93, 17. Fachtagung für künstliche Intelligenz*, 1993.
4. Müller, J. P.; Pischel, M.: *Modelling Robot Societies using InteRRaP.* In: *Working Notes of the IJCAI Workshop on Dynamically Interacting Robots*, Chamberry, Frankreich, August 1993.

Hybride und integrierte Ansätze zur Raumrepräsentation und ihre Anwendung*

Daniel Hernández

Fakultät für Informatik
Technische Universität München
80290 München

e-mail: danher@informatik.tu-muenchen.de

Zusammenfassung. Die Darstellung räumlichen Wissens ist von zentraler Bedeutung für die Kognitionswissenschaft und die Künstliche Intelligenz: Kaum ein anderer Aspekt der physikalischen Wirklichkeit ist uns Menschen allgegenwärtiger als der räumliche, so daß wir uns sogar komplexe nicht-räumliche Sachverhalte durch räumliche Analogien erschließen. Wenn zur statischen Erfassung einer räumlichen Situation die Dynamik der Ausführung von Handlungen im Raum hinzukommt, wird die Schwierigkeit deutlich, der Komplexität des Umgangs mit Raum mit einer uniformen Repräsentation gerecht zu werden. Ziel dieses Workshops ist es, ein Diskussionsforum für hybride und integrierte Ansätze zur Raumdarstellung zur Verfügung zu stellen. In diesem Beitrag werden "Hybridität" und einige darin involvierte, grundlegende Repräsentationsarten eingeführt, sowie eine Übersicht der angenommenen Workshopbeiträge gegeben.

1 Motivation

Die Repräsentation räumlichen Alltagswissens spielt eine wichtige Rolle für viele Anwendungen der Künstlichen Intelligenz wie etwa geographische Informationssysteme, computerunterstützte Entwurfssysteme in der Architektur, in der Mikroelektronik und im Maschinenbau, aber auch zur Planung und Durchführung von Bewegungsverläufen von mehrgelenkigen Manipulatoren, mobilen Robotern usw., sowie bei natürlichsprachlichen Wegauskunftsystemen. Die große Bedeutung räumlichen Wissens für die menschliche Kognition (Freksa und Habel 1990) macht räumliche Konzepte auch allgemein für die Untersuchung von Aufgabenlösungsstrategien und für den Entwurf von Benutzerschnittstellen interessant.

Die These, die im Kontext dieses Workshops untersucht werden soll, ist, daß es keine "reine" Repräsentationsart gibt, die in der Lage wäre, räumliches

* Das diesem Bericht zugrundeliegende Vorhaben wurde mit Mitteln des Bundesministers für Forschung und Technologie unter dem Förderkennzeichen ITN9102B gefördert. Die Verantwortung für den Inhalt dieser Veröffentlichung liegt beim Autor.

Alltagswissen effizient darzustellen. Vielmehr scheint es zweckmäßig, mehrere, sich ergänzende Repräsentationen zu benutzen. Die Untersuchung menschlicher räumlicher Fähigkeiten deutet auch auf die Verwendung verschiedener Repräsentationen für unterschiedliche räumliche Aufgaben (z.B. Paivios "dual coding theory" (Paivio 1983)) und auf unterschiedliche Repräsentationsebenen hin.

Im folgenden führe ich zunächst einige Repräsentationsarten ein, die Bestandteile einer hybriden Repräsentation sein können. Anschließend werden einige allgemeine Überlegungen zur "Hybridität" aufgeführt, bevor eine thematisch gegliederte Übersicht der angenommenen Workshopbeiträge gegeben wird.

2 Repräsentationsarten

Sieht man von den syntaktischen Besonderheiten von Repräsentationsformalismen ab, so ist eine Repräsentation im wesentlichen durch die Art der Abbildung zwischen einer dargestellten und einer darstellenden Welt charakterisiert. Oft werden diese "Repräsentationsarten" in Form von gegensätzlichen Begriffspaaren (symbolisch/sub-symbolisch, deklarativ/prozedural, propositional/analogisch, qualitativ/quantitativ) diskutiert. Im folgenden werden kurze Beschreibungen einiger Repräsentationsarten gegeben, die an einer hybriden Repräsentation beteiligt sein können.

Zuvor sollen jedoch zwei Unterscheidungen eingeführt werden, die weniger als Repräsentationsarten als vielmehr als Eigenschaften, die diese haben können, verstanden werden können:

Holistisch/Kompositional: Eine *holistische* Repräsentation kann nur im Ganzen verstanden werden und nicht als Summe ihrer Teile. Dagegen kann das, was eine *kompositionale* Repräsentation darstellt, systematisch aus dem, was ihre Bestandteile darstellen, abgeleitet werden.

Absolut/Relativ: In einem strikt physikalischen Sinne benutzt eine absolute Repräsentation einen Bezugsrahmen, der von fundamentalen Beziehungen von Raum, Masse und Zeit abgeleitet ist. In einem informelleren Sinne wird jede Repräsentation, die einen vorgegebenen, fixierten Bezugsrahmen benutzt, *absolut* genannt. Eine *relative* Repräsentation stellt dagegen, basierend auf Vergleichen zwischen Magnituden, kontextabhängige Beziehungen zwischen dargestellten Entitäten her.

2.1 Symbolisch/Sub-symbolisch

Während bei einer symbolischen Repräsentation eine (wie auch immer geartete) Zuordnung zwischen Objekten, Eigenschaften und Relationen der dargestellten Welt und Objekten, Eigenschaften und Relationen der darstellenden Welt möglich ist, bleibt diese bei einer sub-symbolischen Repräsentation verborgen. Vielmehr wird durch Lernvorgänge mit Eingabemustern eine verteilte interne Repräsentation aufgebaut, die zwar nicht direkt zugänglich ist, dafür aber fehlertolerant und adaptiv generalisieren kann.

2.2 Deklarativ/Prozedural

Deklarative Repräsentationen abstrahieren von der Struktur der darzustellenden Domäne. Sie betonen die explizite Formulierung von Wissen über Objekte, Eigenschaften und Relationen und zwar getrennt vom Wissen über die darauf möglichen Operationen. Dies erlaubt die Verwendung sehr allgemeiner Inferenzmechanismen.

Dagegen wird in einer *prozeduralen* Repräsentation durch die *Ausführung* eines Programms selbst repräsentiert. Es besteht eine inhärente Dualität in dieser Unterscheidung, die der Dualität von Programm und Daten ähnelt.

2.3 Propositional/Analogisch

Entscheidend für die Unterscheidung zwischen propositionalen und analogischen Repräsentationen[2] ist die Art, wie die Struktur der dargestellten Welt auf die darstellende Welt abgebildet wird. Bei *propositionalen* Repräsentationen hat die darstellende Welt keine eigene Struktur (zumindest keine, die für die Repräsentation relevant wäre) (Palmer 1975). Das heißt, die darzustellenden strukturellen Eigenschaften müssen explizit dargestellt werden. Bei *analogischen* Repräsentationen dagegen werden die strukturellen Aspekte der dargestellten Welt durch die inhärente Struktur der darstellenden Welt repräsentiert (Sloman 1975).

2.4 Qualitativ/Quantitativ

Eine *qualitative* Repräsentation macht nur so viele Unterscheidungen wie nötig, um Objekte, Ereignisse usw. in einem gegebenen Kontext zu identifizieren, und ermöglicht somit die Darstellung solcher Eigenschaften der Domäne, die einzigartig oder wesentlich sind.

Eine *quantitative* Repräsentation erlaubt stattdessen nur die Darstellung von Werten, die in Bezug auf eine vordefinierte Einheit ausgedrückt werden können.

3 Hybridität

Hybride Repräsentationen bieten die Möglichkeit, verschiedene Teile des Wissens durch verschiedene Paradigmen bzw. Repräsentationsarten darzustellen (Aiello und Nardi 1991). Diese Benutzung mehrerer sich ergänzender Formalismen hat methodologische Gründe:

1. Repräsentiert wird letzlich immer, um Aufgaben zu lösen. Wissensrepräsentation und Aufgabenlösungsstrategien hängen also eng zusammen, denn die Wahl einer geeigneten Repräsentation ist entscheidend für die Effizienz, mit der eine Lösung gefunden werden kann (Amarel 1987). Eine in diesem Sinne

[2] Die berühmte "imagery debate" über die Natur perzeptueller Repräsentationen stellt "propositionale" und "piktorielle" (bildhafte) Repräsentationen gegenüber. Letztere sind jedoch ein Spezialfall analogischer Repräsentationen.

"gute" Repräsentation zu finden ist jedoch u.U. sehr schwierig, weswegen es zweckmäßiger ist, mehrere sich teils ergänzende, teils redundante Darstellungsmöglichkeiten zu haben.

2. Es gibt ein prinzipielles "tradeoff" zwischen der Ausdrucksfähigkeit eines Repräsentationsformalismus und der Komplexität seiner Inferenzmechanismen. Deswegen empfiehlt es sich, spezialisierte, weniger ausdrucksstarke Sprachen zu verwenden, die zwar auf Teile der zu repräsentierenden Sachverhalte eingeschränkt sind, dafür aber sehr effiziente Inferenzmechanismen zulassen ("restricted language hybrid reasoners" (Vilain 1985)).

In der Literatur zur Wissensrepräsentation dominiert die Verwendung von "hybrid" zur Bezeichnung von Systemen, die einen Theorembeweiser für den Prädikatenkalkül erster Stufe durch spezialisierte Inferenzsysteme erweitern. Diese "theorem-based hybrid reasoners" (Vilain 1985) unterscheiden sich von den weiter oben eingeführten "restricted language hybrid reasoners", indem sie zwar ebenfalls die Inferenzeffizienz steigern, aber die Ausdrucksmächtigkeit der Repräsentation nicht verändern (d.h., alles was im spezialisierten Inferenzsystem dargestellt werden kann, kann auch im ursprünglichen Beweiser, wenn auch weniger effizient, dargestellt werden).

Diese logikgeprägten Auffassungen von Hybridität stellen jedoch nur einen winzigen Bruchteil des Spektrums hybrider Repräsentationen dar, an denen sich fast beliebige Kombinationen der im vorherigen Abschnitt vorgestellten Repräsentationsarten beteiligen können. Auch in der Art des Zusammenspiels zwischen Repräsentationen gibt es viele denkbare Sorten von Hybridität. Die einfachste Art ist die Koexistenz verschiedener Paradigmen mit definierten Schnittstellen. In diese Kategorie fallen viele der ersten kommerziellen Knowledge-Engineering Produkte wie KEE, ART usw. Bereits bei diesen einfachen Formen sind verschiedene Varianten möglich, je nachdem ob

- die verschiedenen Komponenten auf verschiedene Arten von Wissen spezialisiert sind oder Information zwecks höherer Inferenzeffizienz redundant dargestellt wird;
- die verschiedenen Repräsentationsformalismen ineinander überführbar sind oder gar nur "syntaktischer Zucker" für eine uniforme interne Darstellung sind;
- die verschiedenen Komponenten miteinander kooperieren (Aufgabenteilung) oder konkurrieren.

Hybride Ansätze in einem engeren Sinne werden von Aiello und Nardi (1991, p. 85) definiert als solche "where it is possible to characterize from a semantic viewpoint deductions that use knowledge represented within different formalisms". Äquivalent dazu ist die Auffassung, verschiedene Aspekte *einer* Repräsentation könnten auf verschiedene Arten charakterisiert werden. Manche Autoren bezeichnen solche Ansätze als "integriert". Einfaches Beispiel einer integrierten Repräsentationsform ist eine Straßenkarte, auf der Information teilweise analogisch (relative Ortspositionen) und teilweise propositional (Beschriftung) festgehalten wird, Inferenzen aber aufgrund des Zusammenspiels beider Arten von

Information gemacht werden.

Weitere Arten der Zusammenarbeit reichen von einer hierarchischen Aufgabenteilung mit zentraler Kontrolle bis hin zu symbiotischen Problemlösungsverfahren. Die eng damit zusammenhängende Kommunikationsstruktur kann ebenfalls nach einen Master-Slave, einen direkten Informationsaustausch unter gleichwertigen Partnern oder einer allgemeinen Blackboard-Architektur erfolgen.

4 Übersicht der Workshopbeiträge

Die eingereichten Beiträge decken ein breites Spektrum hybrider und integrierter Ansätze ab. Sie lassen sich thematisch auf verschiedenste Art und Weise in meist überlappende Gruppen einordnen, was uns bei der Aufstellung des Programms einiges Kopfzerbrechen bereitet hat. Die vier Gruppen, in die ich in der folgenden kurzen Übersicht die Beiträge einordne, stellen nur eine dieser Gruppierungsmöglichkeiten dar.

4.1 Qualitative Ansätze

In neuester Zeit sind eine Reihe qualitativer Ansätze zur Darstellung räumlichen Wissens entstanden (Übersichten werden in z.B. (Hernández 1992) und (Freksa und Röhrig 1993) gegeben). Drei Beiträge explorieren Erweiterungen solcher Ansätze.

ZIMMERMANN benutzt den Delta-Kalkül, ein Vergleichskalkül für Größen, um eine auf Bewegungsvektoren basierende Darstellung relativer Lagen um die Möglichkeit, Entfernungen darzustellen, zu ergänzen. Realisiert wird diese Kombination mit Hilfe von über eine Blackboardarchitektur kommunizierenden Experten für die Domänen Entfernung und Orientierung.

WAZINSKI sieht aufgrund der rein qualitativen Ausrichtung topologischer Relationen Repräsentationsdefizite entstehen, die er durch die Einführung graduierter topologischer Relationen beheben möchte. Dabei wird die Typikalität einer Relation für eine gegebene Situation durch ein numerisches Maß erfaßt, welches auch zu einem Ähnlichkeitsmaß zwischen Relationen führt.

FUHR UND SAGERER beschäftigen sich mit der automatischen Bildsequenzinterpretation, wobei Information auch qualitativ mit Hilfe von Werteräumen, die jeweils Relationen zwischen Parametern eines Typs beinhalten, dargestellt wird. Der vorgeschlagene Prädiktionsalgorithmus nutzt die konzeptuellen Nachbarschaften qualitativer Werteräume, um für gegebene Parameter die möglichen Folgerelationen vorherzusagen und somit zur Fokussierung des Interpretationsprozesses beizutragen.

4.2 Bildhaft/Propositional

FURBACH untersucht die Verbindung von räumlichen und assertorischen Schlußfolgerungsverfahren im Rahmen des sog. "theory reasoning approach". Er beschreibt die Kombination räumlichen Schließens mit einem Prädikatenkalkül erster Ordnung, und gibt Beispiele an, die die Kommunikation der räumlichen und assertorischen Inferenzmodule in beiden Richtungen erfordern.

PRIBBENOW thematisiert die Rolle bildhafter und propositionaler Repräsentationen für die Darstellung von Teil-Ganzes-Beziehungen. Sie stellt ein System vor, das aus drei unterschiedlichen Verarbeitungsmechanismen besteht: einer propositionalen Partonomie (Teil-Ganzes-Hierarchie) zur Repräsentation der mereologischen "Teil-von"-Beziehungen, einer bildhaften Repräsentation des Gesamtobjektes zur Kodierung räumlicher Eigenschaften und Prozeduren, welche abstrakte räumliche Schemata zur Segmentierung von Ecken, Seiten usw. realisieren.

4.3 Anwendung in Entwurfsprozessen

Der Beitrag von NOWAK ET AL. befaßt sich mit der Integration von modell- und fallbasierten Entwicklungsansätzen im Bauentwurfsprozeß. Es werden dabei komplexe räumliche Relationen—in Form von Icons—verwendet, die etwas über markante geometrische Eigenschaften aussagen, und somit zur Beschleunigung des Retrievals beitragen.

Ebenfalls mit dem Entwurfsprozeß, diesmal im Kontext eines 3D "virtual reality" Modells, beschäftigt sich der Beitrag von CAO ET AL.. Während in herkömmlichen VR-Umgebungen gestische Steuerungsmittel (Data-Glove, Spaceball usw.) verwendet werden, wird hier eine durch Agenten vermittelte, sprachliche Interaktion mit der virtuellen Entwurfsumgebung angestrebt.

4.4 Wegbeschreibung und Navigation

CARSTENSEN zeigt anhand einer Betrachtung von unterschiedlichen räumlichen Verwendungsweisen des Verbs *folgen*, daß zusätzlich zur Repräsentation von Raum auch die Repräsentation der Wahrnehmung/Vorstellung von Raum in die Analyse von Wegbeschreibungen einbezogen werden muß. Er zeigt insbesondere die Relevanz fokussierter Aufmerksamkeit für die Repräsentation und Verarbeitung von Raum auf.

MAASS beschäftigt sich mit inkrementellen Wegbeschreibungen, bei denen Fragen der raum-zeitlichen Koordinierung und der Umgebungswahrnehmung im Mittelpunkt stehen. Anhand der sogenannten Segment-Hierarchie wird eine Repräsentationsstruktur vorgestellt, die der kommunikativen Handlung einer inkrementellen Wegbeschreibung vermittels Sprache, Gestik und Graphik als Grundlage dient.

NEHMZOV UND MCGONIGLE stellen schließlich einen durch verhaltensbasierte Mechanismen gesteuerten mobilen Roboter vor. Sie beschreiben Experimente mit dem Edinburgher R2 Roboter, der nach Exploration zu einem Ausgangspunkt zurückzukehren hat und dabei Hindernissen ausweichen muß. Die Navigationsstrategie zeigt Parallelen zur Navigation der Wüstenameise cataglyphis bicolor: der Roboter bestimmt seine momentane Fahrtrichtung mit Hilfe eingebauter Lichtsensoren, die die Position einer entfernten Lichtquelle erkennen, um dann mittels Integration die momentane Position sowie die Richtung zum Ausgangspunkt zu errechnen.

Danksagung

Ich möchte mich bei Wilfried Brauer für den Anstoß, das Workshop auszuschreiben, sowie bei den Mitgliedern des Programmkomitees, Christian Freksa, Simone Pribbenow und Jörg Schirra, für die tatkräftige Unterstützung bedanken. Die Übersicht der Workshopbeiträge basiert (manchmal sogar textuell) auf den eingereichten Zusammenfassungen.

References

Aiello, L. C. und Nardi, D. (1991). Research trends in knowledge representation. In Flach, P. A. und Meersman, R. A.(Hrsg.), *Future Directions in Artificial Intelligence*, S. 83–92. North-Holland, Amsterdam.

Amarel, S. (1987). Problem solving. In Shapiro, E.(Hrsg.), *Encyclopedia of Artificial Intelligence*, S. 767–779. Wiley.

Freksa, C. und Habel, C. (1990). Warum interessiert sich die Kognitionsforschung für die Darstellung räumlichen Wissens?. In Freksa, C. und Habel, C.(Hrsg.), *Repräsentation und Verarbeitung räumlichen Wissens*, Informatik Fachberichte 245. Springer-Verlag, Berlin.

Freksa, C. und Röhrig, R. (1993). Dimensions of qualitative spatial reasoning. In Piera Carreté, N. und Singh, M. G.(Hrsg.), *Proc. of the III IMACS International Workshop on Qualitative Reasoning and Decision Technologies—QUARDET'93–, Barcelona, 16–18 June 1993*, S. 483–492. CIMNE, Barcelona.

Hernández, D. (1992). *Qualitative Representation of Spatial Knowledge*. Ph.D. thesis, Institut für Informatik, Technische Universität München.

Paivio, A. (1983). The empirical case for dual coding. In Yuille, J.(Hrsg.), *Imagery, Memory, and Cognition*, S. 307–332. Lawrence Erlbaum, Hillsdale/NJ.

Palmer, S. E. (1975). The nature of perceptual representation: An examination of the analog, propositional controversy. In Schank, R. und Nash-Webber, B. L.(Hrsg.), *TINLAP-1*, S. 165–173.

Sloman, A. (1975). Afterthoughts on analogical representation. In *Proc. Theoretical Issues in Natural Language Processing*, S. 164–168. Cambridge, MA.

Vilain, M. (1985). The restricted language architecture of a hybrid representation system. In *Proc. of the 9th International Joint Conference on Artificial Intelligence*, S. 547–551. Los Angeles, CA.

Wissensverarbeitung mit neuronalen Netzen

Gesamtdarstellung des Workshop auf der KI-Jahrestagung, Berlin 1993

Gerhard Paaß
Gesellschaft für Mathematik und Datenverarbeitung (GMD)
Schloss Birlinghoven
53757 Sankt Augustin 1
paass@gmd.de

Franz Kurfeß
Abteilung Neuroinformatik
Universität Ulm
Oberer Eselsweg
89069 Ulm
franz@neuro.informatik.uni-ulm.de

Konnektionistische Methoden und neuronale Netze sind besonders erfolgreich bei der Identifikation gestörter Muster und unbekannter funktionaler Zusammenhänge, während symbolische KI-Techniken Variablenbindung und Kontextwechsel in einer einfachen Form erlauben. Die Vorteile beider Ansätze erhält man bei der Integration von symbolorientierten KI-Konzepten mit den neuronalen Netzen.

Der erste Teil des Workshops beschäftigt sich mit dem Zusammenhang zwischen Reduktionsverfahren der formalen Logik und konnektionistischen Ansätzen. Weitere Themen sind die konnektionistische Generierung von Ableitungsbäumen beim Sprachverstehen und die Variablenbindung. Ein Vortrag stellt die Verbindung zwischen konnektionistischen Systemen und der Gestalttheorie her.

Im zweiten Teil werden schwerpunktmäßig integrierte Systeme mit symbolischen und subsymbolischen Komponenten vorgestellt. Ein Ansatz beschäftigt sich mit der Integration eines neuronalen assoziativen Speichers mit einer Inferenzkomponente, welche ihrerseits Regeln aus Daten ableiten kann. Zwei Beiträge verwenden eine wahrscheinlichkeitstheoretische Interpretation zur Verknüpfung von neuronalen Netzen und Expertensystemen. Hierbei wird dem Resultat einer Ableitung sowohl des neuronalen Netzes als auch des symbolischen Inferenzsystems eine Wahrscheinlichkeit zugeordnet. Ein Beitrag stellt die Implementation der Verknüpfung zwischen symbolischen und neuronalen Modulen im Rahmen eines Metainterpreters (BABYLON) vor. Schließlich wird Integration konnektionistischer und neuronaler Systeme aus dem Blickwinkel der Praxis diskutiert.

Insgesamt dokumentiert der Workshop, daß sich eine Verknüpfung zwischen symbolischen Ansätzen der KI und neuronalen Systemen auf durchaus unterschiedliche Weise bewerkstelligen läßt. Es folgt eine ausführlichere Darstellung der Einzelbeiträge, welche weitgehend von den jeweiligen Autoren selbst erstellt wurde. Die Langpapiere werden als Arbeitspapier der GMD erscheinen.

Zur Adäquatheit der Konnektionsmethode

Eine zentrale Fähigkeit von wissensverarbeitenden Systemen liegt darin, logische Schlußfolgerungen zu ziehen. Automatisierungsversuche zum logischen Schließen beruhten bisher hauptsächlich darauf, logische Aussagen als Folgen von Symbolen aufzufassen und diese nach vorgegebenen Regeln zu manipulieren. Da dies nicht gerade der menschlichen Vorgehensweise – zumindest nicht im Alltag – entspricht, wurden in letzter Zeit einige Modelle vorgestellt, die den Anspruch erheben, näher am menschlichen Vorbild zu sein. Antje Beringer und Steffen Hölldobler (TH Darmstadt) untersuchen in ihrem Beitrag einen dieser Ansätze und vergleichen ihn mit der Konnektionsmethode, einem bekannten Ansatz aus dem Bereich des Automatischen Theorembeweisens.

Für die Beringer und Hölldobler ist Adäquatheit die Eigenschaft einer Methode zum Theorembeweisen, einfachere Probleme schneller zu lösen als kompliziertere. Automatische Inferenzmethoden sind oft nicht adäquat, weil sie tausende von Schritten zur Lösung eines Problems benötigen, welches Menschen anscheinend mühelos, spontan, und mit bemerkenswerter Effizienz lösen können. Lokendra Shastri und Venkat Ajjanagadde — die dieses Defizit das Paradox der künstlichen Intelligenz nennen — sehen ihr konnektionistisches Inferenzsystem [Shastri Ajjanagadde 90] als einen ersten Schritt zu Überwindung dieses Defizits an. In diesem Papier zeigen Antje Beringer und Steffen Hölldobler, daß die Inferenzmethode von Shastri und Ajjanagadde lediglich Schlußfolgerung durch Reduktion im Rahmen der bekannten Konnekionsmethode ist.

Im einzelnen erweitern Beringer und Hölldobler eine Reduktionstechnik, die Evaluierung isolierter Konnektionen [Bibel 88], so dass diese Technik — zusammen mit anderen Reduktionstechniken — alle Probleme löst, welche von Shastri und Ajjanagaddes System bei gleichem Zeitbedarf der parallelen Prozessoren und gleichem Speicherplatzbedarf gelöst werden. Folglich erhalten sie eine Semantik für Shastris und Ajjanagaddes Logik. Wenn Shastri und Ajjanagaddes Logik tatsächlich beschreibt, wie Menschen mühelos und spontan schließen, so zeigt dieser Ausatz, daß eine parallele Implementation der Konnektionsmethode dies ebenfalls leisten könnte.

INKAS und INKOPA - Inkrementelles Parsing und Generierung Neuronaler Netzwerke

Ähnlich wie bei der maschinellen Inferenz lag der Schwerpunkt bei der Analyse und Verarbeitung von natürlichsprachlichen Texten bisher bei symbol-basierten Methoden. Durch die Verwendung neuronaler Ansätze ist es möglich, manche Einschränkungen symbolischer Systeme zu lindern. Dies betrifft zum einen eine gewisse Toleranz gegenüber Abweichungen von der korrekten Form, zum anderen aber auch den Zusammenhang zwischen syntaktischer, semantischer und pragmatischer Ebene eines Textes.

Dieses Thema behandeln Christel Kemke und Habitou Kone (DFKI Saarbrücken) in ihrem Beitrag. Sie haben die Komponente INKAS zum inkrementellen Parsing basierend auf Ideen von Jain und Waibel entwickelt. INKAS erzeugt neben einem Ableitungsbaum zum eingegebenen Satz auch eine Semantikdarstellung in Form von Kasusrahmen. Außerdem wurde das System INKOPA entworfen und implementiert, das in der Lage ist, aus einer gegebenen kontextfreien Grammatik ein entsprechendes Neuronales Netzwerk zum Parsing zu entwickeln. Grundlage für diese Komponenten sind Netzwerke endlicher Automaten, bei denen die einzelnen Automaten sowohl den einzelnen Neuronen als auch Substrukturen des neuronalen Netzwerks entsprechen.

INKAS und INKOPA arbeiten mit dynamische generierten neuronalen Netzen. Dabei werden anhand der gegebenen Regeln einer kontextfreien Grammatik die Ableitungsbäume bzw. die neuronalen Netzwerke zum Parsen dynamisch erzeugt. Dazu werden die linken Seiten der Regel als Vaterknoten aufgefaßt und die rechten Seiten als Tochterknoten. Die Verbindungen werden mit $1/n$ gewichtet, wenn n die Anzahl der Tochterknoten ist. Wird nun ein neues Wort eingelesen, wird es zunächst abgebildet auf den entsprechenden lexikalischen Terminalknoten. Dann wird über eine Hash-Tabelle nachgesehen, in wel-

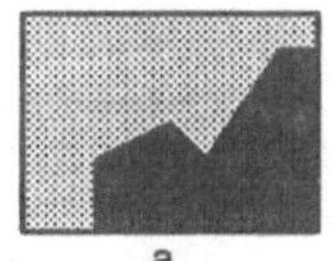
a.

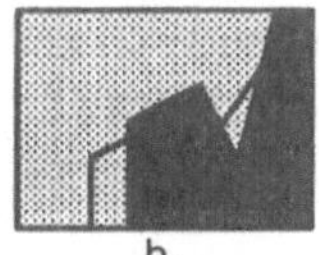
b.

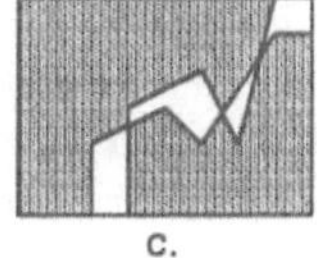
c.

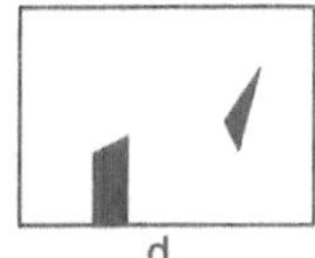
d.

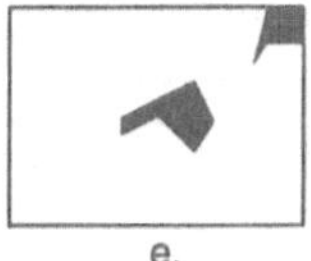
e.

Abbildung 1: Die Aktivität eines Neurons.

cher Regel das Terminal auftaucht und diese Regel wird als neuronales Teilnetz aktiviert. Beim weitergehenden Parsing findet ein Matching bereits aktivierter Strukturen statt, so daß Teilbäume zu komplexen, satzüberspannenden Strukturen zusammengefügt werden können. INKAS und die von INKOPA erzeugten neuronalen Netzwerke sind in der Lage, in gewissem Umfang auch ungrammatische Ausdrücke zu verarbeiten, wie z.B. *Der der Mann geht.*

Neuronenwelten

Schon früh haben Gestaltpsychologen darauf hingewiesen, daß eine Ansammlung von Punkten als eine komplexe Gestalt erkannt werden kann, und daß ein Bilderkennungssystem zu derartigen 'ganzheitlichen' Schlußfolgerungen fähig sein muß. Christian Haider (GMD St. Augustin) vertritt in seinem Beitrag *"Neuronenwelten"* die These, daß schon einzelne Neuronen als Gestalterkenner fungieren können. Er weist darauf hin, daß die Oberfläche von Neuronen dicht besetzt ist mit Synapsen anderer Neuronen und seiner Meinung nach eine *Sinnfläche* ähnlich der Retina unseres Auges bildet. Aber statt einer Lichtverteilungen wird die Verteilung der Aktivität von Neuronen 'gesehen'.

Im Gegensatz zu derzeitigen Modellen wo Neuronen ihre Eingangssignale unspezifisch summieren, nimmt der Autor an, daß die Signale individuell auf vielfältige Weise miteinander verknüpft werden. Eine n-stellige Funktion (mit n als der Anzahl der Synapsen) ersetzt die 1-stellige Summenfunktion über der Menge der Synapsen. Die Gestaltgesetze der visuellen Wahrnehmung, insbesondere die Vervollständigung, sind nach Ansicht von Haider direkt auf die Arbeitsweise von Neuronen übertragbar. Danach wäre die Aktivität eines Neurons der Ausdruck des Maßes inwieweit das Neuron 'seine' Gestalt erkennt. Die Gestalt, auf die ein Neuron spezifisch anspricht, entsteht durch den initialen Wachstumsprozess und einer nachfolgenden Selektion der 'richtigen' Verbindungen. Solch eine Gestalt auf der Sinnfläche könnte man sich als ein Graustufenbild vorstellen, wobei einzelne Punkte die erwartete Aktivität der an den Synapsen hängenden Neuronen bedeuten. In der Abbildung 1 soll Bild a. solch einer trainierten Gestalt entsprechen. Die Sinnfläche entspricht hier einem kompletten neuronalen Netz und könnte z.B. durch eine Bolzmann Maschine realisiert werden.

Das Erkennen könnte nach Meinung des Autors folgendermaßen funktionieren: Angenommen die Gestalt, auf die das Neuron trainiert ist, erscheint unvollständig auf seiner Sinnfläche (Bild b.). Wird das Neuron nicht durch andere Neuronen inhibiert, feuert es mit einer Intensität, die dem Anteil der aktivierten Gestalt entspricht. Das Feuern bewirkt, das nachgeschaltete Neuronen aktiviert werden, wobei es ihnen erscheinen wird, als ob die entsprechende Gestalt 'gesehen' wurde.

Soweit entspricht der Mechanismus den gängigen Vorstellungen. Folgendes ist Spekulation: das aktivierte Neuron hemmt diejenigen vorgeschalteten Neuronen, die die Gestalt hervorgerufen haben (Bild c.) und erregt (d.) bzw. hemmt (e.) die Neuronen, die von der erwarteten Gestalt abweichen; der 'Fehler' wird zurückpropagiert. Damit vervollständigt das Neuron aktiv 'seine' Gestalt. Dieser Mechanismus bewirkt, daß die vorgeschalteten aktiven Neuronen durch das aktivierte Neuron gewissermaßen maskiert oder verdeckt werden, wodurch sie nicht mehr andere konkurierende Gestalten auslösen können. Damit wird die dominierende Gestalt aus dem sensoriellen Eindruck entfernt, so daß feinere Strukturen im Input von nachfolgenden Neuronen erkannt werden können. Dieser Effekt wird z.B. auch beim cascade–correlation Verfahren ausgenutzt.

PAPADEUS - Paralleles Parsing ambiger deutscher Sätze

In ihrem Beitrag stellen Christoph Schommer und Christel Kemke (DFKI Saabrücken) das System PAPADEUS zum parallelen Parsing ambiger deutscher Sätze vor. PAPADEUS basiert auf einem konnektionistischen Modell des Parsings und der lexikalischen und syntaktischen Disambiguierung.

Das System besteht aus mehreren Ebenen, die syntaktische und semantische Strukturen darstellen. Hierbei handelt es sich im einzelnen um die Input-Ebene, die lexikalische Ebene, die syntaktische Ebene, die Kontext-Ebene, den 'semantic space' und einen Gedächtnisspeicher. Insbesondere werden Microfeatures zur Darstellung der Semantik der Eingabesätze herangezogen. Die Disambiguierung beruht unter anderem auf der Bereitstellung von Kontexten, die durch vorherige Satze aktiviert werden können. Die Verarbeitung der Eingabe basiert auf Spreading-Activation-Prozessen und einem Parser, der ähnlich zu einem Chart-Parser arbeitet. Außerdem werden Distanzen des Feature-Vektors der Eingabe zu den Microfeatures zur Disambiguierung herangezogen .

Eine besondere Beachtung in PAPADEUS erfährt die Darstellung von Präpositionen, die in bisherigen Systemen vernachlässigt wurden. So können auch syntaktisch ambige Satze wie *Susi sieht Peter mit dem Teleskop* korrekt disambiguiert werden. Außerdem können die Verbindungsgewichte der Konnektionen zwischen den Ebenen auf der Basis der Hebbschen Regel gelernt werden.

WINA – Wissensverarbeitung mit symbolischen und subsymbolischen Mechanismen

Der Einsatz neuronaler Netze in traditionell symbolischen Bereichen eröffnet oft neue Perspektiven und kann zu Ansätzen führen, die nicht mit typischen Problemen symbolorientierter Lösungen zu kämpfen haben. Andererseits besteht aber die Gefahr, daß damit zwar Schwächen gelindert, aber Stärken aufgegeben werden. Das Bestreben, die positiven Aspekte beider Methoden zu vereinen, spiegelt sich in dem Entwurf hybrider Systeme wieder, wobei Komponenten oder Techniken der Symbolverarbeitung mit denen neuronaler Netze in ein Gesamtsystem integriert werden.

In seinem Beitrag beschreibt Franz Kurfeß (Universität Ulm) ein solches integriertes Gesamtsystem. Seiner Meinung nach wurden neuronale Netze und Expertensysteme bisher hauptsächlich für zwei ziemlich verschiedene Ziele verwendet: Die ersteren für die Evaluierung von Daten, bei denen die essentiellen Informationen in einer großen Menge von Beobachtungsdaten enthalten sind; Expertensysteme hingegen in Situationen, wo Probleme und ihre Lösungen auf eine relativ formale Art formuliert werden können, z.B. als Regeln und Fakten. Viele Probleme der realen Welt enthalten Aspekte beider Fälle und können Komponenten benötigen, welche auf unterschiedlichen Paradigmen für einzelne

Teilaufgaben basieren. Das WINA-Projekt untersucht die Architektur eines Systems, welches neuronale Netze und Ansätze der künstlichen Intelligenz umfaßt [Palm et al., 1991]. Dabei sind einerseits Methoden zu entwickeln und implementieren, die in den einzelnen Komponenten verwendet werden, und andererseits sind die Schnittstellen und Kommunikationsprotokolle zwischen den Komponenten so zu gestalten, daß eine akzeptable Leistungsfähigkeit des Gesamtsystems erreicht wird. Das System besteht aus vier Hauptkomponenten: Neuronaler Klassifikator, neuronaler Assoziativspeicher, Regelextraktor, und Inferenzmechanismus.

Es verwendet Daten sowohl symbolischer als auch sub-symbolischer Form, möglicherweise aus unterschiedlichen Quellen, und integriert diese mit der Regelbasis eines Inferenzsystems. Einige dieser Regeln können problemspezifisches Wissen ausdrücken, z.B. von einem Experten des jeweiligen Bereichs, während andere allgemeinere Informationen enthalten können. Die Verarbeitung der Informationen erfolgt im wesentlichen auf zwei verschiedenen "Pfaden": Der eine Verarbeitungsweg verwendet den neuronalen Klassifizierer als zentrales Element. Aus Beobachtungsdaten werden hier die essentiellen Informationen extrahiert und in Regeln überführt, welche der Regelbasis des Inferenzmechanismus' hinzugefügt werden. Der andere Verarbeitungsweg basiert auf dem neuronalen assoziativen Speicher. Er benutzt Daten in symbolischer oder subsymbolischer Form – gegebenfalls vorverarbeitet vom neuronalen Klassifizierer – und speichert sie auf passende Art und Weise im assoziativen Speicher, wodurch sie für den Inferenzmechanismus zugänglich werden. Dieser Speicher enthält nicht nur Regeln wie beim ersten Pfad, sondern beinhaltet aus den Inputdaten extrahiertes Faktenwissen.

Wichtig ist, daß der Zugriff auf die gespeicherte Information über Ähnlichkeiten geschieht: Ist ein Objekt mit identischen Merkmalen nicht verfügbar, so wird ein anderes mit ähnlichen Merkmalen verwendet. Ein essentielles Problem ist hierbei natürlich eine passende Kodierung der Information, wobei zwei Gesichtspunkte au berücksichtigen sind: Um die Kapazität des neuronalen Assoziativspeichers gut auszunutzen, muß die Kodierung *spärlich* sein, d.h. ein Eintrag darf nur wenige Einsen und viele Nullen enthalten; andererseits sollte die Kodierung *ähnlichkeitserhaltend* sein. Als Inferenzmechanismus findet derzeit ein kommerzielles Prolog-System Verwendung; stattdessen könnte auch ein Expertensystem oder ein Theorembeweiser eingesetzt werden, wobei allerdings das Format der Regelbasis anzupassen ist. Es sind auch Untersuchungen im Gange, einen neuronalen Inferenzmechanismus zu entwickeln; um auf diese Weise ist eine engere Zusammenbindung des Gesamtsystems zu erreichen, die Verarbeitung ungenauer und unsicherer Informationen wird dadurch fest integriert, und eine hochgradige Parallelisierung des Inferenzmechanismus wird ermöglicht.

Das Ziel des WINA-Systems ist die Bereitstellung einer gemeinsamen Basis zur gleichzeitigen Verarbeitung von Wissen in symbolischer und sub-symbolischer Form. Einzelne Module des Systems können in einfacher Weise ausgetauscht werden; beispielsweise kann ein Programm zur Implementation des neuronalen assoziativen Speichers durch spezielle Hardware ersetzt werden wie das "Parallel Associative Network" PAN-IV [Palm and Palm, 1991]. Für den Benutzer erscheint WINA wie ein Inferenzmechanismus mit der zusätzlichen Eigenschaften, Beobachtungsdaten in die Regelbasis zu integrieren sowie große Mengen von Fakten in assoziativer Weise zugänglich zu machen. Das System ist insbesondere anwendbar in Bereichen, in denen Wissen aus unterschiedlichen Quellen relevant ist, z.B. Wissen von menschlicher Expertenn, Datenbankinformationen, Sensordaten, usw. Derzeit wird ein Prototyp des Systems getestet mit Daten aus der Sprachverarbeitung und -analyse, medizinischen Diagnostik, Qualitätskontrolle, Prozesssteuerung, und Umweltanalyse.

Stochastische Netze: Verbindungsdetektion und Konsistenzfragen

Regelbasierte Expertensysteme haben häufig zwei grundlegende Nachteile: zum einen lassen sich Schlüsse häufig nicht mit Sicherheit ableiten, sondern gelten nur mit einem gewissen Grad an Plausibilität. Zum anderen ist es für die Experten äußerst schwierig, ihr Wissen in Form von Regeln zu formulieren. In ihrem Beitrag schlagen Laura Martignon, Hermann von Hasseln und Günther Palm (Universität Ulm) eine Methode vor, mit der die Struktur und die Regeln eines probabilistische Expertensysteme aus Beobachtungsdaten bestimmt werden können.

In Expertensystemen vom Bayes- und Markov-Typ werden Daten und ihre Beziehungen als stochastische Netzwerke dargestellt. Auch um die experimentell beobachtete Aktivität natürlicher Neuronenensembles zu simulieren, werden zunehmend indeterministische Netze modelliert. Leider ist das nicht so einfach, wie es sich anhört: Eine der bisher ungelösten Schwierigkeiten ist etwa, aus ungenauen Daten eine passende Verbindungsstruktur zu bestimmen. Martignon, von Hasseln und Palm haben ein Verfahren entwickelt, mit dem sich das beschriebene Problem lösen läßt: der von ihnen angegebene Algorithmus erlaubt es, Verbindungsstrukturen in stochastischen Netzwerken zuverlässig zu berechnen.

Zur Aufstellung der Struktur von Expertensystemen stehen den Autoren zunächst nur bedingte Häufigkeiten zur Verfügung, (etwa, die Häufigkeit des Auftretens von Gliederzittern bei Malariakranken oder umgekehrt die Häufigkeit des Auftretens von Malaria falls der Patient Gliederzittern hat, etc.). Ebenso können sie aus Messungen der Aktivität vieler Neuronen zunächst nur bestimmen, wie häufig beispielsweise Neuron 13 feuert, wenn Neuron 24 genau 10 Millisekunden vorher gefeuert hat. Um aus solchen Daten das Verbindungsnetzwerk zu erstellen, geben die Autoren zunächst Kriterien an, nach denen sich bestimmen läßt, ob die Datenmenge ausreicht. Dann berechnen sie die Wahrscheinlichkeitsverteilung auf den Konfigurationen des Netzwerkes mit Hilfe eines 'Updating'-Prozesses. Daraus können sie mit Hilfe eines algebraischen Verfahrens die Gewichte der Verbindungen und damit die vollständige Struktur des stochastischen Netzwerkes bestimmen.

Im letzten Teil der Arbeit befassen sich die Autoren mit der Frage der Konsistenz der Daten mit der errechneten Verbindungsstruktur. Es ist möglich, daß die ursprünglichen Daten mit der durch das Updating erreichten Verteilung inkonsistent sind, und damit korrigiert werden müssen. Eine erste Abschätzung liefert diese durch das Updating gefundene Verteilung. Diese Verteilung liefert sodann eine Approximation der Verbindungsstruktur. Es ist im Allgemeinen damit zu rechnen, daß eine zweite Korrektur notwendig wird. Wie so oft bei probabilistischen Ansätzen ist des resultierende Modell eine subjektive Annäherung der experimentellen Wirklichkeit.

Korrektur probabilistischer Inferenznetze durch neuronale Netze

Mit *probabilistischen Inferenznetzen* [Pearl 88] kann man unsichere Zusammenhänge zwischen Variablen modellieren, beispielsweise zwischen Symptomen und möglichen Krankheiten in der medizinischen Diagnostik. Sie bestehen aus einer Anzahl von Regeln, welche jeweils die probabilistische Relation zwischen einer Menge von wenigen, typischerweise zwei bis sechs, Variablen beschreiben. Jede Regel modelliert eine 'weiche' kausale Abhängigkeit zwischen den Variablen. Die Regeln beinhalten theoretisches oder empirisches Wissen über den jeweiligen Anwendungsbereich. Ist dieses Wissen jedoch nicht vorhanden, so kann man mit Hilfe *neuronaler Netze* die stochastische Relation zwischen Variablen aus Beobachtungsdaten schätzen. Im statistischen Sinne sind neuronale Netze Regressionsmodelle mit einer möglichst flexiblen Parametrisierung, mit der sie die 'wichtigsten' Interaktionen zwischen den Variablen erfassen können. Interpretiert man neuronale Netze als Repräsentationen bedingter Verteilungen, so ist es möglich, sie in konsistenter Weise mit probabilistischen Inferenznetzen zu verknüpfen.

In seinem Beitrag stellt Gerhard Paaß (GMD Sankt Augustin) eine Methode vor mit der ein vorhandenes probabilistisches Inferenznetz durch neuronale Netze verbessert und an zusätzliche Beobachtungsdaten angepaßt werden kann. Ausgangspunkt ist hierbei die Beobachtung, daß man sowohl die Regeln probabilistischer Inferenznetze als auch "feedforward" neuronale Netze als bedingte Wahrscheinlichkeiten betrachten kann. Andererseits folgt aus der Definition der Wahrscheinlichkeit direkt, daß man jede gemeinsame Verteilung von Variablen als ein Produkt von bedingten Wahrscheinlichkeiten darstellen kann: $p(x_1,\ldots,x_k) = \prod_{i=1}^{k} p(x_i|x_{i-1},\ldots,x_1)$. Damit läst sich jede gemeinsame Verteilung durch eine Serie neuronaler Netze bzw. probabilistischer Regeln der Form $p(x_i|x_{i-1},\ldots,x_1)$ repräsentieren.

Der Autor betrachtet den Fall, daß ein probabilistisches regelbasiertes Inferenznetz ohne Zyklen gegeben ist. Liegen nun zusätzliche Beobachtungsdaten vor, so kann sich herausstellen, daß das Inferenznetz in gewissen Aspekten zu falschen Prognosen gelangt. Dann ist es möglich, durch ein neuronales Netz Korrekturfaktoren für die jeweilige bedingte Verteilung zu berechnen. Auf diese Art können Fehler beliebigen Ausmaßes korrigiert werden.

Oft kommt es vor, daß gewisse Eingabewerte des neuronalen Netzes nicht bekannt sind. In diesem Fall kann man stochastische Simulationstechniken für Markovsche Zufallsfelder [Smith Roberts 93] verwenden, um die plausibelsten Eingabewerte zu generieren um anschließend den Trainingsalgorithmus mit diesen "Ersatzwerten" durchzuführen. Ähnliche Techniken kann man zudem zur Ableitung von Kriterien verwenden, mit denen die Struktur des Korrekturnetzes bestimmt werden kann.

Integration von symbolischer und subsymbolischer Wissensverarbeitung durch Tool-Integration

Symbolische Systeme genauso wie Neuronale Netze bieten verschiedene Vorteile, leiden allerdings auch an verschiedenen Nachteilen wenn sie isoliert voneinander genutzt werden. In seinem Beitrag beschreibt Johannes Schwinn (Universität Kassel) einen Ansatz, wie die Vorteile von beiden Paradigmen in einem einzigen System gleichzeitigt genutzt werden können. Bei diesem Ansatz, den er als Integration durch Kooperation bezeichnet, bleiben beide Verarbeitungsprinzipien in bekannter Weise erhalten. Durch Zuordnung des am besten geeigneten Mechanismus für eine Teilaufgabe soll das Gesamtproblem in möglichst optimaler Weise gelöst werden.

Nach Evaluation vorhandener Werkzeuge wurde in Anbetracht des hohen Aufwands für eine komplette Neuimplementierung einerseits und der hohen Qualität einiger existierender Werkzeuge andererseits, die Integration bereits vorhandener Werkzeuge als geeignetes Vorgehen für die Realisierung eines hybriden Wissensverarbeitungssystems angesehen. Die Auswahl fiel dabei auf die, beide von der GMD (St. Augustin) entwickelten Tools, BABYLON [Christaller et al., 1989] und SESAME [Linden und Tietz 1991].

Für die Integration beider Verarbeitungsmechanismen wird die existierende Struktur des Metainterpreters des Systems BABYLON derart erweitert, daß neben symbolischen Ausdrücken einer Wissensbasis auch Referenzen an den neuronalen Netzwerksimulator SESAME in geeigneter Weise behandelt werden können. Zu diesem Zweck wird ein virtueller subsymbolischer Interpreter in BABYLON eingebunden, der Ausdrücke, die vom Metainterpreter auf Grund ihrer syntaktischen Struktur als subsymbolisch identifiziert werden, aufbereitet und an SESAME weiterleitet. Die vom Netzwerksimulator evaluierten Ergebnisse werden in ähnlicher Weise über den Metainterpreter an den aufrufenden Interpreter zurückgesendet. Hierfür ist es notwendig eine geeignete Kommunikation zwischen beiden Systemen sicherzustellen. Durch die gewählte Architektur wird eine einheitliche Sicht auf symbolische-subsymbolische Wissensverarbeitung geliefert.

Evaluierung eines konnektionistischen Modells für die Unternehmensstrategiediagnose mit dem Entwicklerwerkzeug NDS 1000

Thorsten Heinrich und Michael Müller-Wünsch (TU Berlin) beschäftigen sich mit der Entwicklung wissensbasierter entscheidungsunterstützender Systeme für das Management großer und mittelständischer Unternehmen. Seit 1987 wird im Fachbereich Informatik der TU Berlin an einem derartigen wissensbasierten System namens CASA (Computer-Assistierte Strategie-Analyse) gearbeitet, das den Prozeß der Unternehmensstrategiediagnose unterstützt. Der Schwerpunkt liegt dabei an der Umsetzung empirischen Management-Knowhows in regelbasierte Wissensstrukturen. Die über den langjährigen Einsatz in Unternehmensberatungen gesammelten Erfahrungen zeigen dennoch, daß derartige Systeme schnell an die Grenzen ihrer Leistungsfähigkeit stoßen, wenn Situationen modelliert werden müssen, die beim Systemdesign noch nicht vorgesehen waren. Unternehmensstrategieentwicklungen zeichnen sich dadurch aus, daß Wissensstrukturen sich schnell dynamisch verändern. So kommt CASA bis heute nur in der Beratung bestimmter Typen von Unternehmen zum Einsatz.

Die Merkmale dieser Problemdomäne (unvollständige und vage Informationen über die Situation des Unternehmens und seiner Märkte, kaum formalisierbare Wirkungsbeziehungen zwischen den Faktoren der Strategiediagnose) motivieren zur Integration konnektionistischer Modelle. Bei der Entwicklung eines derartigen Systems muß davon ausgegangen werden, daß dem Entwickler kaum eine umfangreiche und repräsentative Lernmenge zur Verfügung steht. Um einen Eindruck von der Praktikabilität konnektionistischer Systeme im genannten Problemumfeld zu gewinnen, wurde ein Testmodell für die Klassifikation von Marketingstrategien implementiert und mit automatisch generierten Mustern getestet. Dieses Testmodell verbindet drei elementare betriebswirtschaftliche Entscheidungsmodelle mit insgesamt fünf Merkmalen, von denen auf eine unter elf Basisstrategien geschlossen werden soll. Dafür stand die Entwicklerplattform NDS 1000 der Firma Nestor Inc. zur Verfügung.

Erste Ergebnisse haben erbracht, daß selbst eine Einschränkung der Unternehmensstrategiediagnose auf den Marketing-Bereich zu unvorhergesehenen Komplexitätsproblemen bei der Strategiediagnose geführt haben. Die Reduzierung auf fünf Basisparameter zur Generierung von 11 Basisstrategien hat gezeigt, daß eine alleinige Betrachtung dieser Einflußgrößen zu Fehlentscheidungen führen kann. Hier muß durch die Kombination weiterer, wissensbasierter Analyse-Schritte das automatisch generierte Ergebnis weiter evaluiert werden. Es scheint sinnvoll, die Unternehmensstrategiediagnose durch ein Netzwerksystem zunächst soweit zubetreiben, daß eine grobe Einteilung der erforderlichen Maßnahme von einem System vorgenommen werden kann. Damit wäre eine höhere Robustheit de Systems gegenüber unvorhergesehenen Markt- und Unternehmenskonstellationen zu erzielen, die es ermöglichen, das Systeme wie CASA trotz des diffizilen Anwendungsgebietes eine breitere Anwendungsmöglichkeit erhalten. Hieran wird momentan gearbeitet.

Literatur

[Bibel 88] Bibel, W. (1988): Advanced Topics in automated Deduction. In R. Nossum (ed.), *Fundamentals of Artificial Intelligence II.* Springer Verlag, LNCS 345, S. 41-59.

[Christaller et al., 1989] Christaller, T., Di Primio, F., Voss, A. (Eds.) (1989): The KI-Werkbank Babylon, Addison Wesley, Reading, MA.

[Hölldobler and Kurfeß, 1991] Hölldobler, S. and Kurfeß, F. (1991): CHCL - A Connectionist Inference System. In Fronhöfer, B. and Wrightson, G., editors, *Parallelization in Inference Systems*, Lecture Notes in Computer Science. Springer.

[Linden und Tietz 1991] Linden, A., Tietz, C. (1991): Eine Softwareumgebung für Design und Analyse komplexer neuronaler Systeme, Wirtschaftsinformatik 5/91, Vieweg, Wiesbaden

[Palm and Palm, 1991] Palm, G. and Palm, M. (1991): Parallel associative networks: The PAN-System and the BACCHUS-Chip. In Ramacher, U., Rückert, U., and Nossek, J. A., editors, *Microelectronics for Neural Networks*, pages 411–416, Munich, Germany. Kyrill & Method Verlag.

[Palm et al., 1991] Palm, G., Rückert, U., and Ultsch, A. (1991): Wissensverarbeitung in neuronaler architektur. In Brauer, W. and Hernández, D., editors, *Verteilte Künstliche Intelligenz und kooperatives Arbeiten*, Informatik-Fachberichte. Springer Verlag, Berlin, Heidelberg, New York.

[Pearl 88] Pearl, J. (1988): *Probabilistic Reasoning in Intelligent Systems,* Morgan Kaufmann, San Mateo, Cal.

[Shastri Ajjanagadde 90] Shastri, L., Ajjanagadde, V. (1990): An optimally efficient limited inference System. In *Proceedings of the AAAI National Conference on Artificial Intelligence*, S. 563-570.

[Smith Roberts 93] Smith, A.F.M., Roberts, G.O. (1993): Bayesian Computation via the Gibbs Sampler and Related Markov Chain Methods. J. Royal Statistical Assocation, Ser. B., Vol.55, p.3-23.

Neuere Entwicklungen der deklarativen KI-Programmierung

Harold Boley, François Bry, Ulrich Geske

DFKI Kaiserslautern, ECRC München, GMD-FIRST Berlin
boley@informatik.uni-kl.de, Francois.Bry@ecrc.de, geske@first.gmd.de

Deklarative Programme repräsentieren ihr Problemlösungswissen auf einer hohen Sprachebene, unabhängig vom Ausführungsmechanismus. KI-Sprachen verdichten die für Anwendungen der KI notwendigen Repräsentationsmethoden zu Programmierkonstrukten. Deklarative KI-Programmiersysteme haben einen wesentlichen softwaretechnischen Aspekt: Änderungsfreundliche Programme sollen ermöglicht und Freiheitsgrade für optimierende Compiler eröffnet werden. Geeignete Konzepte basieren auf funktionalen und logischen Formalismen und schließen Constraint- bzw. Taxonomiesysteme ein. Aktuelle Schwerpunkte bilden die Integration dieser Sprachen sowie ihre Kombination mit prozeduralen und objektorientierten Ausdrucksmitteln. Deklarative KI-Sprachen ermöglichen eine umfassendere Anwendung von Techniken der Programmtransformation und Metaprogrammierung.
Der Workshop wendet sich an Theoretiker und Praktiker, die Konzepte der Deklarativen KI-Programmierung weiterentwickeln und sie für KI-Anwendungen nutzen. Das Themenangebot erlaubt, einige neuere Entwicklungen dieses zukunftsweisenden Gebiets in konzentrierter Form kennenzulernen und zu bewerten.
Im technischen Programm des Workshops stehen eingereichte Beiträge und Tutorials zu aktuellen Teilgebieten im Mittelpunkt. Aus den eingereichten Beiträgen entstand nach einem Begutachtungs- und Überarbeitungsverfahren eine Zusammenstellung [3], die hier summarisch wiedergegeben wird: Vier Sessions beinhalten neben *Wissensrevision/Programmtransformation* die Teilgebiete *Typen* und *Constraints* zunächst einzeln und führen sie dann zusammen (Abschnitt 1). Drei Tutorials beinhalten *Deduktive Datenbanksysteme*, die *Programmiersprache Gödel* und die *Evolution von Wissensbasen* (Abschnitte 2 bis 4).

1 Wissensrevision/Transformation & Typen/Constraints

Die Session *Wissensrevision und Programmtransformation* beginnt mit G. Wagners Aktualisierungsoperationen (z.B. um schwach negierte Inputs: Kontraktion) auf Mengen von (z.T. stark negierten) Fakten, Disjunktiven Faktenbasen und Deduktiven Datenbanken [12]. Dann realisiert K. Hinkelmann die Ableitung von Konsequenz-Fakten aus logischen Programmen durch eine Erweiterung der "Magic Templates"-Transformation um Rückwärts- und Vorwärtspropagierung von Variablenbindungen initialer Fakten [6]. W. Goerigk und F. Simon behandeln schließlich die systemunterstützte Sourcecode-Transformation (Migrati-

on) von COMMON-LISP-Programmen in eine vollständig (in Objektfiles oder C-Programme) compilierbare Teilsprache [5].
In der Session *Typisierte Merkmalsstrukturen* präsentieren H.-U. Krieger und U. Schäfer eine (hierarchisch) typisierte merkmalsbasierte Sprache mit booleschen Verknüpfungen sowie zugehörige Typfolgerungsmechanismen [7]. J. Bedersdorfer et al. zeigen Ersetzungsregeln und komplexere Transformationen (z.B. mit boolesche Verknüpfungen und Sequenzen/Mengen) auf typisierten Merkmalsstrukturen [2]. G. Meyer und S. Weigel erläutern die statische Analyse streng (parametrisch polymorph) typisierter Merkmalsstrukturen und grenzen ihre (monotone) **Typeinschränkung** von der objektorientierten (nichtmonotonen) **Typredefinition** ab [9].
In der Session *Constraint-Systeme* diskutiert M. Meyer das Dilemma "Deklarativität vs. Effizenz" und seine Behandlung durch Constraints über endlichen (forward checking, (weak) looking-ahead) bzw. hierarchisch strukturierten (erweiterter HAC-Algorithmus) Domänen [10]. H.-J. Goltz und U. Geske verallgemeinern CLP, indem sie den Constraint-Solver durch ein Constraint-Handling-System ersetzen, das die Einflußnahme auf die Behandlung der Constraints ermöglicht und, außer Erfüllbarkeitstests, Operationen wie vorläufiges Akzeptieren der Variablenbelegung, Überprüfung notwendiger Bedingungen und Umformungen ausführen kann [4].
In der Session *Typen-Constraints-Kombinationen* schlägt H.C.R. Lock eine (für deterministische Programme) effizientere Alternative zur PROLOG-Operationalisierung der SLD-Resolution vor, bei der Ziele mit freien Variablen verzögert (Residuierung) und Termmengen für solche Variablen eingeschränkt werden (Typen-Constraints) [8]. A. Abecker und P. Hanschke argumentieren für die Effizienz und Modularität einer hybriden Architektur, die (beliebig viele, austauschbare) konkrete Domänen (spezielle Constraint-Solver) in ein terminologisches System einbettet, und dieses wiederum in DATALOG [1]. H. Wache und P. Tsarchopoulos integrieren Constraints über reellen und endlichen Domänen in eine terminologische Sprache, die (unter Zuhilfenahme eines erweiterten CLP-Schemas) in die Hornlogik eingebettet wird [11].

2 Deduktive Datenbanksysteme

F. Bry; ECRC, München

Seit mehr als einem Jahrzehnt beschäftigt sich die Datenbank-Forschung mit dem Gebiet der deduktiven Datenbanksysteme. Die Schwerpunkte liegen dabei sowohl auf der Untersuchung theoretischer Aspekte (für einen Überblick siehe [31, 32, 33, 34, 56, 27, 18, 44, 55, 23, 24, 41, 42]) als auch auf der Realisierung experimenteller Systeme (z.B. [49, 19, 28, 30, 35, 37, 46, 51, 57, 36, 59, 39, 47, 26]). Darüberhinaus werden derzeit, basierend auf Forschungsprototypen, industrielle Produkte entwickelt (z.B. [60]). In diesem Vortrag möchten wir Sie mit der Zielsetzung und den wesentlichen Techniken von deduktiven Datenbanksystemen vertraut machen.

Im Gegensatz zu herkömmlichen Datenbanksystemen, in denen Anwendungsdaten *extensional* beschrieben werden, erlauben deduktive Datenbanksysteme auch eine *intensionale* Definition. Der erste Teil des Vortrags stellt zwei sich ergänzende Konzepte vor, die in deduktiven Datenbanksystemen zur deklarativen Spezifikation einer Anwendung benutzt werden können. *Ableitungsregeln* auf der einen Seite erlauben *konstruktive* Definitionen, während *Integritätsbedingungen* auf der anderen Seite *normative* Bedingungen ausdrücken.
Anhand eines Beispiel, dem Flugplan einer Fluggesellschaft, werden wir zunächst zeigen wie eine Anwendung mittels Ableitungsregeln und Integritätsbedingungen intensional beschrieben werden kann. Dieses Beispiel macht die Vorteile einer intensionalen Beschreibung gegenüber einer konventionellen, rein extensionalen Beschreibung deutlich. Eine intensionale Beschreibung führt zu einer genaueren und natürlicheren Repräsentation der Anwendung. Sie ermöglicht eine kompaktere, platzsparende Spezifikation. Und sie ist einfacher zu warten.
Der zweite Teil des Vortrags beschäftigt sich dann mit der Auswertung von Ableitungsregeln bei der Anfragebeantwortung (z.B. [23, 24, 13, 14, 16, 17, 50, 52, 53, 54, 58, 21, 20]). Die Anfragebeantwortung in deduktiven Datenbanksystemen stellt Anforderungen an die Ableitungsprozeduren, die von klassischen Deduktionsmethoden wie etwa der SLD-Resolution nicht erfüllt werden. Daher wurden neue Methoden entwickelt, die sich wesentlich von den konventionellen Verfahren unterscheiden. Wir werden die Prinzipien dieser neuen Methoden vorstellen und ihre Vorteile bei der Anfragebeantwortung diskutieren.
Die effiziente Überprüfung von Integritätsbedingungen bei Änderungsoperationen bildet den dritten Teil des Vortrags. Wir werden die Prinzipien von verschiedenen Methoden zur Überprüfung von Integritätsbedingungen vorstellen (z.B. [23, 24, 22, 29, 38, 40, 43, 45, 48, 25]). Diese Methoden basieren entweder auf der Feststellung einer möglichen Verletzung der Integritätsbedingungen bezüglich Änderungsoperationen oder auf dem Propagieren von Änderungen.
Im letzten Teil des Vortrags argumentieren wir, daß es oft wünschenswert ist, nicht nur die Anwendung sondern auch Teile des Datenbanksystems selbst intensional zu beschreiben. Wir werden einige Beispiele für solche intensionalen Spezifikationen vorstellen.

3 Die Programmiersprache Gödel

U. Geske, J. Busse; GMD-FIRST, Berlin

3.1 Übersicht

Die Programmiersprache Gödel befindet sich an der Universität Bristol in Entwicklung ([61, 62]). Ihre Funktionalität und Ausdruckskraft orientiert sich an Prolog, ihre deklarative Semantik geht dagegen weit über die Entsprechung in Prolog hinaus. Die folgende Darstellung von Gödel beginnt nach der Diskussion der Motivation mit einer Übersicht über die wesentlichen Konzepte. Auf die maßgebenden Eigenschaften und Begriffe (im Text hervorgehoben) wird im Anschluß etwas genauer eingegangen.

3.2 Motivation

Die Programmierung von Problemen mit Mitteln der Logik ist seit etwa 20 Jahren Gegenstand der Untersuchungen in der Logischen Programmierung. Die Vermeidung von Steuerelementen zur deklarativen Problembeschreibung und die Ausführbarkeit der Spezifikationen führten zu einem neuen Modell der Spezifikation, Testung, Ausführung und Wartung von Programmen. Das immer noch bedeutendste Programmiersystem der Logischen Programmierung ist Prolog. Daneben wurden eine Vielzahl weiterer logischer Programmiersprachen entwickelt, die aus Untersuchungen zu speziellen Richtungen resultieren, insbesondere Commited-Choice-Sprachen, Constraint-Sprachen, Spezifikationssprachen auf der Basis mehrsortiger Logiken und über die Horn-Klausel-Logik hinausgehender Logiken.
In Prolog erschweren die flache Programmstruktur, sequentielle Verarbeitung, Prozeduren mit Seiteneffekten, explizite Steuerelemente (!/0), die Realisierung der Negation und die Ununterscheidbarkeit von Objekt- und Metaprogrammierniveau eine deklarative Interpretation von Programmen. Die Konsequenzen sind die Einschränkung paralleler Verarbeitungsmöglichkeiten, die Schwierigkeiten in der Metaprogrammierung, die praktische Abweichung von theoretischen Aussagen über das Programmverhalten und die verminderte Verständlichkeit der Programme.

3.3 Konzepte

Durch die Programmiersprache Gödel sollen diese Nachteile von Prolog überwunden und die verschiedenen Entwicklungsrichtungen wieder zusammengeführt werden. Der Kerngedanke der Programmiersprache Gödel ist das von GÖDEL eingeführte Repräsentationskonzept - der Grund für die Wahl des Namens der Sprache, der aber auch als Akronym für *God's Own DEclarative Language* verstanden wird.
In der Programmiersprache Gödel soll ein Programm - so wie es in der Logischen Programmierung angestrebt wird - tatsächlich als eine Theorie und eine Programmabarbeitung als eine Deduktion aufgefaßt werden. Für die Darstellung der Theorie ist es erforderlich, die Problembeschreibungs-Niveaus der Objekt- und der *Metaprogrammierung* unterscheidbar zu halten, um eine deklarative Semantik zu sichern. Zusätzliche Mittel zur Problemspezifikation sind der Übergang zur mehrsortigen Logik (*Typen*) und die Problemstrukturierung durch *Modularisierung*. Die deduktive Programmabarbeitung (ohne außerlogische Effekte) basiert auf *flexibler Steuerung*, *Constraint-Lösen* und einer *verallgemeinerten Schnittoperation*. Eine Ausnahme bilden die *Ein-/Ausgabe*-Operationen, die weiterhin außerlogisch wirken, aber durch geeignete Verwendung der Modularisierung vom

deklarativen Teil des Programms weitestgehend separariert werden können.

3.4 Eigenschaften

Metaprogrammierung Ein Metaprogramm ist ein Programm (z.B. Interpreter, Programmtransformation), das ein anderes Programm als Daten benutzt. Gödel liefert Sprachkonstrukte und Repräsentationsformen, um zwischen Objektniveau- und Metaniveau-Ausdrücken zu unterscheiden. Dadurch können Metaprogramme als Theorien mit klarer deklarativer Semantik verstanden werden. Die Sprachkonstrukte betreffen die Prädikate var/1, nonvar/1, assert/1 und retract/1. Bei der Repräsentation werden Grund-Repräsentation (für Objektprogramme) und Nicht-Grund-Repräsentation (für Metaprogramme) unterschieden. Objektniveau-Variable werden durch Grund-Metaniveau-Terme dargestellt. Dadurch ist die System-Unifikation auf diese Ausdrücke nicht anwendbar und es müssen statt dessen entsprechende Anwenderprozeduren definiert werden. Der Vorteil liegt in der größeren Deklarativität und der leichteren Parallelisierbarkeit, der Nachteil in der ineffizienteren Verarbeitung durch von-Neumann-Rechner.

Typen Typisierung ist ein Mittel für exaktere Wissensrepräsentation und erlaubt darüber hinaus dem Compiler, effizienteren Code zu erzeugen. Der programmiertechnische Vorteil der Typisierung liegt in der Vermeidung von Programmierfehlern bzw. in der Entdeckung von Fehlern während der Syntaxanalyse und nicht erst bei der Abarbeitung auf Grund unerwarteter Abarbeitungsresultate.

Die Programmiersprache Gödel hat ein strenges Typkonzept. Die Typen basieren auf der mehrsortigen Logik 1.Stufe. Die Erweiterung besteht darin, daß Typvariablen vorhanden sind, die alle Typen zum Wert haben können. Durch diesen parametrischen Polymorphismus wird vermieden, daß für Argumente eines Terms, z.B. Elemente einer Liste, ein bestimmter Typ festgeschrieben werden muß.

Modularisierung Gödel verwendet das Konzept der abstrakten Datentypen, das neben dem Typsystem durch ein Modulsystem implementiert ist. Durch Module werden Namenskonflikte vermieden und Implementationsdetails verborgen. Die Systemmodule von Gödel stellen eine Reihe abstrakter Datentypen wie `List`, `String`, `Set`, `OProgram` (Objektprogramm) mit jeweils einer Menge von Operationen zur Verfügung.

Flexible Steuerung In Gödel erfolgt die Abarbeitung nicht sequentiell von links nach rechts, sondern ist durch Verwendung der DELAY-Steuer-Deklaration im generellen Abarbeitungsalgorithmus flexibel. Durch DELAY kann die Abarbeitung von Aufrufen bei Bedarf zurückgestellt werden. Dieser Mechanismus ist die Grundlage für die bessere Behandlung der Negation, für Constraint-Abarbeitung, für eine effiziente Gestaltung und Steuerung der Abarbeitung und für die Sicherung der Korrektheit der Programmabarbeitung.

Constraint-Lösen Gödel erlaubt die Behandlung linearer und nichtlinearer Constraints im Bereich der ganzen und rationalen Zahlen.

Verallgemeinerte Schnittoperation Die Schnittoperation von Gödel baut auf dem Commitoperator ('|') in den Committed-Choice-Sprachen auf. Der Commit-Operator wirkt „vorwärts" und „rückwärts" auf die anderen Klauseln einer Prozedur, indem er deren Abarbeitung verhindert. Anders als in Prolog kann durch die Verwendung des Commit-Operators kein Test „eingespart" werden, so daß die logische Komponente eines Programms vollständig spezifiziert ist. Die logische Komponente eines Gödel-Programms kann durch Entfernen aller Schnittoperationen erhalten werden, während sie in Prolog nicht durch Weglassen der !/0-Aufrufe oder durch Einsetzung von Tests zu erhalten ist. Die Erweiterung des Commit-Operators zur Form `{Calls_before_Commit}`$_{Label}$ unterstützt die Ausführung von Folding/Unfolding, Partial-Evaluation und Programmtransformationen über Programmen, die die Schnittoperation enthalten. Wenn die Aufrufe `Calls_before_Commit` (die *Guards* in den Commited-Choice-Sprachen) erfolgreich abgearbeitet worden sind, wird die Abarbeitung aller anderen Klauseln der Prozedur, die einen Commit-Operator $\{\ldots\}_{Label}$ mit der gleichen Marke `Label` haben, verhindert. Klauseln einer Prozedur können Commit-Operatoren mit unterschiedlichen Marken besitzen. Die Marke kennzeichnet den Wirkungsbereich eines Commit-Operators. Aufrufe in `Calls_before_Commit` können selbst wieder Commit-Operatoren mit Marken sein.

Ein-/Ausgabe Durch die Verwendung des Modul-Systems mit der Beschreibung des Ein-/Ausgabe-Verhaltens eines Programms in Modulen, die weit oben in der Modulhierarchie angeordnet sind, kann die deklarative Darstellung des restlichen Programms gesichert werden.

4 Evolution von Wissensbasen

H. Boley, P. Hanschke, K. Hinkelmann, M. Meyer; DFKI, Kaiserslautern

Allgemein umfaßt die Evolution von Wissensbasen, kurz *Wissensevolution* oder *Evolution*, Techniken zur Steigerung der Güte formal repräsentierten Wissens. Sie ist 'unter' der *Wissensakquisition* und 'über' der *Wissenscompilation* angesiedelt, wobei es durchaus (fruchtbare) Grenzbereiche gibt: Während die *Akquisition* vorformales Wissen strukturiert und in eine formale Repäsentation abbildet, verbessert die Evolution eine bereits formale Repäsentation; und während die *Compilation* Wissen in Richtung auf die Maschine transformiert, verändert die Evolution es im Hinblick auf den Menschen.

Präziser definieren wir die **Evolution** als die **Validierung** und **Exploration** von Wissensbasen unter Verwendung von (weitgehend gemeinsamen) Analyse-Algorithmen:

Die *Validierung* prüft eine Wissensbasis in Bezug auf Redundanzen, Lücken, Widersprüche etc., z.B. mit Methoden der strukturellen/funktionalen Verifikation, Integritätsbedingungen, (Sub)Sorten-Prüfung und Anforderungsabschwächung/Verstärkung.

Die *Exploration* sucht nach interessanten Mustern und Zusammenhängen in einer Wissensbasis, um Wisseneinheiten zu abstrahieren, vervollständigen, induzieren etc., wobei diejenigen Methoden der Term-Abstraktion, Konzept-Formation, induktiven Inferenz, Abduktion und des entdeckenden Lernens usw. kombiniert werden, die von kleineren Beispielmengen auf größere Wissensbasen übertragbar sind.

Beide Teilbereiche der Evolution können u.a. in einem Wechselspiel zusammenwirken, bei dem explorierte Muster validiert werden, bevor sie (unter Benutzerkontrolle!) in die Wissensbasis zurückgespeist werden ("closed-loop learning" [74]).

Die *Repräsentationssprache* der Wissensbasis beeinflußt natürlich die Evolutionsalgorithmen. Zunächst unterstützt eine deklarative Formulierung des Wissens seine Evolution, da keine maschinenorientierten Artefakte die Analyse behindern und die gefundenen Ergebnisse das Wissen selbst, nicht seinen Zugriff, zum Inhalt haben. Dann gilt es, zwischen verschieden ausdrucksmächtigen deklarativen Repräsentationen abzuwägen, da auf schwächeren Sprachen i.a. mehr Eigenschaften durch Analysealgorithmen gefunden werden können, aber die gefundenen Muster evtl. nicht mehr in ihnen repräsentierbar sind. Somit lassen sich sprachliche und algorithmische Stufenfolgen zueinander in Entsprechung bringen [63].

Die *Analysealgorithmen* beinhalten eine abstrakte Interpretation [64], wodurch je nach Wahl der abstrakten Domäne zum Beispiel Informationen über redundante Wissenselemente oder Unvollständigkeiten in der Wissensbasis (fehlende Werte, Regeln usw.) gewonnen werden können. Die Ergebnisse der abstrakten Interpretation können dabei sowohl der Validierung (z.B. Aufdeckung von redundanten Regeln oder nichterfüllbaren Pämissen) als auch zur Exploration (z.B. Entdeckung von Aufrufstrukturen oder deterministischen Prädikaten) dienen.

Terminologische Wissensrepräsentationssysteme in der Tradition von KL-ONE [65, 70] tragen bereits in unveränderter Form zur Wissensbasisevolution bei: *Terminologische Inferenzdienste* [66] ermöglichen, ausgehend von einer Wissensbasis als einer Menge intensionaler Konzeptdefinitionen, z.B. die gleichzeitige Aufdeckung von Inkonsistenzen (Validierung) und Entdeckung von Vererbungsbeziehungen (Exploration) [68]. Varianten solcher Inferenzdienste können von KL-ONE-Sprachklassen auf weitere Repräsentationssprachen übertragen werden.

Die *induktive logische Programmierung* [69] ist eine Synthese der logischen Programmierung mit induktiven Verfahren. Bei der Theorierevision [73] werden meist Lernverfahren eingesetzt, die eine gegebene Theorie aufgrund positiver und negativer Trainingsbeispiele verändern. Eine Charakterisierung der Verfahren ist je nach Grad der Verwendung von Hintergrundwissen möglich [72, 71]. Die Beispiele können entweder durch den Benutzer vorgegeben oder unter Verwendung von Hintergrundwissen auch automatisch generiert (bzw. in der Wissensbasis fokussiert) werden. Die Revision kann sowohl Aspekte der Validierung als auch der Exploration enthalten, je nachdem ob eine Modifikation der vorhandenen Theorie oder ihre Erweiterung um neue Klauseln notwendig ist. Weitere Methoden der induktiven logischen Programmierung sind die Anti-Unifikation und die inverse Resolution [67], welche die aus deduktiven Systemen bekannten Verfahren umkehren.

Literatur

1. Andreas Abecker, Philipp Hanschke. TaxLog: A Flexible Architecture for Logic Programming with Structured Types and Constraints. In Boley et al. [3].
2. Jochen Bedersdorfer, Karsten Konrad, Ingo Neis, Oliver Scherf, Jörg Steffen, Michael Wein. Eine Spezifikationssprache für Transformationen auf getypten Merkmalsstrukturen. In Boley et al. [3].
3. H. Boley, F. Bry, U. Geske (Hrsg.). *Proc. Workshop "Neuere Entwicklungen der deklarativen KI-Programmierung" auf der KI-93, Humboldt-Univ. zu Berlin*, Research Report RR-93-35, September 1993. DFKI Kaiserslautern.
4. Ulrich Geske, Hans-Joachim Goltz. Verallgemeinerte Behandlung von Constraints in einem CLP-System. In Boley et al. [3].
5. Wolfgang Goerigk, Friedemann Simon. Migration und Kompilation in Lisp: Ein Weg von Prototypen zu Anwendungen. In Boley et al. [3].
6. Knut Hinkelmann. Consequence Finding and Logic Programming. In Boley et al. [3].
7. Hans-Ulrich Krieger, Ulrich Schäfer. TDL – A Type Description Language for Unification-Based Grammars. In Boley et al. [3].
8. Hendrik C.R. Lock. Residuation and Type Constraints. In Boley et al. [3].
9. Gregor Meyer, Sybilla Weigel. Polymorphe Featuretypen - Typinferenz und Typüberprüfung. In Boley et al. [3].
10. Manfred Meyer. Finite Domain Constraints: eine deklarative Wissensrepräsentationsform mit effizienten Verarbeitungsverfahren. In Boley et al. [3].
11. Holger Wache, Panagiotis Tsarchopoulos. Ein erweitertes CLP-Schema für eine hybride Wissensverarbeitung. In Boley et al. [3].
12. Gerd Wagner. Update, Contraction and Revision in Knowledge Representation Systems. In Boley et al. [3].
13. Bancilhon, F., Maier, D., Sagiv, Y., Ullman, J.: Magic Sets and Other Stange Ways to Implement Logic Programs. Proc. 5th ACM SIGMOD-SIGART Symp. on Principles of Database Systems (1986)
14. Bancilhon, F., Ramakrishnan, R.: An Amateur's Introduction to Recursive Query Processing. Proc. ACM SIGMOD Conf. on the Management of Data (1986)
15. Beierle, C.: Knowledge Based PPS Applications in PROTOS-L. Proc. 2nd Logic Programming Summer School (1992)
16. Beeri, C.: Recursive Query Processing. Proc. 8th ACM SIGACT-SIGMOD-SIGART Symp. on Principles of Database Systems (1989) (tutorial)

17. Beeri, C., Ramakrishnan, R.: On the Power of Magic. Proc. 6th ACM SIGACT-SIGMOD-SIGART Symp. on Principles of Database Systems (1987)
18. Bidoit, N.: Bases de Données Déductives. Armand Colin (1992) (in French)
19. Bocca, J.: On the Evaluation Strategy of Educe. Proc. ACM SIGMOD Conf. on the Management of Data (1986)
20. Bry, F.: Logic Programming as Constructivism: A Formalization and its Application to Databases. Proc. 8th ACM-SIGACT-SIGMOD-SIGART Symp. on Principles of Database Systems (1989)
21. Bry, F.: Query Evaluation in Recursive Databases: Bottom-up and Top-down Reconciled. Data & Knowledge Engineering 5 (1990) (Invited paper. A preliminary version of this article appeared in the proc. of the 1st Int. Conf. on Deductive and Object-Oriented Databases)
22. Bry, F., Decker, H., Manthey, R.: A Uniform Approach to Constraint Satisfaction and Constraint Satisfiability in Deductive Databases. Proc. 1st Int. Conf. on Extending Database Technology (1988)
23. Bry, F., Manthey, R.: Deductive Databases – Tutorial Notes. 6th Int. Conf. on Logic Programming (1989)
24. Bry, F., Manthey, R.: Deductive Databases – Tutorial Notes. 1st Int. Logic Programming Summer School (1992)
25. Bry, F., Manthey, R., Martens, B.: Integrity Verification in Knowledge Bases. Proc. 2nd Russian Conf. on Logic Programming (1991) (invited paper)
26. Cacace, F., Ceri, S., Crespi-Reghizzi, S., Tanca, L., Zicari, R.: Integrating Object-Oriented Data Modelling With a Rule-based Programming Paradigm. Proc. ACM SIGMOD Conf. on the Management of Data (1990)
27. Ceri, S., Gottlob, G., Tanca, L.: Logic Programming and Databases. Surveys in Computer Science, Springer-Verlag (1990)
28. Chimenti, D., Gamboa, R., Krishnamurthy, R., Naqvi, S., Tsur, S., Zaniolo, C.: The LDL System Prototype. IEEE Trans. on Knowledge and Data Engineering 2(1) (1990) 76–90
29. Decker, H.: Integrity Enforcement on Deductive Databases. Proc. 1st Int. Conf. Expert Database Systems (1986)
30. Freitag, B., Schütz, H., Specht, G.: LOLA – A Logic Language for Deductive Databases and its Implementation. Proc. 2nd Int. Symp. on Database System for Advanced Applications (1991)
31. Gallaire, H., Minker, J. (eds): Logic and Databases. Plenum Press (1978)
32. Gallaire, H., Minker, J., Nicolas, J.-M. (eds): Advances in Database Theory. Vol. 1. Plenum Press (1981)
33. Gallaire, H., Minker, J., Nicolas, J.-M. (eds): Advances in Database Theory. Vol. 2. Plenum Press (1984)
34. Gallaire, H., Minker, J., Nicolas, J.-M. (eds): Logic and Databases: A Deductive Approach. ACM Computing Surveys 16:2 (1984)
35. Haas, L. M., Chang, W., Lohman, G. M., McPherson, J., Wilms, P. F., Lpis, G., Lindsay, B., Pirahesh, H., Carey, M., Shekita, E.: Starburst Mid-Flight: As the Dust Clears. IEEE Trans. on Knowledge and Data Engineering (1990) 143–160
36. Jarke, M., Jeusfeld, M., Rose, T.: Software Process Modelling as a Strategy for KBMS Implementation. Proc. 1st Int. Conf. on Deductive and Object-Oriented Databases (1989)
37. Kiernan, G., de Maindreville, C., Simon, E.: Making Deductive Databases a Practical Technology: A Step Forward. Proc. ACM SIGMOD Conf. on the Management of Data (1990)

38. Kowalski, R. Sadri, F., Soper, P.: Integrity Checking in Deductive Databases. Proc. 13th Int. Conf. on Very Large Databases (1987)
39. Lefebvre, A., Vieille, L.: On Query Evaluation in the DedGin* System. Proc. 1st Int. Conf. on Deductive and Object-Oriented Databases (1989)
40. Lloyd, J. W., Sonenberg, E. A., Topor, R. W.: Integrity Constraint Checking in Stratified Databases. Jour. of Logic Programming 1(3) (1984)
41. Lloyd, J. W., Topor, R. W.: A Basis for Deductive Database Systems. Jour. of Logic Programming 2(2) (1985)
42. Lloyd, J. W., Topor, R. W.: A Basis for Deductive Database Systems II. Jour. of Logic Programming 3(1) (1986)
43. Martens, B., Bruynooghe, M.: Integrity Constraint Checking in Deductive Databases Using a Rule/Goal Graph. Proc. 2nd Int. Conf. Expert Database Systems (1988)
44. Minker, J. (ed.): Foundations of Deductive Databases and Logic Programming. Morgan Kaufmann (1988)
45. Moerkotte, Karl, S.: Efficient Consistency Control in Deductive Databases. Proc. 2nd Int. Conf. on Database Theory (1988)
46. Morris, K., Ullman, J. D., Van Gelder, A.: Design Overview of the NAIL! System. Proc. 3rd Int. Conf. on Logic Programming (1986)
47. Naqvi, S., Tsur, S.: A Logical Language for Data and Knowledge Bases. Computer Science Press (1989)
48. Nicolas, J.-M.: Logic for Improving Integrity Checking in Relational Databases. Acta Informatica 18(3) (1982)
49. Nicolas, J.-M., Yazdanian, K.: Implantation d'un Système Déductif sur une Base de Données Relationnelle. Research Report, ONERA-CERT, Toulouse, France (1982) (in French)
50. Ramakrishnan, R.: Magic Templates: A Spellbinding Approach to Logic Programming. Proc. 5th Int. Conf. and Symp. on Logic Programming (1988)
51. Ramakrishnan, R., Srivastava, D., Sudarshan, S.: CORAL: Control, Relation and Logic. Proc. Int. Conf. on Very Large Databases (1992)
52. Rohmer, J., Lescoeur, R., Kerisit, J.-M.: The Alexander Method. A Technique for the Processing of Recursive Axioms in Deductive Databases. New Generation Computing 4(3) (1986)
53. Schmidt, H., Kiessling, W., Günther, H., Bayer, R.: Compiling Exploratory and Goal-Directed Deduction Into Sloopy Delta-Iteration. Proc. Symp. on Logic Programming (1987)
54. Seki, H.: On the Power of Alexander Templates. Proc. 8th ACM SIGACT-SIGMOD-SIGART Symp. on Principles of Database Systems (1989)
55. Tsur, S.: A (Gentle) Introduction to Deductive Databases. Proc. 2nd Int. Logic Programming Summer School (1992)
56. Ullman, J. D.: Principles of Database and Knowledge-Base Systems. Vol. 1 and 2. Computer Science Press. (1988, 1989)
57. Vaghani, J., Ramamohanarao, K., Kemp, D., Somogyi, Z., Stuckey, P.: The Aditi Deductive Database System. Proc. NACLP Workshop on Deductive Database Systems (1990)
58. Vieille, L.: Recursive Query Processing: The Power of Logic. Theoretical Computer Science 69(1) (1989)
59. Vieille, L., Bayer, P., Küchenhoff, V., Lefebvre, A.: EKS-V1: A Short Overview. Proc. AAAI-90 Workshop on Knowledge Base Management Systems (1990)

60. Vieille, L.: A Deductive and Object-Oriented Database System: Why and How? Proc. ACM SIGMOD Conf. on the Management of Data (1993)
61. Hill, P.M., Lloyd,J.W.: The Gödel Programming Language. Report CSTR-92-27. Dept. CS, University of Bristol, Bristol BS8 1TR (1992)
62. Hill, P.M., Lloyd,J.W.: The Gödel Programming Language. The MIT Press. To appear (1993)
63. Harold Boley. Towards evolvable knowledge representation for industrial applications. To appear in: K. Hinkelmann, A. Laux (Eds.), Proc. DFKI-Workshop "Wissensrepräsentations-Techniken", DFKI Document, July 1993.
64. Andrew Bowles. Trends in applying abstract interpretation. *The Knowledge Engineering Review*, 7(2):157–171, 1992.
65. J. Brachman, R., G. Schmolze, J. An Overview of the KL-ONE Knowledge Representation System. *Cognitive Science*, 9(2):171–216, 1985.
66. B. Hollunder. Hybrid Inferences in KL-ONE-Based Knowledge Representation Systems. In GWAI-90*; 14th German Workshop on Artificial Intelligence*, Band 251 von *Informatik-Fachberichte*, S. 38–47. Springer, 1990.
67. Peter Idestam-Almquist. Learning Missing Clauses by Inverse Resolution. S. 610–617.
68. Robert M. Mac Gregor. Using a Description Classifier to Enhance Deductive Inference. In *7th Conf. on AI Applications*, Band 1. IEEE, 1991.
69. S. Muggleton. Inductive Logic Programming. *New Generation Computing*, 8:295–318, 1991.
70. Bernhard Nebel. *Reasoning and Revision in Hybrid Representation Systems*, Band 422 von *LNAI*. Springer, 1990.
71. M. Pazzani, D. Kibler. the Utility of Knowledge in Inductive Learning. *Machine Learning*, 5:57–94, 1992.
72. J. R. Quinlan. Learning Logical Definitions from Relations. *Machine Learning*, 5:239–266, 1990.
73. Bradley Richards, Raymond J. Mooney. First-order Theory Revision. Technischer Bericht AI 91-155, The University of Texas at Austin, Artificial Intelligence Laboratory, March 1991.
74. Stefan Wrobel. Demand-driven Concept Formation. In K. Morik (Hrsg.), *Knowledge Representation in Machine Learning*. Springer, 1989.

Darstellung des Workshops "Alles für die Katz', KADS?"

Christiane Löckenhoff[1], Tilo Messer[1], Rudi Studer[2]

[1] Siemens AG, ZFE BT SE 1
Otto-Hahn-Ring 6
D-81739 München
Email: chriz@zfe.siemens.de
[2] Universität Karlsruhe, Institut AIFB
D-76128 Karlsruhe
Email: studer@aifb.uni-karlsruhe.de

1 Thematik

Dieser Workshop ist der Diskussion über die Ergebnisse von inzwischen mehr als 10 Jahren KADS-Forschung gewidmet. Ziel der KADS-Forschung ist die Definition einer kommerziell einsetzbaren Methodik zur Entwicklung wissensbasierter Systeme.
Zu Beginn der KADS-Forschung Anfang der 80-iger Jahre gab es wenig Interesse an Methoden für den Entwurf und die Implementierung wissensbasierter Systeme. Wissensbasierte System wurden im 'Rapid-Prototyping'-Verfahren unter Verwendung spezieller Soft- und Hardware wie zum Beispiel LISP-Maschinen und Expertensystem-Shells entwickelt. Dies schien auszureichen, um den speziellen Bedürfnissen wissensbasierter Systeme gerecht zu werden. Inzwischen hat sich allerdings gezeigt, daß wissensbasierte Systeme typischerweise in konventionelle Softwareumgebungen zu integrieren sind und daß eine Entwicklung nach dem 'Rapid-Prototyping'-Verfahren in der Regel zu schlecht wartbaren Systemen führt. Zudem zeigte es sich, daß das Wissen eines Experten darüber, wie er eine bestimmte Aufgabe bearbeitet, nicht direkt in die Wissensbasis eines wissensbasierten Systems transferiert werden kann, sondern daß es vorher eines geeigneten Modellierungsprozesses bedarf.
Aufbauend auf ersten Arbeiten an der Universität Amsterdam wurden in dem ESPRIT-I-Projekt KADS (P1098, 1985–1990) die grundlegenden Konzepte der Methodik KADS erarbeitet (siehe z.B. [3], [4], [6]). Da diese Arbeiten 1990 noch nicht beendet waren und die ersten Anwendungen einige Mängel aufzeigten (siehe z.B. [1], [5], [8]), wurde 1990 das ESPRIT–II–Projekt KADS–II (P5248) gestartet, in dem die Methodik weiterentwickelt und verfeinert wurde bzw. wird (das Projekt läuft bis 1994). Diese Weiterentwicklung (siehe z.B. [2], [7], [9]) trägt den Namen COMMONKADS.
KADS/COMMONKADS ist charakterisierbar durch die folgenden Prinzipien:

- Im *modellbasierten Ansatz* wird Wissensakquisition nicht mehr als Extraktion von Wissen verstanden, sondern als Modellierung von Wissen. Um die Komplexität der Entwicklung eines wissensbasierten Systems besser beherrschen zu können, sind sechs verschiedene Modelle definiert worden, wodurch die Konzentration auf einzelne Aspekte dieses Entwicklungsprozesses ermöglicht wird:

- Das *Organisationsmodell* beschreibt die Organisation, in der das zu entwickelnde wissensbasierte System eingesetzt werden soll, und verschafft so ein genaues Verständnis der Umgebung sowie der Wirkung des zukünftigen Systems.
- Das *Aufgabenmodell* ist ein Modell zur Analyse der Aufgabenstruktur am Einsatzort des wissenbasierten Systems und ermöglicht eine Entscheidung über den Umfang der wissensbasierten Lösung.
- Im *Akteurmodell* werden die an der Aufgabenbearbeitung beteiligten Akteure spezifiziert. Akteure sind i.a. der (die) Benutzer sowie andere Informationssysteme (z.B. Datenbanksysteme).
- Das *Kommunikationsmodell* dient der Spezifizierung der Kommunikation zwischen den verschiedenen Akteuren.
- Das *Expertisemodell* modelliert das zur Aufgabenbearbeitung notwendige Wissen, d.h. das Wissen über die Domäne, die Problemlösungsmethode und die Verwendung des Domänenwissens in den einzelnen Schlußfolgerungsschritten.
- Im *Designmodell* werden die zur Realisierung notwendigen Designentscheidungen (Wissensrepräsentationstechniken, Hardwarekomponenten etc.) festgehalten und die Architektur des wissensbasierten Systems spezifiziert.

– Die Verwendung einer *risikogesteuerten, iterativen Vorgehensweise* bei der Entwicklung eines wissensbasierten Systems erlaubt ein Projektmanagement, das den speziellen Bedürfnissen dieser Systeme, aber auch den Erfahrungen mit Software-Projekten generell, Rechnung trägt.
– Durch eine *Bibliothek von generischen Wissenskomponenten* wird zum einen die Wiederverwendung von Wissen ermöglicht und somit die Effizienz der Entwicklung gesteigert, zum anderen die Steuerung des Wissensakquisitionsprozesses verbessert.

Diskussionen über die Vor- und Nachteile von KADS sind in den vergangenen Jahren vorwiegend innerhalb der KADS-Gemeinde und hauptsächlich auf einem sehr technischen Niveau verlaufen. Dieser Workshop soll einem breiteren interessierten Publikum diese Diskussion öffnen und eine Orientierungshilfe zur Positionsfindung von KADS innerhalb der KI und des Software Engineering (SE) geben. Folgende Fragen stehen dabei im Vordergrund:

– Braucht man KADS wirklich ? Und wenn ja, was ist das Charakteristische von KADS im Hinblick auf die Entwicklung wissensbasierter Systeme ?
– Für welche Probleme ist KADS sinnvoll und brauchbar, für welche unbrauchbar ?
– In welcher Beziehung steht KADS zu Methoden des Software Engineering ?
– Hat KADS eher terminologische Verwirrung oder Standards gestiftet ?

Ziel des Workshops ist es also herauszuarbeiten, welche Beiträge KADS zur KI und zur SE-Welt geleistet hat, und wo die Zukunft von KADS liegen könnte.

2 Zusammenfassung der Beiträge

Der Workshop beginnt mit einem Hauptvortrag von Bob Wielinga, der den Beitrag von KADS zur KI beleuchtet: Verfeinerung der "knowledge level"-Hypothese von Newell, Einführung von Inferenzschritten als Schlußfolgerungsprimitive, bessere Charakterisierung der Natur von Problemlösungsmethoden. Frank Puppe stellt dem KADS-Ansatz in seinem Vortrag die Nutzung problemspezifischer Expertensystem-Shells als Implementierung der sog. "role limiting methods" gegenüber und zeigt auf, welcher Ansatz sich für welche Problemstellungen empfiehlt.
In der zweiten Session kommen zwei Vertreter extremer Standpunkte zu Wort. Der langen Liste von Kritikpunkten an KADS von Frank Maurer begegnet Thomas Wetter mit der These "... Wenn es [..] KADS nicht gäbe, müßte es erfunden werden ...". 10 Jahre KADS bedeuten natürlich nicht nur Forschung und Entwicklung, sondern auch erste Erfahrungen von Anwendern. Über diese werden Robert Heck und Ulrich Knemeyer in der dritten Session berichten.
Die abschließende Session geht der Frage nach, ob sich die KADS-Methodik in die vorhandene SE-Welt einbringen läßt. Axel Schwanke erläutert hierzu seine These, daß KADS mit vorhandenen CASE-Methoden und Tools bereits jetzt realisierbar ist. Hans Voss zeigt auf, wie Operationalisierungsaspekte in KADS integriert werden können. Jürgen Angele legt neben einigen Stärken von KADS gewisse Schwachpunkte offen wie den mangelnden Bezug zur SE-Welt oder die ungenügende Design-Unterstützung und stellt Ansätze zu ihrer Beseitigung vor. Alle drei Vortragenden sind sich jedoch darin einig, daß KADS als SE-Methodik zwar Mängel in den Design- und Implementierungsphasen hat, aber eine gute methodische Unterstützung für die Analysephase bereitstellt.
Im folgenden sind die einzelnen Beiträge aufgelistet:

- *Session "Der Anfang: KADS zur Modellierung von Wissen ..."*
  - Bob Wielinga (Uni Amsterdam):
    What has KADS to offer to AI in general ?
  - Frank Puppe (Uni Würzburg):
    Modellbasierte Expertensystementwicklung: problemspezifische XPS-Shells versus KADS
- *Session "... Extreme: Pro und Kontra ..."*
  - Frank Maurer (Uni Kaiserslautern):
    KADS: Einige kritische Anmerkungen
  - Thomas Wetter (IBM Heidelberg):
    Positionspapier
- *Session "... erste Erfahrungen: richtige Anwender ..."*
  - Ulrich Knemeyer (Uni Hannover):
    KADS in der Versicherungsbranche

  - Robert Heck (SNI, Schweiz):
    Erfahrungen mit dem Einsatz von KADS-I in einem kommerziellen Projekt für ein Expertensystem zur Gebäudeverglasung
- *Session "... die Zukunft: KADS als SE-Methodik ?"*
  - Axel Schwanke (PKI, Nürnberg):
    Über die Ideen von KADS und die Methoden des traditionellen Software-Engineering
  - Hans Voss (GMD, St. Augustin):
    Programmentwicklung mit KADS
  - Jürgen Angele, Dieter Fensel, Dieter Landes, Rudi Studer (Uni Karlsruhe):
    MIKE: Integration von Software Engineering Methoden in den KADS-Ansatz

3 Abschliessende Bemerkung

Ziel des Workshops ist es, Klarheit zu gewinnen über den Beitrag von KADS zur KI und zur SE-Welt, mithin eine Antwort zu finden auf die Frage "Alles für die Katz', KADS ?". Diese Antwort zum jetzigen Zeitpunkt, zu dem dieser Beitrag geschrieben wird, genauer zu spezifizieren, d.h. die Inhalte der Diskussion wiederzugeben, ist der Natur der Sache nach nicht möglich. Daher haben wir uns auf die Darstellung der zur Diskussion stehenden Thematik und eine Skizzierung des geplanten Ablaufes des Workshops beschränkt und hoffen auf interessante, jede Planung umstürzende Diskussionen.

References

1. Bauer, C., Karbach, W. (eds): Interpretation Models for KADS - Proceedings of the 2nd KADS User Meeting (KUM'92). GMD-Studien Nr. 212, Gesellschaft für Mathematik und Datenverarbeitung mbH, ISBN 3-88457-212-1, St. Augustin, 1992
2. Breuker, J., Bredeweg, B., Valente, A., Van de Velde, W.: Reusable Problem Solving Components: The CommonKADS Library. in: [5]
3. Breuker, J., Wielinga, B., van Someren, M., de Hoog, R., Schreiber, G., de Greef, P., Bredeweg, B., Wielemaker, J., Billault, J.-P., Davoodi, M., Hayward, S.: Model-Driven Knowledge Acquisition: Interpretation Models. ESPRIT-Project P1098 KADS, Deliverable A1, University of Amsterdam, 1987
4. Knowledge Acquisition Journal: Special Issue on KADS. Knowledge Acquisition Journal, Vol. 4/1, 1992
5. Löckenhoff, C., Fensel, D., Studer, R. (eds): 3rd KADS Meeting. Siemens AG, München, 1993
6. Schreiber, A.Th., Wielinga, B.J., Breuker, J.A.: KADS: A Principled Approach to Knowledge-Based System Development. Academic Press, London, 1993
7. Taylor, R., Bright, C., Menezes, W., Groth, J.: Principles of the Life-Cycle Model: Volume One. ESPRIT-Projekt P5248 KADS-II, CEC Deliverable D2.2a, KADS-II/T2.1/TR/TRMC/010/1.0, Touche Ross Management Consultants, London, 1992

8. Wielinga, B.J., Schreiber, A.Th., Breuker, J.A.: KADS: A Modelling Approach to Knowledge Engineering. in: [4], pp. 127-161, 1992
9. Wielinga, B.J., Van de Velde, W., Schreiber, A.Th., Akkermans, J.: The CommonKADS Framework for Knowledge Modelling. in: Proc. AAAI Knowledge Acquisition Workshop 1992, Banff, Canada, 1992

Workshop: Kommunikation, Koordination und Kooperation in Mehragenten Systemen

Kurt Sundermeyer[1] und Sahin Albayrak[2]

[1] Daimler-Benz AG, Forschung Systemtechnik Berlin, Alt-Moabit 91b, D-10559 Berlin, email: sun@DBresearch-berlin.de
[2] Technische Universität Berlin, Fachgebiet Systemanalyse und EDV / DAI-Lab, Sekr. FR 6-7, Franklinstr.28/29, D-10587 Berlin, email: sahin@cs.tu-berlin.de

1 Einleitung

Für die Verteilte Künstliche Intelligenz ist die Kooperation zwischen den Agenten ein entscheidender Aspekt, welcher erst ermöglicht, Nutzen aus der Verteilung von Problemlösefähigkeiten zu ziehen. Jeder einzelne Agent kann zwar autonom gegenüber den anderen bzgl. seiner Existenz und seinen Fähigkeiten sein, wie dies bei den Mehragenten Systemen der Fall ist, doch nur durch die Zusammenarbeit erreicht die Gruppe ein höheres Maß an Leistung als der Einzelne.

Die Art und Weise wie Agenten in einem DAI-System (Mehr-Agenten System) ihre Probleme lösen, wird als *Kooperativer Problemlöseprozeß* bezeichnet. Anhand dieses Modells läßt sich ziemlich deutlich zeigen, daß die Agenten ihre eigenen Aktivitäten koordinieren und ihre Aktionen auch mit anderen Agenten abstimmen müssen. Dies ist der Fall, wenn Agenten bei der Lösung ihrer Aufgaben feststellen, daß die Lösung von Teilaufgaben ihre Fähigkeiten überfordert. Da sie ohne Hilfe von anderen Agenten nicht in der Lage sind, ihre Aufgabe selbstständig zu lösen, müssen sie mit anderen Agenten interagieren, d.h. sie müssen kooperieren. Diese Interaktionen müssen durch geeignete Kommunikationsmechanismen effizient unterstützt werden. Von Interesse ist hier die logische Sichtweise auf Kommunikation. Von technischen Details, wie z.B. Übertragungsmethoden, wird auf diesem Workshop abstrahiert.

Der Fokus wird auf drei Aspekte der Kommunikation gelegt:

- Anbindung an das OSI/ISO Modell
- Durchstrukturierung der Kooperationsprotokolle von Nachrichtentypen bis Dialogen
- Anbindung einer Metaebene, bei der es um die geeignete Auswahl von Protokollen geht.

Von den bisher existierenden Ansätzen berücksichtigt KQML (Knowledge Query and Manipulation language) einige der oben aufgeführten Aspekte. KQML hat lange Zeit zur Diskussion gestanden, um sich als Standard-Kommunikationssprache für kooperierende Systeme durchzusetzen. Obgleich dieser Vorschlag mittlerweile nicht mehr als Standard zur Debatte steht, sollte er angesichts des betriebenen Aufwandes und der Kompetenz der beteiligten Wissenschaftler ernst genommen werden.

2 Kommunikation

Die Idee zum Ablauf der Kommunikation zwischen Agenten ist durch die menschliche Kommunikation inspiriert. Mit dem Begriff der Kommunikation werden in der Verteilten Künstlichen Intelligenz (VKI) oft Dialogstrukturen und Sprachen assoziiert, über welche die Agenten sich untereinander verständigen, um die Interaktionen bei Kooperation und Koordination zu realisieren.

In der VKI gibt es zwei grundlegende Verfahren zur Kommunikation: das *Shared Memory* und das *Message Passing*. Diese beiden Verfahren repräsentieren zwei verschiedene Möglichkeiten Kommunikation zu realisieren. Bei der Kommunikation über Shared Memory erfolgt der Informationsaustausch über einen gemeinsamen Speicherbereich. Ein bekannter Ansatz zur Realisierung dieses Verfahrens ist die Blackboard-Architektur. Die Grundidee des Message Passing ist die Übertragung einer Nachricht von einem Sender an einen Empfänger. Hierbei wird einem der Kommunikationsteilnehmer die Rolle des Senders, dem anderen die Rolle des Empfängers zugeordnet. Der Sender formuliert und überträgt die Nachricht, wobei er die Adressaten, an die die Nachricht übermittelt werden soll, spezifieren muß. Eine Ausnahme bildet das Broadcasting, bei dem die Nachricht an alle Kommunikationsteilnehmer übertragen wird. In jedem Fall handelt es sich bei jeder einzelnen Nachrichtenübertragung um einen zielgerichteten Prozeß, der vom Sender zum Empfänger geht. Der Kommunikationsablauf im Sinne des Message Passing besteht aus einer Folge solcher Nachrichtenübertragungen, bei denen die Rollen von Sender und Empfänger mehrmals wechseln. Eine Folge von Nachrichtenübertragungen wird auch Dialog genannt. Der einfachste Dialog, den man sich vorstellen kann, ist die Folge der Sprechakte Frage-Antwort. Dialoge haben zwei wichtige Aspekte:

- Zum einem übernehmen die Dialogpartner abwechselnd die Initiative.
- Zum anderen können sich Nachrichten auf vorherige beziehen.

3 Beiträge

Es wird zwei einführende Vorträge (zu Kommunikation und zum Zusammenhang Kommunikation - Koordination / Kooperation) geben.

Kurt Sundermeyer (Daimler-Benz AG), Sahin Albayrak (TU-Berlin)
Kommunikation in Mehragenten-Systemen bedeutet mehr als Kommunikation in herkömmlichen Systemen, sowohl was Inhalte, als auch was Protokolle angeht, damit Dialoge direkt auf der Ebene der Kooperation dargestellt und behandelt werden können. Unterschiedliche Ansätze werden dazu vorgestellt, u.a.

sich an Sprechakt-Theorien anlehnende Nachrichtentypen, weitere Strukturierungsmittel für Nachrichten, sowie Verfahren zur Beschreibung von Dialogen.

Zur Strukturierung von Kommunikation und Kooperation wird vorgeschlagen, vier Abstraktionsebenen zu unterscheiden: Auf der untersten Ebene geht es um Prozeduren zum Vorbereiten von zu sendenden und zum Verarbeiten von zu empfangenen Nachrichten (hier geschieht die Anbindung an das OSI Schichtenmodell der Kommunikation). Darüber liegen die Ebenen der Nachrichtentypen (informieren, anfragen, etc.), der Kommunikationsformen (anbieten, beauftragen, berichten, etc.), und schließlich die Ebene der Kooperationsformen (verhandeln, überzeugen, etc.).

Die Agenten der DAI-Systeme müssen sowohl ihre eigenen Aktivitäten lokal koordinieren, als auch ihre Aktivitäten mit anderen Agenten koordinieren. Um dies realisieren zu können, müssen die Agenten miteinander interagieren. Dieses Interagieren wird als Kooperation bezeichnet. Es wird untersucht, ob es generische Kooperationsaufgaben gibt, die für die Realisierung der Kooperation von den Agenten benutzt werden. Es wird versucht solche generischen Elemente zu identifizieren und vorzustellen.

1. Beitrag: Kommunikation auf untersten Schichten der logischen Kommunikation

Jens Dengler (TU-Berlin)

In diesem Beitrag wird eine Kommunikationsschnittstelle für kooperierende Systeme auf der untersten Ebene vorgestellt. Es wird die Frage beantwortet, ob Send und Receive ausreichen um Dialoge zwischen den Agenten zu realisieren oder ob zusätzliche Dienste für diese Aufgabe benötigt werden.

2. Beitrag: Kommunikative Kooperativität - Bemerkungen zur Kommunikation in Multiagenten Systemen aus linguistischer Sicht

Henning Lobin (Universität Bielefeld)

Da die natürliche Sprache insbesondere in kooperativen Zusammenhängen eine besonders effektive Kommunikation zwischen Agenten erlaubt, soll im Beitrag die Frage untersucht werden, was natürliche Kommunikation trotz ihrer "Vagheit" so effizient macht und in welcher Weise sie von künstlichen Multiagenten-Systemen zum Vorbild genommen werden kann. Was bei den üblichen Konzeptionen von Kommunikation in Multiagenten-Systemen gegenüber realer Kommunikation unberücksichtigt bleibt, ist, daß Kooperativität auf der Handlungs- und Domänenebene unterschieden werden muß. Kooperativität auf der Ebene der Kommunikation gestattet es, einzelne Mitteilungen in den situativen oder sozialen Zusammenhang einzubetten und dadurch dem Interaktionszusammenhang flexibel anzupassen. Kommunikative Kooperativität bedeutet, bei der Produktion und Rezeption von Mitteilungen den aktuellen Zustand des Partners so weitgehend wie möglich zu berücksichtigen und die aktuelle Mitteilung so plausibel wie möglich auf den intendierten oder vermuteten Partnerzustand abzustimmen. Eine derartige Konzeption von Kommunikation in Multiagenten-Systemen vermeidet Redundanz und gewinnt dabei situative und soziale Angepaßtheit. Da die natürliche Sprache insbesondere in kooperativen Zusammenhängen eine effektive Kommunikation zwischen Agenten erlaubt, soll im Beitrag die Frage untersucht werden, was natürliche Kommunikation trotz ihrer "Vagheit" so effizient macht und in welcher Weise sie von künstlichen Multiagenten-Systemen zum Vorbild genommen werden kann. Was bei den üblichen Konzeptionen von Kommunikation in Multiagenten-Systemen gegenüber realer Kommunikation unberücksichtigt bleibt, ist die Kooperativität auf der Handlungs- und Domänenebene unterschieden werden muß. Kooperativität auf der Ebene der Kommunikation gestattet es, einzelne Mitteilungen in den situativen oder sozialen Zusammenhang einzubetten und dadurch dem Interaktionszusammenhang flexibel anzupassen. Kommunikative Kooperativität bedeutet, bei der Produktion und Rezeption von Mitteilungen den aktuellen Zustand des Partners so weitgehend wie möglich zu berücksichtigen und die aktuelle Mitteilung so plausibel wie möglich auf den intendierten oder vermuteten Partnerzustand abzustimmen. Eine derartige Konzeption von Kommunikation in Multiagenten-Systemen vermeidet Redundanz und gewinnt dabei situative und soziale Angepaßtheit.

3. Beitrag: Das Dilemma des Pontius Pilatus - Eine Klassifikation von Kooperationsformen anhand des Wahrheitsbegriffes

Ulrich Meyer (TU-Berlin)

Ausgehend von der Beobachtung, daß es einerseits Kooperationsformen gibt, die sich an einen Wahrheitsbegriff binden, andererseits solche die sich nicht in der Durchsetzung einer Wahrheit verpflichten, sondern in ihrem Ergebnis verschiedene Überzeugungen widerspiegeln, soll versucht werden, die Möglichkeit einer generischen Taxonomie des Kooperationsbegriffs aufzuzeigen. Dazu wird der Begriff der Kooperation definiert und in ein Verständnis von Intentionalität eingebettet. Als erste Klassifikation wird Kooperation von anderen, nicht intentionalen Formen des Zusammenwirkens abgegrenzt. Anschließend werden über zwei unterschiedliche Zielbegriffe die beiden grundlegenden Formen der Kooperation aufgezeigt: dogmatische (wahrheitsverbundene) und pragmatische Kooperation. Diese können über spezifische Zielvorstellungen ihrer Teilnehmer weiter klassifiziert werden. Der Beitrag setzt sich weiterhin dafür ein, daß die zentralistischen Wahrheitsbegriffe, die bisher häufig in Agentensystemen realisiert sind, ausgelöst werden müssen, um überhaupt eine sinnvolle Rede von äutonomenÄgenten führen zu können.

4. Beitrag: Kooperation in MEKKA

Michael Kolb, Andreas Lux, Donald Steiner (DFKI)

Die Entwicklung von Systemen zur Unterstützung der Kooperation zwischen Menschen und Maschinen stellt eine neue softwaretechnische Herausforderung dar. Hierbei werden Ansätze aus VKI und CSCW zum neuen Bereich der kooperativen Mensch-Maschine Arbeit, HCCW (Human Computer Cooperative

Work), erweitert und kombiniert. Ein wesentliches Kriterium für intelligente HCCW-Systeme ist die Einbettung von leistungsfähigen und flexiblen Kooperationsmethoden und speziell dafür konstruierten Unterstützungsmechanismen. Mit MEKKA (Mehragenten Entwicklungsumg ebung für die Konstruktion Kooperativer Anwendungen) wurde ein erster Prototyp zur Entwicklung solcher Systeme entworfen und implementiert. MEKKA erlaubt die Beschreibung einer kommunikativen, kooperativen und funktionalen Fähigkeiten eines einzelnen Agenten sowie die Spezifizierung der kooperativen und kommunikativen Struktur des gesamten Mehr-Agentensystems (MAS). Die Realisierung der kooperativen Prozesse erfolgt mittels MAI2L (Multi Agent Implementation & Interaction Language). MAI2L abstrahiert von Prozeß- und Kommunikationsdetails und stellt ein abstraktes , planbasiertes Kooperationsmodell bereit.

5. Beitrag: Generische, konfigurierbare Kooperationsprotokolle für Multi-Agenten Systeme

Birgit Burmeister, Afsaneh Haddadi, Kurt Sundermeyer (Daimler-Benz AG)

Es wird ein Konzept zur Kooperation und Kommunikation in Multiagenten-Systemen beschrieben, in dem Kooperationsprotokolle den Dialog zwischen Agenten repräsentieren. Die hier vorgestellten Protokolle haben wesentliche Vorteile gegenüber vergleichbaren Ansätzen. Erstens sind sie Sinne, daß ein allgemeiner Algorithmus zur Protokollabarbeitung die domänenunabhängigen Anteile des Protokolls unabhängig von den domänenspezifischen Schlußfolgerungs- und Entscheidungsmechanismen behandeln kann. Zweitens sind sie konfigurierbar, d.h. rekursiv aus einfacheren allgemeinen oder domänenspezifischen Protokollen definierbar. In diesem Beitrag wird die Repräsentation und der Algorithmus zur Abarbeitung der generischen konfigurierbaren Kooperationsprotokolle darstellt. Diese Arbeiten sind Teil des COSY-Projektes in dem allgemeine Konzepte und Werkzeuge für Multiagenten-Systeme erarbeitet werden.

6. Beitrag: Deliberate Agent Interaction via Joint Plans

Jörg P. Müller (DFKI)

Das Hauptmerkmal der hybriden Agentenarchitektur INTERRAP ist die Kombination sogenannter Verhaltensmuster mit planbasierten Mechanismen. Dies erlaubt dem Designer eines Multiagenten-Systems, Agenten zu konzipieren, die in einer dynamischen Umgebung zielgerichtet und flexibel agieren und interagieren können. Verhaltensmuster ermöglichen es dem Agenten, schnell und flexibel auf Änderungen in seiner Umwelt zu reagieren. Die Ausführung komplexerer Aufgaben erfordert dagegen die Fähigkeit zu planen. Besonderes Interesse gilt den verschiedenen Interaktionsmechanismen, die die Agenten zur Koordinierung ihrer Aktivitäten verwenden können. In diesem Artikel werden planbasierte Interaktionsformen vorgestellt, die das INTERRAP Modell zur Verfügung stellt: autonome Agenten koordinieren ihre Aktivitäten, indem sie unter Verwendung eines Verhandlungsprotokolls gemeinsame Pläne (joint plans) - beispielsweise zur

Auflösung einer Konfliktsituation - generieren, austauschen und ausführen. Die Hauptthese des Artikels ist, daß der Einsatz von Plänen nicht generelle Maxime beim Entwurf eines Multiagenten-Systems sein kann. Vielmehr liegt die Stärke dieser Verfahren in einer sinnvollen Kombination mit lokalen, verhaltensbasierten Mechanismen.

7. Beitrag: A Language for bargaining Agents

S. Bussmann (Daimler-Benz AG), H. Jürgen Müller (DFKI)

Multiagenten Welten unterscheiden sich von anderen dadurch, daß die Bewohner der Welt interagieren müssen, um ihre lokalen Ziele zu erreichen. Damit ist die Kommunikation, insbesondere die Verhandlungsführung, eine der grundlegenden Aktionen, die die Agenten bei der Beschaffung der notwendigen Resourcen auszuführen haben. Also beeinflußt die Fähigkeit zu kommunizieren auch die Planungsfähigkeit der Agenten in zwei Richtungen: Erstens ist es notwendig die Kommunikationsaktionen in die Planung mit einzubeziehen und zweitens muß die Planausführung Unterbrechungen durch Anfragen von anderen Agenten zulassen. Es wird ein Tauschhandelszenario präsentiert, bei dem die Agenten zur Erfüllung ihrer Ziele Ressourcen austauschen müssen. Dabei wird die Verhandlungssprache der Agenten eingeführt. Sie basiert in ihren Grundelementen auf Sprechakten und wird gesteuert durch ein Verhandlungsprotokoll.

Einordnung der Vorträge

- zusammenfassender Vergleich
- Vortrag zu KQML

  Birgit Burmeister (Daimler-Benz AG)

  KQML ("Knowledge Query and Manipulation Language"), im Rahmen der "DARPA Knowledge Sharing"-Initiative entstanden, ist eine Vorschlag für eine standardisierte Agenten-Kommunikationssprache. In KQML werden das Format der Nachrichten und Verarbeitungsprotokolle festgelegt. Nachrichten werden nach einem Typ, Performative genannt, unterschieden. Während der erste KQML-Vorschlag zunächst nur"den Austausch von Wissen zwischen Wissensbasen mit performatives zum Hinzufügen und Abfragen von Sätzen in Wissensbasen behandelte , wurde inzwischen die Zielrichtung von KQML auf die Kommunikation zwischen Agenten erweitert. In diesem Beitrag soll der KQML-Vorschlag genauer vorgestellt und unter dem Aspekt der Verwendbarkeit als Standard für Multiagenten-Systeme kritisch beleuchtet werden.

Diskussion zu den folgenden Fragen

- Wie sieht die Schnittstelle zur üblichen Kommunikation aus?
- Was sollten Kooperationsprotokolle leisten?
- Welche Abstraktionsebenen sind zu unterscheiden?
- Wie werden aufgabenspezifische Protokolle und domänenspezifische Protokolle im Rahmen von Standards behandelt?

Acknowledgements

Unser besonderer Dank gilt Herrn Stefan Bussmann, der mit großem Engagement bei der Organisation dieses Workshops mitgewirkt hat. Ohne seine Hilfe, wären viele Sachen nicht so gut gelungen.

Künstliche Intelligenz und Operations Research

A. Bockmayr[1], F. J. Radermacher[2]

[1] Max-Planck-Institut für Informatik, Im Stadtwald, D-66123 Saarbrücken
[2] Forschungsinstitut für anwendungsorientierte Wissensverarbeitung, Helmholtzstr. 16, Postfach 2060, D-89010 Ulm

1 "Two Heads Are Better than One."

Mit diesen Worten hat sich Herbert A. Simon, einer der Väter der Künstlichen Intelligenz, 1987 vor der amerikanischen Gesellschaft für Operations Research für eine engere Zusammenarbeit zwischen Künstlicher Intelligenz (KI) und Operations Research (OR) eingesetzt [15].

In ihrer Anfangszeit waren die beiden Wissenschaften sehr eng miteinander verbunden. Einige der Pioniere der KI, wie zum Beispiel Allen Newell oder Ed Feigenbaum, erwarben ihren Doktortitel mit einer Arbeit über Künstliche Intelligenz im Bereich *Industrial Administration*.

Ab etwa 1960 gingen KI und OR dann getrennte Wege. Mehrere Generationen von Wissenschaftlern wurden seither in jeweils einem der beiden Bereiche ausgebildet und nahmen den anderen oft nicht mehr zur Kenntnis. Erst ab 1980 ist wieder eine stärkere Annäherung zu beobachten, die damit zusammenhängt, daß in der KI entwickelte Expertensysteme in traditionelle Bereiche des OR vorstießen und so die beiden Forschungsgemeinden wieder aufeinander aufmerksam wurden.

Die Gründe für das Auseinanderdriften von KI und OR sind vielfältig. Die KI hat sich ab 1960 vor allem der neu entstehenden Informatik zugewandt und dabei ihre frühere Bindung an Operations Research und Managementwissenschaften weitgehend aufgegeben. Daneben hat auch der unterschiedliche Charakter der beiden Wissenschaften eine Trennung begünstigt.

Im Operations Research geht es insbesondere um die Anwendung von Optimierungstechniken oder entscheidungstheoretischen Ansätzen auf die Lösung komplexer Probleme, die über den reellen oder ganzen Zahlen ausgedrückt werden können. Im Vordergrund stehen dabei komplexe, mathematische Modelle und Fragen der Optimierung. In der Künstlichen Intelligenz hat man es mit weniger gut strukturierten Problemen zu tun, die vielfach nichtquantifizierbare Komponenten enthalten, unscharf spezifiziert sind, und zu deren Lösung große Wissensbasen und Regelkalküle erforderlich sind.

Während das Operations Research somit vorwiegend mathematisch orientiert ist und Modelle und Algorithmen mit einer reichhaltigen mathematischen Struktur untersucht, ist die Künstliche Intelligenz stärker empirisch und ingenieurmäßig ausgerichtet und nutzt weitgehend regelhafte bzw. relationale Strukturen und Zusammenhänge.

Trotz dieser Unterschiede haben Künstliche Intelligenz und Operations Research aber eine Fülle von Fragestellungen und Themen gemeinsam. Beide entwerfen Modelle ihres Problembereichs, beide verwenden zur Problemlösung heuristische Suchverfahren, wenn exakte Methoden nicht verfügbar oder praktikabel sind, beide stützen sich auf Mathematik, beide implementieren ihre Methoden auf dem Rechner, beide brauchen den interdisziplinären Austausch mit anderen Wissenschaften.

Im folgenden sollen exemplarisch einige Themenbereiche genannt werden, die sich für eine Zusammenarbeit von KI und OR besonders anbieten.

2 Optimierung und logische Inferenz

Einer der interessantesten Berührungspunkte von OR und KI liegt in der Anwendung mathematischer Optimierungsmethoden auf logische Inferenzprobleme [9, 4].

Besonders einfach läßt sich dies im Fall der Aussagenlogik illustrieren. Aussagenlogische Inferenzprobleme können in sehr einfacher Weise in lineare 0-1 Optimierungsaufgaben übersetzt werden. Um etwa zu entscheiden, ob x_2 aus der Klauselmenge

$$\begin{array}{lllll} x_1 \vee & x_2 \vee & x_3, & & \\ \neg x_1 \vee & x_2 \vee & & \neg x_4, & \\ \neg x_1 \vee & & x_3, & & \\ \neg x_1 \vee & & \neg x_3 \vee & x_4, & \\ x_1 \vee & & \neg x_3 & & \end{array}$$

folgt, kann man das lineare 0-1 Optimierungsproblem

Minimiere x_2 unter den Nebenbedingungen

$$\begin{array}{rrrrrr} +x_1 & +x_2 & +x_3 & & \geq & 1, \\ -x_1 & +x_2 & & -x_4 & \geq & -1, \\ -x_1 & & +x_3 & & \geq & 0, \\ -x_1 & & -x_3 & +x_4 & \geq & -1, \\ +x_1 & & -x_3 & & \geq & 0. \end{array}$$

lösen. Die logische Folgerung gilt genau dann, wenn das Minimum von x_2 gleich 1 ist.

Dies ist nur ein einfaches Beispiel eines sehr viel tiefer reichenden Zusammenhangs zwischen Deduktion und mathematischer Optimierung: so stehen etwa die logischen Konzepte *Resolution, erweiterte Resolution, Eingabe- und Einheitsresolution, Davis-Putnam-Prozedur* oder das *Ziehen von Schlußfolgerungen in Bezug auf ein bestimmtes Thema* jeweils in enger Beziehung zu den mathematischen Begriffen *Schnittebene, Chvàtal-Methode, elementarer Abschluß, Branch-and-Bound* und *Projektion eines Polytops* [9].

Ein Resolutionsschritt zwischen zwei Klauseln $x_1 \vee x_2 \vee x_4$ und $\neg x_1 \vee \neg x_3 \vee x_4$ läßt sich beispielsweise auch durch einen Chvàtal-Gomory-Schnitt vom Rang 1 erhalten, das heißt durch eine nicht-negative Linearkombination der zugehörigen Klauselungleichungen und anschließende Rundung. Addiert man die Ungleichungen

$$\begin{array}{rrrrrr} +x_1 & +x_2 & & +x_4 & \geq & 1 \\ -x_1 & & -x_3 & +x_4 & \geq & -1 \\ & +x_2 & & & \geq & 0 \\ & & -x_3 & & \geq & -1 \end{array}$$

mit dem Gewicht 1/2, so erhält man

$$x_2 - x_3 + x_4 \geq -1/2.$$

Eine anschließende Rundung der rechten Seite liefert die Schnittebene

$$x_2 - x_3 + x_4 \geq 0,$$

die genau der Resolvente $x_2 \vee \neg x_3 \vee x_4$ entspricht.

Derartige Zusammenhänge gestatten es, Methoden der mathematischen Optimierung im Rahmen von Deduktionsverfahren einzusetzen und umgekehrt, was für beide Seiten sehr fruchtbar sein kann.

Die Anwendung mathematischer Optimierungsmethoden ist aber keineswegs auf die Aussagenlogik beschränkt. Für eine Reihe weiterer Logiken, die auch in der KI eine wichtige Rolle spielen, ist ein ähnliches Vorgehen möglich.

3 Logisches Programmieren und Constraintlösungsverfahren

Ein anderer Bereich, in dem sich das Zusammenspiel von Künstlicher Intelligenz und Operations Research als sehr fruchtbar erwiesen hat, ist das *logische Programmieren mit Constraints* (engl. constraint logic programming) [13, 1].

Die Grundidee dabei ist, eine logische Programmiersprache wie PROLOG um ein Lösungsverfahren für eine bestimmte Art von Constraints zu erweitern. Technisch geschieht dies dadurch, daß die Unifikation in Prolog durch ein geeignetes Constraintlösungsverfahren ersetzt wird. In Frage kommen dafür lineare Gleichungen und Ungleichungen über den reellen Zahlen CLP($\mathcal{R}$), Boolesche Algebra CLP($\mathcal{B}$), endliche Bereiche CLP($\mathcal{FD}$), 0-1 Constraints CLP($\mathcal{PB}$) und noch viele andere. Bei der Realisierung dieser Constraintlösungsverfahren spielen sowohl Methoden aus der Künstlichen Intelligenz als auch aus dem Operations Research eine zentrale Rolle. Das Lösen linearer Constraints über den reellen Zahlen geschieht beispielsweise meist mit einer Variante des Simplexalgorithmus, während Constraints über endlichen Bereichen in der Regel mit Konsistenztechniken aus der KI behandelt werden.

Die Vorteile einer solchen Kombination von logischer Programmierung und Constraintlösung sind vielfältig. Aus der Sicht der logischen Programmierung führt der Einsatz von Constraintlösungstechniken zu einer erheblichen Effizienzsteigerung. Aus der Sicht des Operations Research ist neben einem mathematischen Optimierungswerkzeug eine deklarative Programmiersprache verfügbar, in der viele Problemeigenschaften ausgedrückt werden können, die innerhalb des Formalismus der Optimierung keinen Platz finden. Ein weiterer Vorzug constraintbasierter logischer Programmiersprachen liegt darin, daß sie nicht nur numerische, sondern auch symbolisch repräsentierte Antworten auf Anfragen geben können.

Ein einfaches logisches Programm in der Sprache CLP($\mathcal{R}$) zur Berechnung von Hypotheken [13] lautet wie folgt (K bezeichnet das Kapital, T die Zeit in Monaten, I den Zinsatz, Z die monatliche Zahlung und R den Restbetrag):

```
mortgage(K, T, I, R, Z) :-
        T <= 1,
        R + Z = K * (1 + I).
```

```
mortgage(K, T, I, R, Z) :-
            T > 1,
            mortgage(K * (1 + I) - Z, T - 1, I, R, Z).
```

Stellt man die Anfrage

```
?- T = 5, I = 0.1, R = 0, mortgage(K, T, I, R, Z).
```

erhält man die symbolische Antwort

```
Z = 0.263797 * K,
```

die angibt, wie bei gegebener Laufzeit und Zinssatz die monatliche Zahlung vom Kapital abhängt.

Bei einer Reihe klassischer Optimierungsaufgaben ist das logische Programmieren mit Constraints bisher sehr erfolgreich eingesetzt worden [16, 5].

4 Heuristische Suche

Eine weitere Verbindung zwischen Künstlicher Intelligenz und Operations Research ergibt sich aus ihrem gemeinsamen Interessse am Lösen komplexer Probleme durch heuristische Suche [8].

Beide Disziplinen stehen vor der Aufgabe, mit der kombinatorischen Explosion fertig zu werden, die immer dann entsteht, wenn viele Einzelentscheidungen nacheinander ausgeführt werden müssen und auf diese Weise ein exponentiell wachsender Suchraum zu bewältigen ist.

In der KI tritt dieses Problem nahezu überall auf, etwa im Bereich wissensbasierter Systeme, Deduktion oder Robotik. Im Operations Research ergeben sich ganz ähnliche Schwierigkeiten bei Optimierungsaufgaben, wie sie bei Produktion, Beschaffung, Lagerhaltung, Investition oder Finanzierung auftreten.

Neben klassischen Verfahren wie Branch-and-Bound, das in der ganzzahligen Optimierung eine wichtige Rolle spielt und eng verwandt ist mit dem Prinzip des Best-First-Search aus der KI, haben sich in den letzten Jahren verschiedene neue Ansätze zur heuristischen Suche herausgebildet, die für KI und OR gleichermaßen von Bedeutung sind.

Zu nennen sind hier insbesondere

- Genetische Algorithmen
- Neuronale Netze
- Simulated Annealing
- Tabusuche
- Zielanalyse (engl. target analysis)

Während genetische Algorithmen und neuronale Netze auf biologischen Ansätzen beruhen und sich das Simulated Annealing aus der Physik ableitet, ergeben sich Tabusuche und Zielanalyse aus allgemeinen Grundsätzen intelligenten Problemlösens.

Diese Ansätze zur heuristischen Suche, die sich keineswegs ausschließen, sondern gegenseitig ergänzen, werden gegenwärtig an vielen Stellen untersucht. Parallele Entwicklungen in einer Nachbardisziplin werden dabei aber oft nur wenig oder gar nicht zur Kenntnis genommen. Für die einzelnen Gebiete können sie jedoch eine erhebliche Bereicherung darstellen.

5 Entscheidungsunterstützende Systeme

Ein letztes gemeinsames Interessensgebiet von KI und OR, das hier angesprochen werden soll, ist der Bereich entscheidungsunterstützender Systeme [11, 12].

In einer Zeit zunehmend komplexer Entscheidungen besteht ein erheblicher Bedarf an Systemen, die einen Entscheidungsträger dahingehend unterstützen, daß sie

- die Auswirkungen verschiedener zur Wahl stehender Handlungen bestimmen und
- Handlungsmöglichkeiten ermitteln, die gewisse vorgegebene Zielfunktionen optimieren.

Bei der Entwicklung solcher Systeme kann die Künstliche Intelligenz zusammen mit klassischen Disziplinen wie dem Operations Research wesentliche Beiträge leisten.

In vielen praktischen Anwendungen reichen die Techniken aus OR und KI für sich allein betrachtet nicht aus. Die Problemtypen sind meist so stark miteinander verknüpft, daß nur eine enge Kopplung der beiden Ansätze Aussicht auf Erfolg verspricht. Das gilt sowohl auf der begrifflichen als auch auf der Implementierungsebene.

Obwohl es wichtig ist, die Stärken und Schwächen des jeweiligen Ansatzes zu kennen, sollte nicht die gegenseitige Abgrenzung im Vordergrund stehen, sondern vielmehr der Versuch, die besten Errungenschaften der jeweiligen Disziplin für die konkrete Anwendung fruchtbar zu machen. Voraussetzung dafür ist eine breit angelegte interdisziplinäre Zusammenarbeit, die sicher nicht leicht ist. In der Zusammenführung statistischer Verfahren zur Datenauswertung, mathematischer Modellierungs- und Optimierungstechniken des Operations Research und wissensbasierter Methoden der Künstlichen Intelligenz liegt jedoch ein vielversprechendes Potential für die Entwicklung neuer Formen der Entscheidungsunterstützung. Zentral sind hierbei insbesondere Methodenbanksysteme, die über Regelverarbeitung in integrierter Weise die jeweils besten exakten Algorithmen zum Einsatz bringen. Typische Beispiele hierfür sind Fragen der Ablaufplanung (Scheduling) und der Tourenplanung (Travelling-Salesman-Problem).

6 Beiträge des Workshops

Die Beiträge zum Workshop "Künstliche Intelligenz und Operations Research" auf der KI'93 stehen mit den genannten Berührungsfeldern in einem engem Zusammenhang; eine eindeutige Zuordnung ist allerdings nicht immer möglich.

J. N. Hooker (Carnegie-Mellon-University) gibt in seinem Tutorial "Optimization and Logical Inference" einen breiten Überblick über das Zusammenspiel von Logik und Optimierung. In unmittelbarem Zusammenhang damit stehen die Beiträge von *P. Barth* (MPI Saarbrücken), der ein symbolisches Constraintlösungsverfahren für lineare 0-1 Ungleichungen vorstellt, sowie von *K. Ries* und *R. Hähnle* (Universität Karlsruhe), die gemischt-ganzzahlige Programmierung für das prädikatenlogische Beweisen einsetzen. Die Lösung von Schedulingproblemen mit Hilfe der logischen Programmierung mit Constraints steht im Mittelpunkt der Beiträge von

N. Beldiceanu und *H. Simonis* (COSYTEC Orsay) und ebenso von *S. Breitinger* und *H. C. R. Lock* (IBM Heidelberg). *A. Herold, M. Wallace* und *V. Küchenhoff* (ECRC München) setzen Constraints in Kombination mit Approximationsalgorithmen zur Optimierung ein. *M. Zahn* (Universität Karlsruhe) untersucht die Lösung von Constraint-Erfüllungs-Problemen mit Hilfe von Join-Trees. *D. Cvetković* (MPI Saarbrücken) wendet genetische Algorithmen auf das Erfüllbarkeitsproblem an, während *J. Bartnick* (Universität Dortmund) die Verwendung neuronaler Netze zur Aggregation von Präferenz-Relationen vorschlägt. Einen Ansatz zur Modellauswahl und -integration in Entscheidungsunterstützungssystemen stellt *M. Lachmann* (Universität Karlsruhe) vor. *J. Dorn, M. Girch* und *W. Slany* (TU Wien) erörtern die Reparatur von Plänen durch fallbasiertes Schließen. *A. Reinefeld* (Uni-GH Paderborn) berichtet über iterative Tiefensuche auf massiv parallelen MIMD-Systemen.

Bibliographie

1. F. Benhamou and A. Colmerauer, editors. *Constraint Logic Programming - Selected Research.* MIT Press, 1993.
2. A. Bockmayr. Embedding OR techniques in constraint logic programming. In *Operations Research '92. 17th Symposium on Operations Research, Hamburg,* 1992.
3. D. E. Brown and C. C. White III, editors. *Operations research and artificial intelligence: the integration of problem-solving strategies.* Kluwer, 1990.
4. V. Chandru and J. N. Hooker. *Optimization Methods for Logical Inference.* Wiley, In preparation.
5. M. Dincbas, H. Simonis, and P. van Hentenryck. Solving large combinatorial problems in logic programming. *Journal of Logic Programming,* 8:75–93, 1990.
6. G. I. Doukidis and R. J. Paul. A survey of the application of artificial intelligence techniques within the OR society. *Journal of the Operational Research Society,* 41:363 – 375, 1990.
7. F. Glover and H. J. Greenberg, editors. *Linkages with artificial intelligence,* volume 21 of *Annals of Operations Research.* Baltzer, 1989.
8. F. Glover and H.J. Greenberg. New approaches for heuristic search: a bilateral linkage with artificial intelligence. *Europ. J. Oper. Res.,* 39:119 – 130, 1989.
9. J. N. Hooker. A quantitative approach to logical inference. *Decision Support Systems,* 4:45 – 69, 1988.
10. R. E. Jeroslow, editor. *Approaches to intelligent decision support,* volume 12 of *Annals of Operations Research.* Baltzer, 1988.
11. R. L. Keeney, R. H. Möhring, H. Otway, F. J. Radermacher, and M. M. Richter, editors. *Design aspects of advanced decision support systems,* volume 4/4 of *Decision Support Systems.* North Holland, 1988.
12. R. L. Keeney, R. H. Möhring, H. Otway, F. J. Radermacher, and M. M. Richter, editors. *Multi-attribute decision making via O.R.-based expert systems,* volume 18 of *Annals of Operations Research.* Baltzer, 1989.
13. C. Lassez. Constraint logic programming. *Byte,* August 1987.
14. R. I. Phelps. Artificial intelligence - an overview of similarities with O.R. *Journal of the Operational Research Society,* 37:13 – 20, 1986.
15. H. A. Simon. Two heads are better than one: the collaboration between AI and OR. *Interfaces,* 17:8 – 15, 1987.
16. P. van Hentenryck. A logic language for combinatorial optimization. *Annals of Operations Research,* 21:247–274, 1989.

Künstliche Intelligenz und Umweltanwendungen[1]

Toni Bollinger, Hans-Joachim Novak,
Martin Hübner, Karl-Heinz Simon,
Jürgen Pietsch, Ulrich Streit

1 Einleitung

Erfahrungen aus Kooperationsprojekten der letzten Zeit haben gezeigt, daß der interdisziplinäre Dialog zwischen der KI und der Ökologie[2] für beide Gebiete fruchtbar sein kann. So hat sich im EXCEPT-Projekt gezeigt, daß durch die wissensbasierte Modellierung von ökologischen Fragestellungen die Theoriebildung innerhalb der Ökologie vorangetrieben werden kann. Der Zwang zur Formalisierung läßt Lücken und Redundanzen in bisher eher informell beschrieben Verfahren erkennen. Außerdem bieten Informatik und KI Methoden und Konzepte an, durch die ökologische Sachverhalte beschrieben und operationalisiert werden können. Die Informatik dient in diesem Zusammenhang also als Strukturwissenschaft.

Auf der anderen Seite konfrontieren Anwendungen innerhalb der Ökologie die KI mit Anforderungen aus der realen Welt, und erlauben auf diese Weise, bestehende Methoden zu evaluieren und weiterzuentwickeln.

Der Workshop „KI und Umweltanwendungen" hat zum Ziel, den bestehenden, aus den Kooperationprojekten enstandenen Dialog zwischen den beiden Fachgebieten zu vertiefen und auszuweiten. KI-Wissenschaftler sollen erfahren, mit welchen Problemen Ökologen sich beschäftigen. Ökologen sollen einen realistischen Eindruck davon bekommen, zu welchen ökologischen Fragestellungen die KI einen Beitrag leisten kann.

Inhaltlich ist der Workshop in 2 Abschnitte untergliedert in denen je 3 Beiträge vorgestellt werden. Im folgenden werden die einzelnen Abschnitte mit ihren Beiträgen näher vorgestellt.

2 Techniken entscheidungsunterstützender und bewertender Systeme

Um Entscheidungen und Bewertungen im Umweltbereich mithilfe von Computern zu unterstützen, ist es zum einen erforderlich, daß entsprechende Softwaresysteme über die Möglichkeit der Verarbeitung unsicheren Wissens verfügen, zum anderen muß eine geeignete Aufbereitung der ökologischen Methodik vorhanden sein, um sie für die Verarbeitung mit dem Computer zugänglich zu machen.

---

[1] Die Adressen der Autoren sind auf der letzten Seite angegeben.

[2] Der Begriff Ökologie schließt hier den Bereich der gesamten Umweltplanung mit ein.

F. Drews und L. Täuber:
Der Einsatz von "Fuzzy Logik"-Methoden bei der Ermittlung von Schadstoffbelastungen und bei der Auswahl von Gegenmaßnahmen in Entscheidungshilfesystemen
Ingenieurunternehmen für Umweltanalyse und Forschung GmbH

Bei Entscheidungshilfesystemen können die mit großer Unsicherheit behafteten Meßdaten und Parameter von Modellen dazu führen, daß keine Rangreihenfolge von Verhaltensvorschlägen ermittelt werden kann. Der Einsatz von Fuzzy-Logik Methoden insbesondere unter Nutzung der Neuronalen Netze als Regel-Lern-Systeme kann hier Abhilfe schaffen. An den Beispielen der

- Einschätzung der meteorologischen Situation bei der Ausbreitung von Schadstoffen,
- Ermittlung von Konsequenzen bei Freileitungen,
- Ermittlung optimaler Gegenmaßnahmen,

werden Möglichkeiten des Einsatzes dieser Technik aufgezeigt.

Ulrike Weiland:
Zur Methodik der rechnergestützten Bewertung in Umweltverträglichkeitsprüfungen der Bauleitplanung
TU Hamburg-Harburg

Grundlegende Anforderung an eine Bewertungsunterstützung ist ihre orts- und einzelfallunabhängige Einsetzbarkeit. Dazu ist das Vorhandensein einer Bewertungsmethodik und die Unterscheidung allgemeingültiger, ortsspezifischer und einzelfallbezogener Bewertungselemente erforderlich.

Ausgehend von rechtlichen und planungsmethodischen Anforderungen an Bewertungen in Umweltverträglichkeitsprüfungen (UVPen) wird ein Bewertungsmodell vorgestellt. Die theoretischen Anforderungen an Bewertungen werden um ausgewählte Aspekte der Bewertungspraxis in Bauleitplan-UVPen ergänzt.

Zentrale Aspekte der Bewertungsmethodik, wie sie im Rahmen des EXCEPT Projektes entwickelt wurden, und ihre Operationalisierung werden vorgestellt. Insbesondere wird "Bewertung" als interdisziplinäre Aufgabe definiert.

Ulrike Weiland stellt aus der Orientierung an den spezifischen Aufgaben von UVP-Zielgruppen Anforderungen an die Benutzungsoberfläche und die erzeugten Dokumentationen eines bewertungsunterstützenden Systems. Aus dem Konzept des gestuften Raumbezugs wird eine gestufte Flexibilität der Benutzungsoberfläche gefordert.

Claudia Schopf:
MAGNUM - Multi- Agentenarchitektur im Umweltmangement
TU Berlin

Claudia Schopf stellt eine Multi-Agentenarchitektur vor, die als Ziel hat, das Umweltmanagment in betrieblichen Entscheidungssituationen mit Risiko zu unterstützen.

Soll der Umweltschutz als globales Unternehmensziel gelten, so sind davon auch alle Funktions- und Geschäftsbereiche betroffen. Bei der Beachtung umweltrelevanter Ziele können jedoch die einzelnen Funtionsbereiche nicht isoliert betrachtet werden. So muß z.B. bei der Untersuchung der Umweltverträglichkeit eines Produktes der gesamte Lebenszyklus von der Beschaffung der Ausgangsstoffe bis zur Entsorgung betrachtet werden.

Herkömmliche DV-Lösungen kommen deshalb zur Unterstützung solcher Verfahren nicht in Frage, weil sie die sektorale, funktionale Untergliederung eines Unternehmens widerspiegeln und auf die einzelnen Sektoren beschränkt sind. Eine prozeßorientierte Geschäftsorganisation ist adäquater, in der Praxis jedoch oft nicht realisierbar.

Als Ausweg bietet sich deshalb an, das funktionale Modell so zu erweitern, daß auch andere Bereiche und externe Einflüsse (wie Gesetze und wirtschaftliche Entwicklungen) berücksichtigt werden. Realisiert werden soll dies durch einen Multi-Agenten-Ansatz, bei dem jeder Agent über ein eigenes Wissensgebiet, eigene Ziele und eigene Problemlösungsmethoden verfügt. Beim Auftreten einer konkreten Problemstellung sollen dann alle Agenten gemeinsam zu einer global zufriedenstellenden Lösung beitragen.

Eine solche Modellierung zeichnet sich durch eine hohe Flexibliät aus und kann leicht an neue Gegebenheiten angepaßt werden. So genügt es, für ein neues Wissensgebiet einen neuen Agenten hinzuzufügen.

3 Modellierungen für den Umweltschutz in Unternehmen

Umweltschutz für Unternehmen spielt eine immer größere Rolle. Dabei reicht die Spannweite von der Beachtung umweltrechtlicher Regelungen über die Umweltvertäglichkeit innerbetrieblicher Abläufe bis zur Entwicklung innovativer,umweltschonender Produkte und Produktionsmethoden. Einen wichtigen Beitrag hierzu können Systeme leisten, wenn die zu lösenden Aufgaben entsprechend modelliert sind.

S. Bayerl, R.Becker, C. Lingenfelder:
Einige Szenarien für mittelständische Umweltberatungssysteme
IBM Wissenschaftliches Zentrum Heidelberg

Die Berücksichtigung umweltbezogener Informationen ist insbesondere durch verstärkte Vorgaben in der Umweltgesetzgebung für fast alle Industriebranchen unabdingbar geworden. Andererseits haben eine Reihe von Umfragen gezeigt, daß gerade bei kleinen und mittleren Betrieben umweltschutzrelevante Informationen nur unzureichend ausgewertet werden. Zudem führt die Flut von Daten dazu, daß selbst Umweltexperten ohne maschinelle Unterstützung nicht mehr auskommen können.

Derzeit existierende Umweltinformationssysteme beziehen sich ausschließlich auf die Speicherung, Aufbereitung und Verfügbarmachung von Informationen. Das Ausschöpfen des semantischen Gehaltes dieser Informationen und ihre benutzeradäquate Präsentation wird bislang kaum ermöglicht. Für ein auch in der Zukunft nutzbares System ist es aber notwendig, die Anforderungen an den Benutzer zurückzunehmen und ihm mittels intelligenter Wissensverarbeitung ein leicht handhabbares Werkzeug zur Verfügung zu stellen. Dabei sollen insbesondere vereinfachte Update-Möglichkeiten, schnelle Kontextwechsel, die Fokussierung auf das Ziel der Umweltbewertung, das Nachvollziehen des Ergebnisses einer Beratung und intelligente Benutzerführung möglich sein.

Die Anforderungen an ein solches System sowie deren technische Realisierungsmöglichkeiten werden anhand der folgenden drei Szenarien näher erläutert:

- Transport, Entsorgung von Transportverpackungen,
- Katastrophenbekämpfung,
- Risikobeurteilung von technischen Anlagen, Umwelt-Audit.

Diese Szenarien wurden insbesondere deshalb ausgewählt, weil für Beratungssysteme aus diesen Bereichen in der mittelständischen Industrie ein hoher Bedarf besteht.

H. Boley, U. Buhrmann, Ch. Kremer:
Konzeption einer deklarativen Wissensbasis über technisches Recycling
DFKI GmbH

Das Projekt VEGA befaßt sich mit der Wissensvalidierung und Exploration durch globale Analyse. Das Ziel besteht darin, für gegebene Wissensbasen Verfahren der Validierung (z.B. Konsistenz- / Vollständigkeitsprüfung) und der Exploration (z.B. Abstraktion von Mustern / Herstellung von Zusammenhängen) mittels globaler Analyse (z.B. abstrakte Interpretation / Datenflußanalyse) zu entwickeln und zur Anwendung zu bringen. Insbesondere erscheinen Teilbereiche des "technischen Recyclings" als besonders geeignet. Für Recycling Wissensbasen sind unter anderem folgende Anwendungen denkbar:

- Entscheidungsunterstützung für Produktingenieure bzgl. der Rohstoffauswahl, des Produktdesigns und des Produktionsprozesses
- Rangfolgen für Produktdesigns und existierende Produkte, z.B. bzgl. *Grad der Recyclierbarkeit* oder *Energieverbrauch bei der Rückgewinnung* können erstellt werden
- Die Wissensbasis kann die Erstellung von Öko-Bilanzen für Produkte und Produktionsprozesse unterstützen

Wegen der Fülle der Einsatzgebiete wird aus Komplexitätsgründen eine Modularisierung der Wissensbasis vorausgesetzt. Diese soll sich bereits vorhandenen Datenbeständen orientieren. Dafür bieten sich als Module an:

- Stoff-WB
- Verträglichkeits-WB
- Stücklisten-WB
- Methoden-WB (Recycling-Prinzipien, z.B. nach VDI-91)

- Rechts-WB (Umweltgesetze / -verordnungen)

Die Autoren schlagen vor, die Daten statt in einem fest formatierten, extensionalen Datenbanksystem, das Wissen in einem frei formatierten, intensionalen Informationssystem mit Inferenzregeln verfügbar zu machen.

K. von Luck, J. Pietsch, K. Ufermann:
Von der allmählichen Verformung der Gedanken beim Modellieren
FH Hamburg, TU Hamburg-Harburg, Umwelt-Technologie-Consulting

Die Fragestellung, wie ein Sachgebietsexperte mit einem Expertensystem inclusive dessen Wissensbasis arbeiten kann, insbesondere wenn sein Auftrag beinhaltet, die Wissensbasis zu erweitern und zu modifizieren, ohne daß er an ihrer Konzeption und an ihrem Aufbau beteiligt war, steht im Vordergrund. Die Autoren analysieren retrospektiv die Revision der Expertise des Sachgebietsexperten durch diese Konfrontation mit einem Expertensystem.

Im Rahmen des eXu-Projektes fand diese Konfrontation eines Sachgebietsexperten mit dem EXCEPT System statt. Es zeigte sich, das der Sachgebietsexperte in der Lage war in ca. 12 Wochen eine komplexe neue Wissensbasis zu erstellen, die im praktischen Einsatz in einer Kommune von den dort arbeitenden SachbearbeiterInnen als Expertenwissen anerkannt wurde und nach gemeinsamer Einschätzung zu einer erhöhten Qualität der Umweltbewertung führte.

Adressen der Autoren:

Drs. Toni Bollinger, Hans-Joachim Novak
IBM Deutschland Entwicklung GmbH
71003 Böblingen
e-mail: Bollinger/Novak @ vnet.ibm.com

Dr. Martin Hübner
IBM Deutschland Entwicklung GmbH
30532 Hannover

Dr. Karl-Heinz Simon
Gesamthochschule Kassel
Forschungsgruppe Umweltanalyse
Mönchebergstraße 11
34109 Kassel

Prof. Dr. Jürgen Pietsch
TU Hamburg-Harburg
Arbeitsbereich Städtebau III, Stadtökologie
Kasernenstraße 10
21073 Hamburg

Prof. Dr. Ulrich Streit
Universität Münster
Institut für Agrarinformatik
Robert-Koch-Straße 26-28
48149 Münster

Räumliche Problemstellungen in technischen Domänen

V. Kamp[1], M. Kopisch[2], M. M. Richter[1], M. Schick[2], A.-M. Schoeller[3]

[1] Universität Kaiserslautern, Fachbereich Informatik, Postfach 3049, 67653 Kaiserlautern, {richter,katic}@informatik.uni-kl.de
[2] Universität Hamburg, Fachbereich Infoirmatik, Bodenstedtstr. 16, 22765 Hamburg, {kopisch,schick}@informatik.uni-hamburg.de
[3] Deutsches Forschungszentrum für Künstliche Intelligenz, Postfach 2080, 67608 Kaiserslautern, schoeller@dfki.uni-kl.de

Motivation und Entstehungsgeschichte

Der Workshop „Räumliche Problemstellungen in technischen Domänen" ist nach dem Kenntnisstand der Organisatoren der erste auf nationaler Ebene der speziell auf diese Themenstellung ausgerichtet ist.

Sein Zustandekommen wurde durch die Erkenntnis motiviert, daß bei der Lösung technischer Aufgabenstellungen durch wissensbasierte Systeme eine explizite Repräsentation räumlichen Wissens und dessen effiziente Verarbeitung eine zunehmende Rolle spielt.

Viele Forschungsarbeiten im ingenieurswissenschaftlichen Umfeld, wie z.B.

- die Entwicklung architekturunterstützender Systeme,
- die Konfigurierung und Layouterstellung technischer Anlagen,
- die Erstellung von Fertigungsplänen für Werkstücke und
- die Diagnose und Überwachung komplexer technischer Aggregate,

bilden den thematischen Hintergrund dieses Workshops, dessen primäres Ziel eine Bestandsaufnahme und Diskussion des aktuellen Erkenntnisstandes aus unterschiedlichen Gesichtspunkten ist.

Das breite Spektrum der eingereichten Positionspapiere zeigt, daß bereits einige Fortschritte in theoretischer und praktischer Hinsicht erzielt worden sind. Die Positionspapiere zeigen aber auch, daß eine Abgrenzung zu anderen Forschungsbereichen und eine inhaltliche Klärung von Begriffen auf dem Gebiet notwendig ist.

Daher dient dieser Workshop nicht nur als ein Forum, um Erfahrungen und Erkenntnisse auszutauschen, sondern soll auch zu einem Konsolidierungsprozeß beitragen, der hilft aktuelle und zukünftige Arbeiten einzuordnen und vergleichbar zu machen.

Im Aufruf zur Teilnahme zu diesem Workshop war sowohl die Darstellung von Lösungsansätzen als auch die Schilderung relevanter Problemstellungen als Voraussetzung genannt worden. Diese große thematische Spanne war zum einen eine Einladung, möglichst viele unterschiedliche Meinungen und Standpunkte an einen Tisch zu bringen. Zum anderen spiegelt es die Ambitionen der Forscher wider, mit ihren Ansätzen praktische und anwendungsrelevante Probleme lösen zu wollen.

Ablauf und inhaltliche Organisation

Vornehmliches Ziel dieses Workshops ist die ausgiebige Diskussion. Daher gibt es mit Ausnahme des eingeladenen Vortages Räumliches Schließen in technischen Domänen: Anforderungen und Konzepte von Dr. Kratz (FAW Ulm) auch nicht die üblichen Vorträge mit anschließender Diskussion. Stattdessen erhält jeder, dessen Positionspapier angenommen wurde, sechs Minuten Zeit, um sechs Fragen zu beantworten. Diese Fragen sind:

- Welches räumliche Szenario liegt der Anwendung zugrunde? Zum Beispiel:
  - Kabinenlayout im Airbus,
  - Beschreibung von Gebäuden aus der Sicht von Architekten, etc.
- Wie sind Raum und Objekte repräsentiert
- Welche wichtigen räumlichen Beziehungen gibt es in dem Szenario? Zum Beispiel:
  - nah
  - in-der-Flucht-von
  - sichtbar
- Was ist eine typische Anfrage? Zum Beispiel:
  - Sind die Sicherheitsabstände eingehalten?
  - Gibt es relevante Schalter in Augenhöhe?
  - Hat das Werkstück einen Hohlkörper?
- Spielen numerische Größen und Berechnungen eine Rolle? Wenn ja, welche sind besonders wichtig? Zum Beispiel:
  - Abstände
- Allgemeine, zusätzliche Fragestellungen des Szenarios.

Dadurch, daß alle direkt nacheinander vortragen und daß eine Konzentration auf wenige, wichtige Fragen stattfindet, wird erreicht, daß die Teilnehmer sofort mit dem Wissen um die verschiedenen Standpunkte in die Diskussion einsteigen können.

Die Ergebnisse dieser Diskussion sollen am folgenden Tag dazu dienen, allgemeine Charakteristika des räumlichen Schließens in technischen Domänen zu extrahieren.

Dafür werden auch weitere Fragen (z.B. Was bedeutet quantitatives bzw. qualitatives räumliches Schließen in technischen Domänen? Welche Einschränkungen bzgl. des räumlichen Schließens gibt es in techischen Domänen?) aufgeworfen.

Die Beschränkung auf wenige Fragen soll zur Fokussierung der Diskussion dienen, um durch die Extraktion allgemeiner Charakteristika räumlicher Problemstellungen in technischen Domänen, die mögliche Abhängigkeit von der Aufgabenstellung und insbesondere die Probleme bei der Operationalisierung und Realisierung klar herauszuarbeiten.

Zusammenfassung der eingereichten Positionspapiere

Die eingereichten Positionspapiere behandeln sowohl die sich aus konkreten Anwendungsdomänen und Aufgabenstellungen ergebenden Aspekte als auch theoretische und formale Grundlagen räumlichen Schließens.

Zwei Beiträge aus dem Projekt FABEL beschreiben Aspekte des räumlichen Schließens beim Entwerfen in der Bauarchitektur und Lösungsansätze aus dem Bereich des fallbasierten Schließens [BFS93, Mor93]. In [BFS93] werden term– und baum–basierte Wissensrepräsentationsformalismen zur Bestimmung struktureller Ähnlichkeiten von räumlichen Objekten vorgestellt. Die Anpassung einer Lösung an das aktuelle Problem am Beispiel der Anpassung der Stützenverteilung einer statisch stabilen Standardlösung beim Entwurf hochkomplexer Gebäude wird in [Mor93] behandelt. Ein weiterer Beitrag im Bereich der Anwendungsdomäne Architektur [Dah93] beschäftigt sich mit der Modellierung von Architekturgestalt in frühen Phasen des architektonischen Entwurfsprozesses — also die Modellierung von Baumasse (Hüllkörpergeometrie) und die Modellierung schematischer Grundrisse. Die Architektensprache wird in mehreren Stufen auf eine Menge orthogonaler Geometriemodellierungsoperationen abgebildet.

Im Bereich der Diagnose ist der Beitrag von [SK93] angesiedelt. Der Beitrag beschreibt ein quantitatives räumliches Modell technischer Anlagen, dessen Daten — aus dem Konstruktionsprozeß ableitbar — intern in einer hybriden Raumrepräsentation verwaltet werden. Durch die explizite Beschreibung räumlicher Wirkungsketten durch sogenannte Konstellationsmodelle soll in bestimmten Diagnosekontexten auch die räumliche Anordnung der Komponenten in die Untersuchung einbezogen werden.

Techniken zur Beschreibung und Auswertung geometrischer Relationen im Kontext eines Zeichnungsinterpretationssystems werden in [Pas93] vorgestellt. Durch eine deklarative, objektorientierte Spezifikationssprache zur Beschreibung der graphischen Objekte und deren räumliche Konstellationen soll die Adaptierbarkeit des Systems an neue Domänen und Interpretationsaufgaben erreicht werden.

In [KR93] wird ein qualitatives räumliches Szenario vorgestellt. Es wird eine Sprache definiert, die die Beschreibung räumlicher Sachverhalte in beliebigen Dimensionen gestattet. Ein Anwendungsbeispiel ist hier die Planung der Fertigungsreihenfolge anhand einer qualitativen räumlichen Beschreibung des zu fräsenden Werkstücks.

Ein weiterer Aufgabenbereich, bei dem räumliches Schließen eine mitunter große Rolle spielt, ist die Konfigurierung technischer Systeme, den die Beiträge von [Sch93a, Sch93b, Kop93] behandeln. [Sch93a] behandelt die Entwicklung geeigneter Repräsentationsmöglichkeiten und beschreibt eine Sprache zur Darstellung geometrischer Attribute sowie ihrer quantitativen Interpretation und zur Beschreibung von Abstandsbeziehungen, Inzidenzbeziehungen und Drehungen. Alle Elemente dieser Sprache wurden in einem domänenunabhängigen System zur Anordnung rechteckiger Objekte auf einer aus Rechtecken zusammengesetzten Grundfläche umgesetzt. Im Beitrag [Sch93b] wird versucht, aus den Anforderungen, die sich aus der räumlichen Anordnung bei der Konfigurierung von Niederspannungschaltanlagen ergeben, allgemeine Spezifika räumlichen Schließens in technischen Domänen herauszuarbeiten. Anhand einer konkreten Anwendung — der Konfigurierung der Passagierkabine des AIRBUS A340 — werden in [Kop93] die möglichen räumlichen Beziehungen bei der Konfigurierung von achsenparallelen Rechtecken betrachtet. Zur Beschreibung dieser Beziehungen wird eine Menge von Basisrelationen definiert, die domänenunabhängig zur Beschreibung von räumlichen Beziehungen zwischen zwei achsenparallelen Rechtecken eingesetzt werden können.

References

[BFS93] Katy Börner, Roland Faßauer, and Steffen Seewald. Term- und Baumrepräsentationen räumlichen Wissens in der Bauarchitektur. In *Workshop Räumliche Problemstellungen in technischen Domänen*, 1993.

[Dah93] Anke Dahlenburg. ? In *Workshop Räumliche Problemstellungen in technischen Domänen*, 1993.

[Kop93] Manfred Kopisch. Räumliche Beziehungen für Konfigurierungsaufgaben. In *Workshop Räumliche Problemstellungen in technischen Domänen*, 1993.

[KR93] Vera Kamp and Michael M. Richter. Räumliches Schließen. In *Workshop Räumliche Problemstellungen in technischen Domänen*, 1993.

[Mor93] Karina Morgenstern. Anpassung im Bauentwurf mittels aktiver Objekte. In *Workshop Räumliche Problemstellungen in technischen Domänen*, 1993.

[Pas93] Boris Pasternak. Interpretation von Linienzeichnungen anhand geometrischer Objektspezifikationen. In *Workshop Räumliche Problemstellungen in technischen Domänen*, 1993.

[Sch93a] Sabine Schmitgen. Räumliche Fragestellungen beim Konfigurieren. In *Workshop Räumliche Problemstellungen in technischen Domänen*, 1993.

[Sch93b] Anna-Maria Schoeller. Räumliche Problemstellungen bei der Konfigurierung von Niederspannungsschaltanlagen. In *Workshop Räumliche Problemstellungen in technischen Domänen*, 1993.

[SK93] Matthias Schick and Sabine Kockskämper. Konstellationserkennung auf der Basis einer hybriden Raumrepräsentation. In *Workshop Räumliche Problemstellungen in technischen Domänen*, 1993.

Modellierung epistemischer Propositionen

Hans-Jürgen Bürckert und Werner Nutt

Deutsches Forschungszentrum für Künstliche Intelligenz (DFKI)
Stuhlsatzenhausweg 3
66123 Saarbrücken
e-mail: hjb@dfki.uni-sb.de, nutt@dfki.uni-sb.de

1 Der Workshop

In der Wissensrepräsentation ist die Modellierung von epistemischen und doxastischen Propositionen, von Wissen und Überzeugungen (engl. *beliefs*) einer der Forschungsschwerpunkte. Ein Grund dafür liegt in den prinzipiellen Zielen der Künstlichen Intelligenz: Die Fähigkeit eines Systems, sein eigenes Wissen zu reflektieren, die Informationen anderer Systeme zu berücksichtigen und das Wissen und die Absichten menschlicher Benutzer in sein „Denken" einzubeziehen, ist eine notwendige Bedingung für intelligentes Verhalten.

Doch es gibt auch pragmatische Gründe, mentale Zustände auf andere Art zu beschreiben als die physische Welt. So werden in Sprachverarbeitungssystemen spezielle Operatoren verwendet, um Glauben, Wollen und andere epistemische Modi zu repräsentieren Epistemische Operatoren werden benutzt, um verteilte Systeme und Multi-Agenten-Systeme zu spezifizieren, wobei ihnen die Aufgabe zukommt, die Beschreibung des Zustands der Welt zu unterscheiden von den Beschreibungen der Informationen, die die einzelnen Agenten über sie haben. Solche Spezifikationen sind zwar oft nur deskriptiv, d.h. sie werden benutzt, um Schlußfolgerungen über Systeme zu ziehen [2, 3], neuere Arbeiten zielen aber darauf hin, sie auch ausführbar zu machen. Bei der Benutzermodellierung wird in ähnlicher Weise System- von Benutzerwissen getrennt. Verschiedene Autoren haben vorgeschlagen, Integritätsbedingungen als Aussagen über die erlaubten epistemischen Zustände einer Wissensbasis aufzufassen und sie deshalb in einer Logik mit epistemischen Operatoren zu formalisieren [6, 8]. Darüberhinaus spielen epistemische Operatoren bei verschiedenen Ansätzen zur Formalisierung nicht-monotonen Schließens eine Rolle [5, 7].

Im Vordergrund des Workshops „Modellierung epistemischer Propositionen" steht die *logik-basierte* Formalisierung von Wissen und Glauben. Da sich seit den Arbeiten von Moore [4] Modallogiken für diese Aufgabe durchgesetzt haben, wollten wir diesen Ansatz in den Mittelpunkt stellen. Erwartungsgemäß schlagen die meisten Beiträge diese Richtung ein.

Von den vorgesehenen Schwerpunkten werden die folgenden drei in Beiträgen behandelt:

- verschiedene Axiomatisierungen epistemischer Modaloperatoren, ihre Vor- und Nachteile und ihre Adäquatheit (Pearce, Thijsse und Wansing, Rollinger)

- Operationalisierung epistemischer Logiken (Becker und Lakemeyer, Laux, Hustadt)
- Anwendungen epistemischer Logiken in der Künstlichen Intelligenz (Blok, Donini *et al.*).

Außerdem hatten wir die Kombination epistemischer Logiken mit anderen Speziallogiken, etwa für zeitliches oder nicht-monotones Schließen, als Thema vorgeschlagen. Neben diesen stark (modal-)logisch ausgerichteten Schwerpunkten hätten wir gerne Beiträge mit anderen Ansätzen zur Modellierung gesehen sowie prinzipielle Kritiken am logik-basierten Zugang überhaupt. Leider gab es aus dieser Richtung keine Einreichungen.

Im folgenden werden wir kurz auf die einzelnen Beiträge des Workshops eingehen. Eine Publikation der Papiere ist an anderer Stelle geplant.

2 Die Beiträge

David Pearce vergleicht in seinem eingeladenen Übersichtsvortrag aktuelle Ansätze zur Modellierung von Glauben, Wissen, und Überzeugungen in Philosophie und Künstlicher Intelligenz. Dabei zeigt er insbesondere Zusammenhänge zwischen nichtklassischen Logiken einerseits und nichtmonotonen Formalismen andererseits auf.

Die zwei folgenden Beiträge haben das Ziel, Wissenrepräsentationssysteme ausdrucksfähiger zu machen. Donini, Lenzerini, Nardi, Nutt und Schaerf erweitern die Anfragesprache für terminologische Wissensbasen um Levesques K-Operator, um zwischen Aussagen über die Welt und solchen über das Wissen des Systems unterscheiden zu können. Sie geben ein Verfahren zur Beantwortung solcher Anfragen an und zeigen, wie man mit Hilfe des K-Operators Anfragen mit natürlicher Semantik formulieren kann, die sich in Logik erster Stufe nicht ausdrücken lassen. Außerdem geben sie mit der erweiterten Logik verschiedenen Operationen in existierenden Systemen, die bislang nur prozedural definiert waren, eine deklarative Semantik.

Der Beitrag von Andreas Becker und Gerhard Lakemeyer beschreibt eine konkrete Erweiterung des terminologischen Systems CLASSIC [1] um epistemische Operatoren, ebenfalls gestützt auf Levesques Ansatz. Sie sehen für das erweiterte System eine Interaktionssprache vor, die nicht nur erlaubt, Informationen über einen Anwendungsbereich, sondern auch über Wissen und Unwissen der Wissensbasis auszutauschen.

Gerd Wagner befaßt sich mit der Frage, wie man in disjunktiven Faktenbasen definites und indefinites Wissen unterscheiden kann. Dazu führt er – ähnlich wie Levesque mit seinem K-Operator – einen Modaloperator für definites Wissen ein, der aber über eine Beweistheorie und nicht über eine Kripke-Semantik definiert ist. In diesem Rahmen formalisiert er die Closed World Assumption und vergleicht seinen Ansatz mit den Arbeiten Gelfonds über Anfragen mit K an disjunktive Programme.

Der Beitrag von Armin Laux beschreibt dann die Erweiterung einer terminologischen Sprache um Belief-Operatoren, um damit in den Wissensbasen der

Einzelsysteme eines Multi-Agenten-Systems sowohl Wissen über die Welt als auch Wissen über eigenes Wissen und das der Partner zu modellieren. Technisch ist das Ergebnis ein entscheidbares Fragment der multimodalen Prädikatenlogik KD45.

Ullrich Hustadt interessiert sich für die Lösung des folgenden Korrespondenzproblems: Gegeben die Axiomatisierung einer Modallogik durch einen Hilbert-Kalkül, finde heraus, ob sich diese Logik durch eine Kripke-Semantik mit möglichen Welten und Übergangsrelationen beschreiben läßt und bestimme gegebenenfalls die Eigenschaften der Übergangsrelationen. Die Lösung solcher Fragen ist in der KI unter anderem deswegen von Interesse, weil die Kenntnis dieser Eigenschaften häufig erlaubt, eine Modallogik in Prädikatenlogik erster Stufe zu übersetzen und Inferenzen in ihr zu automatisieren. Hustadt weißt auf eine weitere Anwendung seiner Methode hin: Man kann erkennen, daß in einer gegebenen Modallogik zwei Operatoren äquivalent sind.

Die letzten drei Beiträge sind durch Probleme aus der Verarbeitung natürlicher Sprache motiviert. Peter Blok behandelt die Formalisierung des „Fokus", d.h. des – oft impliziten – Gegenstandes eines Diskurses. Er zeigt, daß eine Logik höherer Ordnung solche Situationen nicht angemessen beschreibt und führt stattdessen eine sog. *Awareness*-Logik ein, bei der jedem Sprecher eine Menge von Aussagen zugeordnet wird, die er für den Fokus hält. Sind mindestens zwei Personen beteiligt, so können sie verschiedene Vorstellungen vom Gegenstand ihrer Unterhaltung haben. Um zu definieren, wann in solch einer Situation eine Aussage wahr ist, müssen beider Erwartungen berücksichtigt werden. Blok trägt dem mit einer dreiwertigen Awareness-Logik Rechnung.

Thijsse und Wansing arbeiten an der Semantik von Awareness-Logiken. Sie untersuchen dazu sogenannte *Siebmodelle*, die eine Verallgemeinerung gewöhnlicher Kripke-Modelle darstellen, aber das bekannte Problem der logischen Allwissenheit bei den üblichen Ansätzen zur Modellierung epistemischer Operatoren vermeiden. Sie diskutieren die Möglichkeit eine Korrespondenztheorie zwischen Siebmodellen und Awareness-Logik.

Claus Rainer Rollinger schließlich diskutiert Unterschiede zwischen Glauben und Wissen. Die mit dieser Unterscheidung verbundene Differenzierung macht es möglich, die verschiedensten Aspekte der Unexaktheit (Unvollständigkeit, Unsicherheit, Vagheit, Defaults) zusammenzufassen und natürlichsprachlich auszudrücken. Nach seiner Beobachtung gibt es eine Beziehung zwischen Erklärungen von Handlungen und den Gründen, die dafür ausschlaggebend sind, daß ein Sachverhalt geglaubt bzw. gewußt wird. Er schlägt vor, die beiden Begriffe anhand einer Unterscheidung zwischen guten und weniger guten Gründen für den Überzeugungsgrad in Propositionen zu differenzieren.

3 Der Ausblick

Unser Ziel bei diesem Workshop ist es, KI-Forscher in Deutschland, die sich mit epistemischer Modellierung beschäftigen, zusammenzubringen. Wir hoffen, daß dadurch die Modellierung von Wissen über eigenes und fremdes Wissen auf einer formalen Basis in Deutschland stärker als bisher thematisiert wird. Dies ist die Voraussetzung dafür, formale Theorien der Selbstbewußtheit und der Kompetenzeinschätzung (sowohl eigener Kompetenz als auch der von Systempartnern) für KI-Systeme zu entwickeln und auf dieser Grundlage erste Schritte zur ihrer Realisierung zu tun.

Über eine stärkere Mitwirkung von philosophischen Logikern und Kognitionsforschern hätten wir uns gefreut. Glücklicherweise werden diese Aspekte unseres Themas aber von mehreren Beiträgen berührt. Es bleibt zu hoffen, daß der Workshop eine Anregung zu verstärkter Kontaktaufnahme zwischen den Forschern auf diesem Gebiet gibt.

Literatur

1. Borgida, A., Brachman, R. J., McGuinness, D. L., Resnick, L. A. CLASSIC: A Structural Data Model for Objects. *Proceedings of the ACM SIGMOD International Conference on Management of Data*, pp. 59–67, 1989.
2. Halpern, J. Y. and Moses, Y. A Guide to Completeness and Complexity for Modal Logics of Knowledge and Belief. *Artificial Intelligence*, 54(3):319–380, 1992.
3. Konolige, K. A First-Order Formalization of Knowledge and Action for Multi-Agent Planning System. *Machine Intelligence*, 10, 1982.
4. Moore, R. Reasoning about Knowledge and Action. Tech. Note 191, SRI International, 1980.
5. Moore, R. Semantical Considerations on Nonmonotonic Logics. *Artificial Intelligence*, 25:75–94, 1985.
6. Levesque, H. J. Foundations of a Functional Approach to Knowledge Representation. *Artificial Intelligence*, 23:155–212, 1984.
7. Lifschitz, V. Nonmonotonic Databases and Epistemic Queries. In *Proc. of the 12th Int. Joint Conf. on Artificial Intelligence IJCAI-91*, Sidney, 1991.
8. Reiter, R. On Asking What a Database Knows. In Lloyd, J. W., editor, *Symposium on computational logics*, pages 96–113. Springer-Verlag, ESPRIT Basic Research Action Series, 1990.

Workshop: Architekturkonzepte zur Bildauswertung

C. Schnörr, H. Niemann, J. Kopecz

Universität Hamburg
Fachbereich Informatik
Bodenstedtstraße 16
22765 Hamburg

Universität Erlangen-Nürnberg
Lehrst. für Mustererkennung
Martensstraße 3
91058 Erlangen

Zentr. f. Neuroinformatik GmbH
Technologiezentrum an der RUB
Universitätsstraße 142
44799 Bochum

Zusammenfassung: *Wir geben eine kurze Darstellung des o.g. Workshops, der im Rahmen der 17. Fachtagung „Künstliche Intelligenz“ stattfindet. Nach Darlegung der Motivation zur Durchführung des Workshops werden einige für das Thema relevante Aspekte aktueller Entwicklungen angesprochen. Das Workshop-Programm wird vorgestellt, und die mit der Veranstaltung verbundenen Zielvorstellungen genannt.*

1 Motivation des Workshops

1.1 Zum Stand des Gebietes „Bildverstehen“

Es bestehen keine Zweifel, daß die Zahl der Einsatzmöglichkeiten und der verschiedenen Anwendungsfelder sich auf Bildauswertung stützender Systeme groß ist. Damit verbundene Erwartungen sind jedoch trotz der Verfügbarkeit immer besserer Hardwareressourcen seit den ersten Tagen der Binärbildverarbeitung bisher eher enttäuscht worden. Der Stand der Kunst im Bereich „Bildverstehen“ ist noch nicht so weit gediehen, um einen breiten Anwenderkreis in die Lage versetzen zu können, das Anwendungspotential dieses Bereiches systematisch auszuschöpfen. Mitunter gibt die Wahrnehmung dieser - aus Sicht des Anwenders - zögerlichen Entwicklung sogar zu der Frage Anlaß, ob denn Methoden der Bildauswertung überhaupt dazu dienen könnten, die fortschreitende Automatisierung industrieller Prozesse voranzutreiben.

Zur Zeit werden Anforderungen wie Robustheit oder Echtzeitfähigkeit bei der technischen Umsetzung von Bildauswertungsmethoden in der Regel in einem langwierigen, nichtautomatisierten Konfigurationsprozeß erreicht, bei dem auf Kosten langer Entwurfszeiten für zahlreiche Systemkomponenten spezielle Lösungen erarbeitet werden müssen, die bei sich ändernden Eigenschaften der Anwendungsdomäne häufig nicht mehr gültig bleiben. Als Folge davon lassen sich aus den Erfahrungen, die bei solchen Entwicklungszyklen gemacht werden, wiederum nur schwer Erkenntnisse gewinnen, die sprachlich artikuliert in der Lehre mit hoher kommunikativer Leistung vermittelt werden könnten.

Eine Stellungnahme zu diesem Thema findet sich auch in der Fachliteratur, wo beispielsweise zwei bekannte Vertreter des „Computer Vision“-Bereiches anläßlich der im

Raum stehenden o.g. Kritik ihre Bewertung der gegenwärtig praktizierten Vorgehensweisen bei dem Entwurf von Bildauswertungsverfahren veröffentlichten [1]. Es mag bezeichnend für den Stand des Gebietes angesehen werden, daß diese Darstellung von der Fachwelt zum Teil keineswegs als objektive Bestandsaufnahme akzeptiert wurde, sondern ihrerseits eine lebhafte Diskussion mit recht unterschiedlichen Bewertungen anderer Fachkollegen auslöste [2, 3].

Kennzeichnend für die Entwicklung des Gebietes ist auch, daß die Aufgaben und Fertigkeiten des an Problemen der Bildauswertung arbeitenden Forschers weit über die vereinzelt immer noch anzutreffende Vorstellung vom „Entwerfen einer Maske“ hinaus(zu)gehen (haben). Allein die Verschiedenheit der mathematischen Disziplinen beispielsweise, deren Ergebnisse in Ansätzen der letzten Jahre verwendet worden sind, machen das Nachvollziehen der tatsächlichen Entwicklung auch nur eines Teilbereiches zu einem anspruchsvollen Unterfangen. Und die Zahl benachbarter Forschungsgebiete, deren Fortschritte sich bei Fragestellungen der Bildauswertung fruchtbar auswirken können, ist bekanntermaßen recht groß.

1.2 Koexistenz verschiedener Architekturkonzepte zur Bildauswertung

Die Anstrengungen der letzten Jahre haben zu einer Reihe von Architekturkonzepten zur Bildauswertung geführt. Die damit verbundenen methodischen Vorgehensweisen geben aufgrund ihrer Verschiedenartigkeit - begründet durch die Zahl der Einflüsse und Anwendungsgebiete - eine treffende Skizze des Forschungsgebietes „Bildverstehen“ ab. Beispiele hierfür liefern etwa Ansätze zur wissensbasierten Steuerung und Konfigurierung von Bildverarbeitungsprozessen, sich an biologischen Vorbildern orientierende Organisationsprinzipien der Neuroinformatik, Arbeiten zum Entwurf echtzeitfähiger autonomer mobiler Systeme, oder Konzepte der Aufmerksamkeitssteuerung.

Bisherige Rahmenvorstellungen zu dem Entwurf maschinensehender Systeme orientierten sich in erster Linie an entwickelten Methoden der Künstlichen Intelligenz. Es hat sich in Anwendungen gezeigt, daß darauf aufbauende Systeme - gemessen an den oben geschilderten Defiziten - in hinreichend eingeschränkten Domänen erfreuliche Erfolge erzielen können. Greift man das gängige Systemmodell einer Hierarchie von Repräsentationen und entsprechender Verarbeitungsprozesse auf, so wirken sich gegenwärtig dominante Einflüsse von zum Beispiel Modellierungstechniken der Mathematik, Ansätzen der Neuroinformatik, oder auch - im Zusammenhang mit agierenden Sichtsystemen - von Modellen der Regelungstechnik, vor allem auf den Entwurf der niederen Verarbeitungsebenen aus, die in ihrer Gesamtheit betrachtet von KI-orientierten Vertretern - losgelöst von der Frage nach der Bedeutung des Begriffes Bild*verstehen* auf diesen Ebenen - meist unter dem Begriff „low-level vision“ als eine Sammlung bereitgestellter *Vor*verarbeitungsroutinen charakterisiert werden.

2 Einige Aspekte aktueller Entwicklungen

Vor dem Hintergrund der bisherigen Darstellung werden nachfolgend einige Aspekte aktueller Entwicklungen angesprochen und zur Diskussion gestellt. Die dabei aufgeworfenen Fragen entsprechen notwendig einer subjektiven Auswahl der Autoren.

2.1 „Vertikale“ Integration von Verarbeitungsstufen

Die Schwierigkeiten des Gebietes treten insbesondere bei der Verarbeitung von Bildern allgemeiner Realweltszenen auf. Sieht man von Aufgaben ab, die eine unmittelbare Kopplung motorischer Aktionen an visuelle Eingangsdaten erfordern, so scheint dies an dem Fehlen geeigneter Repräsentationen sowie entsprechender Verarbeitungsprozesse zu liegen, die zwischen den gegenwärtig mit niedrig bzw. hoch bezeichneten Stufen liegen: Auf der einen Seite werden die Modellierungstechniken und Repräsentationsformalismen der Künstlichen Intelligenz kontinuierlich weiterentwickelt, und - unabhängig von der Auswertung realer Daten - erfolgreich zur Ereignismodellierung und -erkennung eingesetzt. Auf der anderen Seite kann man einen raschen Fortschritt bei dem Entwurf signalnaher Verarbeitungsansätze durch zum Beispiel das Einfließen neurobiologisch motivierter Konzepte und die Verwendung adäquater mathematischer Signaldarstellungen beobachten. Die Aufgabe der Integration dieser Verarbeitungsprozesse erweist sich jedoch nach wie vor bei einigermaßen komplexen Szenen als sehr umfangreich und (zu) schwierig. Begründungen, die je nach Standpunkt darauf verweisen, daß die frühen Stufen der Bildauswertung noch zu wenig „verstanden“ seien, oder daß die auf höheren Stufen verwendeten Repräsentationen sich wenig für die Auswertung komplexer realer Daten eigneten, weisen auf das Fehlen von Verarbeitungsstufen hin, deren Prozesse in beiden Richtungen zwischen diesen Verarbeitungsstufen „vermitteln“. Analog zu dieser Einschätzung kann man den (Un)Kenntnisstand bei natürlichen visuellen Systemen im Bezug auf diejenigen Verarbeitungsstationen anführen, die auf dem Sehpfad nach der primären Sehrinde angesiedelt sind. Das Überspringen dieser Lücke, wie zum Beispiel bei Ansätzen zur Bildinterpretation, die mit Methoden der KI direkt auf extrahierten Linienstücken aufsetzen, führt zu einer hohen Komplexität der Verarbeitungsalgorithmen und scheint im Hinblick auf weniger eingeschränkte Domänen nur bedingt erfolgversprechend zu sein.

2.2 Repräsentation von Wissen auf frühen Verarbeitungsstufen

Die beiden folgenden Absätze greifen einen Teilaspekt der im letzten Abschnitt angesprochenen Problematik auf. Viele andere mögliche Diskussionspunkte müssen hier unerwähnt bleiben.

2.2.1 Top-down Entwurf visueller Merkmale

Versteht man „Bildverstehen“ als wissensbasierten Prozeß, so gilt es, sich beim Systementwurf zu vergegenwärtigen, auf welcher Stufe welches Wissen explizit oder implizit einfließt. Bei vielen, in sog. low-level-Routinen auftretenden Verarbeitungsvorschriften scheint unklar zu sein, ob das dadurch implizit repräsentierte Wissen im jeweiligen Anwendungskontext zutrifft, und ob somit erforderliches Wissen über die Domäne auf dieser Verarbeitungsstufe auch adäquat repräsentiert wird. Modelle von Grauwertkanten zum Beispiel, die den Standardverfahren der Bildauswertung zugrundeliegen, sind wohl auch aufgrund der visuellen Inspektion von Bilddaten sowie von Assoziationen entstanden, die mit dem umgangssprachlichen Begriff „Kante“ mitschwingen. Aus dieser Sichtweise repräsentieren diese Modelle somit ein konstruiertes visuelles Merkmal, dessen Signifikanz zu hinterfragen sich in vielen Fällen lohnen mag.

2.2.2 Bottom-up Bestimmung visueller Merkmale

Eine in diesem Zusammenhang zunehmend häufiger verfolgte alternative Vorgehensweise besteht darin, Repräsentationen mit zusätzlichen Freiheitsgraden zu benutzen, die über die Verarbeitung der visuellen Eingangsdaten bestimmt werden und so zu einem beispielbasierten Lernen visueller Merkmale führen können. Einerseits können auf diese Weise effiziente Repräsentationen in Form problemangepaßter Datenstrukturen gefunden werden, andererseits wirft der zugrundeliegende methodische Ansatz - im Vorgriff gedacht angewendet über einen größeren Teil der Verarbeitungshierarchie hinweg - die Frage nach der Möglichkeit einer Ankopplung an sich auf sprachliche Begriffe stützende Repräsentationen auf. Mit Blick auf etwa sicherheitsrelevante Aspekte oder die Akzeptanz der Systeme durch den Benutzer scheint diese Ankopplung notwendig zu sein, um die Außenwelt verständlich und nachvollziehbar darüber informieren zu können was die Maschine gerade tut.

2.3 Definition von Teilsystemen

In Abschnitt 2.1 wurde auf die Schwierigkeit hingewiesen, die Lücke zwischen früher visueller Verarbeitung und höheren kognitiven Leistungen zu überbrücken. Ein in diesem Zusammenhang verfolgter Ansatz der Neuroinformatik besteht in der Definition und Verwendung von Teilsystemen, die von biologischen Vorbildern her bekannt sind und begrenzte Probleme der Bildverarbeitung lösen. Beispiele hierzu sind das Stereosehen, das Verfolgen bewegter Objekte, die Kompensation der Eigenbewegung, oder die Bewegung der Augen zur Szenenanalyse.

Faßt man Bildverstehen entsprechend primär als aufgabenbezogenes Generieren von Verhalten auf, so liegt ein Entwurfsziel in der Fähigkeit des Systems, die einzelnen Teilsysteme so miteinander zu kombinieren, daß den vorliegenden visuellen Daten das jeweils notwendige Minimum an Information entnommen wird.

2.4 Transparenz des Systemverhaltens

Bis auf weiteres wird sich der Begriff „Bildverstehen“ im Bezug auf ein konstruiertes System, welches sich primär auf die maschinelle Auswertung visueller Daten stützt, in den meisten Anwendungsfällen nicht darin erschöpfen können zu beobachten, daß das System sich momentan angemessen verhält. Die Transparenz des Systemverhaltens ist deshalb - wie in Absatz 2.2.2 schon angesprochen - eine wichtige Forderung, die entsprechende Forderungen an den Entwurf einzelner Verarbeitungsstufen nach sich zieht. Diesen Forderungen muß auf der Ebene der Beschreibung der jeweiligen Stufe nachgekommen werden, und berührt somit auch die Frage, wo und wie fein diese Ebenen innerhalb der Verarbeitungshierarchie zu ziehen sind.

Oft ist es sehr schwierig, direkt Verarbeitungsvorschriften für eine bestimmte Ebene, die z.B. adaptiv ausgelegt werden soll, anzugeben. In dieser Situation ist es plausibel, nach einem übergeordneten Optimalitätsprinzip Ausschau zu halten, um die gesuchte Verarbeitungsvorschrift über die Minimierung einer Kostenfunktion generieren zu können, welche eine Bewertung des „Verhaltens“ der Stufe kodiert.

Allgemeiner weist dieses Beispiel auf die Schwierigkeit hin, Verarbeitungsstufen als Lösung von Teilproblemen so zu entwerfen, daß eine Verkettung dieser Stufen die Optimierung des Systemverhaltens erlaubt.

2.5 „Allgemeine“ Verarbeitungsstrukturen

Obgleich Versuche, ein „general purpose vision system“ konstruieren zu wollen, gegenwärtig wenig realistisch erscheinen, so ist es doch sinnvoll, nach möglichst allgemeinen, weitgehend domänenunabhängigen Verarbeitungsstrukturen zu fragen. Hier sind zu nennen die Modellierungstechniken der KI, aber auch - am ganz anderen Ende - Arbeiten, die ausgehend von sog. „ersten Prinzipien“, etwa aus dem informationstheoretischen Grundlagenbereich abstrakter technischer Nachrichtensysteme, mathematische Modelle entwickeln, die das Herausbilden von Verarbeitungsstrukturen auf den ersten Stufen natürlicher visueller Systeme „erklären“ können. Beispiele dafür sind etwa die rezeptiven Felder retinaler Ganglienzellen, oder richtungsspezifische Strukturen in der primären Sehrinde. Zum Teil lassen diese Arbeiten klassische Optimalitätsprinzipien der Statistik und Signalverarbeitung in neuem Licht erscheinen. Eine andere, hier mit Einschränkungen einzuordnende aktuelle Entwicklung betrifft Objektrepräsentationen, deren Komponenten bei zugrundegelegtem geometrischen Modell des visuellen Sensors invariant gegenüber einer Klasse von Relativbewegungen sind. Untersuchungen, inwieweit sich solche Repräsentationen für eine visuelle Objekterkennung eignen, werden seit einigen Jahren wieder intensiver durchgeführt. Im Rahmen dieses Themenbereiches wäre es auch zu wünschen, daß bildgebende Sensoren in zukünftigen Entwurfsprozessen als eigenständige Verarbeitungsstufe gestaltet werden können.

3 Programm und Ziel des Workshops

Wie dem untenstehenden Programm zu entnehmen ist, sind dem Aufruf zu diesem Workshop Gruppen gefolgt, deren Beiträge einen großen Teil der aktuellen Forschungsthemen repräsentieren. Ziel des Workshops ist es, die verschiedenen Architekturkonzepte gegenüberzustellen, und vor diesem Hintergrund die Merkmale der in diese Konzepte eingebetteten Bildauswertungsverfahren zu diskutieren.

Der Dialog der beteiligten Gruppen kann als notwendiger Teil einer Entwicklung angesehen werden, in deren Verlauf das Fachgebiet „Bildverstehen" zu einer theoriefähigen Disziplin reift, deren Erkenntnisse sich zukünftig in ingenieursmäßig betriebenen Entwürfen von Bildauswertungssystemen wiederfinden lassen.

Workshop-Programm

Montag, 13. 9. 1993:

14.00 Uhr	*Das SENROB-System* **G. Hartmann, S. Drüe, B. Mertsching**, Universität-GH Paderborn
14.30 Uhr	*Modulare Konstruktion Neuronaler Architekturen zur Visuellen Objekterkennung* **A. Meyering, H. Ritter**, Universität Bielefeld
15.00 Uhr	Diskussion
15.30 Uhr	Kaffeepause
16.00 Uhr	*MAX, ein maschinelles Gestalt-Erkennungssystem* **Erich Rome**, Gesellschaft für Mathematik und Datenverarbeitung (GMD), St. Augustin
16.30 Uhr	*Neuronale Architekturkonzepte zur visuellen Kontrast-, Helligkeits- und Formwahrnehmung* **B. Martelli, M. Meyer, H. Neumann, H.S. Stiehl, L. Wieske**, Universität Hamburg
17.00 Uhr	*Neuronale Architektur für autonome Systeme: Neuronale Felder* **J. Kopecz**, Zentrum für Neuroinformatik GmbH, Bochum
17.30 Uhr	Diskussion

<u>Dienstag, 14. 9. 1993:</u>

9.30 Uhr	*Das Bildanalysesystem HORUS: gegenwärtiger Stand und Weiterentwicklungen* **W. Eckstein, G. Lohmann, U. Meyer-Gruhl, R. Riemer, L. Altamirano Robles, J. Wunderwald**, Technische Universität München
10.00 Uhr	*Eine konfigurationsbasierte Architektur zur wissensbasierten Bildauswertung* **A. v. Wangenheim**, Universität Kaiserslautern
10.30 Uhr	Kaffeepause
11.00 Uhr	*Bild-Segmentierung vs. semantische Bild-Dekomposition* **B. Seestädt, G. Sagerer, F. Kummert**, Universität Bielefeld
11.30 Uhr	*Ein neuer Ansatz zur Analyse von Strassenverkehrsszenen* **D. Wetzel**, Bayerisches Forschungszentrum für Wissensbasierte Systeme (FORWISS), Erlangen
12.00 Uhr	Diskussion
12.30 Uhr	Mittagspause
14.00 Uhr	*Erwartungsbasierte Bildfolgenauswertung mit 4D Objekt-Orientierung* **E.D. Dickmanns, V. v. Holt**, Universität der Bundeswehr München
14.30 Uhr	*PRIBP: Ein System für attentives Computer-Sehen* **G. Sommer, K. Daniilidis, J. Pauli**, Universität Kiel
15.00 Uhr	Diskussion

Danksagung

C. Schnörr dankt dem Initiator dieses Workshops, Herrn Prof. B. Neumann, für anregende Diskussionen zum Thema.

Literatur

[1] R.C. Jain, T.O. Binford, "Ignorance, Myopia, and Naivete in Computer Vision Systems", *CVGIP: Image Understanding* 53:1 (1991) 112-117

[2] M.A. Snyder, "A Commentary on the Paper by Jain and Binford", *CVGIP: Image Understanding* 53:1 (1991) 118-119

[3] Y. Aloimonos, A. Rosenfeld, "A Response to 'Ignorance, Myopia, and Naivete in Computer Vision Systems' by R. C. Jain and T. O. Binford" *CVGIP: Image Understanding* 53:1 (1991) 120-124

Fachbeiträge des Anwenderkongresses

Ein wissensbasiertes Fahrzeug-Diagnosesystem für den Einsatz in der Kfz-Werkstatt

Norbert Waleschkowski
Matthias Schahn
Wolfgang Henrich

Danet GmbH
GS Künstliche Intelligenz
Pallaswiesenstraße 201
64293 Darmstadt

Thomas Forchert
Konstantin Müller
Jürgen Steinhart

Daimler Benz AG
Forschung F1M/EK
70546 Stuttgart

1 Einleitung

In einer Zeit zunehmenden Konkurrenzdrucks in unserer Wirtschaft und bedingt durch die ständig steigende Komplexität von Systemen und Mechanismen der Technik, des Verkehrs und der Kommunikation erhalten Information und Wissen mehr und mehr die Funktion eines echten Produktionsfaktors. Damit wächst die Notwendigkeit, Information und Wissen stärker zu industrialisieren und zur Stärkung der Wettbewerbsfähigkeit von Unternehmen einzusetzen. Dies gilt in hohem Maße auch für den Betrieb und die Wartung komplexer technischer Systeme und Anlagen.

Moderne technische Systeme wie Kraftfahrzeuge sind durch hohe Komplexität der einzelnen Komponenten und ihres Zusammenspiels, durch zunehmende Verwendung elektronischer Bauteile und eine hochindividuelle Ausstattung und Variantenvielfalt gekennzeichnet. Ihre Wartung ist nur durch intensiv geschultes Personal möglich, da zum einen gründliches Wissen aus verschiedenen technischen Disziplinen, zum anderen spezielle Kenntnisse über das zu diagnostizierende System erforderlich sind. Die hochindividuelle Ausgestaltung und Ausstattung moderner Fahrzeuge erfordert vom Wartungspersonal darüber hinaus umfassende, stetig wachsende und variantenabhängige Spezialkenntnisse, die auch durch permanente Schulungen kaum zu vermitteln sind. Daher wird sich zukünftig in vielen Fällen eine rechnerbasierte Unterstützung bei der Diagnose anbieten. Benötigt werden Diagnosesysteme, die das Wartungspersonal durch den Diagnose- und Reparaturprozeß führen.

An moderne Kraftfahrzeuge werden hohe Verfügbarkeitsanforderungen bei minimalen Instandhaltungskosten gestellt. Bei Betrachtung der "Life-Cycle-Costs" eines technischen Systems gewinnen die Instandhaltungskosten einschließlich der Kosten für Ausfallzeiten zunehmende Bedeutung. Im Gegensatz zur Produktionstechnik ist die Instandhaltungstechnik heute vergleichsweise niedrig automatisiert. Die daraus resultierenden hohen Personalkosten für Diagnose und Reparaturprozesse spielen daher eine gewichtige Rolle.

Auf seiten der technischen Systeme ermöglicht die zunehmende Durchdringung mit mikroprozessorgesteuerter Elektronik bis zu einem gewissen Grade eine Eigendiagnose. Die Eigendiagnose ist zur Einhaltung von Sicherheitsvorschriften vielfach zwingend erforderlich und umfaßt heute bis zu 50% der Steuerungssoftware. Die im Rahmen der Eigendiagnose vom System selbst ermittelten Störungsinformationen werden dem Instandhaltungspersonal angezeigt und unterstützen bei der Lokalisierung des die Störung verursachenden Bauteils. Auf den ersten Schritt der Störungserkennung, die zum Teil vom technischen System vollzogen wird, folgt die Störungslokalisierung durch den Menschen.

Diese Störungslokalisierung und der sich daran anschließende Reparaturprozeß können aus grundlegenden technischen Gründen mit vertretbarem Aufwand nicht vom technischen System selbst durchgeführt werden. Angesichts dieser Situation stellt sich die Frage nach einem geeigneten Lösungsansatz zur Teilautomatisierung des Diagnoseprozesses technischer Systeme. Einen Schritt zur Automatisierung der Diagnoseprozesse stellen rechnergestützte Diagnosesysteme als Assistenten des technischen Personals dar.

Eine ökonomische und ingenieurmäßige Entwicklung der Diagnosesysteme muß durch geeignete Werkzeuge unterstützt werden, die es gestatten, ein Diagnosesystem bereits während der Entwicklung eines technischen Systems zu erstellen, um eine spätere mühsame Rekonstruktion des Wissens zu vermeiden. Hierzu wird einerseits Wissen über den konstruktiven Aufbau und die Funktionsweise des technischen Systems benötigt, anderseits auch Wartungswissen über mögliche Fehler und deren Auswirkungen, über geeignete Prüfverfahren und -strategien sowie Wissen über spezielle Fälle und Besonderheiten.

Die *Daimler-Benz AG* hat sich zum Ziel gesetzt, wissensbasierte Diagnosesysteme zur Unterstützung bei der Diagnose komplexer, modular aufgebauter technischer Systeme darzustellen. Die *Danet GmbH*, *Geschäftsstelle Künstliche Intelligenz*, wurde beauftragt, in enger Zusammenarbeit mit dem Forschungsinstitut *Mercedes-Benz* der *Daimler-Benz AG* ein wissensbasiertes Diagnosesystem (*WDS*) für die Fahrzeug-Diagnose zu entwickeln.

2 Anforderungen an das Diagnosesystem

Die Hauptanforderungen an das *WDS* sind

* Repräsentation von Wissen über die physikalische Struktur, über Funktionszusammenhänge, über Fehler und deren Ursachen sowie über Fälle,
* modular aufgebaute und entsprechend der Typen und Ausstattungsvarianten konfigurierbare Wissensbasen,
* Beherrschung der Variantenvielfalt,
* Beherrschung des Literaturproblems durch Integration mit Literatursystemen,
* eine den Entwicklungsprozeß der physikalischen Systeme begleitende Erstellung der Wissensbasen,
* mehrfach, auch für andere Applikationen verwendbare Wissensbasen,
* ein auf den Entwicklungs-/Konstruktionsprozeß und an der Fachterminologie zugeschnittener Wissenserwerb,
* intensive Kommunikation mit der Fahrzeugelektronik zur hochgradigen Teilautomatisierung des kompletten Diagnoseprozesses,
* die volle Integration in den Auftragsabwicklungsprozeß,
* Anschluß an Datenbanken und das Zusammenspiel mit anderen Applikationen.

3 Die Architektur des wissensbasierten Diagnosesystems (WDS)

Das *WDS* gliedert sich in drei Teilsysteme, nämlich

* das Entwicklungssystem *WDS-Developer*,
* das Laufzeitsystem *WDS-Run* und
* das Auswertungssystem *WDS-Eval*.

Die Abbildung 1 veranschaulicht den Entwicklungs- und Einsatzzyklus des *WDS*.

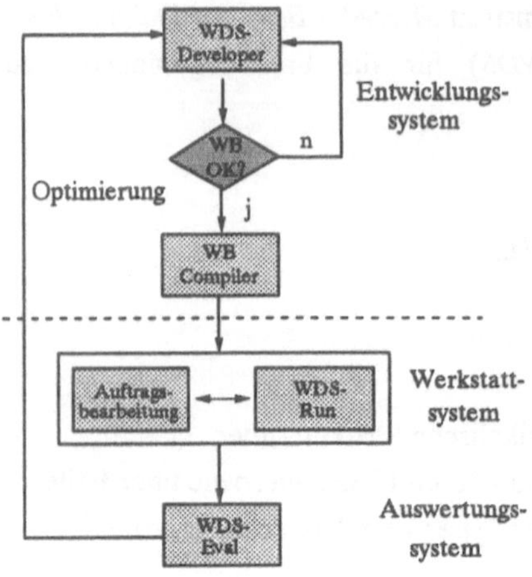

Abb. 1 Entwicklungs- und Einsatzzyklus

WDS-Developer dient zum Entwickeln der Wissensbasen in den Entwicklungsabteilungen und im Kundendienst. *WDS-Run* ist das Laufzeitsystem für den Einsatz in der Werkstatt oder vor Ort, das die mit *WDS-Developer* entwickelten und anschließend kompilierten Wissensbasen interpretiert. *WDS-Eval* wertet die Protokolle der Diagnosesitzungen nach verschiedenen Kriterien aus und kann die Wissensbasen automatisch optimieren.

4 Wissensrepräsentation

Das *WDS* ist ein hybrides System in dem Sinne, daß hier funktionale Diagnostik und fehler- und fallbasierte Diagnostik integriert sind. Als generisches System genügt es nicht nur den Anforderungen zur Diagnose von Fahrzeugen, sondern kann allgemein zur Diagnose komplexer, modular aufgebauter Systeme eingesetzt werden.

Zur Repräsentation der verschiedenen Wissensarten stellt das *WDS* hohe, an der Fachterminologie und Denkweise der Ingenieure orientierte Wissensrepräsentations-Konstrukte bereit. Dabei werden entsprechende Konstrukte zur Modellierung

* der Struktur der Systeme und ihrer Teilsysteme (Strukturmodelle),
* der Funktionsweise von Teilsystemen (Wirkungsmodelle),
* des Wissens über die Beziehungen zwischen Fehlern und Symptomen bzw. zwischen Fehlern und ihren Ursachen (Fehlermodelle) und
* situations- und fallbezogener Information (Fallbasen)

angeboten.

Dieses Wissen wird pro technischem Teilsystem in einem Wissensbasis-Modul abgespeichert. Die verschiedenen Modelle stellen verschiedene Sichten auf ein- und dieselbe Wissensbasis dar und reflektieren die verschiedenen Perspektiven von Entwicklungsingenieuren und Wartungsspezialisten.

Struktur- und Wirkungsmodelle dienen zur Spezifikation des Wissens über Aufbau und Funktionsweise eines technischen Systems. Diese Modelle werden entwicklungsbegleitend pro technischem Teilsystem erstellt. Damit wird gleichzeitig die modulare Struktur der Wissensbasen festgelegt, die sich an der physikalischen Struktur eines Fahrzeugs orientiert.

Fehlermodelle und Fallbasen dienen zur Spezifikation des Diagnosewissens und werden von Diagnoseexperten entwickelt. Damit gibt es zu einem technischen Teilsystem genau ein Struktur-, ein Wirkungs- und ein Fehlermodell sowie eine Fallbasis, die sich alle auf das im Strukturmodell definierte technische Teilsystem beziehen.

4.1 Strukturmodelle

In Strukturmodellen wird die Struktur eines technischen Systems bzw. Teilsystems abgebildet. So wird jedes Teilsystem in Form eines Strukturbaumes bis zur gewünschten Detaillierungstiefe, in der Regel bis zu den kleinsten tauschbaren/reparierbaren Einheiten dargestellt. Die Knoten des Baumes, sogenannte Units, sind über Kanten miteinander verbunden, welche die *'hat-Teil'*-Beziehung repräsentieren. Die Abbildung 2 zeigt diese primäre Beschreibungsebene des Strukturmodells.

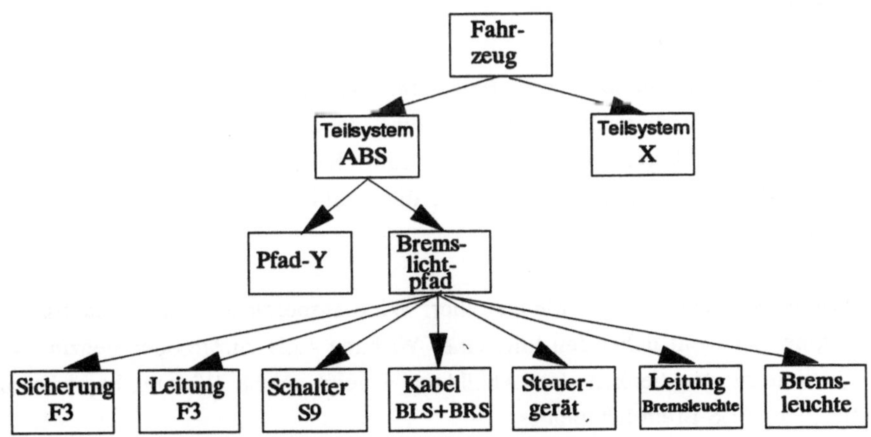

Abb. 2 Strukturmodell (primäre Beschreibungsebene)

Auf einer sekundären Beschreibungsebene (vgl. Abb. 3) wird den Units der Strukturmodelle Wissen über mögliche Fehler, Prüfverfahren und Reparaturen zugeordnet. So kann z.B. einem Unit-Objekt *'Batterie'* Wissen in Form von Objekten über mögliche Fehler wie *'Batterie leer'*, *'Batterie defekt'* mit den korrespondierenden Reparaturen *'Batterie aufladen'*, *'Batterie auswechseln'* zugeordnet werden.

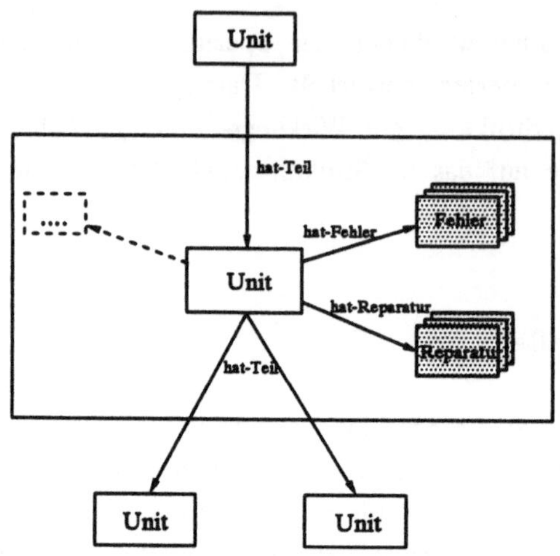

Abb. 3 Sekundäre Beschreibungsebene des Strukturmodells

4.2 Wirkungsmodelle

Wirkungsmodelle beschreiben den Fluß von Wirkungen in einem technischen Teilsystem. Wirkungsbereiche repräsentieren dabei voneinander unabhängige Wirkungszusammenhänge. So lassen sich zum Beispiel in einem elektrischen Schaltkreis elektrische Pfade identifizieren, die unabhängig voneinander betrachtet werden können.

Ein Wirkungsmodell ist die Menge aller Wirkungsbereiche eines Systems. Ein Wirkungsbereich stellt dabei den Fluß einer Wirkung - z.B. Strom oder Benzin - von den Quellen zu den Senken dar. Abbildung 4 zeigt solche Wirkungsbereiche am Beispiel eines ABS-Bremslichtpfades.

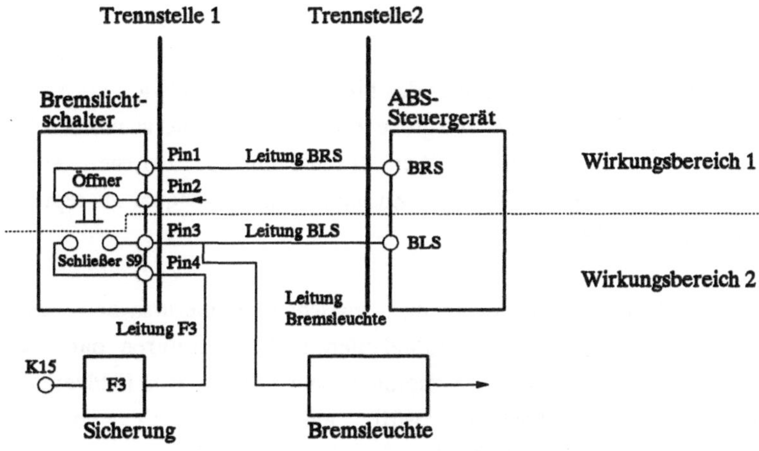

Abb. 4 Der Bremslichtpfad und seine Wirkungsbereiche

Jeder Wirkungsbereich besteht aus einer Struktur, deren Elemente die kleinsten tauschbaren/reparierbaren Einheiten der Strukturmodelle und ggf. auch deren Komponenten sowie sogenannte Trennstellen sind. Eine Trennstelle ist eine Stelle innerhalb eines Wirkungsbereiches, die zur Durchführung von Messungen besonders geeignet und zugänglich ist. In elektrischen Systemen stellen zum Beispiel Kabelsteckverbindungen solche Trennstellen dar. Die Trennstellen bieten dem Wartungspersonal besondere Testmöglichkeiten, durch geeignete Messungen fehlerhafte Teilwirkungsbereiche im System zu identifizieren und eine Störung durch sukzessive Zerlegung des Systems systematisch einzugrenzen. Das Wirkungsmodell ist daher auch besonders geeignet, Information über Test- und Meßabläufe aufzunehmen. Diese Zuordnung von Fehler- und Prüfwissen wird auf einer sekundären Beschreibungsebene des Wirkungsmodells vorgenommen.

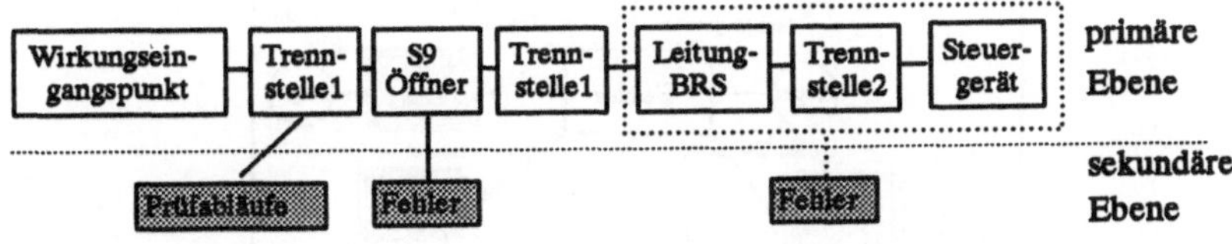

Abb. 5 Beispiel für einen Wirkungsbereich (primäre und sekundäre Beschreibungsebene)

4.3 Fehlermodelle

Für effiziente Diagnoseabläufe ist über das bisher abgelegte Wissen noch spezifisches Diagnosewissen wie Wissen über geeignete Prüfabläufe, Fehlerwahrscheinlichkeiten, Kosteninformationen sowie Wissen über Zusammenhänge zwischen Fehlern und Symptomen etc. erforderlich. Um diese Zusammenhänge adäquat zu repräsentieren, bieten sich Fehlermodelle an.

Fehlermodelle stellen Zusammenhänge zwischen Fehlerursachen und deren Auswirkungen sowie praktikablen Prüfabläufen und Reparaturen dar. Kern eines Fehlermodells ist ein Netzwerk aus Symptomen und Fehlern. Das Fehlverhalten eines zu untersuchenden Teilsystems wird auf der Basis von Ursache-Auswirkungszusammenhängen, d.h. der Beziehungen zwischen Fehlern und ihren möglichen Ursachen beschrieben. Fehlerobjekte in dieser Struktur sind mit hierarchisch übergeordneten Fehlerobjekten mittels der Relation *'führt-zu'*, mit hierarchisch untergeordneten Fehlerobjekten mittels der Umkehrrelation *'verursacht-durch'* verknüpft. Solche Netzwerke lassen sich übersichtlich und leicht handhabbar als kausale Hierarchien darstellen. Diese Repräsentationsform ermöglicht eine natürliche, redundanzfreie und kompakte Darstellung und leichte Modifizierbarkeit spezifischen Diagnosewissens. Auf einer sekundären Beschreibungsebene wird den Symptom- und Fehlerobjekten Diagnosewissen über geeignete Tests, Prüfabläufe, Reparaturen usw. zugeordnet. Hierzu werden entsprechende Objektklassen zur Verfügung gestellt. Abbildung 6 zeigt die lokale Umgebung (sekundäre Beschreibungsebene) eines Fehlers aus der Fehlerhierarchie.

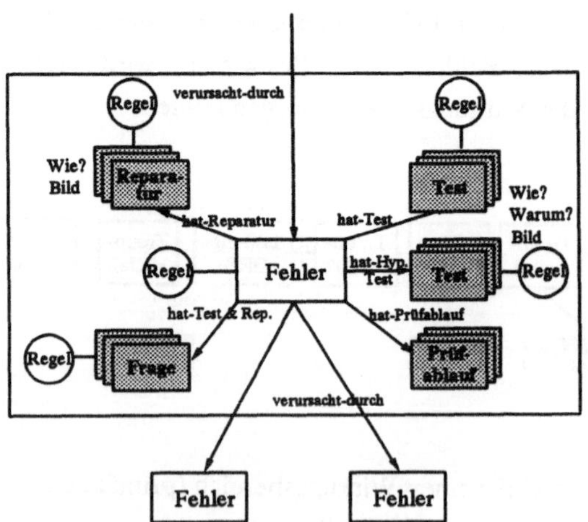

Abb. 6 Lokale Umgebung eines Fehlers im Fehlermodell

4.4 Fallwissen

Ein Fall ist eine Beschreibung einer Situation oder eines Problems sowie der zu treffenden Maßnahmen oder Empfehlungen zur Behebung dieses Problems. Eine Fallbasis ist eine geeignet strukturierte Sammlung von Fehlerfällen in Form von konkreten Beschreibungen einschließlich der Fehlerumstände, Symptome, Behebungsmaßnahmen etc.. Fallbasiertes Schlußfolgern (*Case Based Reasoning*) ist der Prozeß, in einer neuen Situation geeignete Maßnahmen oder Empfehlungen durch Vergleich mit abgespeicherten ähnlichen Fällen vorzuschlagen.

Durch die Verwendung von Fallwissen kann eine sehr flexible Form der Benutzerkommunikation erreicht werden, da sich das System wie ein Mensch verhält, der sich an ähnliche Fehlerumstände erinnert und diesen Sachverhalt bevorzugt zuerst untersucht. Im *WDS* können Fälle an beliebiger Stelle im Diagnoseablauf berücksichtigt werden. Das *WDS* informiert den Benutzer über in Frage kommende Fälle. Der Benutzer entscheidet, ob er einen Fall inspizieren möchte oder nicht.

Das Fallwissen kann von den Diagnoseexperten direkt in das Fehlermodell integriert werden.

4.5 Überprüfung auf vollständige Modellierung

An Hand der Struktur- und Wirkungsmodelle kann das Diagnosewissen auf weitgehende Vollständigkeit überprüft werden. So ist beispielsweise durch das Wirkungsmodell definiert, welche Systemkomponenten zu untersuchen sind. Da jede dieser Komponenten gestört sein kann, muß auch zu jeder Komponente mindestens ein Fehlerobjekt definiert sein. Dieser Fehler wiederum muß durch mindestens ein Prüfverfahren lokalisiert und schließlich auch behoben werden können. Daher müssen zu dem Fehler zumindest ein Test- und ein Reparaturobjekt definiert sein.

4.6 Die Modelle als logische Sichten auf eine Wissensbasis

Zu jedem technischem Teilsystem gibt es somit einen Wissensbasis-Modul, der (a) Struktur-, (b) Funktions-, (c) Fehler- und (d) Fallwissen enthält. Die Objekte nehmen in dieser Wissensbasis gleichzeitig mehrere Rollen ein. So finden sich etwa die Fehlerobjekte der sekundären Beschreibungsebene der Struktur- und Wirkungsmodelle als Objekte der ersten Beschreibungsebene im Fehlermodell. Die einzelnen Modelle (a), (b) sowie (c+d) repräsentieren jeweils eine *"logische Sicht"* auf ein und dieselbe physikalische Wissensbasis und reflektieren die jeweilige Betrachtungsweise des Entwicklers, Konstrukteurs oder Kundendiensttechnikers. Die Wissensbasen sind damit prinzipiell für unterschiedliche Zwecke (Diagnostik, Simulation, FMEA, Erstellung der Diagnose-Handbücher) verfügbar.

Eine Wissensbasis kann somit als ein vieldimensionales Gebilde aufgefaßt werden, wobei jede Relation, zum Beispiel die *'hat-Teil'*-Relation, eine Dimension darstellt. Die primäre Beschreibungsebene des Strukturmodells erscheint somit wie ein Schnitt durch die Wissensbasis längs der *'hat-Teil'*-Achse und liefert so die gewünschte Sicht auf die Wissensbasis. Entsprechendes gilt für die *'verursacht-durch'*-Relation, welche die Sicht auf das Fehlermodell gestattet. Dabei können mehrere "verträgliche" Relationen gleichzeitig berücksichtigt werden.

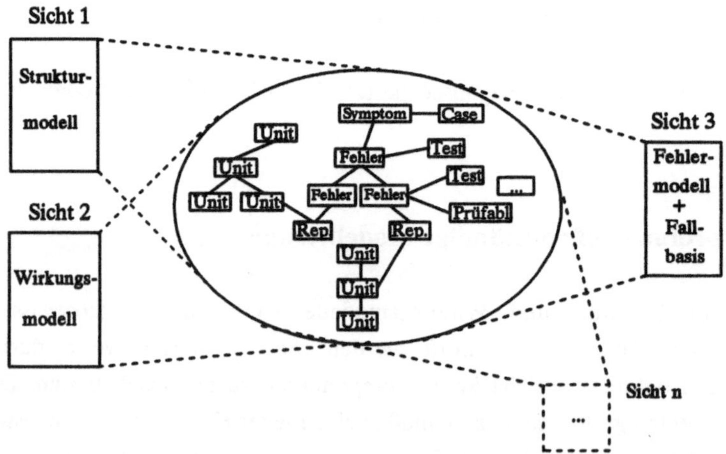

Abb. 7 Die logischen Sichten auf eine Wissensbasis

5 Ableitung eines Fehlermodells aus Struktur- und Wirkungsmodellen

Ausgehend von dem in Struktur- und Wirkungsmodellen abgelegten Wissen über Aufbau und Funktionsweise kann die Grundstruktur des Diagnosewissens in Form eines Fehlermodells automatisch abgeleitet werden. Hierzu wurde ein entsprechender Algorithmus entwickelt, der vor allem auf dem Konzept und der Verfolgung der Wirkungsbereiche mit dem Ziel beruht, die verdächtigen Teilwirkungsbereiche sukzessive einzuschränken. Dadurch ergeben sich stets gleichartig aufgebaute und damit leicht überschaubare Fehlermodelle.

Dieses Wissen bildet die Grundlage für Diagnoseabläufe, reicht aber oft nicht aus, um hocheffiziente und werkstattgerechte Diagnoseabläufe zu erzielen. Das automatisch abgeleitete Fehlermodell ist noch um nicht ableitbares spezifisches Wartungs- und Fallwissen aus den Kundendienstabteilungen zu ergänzen. Der Arbeitsaufwand zur Erstellung der Diagnosewissensbasen ist somit auf ein Mindestmaß reduziert. Mit einem neuen bzw. modifiziertem Teilsystem/Fahrzeug können damit **zeitgleich** Wissensbasen ausgeliefert werden. Damit ergibt sich ein methodisch klarer, objektiv nachvollziehbarer Weg zu wohlstrukturierten Wissensbasen, ohne daß schwierige Entwurfsentscheidungen getroffen werden müssen.

Die Abbildung 8 veranschaulicht diesen Sachverhalt.

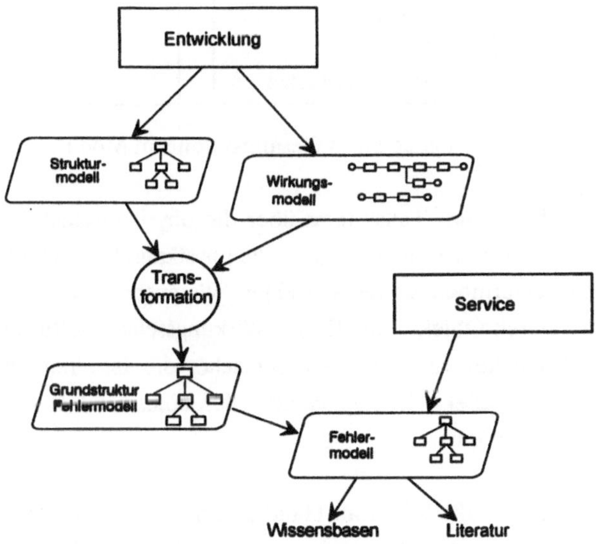

Abb. 8 Erstellungsprozeß der Wissensbasen

6 Modularisierung und variantenabhängige Konfiguration

Die Modularisierung der Wissensbasen pro technischem Teilsystem gestattet einerseits die parallele Entwicklung von Wissensbasen und andererseits die Wiederverwendbarkeit und Konfigurierbarkeit für neue Fahrzeuge.

Das Gesamtnetz sämtlicher relevanten Wirkungsbereiche wird bereits in den Entwicklungsabteilungen vollständig und redundanzfrei in Moduln zerlegt (vgl. Abb. 9). Dabei werden teilsystemübergreifende Wirkungsbereiche in Teilwirkungsbereiche zerlegt, die sich in verschiedenen Moduln befinden. Die offenen Endpunkte der Wirkungsbereiche eines Moduls stellen die abstrakte Schnittstelle des Moduls dar und entsprechen den im physikalischen System vorhandenen Schnittstellen.

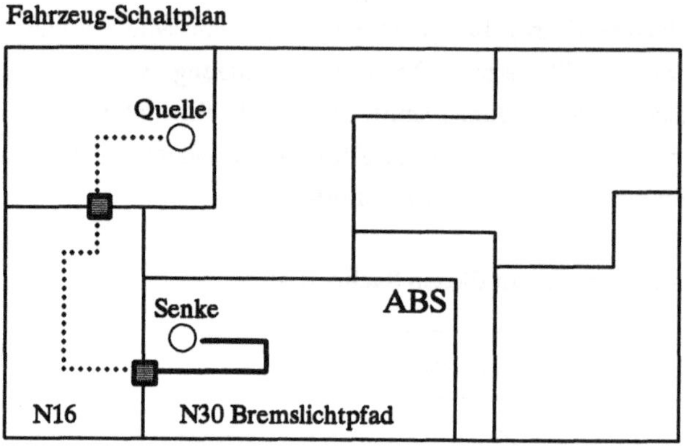

Fahrzeug-Schaltplan

Quelle
Senke
ABS
N16
N30 Bremslichtpfad

Abb. 9 Zerlegung eines Gesamtsystems in Moduln

Da sich Fehler innerhalb eines Teilsystems über die physikalischen Schnittstellen auf andere Teilsysteme auswirken können, müssen die physikalischen Schnittstellen auch in den Wirkungs- und Fehlermodellen der einzelnen Wissensbasis-Moduln berücksichtigt werden. Sie werden durch Objekte der Klasse Wirkungsschnittstelle repräsentiert und stehen quasi als Platzhalter für eine Fehlerursache, die in einem anderen Modul modelliert ist. Die Menge aller Wirkungsschnittstellen eines Moduls stellt die abstrakte Schnittstelle dieses Moduls dar.

In der Werkstatt bestimmt *WDS-Run* an Hand automatisch vom Fahrzeug bezogener Identifikationsdaten die relevanten Wissensbasis-Moduln. Stößt die Inferenzkomponente im Rahmen der Diagnose eines Teilsystems auf eine Wirkungsschnittstelle, so lädt sie den Modul, in dem eine korrespondierende Wirkungsschittstelle spezifiziert ist und setzt dort die Fehlersuche fort. Hier wird dann lediglich der Wirkungsbereich betrachtet, der über die Wirkungsschnittstelle einen Einfluß auf den ursprünglichen Modul haben kann. Befinden sich in diesem Bereich weitere Wirkungsschnittstellen, werden entsprechend weitere Moduln inspiziert. Wird im betrachteten Wirkungsbereich keine Fehlerursache gefunden, setzt die Inferenzmaschine die Untersuchung wieder im ursprünglichen Modul fort.

Um die Anzahl der Moduln in überschaubaren Grenzen zu halten, ist auch die Modellierung unterschiedlicher Varianten eines Teilsystems innerhalb eines Moduls möglich. Ein großer Teil der modulinternen Varianten kann durch die Verwendung von Variablen (z.B. für unterschiedliche Texte, systemspezifische Sollwerte und Identifikationsdaten) in den Fehlermodell-Objekten dargestellt werden, wodurch sich häufig verschiedene Varianten durch ein gemeinsames Objekt ausdrücken lassen. Die Werte dieser Variablen werden außerhalb der Wissensbasis in Text- und Sollwert-Datenbanken abgelegt und erst bei der Wissensbasiskonfiguration, zur Laufzeit oder zu Testzwecken durch ihre spezifischen Werte ersetzt.

Zur Behandlung von Varianten im Strukturmodell verfügen die Unit-Objekte über entsprechende Attribute, in denen die Fahrzeug-Identifikationsdaten benannt werden, für die das Unit-Objekt Gültigkeit besitzt. Ist eine Unit im Strukturmodell für eine Fahrzeugvariante ausgeschlossen, so werden die assoziierten Fehler, Tests und Reparaturen bei der Diagnose der Variante nicht betrachtet.

Allgemein lassen sich beliebige Varianten mit Hilfe von bedingten Attributen darstellen, deren Bedingungen sich auf Fahrzeug-Identifikationsdaten beziehen, welche die Variante charakterisieren. Da alle Relationen einer Wissensbasis als Attribute der durch sie verknüpften Objekte vorliegen, lassen sich die Modelle mit Hilfe bedingter Attribute beliebig manipulieren. Zum Beispiel können so alternative Fehlerursachen, alternative Prüfmaßnahmen, alternative Prüffolgen und alternative Fehlerbestätigungen und -widerlegungen dargestellt werden.

7 Inferenzstrategien

Zur modulübergreifenden Inferenz der Wissensbasen stehen verschiedene Strategien zur Verfügung. Diese können beliebig gemischt bzw. automatisch aktiviert werden und interpretieren dabei in erster Linie die Fehler- und Wirkungsmodelle.

Die Inferenzstrategien lassen sich in drei Gruppen einteilen:

* den Benutzer führende Strategien,
* vom Benutzer gesteuerte Strategien und
* die fallbasierte Strategie (Case Based Reasoning).

Benutzerführende Strategien (u.a. mit automatischer Optimierung nach Kosten, Wahrscheinlichkeiten etc.) führen den Benutzer durch den gesamten Diagnoseprozeß.

Die *benutzergesteuerte Strategie* erlaubt es dagegen dem Benutzer, den Ablauf der Diagnose mitzubestimmen, ohne daß dies entsprechend modelliert wird. Die benutzergesteuerte Strategie bietet dem Benutzer "auf Knopfdruck" alle derzeit fokussierten Fehlerhypothesen an. Der Benutzer bestimmt selbst, welche Fehlerhypothese als nächste untersucht wird, wenn er aufgrund seiner Erfahrung und Kompetenz eigene Vermutungen hat.

Die *fallbasierte Strategie* ermittelt die in einer Situation ähnlichsten Fälle und bietet sie dem Benutzer in einem Pop-Up-Fenster zur Auswahl an. Die Fälle sind dabei nach der jeweiligen Wahrscheinlichkeit absteigend angeordnet.

8 Das Laufzeitsystem

Das Laufzeitsystem für die Werkstatt wird in ein Werkstatt-Informationssystem und voll in die Auftragsbearbeitung integriert. Es ist einfach und intuitiv bedienbar, reduziert den Dialog durch automatische Kommunikation mit den elektronischen Steuergeräten der Fahrzeug-Teilsysteme sowie mit Meßausrüstungen etc. auf ein Minimum und bietet eine massive Grafikunterstützung. Für einen werkstattgerechten Einsatz stehen dem Benutzer darüber hinaus zahlreiche spezifische Funktionen zur Verfügung wie Abbruch- und Wiederaufnahmefunktionen einer Sitzung, Erklärungs- und Notizbuchfunktionen, gezielte Diagnose etc..

9 Implementierung

Das *WDS* wird auf der Grundlage der Quellen der Diagnoseshell *TestBench* in *Common Lisp*, *C++*, *C* und *OSF/Motif* entwickelt und ist auf *Sun* und *HP* Workstations unter *Unix* ablauffähig. Weiter ist vorgesehen, daß das komplette *WDS* auf PCs unter *Windows-NT* ablauffähig ist. Diese Version wird mittels des dem *IMKA*-Standard entsprechenden Werkzeugs *ROCK* und *C++* implementiert.

Literatur

[1] Carnegie Group: Technical Paper - The TestBench Diagnostic Shell, Carnegie Group, Inc., Pittsburgh 1993

[2] Carnegie Group, Digital Equipment, Texas Instruments, Ford Motor Company, US West: IMKA - Software Functional Specification Phase 1, Knowledge Representation, Pittsburgh 1990

[3] Davis, J.F.: Diagnostic Reasoning Based on Structure and Behaviour, In: Artificial Intelligence, Vol. 24, 1984

[4] Hörmann, K.; Hübner, Th.: Ein Werkzeug zur modellbasierten Diagnose technischer Anlagen. In KI 4/90

[5] Kahn, G., Kepner, A., Pepper, J.: TestBench: A Model-Driven Application Shell, Carnegie Group, Inc., Pittsburgh 1988

[6] Puppe, F.: Problemlösungsmethoden in Expertensystemen, Studienreihe Informatik, Springer Verlag 1990

[7] Reiter, R.: A Theory of Diagnosis from First Principles. In: Artificial Intelligence, Vol. 32, 1987

[8] Carnegie Group: ROCK - Software Functional Specification Version 2.2, Carnegie Group, Inc., Pittsburgh 1993

[9] Waleschkowski, N.: Prototyp-Entwicklung für die Diagnose von Turbinen-Implementierung in TestBench. In: Herden, Hein, Voß (Hrsg.): Realisierung von Expertensystemen, Oldenbourg Verlag 1992

Prozeßsicherheit durch wissensbasierte Systeme

N. Kunde
ANL A433-SI
Siemens AG
Gründlacher Str. 248
90765 Fürth-Bislohe

Ausgehend von einer Analyse der bestehenden Probleme bei der Automatisierung übergeordneter Steuerungsaufgaben werden Teilaufgaben und Integrationsmöglichkeiten wissensbasierter Systeme in der Automatisierungstechnik betrachtete. Den Schwerpunkt dieses Beitrages bilden zwei Praxisbeispiele für die erfolgreiche Anwendung wissensbasierter Systeme in der operativen Prozeßführung und Qualitätssicherung.

1. Einleitung

Der technologische Fortschritt in der Verfahrens- und Automatisierungstechnik führte zu einer Reihe qualitativ neuer Merkmale moderner Produktionsanlagen, insbesondere große Produktdurchsätze, extreme Prozeßparameter, Heranfahren an die Stabilitätsgrenzen und hohe Parameterempfindlichkeit, direkte Kopplung von Prozeßeinheiten ohne Zwischenspeicher sowie ein hoher stofflicher, energetischer und informationeller Verflechtungsgrad zwischen Produktionsbereichen und Betriebsteilen. Bei der Verwirklichung der allgemeinen Automatisierungsziele - Prozeßsicherheit, Anlagenverfügbarkeit, Prozeßeffektivität, Produktqualität, Produktionsflexibilität und Umweltfreundlichkeit - gewinnen übergeordnete Steuerungsaufgaben ständig an Bedeutung. Dazu zählen unter anderem folgende Aufgaben:

- **Qualitative Prozeßüberwachung:** auf der Grundlage einer automatischen Identifikation und qualitativen Interpretation der Gesamtsituation eines technologischen Prozesses zur Verdichtung der Prozeßinformationen und Entscheidungsunterstützung des Betriebspersonals.

- **Situationsabhängige Prozeßoptimierung:** bei hoher Dimension der Optimierungsaufgabe, komplizierten Nebenbedingungen und harten Echtzeitanforderungen auf der Grundlage von Erfahrungen zur Eingrenzung des Lösungsgebietes und situationsbezogenen Modellen zur Bestimmung des Lösungspunktes.

- **Primäre Qualitätssicherung:** bei Mängel von Teilsystemen auf der Grundlage einer automatischen Erkennung primärer Störungsursachen sowie der Generierung und Realisierung eines neuen Prozeßregimes zu deren Kompensation.

- **Komplexe Prozeßsicherung:** bei Ausfällen von Teilsystemen auf der Grundlage einer automatischen Bestimmung aktueller Systemreserven sowie der Generierung und Realisierung eines alternativen Prozeßregimes zur Überbrückung der Systemausfälle für die Dauer der Reparaturmaßnahmen.

Die praktische Umsetzung dieser Aufgaben erweist sich jedoch aus einer Reihe von Gründen nach wie vor als schwierig. Dazu zählen:

1. Die betrachteten Systeme zeichnen sich durch eine hohe Komplexität und Dimension sowie eine mehr oder weniger ausgeprägte, unvollständige Beobachtbarkeit und Nichtlinearität ihrer Teilsysteme aus. Die klassischen Methoden der Modellierung und Steuerung versagen daher oft aus Aufwandsgründen, Probleme der Parameteridentifikation oder den herrschenden Echtzeitanforderungen. Übergeordnete Steuerungsaufgaben sind in komplexen Systemen unter Echtzeitbedingungen zumeist nur dann lösbar, wenn deren Komplexität und Dimension mit Methoden der Situationserkennung reduziert und Erfahrungswissen zur Eingrenzung des Lösungsgebietes mit situationsbezogenen Modellen zur Bestimmung des Lösungspunktes kombiniert wird.

2. Es besteht gegenwärtig noch immer ein erheblicher Niveauunterschied zwischen der qualitativen Informationsabbildung von Prozeßsignalen auch modernster Prozeßleitsysteme (große Datenmengen auf niedrigem Abstraktionsniveau) und der qualitativen Informationsverarbeitung von Prozeßsituationen bei menschlichen Entscheidungsvorgängen (kleine Datenmengen auf hohem Abstraktionsniveau). Dies führt gerade bei seltenen Ereignissen, kritischen Störungen und hohem Zeitdruck nicht selten zu menschlichem Versagen. Zukünftige Leitsysteme sollten daher das entscheidungsbefugte Personal bei der Beurteilung einer Störsituation und der Bestimmung einer sicheren Therapiesteuerung effektiv unterstützen.

3. Der Produktivitätsrückstand bei der Softwareentwicklung macht sich auch in der Automatisierungstechnik bemerkbar. Andererseits unterliegen gerade übergeordnete Steuerungsaufgaben ausgesprochen anlagenspezifischen Besonderheiten und deren Veränderung über der gesamten Nutzungsdauer, einem wachsenden Erfahrungswissen des Betriebspersonals sowie industriezweigabhängig mehr oder weniger ausgeprägten Forderungen nach höherer Produktionsflexibilität. Eine effektive Entwicklung und Wartung von Steuersoftware zur Lösung übergeordneter Steuerungsprobleme ist daher nur auf der Grundlage portabler Werkzeugkästen bzw. offener Rahmensysteme im Zusammenhang mit problemnahen Entwicklungsumgebungen möglich.

Durch den Einsatz moderner wissensbasierter Systeme ist es heute möglich die obengenannten Steuerungsaufgaben und Realisierungsprobleme zu lösen.

In den nachfolgenden Abschnitten sollen allgemeine Aufgabenstellungen für wissensbasierte Systeme in der Automatisierungstechnik kurz betrachtet und Aspekte der Integration dieser Systeme in die Automatisierungslösung diskutiert werden. Anhand zweier praxisrelevanter Applikationen wird die Bedeutung wissensbasierter Systeme in der Praxis illustriert.

2. Teilaufgaben wissensbasierter Systeme in der Automatisierungstechnik

Ausgehend von Störungen, die sowohl im Steuerungsobjekt (technologische Anlage), als auch im Steuerungssystem (Automatisierungsanlage) auftreten können, müssen im Rahmen der wissensbasierten Prozeßführung folgende Teilaufgaben gelöst werden:

- **Bestimmung primärer Störungsursachen:** Störungen entstehen durch langsame Parameterdrift infolge Verschleiß, Verschmutzung und Korrosion oder sprunghafte Strukturänderungen durch Ausfall von Teilsystemen. Sie äußern sich durch Qualitätsverluste von Zwischen- oder Endprodukten oder einem Schwall von Prozeßalarmen. Liegen zu wenig (unvollständige Beobachtbarkeit) und/oder zu viele (Alarmschwall) Prozeßinformationen vor, ist die Bestimmung der primären Störungsursachen ein nichttriviales Problem, dessen Lösung kausales Wissen über die technologischen Abläufe erfordert.

- **Bestimmung sekundärer Störungsfolgen:** Als Sekundäreffekte treten häufig Engpässe an Rohstoffen, Energieträgern, Zwischenprodukten oder Umlaufmitteln in benachbarten Prozeßabschnitten bzw. nachfolgenden Prozeßabschnitten auf, die in Abhängigkeit von der Prozeßdynamik meist nicht sofort wirksam werden, aber die resultierenden Produktionsverluste letztendlich weiter erhöhen. Ausgehend von den primären Störungsursachen liefert deshalb eine Simulation dynamischer Störungsfolgen wichtige Zusatzinformationen über die Ziele der Störungsbekämpfung.

- **Ableitung von Reparaturmaßnahmen:** Sind die primären Störungsursachen bestimmt, müssen entsprechende Reparaturmaßnahmen abgeleitet werden.

- **Bestimmung aktueller Systemreserven:** Neben der mittelfristigen Beseitigung primärer Störungsursachen muß kurzfristig eine Steuerentscheidung getroffen werden, die den Ausfall der gestörten Teilsysteme für die Dauer der Reparaturmaßnahmen überbrückt und die resultierenden Produktionsverluste minimiert. Voraussetzung dafür sind bestimmte Freiheitsgrade im technologischen System bzw. technologischen Ablauf, die für eine teilweise oder vollständige Kompensation der primären und sekundären Störungsfolgen genutzt werden können. Ausgangspunkt der Steuerentscheidung bildet deshalb eine Bestimmung der aktuellen Systemreserven. Diese können statischer Art (redundante Prozeßeinheiten, andere Rohstoff- oder Energiequellen, andere Lose oder Chargen) und/oder dynamischer Art (Reaktionszeiten in der Verfahrenstechnik, Durchlaufzeiten in der Fertigung, Kapazitäten von Zwischenspeichern) sein.

- **Generierung eines Überbrückungsregimes:** Unter einem Prozeßregime versteht man alle Vorgaben an ein Steuerungssystem, nach denen ein technologischer Prozeß in bestimmter Weise geführt werden soll (Rezepturen für Ausgangsstoffe, Sollwerte für Prozeßparameter, Zeitpläne für Maschinenbelegungen usw.). Ausgehend von den aktuellen Systemreserven ist ein neues Prozeßregime zu generieren, das den Systemausfall für die Dauer seiner Beseitigung überbrückt und die resultierenden Produktionsverluste minimiert. In den seltensten Fällen wird dabei auf redundante Prozeßeinheiten zurückgegriffen werden können. Vielmehr kommt es darauf an, eine neue Koordinierungssteuerung (Lastreduktion, Lastumverteilung, Teilabschaltung, Chargenumstellung, Losumstellung, Maschinenbelegung) für diejenigen Prozeßeinheiten bzw. Prozeßabschnitte zu finden, die von der Störung unmittelbar und mittelbar betroffen sind. Die Generierung eines neuen Prozeßregimes impliziert dann auch ein neues Überwachungsregime für die weitere Situationserkennung.

3. Integration wissensbasierter Systems in Automatisierungsanlagen

Die Integration eines wissensbasierten Systems in eine Automatisierungsanlage ist ein entscheidendes Kriterium für den effektiven Einsatz dieser Technologie. Durch die direkte Kopplung des Expertenwissens mit den Sensoren und Aktoren der technologischen Anlage sowie der automatisierte Zugriff auf eine Prozeßdatenbank, ermöglichen erst die Verwirklichung einer wissensbasierten Prozeßsteuerung.

Das wissensbasierte System kann in unterschiedlichen Ebenen der Automatisierungsanlage integriert werden. Eine Automatisierungsanlage wird allgemein in vier Ebenen unterteilt:

- **Peripherieebene:** In der Peripherieebene befinden sich die Sensoren und Aktoren, die teilweise auch als intelligente Bauelemente (Datenvorverarbeitung, Kommunikation) ausgelegt sein können, aber in dem Sinne keine wissensbasierten Systeme darstellen. Sie dienen zur unmittelbaren Meßwerterfassung und zur Beeinflussung des Prozesses.
- **Automatisierungsebene:** In der Automatisierungsebene sind die klassischen Automatisierungsgeräte wie Regler und speicherprogrammierbare Steuerungen angeordnet. Sie verarbeiten die Informationen der Sensoren und lösen entsprechende Reaktionen der Aktoren aus.
- **Leitebene:** Die Leitebene dient zur Überwachung des Prozesses durch den Anlagenfahrer mit Hilfe eines Leitsystems. Hier erfolgt unter anderem die Datenvisualisierung, die Protokollierung sowie die Speicherung der Prozeßinformationen. Der Anlagenfahrer hat über das Leitsystem auch die Möglichkeit in den Prozeß einzugreifen.
- **Managementebene:** In der Managementebene sind solche Aufgaben wie die Qualitätssicherung, die Lagerhaltung (Instandhaltung), die Planung sowie Einkauf und Verkauf angesiedelt.

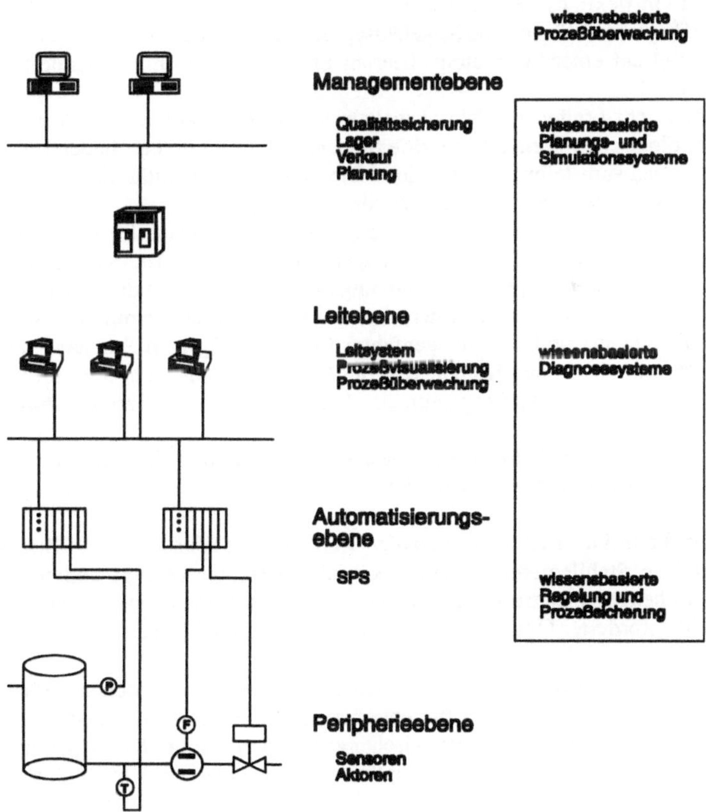

Alle vier Ebenen sind in der Regel über ein entsprechendes Bussystem miteinander verbunden, so daß auch die Kommunikation zwischen den Ebenen realisiert werden kann.
Bis auf die Peripherieebene ist es möglich in allen Ebenen wissensbasierte Komponenten anzuordnen. So ist es in der Automatisierungsebene möglich wissensbasierte Regelungen oder Prozeßsicherungssysteme (im Sinne von An- und Abfahrsystemen) einzusetzen, sofern entsprechend komplexe Zusammenhänge existieren. Die meisten Diagnosesysteme sind in der Leitebene integriert und dabei direkt mit dem Leitsystem verbunden, von dem sie auch angestoßen werden. Weiterhin besteht auch die Kopplungsmöglichkeit über das existierende Bussystem, wobei die Aktivierung des wissensbasierten Systems zyklisch erfolgen kann. Wissensbasierte Systeme, die in der Managementebene angesiedelt sind dienen haupsächlich zu Planungs- und Simulationszwecken und haben auch Zugriffe auf die Prozeßdatenbank.

4. Beispielapplikationen

4.1. Operative Prozeßführung einer fertigungstechnologischen Anlage

Betrachtet wird ein flexibles Fertigungssystem zur Herstellung von Gußteilen für die Automobilindustrie (Zylinderblöcke, Kurbelgehäuse, Bremstrommeln, Achsbrücken, usw.). Der Gußprozeß erfolgt auf einer hochautomatisierten Einstranganlage mit minimierten technologischen Puffern.
Auf Grund einer sehr breiten Produktionspalette und einer relativ starren Verkopplung der einzelnen technologischen Elemente ist eine Steuerung der gesamten Gießerei hauptsächlich nur durch Sortimentsumstellungen möglich. Die hohe Komplexität des Gesamtprozesses bedingt, daß dies keine triviale Aufgabe darstellt.
Mit einem entsprechenden Planungssystem werden Produktionspläne für einen relativ großen Zeitraum (ca. 4-5 Tage) erarbeitet. Bei Störungen innerhalb des Produktionsprozesses ist es allerdings nicht möglich eine operative Steuerungsstrategie mit Hilfe des Planungssystems zu ermitteln, da dies nur Pläne für einen definierten Anfangszustand ermitteln kann. Entscheidungen des Schichtleiters und der Anlagenfahrer führen häufig zum Stillstand der gesamten Anlage, da auf Grund der hohen Komplexität des Gesamtsystems nicht alle Einflußgrößen in einem relativ kurzem Entscheidungszeitraum (wenige Minuten) Berücksichtigung finden können.
Der diskontinuierliche Prozeß läßt sich im wesentlichen in sechs Teilsysteme dekomponieren. Dazu zählen folgende Produktionsabschnitte:

- **Schmelzbetrieb:** In vier Elektroschmelzöfen werden aus Stahlschrott und Zuschlagstoffen drei verschiedene Stahllegierungen entsprechender Rezeptur erzeugt und in drei Warmhalteöfen zwischengespeichert. Durch ein entsprechendes Transportsystem gelangt dann das Schmelzgut in geforderter Qualität und Menge zu den Formanlagen.

- **Kernformerei:** Auf Kernschußmaschinen werden aus zwei verschiedenen Sorten Formsand Kerne für Gußteile der einzelnen Sortimente hergestellt und in sortimentsspezifischen Losgrößen auf Kernpaletten im Endlager zwischengespeichert. Einige Kerntypen müssen dabei aus einer Anzahl Teilkernen zu einem Hauptkern montiert und verklebt werden.

- **Formanlagen:** Die zwei Formanlagen (A, B) werden mit Metallegierungen aus den Warmhalteöfen des Schmelzbetriebes, Formsand, Modellplatten für die aktuellen Sortimente, Kernpaletten aus dem Endlager und Leerpaletten für die Gußstücke versorgt. In umlaufenden Formkästen erzeugen sie zunächst Halbformen aus Formsand mittels der Modellplatten, die dann paarweise mit den Kernen zu Vollformen montiert werden. Nach dem Ausgießen der Vollformen durchlaufen die Formkästen einen primären und einen sekundären Kühlkreislauf, bevor sie automatisch entleert und die Gußstücke auf Leerpaletten abgelegt werden. Der Gesamtvorgang ist hochautomatisiert und erfolgt immer in festen Losgrößen und Taktzeiten für das jeweilige Sortiment. Die beiden Formanlagen unterscheiden sich hinsichtlich der Größe der Formkästen, die von ihnen verarbeitet werden können. Sie dienen der Herstellung unterschiedlich großer Gußteilsortimente und sind damit nicht redundant.

- **Pufferlager:** Die fertigen Gußteile gelangen auf ihren Paletten in das Pufferlager, in dem sie entsprechend ihrer technologischen Verweilzeit weiter abkühlen und zwischengelagert werden.

- **Putzerei:** Die endgekühlten Gußteilpaletten werden in der Putzerei entleert und die Leerpaletten den Formanlagen wieder zugeführt. Die Gußteile erhalten auf verschiedenen Bearbeitungslinien eine entsprechende Oberflächenbehandlung (Strahlen, Schleifen, Glühen, Handputzen). Jedes Sortiment besitzt einen spezifischen Durchlauf in der Putzerei, für den auch Ausweichmöglichkeiten existieren.

In der technologischen Anlage existieren Rückwirkungen auf vorhergehende Produktionsabschnitte durch die Transportkreisläufe der Kernpaletten (Kernformerei - Endlager - Formanlagen - Kernformerei) und Leerpaletten (Formanlage - Pufferlager - Putzerei - Formanlagen). Diese Rückwirkungen erzwingen, daß Entscheidungen in nachgeordneten technologischen Bereichen auch auf davorliegende Bereiche Auswirkungen besitzen.

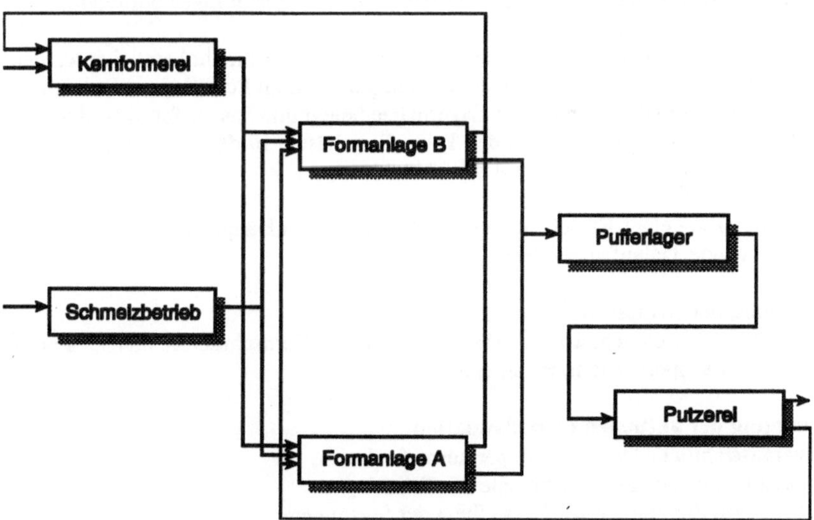

Aufgrund dieser Ausgangssituation entstand die **Aufgabenstellung** ein wissensbasiertes System zu schaffen, das aufbauend auf den Erfahrungen der Anlagenfahrer in den einzelnen technologischen Bereichen und der Schichtleiter im Lagezentrum in der Lage ist operative Steuerentscheidungen in Störsituationen zu generieren und diese dem Entscheidungsträger zur Verfügung zu stellen.

Folgende Probleme der operativen Prozeßführung müssen dabei gelöst werden:

- **Ausfall von Anlagenteilen:**
  - Ausfall von Warmhalteöfen für bestimmte Legierungen im Schmelzbetrieb,
  - Ausfall von Kernschußmaschinen für bestimmte Sortimente in der Kernformerei,
  - Maschinenstörungen in den Formanlagen A und B,
  - Ausfall des Palettentransportsystems zwischen Formanlagen und Pufferlager,
  - Ausfall von Putzmaschinen für bestimmte Sortimente in der Putzerei.

Das **Ziel** der Störungsbekämpfung besteht darin, die Blockierung der gesamten oder einer Teilanlage bei Maschinenausfällen für die Dauer ihrer Reparatur zu verhindern. Dies erfordert, eine neue Koordinierungssteuerung für die Gesamtanlage zu generieren, die unter Beachtung der aktuell zur Verfügung stehenden Ressourcen und Aufträge die Produktion kurzfristig (mindestens 8 Stunden) aufrechterhält.

Als erstes **Beispielproblem** soll ein Ausfall der Formanlage B für voraussichtlich 4 Stunden während der Herstellung von Bremstrommeln auf der Formanlage A betrachtet werden, aus dem folgendes Problem resultiert:

- Auf der Formanlage A wird ein Sortiment produziert, das keine Kerne benötigt.
- Auch die Nachfolgesortimente der Formanlage A verbrauchen keine Kerne.
- Nach 2 Stunden wird in der Kernformerei ein Mangel an Kernpaletten auftreten.

Als zweites **Beispielproblem** soll ein Ausfall der Drehkreuzstrahlanlage in der Putzerei für voraussichtlich 8 Stunden während der Herstellung von Kurbelgehäusen auf der Formanlage A betrachtet werden, in dessen Ergebnis eine Reihe von Folgestörungen auftreten:

- Das Sortiment Kurbelgehäuse kann in der Putzerei nicht mehr bearbeitet werden.
- Jede Stunde werden 6 Gußteilpaletten weniger aus dem Pufferlager entnommen.
- Nach zwei Stunden werden alle Lagerplätze belegt und das Pufferlager blockiert sein.
- Damit können nach zwei Stunden keine Formkästen in der Formanlage A mehr entleert werden und Formanlage A wird blockieren.

Bei der Generierung eines Entscheidungsvorschlages an den Hauptdispatcher muß das Expertensystem folgende Teilaufgaben lösen:

- **Bestimmung der primären Störungsursachen:**
  - aktuelle Maschinenausfälle (Warmhalteofen, Kernschußmaschinen, Formanlage, Palettentransportsystem, Putzmaschine),

- **Bestimmung der aktuellen Prozeßsituation:**
  - voraussichtliche Dauer der Reparaturmaßnahmen,
  - aktuelle und geplante Sortimente der Teilanlagen,
  - benötigte Ressourcen zur Herstellung der Sortimente,

- **Simulation der dynamischen Störungsfolgen:**
  - Zeitdauer bis zur Blockierung eines Lagers (Pufferlager, Endlager) aufgrund Überfüllung,
  - Zeitdauer bis zur Blockierung einer Teilanlage (Formanlage, Putzerei, Kernformerei) aufgrund fehlender Ressourcen (Metallegierung, Leerpaletten, Kernpaletten),

- **Eingrenzung der resultierenden Therapiesteuerung:**
  - kurzfristiges Ausweichen auf andere Putzmaschinen unter Beachtung der aktuellen Einsatzbereitschaft bzw. Maschinenauslastung,
  - kurzfristige Sortimentsumstellung einer Formanlage unter Beachtung der aktuell zur Verfügung stehenden Ressourcen (Ausfallzeit der Maschinen / Umstellzeit der Formanlage, Reserven der Lager / minimale Losgröße der Sortimente, Einsatzbereitschaft benötigter Kernschuß- und Putzmaschinen).

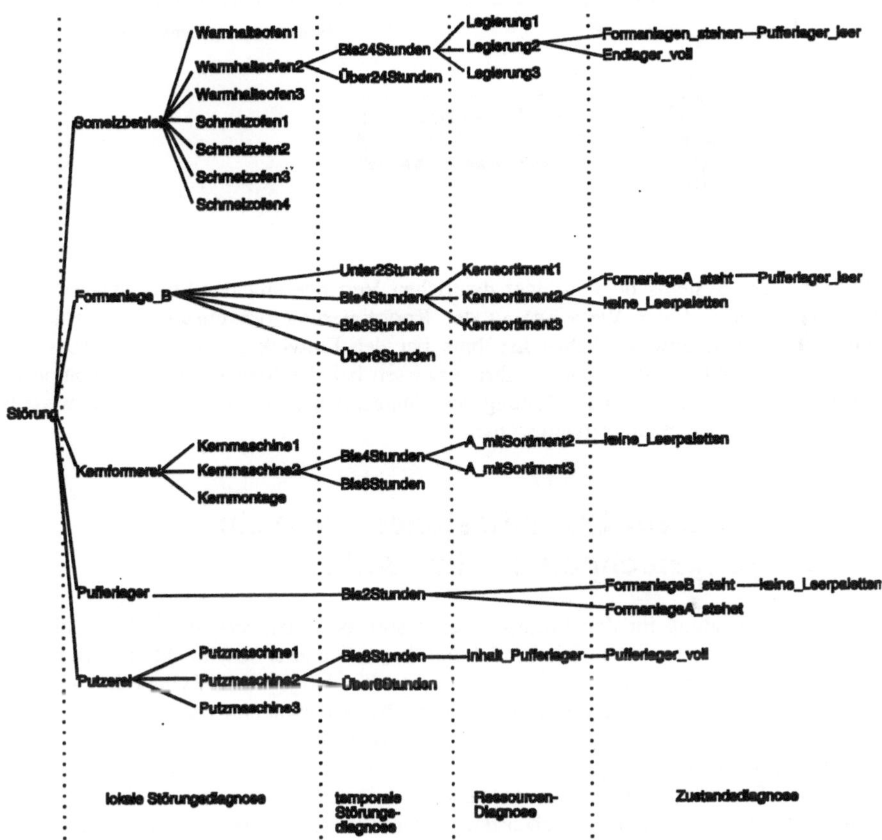

Die **Lösung** der Aufgabenstellung erfolgte durch Kopplung des wissensbasierten Systems mit der Prozeßdatenbank und einem Simulationssystem. Das wissensbasierte System bestimmt zunächst die primären Störungsursachen und die aktuelle Prozeßsituation. Dazu ist es notwendig anhand der Informationen aus der Prozeßdatenbank ein exaktes Abbild der Prozeßzustände zu gewinnen. Zusätzliche Informationen, die nicht in der Datenbank enthalten sind, müssen vom Benutzer eingegeben werden. Danach wird das Simulationssystem zur numerischen Berechnung der Zeitpunkte und Auftrittsorte sekundärer Störungsfolgen aktiviert. Sind diese bekannt, löst das Expertensystem dann das kombinatorische Problem, unter Beachtung der vorhandenen Ressourcen beispielsweise auf eine andere Putzmaschine oder ein anderes Sortiment umzustellen.

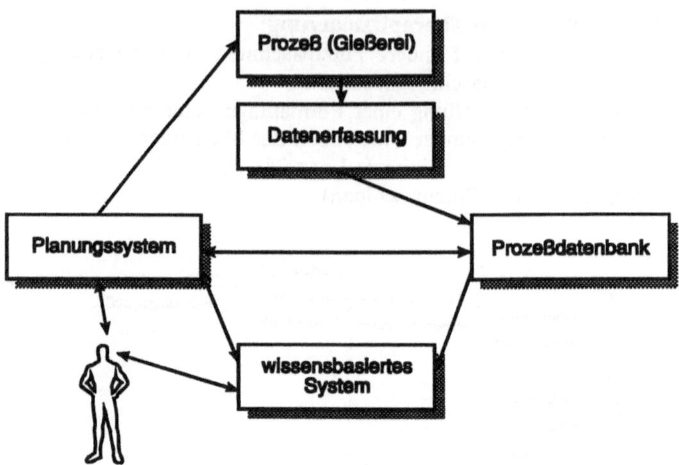

Der **Nutzen** diese Systems liegt in einer deutlichen Verringerung der Stillstandszeiten der gesamten Gießerei und der Verbesserung der Koordinierung der einzelnen Produktionsabschnitte. Ein nicht unwesentliches Ergebnis bei der Entwicklung des wissensbasierten Systems ist die Dokumentation von Erfahrungswissen bei der Steuerung dieser komplexen Anlage, so daß auch Aspekte der Schulung des Anlagenpersonals mit Hilfe dieses wissensbasierten Systems in Betracht gezogen wurden.

4.2. Diagnose zur Qualitätssicherung in einer fertigungstechnologischen Anlage

Eine weitere Anwendung für den Einsatz eines wissensbasierten Systems soll wiederum in einer Gießerei betrachtet werden. Die Produktion dieser Gießerei beschränkt sich im Gegensatz zur ersten Anwendung nur auf zwei Sortimente (Kurbelgehäuse, Zylinderblöcke), deshalb ist die Aufgabenstellung für das wissensbasierte System auch eine andere.
Der Produktionsprozeß erfolgt auf einer hochautomatisierten Anlage mit minimiertem Personaleinsatz. Um den Produktionsprozeß optimal zu beherrschen, ist deshalb eine umfangreiche automatisierte Betriebsdatenerfassung notwendig. Alle Daten werden in einer zentralen Datenbank gespeichert, wobei die Lebensdauer dieser Informationen mit der Durchlaufzeit der Produkte identisch sind. Über ein SPC-System erfolgt die Überwachung der wichtigsten Prozeßparameter.
Die Produktion der Gußteile gliedert sich in die Abschnitte:

- **Schmelzbetrieb**: In Schmelzöfen und Warmhalteöfen wird die Legierung zum Vergießen bereitgestellt. Die Kernfertigung liefert das Kernpaket, das in den Formkasten eingelegt wird. Weiterhin erfolgt in diesem Produktionsabschnitt das Gießen der Gußteile.

- **Kernfertigung**: In der Kernfertigung werden mit Kernsand und Binder die Kerne auf entsprechenden Kernschußmaschinen gefertigt. In der Kernmontage erfolgt das Zusammenfügen der Einzelkerne zu einem Kernpaket, das dann in den Schmelzbetrieb befördert wird.

- **Wärmebehandlung**: Nach dem Gießen und Abkühlen erfolgt eine Wärmebehandlung des Gußteils um Gitternetzspannungen im Materialgefüge zu beseitigen.

- **Nachbearbeitung**: Die Nachbearbeitung gliedert sich in mehrere Bearbeitungsschritte (Vorbehandlung, Bearbeitung, Nachbehandlung), in der die Gußteile mechanisch soweit bearbeitet werden, daß sie an den Abnehmer ausgeliefert werden können.

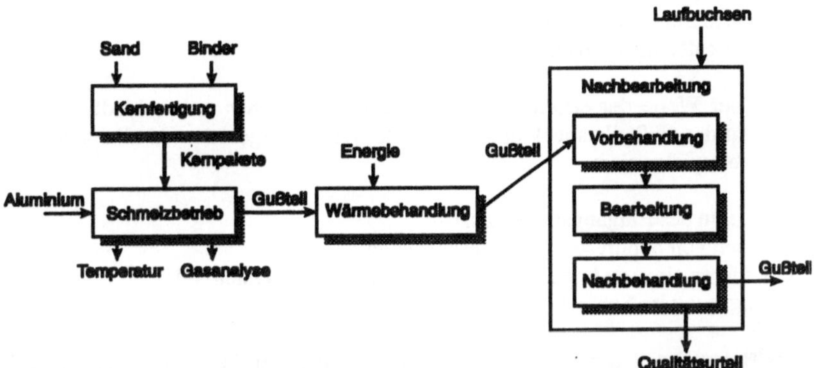

Aufgrund der sehr hohen Informationsflut, die durch die aufgenommenen Prozeßdaten erzeugt wird, besteht die Gefahr, daß eine ausreichende Analyse aller Prozeßparameter mit herkömmlichen Methoden nicht realisierbar ist. Da es sich bei der betrachteten Anlage um eine Neuanlage handelt, in der es notwendig wird die optimale Qualität der Gußteile über einen längeren Zeitraum (Anlaufphase ca. 2 Jahre) den Sollwerten anzunähern, kann es bei Vernachlässigung der Analyse einzelner Prozeßparameter zu nicht interpretierbaren Schwankungen in der Produktqualität kommen.

Die **Aufgabe** des Diagnosesystems ist die Aufdeckung von Ursachen der Qualitätsmängel. In den meisten Fällen werden erst bei der Nachbearbeitung der Gußteile entsprechende Qualitätsmängel wie Kaltlauf, Porösität oder Linerkontakt festgestellt. Dadurch wird es notwendig vor allem historische Prozeßdaten aus dem gesamten Produktionszyklus für die Ursachenermittlung heranzuziehen. Aber auch aktuelle Prozeßdaten wie Gießtemperatur, Zusammensetzung der Schmelze, Toleranzen u.a. werden ständig benötigt um bereits im Vorfeld der Produktion eventuelle Fehlereinflüsse, die oft auf komplexe Zusammenhänge zurückzuführen sind, zu erkennen.

Das **Ziel** des Einsatzes des Diagnosesystems besteht in der Gewährleistung einer möglichst niedrigen Ausschußrate. Sollten Qualitätsmängel festgestellt werden müssen in kürzester Zeit Maßnahmen eingeleitet werden, die die Prozeßparameter so verändern, daß eine Kompensation der Mängel durchgeführt werden kann. Weiterhin soll mit Hilfe dieses Diagnosesystems die Verfügbarkeit von Expertenwissen zu jeder Zeit (Tag und Nacht) gewährleistet werden. Ein anderen Aspekt liegt vor allem auch in der Erweiterbarkeit und Wartung des Expertenwissens.

Als **Beispiel** für einen Qualitätsmangel, soll das Feststellen von Porösität während der Nachbehandlung des Gußteils angenommen werden. Dabei ist es zunächst notwendig zu ermitteln, ob es sich um Lunker oder Gasporen handelt. Falls es sich um Gasporen handeln sollte, müssen folgende Prozeßparameter untersucht werden:

- Gasporösität des Eingangsmaterials,
- Sandreste am Kreislaufmaterial,
- Luftfeuchtigkeit in den Produktionsbereichen,
- Impeller-Parameter,
- Wasserstoff-Sollwert,
- Stickstoffdurchflutungs-Parameter und
- Entlüftungslöcher am Kernpaket.

Entsprechend der Werte der ermittelten Prozeßparameter können unterschiedliche Ursachen für die Porösität des Gußteils abgeleitet werden die wiederum gezielte Handlungen erfordern. Dazu gehören beispielsweise:

- Evakuieren des Eingangsmaterials,
- Entfernen von Sandresten am Krieslaufmaterial,
- Registrieren einer zu hohen Luftfeuchtigkeit im SPC-System oder
- Vorentgasung im Schmelzofen vornehmen.

Ein anderes **Beispiel** soll den Einsatz des Diagnosesystem bei Abweichungen von Sollparametern veranschaulichen. Dabei kommt es darauf an, den Benutzer des wissensbasierten Systems einerseits auf die Abweichung einzelner Prozeßparameter oder komplexer Beziehungen mehrerer Parameter aufmerksam zu machen (zu niedrige Gießtemperatur, zu kurze Verweilzeit beim Aufheizen der Kernpakete, mehrere Parameter an der Toleranzgrenze, u.ä.) und andererseits auch eventuelle Folgen auf die Qualität des Endproduktes aufzuzeigen, sowie die Ursachen für die Abweichung der Parameterwerte zu ermitteln. So können die Maßtoleranzen von einzelnen Teilkernen in ungünstigen Fällen an den Grenzen liegen, wodurch es bei der Montage zu Verkantungen oder gebrochenen Kernen führen kann. Die Folge wären fehlerhafte Gußstücke. Um die Ursache dieses Qualitätsmangels zu beseitigen, müssen entweder die Maßtoleranzen verringert oder nur Teile mit entgegengesetzten Toleranzen montiert werden.

Bei der Generierung einer Anweisung muß das wissensbasierte System deshalb folgende Teilaufgaben lösen.

- **Bestimmung der aktuellen Prozeßparameter:**
  - Parameter der Eingangsmaterialien,
  - Zustandsgrößen innerhalb des Produktionsprozesses,
  - Ergebnisse der Qualitätskontrolle und historische Prozeßdaten,

- **Bestimmung der sekundären Störungsfolgen:**
  - verschiedene Qualitätsmängel an den Gußstücken (Porösität, Kaltlauf, Linerkontakt u.a.)

- **Bestimmung der primären Störungsursachen:**
  - fehlerhafte Eingangsmaterialien,
  - Parameterdrift durch Verschleiß,
  - nicht eingehaltene Standards,

- **Eingrenzung der resultierenden Abhilfemaßnahmen:**
  - Beeinflussung von Parametersollwerten,
  - Einhalten vorgegebener Standards,

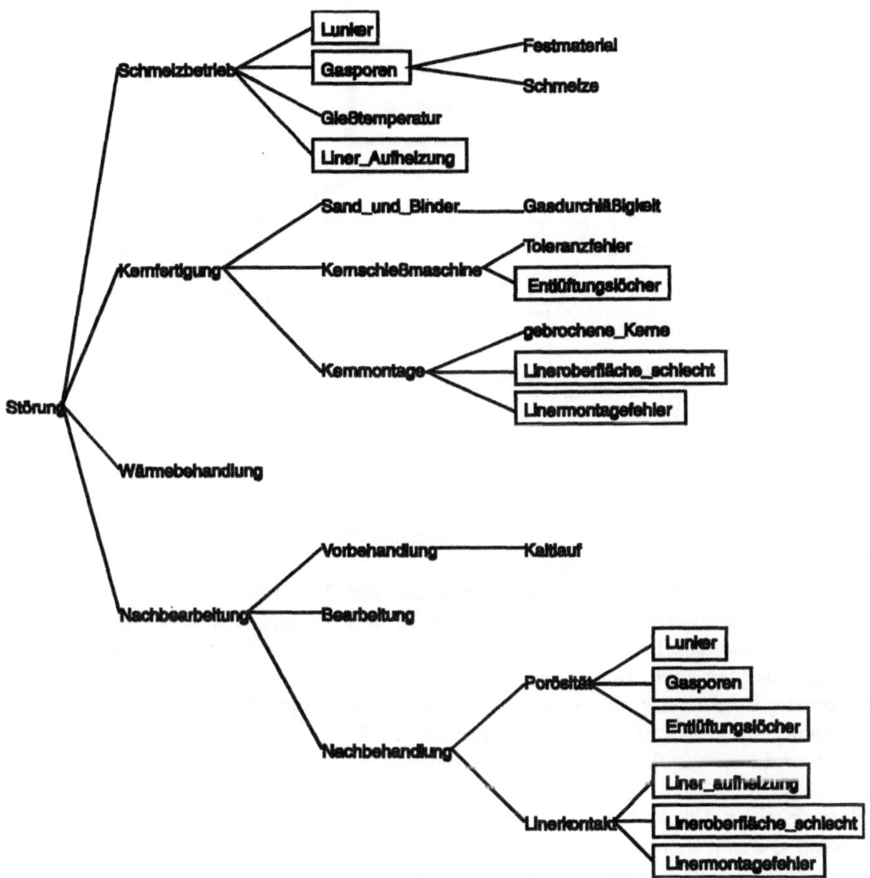

Die **Lösung** der Aufgabenstellung besteht in der richtigen Integration des wissensbasierten Systems in die vorhandene Anlage. So ist eine direkte Kopplung zur Prozeßdatenbank und eine automatische Kommunikation mit dem SPC-System notwendig. Es besteht die Möglichkeit das wissensbasierte System sowohl extern durch einen Aufruf vom SPC-System als auch manuell durch den Benutzer anzustoßen.
Bei externer Aktivierung wird zyklisch überprüft, ob relevante Abweichungen von Sollparametern vorliegen, wobei ausschließlich die Informationen der Prozeßdatenbank genutzt werden. Entsprechend des Ergebnisses werden dem Nutzer die eventuell resultierenden Folgen aufgezeigt und anhand der diagnostizierten Störungsursachen entsprechende Abhilfemaßnahmen vorgeschlagen.
Bei manueller Aktivierung des Diagnosesystems liegt im Normalfall bereits ein erkennbarer Qualitätsmangel vor. Es wird deshalb mit Hilfe des Benutzers die aktuelle Prozeßsituation ermittelt und mit Hilfe von historischen Daten aus der Prozeßdatenbank die Ursache für den

aufgetreten Qualitätsmangel festgestellt. Anschließend werden Abhilfemaßnahmen ausgegeben.

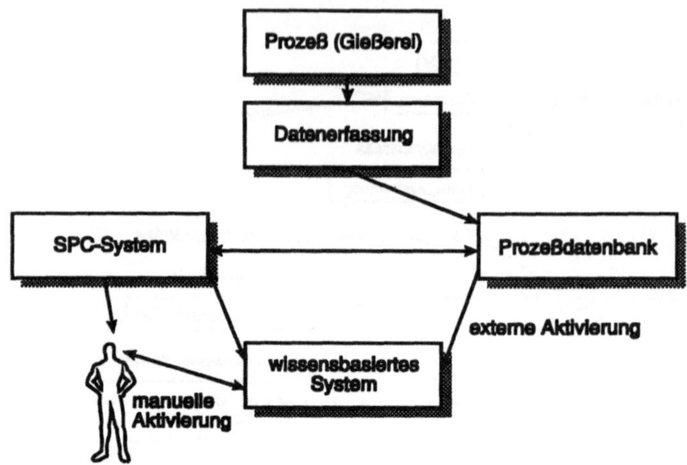

Der **Nutzen** diese Diagnosesystems läßt sich zur Zeit nur abschätzen, da sich das beschriebene wissensbasierte System noch in der Entstehungsphase befindet und die Produktion erst im nächsten Jahr aufgenommen wird.
Der größte Nutzen wird in der Inbetriebnahmephase der Produktion, die sich voraussichtlich über zwei Jahre erstrecken wird, liegen. Mit Hilfe dieses Diagnosesystems will man erreichen, daß die maximale Produktion in gewünschter Qualität bereits zu einem früheren Zeitpunkt erzielt werden kann. Dabei spielen besonders die Sollwertparameter eine große Rolle, da die genaue Berechnung dieser komplexen Zusammenhänge als undurchführbar bewertet werden kann, ist es nur mit Hilfe einer iterativen Annäherung an den optimalen Werte möglich diese exakt einzustellen. Durch das Diagnosesystem soll dieser Vorgang beschleunigt werden.
Ein längerfristiger Aspekt liegt in der Diagnose von fehlerhaften Prozeßzuständen, so daß vorbeugend Qualitätsmängel vermieden werden können. Dieser Nutzen läßt sich nur schwer in Zahlen darlegen, da nur eine prozentuale Ausschußquote als Bewertungsmaßstab festzustellen wäre, ohne einen unmittelbaren Anteil des Diagnosesystems zu erkennen.

Literaturangaben

[1] Kunde, N.: Einsatz eines Werkzeuges zur Wissensgewinnung am Beispiel eines flexiblen fertigungstechnischen Prozesses; In: Wissenschaftliche Zeitschrift der Technischen Hochschule Leipzig; Heft 4/5 1991

[2] May, V.; Hepper R.; Klapproth U.; Kunde N.; Starke U.: Wissensgestützte Prozeßführung: Anwendungen der Expertensystemtechnik zur Prozeßsteuerung; Interner Bericht, Technische Hochschule Leipzig, Institut für Prozeßführung 1991

Diagnose und Simulation einer Hochtemperatur-Düsenfärbemaschine für Textilstränge mit Hilfe des modellbasierten Diagnose- und Simulationssystems *ROSE*

Victor Thamburaj
THEN Maschinen- und Apparatebau GmbH,
74523 Schwäbisch Hall
und
Werner Seibold
R.O.S.E. Informatik GmbH,
Biberacher Weg 8, 89522 Heidenheim an der Brenz

Zusammenfassung

In Zusammenarbeit mit den Firmen THEN Maschinen- und Apparatebau, Schwäbisch Hall als Hersteller, der Firma C.F.Ploucquet GmbH & Co Heidenheim als Betreiber und der R.O.S.E. Informatik GmbH als Entwickler der Anwendung und Lieferant des Werkzeuges *ROSE* wurde in einem Pilotprojekt ein Teilsystem einer modernen Strangfärbemaschine modelliert und in Bezug auf seine Diagnose- und Simulationsfähigkeit untersucht. Das Ziel des Anwenders ist, Unterstützung für die Wartung und die Auslegung dieser Maschinen zu schaffen. Der Nutzen ist durch verringerte Stillstandszeiten, bessere Qualität des Färbegutes und niedrigere Wartungs- und Betriebskosten für die Endkunden gegeben. Die Wirtschaftlichkeit ergibt sich aus der sehr einfachen Methode der Erstellung mehrfach verwendbarer Wissensbasen. Die spezielle Aufgabenstellung der Firma THEN wird beschrieben und die Anforderungen, die sich für ein Diagnose- und Simulationswerkzeug daraus ergeben. Die Beschreibung der wesentliche Kennzeichen und strukturellen Besonderheiten der Maschine und des modellierten Teilsystems folgen. Dann werden die Grundlagen des modellbasierten Analysesystems *ROSE*[R] kurz umrissen. Die Bedeutung der Fehlermodi und der fremdinduzierten anomalen Betriebszustände von Komponenten für die Diagnose wird beschrieben, ebenso der Umgang mit einer Serienschaltung von Drosseln als rückwirkungsbehafteten Komponenten. Die Modellierung des Behälters mit den verschiedenen zeitabhängigen Betriebszuständen wird skizziert. Soweit bis dahin konkrete Ergebnisse aus anderen Projekten vorliegen, wird darüber ebenfalls kurz berichtet. Dem schließt sich eine Betrachtung der Ergebnisse und eines Ausblicks an. Es werden die wirtschaftliche Aspekte im Sinne von Nutzen und Wirtschaftlichkeit diskutiert. Abschließend wird die Verallgemeinerbarkeit der Ergebnisse dieser Anwendung untersucht.

1. Aufgabenstellung

Die Aufgabenstellung ist auf zwei Ebenen zu definieren. Der eigentliche Hintergrund ist, daß die Firma THEN Maschinen- und Apparatebau GmbH mit ihren Färbemaschinen für ihre Endkunden eine möglichst hohe Verfügbarkeit der Anlagen und hohe Qualität von deren Endprodukten erreichen will. Die Endkunden sind Färbereibetriebe, die Textilien, zum Beispiel

---

[R] Registriertes Warenzeichen der R.O.S.E. Informatik GmbH, Heidenheim

Baumwolle, Polyester, Viskose usw., sowie alle Arten von Mischgewebe färben. Der Konkurrenzdruck weltweit auf diese Produzenten ist sehr groß. Damit sind auch die Anforderungen an die Hersteller der entsprechenden Maschinen in den letzten Jahren erheblich gestiegen. Die Firma THEN verfolgt deswegen ein allgemeines Qualitätskonzept für ihre Kunden. Es ist in Kapitel 1.1 skizziert. Aus diesen allgemeinen Anforderung leiten sich die konkreten Anforderungen an das unterstützende System ab. Das ist in den Kapiteln 1.2 und 1.3 beschrieben. In 1.4 wird dann die Färbemaschine und das modellierte Teilsystem vorgestellt.

1.1 Das Qualitätskonzept von THEN

Im Zentrum der Überlegungen der Firma THEN steht der Endkunde, das heißt der Färber. THEN versteht sich dabei nicht nur als Lieferant von Maschinen, sondern sieht sich als Lieferant von Lösungen, die dem Betreiber nachhaltig zum Erfolg verhelfen. Dazu gehört, daß die Qualität der gefertigten Produkte, das heißt, des Färbegutes, einen maximalen Standard erreicht. Dabei sollen gleichzeitig die Ressourcen, vor allem Wasser und Energie geschont werden. Die maximierte Verfügbarkeit der Anlagen hilft einen möglichst hohen Produktionsausstoß zu erreichen. Die Minimierung des Wartungsaufwandes auf Kundenseite ist ein weiteres wichtiges Ziel. Auf dem Wege dahin ist die Firma THEN mit ihren seitherigen Maschinensteuerungen und Färbereileitsystemen bereits einen weiten Weg erfolgreich gegangen. Einzig die Überwachung und Diagnose der komplexen Anlagen ist mit den klassischen Mitteln nicht befriedigend lösbar. Das mittelfristige Ziel ist die permanente und präventive Überwachung kompletter Färbereien, die normalerweise im Dreischichtbetrieb arbeiten. Wenn bei der Überwachung festgestellt wird, daß eine Maschine Probleme zeigt, soll sofort die Diagnose eingeleitet werden, um mit möglichst geringem Aufwand die Maschine so schnell wie möglich wieder verfügbar zu machen.

Bei der Betrachtung ist auch zu berücksichtigen, daß THEN ein typischer deutscher Maschinenhersteller ist, der seine Maschinen weltweit exportiert. Häufig stehen dann nur einige Maschinen in abgelegenen Regionen und es ist sehr schwierig, dort geeignetes Wartungspersonal vorzuhalten. Deswegen ist es wichtig, daß vor Ort möglichst weitgehend diagnostiziert werden kann, um dem Betreiber die Möglichkeit zu geben sich möglichst selbst zu helfen. Der Rückgriff auf die Zentrale in Deutschland soll minimiert werden.

1.2. Überwachung und Diagnose

Aus dem oben Gesagten ist unmittelbar klar, welche Bedeutung Überwachung und Diagnose für den Hersteller und seine Kunden haben. Die Überwachung ist so zu gestalten, daß der ständige Meßdatenstrom, den die Steuerung erfaßt und an den Leitstandsrechner leitet, weitergereicht wird an das Überwachungs- und Diagnosemodul. Dort werden diese Informationen permanent kontrolliert und sobald eine anhaltende Anomalität auftritt, wird eine Diagnose eingeleitet.

Die Diagnose soll bezüglich der Bedienerführung so gestaltet sein, daß sie auch durch angelernte Kräfte durchgeführt werden kann. Das Diagnosemodul wertet zunächst die von der Meßdatenerfassungsanlage gelieferten Daten so weit wie irgend möglich aus. Da aber in einer Färberei nicht alle beobachtbaren Informationen auch elektronisch gemessen werden, ist ein entsprechend einfach zu gestaltender Dialog mit dem Bediener vor Ort erforderlich.

Nachdem die Maschinen sehr komplex und vielfältig konfigurierbar sind, ist die individuelle Erstellung von Diagnosesoftware wirtschaftlich nicht vertretbar. Es mußte also eine Möglichkeit gefunden werden, die Überwachungs- und Diagnosesoftware möglichst aus den Konstruktionsunterlagen zu erzeugen. Nur damit ist es möglich, die gesteckten Ziele mit wirtschaftlich vertretbarem Aufwand zu erreichen.

1.3. Unterstützung der Konstruktion

Die Anpassung der individuellen Konfigurationen der Maschinen an die Bedürfnisse der Kunden ist ebenfalls ein wichtiges Mittel zur Befriedigung von deren Anforderungen. Auf der anderen Seite bedeutet Individualisierung Kostenerhöhung beim Hersteller. THEN hat sich zum Ziel gesetzt diesen Nachteil dadurch zu vermeiden, daß Standardbaugruppen in sinnvoll abgestuften Größenordnungen definiert werden und eine Standardmaschine mit einigen Optionen erweitert werden kann. Um jetzt für den jeweiligen Kunden und seine Betriebsbedürfnisse die optimale Auslegung zu finden, ist eine entsprechende Unterstützung durch das Analysesystem gewünscht beziehungsweise gefordert. Dabei sollen aus den Konstruktionsdaten die Betriebsdaten abgeleitet werden, die für den Betreiber von Bedeutung sind. So ist es zum Beispiel wichtig, welche Zeiten sich einstellen, wenn Behälter vergrößert, oder die Nennquerschnitte der Ventile variiert werden. Die bei diesen Maschinen auftretenden Regelvorgänge, (zum Beispiel Temperaturregelkreis), sollen zu einem späteren Zeitpunkt ebenfalls in die Analyse mit aufgenommen werden.

1.4 Die Anwendung: THEN Airflow

Die Färbemaschine THEN Airflow ist eine Maschine, auf der eine große Artikelpalette gefärbt werden kann. Darunter befindet sich Baumwolle, Polyester, Viskose oder Mischgewebe aus diesen Produkten. Die Ware wird im sogenannten Strang gefärbt (im Gegensatz zur Breitfärberei), um einen lockeren Warenausfall und eine bewegte modische Oberfläche zu erzielen. Sie beruht auf einem patentierten aerodynamischen Prinzip. Dabei wird die Ware mit Hilfe eines Luftkreislaufes angetrieben. Der Flottenkreislauf dient dazu, den Farbstoff auf das Textilgut zu bringen. Die meisten Färbeverfahren verlaufen unter Hochtemperatur (135 grd C), um eine gute Qualität (zum Beispiel Waschechtheit) zu erreichen (siehe Bilder 1 und 2).

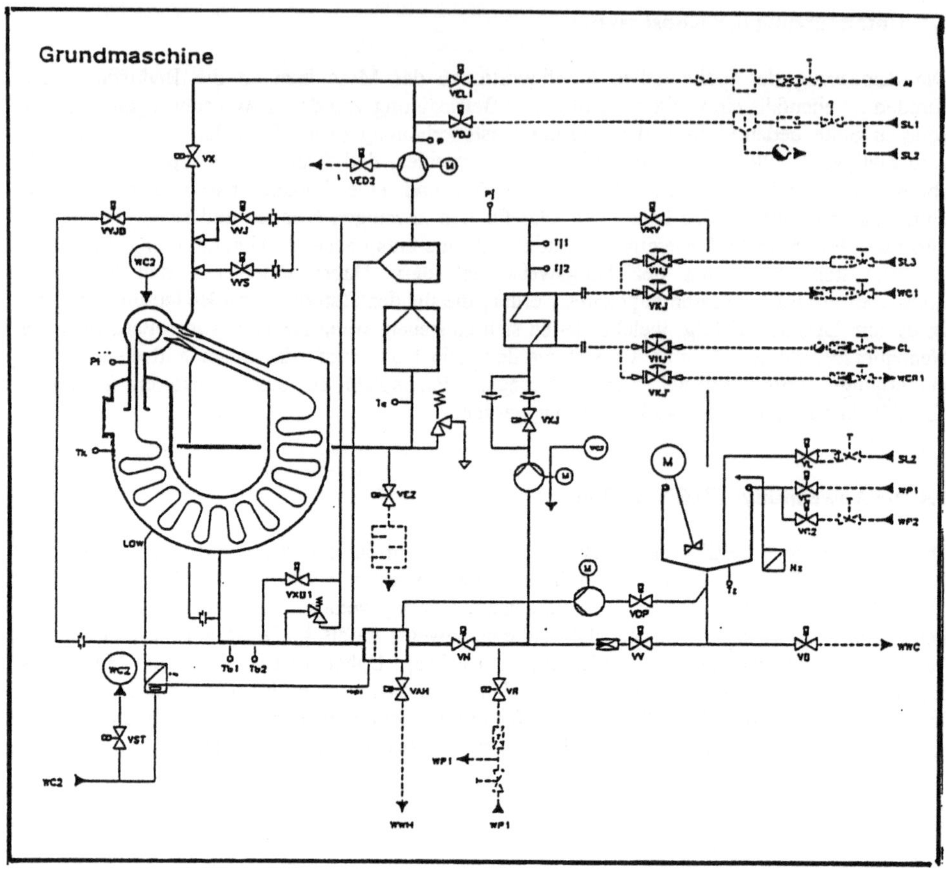

Bild 1: Funktionsbild Färbemaschine

Bild 2: Ansicht der Strangfärbemaschine mit Zusatzbehälter

Unter den Gesichtspunkten der Diagnose und Simulation zeigen sich die Maschinen als relativ komplex. Es existieren nebeneinander Wasser-, Flotten- und Luftkreisläufe. Um diese Kreisläufe aufrecht zu erhalten, sind Kompressoren beziehungsweise Pumpen, Ventile, Wärmetauscher und sonstige Armaturen notwendig. Die Maschine ist mit mindestens vier betreiberseitigen Versorgungsnetzen verbunden. Das ist neben Strom vor allem kaltes Wasser, weiches Wasser, Druckluft und Dampf. Abhängig von den jeweiligen Färbeverfahren, die wiederum vom Färbegut und von der aufzubringenden Farbe abhängig sind, muß die Maschine in die unterschiedlichsten Betriebszustände versetzt werden können. Dazu dient eine rechnergestützte Steuerung.

Aus der Gesamtmaschine wurde zunächst als Pilotprojekt der sogenannte Zusatzbehälter ausgewählt. Er dient dazu, Chemikalien und Färbeflotten anzusetzen und der Maschine über eine Dosiereinrichtung zur Verfügung zu stellen. Dieser Zusatzbehälter hat als eigenständige Baugruppe darüber hinaus Bedeutung, da er sehr vielfältig in anderen Konstellationen, insbesondere auch in sogenannten Farbküchen Verwendung findet. Wenn man die Schemazeichnung auf Bild 3 betrachtet, sieht er relativ einfach aus.

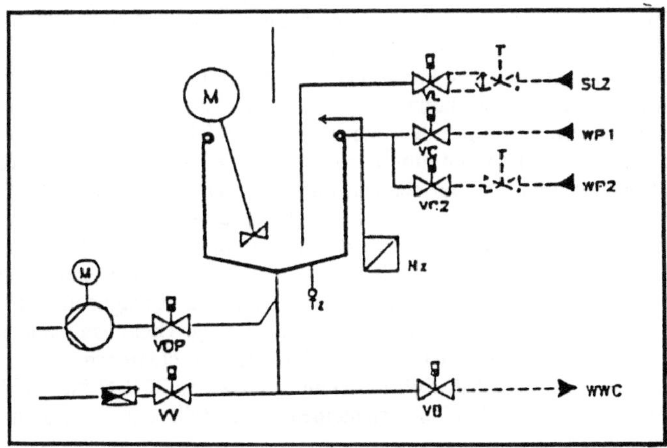

Bild 3: Zusatzbehälter

Es ist jedoch zu berücksichtigen, daß die dort gezeigten Wasser-, Dampf- und Luftkreisläufe von einem elektropneumatischen Steuerungssystem überlagert sind. Das heißt, die Prozeßsteuerung betätigt Magnetventile, die ihrerseits Druckluft schalten, mit deren Hilfe dann über sogenannte Kolbenventile die eigentlichen Wasser-, Luft- und Dampfventile gesteuert werden. Die Funktionskreisläufe für Strom, Wasser, beziehungsweise Flotte und Luft sind stark vernetzt. Teilweise gibt es Rückführungen, wie zum Beispiel beim Niveaugeber im Zusatzbehälter. Die Wasserstränge sind rückwirkungsbehaftet, da sich der Differenzdruck an einem Kolbenventil entsprechend der vor- und nachgeschalteten Drosseln und des Gesamtdifferenzdrucks einstellt. Beim Behälter interessiert vor allem die Zeit, die zum Befüllen beziehungsweise Entleeren notwendig ist. Das heißt, daß schon dieser einfach erscheinende Zusatzbehälter alle topologischen Besonderheiten komplexer Systeme aufweist.

2. Lösungsansätze

Als Systemanbieter für die Textilfärberei hat die Firma THEN schon frühzeitig erkannt, daß sie ihren Kunden für die Diagnose der komplexen Färbemaschinen auch geeignete Hilfsmittel zur Verfügung stellen muß. Deshalb war sie schon immer auf der Suche nach geeigneten Lösungsansätzen.

Testroutinen in Assemblerprogrammierung sind das Verfahren, das bis heute verwendet wird. Diese Testroutinen sind in die Maschinensteuerung integriert. Sie sind manuell zu starten und zu bedienen, beschränken sich auf elektrische Bauteile und haben deswegen nur eine geringe Abdeckung der auftretenden Fehler. Ihre Anpassung und Weiterentwicklung erfordert hohe Fachkenntnis seitens des Servicepersonals im Hause THEN. Ihre Wartung und Pflege ist aufwendig und auch der Bediener auf Betreiberseite hat mit der Bedieneroberfläche kein optimales Werkzeug.

Das wurde früh als insgesamt unbefriedigend erkannt. Es wurde deswegen schon vor einiger Zeit ein entsprechendes regelgestütztes Expertensystem ausgewählt und erprobt. Dabei hat die Firma THEN folgende Erfahrungen gemacht: Die Regeln werden aus der Erfahrung der Wartungsexperten gebildet. Nur Fehler, die bereits aufgetreten sind oder zumindest theoretisch auf ihre Konsequenzen untersucht wurden, können nachher von dem Diagnosemodul gefunden werden. Es müssen eigene Wissensingenieure das Wissen erfragen und in Regeln formulieren. Jede Änderung an der Maschine macht letztlich eine Überarbeitung der kompletten Wissensbasis erforderlich. Es zeigte sich, daß der damit verbundene Entwicklungs- und Pflegeaufwand sehr hoch ist. Das Projekt wurde nicht fortgesetzt.

Als Konsequenz wurden bei der Firma THEN Überlegungen angestellt, auf welche Weise diese Probleme gelöst werden könnten und welche Anforderungen sich daraus an ein Diagnosesystem ergeben. Um vor allem die vollständige Überarbeitung der Wissensbasis bei Änderungen der Maschinenkonfiguration zu vermeiden, wurde gefordert, daß die Wissensbasis aus der Funktionsbeschreibung beziehungsweise den Bauunterlagen der Maschinen direkt abgeleitet werden soll. Dabei soll von dem Komponentenverhalten ausgegangen werden und das Gesamtverhalten der Maschine durch die Vernetzung der Komponenten gewährleistet werden. Basis der Modellierung sollte das Nominalverhalten der Komponenten sein. Fehler sollten aus der Abweichung vom Nominalverhalten erkannt und diagnostiziert werden können. Die so entstehenden Wissensbasen sollten nicht nur für die Diagnose, sondern auch für die Überwachung und nach Möglichkeit auch für Auslegungsrechnungen verwendbar sein. Das Diagnosesystem muß in das AMC-DPM-System des Hauses THEN integrierbar sein. Dabei steht DPM für Dyhouse-Production-Management und stellt ein Leitsystem für komplette Färbereien dar.

Diese Anforderungen können durch das modellbasierte Analysesystem *ROSE* ideal erfüllt werden.

3. Grundlagen des modellbasierten Analysesystems *ROSE*

ROSE ist ein funktional modellbasiertes Analysesystem der zweiten Generation. Es baut auf dem Nominalverhalten und den Fehlermodi der Komponenten auf. Das Verhalten von Baugruppen oder Systemen ergibt sich aus dem Funktionsverhalten der Komponenten und deren Vernetzung untereinander. Es eignet sich für die Überwachung und für die Diagnose. Beides wird auf der Basis der Abweichung vom modellierten Nominalverhalten erkannt. Die Überwachungs- oder Monitoringfunktion ergibt sich interessanterweise automatisch aus der Maschinenmodellierung. Umfangreiche Entwicklungsarbeiten zur Erzeugung von Überwachungsmodulen sind also nicht erforderlich.

Durch die gewählte Darstellung sind auch Simulationsrechnungen möglich. Wichtig sind dabei einmal Auslegungsrechnungen, die dem Konstrukteur helfen, die richtigen Größen seiner Baugruppen beziehungsweise Komponenten zu finden. Dabei wird er durch die Tatsache, daß topologisch vorwärts und rückwärts gerechnet werden kann, sehr unterstützt.

Die Fehlermodi der Komponenten können explizit modelliert und individuell initiiert werden. Damit sind Risikoanalysen, beziehungsweise Failure Mode Analyses (FMEA) auf einfachste Weise als Simulationsrechnungen möglich.

Wenn man diese Möglichkeiten von *ROSE* in der zeitlichen Reihenfolge, in der sie im Lauf des Lebenszyklus' eines technischen Systems auftreten aufreiht, so stellt man fest, daß *ROSE* in der Lage ist, einen solchen gesamten Lebenszyklus zu unterstützen. Dabei kann *ROSE* gleichzeitig als Dokumentationssystem auf Komponenten-, und vor allem auf Baugruppen- und Systemebene dienen.

Bezüglich der Anwendbarkeit auf technische Systeme gibt es keine erkennbaren Beschränkungen. Es können genauso gut analoge elektrische Systeme wie mechanische, hydraulische oder pneumatische Komponenten und Systeme modelliert werden. Für boole'sche Systeme sind eigene Operatoren vorhanden, die diese besonders effizient zu verarbeiten gestatten. Topologien jeder Art wie Serienschaltung, Parallelschaltung und Rückführung können ohne Schwierigkeiten modelliert werden. Dies gilt auch für rückwirkungsbehaftete Systeme. Damit ist die Modellierbarkeit praktisch aller denkbaren technischen Systeme gewährleistet.

Bei der Gestaltung der Wissenserwerbskomponenten wurde größter Wert darauf gelegt, daß die Endbenutzer das Werkzeug direkt verwenden können. *ROSE* stützt sich auf das sogenannte Primärwissen der Ingenieure ab. Es wird damit zum Endbenutzerwerkzeug. Das Primärwissen ist das Nominalverhalten und die Fehlermodi bei Komponenten, die primär als Kennlinien oder Kennfelder für die stationären Betriebszustände ausgedrückt werden und die Vernetzung der Komponenten untereinander. Die Erfassung des Komponentenwissens geschieht mit Hilfe des graphischen Modelleditors. Ausgehend von den Komponenten können Baugruppen, Teilsysteme und höher aggregierte Systeme einfach durch eine grafisch unterstützte funktionale Vernetzung der Komponenten beziehungsweise Baugruppen hergestellt werden. Als Wertebereiche können quantitative, qualitative und logische Darstellungen verwendet werden. Auch Zeitverhalten kann direkt modelliert werden. Damit ist es mögliche eine direkte Abbildung des technischen Systems in der für die jeweilige Problemlösung geeignetsten Form zu erzeugen.

Die Kennlinien und Kennfelder werden abschnittsweise linear verarbeitet. Zur Linearisierung stehen eine Reihe von Operatoren zu Verfügung. Die interne Wertedarstellung und Berechnung beruht auf einer Intervallmengenarithmetik. Diese ist notwendig, um mit den bei technischen Systemen unvermeidlichen Toleranzen adäquat umgehen zu können. Ein Verzicht auf eine entsprechende Verarbeitung führt gegebenenfalls zu Fehlschlüssen bei der Diagnose. Durch die Intervalldarstellung ergeben sich interessante Auswertemöglichkeiten. Sie läßt offene, geschlossene und unendliche Intervallgrenzen zu. Mit ihr können unter- und überbestimmte Systeme ausgewertet werden, und man erzielt häufig trotzdem noch brauchbare Ergebnisse.

Aus den Kennlinien beziehungsweise Kennfeldern der Komponenten und deren Verbindungen wird ein in jeder beliebigen Richtung auswertbares Constraint-Netz erzeugt. Um diese topologische Vorwärts- und Rückwärtsrechnung zu ermöglichen, werden die die Kennlinien beschreibenden Gleichungen symbolisch umgeformt.

Der Modelleditor als wichtigster Repräsentant einer ganzen Reihe von Editoren ist als objektorientierter Klasseneditor angelegt. Damit ist Mehrfachvererbung möglich, was die Wiederverwendbarkeit von generischem Wissen sehr nachhaltig unterstützt. Außerdem ist mit dieser Technik die Erweiterbarkeit aller entsprechenden Editoren durch den Anwender gegeben.

Mit anderen Worten: in *ROSE* sind modernste und zukunftsweisende Softwaretechnologien verwirklicht.

4. Modellierungsbeispiele

Im Zuge der Modellierung zeigt es sich, daß der Luftschlauch, das Kolbenventil und der Behälter von besonderem Interesse sind.

Der Luftschlauch, der typischerweise ein Pilot- oder Magnetventil mit dem druckluftgesteuerten Wasser- oder Kolbenventil verbindet, erscheint zunächst als triviales Bauteil. Jedoch zeigt er genau das Verhalten, das viele dieser Verbindungsbauteile im praktischen Betrieb zeigen. Sie können durch schlichtes Abrutschen von der Verbindung beziehungsweise durch undicht werden den Betrieb der Anlage ernsthaft stören. Die Funktionsgleichung für den Luftschlauch ist einfach: Der Ausgangsdruck ist gleich dem Eingangsdruck. Die Durchflußmenge wird nicht modelliert, da sie für die Betrachtung uninteressant ist. Außerdem fließen keine nennenswerte Luftmengen. Interessant ist dieser Schlauch im Zusammenhang mit der Diagnose. Es stellte sich heraus, daß der Luftschlauch bei einem bestimmten Betriebszustand unter Verdacht geriet, der nur dadurch zu erklären war, daß er am Ausgang mehr Druck bereitstellte, als ihm am Eingang zur Verfügung stand. Dieses physikalisch unsinnige Verhalten, konnte durch die Einführung der Fehlerkennlinie beziehungsweise durch die Definition des Fehlerbereiches unterbunden werden. (Siehe Bild 4).

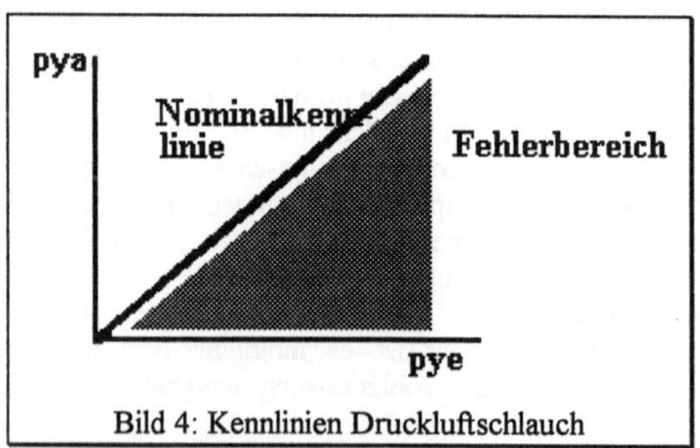

Bild 4: Kennlinien Druckluftschlauch

Dieser ist jetzt so definiert, daß der Ausgangsdruck immer kleiner als der Eingangsdruck sein muß. Mit dieser Definition werden alle die Wertepaarungen im Koordinatensystem, die weder durch die Nominalkennlinien noch durch die Fehlerkennlinien beziehungsweise den Fehlerbereich abgedeckt sind so interpretiert, daß sie durch die Komponente nicht eingenommen werden können. Damit ist dieser oben beschriebene physikalisch unmögliche Zustand unterdrückt worden. Durch die Definition des Fehlerbereiches beziehungsweise des Fehlermodus bei der Komponente wird dem System also zusätzliches Wissen zur Verfügung gestellt, was dazu ausgenutzt wird, die Zahl der verdächtigen Kandidaten einzuschränken.

Das Kolbenventil bildet zunächst in mehreren Abschnitten die nichtlineare Kennlinie zwischen Durchflußmenge und Differenzdruck am Kolbenventil ab. (Siehe Bild 5). Von besonderem Interesse hierbei ist, daß außer dem normalen Betriebsverhalten und dem echten Fehlverhalten ein Zwischenzustand modelliert werden mußte, den wir das sogenannte "fremdinduzierte Fehlverhalten" nennen. Dabei zeigt die betroffene Komponente an ihrem Ausgang ein Verhalten, das auf eine Störung schließen läßt. Dieses beruht aber nicht auf einem Defekt der Komponente selbst, sondern auf dem einer stromauf gelegenen Komponente. Im vorliegenden Fall kann es passieren, daß der Luftdruck zur Ansteuerung des Kolbenventils die notwendige Höhe nicht erreicht und deswegen das Ventil nicht vollständig öffnet. Es stellt sich ein sogenannter Schwebezustand ein. Dieser Zustand muß als Nominalzustand modelliert werden, damit der Diagnoseprozeß erkennt, daß es sich nicht um eine Störung des Kolbenventils sondern von dessen Luftversorgung handelt.

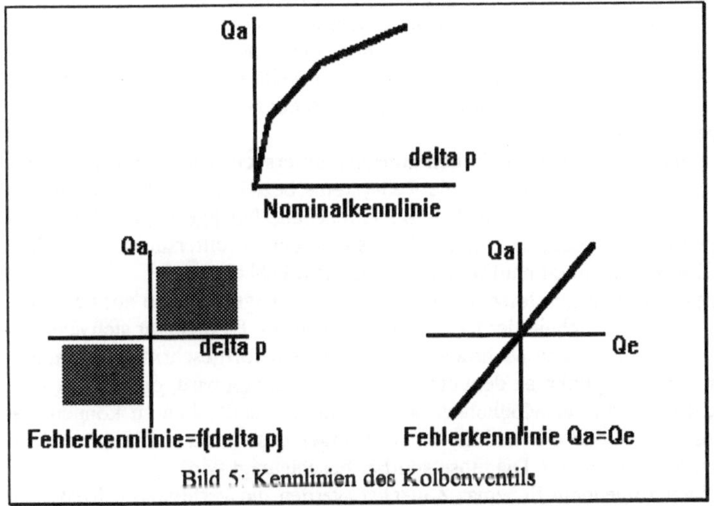

Bild 5: Kennlinien des Kolbenventils

Der Behälter ist deswegen interessant, weil bei ihm die Zeit als eine wesentliche Größe mit auftritt. Es müssen drei Betriebszustände unterschieden werden. Das ist das Befüllen bei geschlossenem Ablaß oder das Entleeren bei geschlossenem Zulauf. Das gleichzeitige Entleeren und Befüllen beim Spülen ist von der Modellierung her der interessanteste Zustand. Diese unterschiedlichen Betriebszustände müssen im Modell dargestellt werden. Im Prinzip wird das Entleeren und das Entleeren bei gleichzeitigem Befüllen durch eine Differentialgleichung erster Ordnung bestimmt. Dieses Verhalten (sogenanntes PT_1-Verhalten) kann jedoch für die vorliegenden Zwecke durch eine einfache Linearisierung angenähert werden. Damit läßt sich für die Bedürfnisse dieser Analysen das Verhalten genau genug darstellen.

5. Diagnose

Bei der Diagnose wird eine Vorauswahl der Kandidaten aufgrund einer heuristischen Bewertung getroffen. Dabei wird von der Vorstellung ausgegangen, daß ein Meßwert hinter einer Komponente über deren Zustand Auskunft geben kann. Es gehen drei wesentliche Größen in die Betrachtung ein. Das ist die Ausfallwahrscheinlichkeit, der Meßaufwand und die Prüfaussage. Die Ausfallwahrscheinlichkeit versteht sich praktisch von selbst. Der Meßaufwand beschreibt, welcher Aufwand getrieben werden muß, um eine bestimmte Größe zu messen oder zu beobachten. Die Prüfaussage gibt darüber Auskunft, in welchem Maße der Meßwert oder der Beobachtungswert eine Aussage über den Zustand der Größe überhaupt zu machen gestattet. Diese drei Größen werden bewertet, was dann zu einer Testreihenfolge führt, nach der die Kandidaten ausgewählt und untersucht werden. Diese Testreihenfolge spielt natürlich nur bei solchen Diagnosen eine Rolle, bei denen manuell gemessene Daten in die Diagnose einfließen. Dabei legt man natürlich großen Wert darauf, mit möglichst geringem Gesamtaufwand die Diagnosen sicher zu einem Ergebnis zu führen. Meßdaten, die über Meßdatenerfassungsanlagen automatisch erfaßt werden können, fallen nicht unter diese Betrachtung.

Eine weitere Möglichkeit zur Steuerung der Diagnosestrategie für manuell zu messende Daten liegt in der Fokussierung auf bestimmte Teilsysteme oder Meßwertgruppen. Der Gedanke dabei ist, daß wenn ein Diagnostiker begonnen hat, ein bestimmtes Teilsystem beziehungsweise in einem bestimmten Bereich einer Anlage manuell Fehler zu suchen, daß es dann nützlich ist, dort alle praktisch sinnvollen Werte gleichzeitig zu erfassen, um wiederholte Wege oder gar Demontagen zu vermeiden.

Bei Komponenten, deren Zustand sich durch Messung nicht eindeutig identifizieren läßt, gibt es auch die Möglichkeit, Komponententests zu aktivieren. Das kann dazu führen, daß entweder manuell oder automatisch bestimmte Betätigungen erfolgen, die dann über den Zustand der Komponente nähere Auskunft geben. Das Ergebnis wird beim weiteren Ablauf der Diagnose berücksichtigt. Im Extremfall kann das bedeuten, daß eine Komponente ausgebaut und zum Beispiel auf einer Prüfbank getestet wird.

Die Diagnose läuft hierarchisch ab. Das heißt, daß zunächst untersucht wird, ob das Gesamtsystem in Ordnung ist oder nicht. Dann werden die Teilsysteme beziehungsweise Baugruppen untersucht werden und erst dann wird auf die Komponentenebene hinabgestiegen. Das führt dazu, daß oft sehr schnell erkannt wird, daß ganze Teilsysteme den zu untersuchenden Fehler nicht erklären können. Dies beschleunigt natürlich die Diagnose erheblich.

Zum Zeitpunkt, da dieser Bericht geschrieben wird, beruht die Diagnose noch auf der Basis der Ein-Fehler-Annahme und der Technik der Constraint Suspension. Es befindet sich aber bereits eine Strategie zur Behandlung von Mehrfachfehlern in einem fortgeschrittenen Stadium der Entwicklung, so daß zum Zeitpunkt, an dem dieser Vortrag gehalten wird, diese Mehrfachfehlerdiagnose laufen wird. Neben der Möglichkeit Mehrfachfehler entdecken zu können, hat sie vor allem den großen Vorteil, daß die Zahl der Auswertungen des Constraint-Netzes erheblich reduziert werden kann und damit die Diagnose spürbar beschleunigt wird.

Der Diagnoseablauf folgt folgendem Schema: Zunächst werden die verfügbaren Meß- und Beobachtungswerte übernommen. Dann wird mit Hilfe des sogenannten Einstiegstests untersucht, ob sie in Übereinstimmung mit dem nominalen Betriebsverhalten des Systems sind. Diese Funktion ist von hoher Bedeutung für praktische Anwendungen, da *ROSE* damit nicht nur Diagnosen macht, sondern auch die Fehlerentdeckung beziehungsweise Systemüberwachung. Wird das System als OK erkannt, so meldet *ROSE* das und wartet auf den nächsten Datensatz. Andernfalls wird über die heuristische Testreihenfolge die Kandidatenvorauswahl getroffen, der gefundenen Kandidat beziehungsweise dessen zugehöriges Teilsystem wird suspendiert und es wird untersucht, ob das restliche Netz dann konfliktfrei belegt werden kann. Wenn dies der Fall ist, wird das Bauteil als verdächtig markiert. Dieser Prozeß wiederholt sich, so lange mit den vorhandenen Meßwerten entsprechende Untersuchungen durchgeführt werden können. Ist die Eingabe weiterer Meßwerte erforderlich, so wird dies in einem Dialogfenster angezeigt und der Meßwert angefordert. Bei den manuell einzugebenden Werten handelt es sich dabei häufig um rein qualitative Werte, die mit Begriffen, wie "viel", "wenig" oder "normal" belegt werden können. Auch diese können mit *ROSE* problemlos verarbeitet werden. Der übernommene Wert wird zur Bewertung aller seitherigen Kandidaten herangezogen, was dazu führen kann, daß seither Verdächtige aus der Betrachtung ausscheiden und sich die Zahl der verdächtigen Kandidaten einschränkt. Dieser Prozeß wiederholt sich so lange, bis entweder eine Komponente klar als fehlerhaft identifiziert ist, oder nur noch eine Komponente verdächtig ist oder keine weiteren Meßwerte mehr vorliegen. Eine

Komponente wird nur dann eindeutig als defekt markiert, wenn mindestens je eine Eingangs- und Ausgangsgröße als Meßwerte eingegeben wurden. Falls der Verdacht durch Schlußfolgerungen zustande kam, wird sie als verdächtig markiert, was für die Praxis normalerweise gleichbedeutend ist.

Entsprechende Diagnosen wurden mit der vorliegenden Anwendung im Labor und in der Praxis erfolgreich durchgeführt.

6. Auslegungsrechnung

Wie eingangs schon erwähnt, ist es eine wesentliche Aufgabe für dieses System, die Konstruktion bei der optimalen Auslegung der Maschinen zu unterstützen. So liegen eine Reihe normierter Bauteile vor, von denen die optimalen auszuwählen sind. Beispiele dafür sind Ventile mit verschiedenen Querschnitten beziehungsweise Behälter mit verschiedenem Fassungsvermögen. Wenn jetzt bei einer Anlage untersucht werden soll, wie sich zum Beispiel Ventile mit anderem Querschnitt auf die Befüllungszeit auswirken, so wird zunächst im Modelleditor dieses Ventil angelegt. Dabei kann es die grundsätzliche Charakteristik der Kennlinien von dem bereits modellierten Ventil übernehmen beziehungsweise erben. Die genaue Festlegung der Kennlinie erfolgt durch die Neudefinition der Konstanten. Im Systemeditor wird grafisch das alte Ventil durch das neue ersetzt, die Verbindungslinien wieder in die Ports geführt und mit der Generierung die neue Wissensbasis erzeugt. Dieser Vorgang dauert für eine Komponente allenfalls Minuten. Dann können die Simulationsrechnungen mit der neuen Komponente durchgeführt werden und der Effekt des geänderten Querschnitts auf die Befüllungszeit untersucht werden.

7. Ausblick und Ergebnisse

Die Färbemaschine wird bis Jahresende komplett modelliert sein. Sie wird dann unter der ständigen Überwachung von *ROSE* laufen. Damit wird die Produktivität des Betreibers und die Qualität seiner Produkte erheblich gesteigert und ihm damit direkten Nutzen bringen.

Für den Hersteller der Maschinen stellt sich diese Vorgehensweise wirtschaftlich sinnvoll dar, einmal weil die Erstellung der Wissensbasen an sich kostengünstig ist und von den Ingenieuren direkt durchgeführt werden kann und zum zweiten, weil er sie gleichzeitig für Auslegungszwecke nutzen kann.

Die Wissensbasen bringen also mindestens doppelten Nutzen.

8. Verallgemeinerbarkeit der Ergebnisse

Es wurden keine besonderen Annahmen oder Vorkehrungen für die Modellierung und Analyse dieser Maschinen im Werkzeug *ROSE* getroffen. Es wurde allerdings während der Pilotphase festgestellt, daß die Fehlerkennlinien und das fremdinduzierte anomale Betriebsverhalten bei einzelnen Komponenten von Bedeutung ist. Dies sind Modellierungsaspekte, die bereits vorher in *ROSE* angelegt waren, deren praktische Bedeutung aber durch dieses Pilotprojekt erkennbar wurde.

Es mußte zur Lösung der Simulationsaufgaben eine Erweiterung in *ROSE* eingeführt werden. Das Problem ist, daß Wasserventile nichtlineare Kennlinien haben und außerdem in einer Kette, in der mehrere Drosseln in einer Wasserleitung in Serie geschaltet sind der Druckabfall an der einzelnen Drossel sich einmal durch den Druck des Wassernetzes am Eingang, den Druck am Ausgang und die insgesamt durchfließende Menge einstellt. Die Kette ist also rückwirkungsbehaftet. Der Zusammenhang ist zwar physikalisch eindeutig, aber durch die nichtlinearen Kennlinien der einzelnen Drosseln ist eine einfach mathematische Behandlung nicht ohne weiteres möglich. Es wurde deswegen das Iterationsverfahren gewählt, bei dem der Bediener wesentliche Größen schätzt und durch einen Iterationsprozeß die Werte ermittelt werden. Diese Möglichkeit ist ebenfalls von allgemeiner Natur und beschränkt sich nicht auf diese spezielle Anlage. Das heißt, die hier verwendeten Methoden und das Werkzeug *ROSE* ist auch für andere Aufgaben einsetzbar. Dies wird auch durch die sehr unterschiedliche Art und Struktur der seither durchgeführten Projekte voll belegt.

Effizientes Informations- und Dokumentations-Management - Ein objektorientierter Ansatz -

Gabriele Höfling Johann Kempe

Bayerisches Forschungszentrum für
Wissensbasierte Systeme (FORWISS)
Orleansstraße 34,
D–81667 München, Germany

Abstract. Beim Verkauf komplexer technischer Produkte wird die Dokumentation ein immer wichtigerer Wettbewerbsfaktor, da eine gut strukturierte, verständliche und korrekte Beschreibung eines Produkts einen echten Wettbewerbsvorteil schafft. Das Erstellen von Dokumentationen ist jedoch eine sehr komplexe und zeitaufwendige Aufgabe. In diesem Artikel wird ein objektorientierter Modellierungsansatz und ein Dokumentmanagementsystem vorgestellt, das auf Basis eines objektorientierten Datenbanksystems implementiert wurde und eine effiziente Verwaltung, Erstellung und Suche von Dokumenten ermöglicht. Dabei ist die Grundlage des verwendeten Lösungsansatzes eine ganzheitliche Modellierung, in der die Dokumente zusammen mit dem, was sie beschreiben, objektorientiert repräsentiert werden.

1 Problemstellung und Motivation

Beim Verkauf komplexer technischer Produkte wird die Dokumentation ein immer wichtigerer Wettbewerbsfaktor, da eine gut strukturierte, verständliche und korrekte Beschreibung eines Produkts einen echten Wettbewerbsvorteil schafft. Kein komplexes Produkt, wie z.B. ein Computer, kann ohne geeignete Dokumentation bedient, gewartet und instandgesetzt werden - ohne Dokumentation ist es ziemlich wertlos. Das Erstellen solcher Dokumentationen ist aber vor allem wegen der Komplexität der Produkte, die selbst wieder aus sehr vielen, ebenfalls zu dokumentierenden Einzelteilen bestehen können, sehr schwierig und zeitaufwendig. Bereits heute entfallen in vielen Bereichen 20% der Produktionskosten eines neuen Produkts auf seine Dokumentation. Insbesondere wird das Dokumentieren von Produkten durch folgende Entwicklungen zunehmend erschwert:

- Immer kürzer werdende Produkt-Lebenszyklen führen auch zu immer kürzeren Dokument-Lebenszyklen.
- Die steigende Komplexität von Produkten bedingt durch die Entwicklung neuer, immer komplexerer Technologien bewirkt auch eine aufwendigere Dokumentation

- Die Internationalisierung der Märkte erfordert das Bereitstellen des selben Dokuments in verschiedenen Sprachen und unter Berücksichtigung länderspezifischer Standards etc.

In diesem Umfeld ist ein System wünschenswert, das die Erstellung und Verwaltung der Dokumentation komplexer technischer Produkte unterstützt und erleichtert und damit sowohl einem Anstieg der Dokumentationskosten entgegenwirkt als auch ein flexibles Reagieren auf neue Marktsituationen ermöglicht.

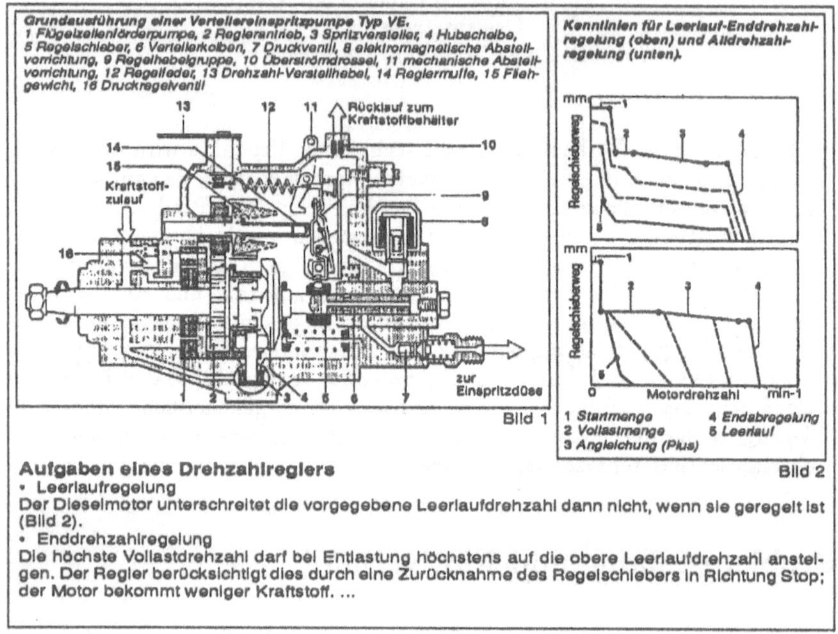

Grundausführung einer Verteilereinspritzpumpe Typ VE.
1 Flügelzellenförderpumpe, 2 Regleranlrieb, 3 Spritzversteller, 4 Hubscheibe, 5 Regelschieber, 6 Verteilerkolben, 7 Druckventil, 8 elektromagnetische Abstellvorrichtung, 9 Regelhebelgruppe, 10 Überströmdrossel, 11 mechanische Abstellvorrichtung, 12 Regelfeder, 13 Drehzahl-Verstellhebel, 14 Reglermuffe, 15 Fliehgewicht, 16 Druckregelventil

Bild 1

Kennlinien für Leerlauf-Enddrehzahlregelung (oben) und Alldrehzahlregelung (unten).

1 Startmenge
2 Vollastmenge
3 Angleichung (Plus)
4 Endabregelung
5 Leerlauf

Bild 2

Aufgaben eines Drehzahlreglers

- Leerlaufregelung

Der Dieselmotor unterschreitet die vorgegebene Leerlaufdrehzahl dann nicht, wenn sie geregelt ist (Bild 2).

- Enddrehzahlregelung

Die höchste Vollastdrehzahl darf bei Entlastung höchstens auf die obere Leerlaufdrehzahl ansteigen. Der Regler berücksichtigt dies durch eine Zurücknahme des Regelschiebers in Richtung Stop; der Motor bekommt weniger Kraftstoff. ...

Fig. 1. Auszug aus der technischen Dokumentation einer Reiheneinspritzpumpe

Betrachtet man technische Dokumentationen – ein typisches Beispiel zeigt Abbildung 1 [9] – lassen sich aus der gegebenen Problemstellung folgende Anforderungen für ein Dokumentmanagementsystem (kurz: DMS) ableiten:

1. *Komplexe Beziehungen:* Bei einem technischen Produkt bestehen komplexe Beziehungen zwischen den einzelnen Bestandteilen des Produkts und deshalb auch zwischen den entsprechenden Teilen der zugehörigen Dokumentation. Beispielsweise besteht eine Verteilereinspritzpumpe (Abbildung 1, Bild 1) u.a. aus einer Reglergruppe die wiederum aus aus einem Fliehkraftregler und einem Hebelverband besteht. Diese Beziehungen müssen sich auch in der Dokumentation wiederspiegeln.
2. *Variantenbildung:* Da ein Produkt häufig in mehreren Varianten angeboten wird, sollte das DMS effizient mit den entsprechenden Varianten der

Dokumentation umgehen können.

3. *Heterogene Daten:* Typischerweise enthält die Dokumentation komplexer Produkte Texte, Abbildungen und Graphiken (s. Abbildung 1). Diese unterschiedlichen Datenarten muß ein DMS behandeln können.
4. *Massendaten:* Aufgrund der Komplexität der Produkte (1), seiner verfügbaren Varianten (2) sowie der unterschiedlichen Sprachen und länderspezifischen Standards, die bei der Dokumentation berücksichtigt werden müssen, muß ein DMS mit sehr großen Datenmengen umgehen können.
5. *Persistenz:* Da Produkte und ihre Dokumente über eine längere Zeitspanne existieren, muß das DMS eine permanente Ablage unterstützen.
6. *Vage/uninformierte Suche:* Manchmal haben Benutzer nur eine vage Information über den Sachverhalt, den sie suchen. Deshalb sollte das DMS eine uninformierte Suche nach Dokumenten erlauben und/oder eine Möglichkeit zum „Stöbern“ in Dokumentbeständen anbieten.
7. *Exakte Suche:* Für den informierten Benutzer sollte das DMS aber auch eine gezielte Suche nach Dokumenten ermöglichen.
8. *Änderungsfreundlichkeit:* Produkte unterliegen während ihres Lebenszyklus einer ständigen Weiterentwicklung und evtl. einem Redesign. Ein DMS sollte diese Veränderungen möglichst flexibel und dynamisch auf Dokument-Seite unterstützen.
9. *Wiederverwendbarkeit:* Zwischen vielen Produkten besteht eine große Ähnlichkeit (z.B. bei obengenannten Varianten) und sie besitzen deshalb viele Gemeinsamkeiten. Das DMS sollte diese Gemeinsamkeiten bei den zugehörigen Dokumentationen berücksichtigen und den gemeinsamen Teil in den betroffenen Dokumentationen wiederverwenden. Dadurch können Redundanzen ($\rightarrow$ Reduktion des Speicherbedarfs) und Inkonsistenzen vermieden werden. Die Dokumentation wird dadurch robuster gegenüber Fehlern, da Änderungen nur einmal an einer Stelle durchgeführt werden müssen.
10. *Mehrbenutzerbetrieb:* Ein DMS sollte Bearbeitungsvorgänge verschiedener Benutzer zur gleichen Zeit unterstützen.

Zusätzlich muß ein DMS alle notwendigen Desktop-Publishing- und/oder Graphik-Fähigkeiten bieten. Bei der Realisierung eines solchen DMS sollte auf eine offene Systemarchitektur mit sauber definierten Programmierschnittstellen geachtet werden, damit beliebige bestehende und damit vom Benutzer akzeptierte Systeme eingebunden werden können (sofern sie ebenfalls eine definierte Programmierschnittstelle besitzen).

2 Warum Objektorientierung ?

Historisch entwickelte sich die objektorientierte Technologie aus den semantischen Datenmodellen [5], den Programmiersprachen mit Konzepten abstrakter Datentypen und aus in der KI bekannten Wissensrepräsentations-Techniken (insbesondere dem Frame-Konzept [8]). Das objektorientierte Datenmodell zeichnet sich durch eine natürliche und ausdruckstarke Modellierungsmöglichkeit aus, die es erlaubt, auch komplex strukturierte, reale Sachverhalte darzustellen. Aufgrund dieser Ausdrucksmächtigkeit und der gestellten, komplexen Anforderungen (s. Kapitel 1) bietet sich für ein DMS ein objektorientierter Modellierungsansatz zur Darstellung von Dokumenten an. Als Implementierungsplattform eignen sich insbesondere die sog. objektorientierten Datenbanksysteme.

Die folgende Auflistung zeigt einen kurzen Überblick über die Eigenschaften, die ein objektorientiertes Datenbanksystem (ooDBS) – ein Datenbanksystem mit einem objektorientierten Datenmodell – wie z.B. O_2, ITASCA ([4, 2, 7] besitzen sollte. Diese gliedern sich auf in

- *Eigenschaften des objektorientierten Datenmodells*, wie
  - Objektidentität zur eindeutigen Identifizierung von Objekten
  - komplexe Objekte, die sich aus anderen Objekten zusammensetzen
  - Beziehungen, die zwischen beliebigen Objekten bestehen können
  - Klassenhierarchien und Vererbung
  - Datentypen für große unstrukturierte Objekte,

in

- *Eigenschaften des Datenbanksystems (DBS)*, wie
  - Persistenz, d.h. die dauerhafte Ablage von Daten
  - Mehrbenutzer-Fähigkeit / Transaktionen
  - Verwaltung von Massendaten
  - ad hoc Abfragesprache,

und in

- *zusätzliche Eigenschaften*, wie
  - Schema-Evolution und
  - Erweiterbarkeit.

Ein objektorientiertes Datenbanksystem bietet alle wichtigen Fähigkeiten um auf einfache Weise ein DMS zu implementieren, das die aufgeführten Anforderungen erfüllt. Mit Hilfe komplexer Objekte und der Möglichkeit zur Definition von Beziehungen zwischen Objekten lassen sich die in Anforderung 1 (s. Kapitel 1) genannten komplexen Beziehungen realisieren. Änderungsfreundlichkeit (Anforderung 8) wird durch die Fähigkeit der Schema-Evolution und Erweiterbarkeit eines objektorientierten Datenbanksystems erreicht. Eine große Auswahl an Datentypen erleichtert die Darstellung und Verwaltung heterogener Daten, die in einem DMS anfallen (Anforderung 3). Der Umgang mit Massendaten (Anforderung 4), ad hoc Anfragen, Mehrbenutzerfähigkeit (Anforderung 10) und Persistenz (Anforderung 5) werden durch die aufgeführten Datenbank-Eigenschaften eines ooDBS erfüllt. Die Forderungen nach Variantenbildung und Wiederverwendbarkeit (Anforderung 2 und 9) werden durch die typischen objektorientierten Konzepte der Klassenhierarchien und der Vererbung abgedeckt. Die noch offene Anforderung der Möglichkeit zur uninformierten Suche wird durch unseren speziellen Modellierungsansatz gelöst, der im nächsten Abschnitt genauer beschrieben wird.

3 Modellierungsansatz und Anwendung

Die Grundidee unserers Modellierungsansatzes ist es, das gesamte Wissen – nicht nur die Dokumente – eines speziellen Bereiches (z.B. einer Abteilung, eines Projektes) in einer zentralen objektorientierten Wissensbasis zu verwalten. Diese Wissensbasis umfaßt dabei sowohl Dokumente (*Dokumentwissen*) als auch allgemeine Informationen über das, was die Dokumente beschreiben, das sogenannte *Kontextwissen*. Um diese Wissensbasis aufbauen zu können, benötigt man ein einheitliches Konzept, mit dem sich die unterschiedlichen Entities sowohl des Kontextwissens (z.B. Automobile, Computer, Personen) als auch des Dokumentwissens (z.B. Texte, Graphiken, Bilder) darstellen lassen. Hiefür bietet sich das zentrale und namensgebene Element des objektorientierten Datenmodells, das *Objekt*, an. Damit ist eine ganzheitliche Modellierung von Dokumenten möglich, in der die Dokumente nicht losgelöst von ihrem Kontext oder Anwendung betrachtet werden.

Dieser Ansatz und seine Vorteile soll im weiteren anhand einer Anwendung aus der Automobilbranche verdeutlicht werden. Dabei handelt es sich um die Produktion, Verwaltung und Bereitstellung von technischen Dokumentationen als eine Aufgabe des Product Supports in der Automobil-Industrie.

In diesem Anwendungsfeld bildet das gesamte Wissen über die Struktur, den Aufbau und die Varianten eines Automobils das Kontextwissen. Das Dokumentwissen umfaßt die textuellen Beschreibungen von Automobilen respektive seinen Bestandteilen.

Der Aufbau dieser zentralen, objektorientierten Wissensbasis geschieht in drei Schritten.

Im ersten Schritt wird das Kontextwissen der Anwendung objektorientiert modelliert. In unserem Beispiel heißt das, daß die gesamte Produktpalette eines Automobilherstellers objektorientiert modelliert wird. Dabei wird die part-of Beziehung zur Modellierung von Bestandteilsbeziehungen verwendet (z.B. der Motor als Bestandteil eines Autos) und die is-a Beziehung zur Modellierung von Varianten (z.B. ein Motor ist ein Bezin- oder Dieselmotor). Abbildung 2 zeigt vereinfacht die so entstehende Klassenhierarchie (sogenannte *Kontext-Klassenhierarchie*). Im zweiten Schritt wird die komplette Dokumentation eines Automobils entsprechend der Kontext-Klassenhierarchie in Subdokumente zerschlagen. Dabei soll jedes entstehende Subdokument genau eine Klasse (Objekt)[1] des Kontextwissens beschreiben. Diese Subdokumente werden nun selbst als Klassen modelliert. Diese Dokumentklassen können auch zusätzliche Eigenschaften wie z.B. den Autor und die Art des Dokumentes (z.B. Text, Grafik, Bild) enthalten.

In einem letzten Schritt werden die Dokumentklassen an diejenigen Klassen in der Kontext-Klassenhierarchie angehängt, die sie beschreiben. Dieses „Anhängen" geschieht via der part-of Beziehung, d.h. ein Dokument wird Bestandteil desjenigen Objektes (oder der Klasse), das es beschreibt.

[1] In unserem Anwendungsbeispiel wird der Instanzenbegriff nicht benötigt, da die Dokumentationen für alle Automobile gleichen Typs gleich sind. Von daher unterscheiden wir im weiteren nicht zwischen Klasse, Instanz und Objekt.

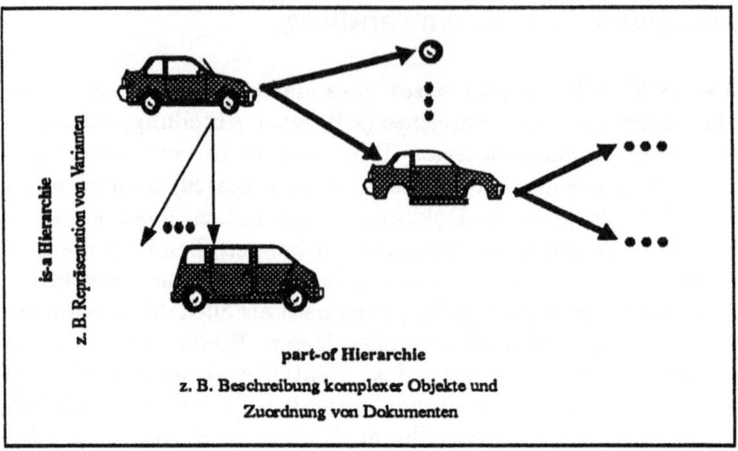

Fig. 2. Klassenhierarchie des Kontextwissens

Die resultierende Klassenhierarchie kann nun dafür genutzt werden, Dokumentationen komplexer Teile eines Automobils (wie z.B. eines Motors, einer Einspritzpumpe) ***automatisch zu generieren.*** Den Dokument-Bauplan dafür liefert die Modellierung des gewünschten Teils in der Kontext-Klassenhierarchie. Abbildung 3 illustriert dies. Vererbung auf Kontextseite entspricht der Wiederverwendung von Dokumenten auf Dokumentseite d.h. geerbte Dokumente werden in alle Unterklassen-Dokumentationen eingebunden. Zum Beispiel enthält die Transporter-Beschreibung die – von der Klasse KFZ – geerbte Dokumentation der Räder (s. Abb. 3).
Eine part-of Beziehung auf Kontext-Seite wird eine Kapitel/Unterkapitel-Beziehung auf Dokumentseite. So besitzt z.B. die Kfz-Dokumentation die Unterkapitel „Räder“ „Chassis“ und weitere.
Um die automatische Dokumentgenerierung implementieren zu können, benötigt man ein Textverarbeitungssystem, das in der Lage ist, Dokumente generisch aufzubauen (z.B. LaTex)

Neben dem Vorteil der automatischen Generierung bietet die objektorientierte, ganzheitliche Modellierung von Dokumenten weitere Vorteile:

- *Einheitliches Konzept:* Da alle realen Entities, z.B. Dokumente und Bestandteile eines Automobils, durch das einheitliche Konzept „Objekt“ beschrieben werden, ist der Vergleich und damit eine einheitliche Suche sowie ein einheitlicher Zugriff auf diese originär unterschiedlichen Entities möglich.
- *Automatische Wiederverwendung* von Dokumenten durch Vererbung
- *Flexible Modifikationsmöglichkeiten:* Eine neue Komponenente zusammen mit der zugehörigen Dokumentation kann einfach an passender Stelle in die Klassenhierarchie eingehängt werden. Bei der Dokumentgenerierung wird

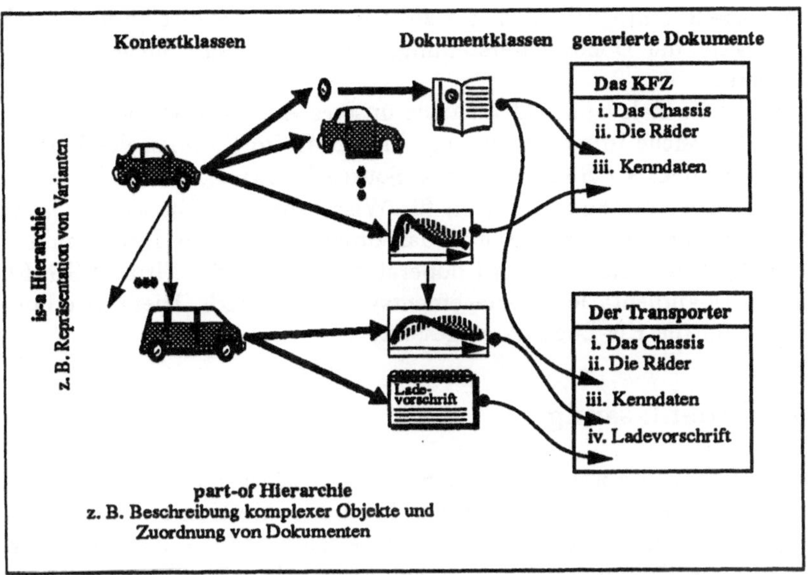

Fig. 3. Gesamte Klassenhierarchie mit Dokumentgenerierung

diese neue Subdokumentation automatisch mitberücksichtigt und in das Gesamtdokument eingebunden. Falls ein bestehendes Dokument verändert wird, so wird diese Änderung automatisch von allen Subklassen registriert, die dieses Dokument erben. Es ist nicht notwendig diese Änderung in allen Dokumenten durchzuführen, die das betroffene Dokument enthalten (erben). Früher waren alle diese Änderungen mit vielen „Schneide-" „Klebe-" und „Lösch"-Operationen verbunden.

- *Nichlineare Darstellung von Dokumenten:* Wie in Abbildung 3 dargestellt, können Dokumente in sehr komplexen, nichtlinearen Beziehungen [2] zueinander stehen. Diese (transitiven) nichtlinearen Beziehungen verknüpfen nicht nur Dokumente sondern können (im Gegensatz zu Hypertext-Systemen) in ihrem Pfad auch Kontextklassen enthalten (die keine Dokumente sind, siehe auch Abbildung 3).
- *Vage, uninformierte Suche:* Benutzer können sowohl über die Dokumente selbst als auch über das Kontextwissen nach Dokumenten suchen. Dabei erleichert insbesondere das Kontextwissen eine vage Suche nach Dokumenten, da der Benutzer sich durch die Struktur des Kontextwissen leiten lassen oder darin „Stöbern" kann.

[2] Die nichlineare Anordnung von Dokumenten ist eine Hauptmerkmal der sogenannten Hypertextsysteme.

Diese Vorteile ermöglichen es, die zeitaufwendige, schwierige und stark repetitive Aufgabe der Dokumenterstellung, -verwaltung und Suche erheblich zu rationalisieren.

Die praktische Relevanz und Effizienz unseres Ansatzes wurde demonstriert durch die erfolgreiche Implementierung eines DMS im Rahmen des FORWISS-Kooperationsprojektes CSKB (Common Source KnowledgeBase). Dabei wurde beim Bayerischen Forschungszentrum für Wissensbasierte System (FORWISS) – Forschungsgruppe Wissensbasen – das objekt-orientierte Datenbanksystem MOOD [6, 3] entwickelt, bei dem Kooperationspartner, der Firma ESG/FEG [3] entstand das Dokumentationsmanagementsystem OSIDOK. Diese wird dort seit August 1991 für die Kfz-Logistik eingesetzt.

4 Zusammenfassung

Technische Dokumente werden zu einem immer wichtigeren ökonomischen Faktor beim Verkauf komplexer technischer Produkte wie Computer, Automobile und Flugzeuge. In diesem Beitrag wurde ein Ansatz und ein System vorgestellt, das ein effizientes Dokumentenmanagment ermöglicht. Grundlage hierfür ist ein ganzheitlicher Modellierungsansatz, in dem Dokumente zusammen mit ihrem Kontext in eine objektorientierte Klassenhierarchie abgebildet werden. Die Vorteile dieses Ansatzes sind:

- rationelle Dokumenterstellung durch (automatisierbare) Dokumentgenerieriung
- einfache und flexible Modifaktionsmöglichkeiten und damit Änderungsfreundlichkeit
- Unterstützung einer vagen Suche nach Dokumenten
- geringere Fehlerhäufigkeit bei der Dokumentation durch Dokumentgenerieriung und Redundanzvermeidung aufgrund von Vererbung.

All dies führt zu einer kostengünstigeren, qualitativ besseren, produktiveren und damit wirtschaftlicheren Dokumentverwaltung.

Der vorgeschlagenen Modellierungsansatz ist dabei allgemein genug, um auch auf andere Anwendungsfelder der technischen Dokumentverwaltung angewandt werden zu können. Potentielle weitere Anwendungsdomänen sind u.a. Computer Aided Software Engineering (CASE) – Verwaltung von Programmen, Modulen, Spezifikationen, Manualen, Releases etc. – und Büroinformationssysteme (OIS) – Verwaltung von Korrespondenzen, Formularen in unterschiedlichen Bearbeitungsstufen.

References

1. M. Atkinson et al: The Object-Oriented Database System Manifesto. Proc. 1st Intl. Conf. DOOD 1989, Kyoto, North-Holland (1991)

[3] ESG/FEG, Vogelweideplatz 9, 8000 München 80

2. Bancilhon F., et al.: Building an object-oriented Database System - The Story of O_2. Morgan Kaufmann Publishers (1992)
3. Bayer R.: MOOD: A Knowledgebase System with Objectoriented Deduction. 2nd Int. Symposium on Database Systems for Advanced Applications (DASFAA), Tokyo (1991)
4. Cattell R.G.G.: Object Data Management – Object-Oriented and Extended Relational Database Systems. Addison-Wesley (1991)
5. Hammer M., McLeod D.: Data Description with SDM: a Semantic Database Model. ACM Transactions on Database Systems, Vol.**6**, No.**3** (1981)
6. Höfling G., Kempe J., Bayer R.: MOOD – Erfahrungen mit der Konzeption, Entwicklung und Anwendung eines objekt-orientierten Datenbanksystems. GI Datenbank-Rundbrief **10** (1992)
7. Kim W.: Introduction to Object-Oriented Databases. The MIT Press (1990)
8. Minsky M.: A Framework for Representing Knowledge. Psychology of Computer Vision, MIT Press, Cambridge MA (1975)
9. Straubel M., Eblen E.: Dieseleinspritzanlagen. BOSCH Kraftfahrtechnisches Taschenbuch, VDI Verlag (1984)

Zielgerichtetes Design von Aminosäuresequenzen mit Künstlichen Neuronalen Netzen

von
Gisbert Schneider und Paul Wrede[1]

Freie Universität Berlin, Fachbereich Physik, AG Biophysik, Arnimallee 14, 14195 Berlin
Tel: 030-838 2156, Fax: 030-838 5186.

Es wird eine allgemeine Methode zur Entwicklung von neuronalen Filtersystemen zur Mustererkennung in Proteinsequenzen und für deren zielgerichtetes Design vorgestellt. Das Verfahren der **Protein Filterinduktion** (PROFI) wird am Beispiel der Filterentwicklung zur Erkennung von Signalpeptidase-Schnittstellen veranschaulicht. Mit diesen neuronalen Filtersystemen werden auch Schnittstellen in unabhängigen Testsequenzen mit absoluter Genauigkeit vorhergesagt. Dies stellt eine deutliche Verbesserung gegenüber den bislang verwendeten statistischen Verfahren dar. Der entscheidende Unterschied des PROFI-Systems gegenüber anderen künstlichen neuronalen Netzen zur Untersuchung von Proteinsequenzen liegt in der biologisch orientierten Datenrepräsentation: Nicht Buchstabenfolgen, sondern biophysikalische Aminosäureeigenschaften der Sequenzen werden auf charakteristische Merkmale hin untersucht. Die Merkmalssuche kann man als eine Optimierungsaufgabe betrachten. Als Optimierungsverfahren wurde die Evolutionsstrategie angewandt. Mit diesem neuen Verfahren können sich in Zukunft einige Decodierungsprobleme in Proteinsequenzen lösen lassen. Die mit PROFI entwickelten neuronalen Filtersysteme werden zur Prozesskontrolle beim rationalen Design von Aminosäuresequenzen eingesetzt. Dazu wird ein Protein-Design Zyklus vorgestellt, der die Optimierung von Aminosäuresequenzen nach diesem kybernetischen Modell ermöglicht (PROSID: **Protein Sequence Inductive Design**). Trainierte künstliche neuronale Netze dienen dabei zur Repräsentation eines "idealen" Proteinmodells, welches in einer sich wiederholenden Mutations-Selektions Prozedur aus einer zuächst zufällig gewählten Aminosäuresequenz durch **Simulierte Molekulare Evolution** (SME) erzeugt werden kann. Dieses neue Syntheseverfahren ist als Prototyp für DOS-Rechner in Modula2 implementiert.

Artificial Life/ Merkmalsextraktion/ Molekulare Evolution/ Sequenzanalyse

---

Einleitung

Proteine stellen einen nahezu idealen Werkstoff für viele Bereiche der molekularen Medizin und Biotechnologie dar. Auch für die Herstellung von Biochips, sowie als Bauteile in optischen und neuronalen Rechnern werden "designte" Proteine eine Rolle spielen [1,2]. Ziel beim Protein-Design ist es, die Abfolge von Aminosäuren - den Bausteinen eines Proteins - derart zu gestalten, daß eine bestimmte dreidimensionale Struktur ("Tertiärstruktur") von dem Protein eingenommen wird und somit auch eine neue, bestimmte Proteinfunktion resultiert [3]. Bis heute ist es jedoch noch nicht möglich, allein nach theoretischen Vorüberlegungen und Modellbildung ohne Kenntnis der Tertiärstruktur eine Aminosäuresequenz zielgerichtet zu synthetisieren, die eine beliebige gewünschte biologische oder technische Funktion hat. Vielmehr geht ein Design-Zyklus von einer bekannten dreidimensionalen Struktur aus, die mit Hilfe der Methoden des computergestützten Moleküldesigns (CAMD) verändert und anschließend im biologischen oder technischen Test auf ihre Funktion hin überprüft wird [4]. Welche dreidimensionalen Strukturen dabei für bestimmte Funktionen verantwortlich sind, ist

---

1 Korrespondenzautor

erst in Ansätzen verstanden. Somit ist das rationale Protein-Design eine Optimierungsaufgabe, wobei es bei der Entwicklung neuer Design-Techniken gilt, die Anzahl der Optimierungszyklen zu reduzieren, da insbesondere die Aufklärung der dreidimensionalen Proteinstruktur einen sehr hohen Arbeits- und Zeitaufwand hat. In manchen Fällen ist sie mit den derzeitigen Verfahren (Röntgenstrukturanalyse, mehrdimensionale NMR) überhaupt nicht möglich.

Ein anderer Design-Ansatz geht statt von der bekannten Tertiärstruktur allein von der Aminosäuresequenz aus [5,6]. Diese ist im Gegensatz zur dreidimensionalen Struktur jederzeit ohne großen experimentellen Aufwand sowohl indirekt aus der zugehörigen Nukleinsäuresequenz als auch direkt aus einer gereinigten Proteinprobe zu bestimmen. Auch der Pool an bekannten Sequenzen stellt mit ca. 50.000 Datenbankeinträgen (PIR, Protein Identification Resource: NBRF, Washington) gegenüber nur etwa 300 bekannten hochaufgelösten Tertiärstrukturen (Brookhaven Data Bank) eine hinreichend große Menge an Sequenzmustern zur Verfügung. An die Stelle der bekannten 3D-Struktur tritt in einem Sequenz-orientierten Design-Zyklus ein Proteinmodell, welches aus einer Reihe bekannter Sequenzen mit gleicher biologischer oder technischer Funktion erstellt wurde. Eine Möglichkeit, schnell und zuverlässig zu einem solchen Modell zu kommen, bietet der Einsatz künstlicher neuronaler Netze zur Mustererkennung in Aminosäuresequenzen [7-10]. Die Sequenzmerkmale, die ein neuronales Netz aus den bekannten Sequenzen extrahiert hat, wird dann als Modell eines "idealen" Proteins im Design-Zyklus verwendet (Abbildung 1). Zur Optimierung von Sequenzen während des Design-Prozesses wurde bereits das Verfahren der simulierten molekularen Evolution vorgeschlagen [5,6]. Der Einsatz neuronaler Netze hat einige Vorteile gegenüber einem rein strukturellen, grafischen Design durch CAMD:

- Vom neuronalen Netz werden *relevante Sequenzmerkmale* extrahiert und selbsttätig gegen irrelevante Sequenzinformation abgegrenzt.
- Die Sequenzanalyse und das spätere Design erfolgen *parallel*, d.h. eine Sequenzposition wird nicht isoliert betrachtet sondern immer im Kontext zu benachbarten Positionen. Dies ermöglicht die Berücksichtigung von Interaktionen und Korrelationen zwischen verschiedenen Aminosäureresten entlang der Sequenz.
- Das Verfahren ist schnell, und ein Design kann vollständig auf dem Computer simuliert werden. Dadurch wird die experimentelle biochemische Laborarbeit auf ein Minimum begrenzt.

Die neue Methode der Synthesekontrolle beim Protein-Design soll anhand des Sequenz-orientierten *de novo* Designs der Signalpeptidase-Schnittstelle periplasmatischer Proteine aus E.coli veranschaulicht werden. Das Design dieser Sequenzen ist ein Beispiel für die Anwendung des Verfahrens in der Biotechnologie: Die Sekretion eines biotechnologisch hergestellten Proteins aus den zur Herstellung verwendeten Zellen (z.B. E.coli) wird durch eine "optimale" Signalpeptidase-Schnittstelle verbessert, d.h. es kann eine höhere Ausbeute erhalten werden [11]. Es ist dabei nicht beabsichtigt, "bessere" Proteine als die in der Natur vorkommenden zu synthetisieren; vielmehr sollen hochspezifische, auf eine bestimmte Funktion hin optimierte (hier Signalpeptidase-Schnittstelle) Aminosäuresequenzen erhalten werden, die in dieser Form vielleicht tatsächlich nicht natürlich vorkommen.

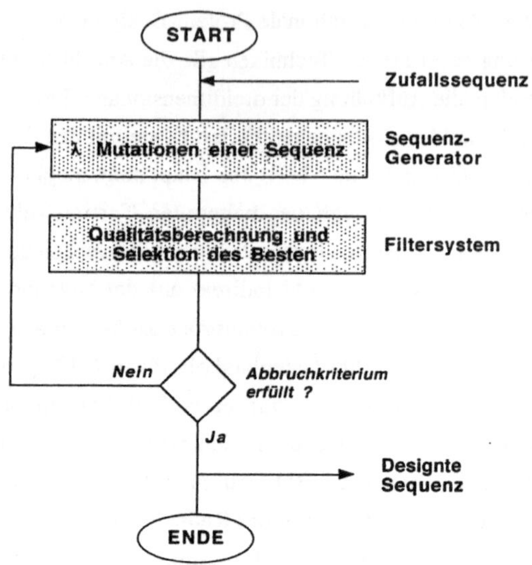

Abbildung 1: Schema eines Sequenz-orientierten Protein-Design Zyklus unter Anwendung simulierter molekularer Evolution. Ein Filtersystem berechnet den Ausprägungsgrad eines funktionellen oder strukturellen Merkmals in Aminosäuresequenzen. Der Zyklus beginnt mit einer Zufallssequenz und wird solange wiederholt, bis eine deutliche Ausprägung des erforderlichen Merkmals in der Sequenz erreicht ist.

Methoden und Algorithmen

Für ein rationales Design von Aminosäuresequenzen (Signalpeptidase-Schnittstellen als Beispiel), welches nicht auf einer Kenntnis der dreidimensionalen Proteinstrukturen beruht, sind folgende Voraussetzungen zu erfüllen:

- Auswahl geeigneter, repräsentativer Sequenzdaten mit bekannten, experimentell abgesicherten Schnittstellen (Training- und Testdaten)
- Auswahl einer geeigneten Architektur des künstlichen neuronalen Netzes (Filtersystem)
- Erfolgreiche Merkmalsextraktion durch das neuronale Netz (Netztraining)
- Design "idealer" Signalpeptidase-Schnittstellen im Protein-Design Zyklus (simulierte molekulare Evolution, SME)

Auswahl der Sequenzdaten: In der SwissProt Datenbank (Release 18) stehen 24 Precursorsequenzen mit experimentell bestätigten Schnittstellenpositionen zur Verfügung. Die Sequenzen wurden in einen Trainingsatz (17 Sequenzen) und einen Testsatz (7 Sequenzen) zufällig verteilt (Verhältnis 7:3). Die Testsequenzen wurden nicht zum Training verwendet, nur zum Testen der mit den Trainingsequenzen optimierten Filter. Für die Filterinduktion werden Sequenzausschnitte ("Fenster") betrachtet, eingeteilt in positive und negative Beispiele: Ein positives Beispiel umfaßt die Positionen -10 bis +2 (Abbildung 2), die Schnittstelle liegt dabei zwischen den relativen Fensterpositionen 10 und 11. Alle anderen möglichen Sequenzausschnitte der Länge 12 stellen negative Beispiele dar. Das Verhältnis von positiven zu negativen Beispielen im Training- und im Testsatz beträgt 1:4. Dieses Verhältnis hat sich in Vorversuchen als optimal hinsichtlich des Lernerfolges der Netze ergeben [10]. Für eine aussagekräftige statistische Evaluierung der Ergebnisse ist die geringe Anzahl an Sequenzen zwar zu gering (Kreuzvalidierung bietet sich an), wir wollen vielmehr zeigen, daß die PROFI-Methode [9,10] auch bei nur wenigen zur Verfügung stehenden Sequenzen erfolgreich ist und einen generellen Ansatz zur Merkmalsextraktion in Aminosäuresequenzen darstellt. Eine vollständige Liste der Sequenzen ist von den Autoren auf Anfrage zu erhalten.

Die Filterarchitekturen: Ziel des Netztrainings ist es, aus den Trainingsequenzen Merkmale zu extrahieren, mit deren Hilfe die positiven von den negativen Beispielen abgegrenzt werden können. Bei Präsentation eines positiven Beispiels soll das Netz den Wert 1.0 liefern, 0.0 für ein negatives Beispiel. Das einfachste neuronale Netz, das dies leistet, ist ein Perzeptron mit sigmoider Übertragungsfunktion $F(net_{in})$ (Gl. 1) (Abbildung 2a):

$$F(net_{in}) = \frac{1}{1 + e^{-net_{in}}} \tag{1}$$

Die Eingangsschicht des Netzes codiert Aminosäuresequenzen mit zwei orthogonalen biophysikalischen Eigenschaften: Hydrophobizität [12] und Volumen [13]. Die Erstellung von Hinton-Diagrammen ermöglicht dadurch nach dem Training eine biochemisch verständliche Interpretation der vom Netz extrahierten Merkmale anhand der Gewichtung der Eigenschaften an den einzelnen Sequenzpositionen. Jedoch sind einfache Perzeptrons noch zu rauschanfällig für eine sichere Vorhersage von Schnittstellenpositionen in Aminosäuresequenzen [9,10]. Mehrschichtige Perzeptrons mit einer nichtlinearen, sigmoiden Transferfunktion der Netzknoten sind in der Lage beliebige stetige Funktionen zu approximieren [14,15] und ermöglichen im Gegensatz zum einfachen Perzeptron eine sichere Vorhersage von Schnittstellen auch in unabhängigen Testsequenzen [10].

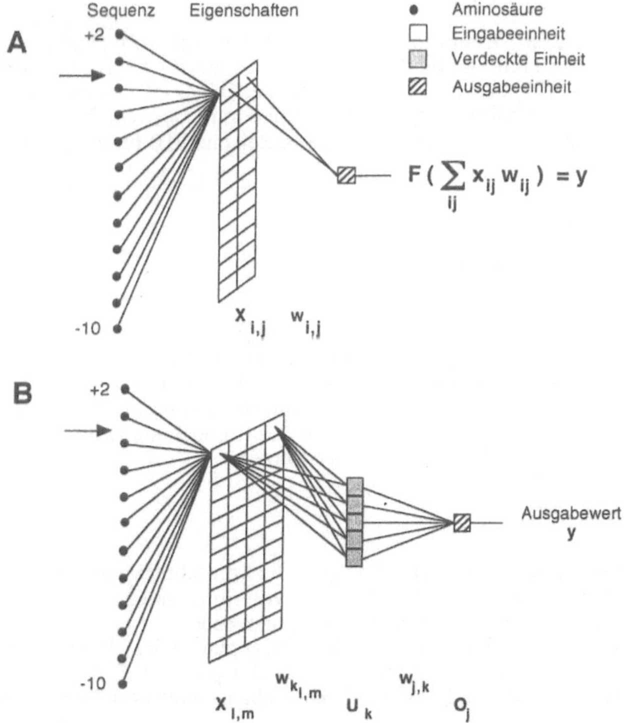

Abbildung 2: Netzarchitekturen zur Analyse von Aminosäuresequenzen. A) Architektur eines Perzeptrons ohne verdeckte Einheiten. Eine Aminosäure wird durch zwei chemo-physikalische Eigenschaften codiert (Eingabeschicht). Die Transformationsfunktion des Netzes von einer Sequenz zum Ausgabewert *y* ist dargestellt. F(*summe*) ist die sigmoide Übertragungsfunktion des Ausgabeknotens. B) Architektur eines dreischichtigen feed-forward Netzes mit vier codierenden Eigenschaften. Die Pfeile bezeichnen die Position der Signalpeptidase-Schnittstelle im betrachteten Sequenzfenster. Nicht alle Netzkanten sind eingezeichnet.

Für das dreilagige Netzmodell werden vier Aminosäureeigenschaften zur Sequenzcodierung verwendet, die sich sowohl in Vorversuchen [10] als auch durch Sequenzanalyse mit dem symbolischen Induktionsverfahren PROMIS [16] als sinnvoll ergaben [17]: Zusätzlich zur Hydrophobizität und dem Volumen wurden Hydrophilizität [18] und Polarität [19] ausgewählt. Die Korrelationskoeffizienten (Gl. 2) der Skalen sind Tabelle 1 zu entnehmen.

$$r = \frac{\sum_n (x_n-\bar{x})(y_n-\bar{y})}{\sqrt{\sum_n (x_n-\bar{x})^2 \sum_n (y_n-\bar{y})^2}} \qquad (2)$$

	A	B	C	D
A	1.0	-0.83	-0.85	0.0
B		1.0	0.72	-0.43
C			1.0	0.11
D				1.0

Tabelle 1: Die Korrelationskoeffizienten *r* der zur Sequenzcodierung verwendeten Aminosäureeigenschaften. A) Hydrophobizität, B) Hydrophilizität, C) Polarität, D) Volumen.

Eine hinsichtlich der Klassifikations- und Generalisierungsfähigkeit optimale Anzahl der Einheiten in der verdeckten Schicht wurde empirisch durch systematische Variation zwischen 1 und 12 Einheiten bestimmt. Die Transformationsfunktion des dreilagigen Netzes mit verdeckten Netzknoten (Abbildung 2b) ist (Gl. 3):

$$y = F\Big(\sum_{j,k} w_{j,k}\, F\big(\sum_{l,m} w_{kl,m}\, x_{l,m}\big)\Big) \qquad (3)$$

Netztraining: Eine (1,500)-Evolutionsstrategie [20] wurde zum Trainieren der Netze verwendet. Im Gegensatz zum Gradientenverfahren des hierfür häufig verwendeten Backpropagation-Algorithmus [21] basiert dieses Verfahren auf einer lokalen stochastischen Suche. Optimierungsziel war die Minimierung des Fehlerquadrats E_{lms} der Netzausgabe y_p für n Muster (p) mit dem Sollwert y_t (1.0 für ein positives Beispiel, 0.0 für ein negatives Beispiel) (Gl. 4):

$$E_{lms} = \frac{\sum_p (y_t - y_p)^2}{n} \quad \text{---> min.} \qquad (4)$$

Die Netzgewichte werden bei der Evolutionsstrategie in einem top-down Verfahren normalverteilt um "Elternwerte" w_{alt} herum verändert (Gl. 5) (Erzeugung von "Nachkommen" w_{neu}) und die so erhaltenen Netze einer Qualitätsbestimmung unterzogen (Berechnung von E_{lms}). Diejenigen Gewichtswerte w_{neu}, die zum geringsten Fehler bei der Vorhersage führen (Formel 4), dienen als "Eltern" im nächsten Optimierungszyklus. Die Anzahl an "Nachkommen" pro Zyklus war 500 in allen Experimenten:

$$w_{neu} = w_{alt} + (g\,\sigma) \qquad (5)$$

Dabei ist g eine normalverteilte Zufallszahl und σ ist die Lernschrittweite. Die Lernschrittweite selber wurde einer Optimierung mit der (1,500)-Evolutionsstrategie unterzogen und wird dadurch adaptiv an die Erfordernisse des Suchraumes angepaßt.
Zusätzlich zur Berechnung von E_{lms} wird die Vorhersagegüte Q des Netzes bestimmt (Gl. 6), wobei N die Anzahl korrekt klassifizierter negativer Beispiele ist, P ist die Anzahl korrekt klassifizierter positiver Beispiele, und n ist die Gesamtzahl an Sequenzen im Datensatz:

$$Q = \frac{P + N}{n} \qquad (6)$$

Die Netzarchitekturen, welche die besten Vorhersageergebnisse (Q_{train} und Q_{test}) lieferten, werden zu einem Filtersystem für das Schnittstellen-Design zusammengefaßt. Hierfür werden die Ausgabewerte der einzelnen Netze durch Multiplikation verknüpft, so daß ein einziger Gesamtwert für ein vorgelegtes Sequenzbeispiel resultiert.

Simulierte molekulare Evolution: Für die zielgerichtete Optimierung von Aminosäuresequenzen wird eine Ziel- bzw. Qualitätsfunktion benötigt. Dieses "Proteinmodell" gilt es im Laufe der Sequenzoptimierung zu entwickeln (Abbildung 1). Als Qualitätsfunktion wird das neuronale Filtersystem für Signalpeptidase-Schnittstellen verwendet. Der Ausgabewert des neuronalen Netzes wird als Sequenzqualität definiert, welche zwischen 0.0 (schlechteste Sequenz) und 1.0 (ideale Sequenz) variieren kann. Die einzelnen Positionen der Sequenzen werden mit Hilfe einer (1,500)-Evolutionsstrategie [20] systematisch optimiert. Das Verfahren (PROSID: Protein Sequence Inductive Design) ist bereits beschrieben worden [6]: Ausgehend von einer zufällig gewählten Sequenz wird jede Position in einem sich wiederholenden Mutations-Selektionszyklus solange verändert, bis eine Sequenz höchster Qualität erzeugt wird (1.0) oder die Höchstzahl von 1000 Optimierungszyklen durchlaufen wurde.

Der Mutationsoperator: Pro Sequenzposition ist aus der Menge an 20 möglichen Aminosäuren eine Aminosäure auszuwählen. Um systematisch und zielgerichtet optimieren zu können, muß dabei dem "Prinzip starker Kausalität" gefolgt werden [20], d.h. kleine Änderungen der Objektvariablen sollen nur kleine Änderungen in der Qualität zur Folge haben. Eine Mutation erfolgt daher gaussverteilt gemäß einer Aminosäure-Abstandstabelle (Tabelle 2). Diese wurde aus den euklidischen Abständen der einzelnen Aminosäuren zueinander unter Verwendung der vier biophysikalischen Eigenschaften Hydrophobizität [12], Hydrophilizität [18], Polarität [19] und Volumen [13] zur Aminosäurebeschreibung aufgestellt. Eine Punktmutation r_{neu} an einer Sequenzposition mit dem Aminosäurerest r_{alt} ist bestimmt von einer normalverteilten Zufallszahl g, der Aminosäure r_{alt}, deren aktuellen Mutabilität σ, sowie der gewählten Abstandsmatrix M(d,r), nach der für eine Aminosäure r bei gegebenem Abstand d die neue Aminosäure r_{neu} ausgewählt wird (Gl. 7, 8):

$$r_{neu} = M(d, r_{alt}) \tag{7}$$

$$d = g\,\sigma \tag{8}$$

Die Mutabilität σ entspricht der Varianz der Gaussverteilung, die adaptiv an die Erfordernisse des Sequenzraumes (= Suchraum) mit Hilfe einer (1,500)-Evolutionsstrategie angepaßt wird. Pro Optimierungszyklus wurden 500 neue Sequenzen erzeugt, wobei die Mutabilität für jede Sequenzposition getrennt optimiert wird.

Der Selektionsoperator: Alle Nachkommen einer "Generation" (Optimierungszyklus) werden von dem neuronalen Netz einer Qualitätskontrolle unterzogen. Dabei kann die Qualität zwischen 0.0 und 1.0 liegen. Ziel ist es, eine Sequenz maximaler Qualität zu erhalten. Pro Generate-and-Test Zyklus wird die beste Sequenz ausgewählt und dient als "Elternsequenz" für die nächste "Generation".

	A	C	D	E	F	G	H	I	K	L	M	N	P	Q	R	S	T	V	W	Y
A	0	0.112	0.819	0.827	0.54	0.208	0.696	0.407	0.891	0.406	0.379	0.318	0.191	0.372	1	0.0936	0.22	0.273	0.739	0.552
C	0.114	0	0.847	0.838	0.437	0.32	0.66	0.304	0.887	0.301	0.277	0.324	0.157	0.341	1	0.176	0.233	0.167	0.639	0.457
D	0.729	0.742	0	0.124	0.924	0.697	0.435	0.847	0.249	0.841	0.819	0.56	0.657	0.584	0.295	0.667	0.649	0.797	1	0.836
E	0.79	0.788	0.133	0	0.932	0.779	0.406	0.86	0.143	0.854	0.83	0.599	0.688	0.598	0.234	0.726	0.682	0.824	1	0.837
F	0.508	0.405	0.977	0.918	0	0.69	0.663	0.128	0.903	0.131	0.169	0.541	0.42	0.459	1	0.548	0.499	0.252	0.207	0.179
G	0.206	0.312	0.776	0.807	0.727	0	0.769	0.592	0.894	0.591	0.557	0.381	0.323	0.467	1	0.158	0.272	0.464	0.923	0.728
H	0.896	0.836	0.629	0.547	0.907	1	0	0.848	0.566	0.842	0.825	0.754	0.777	0.716	0.697	0.865	0.834	0.831	0.981	0.821
I	0.403	0.296	0.942	0.891	0.134	0.592	0.652	0	0.892	0.0127	0.0568	0.457	0.311	0.383	1	0.443	0.396	0.133	0.339	0.213
K	0.889	0.871	0.279	0.149	0.957	0.9	0.438	0.899	0	0.892	0.871	0.667	0.757	0.639	0.154	0.825	0.759	0.882	1	0.848
L	0.405	0.296	0.944	0.892	0.139	0.596	0.653	0.0128	0.893	0	0.0615	0.452	0.309	0.376	1	0.443	0.397	0.133	0.341	0.205
M	0.383	0.276	0.932	0.879	0.182	0.569	0.648	0.0581	0.884	0.0623	0	0.447	0.285	0.372	1	0.417	0.358	0.12	0.391	0.255
N	0.424	0.425	0.838	0.835	0.766	0.512	0.78	0.615	0.891	0.603	0.588	0	0.266	0.175	1	0.361	0.368	0.503	0.945	0.641
P	0.22	0.179	0.852	0.831	0.515	0.376	0.696	0.363	0.875	0.357	0.326	0.231	0	0.228	1	0.196	0.161	0.244	0.72	0.481
Q	0.512	0.462	0.903	0.861	0.671	0.648	0.765	0.532	0.881	0.518	0.505	0.181	0.272	0	1	0.461	0.389	0.464	0.831	0.522
R	0.919	0.905	0.305	0.225	0.977	0.928	0.498	0.929	0.141	0.92	0.908	0.69	0.796	0.668	0	0.86	0.808	0.914	1	0.859
S	0.1	0.185	0.801	0.812	0.622	0.17	0.718	0.478	0.883	0.474	0.44	0.289	0.181	0.358	1	0	0.174	0.342	0.827	0.615
T	0.251	0.261	0.83	0.812	0.604	0.312	0.737	0.455	0.866	0.453	0.403	0.315	0.159	0.322	1	0.185	0	0.345	0.816	0.596
V	0.275	0.165	0.9	0.867	0.269	0.471	0.649	0.135	0.889	0.134	0.12	0.38	0.212	0.339	1	0.322	0.305	0	0.472	0.31
W	0.658	0.56	1	0.931	0.196	0.829	0.678	0.305	0.892	0.304	0.344	0.631	0.555	0.538	0.968	0.689	0.638	0.418	0	0.204
Y	0.587	0.478	1	0.932	0.202	0.782	0.678	0.23	0.904	0.219	0.268	0.512	0.444	0.404	0.995	0.612	0.557	0.328	0.244	0

Tabelle 2: Normierte Abstandsmatrix der Aminosäuren zur simulierten molekularen Evolution.

Sicht durch den Sequenzraum: Um eine Vorstellung vom Qualitätsverlauf im Sequenzraum zu erhalten, wird ausgehend von einer Sequenz die Qualität entlang einer Linie dargestellt, welche zu allen Achsen des 12-dimensionalen Suchraumes (12 Sequenzpositionen) gleich weit entfernt ist. So kann der Suchraum auf die Existenz lokaler Optima überprüft werden und auch während der SME eine Kontrolle stattfinden, wie die Qualität der aktuellen Umgebung einer Sequenz gestaltet ist [6]. Hierzu werden alle Aminosäuren einer Sequenz systematisch in 100 Schritten zu je 0.01 Einheiten der Aminosäureabstandsmetrik variiert, und von den resultierenden Sequenzen werden die Qualitäten mit Hilfe des neuronalen Filters berechnet. Pro Sequenz werden somit 100 Mutationen entlang der Blickrichtung untersucht. Die Auftragung der Qualitäten über dem Abstand von der Ursprungssequenz ergibt ein zweidimensionales Modell des Suchraums.

Ergebnisse und Diskussion

Analyse von Sequenzmerkmalen mit einem Perzeptron: Mit Hilfe eines einfachen Perzeptrons mit sigmoider Übertragungsfunktion (Abbildung 2A) wurde eine Sequenzanalyse von Signalpeptidase-Schnittstellen in periplasmatischen Proteinen aus E.coli durchgeführt. Als Lernalgorithmus diente eine (1,500)-Evolutionsstrategie mit adaptiver Schrittweitensteuerung, die Anzahl an Lernzyklen betrug 100, Optimierungsziel war die Minimierung des Least-mean-square Fehlers des Netzes (E_{lms}). Dabei wurde eine Reklassifikation von Q=100% im Trainingsatz erzielt. Die Klassifikation der unabhängigen Testsequenzen betrug Q=97%. Diese Ergebnisse wurden mit nur zwei orthogonalen Aminosäureeigenschaften zur Sequenzcodierung erhalten. Mit zwei weiteren korrelierten Eigenschaften kann die Klassifikationsfähigkeit noch weiter erhöht werden [9,10] (Tabelle 1). Hinsichtlich einer sinnvollen Merkmalsanalyse mit einem Hinton-Diagramm sind jedoch unkorrelierte Eigenschaften nötig, wobei die hohen Vorhersagegenauigkeiten zeigen, daß mit den Eigenschaften Volumen und Hydrophobizität das Sequenzmerkmal "Schnittstelle" bereits gut beschrieben werden kann. Die Auswertung des Hinton-Diagramms (mit normierten Gewichtswerten $w_{i,j}$) ermöglicht eine biochemisch verständliche Beschreibung dieses Merkmals (Abbildung 3):

- An den Positionen -1, -6 und -7 sind stark hydrophobe Aminosäuren bevorzugt, wobei von -6 bis -10 ein durchgehend hydrophober Bereich auffällt. Position -3 hat ebenfalls eine Präferenz für hydrophobe Reste.
- Position +1 wird nicht von hydrophoben Aminosäuren besetzt.
- An Position -2 befindet sich eine große Aminosäure, die von kleinen Resten flankiert wird.

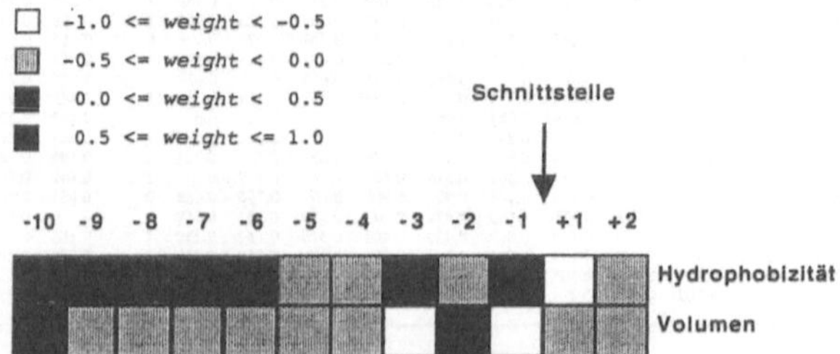

Abbildung 3: Hinton-Diagramm eines trainierten Perzeptrons mit zwei codierenden Aminosäureeigenschaften. Die Schnittstellenposition der Signalpeptidase aus E.coli ist als Pfeil markiert.

Diese Befunde werden in der Literatur bestätigt, insbesondere eine "-3,-1 Regel" und ein "hydrophober Kern" [17,22, 23,24]. Für die untersuchten E.coli Sequenzen kann die "-3,-1 Regel" nun mit dem Hinton-Diagramm genauer beschrieben werden: Kleine, hydrophobe Aminosäuren sind an -3 und -1 bevorzugt, wobei der Rest in -3 weniger hydrophob als in Position -1 ist. Auch der "hydrophobe Kern" (-6 bis -10) ist nicht einheitlich hinsichtlich der Eigenschaft, er beginnt vielmehr mit stark hydrophoben Resten (-6, -7) und ist im inneren Bereich weniger hydrophob. Dies konnten wir auch mit einer statistischen Untersuchung bestätigen, die jedoch deutlich aufwendiger war als das Verfahren mit dem neuronalen System [17]. Wir schließen aus der erfolgreichen Sequenzanalyse mit dem Perzeptron, daß mit dieser neuen Methode schnell und effizient hilfreiche Untersuchungen an Sequenzmaterial vorgenommen werden können, wobei durch die Erstellung von Hinton-Diagrammen eine biochemisch verständliche Interpretation der nicht-symbolischen Information des Netzwerks möglich wird. Voraussetzung hierfür ist eine Codierung der Sequenzen mit orthogonalen biophysikalischen Aminosäureeigenschaften.

Entwicklung eines künstlichen neuronalen Filtersystems: Um ein zuverlässiges, rauscharmes Vorhersagesystem für Signalpeptidase-Schnittstellen zu erhalten, welches als Proteinmodell in einem Sequenz-orientierten Design eingesetzt werden kann (Abbildung 1), wurden dreilagige neuronale feed-forward Netze mit einer (1,500)-Evolutionsstrategie trainiert. Die Anzahl an verdeckten Netzknoten wurde dabei von 1 bis 12 systematisch variiert, um eine "ideale" Anzahl an Einheiten für die Generalisierungsfähigkeit des Netzwerks zu finden. Nach 100 Lernzyklen wurde das Training jeweils abgebrochen. Die Generalisierungsfähigkeit wurde anhand der Klassifikation von Testsequenzen gemessen.

Verdeckte Einheiten	Q/% (Trainingsatz)	E_{lms} (Trainingsatz)	Q/% (Testsatz)
1	80	0.23	80
2	100	0.13	100
3	100	0.07	89
4	100	0.12	100
5	100	0.13	94
6	100	0.08	97
7	100	0.07	97
8	100	0.11	97
9	100	0.07	97
10	100	0.12	94
11	100	0.08	100
12	100	0.08	94

Tabelle 3: Die Ergebnisse des Netztrainings zur Erkennung der Signalpeptidase-Schnittstelle in Abhängigkeit von der Anzahl verdeckter Netzknoten.

Mit 2, 4 und 11 verdeckten Einheiten können Sequenzerkmale extrahiert werden, die 100% korrekte Reklassifikation und Klassifikation ermöglichen. Diese drei Netze wurden zu einem Filtersystem für die SME zusammengefaßt. Eine Interpretation der durch das Netz repräsentierten Merkmale, wie es bei dem einfachen Perzeptronmodell möglich ist, kann hier nicht mehr stattfinden, da die Gewichtswerte nicht mehr unmittelbar mit den Aminosäureeigenschaften korreliert sind, jedoch konnte bereits mit der Perzeptronanalyse gezeigt werden, daß das Netz in der Lage ist, relevante Merkmale zu finden.

Design von Signalpeptidase-Schnittstellen: Das maschinelle *de novo* Design von Signalpeptidase-Schnittstellen wurde mit dem erhaltenen neuronalen Filtersystem als Beurteilungssystem für Aminosäuresequenzen durchgeführt (Abbildung 1). Es entspricht einem "idealen Proteinmodell", dessen Merkmale es im Laufe der Sequenzoptimierung zu erreichen galt. Ausgehend von einer zufälligen Aminosäurefolge wurde ein 12 Aminosäuren umfassendes Sequenzfenster mit Hilfe einer (1,500)-Evolutionsstrategie mit positionsspezifischer adaptiver Schrittweitensteuerung optimiert. Ein Optimierungsprotokoll zeigt Abbildung 4.
Deutlich ist eine sehr schnelle Qualitätszunahme bereits nach wenigen Optimierungszyklen ("Generationen") zu beobachten. Nach 200 Generationen wurde die Optimierung abgebrochen, da kein weiterer Qualitätsgewinn auftrat. Auch die Abnahme der durchschnittlichen Mutabilität (Schrittweite) der Sequenzpositionen im Laufe der Optimierung zeigt die Konvergenz des Systems an. Die so erhaltene Sequenz FFFGWYGWA↓RE (der Pfeil indiziert die Signalpeptidase-Schnittstelle) wird als "ideale" Schnittstellensequenz interpretiert. Sie stellt eine neue, maschinell erzeugte Sequenz dar, die nicht in der PIR-Datenbank vorkommt. Ob diese Schnittstellensequenz tatsächlich biologische Aktivität im Sinne einer "idealen" Schnittstelle hat, wird derzeit im biologischen *in vivo* Test überprüft. Hinsichtlich der bekannten Schnittstellenmerkmale (z.B. der "-3,-1 Regel", "hydrophober Kern") zeigt die designte Sequenz alle erforderlichen Eigenschaften: In -1 und -3 sind mit Glycin und Alanin typische kleine, hydrophobe Reste vertreten und ab Position -6 beginnt ein markanter hydrophober Abschnitt. Position +1 ist von einer positiv geladenen Aminosäure (Arginin) besetzt. Überraschenderweise befindet sich in +2 eine negativ gelade Aminosäure (Glutaminsäure), so daß die positive Ladung in +1 kompensiert wird. Es wurde bereits eine Präferenz für neutrale und saure (= negativ geladene) Reste am N-Terminus des reifen Proteins beschrieben [22,23]. Wir schließen aus unseren Ergebnissen, daß ganz allgemein geladene Aminosäuren an diesen Positionen wichtig sind. Eine Präferenz für saure Reste können wir nicht bestätigen. Tabelle 4 gibt einen Überblick über die einzelnen Stationen der Sequenzoptimierung.
Bereits nach der zweiten Generation ist an Position -2 ein Tryptophan konserviert, in der zehnten Generation setzt sich an -6 ein Glycin durch. Erst nach der 52. Generation sind die Sequenzpositionen -3 und -1 zur "-3,-1 Regel" [22,23] voll ausgebildet. Position -3 ist dabei deutlich variabler hinsichtlich einer "idealen" Aminosäure als -1. Wir schließen daraus, daß insbesondere die Positionen -2 und -6 wichtig für das Schnittstellensignal sind. Die "-3,-1 Regel" scheint demnach auch hauptsächlich durch die Aminosäure an Position -2 bestimmt zu sein, gefolgt von Position -1. Aus der Perzeptronanalyse ist bekannt, daß in -2 eine große Aminosäure, in -3 und -1 jeweils eine kleine Aminosäure wichtig sind [24] (siehe oben). Der Unterschied zwischen -3 und -1 deutete sich auch bereits in dieser Analyse an (Abbildung 3).

Die "ideale" Sequenz hat eine Qualität von 0.8986 gemäß dem neuronalen Filtersystem. Die untersuchten natürlichen Schnittstellen haben alle niedrigere Qualitäten.

Generation						Sequenz								Qualität
0	F	I	C	L	T	M	G	Y	I	C	↓	R	C	0.7565
1	F	L	T	L	P	V	S	M	W	F	↓	E	Q	0.8764
2	W	I	T	F	T	I	A	M		I	↓	E	T	0.8920
3	W	M	I	F	S	Y	W	G		F	↓	R	A	0.8929
4	F	F	I	L	S	F	W	A		I	↓	K	T	0.8958
5	M	I	M	M	A	F	W	S		V	↓	R	P	0.8965
6	V	F	L	F	P	W	W	S		M	↓	R	S	0.8951
7	M	F	I	F	S	F	F	A		V	↓	R	N	0.8955
8	M	F	L	F	A	W	F	P		C	↓	E	E	0.8975
9	I	W	M	L	S	W	F	G		C	↓	Q	D	0.8976
10	V	F	F	I	G	L	F	G		C	↓	R	E	0.8971
11	V	L	I	L		Y	I	G		C	↓	R	E	0.8975
12	M	I	F	M		F	I	G		A	↓	R	D	0.8973
13	L	M	I	I		W	M	G		A	↓	N	D	0.8970
14	L	L	M	F			I	G		S	↓	Q	D	0.8977
15	I	I	M	F			F	G		A	↓	R	D	0.8978
16	M	L	M	W			F	S			↓	R	E	0.8977
17	L	Y	M	W			V	A			↓	R	E	0.8980
18	I	F	I	W			C	C			↓	K	E	0.8973
19	F	F	M	F			C	A			↓	Q	E	0.8980
20		W	I	F			A	A			↓	R	E	0.8983
21		W	M	F			A	S			↓	K	E	0.8981
22		W	V	F			C	A			↓	R	D	0.8982
23		F	M	F			C	C			↓	D	E	0.8981
24		F	I	I			C	C			↓	R	D	0.8980
25		F	F	L			A	A			↓	D	D	0.8977
26		F	I	M			C	A			↓	R	D	0.8980
27		F	F	F			C	A			↓		D	0.8983
28		F		F			C	A			↓		D	0.8983
29		F		I			C	A			↓		D	0.8982
30		F		F			C	A			↓		D	0.8983
31		F					C	A			↓		E	0.8984
32		F					C	A			↓		E	0.8984
33		W					C	A			↓		E	0.8984
41		W					C	A			↓		E	0.8984
42		W					C	A			↓		K	0.8984
43		W					A	A			↓		K	0.8984
50		W					A	A			↓		K	0.8984
51		F					Y	S			↓		E	0.8984
52	F	F	F	F	G	W	Y	G	W	A	↓	R	E	0.8986

Tabelle 4: Protokoll einer simulierten molekularen Evolution. Die Entwicklung der Sequenzen und deren Qualitäten im Laufe der Optimierung sind in Abhängigkeit von den Generationen dargestellt. Fixierte Aminosäuren sind zur Übersichtlichkeit nicht bis zum Ende eingetragen. Der Pfeil kennzeichnet die Signalpeptidase-Schnittstelle. Ab der 52. Generation setzte sich keine weitere Mutation durch.

Qualitätsverlauf im Sequenzraum: Betrachtet man ausgehend von der in der SME erhaltenen "idealen" Sequenz in einer ausgewählten Richtung die Qualität im Sequenzraum, zeigt sich deutlich, daß die Optimierung auf einem Qualitätsmaximum konvergiert ist (Abbildung 5). Deutlich sind auch einige lokale Optima zu erkennen. Im Vergleich zu anderen Aminosäure-Abstandsmetriken führt die hier verwendete kontext-definierte Matrix (Tabelle 2) zu einem vergleichsweise "glatten" Suchraum ohne viele stark ausgeprägte lokale Optima [6].

Mit diesem Verfahren konnte gezeigt werden, daß die Modalität des Suchraumes bei der Optimierung von Aminosäuresequenzen zu einer Signalpeptidase-Schnittstelle von der gewählten Abstandsmetrik abhängt. Die "Kontext-Matrix" (Tabelle 2) erwies sich als ideal für diese Anwendung. Auch für andere Optimierungsaufgaben könnte eine solche Darstellung des Suchraumes nützlich sein.

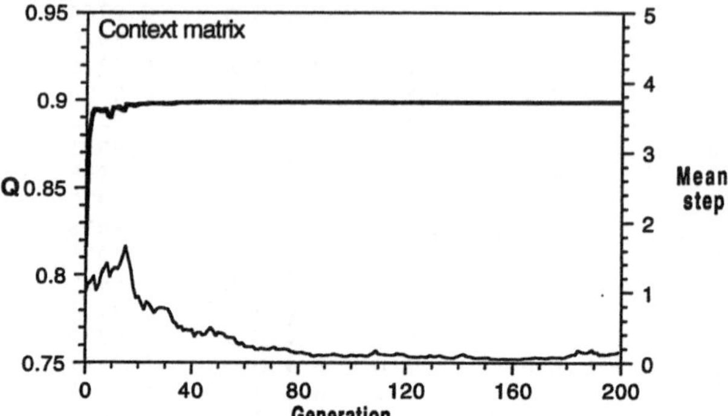

Abbildung 4: Entwicklung der Sequenzqualität (dicke Linie) und der durchschnittlichen Mutabilität aller 12 Sequenzpositionen ("Mean Step", dünne Linie) während des Schnittstellen-Designs.

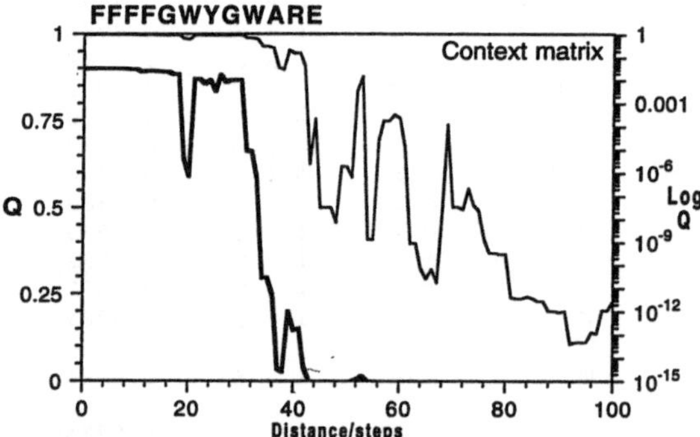

Abbildung 5: Blick durch den Sequenzraum. Qualitätsverlauf (dicke Linie: Linear; dünne Linie: Logarithmisch) in Abhängigkeit vom Abstand von der "idealen" Sequenz.

Mit der SME-Methode steht jetzt ein neues Verfahren zur Verfügung, das es ermöglicht, auch ohne Kenntnis der dreidimensionalen Struktur von Proteinen und Peptiden ein rationales Design durchzuführen. Ein entscheidender Vorteil ist dabei, daß ein Design parallel erfolgt, d.h. eine Sequenz wird nicht durch isolierte Betrachtung der einzelnen Positionen verändert, sondern alle Positionen eines Sequenzabschnitts ("Fenster") werden gleichzeitig optimiert. Dies wurde erst durch die Verwendung künstlicher neuronaler Netze zur Merkmalsextraktion in den Sequenzen erreicht. Prinzipiell sollte es mit dem neuen Verfahren möglich sein, beliebige Funktionen und Strukturen in Proteinen zu optimieren. Eine entscheidende Voraussetzung ist jedoch ein verläßliches Filtersystem, welches im Protein-Design Zyklus (Abbildung 1) als "Proteinmodell" dienen kann. Auch ist die Methode noch durch die Betrachtung von Sequenzausschnitten anstelle einer gesamten Sequenz auf lokal codierte Sequenzmerkmale begrenzt. Von dem gezielten Sequenz-orientierten Design dreidimensionaler Strukturen sind wir noch immer weit entfernt!

Danksagung: G. Büldt und H. Schweppe wird für Unterstützung gedankt. G. Schneider ist Stipendiat des FCI.

Literatur

1 Robinson, B.H. & Seeman, N.C. (1987) *Protein Eng.* **1**, 295-300.
2 Hampp, N., Bräuchle, C. & Oesterhelt, D. (1993) Gentechnologisch modifizierte Bacteriorhodopsine als neue Materialien für die optische Informationsverarbeitung. In: *Informatik in den Biowissenschaften* (R. Hofestädt, F. Krückeberg, T. Lengauer; Hrsg.). Springer-Verlag, Berlin.
3 Richardson, J.S., Richardson, D.C., Tweedy, N.B., Gernert, K.M., Quinn, T.P., Hecht, M.H., Erickson, B.W., Yan, Y., McClain, R.D., Donlan, M.E. & Surles, M.C. (1992) *Biophys. J.* **63**, 1186-1209.
4 Schomburg, D. (1993) Computer Aided Protein Design: Methods and Applications. In: *Informatik in den Biowissenschaften* (R. Hofestädt, F. Krückeberg, T. Lengauer; Hrsg.). Springer-Verlag, Berlin.
5 Wrede, P. & Schneider, G. (1993) Ein alternativer Protein-Design Zyklus. In *Computer in der Chemie* (Ziessow, D. Hrsg.). Springer, Berlin.
6 Schneider, G. & Wrede, P. (1993) *EMBO J.*, eingereicht.
7 Hirst, J.D. & Sternberg, M.J.E. (1992) *Biochemistry* **31**, 7211-7218.
8 Quian, N. & Sejnowski, T.J. (1988) *J. Mol. Biol.* **202**, 865-884.
9 Schneider, G. & Wrede, P. (1992) *Endocyt. Cell Res.* **9**, 1-12.
10 Schneider, G. & Wrede, P. (1993) *J. Mol. Evol.* **36**, 586-595.
11 Wrede, P., Landt, O., Klages, S., Hahn, U. & Schneider, G. (1993) *EMBO J.*, eingereicht.
12 Engelman, D.A., Steitz, T.A. & Goldman, A. (1986) *Annu. Rev. Biophys. Biophys. Chem.* **15**, 321-353.
13 Zamyatnin, A.A. (1972) *Prog. Biophys. Mol. Biol.* **24**, 107-123.
14 Cybenko, G. (1989) *Mathematics of Control, Signals, and Systems* **2**, 303-314.
15 Hornik, K., Stinchcombe, M. & White, H. (1989) *Neural Networks* **2**, 359-366.
16 King, R.D. & Sternberg, M.J.E. (1990) *J. Mol. Biol.* **216**, 441-457.
17 Schneider, G. & Wrede, P. (1993) *Protein Seq. Data Anal.* **5**, 227-236.
18 Hopp, T.P. & Woods, K.R. (1981) *Proc. Natl. Acad. Sci. U.S.A.* **78**, 3824-3828.
19 Jones D.D. (1975) *J. theor. Biol.* **50**, 167-183.
20 Rechenberg, I (1973) *Evolutionsstrategie - Optimierung technischer Systeme nach Prinzipien der biologischen Evolution.* Frommann-Holzboog, Stuttgart.
21 Rumelhart, D.E., Hinton, G.E. & Williams, R.J. (1986) *Nature* **323**, 533-536.
22 von Heijne, G. (1983) *Eur. J. Biochem.* **133**, 17-21.
23 Perlman , D. & Halvorson, H.O. (1983) *J. Mol. Biol.* **167**, 391-409.
24 Schneider, G., Röhlk, S. & Wrede, P. (1993) *Biochem. Biophys. Res. Comm.*, im Druck.

German-Japanese Speech Translation in CSTAR

Manfred Gehrke, Otto Schmidbauer*

ZFE ST SN 7
Siemens AG
Otto-Hahn-Ring 6
8000 München 83

Abstract. The CSTAR project focusses on research to show the feasibility of speech-to-speech translation in telephone services. This paper describes the architecture and the main components of this system which translates spoken German utterances into spoken Japanese utterances.

1 The CSTAR project

The CSTAR (Consortium for Speech Translation Advanced Research) project is a coordinated joint research effort of Advanced Telecommunications Research (ATR) in Kyoto/Japan, Carnegie Mellon University (CMU) in Pittsburgh/USA, Technical University in Karlsruhe, and Siemens Corporate Research in Munich to demonstrate the feasibility and usability of speech-to-speech translation technology deployed as telephone services in restricted domains.

Speech-to-speech translation is challenging from a scientific and technical point of view because it combines all novice speech technologies like speech recognition, speech synthesis, natural language understanding and generation, and machine translation. Therefore research laboratories all over the world, like AT&T [7], IBM [6] and NEC, are pursueing research projects in this field. Moreover, to date speech-to-speech translation is an increasingly important technology from a political and social point of view as well: In an age of increasing internationalization, efficient and rapid communication between people around the world has become a necessity. Worldwide economic and political stability are depending on shared information and intercultural exchange without language barriers.

The relationship between the CSTAR participants is collaborative and competive as well. On the one hand, the partners efficiently support each other by focussing on different language pairs, on the other hand they compete with each other by following different technological approaches[2]. CSTAR currently operates on a conference registration dialog task. In the conversations, a caller is

* This paper reports on a joint research activity of A. Aktas, H. U. Block, H. Höge, J. Hosaka(ATR), R. Hunze, B. Littel, L. Schmid, P. Witschel, and C. Zünkler. We are grateful to all the other persons who gave us organizational and technical support.

[2] For ATR cf. [9] and for CMU cf. [11].

attempting to obtain information or to register for an international conference by interacting with a conference secretary. CSTAR is able to translate spoken speech between the languages English, German, and Japanese. The task domain is quite narrow, so that the lexicon (about 700 words) and the grammar can be kept small, and near real-time processing is guaranteed. The first research prototype within the CSTAR project was completed in January 1993. It was publicly presented in a live press demonstration, where researchers from ATR, Siemens, and CMU conversed with each other speaking in their languages.

In what follows, we present the system's architecture and will focus on CSTAR components developed at Siemens Corporate Research in Munich. The components comprise *recognition of continuous German speech* and *language processing and transfer modules from German to Japanese*. First, we present the structure of our system. Then, we describe the speech recognition component. Next, we detail the structure of the machine translation system. Lastly, we report the performance of the system components.

2 System Architecture

The flexible client-server architecture of the system allows the integration of multiple heterogeneous components which may run on different computers due to the high requirements of processing power of some components. The basic components like speech recognition, language processing and transfer, speech synthesis, and modem communication are realized as servers; the control program acts as a client. The communication between client and server was implemented on the level of the TCP/IP communication protocol (see figure 1). There are two operating modes in this system; firstly, the caller's utterance is recognized, the best sentence hypothesis is passed to the linguistic components, where it is translated into Japanese, and finally sent to the conference secretary via a telephone line; secondly, the system receives a German text string, being translated from Japanese, which has to be synthesized and played through an audio speaker. Note that speech is recognized and translated at the source, i.e. at the caller's side. This is due the noise and distortion caused by the transmission channel which is added to the speech signal and may complicate speech recognition.

Speech synthesis is provided by the commercially available device SVS from Daimler Benz, which converts the textual representation of a sentence as input into intelligible, naturally sounding messages via three processing steps:

Firstly, the text has to be normalized by resolving punctuation marks, abbreviations, dates, addresses, and telphone numbers. Secondly, a correct phonetic transcription, i.e. a sequence of phonemes, has to be associated to the words of the text. This is typically performed by using rules or phonetic dictionaries. Rules and dictionary look-up allow for tagging the text with the necessary lexical and syntactical information to resolve pronounciation ambiguities and to create a correct prosodic pattern for each sentence. Finally, the transcribed sequence of phonemes is converted into actual synthetic speech by concatenating acoustic templates of phonemes and by superimposing an intonation contour derived from the sentence's prosodic pattern.

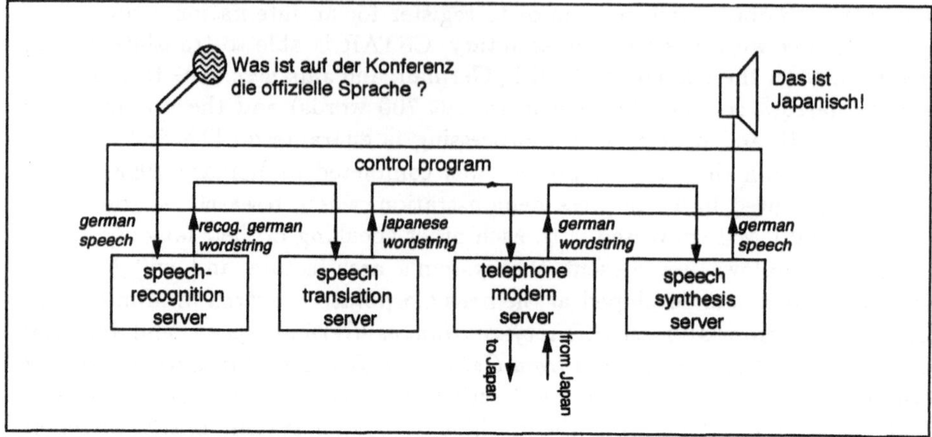

Fig. 1. Client-Server System Structure

3 The Challenge of Continuous Speech Recognition

Considering the availability of isolated word recognizers as products, one may wonder why continuous speech recognition is still considered an immature technology. The reason is that the techniques used in isolated word recognizers are not easily extensible to continuous speech which is considerably more difficult than isolated word recognition. We will now briefly explain some of the main challenges.

Acoustic ambiguity: Word boundaries are typically not detectable in continuously spoken speech (*I scream* vs. *ice cream*). This results in additional acoustical confusability of words and phrases. Moreover, there is much greater variability in continuous speech. Words are pronounced less carefully due to more fluent, and therefore poorer, articulation of continuous speech.

Vocabulary size, task, and language constraints: An important dimension of difficulty is the size of the vocabulary; more words introduce more confusion and require more time to process. But vocabulary size alone is an inadequate measure of a task's difficulty, because in many applications not all words are legal at a given time. Sentences with illegal syntactic or absurd semantic constructions need not be searched in any system. Linguistic knowledge sources can thus reduce an impossible task to a trivial one, but at the same time severly limit the input style.

Speaker-independence and non-intrusive speaker adaptation: Speaker-independent systems must model a variety of speakers' voices, therefore they are typically less accurate than speaker-dependent systems, which are accurately trained to one specific speaker. The challenge here is to improve the performance of a speaker independent system by tuning the system to a new speaker's voice by non-intrusive adaptation.

Environmental noise: Another source of recognition performance degradation can be described as variability and noise, such as environmental noises (door slams), differing microphone characteristics, speaker induced noise (lip smacks), speaking rate, and speaker stress.

With so many dimensions of difficulty, speech recognizers have a wide range of accuracies. For example, for recognition of read credit card numbers, an accuracy of over 99% can be reached. On the other end of the spectrum, recognition of conversional, ungrammatical speech with large vocabularies (50,000 words) far exceeds the capabilities of any system to date.

3.1 Underlying Technological Principles

The CSTAR speech recognizer handles naturally spoken continuous speech, even hesitations like *ah* or *ähm*, speaker-independently. The recognizer analyses the acoustic microphone signal, identifies the phonemes, i.e. the basic sounds of speech, contained in the signal, and combines them into a sequence of words, according to a word pronounciation lexicon.

The architecture of our speech recognizer is outlined in figure 2. It is quite typical for any state-of-the-art continuous speech recognizer.

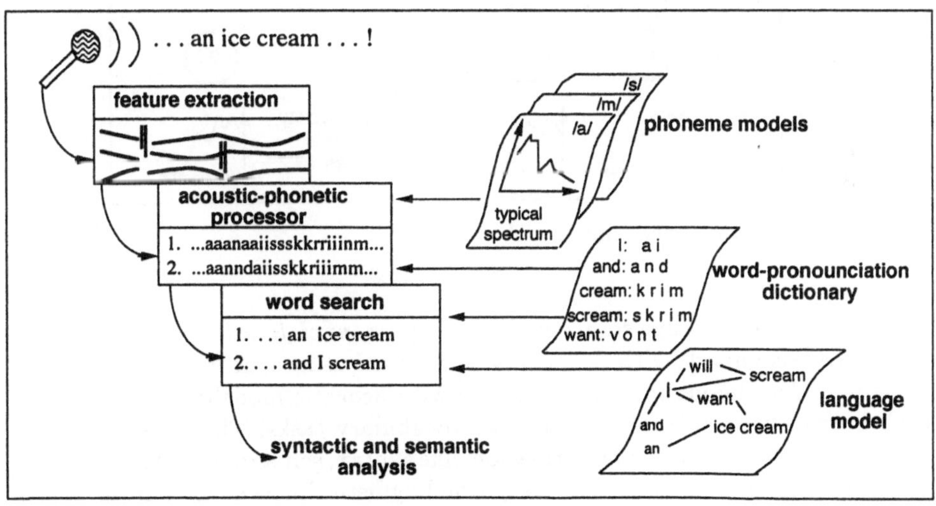

Fig. 2. Architecture of a continuous speech recognition system

There are three different knowledge sources in a continuous speech recognition system (see right part of figure 2):

Firstly, there is the inventory of *phoneme models* (phonemes are the basic sound units of speech). During recognition, a phoneme model is used as a reference template for the typical sound of a phoneme, specified by probability distributions of their spectral and temporal properties. The difficulty here is to model the great variability coherent with spoken phonemes in continuous speech. The most successful approach today for modeling phonemes is a stochastic approach called *Hidden Markov Modeling (HMM)* [10]. A Hidden Markov Model is characterized by two basic elements, a set of states connected from left to right with directed arcs (transitions) and a set of probability distributions in each state. A typical HMM phoneme model is shown in figure 3. The temporal and spectral evolution of a phoneme can be modeled by moving from one state to another or by remaining in the same state. An HMM phoneme model is normally structured into three states; each state accounts for typical spectral properties of a phoneme, corresponding to the transition phase from the previous phoneme (state 1), the steady state part of a phoneme (state 2), and the transition to the following phoneme (state 3). Doing so, the probabilities imposed on the transitions between the states allow the modeling of temporal variabilities, while the distributions in each state model spectral variabilities.

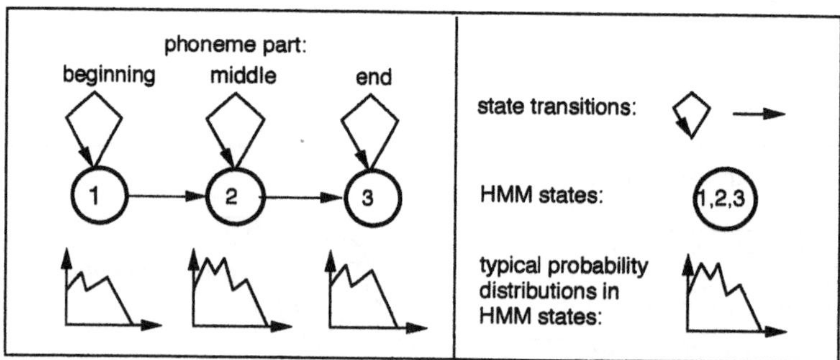

Fig. 3. A typical HMM phoneme model

The second knowledge source is the *word pronounciation lexicon*, where each word to be recognized by the system is represented as a sequence of the system's phonemes. Continuous speech recognition with acoustic modeling alone will not reach human-like performance for large vocabulary tasks. The *language model* provides linguistic sources of information, like syntax, semantics, and pragmatics, to the recognition process. The usage of linguistic knowledge sources makes continuous speech recognition feasible. Today, most systems pursue a special type of statistically based language modeling called *stochastic bigram language model*, where the probability of each word depends only on the previous word, i.e., the language model contains transition probabilities between legal word pairs.

So far we described the knowledge sources which are used in a speech recognizer. In practice, HMM phoneme models and statistical language models are built from thousands of sentences of speech from a database during an offline training phase. Before HMM phoneme models can be used to recognize speech of any person speaking German, they have to learn typical phoneme sounds. Our recognizer's prototypical phoneme patterns have been trained with approximately 20,000 speech utterances collected from 200 different speakers; this results in a total of more than 3 Gbyte of digital data or about 20 hours of recorded speech. The speakers have been carefully selected to get a representative distribution in terms of age, gender and dialect. The language models are trained with a set of several hundred prototypical sentences from the domain.

Now, we focus on the main functional units of a continuous speech system (left part of figure 2). The *feature extraction* module generates a spectral representation of the speech sound. Usually, speech is sampled at 16 kHz and transformed into feature vectors which represent speech by a set of spectral parameters every 10 ms. In our implementation, the spectral parameters measure the energy in 30 different bandbass filter channels from 0 to 8 kHz; the width of the channels is based on the psycho-acoustic bark-scale.

The *acoustic-phonetic processor* uses the feature vectors as input and transforms them into hypotheses for phonemes every 10 ms by using the HMM framework. To perform this task, the acoustic-phonetic processor calculates the likelihood between incoming spectral feature vectors and the reference phoneme models of the system.

In the *search* module, each word of a sentence is recognized as a sequence of phoneme models according to the system's word pronunciation lexicon. In order to recognize the spoken sentence, the *search module* utilizes the hypotheses for phonemes (produced by the acoustic processor every 10 ms), the word pronounciation (in terms of phonemes), and the language model to determine the spoken sequence of words. The recognizer finally chooses the most probable phoneme, respectively word sequence.

The search module typically minimizes the probability of error. Therefore the task of a speech recognizer is to determine that sequence of words W, which has most probably caused the observed sequence of acoustic vectors A. Using a probabilistic framework, we can cast this problem into the form: Determine the sequence of words W that maximizes the joint probability

$$P(A \mid W) \cdot P(W).$$

The probability for a word sequence W, $P(W)$, is typically given by the language model of the task. $P(A \mid W)$, the probability that a given word sequence W produced the observed acoustic vectors A, is provided by the acoustic processor.

4 Analysis, Transfer and Generation

The analysis of German and the generation of Japanese has been performed with the Linguistic Kernel Processor, a generic NL-tool developed at Siemens, which has been successfully applied in other projects as well. For the current task the grammar has been augmented by a few task specific constructions, such as greeting clauses, politeness constructions and partitive clauses. The linguistic knowledge (grammar, lexicon, checking of selectional restrictions) and the construction of a semantic form is encoded in the TUG-formalism[3]. The resulting semantic form PLF (pseudo-logical form) is a derivative of SRI's quasi-logical form (QLF)[4]. The linguistic knowledge sources are converted by two different compilers into representations suitable for parsing and generating, so that one can parse and generate with the same grammar [3, 4]. The German grammar covers

- declarative and imperative sentences, yes/no- and wh-questions
- attributive and exposed relative clauses, subordinate clauses
- active, passive and middle constructions, completed state passive, impersonal constructions
- prepositional objects and adverbials
- all tenses, modal and particle verbs, secondary predicates, and free word order
- adjectival group, prenominal determiners, close apposition, titles, etc.
- measure expressions and prepositional attributes

The Japanese grammar is also encoded in the TUG-formalism[5]. Therefore it is bidirectional with the PLF as the semantic form as well. The grammar covers declarative, interrogative, and imperative sentences, which are expressed by verbal conjugation forms and sentence final postpositions. Further, it treats negation by auxiliary verbs, as well as coordination using either postpositions or a certain verbal conjugation form. Nominal phrases can have different kinds of adnominals, such as genitives and relative sentences.

The linguistic knowledge sources (grammars, lexicons and transfer rules) are compiled into the parser, generator and the transfer program which gives an architecture of the linguistic components as shown in Fig. 4. These components are all implemented in Quintus Prolog.

While parsing an utterance the PLF is constructed. The PLF is formally a structure of nested terms. A PLF-term is either

- a *quant*-expression, representing all constituents being quantified in some sense,
- a *predicate-argument*-structure, being an ordered collection of *quant*-expressions, with the first position being an event-quantification and the following positions representing the argument-structure,
- a *non-quant*-expression, or
- PLF-terms can be combined by the *and*-operator.

A *quant*-expression contains the semantic head together with its modifiers, which are also *quant*-expressions and which are distinguished between adjectives,

[3] Trace and Unification Grammar; cf. [5].

[4] For QLF cf. [1]. PLF differs from QLF mainly in representing tense and modality together with some syntactic features in a list structure and not in a term structure. Additionally the number of different term structures has been reduced.

[5] Cf. [8].

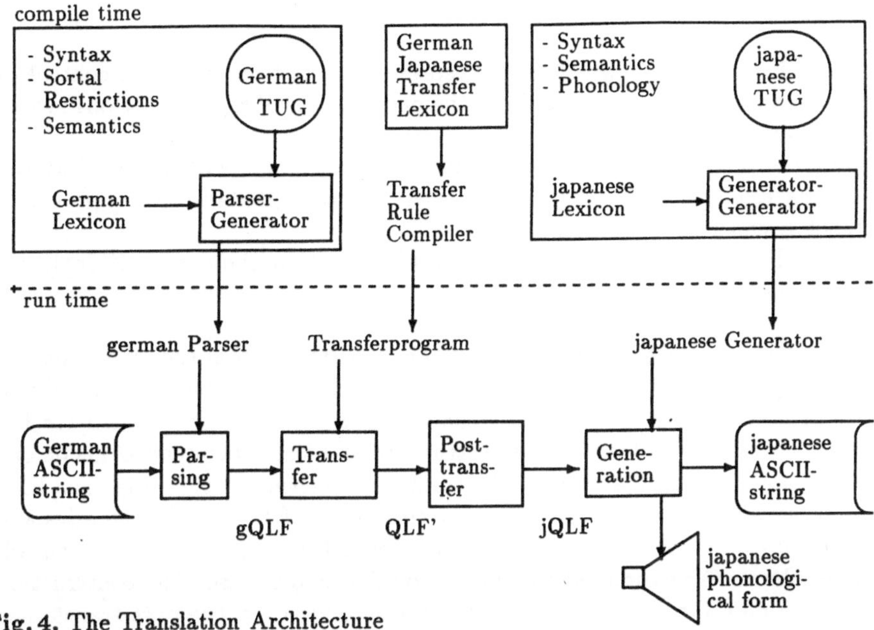

Fig. 4. The Translation Architecture

relative clauses, PPs, and genitive modifiers, as well as some syntactic features, such as number, person, gender, and topicalization. Additionally, the sort of the semantic head, quantifier information, the preposition in the case of PPs, and the logical variable to refer to the *quant*-expression is included. Example 1 shows an example sentence with its corresponding PLF.

(1) *Ich werde Ihnen ein Anmeldeformular schicken.*
I will send you an application form.

```
schicken(quant(nil,
              synf(temp(zweit(_),wh(no),praes,ind,[fut],agr(sg,1),akt,_)),
              qhead(_,exists,_),G3,action,restr(nil,[],[])),
         quant(nil,synf(pron(pers),1,sg,_,_,_,topic,_),_,G1,person,_),
         quant(nil,synf(pron(pers),3,pl,_,_,_,not_topic,_),_,G2,person,_),
         quant(nil,synf(notpron,3,sg,neutr,_,_,not_topic,_),
              qhead(_,amount(and(nil,_)),def(indef)),G4,
              written_thing,restr('Anmeldeformular'(G4),[],[],[])))
```

5 The Transfer

In this approach the transfer from German to Japanese is a mapping from the German PLF into the PLF for Japanese[6]. This level of transfer has been choosen

[6] Transfer at this level is also described in [1] and [2].

for several reasons.

- The PLF provides a quite compact representation of the form and content of an utterance, which abstracts from the peculiarities of representations nearer to the surface structure.
- Using the predicate-argument structure as a backbone, with the PLF all the information from different linguistic levels, which contribute to a appropriate transfer, can be represented.
- The PLF allows for an recursive processing, so that the compositionality is maintained.

In order to reduce the complexity of this process the mapping is broken up into two stages. At the first stage the German PLF is recursively examined and each term of the German PLF is exchanged for an appropriate term for the Japanese PLF. Thus at this stage the structure and the dependencies inside one PLF-term are taken into account. The resulting structure of this stage is a PLF for Japanese with the exception of proper treatment of Japanese auxiliaries and verb particles and some cases of constituent structure, e.g. cases where an adverbial in German is expressed as an NP modifier in Japanese. The construction of valid PLFs for Japanese is perfomed in the second stage, the post-transfer, so that at this stage dependencies across the PLF are exploited.

The transfer module consists of the transfer interpreter and the transfer lexicon, where just the transfer lexicon contains linguistic information. An entry of the transfer lexicon has the form

trans_lex(g_term($Arg_1, \ldots, Arg_n$),
 j_term($Arg_1, \ldots, Arg_m$)). or trans_lex(g_term($Arg_1, \ldots, Arg_n$),
 j_term($Arg_1, \ldots, Arg_m$)) :-
 $Arg_j = X$.

where each Arg_i of g_term is exchanged with its Japanese equivalent, if Arg_i appears in j_term and possible conditions on Arg_i are met [7].Due to this division the transfer interpreter reduces to the recursive enumeration of all the subterms of PLF_{source}, so that each subterm of the PLF_{source} is either exchanged for a term of the target language or each of its subterms has such an equivalent.

With this general procedure of transfer in mind, we now can turn closer to the actual transfer process. With the exception of the predicate argument structure there exists for each PLF-term a general transfer rule which is applied, if that term needs no special treatment. For a *quant*-expression it states

trans_lex(quant(_,Synf,QHead,Var,_,Restrictor)),
 quant(Synf,QHead,Var,Restrictor,_)).

[7] To avoid some confusions amongst readers familiar with PROLOG, it should be mentioned that the transfer lexicon is also compiled into a form like

trans_lex(g_term($G_1, \ldots, G_n$),j_term($J_1, \ldots, J_m$)) :- ...,transfer(G_j, J_1),....

Whatever the restrictor exactly is, a *quant*-expression is generally transferred in this way. Exceptions to this general rule have to be stated in advance, which will be shown at the example of adjectival modifiers and the case where a noun of the source language has to be translated differently according to its actual use.

In German, the modification of a noun is modified by an adjective, as in *eine fachliche Frage (a technical question)*, while in Japanese this modification is usually expressed by a relative clause. Provided that all other conditions are met, the only thing to be done is to shift the the material in the adjectival modifier position of the German restrictor into the the relative clause modifier position of the Japanese restrictor and have all the other positions transferred in the usual way.

Each term in an *quant*-expression is inspected and possibly altered in its structure until it comes down to the word level, where German words are replaced by Japanese ones as e.g. for

trans_lex('Anmeldeformular'(X),tourokuyoushi(X)).

The transfer of the predicate argument structure is performed with almost the same procedure. Since the event expression of the verb and its arguments are *quant*-expression they are transferred as described above. The verbs are transfered by rules similar to those for nouns:

trans_lex(schicken(E,A,B,C),okuru(E,A,B,C)),

where E stands for the event expression, which additionally includes some syntactic information on the verb complex, and A to C for the allowed arguments[8]. This approach also allows the transfer of larger expressions as idioms or even complete utterances, such as politeness expressions, by identifying larger PLFs with their Japanese counterparts.

In a second phase, the post-transfer, the Japanese verbal complex is augmented with the appropriate auxilaries and verb particles. The necessary information is drawn from syntax (tense, active/passive, mood, person), verbal aspect, the sort of verb, adverbs, as well as from an external feature, namely who is just talking. In order to take into account the Japanese politeness rules, the external caller (the person who is seeking information) deserves a more respectful manner of addressing[9]. The construction of the verbal complex is accomplished in a rule-based manner, so that the verbal complex is augmented by a specific auxilary or particle if a specific configuration of the above mentioned features is

[8] It should be mentioned that due to the configurational approach we have chosen in the syntactic description, word order alternations have not to be taken into account as they are expressed in the topic feature of a *quant*-expression.

[9] This treatment of Japanese politeness-rules is a very crude simplification, which works just in a information-seeking setting. In most other settings something more elaborate has to be found, e.g. asking the user for his self-estimation with respect the partner at the other end of the line.

provided by the PLF. The rules are applied in fixed order reflecting configurational aspects of the Japanese auxilary system. For sentence 1 the resulting PLF and the Japanese sentence generated from it is shown in example 2.

(2) *tourokuyoushi o sassoku ookurishi masu.*
sassoku tourokuyoushi o ookurishi masu.

```
polite(_,
     okuru(quant(nil,polite,ex,T4,restr(nil,[],[]),_),
           quant(syn(pro),ellipsis,T1,restr(personal(T1),[],[]),_),
           quant(syn(pro),ellipsis,T2,restr(personal(T2),[],[]),_),
           quant(syn(bare,nonpolite,nil),_,T3,
                restr(tourokuyoushi(T3),[],[]),_))),
```

6 Results and Research Directions

The speech recognizer was tested with 300 sample utterances, recorded from 3 different speakers. The average word error rate was 1.6% on word level and 6.2% on sentence level. The average recognition time on a SPARC II workstation is about 3 times realtime. The average processing time for a sentence for parsing, transfer and generation, measured over the CSTAR reference corpus on the same workstation, is about 2.7 sec.

The intention of the CSTAR-Project was to show the feasability of translating telephone calls using state-of-the-art technologies. In this respect the project was successful, but the trenches of real world applications are still far ahead. Today, speech-to-speech translation is constrained to prototypical applications with well defined domains and limited vocabulary in research labs. Thus, besides the ongoing task of enlarging the vocabulary while lowering the error rate, current research on speech recognition is focused on robustness, which includes environmental and microphone robustness, and on improving speaker-independent recognition performance by non-intrusive adaptation to a new speaker.

On the linguistic side the general direction of research also aims at a greater robustness of the system, especially with respect to the peculiarities of spoken language. Additionally the transfer process has to be enhanced to cope with the larger coverage of application domains not as small as conference registration.

Overcoming these obstacles, speech-to-speech translation may be deployed as interpreting telephone services in restricted domains such as cross linguistic hotel reservations, mail ordering etc. over the phone. As 'by-products' one may envision in mid-range terms email-translation in restricted domains such as banking. Just using the LKP or similar systems to map natural language text into some predefined schemata and vice versa, may yield applications such as generating texts in multi-lingual information systems for rapidly changing domains, such as traffic information, etc.

References

1. H. Alshawi, editor. *The Core Language Engine.* MIT Press, 1992.
2. H. Alshawi, H.U. Block, D. Carter, R. Hunze, B. Gamběck, P. Peng, M. Rayner, S. Schachtl, and L.A. Schmid. Communication Multilingue par Forme Quasi Logique. In *Proc. of the 2nd Conference on Natural Language Processing and it's Applications*, 1991.
3. H.U. Block. Compiling Trace & Unification Grammar for Parsing and Generation. In *Proc. of the Reversible Grammar Workshop, ACL*, Berkeley, 1991.
4. H.U. Block. Two Improvements for Semantic-Head-Driven Generators. In *3rd European Conference on Natural Language Generation*, 1991.
5. H.U. Block and S. Schachtl. Trace & Unification Grammar. In *14th International Conference on Computational Linguistics (COLING-92)*, 1992.
6. P.F. Brown, S.A. Della Pietra, V.J. Della Pietra, and R.L. Mercer. A Stastical Approach to Sense Disambiguation in Machine Translation. In *Proc. of Speech and Natural Language Workshop*, 1991.
7. W.A. Gale and K.W. Church. Identifying Word Correspondences in Parallel Text. In *Proc. of Speech and Natural Language Workshop*, 1991.
8. J. Hosaka. A Grammar for Japanese Generation in the TUG Framework. Tr-I-0346, ATR, 1993.
9. T. Morimoto, T. Takezawa, F. Yato, S. Sagayama, T. Tashiro, M. Nagata, and A. Kurematsu. ATR's Speech Translation System: ASURA. In *Proc. of Eurospeech'93*, 1993.
10. O. Schmidbauer, A. Aktas, and H. Höge. The SPICOS Continuous Speech Frontend. In H.N. Mahabala and H. Schwärtzel, editors, *Proc. of Joint Symposium Systems Engineering, Madras 1992.* Siemens AG, ZFE ST, München, 1992.
11. A. Waibel, A.N. Jain, A.E. McNair, H. Saito, A.G. Hauptmann, and J. Tebelskis. JANUS: A Speech-To-Speech Translation System using Connectionist and Symbolic Processing Strategies. In *IEEE Proc. of the 1991 International Conference on Acoustics, Speech and Signal Processing*, 1991.

PRO_PLANT - Pflanzenschutz mit Hilfe eines Expertensystems

Uwe Voges, Ubbo Visser, Andreas Johnen und Karsten Hell

1. Einführung

Ein intensiver Einsatz von Pflanzenschutzmitteln (PSM) in der Landwirtschaft hat in den letzten Jahren zu verstärkten Umweltbelastungen, besonders im Boden und im Grundwasser geführt. Als Folge dessen treten Probleme durch Überschreitung der in der Trinkwasserverordnung (TrinkwV) seit dem 1.10.1989 festgelegten Grenzwerte für PSM von 0,1 μg/l für Einzelwirkstoffe und 0,5 μg/l in der Summe für alle Wirkstoffe auf (SCHMITZ, 1989).

Da ein vollständiger Verzicht des Einsatzes von PSM für den Großteil der landwirtschaftlichen Nutzfläche aus ökonomischen Gründen nicht möglich ist, erscheint es sinnvoll, daß die zur Sicherung der Erträge unbedingt erforderlichen PSM bzgl. der Umweltgefährdung minimiert und hinsichtlich des Einsatzpunktes und ihrer Wirkung optimiert ausgebracht werden. Wichtige Voraussetzung für einen so optimierten Pflanzenschutz ist neben einer auf die Vermeidung von Krankheiten ausgerichteten Anbauplanung vor allem eine fachlich kompetente, in kritischen Phasen stets verfügbare, auf die individuellen Verhältnisse vor Ort abgestimmte und möglichst flächendeckende Pflanzenschutz-Beratung.

Aus personellen und fachlichen Gründen ist eine solche Pflanzenschutz-Beratung zur Zeit nicht gewährleistet. So betreuen beispielsweise im Bereich der Landwirtschaftskammer (LWK) Westfalen-Lippe 19 Pflanzenschutz-Berater fernmündlich ca. 30.000 landwirtschaftliche Betriebe.

Um durch verbesserte Beratung der Landwirtschaft zu einer Minimierung des PSM-Eintrages in die Umwelt beizutragen, führen das Institut für Agrarinformatik an der Universität Münster und die LWK Westfalen-Lippe das Forschungs- und Entwicklungsprojekt PRO_PLANT durch, das vom Ministerium für Umwelt, Raumordnung und Landwirtschaft des Landes Nordrhein-Westfalen finanziell gefördert wird. Das entscheidungsunterstützendes Beratungssystem PRO_PLANT wurde auf der Grundlage fachwissenschaftlicher Erkenntnisse der Phytomedizin und Phytopathologie sowie praktischer Erfahrungen von Pflanzenschutz-Beratern und Landwirten konzipiert und für Getreidebestände realisiert. In der aktuellen Projektphase (bis Ende 1994) wird PRO_PLANT auf weitere Feldfrüchte (Raps, Mais, Kartoffeln etc.) ausgedehnt sowie um Beratungsmodule für den minimierten Einsatz von Herbiziden und Insektiziden erweitert.

2. Wissen und Wissensakquisition

Das im PRO_PLANT-System verarbeitete phytomedizinische Wissen stammt in erster Linie aus den langjährigen praktischen Erfahrungen der Pflanzenschutzberater. Als weitere Wissensquellen kommen Informationen über Mittelprüfversuche, Bonituren von Landessortenversuchen, spezielle phytomedizinische Untersuchungen (z.B. FRAHM & KNAPP, 1986), zahlreiche Terminspritzversuche sowie Fach-Literatur hinzu.

Das für die Anwendung interessante Wissen umfaßt vor allem folgende Bereiche:

- Wissen über Fruchtarten, deren spezifische Wachstumsbedingungen, Resistenzen und Infektionsanfälligkeiten in Abhängigkeit von verschiedenen Umweltfaktoren.
- Wissen über Schaderreger, deren biologische Strukturen und Funktionen, sowie die ökologischen Beziehungen im Wirt-Erreger-Komplex.
- Wissen über die aktuelle Ausprägung und pflanzenschutzrelevante Bedeutung der lokalen Witterungsverhältnisse und des schlagspezifischen Bestandesklimas.
- Wissen über die Abhängigkeit des Eintrittes, Verlaufes und Schadbildes aller wesentlichen Pilzinfektionen von Befallsdruck, pedologischen und meteorologischen Verhältnissen, Fruchtart, Entwicklungsstand etc.

Daneben war es vor allem wichtig, festzustellen, wann und unter welchen Umständen der Aufwand von PSM reduziert werden kann.
Die Wissensakquisition erfolgte durch enge Zusammenarbeit zwischen Pflanzenschutzberatern der LWK und den Knowledge Engineers (KE) der Entwicklergruppe am Institut für Agrarinformatik. Zur Erfassung des theoretischen Wissens wurden retrospektive Berichte angefertigt und Literatur zur Domäne ausgewertet; gleichläufige Berichte konnten verwendet werden, um praktisches und strategisches Wissen zu ermitteln und insbesondere Hinweise auf verwendete Problemlösungsstrategien zu erhalten; freie Interviews wurden eingesetzt, um eine Aufteilung des Problems in Teilbereiche vornehmen zu können; strukturierte Interviews dienten der Erfassung von strategischem Wissen und zur Überprüfung des bereits akquirierten Wissens auf Vollständigkeit, Unsicherheit und Vagheit. Anhand von Fallbeispielen wurde das akquirierte Wissen auf Korrektheit und Adäquatheit überprüft.
Ein Teil des Wissens, vor allem die Zuordnung ausgewählter Witterungsparameter zu Infektionswahrscheinlichkeiten, liegt in Form von Regeln vor. Da sich die pilzlichen Erreger biologisch ähneln und damit die Methodik Wissen über die Erreger zu ermitteln häufig identisch ist, ist eine Taxonomie anzustreben, die eine Definition strukturierter Objekte mit der Vererbung von zugehörigen Methoden ermöglicht. Als Problemlösungsstrategie wird Rückwärtsverkettung eingesetzt, da sie am ehesten der Problemlösungsstrategie des Experten entspricht: Der Experte hat eine Vermutung über die Behandlungsnotwendigkeit eines Erregers, diese Vermutung wird im Verlauf der Beratung verifiziert.
Für Teil-Probleme, die sich mit numerischen Modellen beschreiben lassen, wurden die entsprechenden Algorithmen entwickelt.
Neben der Akquisition des Wissens erfolgte auch die Festlegung der benötigten Daten. Hierzu gehören:

- statische schlagspezifische Daten (z.B. die Bodenart).
- dynamische schlagspezifische Daten (z.B. durchgeführte Düngemaßnahmen).
- PSM-Daten (z.B. Wirkstoffe der PSM).
- Sorten-Daten (z.B. Anfälligkeit einer Getreidesorten gegen bestimmte Erreger).
- Witterungs-Daten (z.B. ϕ-Luftfeuchte an einem Tag).

3. Systemarchitektur

Die Komponenten des PRO_PLANT-Systems basieren im wesentlichen auf wissensbasierten Techniken (vgl. z.B. GÖRZ et al., 1993). Einige Teile wurden mit konventionellen DV-Methoden gelöst: so befinden sich Datenbank-Systeme für die Verwaltung und das gezielte Abfragen des umfangreichen Datenmaterials im Einsatz, während spezielle, ma-

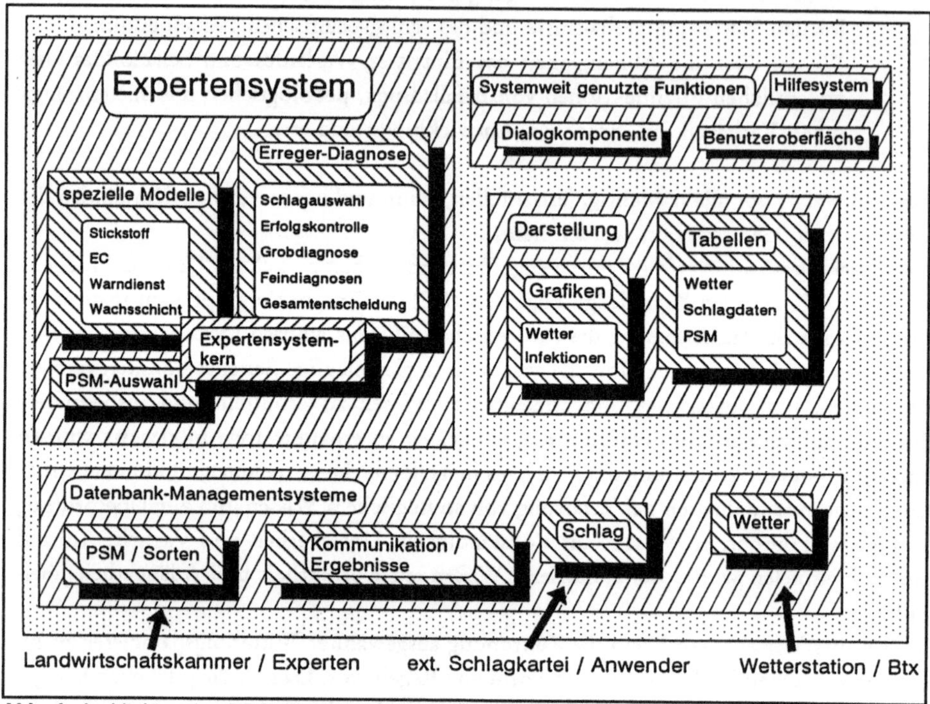

Abb. 1: Architektur des PRO_PLANT - Systems

thematisch klar umschreibbare Problemstellungen, mit numerischen Simulationsmodellen gelöst sind.

Das PRO_PLANT-Expertensystem besteht aus der Erreger-Diagnose und der PSM-Auswahl (vgl. Abb. 1). Die Erreger-Diagnose ermittelt wissensbasiert, auf welchen Schlägen welche Erreger auf welche Weise (z.B. keine Behandlung, Mitbehandlung,...) zu bekämpfen sind. Außerdem werden der nächste Konsultationstermin, die Form der Behandlung (z.B. kurativ) sowie die abgelaufene Inkubationszeit hergeleitet. Den Kern der Erreger-Diagnose bildet die sogenannte Feindiagnose, die aus verschiedenen kultur- und krankheitsspezifischen Wissensbasen besteht.

Um die Anzahl der zu konsultierenden Schläge und die Anzahl der pro Schlag zu betrachtenden erregerspezifischen Wissensbasen zu minimieren, wurde ein sog. Warndienst, eine Schlagauswahlkomponente, eine Erfolgskontrolle und eine schlagspezifische Grobdiagnose

entwickelt.
Die Schlagauswahlkomponente beurteit die Dringlichkeit einer schlagspezifischen Konsultation. Sie ist u.a. abhängig von einer Konsultationsempfehlung, die von der Erfolgskontrolle ausgesprochen wird. Letztere stellt fest, ob eine vom Landwirt zuvor gegebenenfalls durchgeführte PSM-Aktion den Anforderungen genügt hat, die von der hierfür verantwortlichen Feindiagnose in der früheren Konsultation gefordert wurde. Sind die Anforderungen erfüllt, so wird ein späterer Konsultationstermin empfohlen als bei Nichterfüllung.
Für einen vom Anwender (unter Zuhilfenahme der Ergebnisse der Schlagauswahlkomponente) ausgewählten Schlag schließt die Grobdiagnose die unkritischen Erreger von der weiteren Analyse aus. Dazu werden vor allem Schlagdaten (z.B. das Erregerpotential), Informationen über das gerade erreichte EC-Stadium etc. ausgewertet. Der Anwender kann nach Abschluß der Grobdiagnose manuell weitere Erreger für die folgende Feindiagnose hinzufügen, sofern er der Meinung ist, daß diese Erreger dort berücksichtigt werden sollten.
Der Warndienst gibt dem Anwender einen grafischen Überblick über potentielle Infektionen der letzten 14 Tage und dient ebenfalls als Kriterium für die Dringlichkeit einer schlagspezifischen Beratung.
Basierend auf den Ergebnissen der Erreger-Diagnose und weiteren Informationen (z.B. über die PSM) leitet die PSM-Auswahl eine Liste zu empfehlender Pflanzenschutzmittel her. Diese Komponente verfolgt eine Strategie, die als Lösung eines Datenbankproblems mit wissensbasiert ermittelten Selektionskriterien betrachtet werden kann.
Dazu wird zunächst anhand der Einzelentscheidungen der erregerspezifischen Wissensbasen und unter Berücksichtigung von Kopplungen zwischen diesen das gesamte Krankheitsbild beschrieben. Danach erfolgt in einem mehrstufigen Selektionprozeß die Auswahl des(der) am besten geeigneten PSM, unter Berücksichtigung von zwingenden (z.B. Bekämpfung des dominanten Erregers, ökologische und rechtliche Auflagen) und optimierenden Auswahlkriterien (z.B. Schutz der Kulturpflanze gegenüber agressiven PSM).
Zur Reduzierung der Spritzhäufigkeit wird eine Strategie verfolgt, nach der möglichst viele Erreger gleichzeitig behandelt werden, d.h. daß Erreger, die keine große Gefahr darstellen, nur dann behandelt werden, wenn andere Erreger auch zu berücksichtigen sind.
Aus der Empfehlungsliste wählt der Landwirt das jeweilige Präparat aus, das ihm unter preislichen und betrieblichen Aspekten geeignet erscheint. Dazu erhält er systemseitig zusätzliche Informationen über den optimalen Behandlungszeitraum, die erorderliche Aufwandmenge usw.

Die für das Expertensystem erforderlichen Daten werden in speziellen relationalen Datenbanken vorgehalten, auf die die einzelnen Auswertemodule über einen geeignete Kopplung zugreifen. Die Verwaltung der schlagspezifischen Informationen geschieht innerhalb des sog. Schlag-Datenbanksystems. Während die Witterungsdaten mit einer zeitlichen Auflösung von einem Tag in der sog. Wetter-Datenbank vorliegen, befinden sich die Informationen zu den Sorten und PSM im Datenbanksystem PSM/Sorten. Außerdem liegen die Daten für die Kommunikation zwischen den Modulen in einer eigenen Datenbank. Der Benutzer kann sich die Informationen der Datenbanken alphanumerisch und grafisch darstellen lassen.

Spezielle Informationen, die weder in Form von Messungen ermittelt, noch durch den Benutzer eingegeben oder in statischen Datenbanken vorgehalten werden, werden entweder wissensbasiert oder algorithmisch auf der Basis der vorhandenen Informationen ermittelt. Hierzu gehören vor allem numerische Simulationen des aktuellen EC-Stadiums und der Eintrittsdaten zukünftiger EC-Stadien der Getreidepflanzen sowie wissensbasierte Abschätzungen des Stickstoff-Status der Pflanze und der auf der Pflanze befindlichen Wachsschicht. Der Anwender wird bei jeder Schätzung aufgefordert, das Resultat anhand seiner eigenen Beobachtungen zu verifizieren unf ggf. zu korrigieren.
Die Steuerung des PRO_PLANT-Systems durch den Benutzer erfolgt über eine menügesteuerte Benutzeroberfläche.

4. Wissensbasierte Module

Die wissensbasierten Module des PRO_PLANT-Systems wurden mit einem eigens entwickelten Werkzeug (PP-SHELL) implementiert. Dieses Werkzeug ist eine auf diagnostische Probleme zugeschnittene, z.T. anwendungsspezifische Expertensystem-Shell für den KE. Die Implementierung erfolgte in PDC-Prolog und C.
Die PP-SHELL unterstützt als Repräsentationsformate Klassen, Objekte und sog. Methoden (vor allem Regeln), die mittels der PP-SHELL-spezifischen Sprache PPL repräsentiert werden. Ein Objekt beschreibt einen Gegenstand der Domäne indem es zusammengehörende Eigenschaften zusammenfaßt. Die Eigenschaften werden Slots genannt. Sie besitzen einen Namen und können Werte annehmen. Jedes Objekt gehört zu einer Klasse, von der es die Slots übernimmt. Klassen können von anderen Klassen abgeleitet (spezialisiert) und Objekte als Teile eines anderen Objektes ausgewiesen werden.
Ein Methodenblock ist ausschließlich den Instanzen einer Klasse bzw. den Instanzen deren Unterklassen zugänglich. Regeln bilden die Hauptgruppe der Methoden (Abb. 2). Sie werden unterteilt in Rückwärts- und in Vorwärtsregeln. Die Rückwärtsregeln werden während der Konsultation über den rückwärtsverkettenden Inferenzmechanismus evaluiert. Ihre Prämisse beinhaltet vorwiegend Wissen in Form von Beziehungen zwischen Eigenschaften von Objekten (z.B. Vergleich zweier Slot-Werte bzgl. der Größer- oder Kleiner-Relation) sowie funktionales Wissen (z.B. Ermittlung einer Liste von Objekten die bestimmten Eigenschaften genügt). Die Konklusion enthält eine Zuweisung eines Wertes an den Slot, für den der jeweilige Methodenblock definiert ist.
Jeder Rückwärtsregel ist eine beliebige Anzahl von Vorwärtsregeln zugeordnet. Diese werden aktiviert, sobald die Rückwärtsregel verifiziert ist. Vorwärtsregeln können kein Scheitern der Rückwärtsregel verursachen. Sie besitzen ebenfalls eine Prämisse, enthalten aber anstelle der Konklusion einen Aktionsteil, der aus einer beliebigen Anzahl von Handlungen besteht. Die Handlungen können z.B. Werte an Slots zuweisen, Objekte erzeugen, Datenbank-Zugriffe ausführen usw.
Neben den Regeln und den Möglichkeiten zur expliziten Steuerung der Methoden-Vererbung, stehen als weitere Methoden Konstrukte zur Erzeugung von Benutzeranfragen und für Datenbankzugriffe zur Verfügung.

```
methoden fuer entscheidung von halmbruch.
...
wenn      30 <= ec von beratung <= 32
und       gefahr von psdche = "hoch"
und       infektion von psdche = [2,3]
dann      entscheidung = "möglich".

? In EC 30-32 wird bei einer hohen Befallsgefährdung und einer tatsächlich
  vorhandenen Infektion zu einer Behandlung geraten. ?

wenn      inkubationszeit von psdche > max_cur_pot von psdche
aktion    ausgabe ["Halmbruch-Entscheidung: gezielte Behandlung (kurativ)."]
und       setze inkubationszeit von psdche gleich max_cur_pot von psdche
und       ermittle nächste_konsultation von psdche
und       erzeugeObjekt a1 klasse anforderung part_of psdche
und       setze priorität von a1 gleich "behandlung"
und       setze wirkungsweise von a1 gleich "kurativ".
...

wenn      30 <= ec von beratung <= 32
und       gefahr von psdche = "hoch"
und       infektion von psdche < 2
```

Abb. 2: Ausschnitt aus einer Wissensbasis

Ein Ziel der Repräsentationenssprache besteht darin, das vorhandene Wissen natürlicher darstellen zu können, als dieses mit einer Programmiersprache möglich wäre. Der KE soll sich um die, für die Verarbeitung des Wissens, notwendigen technischen Details (z.B. das Lesen und Schreiben der Slot-Werte oder die Aktualisierung der Erklärungsprotokolle) nicht kümmern müssen. Diese Details finden sich auf einer 'niedrigeren' Implementierungsstufe wieder, in die die Repräsentationen transformiert werden. Diese Darstellungsebene besteht aus PDC-Prolog-Code. Die Transformation übernimmt ein Wissensbasis-Compiler.

Für die Ausführung der Wissensbasen werden diese auf Maschinencode-Ebene übersetzt und mit einem von der PP-SHELL zur Verfügung gestellten Expertensystem-Kern gelinkt. Dieser besteht im wesentlichen aus folgenden Komponenten:

- Inferenz, die den Prolog-Schlußfolgerungsmechanismus nutzt und frühzeitig Suchwege abschneidet (keine erschöpfende Rückwärtsverkettung). Zusätzlich können bei der Verifikation von Rückwärtsregeln Vorwärtsregeln aktiviert werden.
- Objektmanager, zur Verwaltung der Objekte.
- Erklärung, welche Vorgehensweisen und Resultate begründet. Sie ist in der Lage, je nach Benutzertyp (Landwirt oder KE), unterschiedliche Erklärungen zu erzeugen.
- Datenbank-Schnittstelle, die den Zugang zu den PRO_PLANT-Datenbanken ermög-licht und Teile oder ganze Records in Objekte des Expertensystems bzw. Teile oder ganze Objekte in Records der Datenbanken überführt.
- Tracer, der zur Fehlersuche die Schritte des Inferenzmechanismus nachvollziehen kann.

- Hilfe, die auf der einen Seite die Bedienung der Software erleichtern soll, um eine hohe Akzeptanz beim Landwirt zu erreichen, und auf der anderen Seite Hilfestellung bei fachlichen Problemen liefert, sowie Begriffe erläutert. Sie nutzt das zentral im PP-System zur Verfügung stehende Hilfesystem.
- Dialog, die während der Konsultation Daten vom Benutzer erfragt. Sie muß auf Anfragen an die Erklärungs-, Hilfs- und Tracekomponente angemessen reagieren und deren Ausgaben, sowie Zwischen- und Endergebnisse darstellen.

5. Datenbanken

Die innerhalb der Wissensbasen des PRO_PLANT-Expertensystems benötigen Daten sind in Datenbanken abgelegt, die stark unterschiedliche Eigenschaften aufweisen:

- Daten zu PSM und Getreidesorten haben relativ geringe Aktualisierungsraten (≥ ½ Jahr). Die Aktualisierung kann nur von Experten an einer zentralen Stelle (z.B. der LWK) durchgeführt werden.
- Schlagdaten besitzen eine hohe räumliche Varianz und können deshalb nur vor Ort erhoben werden. Daraus folgt, daß sie vom Benutzer selbst eingegeben werden müssen.
- Wetterdaten müssen zeitlich hoch aktuell sein und zudem einen starken räumlichen Bezug zum Einsatzort einer bestimmten PRO_PLANT-Installation aufweisen.
- Daten zur Kommunikation zwischen einzelnen Modulen des Systems werden dynamisch während der Laufzeit generiert. Sie umfassen alle Zwischenergebnisse, die von einzelnen Modulen hergeleitet werden, können also auch für Archivierungs-und Protokollzwecke verwendet werden.

Um den unterschiedlichen Eigenschaften der verschiedenen Datenbereiche gerecht zu werden, wurden mehrere Datenbanksysteme (DBS) implementiert.

<u>DBS PSM / Sorten:</u>

Dieses DBS enthält alle PSM und Sorten, die zugelassen und für den inhaltlichen Bereich des PRO_PLANT-Systems relevant sind. Der Datenbestand verändert sich durch eine modifizierte Zulassungssituation, aber auch durch eine Veränderung der Eigenschaften der Mittel und Sorten, die durch das Auftreten von Resistenzen von Erregern gegen bestimmte Mittel oder durch eine Veränderung der Anfälligkeit von Sorten gegen bestimmte Erreger hervorgerufen werden.

Da für die Aktualisierung des Datenbestandes das Wissen von Zulassungsstellen (z.B. der Biologischen Bundesanstalt (BBA)) und von Fachexperten notwendig ist und weil eine Bevorzugung von Mitteln bestimmter Hersteller ausgeschlossen werden soll, kann schreibender Zugriff auf das DBS nur mit Hilfe spezieller Zugriffsprogramme erfolgen, die dem Endbenutzer von PRO_PLANT nicht zur Verfügung stehen. Ein installiertes PRO_PLANT-System enthält also nur die lesenden Komponenten des DBS.

Wegen der bereits erwähnten niedrigen Aktualisierungsrate und der Notwendigkeit der zentralen Pflege des Datenbestandes wird die Datenbank halbjährlich per Update bei jedem registrierten Benutzer aktualisiert.

DBS Schlag:
Dieses DBS ist komplett in jeder PRO_PLANT-Version enthalten. Es enthält alle relevanten Informationen, welche die betrachtete Fläche betreffen. Um die Dateneingabe möglichst einfach und sicher zu halten, wurden die entsprechenden Komponenten mit automatischen Plausibilitätstests versehen und, soweit möglich, eine Eingabe über Menüauswahl verwirklicht. Zusätzlich wurden Schnittstellen zu kommerziell bereits verfügbaren Schlagkarteien implementiert.

DBS Wetter:
Das DBS Wetter besitzt zwei Kanäle zur Dateneingabe. Der erste besteht aus Schnittstellen zu mehreren handelsüblichen automatischen Wetterstationen, die vor Ort betrieben werden können und so hohe räumliche und zeitliche Aktualität der Daten gewährleisten. Nachteile dieser Lösung sind die hohen Anschaffungskosten und der erhebliche Wartungsaufwand. Deshalb wurde als zweiter Eingabekanal gemeinsam mit dem Deutschen Wetterdienst ein Btx-Dienst aufgebaut, mit dessen Hilfe täglich Daten von 109 Wetterstationen in ganz Deutschland in das System importiert werden können. Hierbei liegt der Nachteil in der geringeren räumlichen Aktualität. Die Kostenersparnis und die hohe Zuverlässigkeit der Daten stellen dem jedoch deutliche Vorteile gegenüber.

DBS Kommunikation:
Das DBS Kommunikation ist integraler Bestandteil des Expertensystems; dessen verschiedene Module fungieren als fast ausschließliche Nutzer dieses DBS. Um ein übermäßiges Anwachsen des Datenbestandes zu verhindern, enthält das DBS Funktionen zum Löschen von überalterten Protokollen und archivierten Daten.

Alle DBS im PRO_PLANT-System basieren auf dem relationalen Datenmodell. Für ihre Realisierung wurde die Paradox-Engine von Borland verwendet. Dabei handelt es sich um eine Bibliothek von Datenbankzugriffsfunktionen, die unter Verwendung einer selbst entwickelten Schnittstelle sowohl in Prolog- als auch in C-Programme eingebunden werden können.
Als technische Bereiche lassen sich hier der DBMS-Bereich mit der Paradox-Engine, den Zugriffsprimitiven der o.g. Schnittstelle und weiteren, speziellen Zugriffen sowie der Bereich der Nutzerprogramme unterscheiden. Letzterem gehören die Komponenten des Expertensystems und der Darstellung an (vgl. Systemarchitektur). Neben diesen Bereichen stehen der Anwender des Systems und das Relationenschema, das die Daten repräsentiert. Grundsätzlich wird nicht direkt mit der Paradox-Engine auf das zugrundliegende Relationenschema zugegriffen. Vielmehr erfolgt der Zugriff ausschließlich über die Zugriffsprimitiven, die SQL-ähnliche Abfragen erlauben. Die speziellen Zugriffe wurden zusätzlich zu den Zugriffsprimitiven implementiert, um für bestimmte Datenbankabfragen der Wissensbasen die komplexen Sichten dieser Module zu erzeugen. Der Anwender hat nicht nur über das

Expertensystem, sondern auch über die Programme zur grafischen und tabellarischen Darstellung Zugriff auf die Daten. Ebenso wie das Expertensystem selbst greifen diese über die o.g. Zugriffsprimitiven zu.

6. Integration der Module in das Gesamtsystem

Technische Integration:
Die technische Realisierung des Gesamtsystems unter dem Betriebsystem MS-DOS gestaltete sich nicht zuletzt wegen der bekannten Speicherplatzprobleme schwierig. Insbesondere die umfangreichen Wissenbasen des Expertensystems erforderten die Verwendung der Overlaytechnik bei gleichzeitiger Aufteilung in verschiedene einzeln lauffähige Programme. Die Programme werden durch eine 'intelligente' Oberfläche aufgerufen, die für deren korrekte Abfolge sorgt. Außerdem überprüft die Oberfläche laufend die Systemintegrität.

Kopplung des Expertensystems mit den Datenbanksystemen:
Wenn auch aus technischer Sicht alle DBS im PRO_PLANT-System auf gleiche Weise eingebunden sind, so ergeben sich aus konzeptioneller Sicht Unterschiede. Für die Verwirklichung der einzelnen Kopplungen mußte die Bedeutung der verschiedenen DBS für den Benutzer sowie die Datenströme bei der Dateneingabe und -ausgabe berücksichtigt werden. Für die DBS Schlag, PSM / Sorten und Wetter wurde ein heterogener Ansatz mit enger Kopplung gewählt (vgl. FRITSCH & WEIMANN, 1992). Es handelt sich im Prinzip um eigenständige Programmsysteme, für die das Expertensystem nur einer von mehreren Nutzern (wenn auch i.d.R. der hauptsächliche) ist. Bestimmte Funktionen dieser DBS wurden in das Expertensystem eingebunden, um den Zugriff zu ermöglichen. Das Expertensystem hat bei diesen drei DBS nur lesenden Zugriff, eine Veränderung der Daten erfolgt von außen. Die dadurch entstehenden Konsistenzprobleme wurden durch restriktive Handhabung der Schreibberechtigungen klein gehalten; der Benutzer kann nur im DBS Schlag frei editieren. Bei den beiden anderen DBS erfolgt die Veränderung des Datenbestandes automatisiert (DBS Wetter) oder gut kontrolliert mit ausführlichen Konsistenztests (DBS PSM / Sorten) an zentraler Stelle. Die Nachteile der engen Kopplung wurden wegen der Speicherplatzprobleme unter dem Betriebssystem MS-DOS in Kauf genommen.
Für das verbleibende DBS Ergebnisse wurde ein homogener Ansatz gewählt, bei dem das DBS in das Expertensystem integriert ist. Schreibender Zugriff auf die Datenbank dieses DBS ist ausschließlich dem Expertensystem vorbehalten, lesender Zugriff von außen ist zwar möglich, stellt aber die Ausnahme dar.

7. Laufende Entwicklungen

Die in der Einleitung erwähnten und z.T. bereits realisierten Erweiterungen des PRO_PLANT-Systems, wie z.B. die Ausdehnung auf andere Kulturen (Raps, Mais, Kartoffeln, Zuckerrüben etc.) sowie die Erweiterung hinsichtlich der Minimierung des Einsatzes von Herbiziden und Insektiziden, führten zu einer Reihe von Problemen, die eine Weiterentwicklung des Systems als reine DOS-Version sehr schwierig machten. Zusätzliche Anforderungen, z.B. mehr visuelle Bestimmungshilfen und eine erhöhte Flexibilität ließen es ratsam erscheinen, die Weiterentwicklung unter MS-Windows voranzutreiben.

Die für eine Gesamtberatung notwendigen Komponenten sind wie in der DOS-Version hintereinandergeschaltet. Wurde die relativ starre Ablaufsteuerung der DOS-Version jedoch nicht nur von Experten als Monitum erkannt, so ist es bei der jetzigen Konzeption zusätzlich möglich, die Komponenten (z.B. die sog. 'Grobdiagnose') einzeln aufzurufen und mit unterschiedlichen Zielsetzungen zu starten (z.B. als Modell- oder Realberatung).

Eine Erhöhung der Flexibilität des Systems wird auch dadurch erreicht, daß verschiedene Funktionen als eigene Tasks gestartet werden können, um sich während einer Konsultation Informationen aus anderen Teilen des Systems zu holen. Wird z.B. während der Konsultation des im folgenden erläuterten Teilsystems 'Insektizide' nach dem Vorkommen bestimmter Raps-Schädlinge gefragt, kann sich der Benutzer mit Hilfe eines entsprechenden Informationssystems nähere Informationen anzeigen lassen.

Teilsystem 'Insektizide'

Der Insektizideinsatz spielt heute bei der Ertragssicherung in Ackerkulturen eine entscheidende Rolle. Bei der Entscheidungsfindung der Landwirte über die Notwendigkeit einer Maßnahme sind mehrere Probleme zu beobachten. Der Wissensstand über die Zusammenhänge, die bei einer Bekämpfungsentscheidung berücksichtigt werden müssen, ist im Bereich der Schadinsekten wesentlich dürftiger als z.B. bei Pilzerkrankungen:

- Das sichere Erkennen einzelner Schadinsekten kann nicht vorausgesetzt werden.
- Es ist teilweise nicht bekannt, welches Entwicklungsstadium den Schaden anrichtet und welche Faktoren die Schadtätigkeit beinflussen (Witterung, Pflanzenzustand, Schädigungsdauer usw.).
- Befallserhebungen sind oft sehr schwierig und damit ungenau aufgrund von bestimmten Verhaltensmustern bei den Schadinsekten, z.B. versteckte Lebensweise.
- Hilfsmittel bei der Befallserhebung existieren zwar (Gelbschalen), werden aber aufgrund fehlendender Hilfestellungen nur spärlich eingesetzt.

Dies führt zwangsläufig zu Unsicherheiten. Bei niedrigen Mittelkosten und sinkenden Preisen für die Ernteprodukte sind Routinemaßnahmen häufig zu beobachten. Dabei richten Insekten nur in manchen Jahren und auch nur auf Einzelstandorten wirklich Schaden an. Aus den aufgezeigten Schwierigkeiten ergibt sich der Bedarf für ein Beratungsprogramm, das Landwirten Entscheidungshilfen liefert, die zur Zeit noch fehlen. Konzipiert und entwickelt wird ein solches Programm zunächst für die Kulturart Raps, da hier verschiedene Insekten (Rapserdfloh, Kohltriebrüßler, Rapsstengelrüßler, Rapsglanzkäfer, Kohlschotenrüßler und Kohlschotenmücke) zu berücksichtigen sind. In diesem Zusammenhang wurde das Informationssystem 'Raps' bereits fertiggestellt und wird z.Zt. bei Landwirten und Beratern in Westfalen-Lippe und im Rheinland getestet. In einer späteren Version soll die Kulturart Getreide folgen.

Ein Beratungsprogramm hängt bzgl. der Treffergenauigkeit seiner Aussagen stark von den

Eingaben der Landwirte ab. Extrem deutlich wird dies bei Befallsabfragen. Hinweise zu Unterscheidungsmerkmalen und praktischen Tips bei der Durchführung einer Bonitur erhöhen zum einen die Bereitschaft diese Arbeiten überhaupt durchzuführen, zum anderen werden so Fehlerquellen bei der Eingabe eingeschränkt. Weiterhin soll ein Nachlesen bestimmter Zusammenhänge das Ergebnis einer Beratung durchschaubar machen.

Bei der Entwicklung des Informationssystems wurde neben der Erledigung dieser Aufgaben besonderes Augenmerk auf die Zielgruppe gelegt. So wurden die Informationen auf die praxisrelevanten Schwerpunkte eingeschränkt und wo möglich in überschaubare Tabellen, Grafiken und Bildern zusammengefaßt, um damit das Lesen endloser Texte zu vermeiden. Der Zugriff auf die gewünschten Informationen soll möglichst schnell und unkompliziert von statten gehen. Eine wichtige Voraussetzung, auch gerade im Hinblick auf die spätere Akzeptanz, ist, daß sich das Programm entsprechend dem Wissensstand der einzelnen Anwender sehr flexibel handhaben läßt. Diejenigen, die schon über Vorwissen verfügen, sollen sich nicht noch einmal durch das gesamte Informationsangebot zu einem Schädling durcharbeiten müssen, sondern direkt auf das noch fehlende Wissen zugreifen können. Dieses beliebige Springen und Verzweigen innerhalb des Programmes muß folglich gewährleistet werden. Ein weiterer wichtiger Punkt ist die Einbindung von Grafiken und digitalisierten Fotos. Sie spielen gerade im Schadbildbereich und bei der Bestimmung eines Schädlings eine sehr wichtige Rolle.

All diese Voraussetzungen ließen sich mit dem Entwicklungwerkzeug TOOLBOOK realisieren. Ein mit diesem Werkzeug entwickeltes Programm arbeitet nach dem Prinzip eines aus einzelnen Seiten zusammengesetzten Buches. Auf jeder einzelnen Seite können die unterschiedlichsten Informationen in Form von Texten, Datensatzfelden und Grafiken abgelegt werden. Über die Benutzerschnittstellen DLL und DDE lassen sich auch die neusten Multimedia-Technologien wie CD-ROM-Laufwerke, Video- und Audiokarten einbinden.

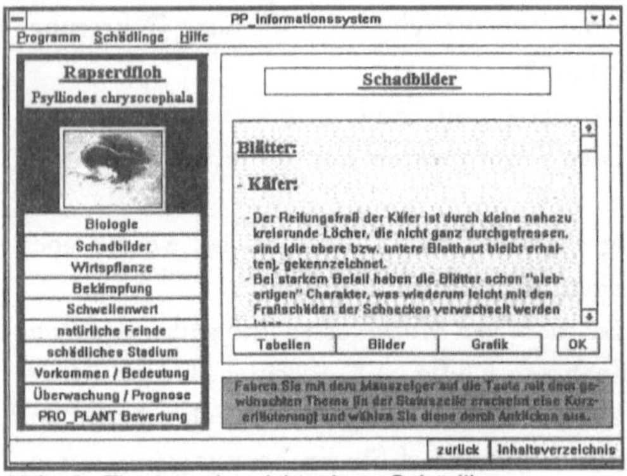

Abb. 3: Themenübersicht eines Schädlings

Das Informationssystem selbst läßt sich zur Zeit in verschiedene Abschnitte unterteilen. Der erste Abschnitt ist der Jahresüberblick. Nach Auswahl eines Monats werden dort alle für das Informationssystem relevanten Schädlinge, die in diesem Zeitraum von Bedeutung sind, aufgezeigt. Zu den einzelnen Schädlingen lassen sich dann entweder noch Detailinformationen abrufen oder man kann direkt in den eigentlichen Informationsteil wechseln. Sofern noch Unsicherheiten bei der Bestimmung des Schädlings bestehen, kann der Anwender den in dem Programm integrierten Bestimmungsschlüssel verwenden. Die Bestimmung des Schädlings kann dabei über zwei unterschiedliche Wege geschehen, zum einen über den Schädling selber oder zum anderen über dessen Schadbilder. Eine Kombination beider Wege ist bedingt auch möglich, d.h. sollte die Bestimmung des Schädlings nicht mehr möglich sein, da gewisse Merkmale nur noch unter dem Binokular festzustellen sind, so wird versucht, über dessen Schadbilder ans Ziel zu gelangen. Ist der Schädling bekannt oder bestimmt worden, wechselt man zu den entsprechenden Kapiteln über diesen Schädling. In diesem Abschnitt werden die entsprechenden Informationen in Form von Texten, Tabellen, Grafiken und Fotos in den Kapiteln "Biologie", "Schadbilder" (Abb. 3, "Wirtspflanze", "Bekämpfung", "Schwellenwert", "natürliche Feinde", "schädliches Stadium", "Vorkommen / Bedeutung", "Überwachung / Prognose" und "PRO_PLANT Bewertung" vorgehalten. Über sog. "Sprungmarken", meist hervorgehobene Wörter im Text, ist eine schnelles Wechseln zur einer bestimmten Information innerhalb der Kapitel eines Schädlings, aber auch im gesamten Buch möglich. Beispiel: Jemand informiert sich gerade über die Schadbilder der Rapserdflohlarve, die oft mit der der Blattstielmierfliegenlarve verwechselt werden. Mit Hilfe dieser Sprungmarken ist es ihm möglich, einen direkten Vergleich beider Larven und deren Schadbilder durch Abrufen einer vorgefertigten Vergleichsseite durchzuführen oder, wenn nötig, in ein anderes Kapitel zu wechseln, um sich dort über bestimmte Sachverhalte zu informieren. Ein anderes Beispiel wäre, das mitten in einem Text auf bestimmte EC-Stadien des Rapses verwiesen wird. Auch in diesem Fall kann auf die Seite mit der EC-Stadienübersicht (Abb. 4) gewechselt werden, um anschließend im alten Kapitel weiterzulesen. Dieses hohe Maß an Flexibilität wird im Inhaltsverzeichnis des Informationssystems konsequent fortgeführt. Von hier lassen sich alle Abschnitte, Kapitel und Unterpunkte des gesamten Programmes direkt anwählen. Der versierte Anwender oder derjenige, der nur etwas Bestimmtes nachschlagen will, braucht nicht das gesamte System zu durchlaufen, sondern holt sich nur die Information heraus, die er wirklich benötigt. Ergänzt werden soll dieses Informationssystem in einer späteren Version noch über einen separaten Abschnitt über die verschiedenen Überwachungs- und Prognosemöglichkeiten (Gelbschalen, Eklektoren, Aufschwemmkisten, etc.).

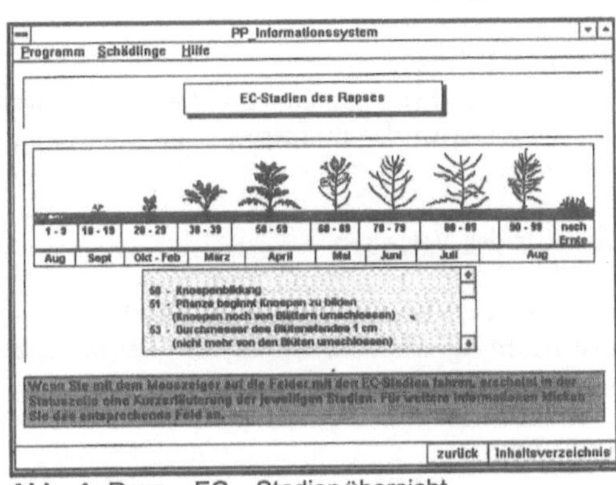

Abb. 4: Raps - EC - Stadien übersicht

Literatur:

Frahm, J. & Knapp, A. (1986):
Ein einfaches Modell zur Optimierung von Fungizidbehandlungen gegen Pseudocercosporella herpotrichoides in Weizen. In: Gesunde Pflanzen 38(4), S. 139-150.

Fritsch, A. und Weimann, P. (1992):
Kooperation von Experten- und Datenbanksystemen: Vorteile und Ansätze. In: KI -

Künstliche Intelligenz, Organ des Fachbereichs 1 "Künstliche Intelligenz" der Gesellschaft für Informatik e.V. (GI), 3/92, S.42-48.

Görz, G. (Hrsg.) (1993):
Einführung in die künstliche Intelligenz. Addison-Wesley.

Schmitz, M. (1989):
Erkenntnisse zur Gewässerbelastung durch Pflanzenschutzmitteln bei den Wasserwerken in der Bundesrepublik Deutschland. Schriftenreihe WaBoLu 1989, S. 443-456.

<u>Anschrift der Verfasser:</u>

U. Voges, U. Visser, A. Johnen, K. Hell
Institut für Agrarinformatik an der Westfälischen Wilhelms-Universität Münster
Robert-Koch-Str. 26-28
48149 Münster

BONITEX - ein Expertensystem zur Risikoprüfung bei der Vergabe von Konsumentenkrediten

Bernhard Mescheder, Konrad Jablonski
Sietec Consulting
Riemekestr. 160
D-33094 Paderborn
Tel.: 05251/8-31866

BONITEX (BONITätsprüfungs-EXpertensystem) ist ein wissensbasiertes System zur Überprüfung von Risiken bei der Vergabe von Kleinkrediten. Es unterstützt den Kundenberater im Schalterbereich einer Bank bei der Identifizierung von risikolosen Kreditanträgen und schafft damit die Voraussetzung für eine schnellere Abwicklung des Kreditgeschäfts ohne Mitwirken der zentralen Kreditabteilung. BONITEX wurde in einem vierwöchigen Pilotversuch von der Kreditabteilung der Volksbank Hermannsburg-Bergen getestet und soll ab August 1993 nach vorhergehender Schulung in den Filialen eingesetzt werden.

1 Dezentralisierung der Kreditbearbeitung

Die Kreditbearbeitung ist ein aufwendiger Geschäftsprozeß, der heute im Blickfeld zahlreicher Rationalisierungsbemühungen steht (vgl. [1]). Er gliedert sich in die Teilaufgaben Kreditberatung, Bonitätsprüfung, Vertragsmanagement und Kontoführung (vgl. Abb. 1). Die für den Abschluß eines Kreditvertrags erforderlichen Arbeiten werden teilweise im Schalterbereich von Kundenberatern und teilweise im Backoffice von Kreditsachbearbeitern ausgeführt. Bei einer Bearbeitung der Kreditanträge durch die Kreditabteilung entstehen Verzögerungen und Kosten, die besonders im Bereich der Konsumentenkredite wegen der geringen Margen nur ungenügend gedeckt werden können. Eine Beschleunigung des Antragsverfahrens und Einsparungen sind durch eine Dezentralisierung der Kreditvergabe möglich.

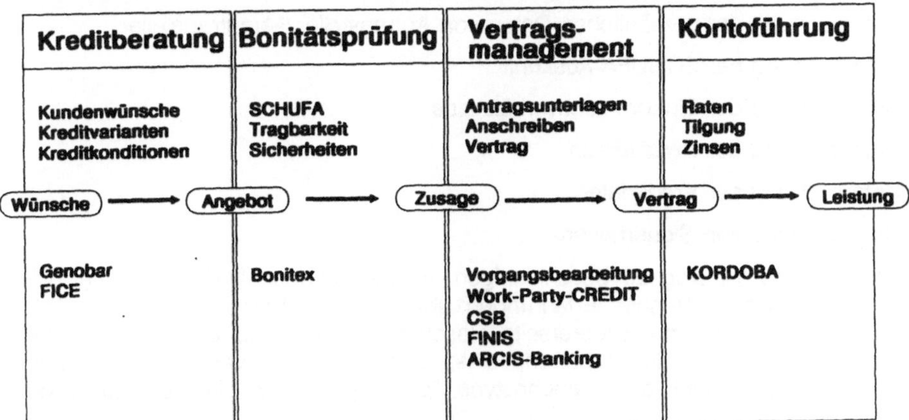

Abbildung 1: Teilaufgaben der Kreditbearbeitung

Die Kundenberater im Schalterbereich sind jedoch nicht ausreichend qualifiziert und verfügen nicht über die notwendige Zeit, um eine Risikoprüfung auf dem Niveau eines Kreditexperten durchzuführen. Bevor ein Kreditexperte eine Entscheidung trifft, analysiert und bewertet er zahlreiche Einflußfaktoren. Hierzu gehören die SCHUFA-Auskunft, die voraussichtliche Belastung und Dauerhaftigkeit des Einkommens, die Angemessenheit der Kreditlaufzeit und die verfügbaren Sicherheiten. Auf der Basis dieser Faktoren macht sich der Kreditexperte ein Bild über die allgemeine Bonität des Antragstellers und über besondere Risiken der Kreditvergabe. In die Bewertung fließen bankinterne Richtlinien und Erfahrungswissen der Kreditexperten ein.

Soll die angestrebte Dezentralisierung nicht auf Kosten eines erhöhten Kreditrisikos und steigender Kreditausfallkosten gehen, so muß das Personal im Schalterbereich bei der Bonitätsprüfung unterstützt werden. Um das Bonitätsprüfungs-Know How der Kreditabteilung im Schalterbereich verfügbar zu machen, wurde zusammen mit der Siemens Nixdorf Informationssysteme AG und der Volksbank Hermannsburg-Bergen das Expertensystem BONITEX entwickelt.

2 Expertensystemgestützte Risikoprüfung

Die Risikoprüfung erfolgt in Form eines Beratungsdialogs, in dessen Verlauf verschiedene Risikofaktoren untersucht werden. Am Ende des Beratungsdialogs werden alle Risikofaktoren angezeigt. Gleichzeitig wird eine Kreditempfehlung ausgesprochen und geklärt, ob der Antrag im Schalterbereich entschieden werden kann oder an die Kreditabteilung weiterzuleiten ist. Alle relevanten Daten und Bewertungen des Falls können in Form eines Kreditprotokolls ausgedruckt und auf Datenträger archiviert werden.

2.1 Beratungsdialog

Die für die Risikoanalyse benötigten Daten werden im Beratungsdialog auf Basis von Formularen erhoben. Der Beratungsdialog gliedert sich in folgende *Phasen*:

- Untersuchung der persönlichen Daten von Antragsteller/Mitantragsteller
- Untersuchung der SCHUFA-Auskunft
- Untersuchung der Einkommensverhältnisse
- Untersuchung der Berufsdaten
- Untersuchung der Kreditdaten
- Untersuchung von Sicherheiten

Um den Beratungsdialog zu beschleunigen, werden Formularfelder vorbelegt. Die *Vorbelegung* nutzt einerseits Erfahrungen über gängige Vertragssituationen (z.B. Nationalität Deutsch) und andererseits Geschäftsstrategien zu gewünschten Vertragsbedingungen (z.B. die Mithaftung eines Ehepartners bei verheirateten Antragstellern oder die Wahl des Darlehnstyps "pro Monat" bei Krediten zur PKW-Finanzierung).

Abb. 2 zeigt das Formular zur Erhebung der monatlichen Haushaltsausgaben. Die einzelnen Ausgabepositionen sind mit Minimalwerten vorbelegt, die nur in besonderen Konstellationen unterschritten werden können. Hierdurch wird sichergestellt, daß die Summe der monatlichen Ausgaben nicht unter eine vorbestimmte Grenze (Lebenskostenpauschale) fallen kann. Gleichzeitig wird das durch Auswertung der SCHUFA-Auskunft ermittelte bestehende Gesamtobligo angezeigt. Der Kundenberater kann hierdurch die Plausibilität der Kundenangaben zu bisherigen Kreditverpflichtungen prüfen.

Beratung bei der Bonitätsprüfung zur Kreditvergabe

Arbeitsmittel [Widerrufe] Erkläre [Rat] [Archiv] [Druck] [Ende]

Monatliche Ausgaben des Haushalts

Gesamtobligo lt. SCHUFA	:	DM 4.602	
Monatliche Ausgaben:		Antragsteller	Ehepartner
Miete/Wohnen	:	DM ______	0
Wohn-Nebenkosten	:	DM 250	50
Risikovorsorge	:	DM 50	50
Vermögensbildung	:	DM 50	50
KFZ-Betriebskosten	:	DM 300	0
Lebensmittel/Konsumgüter	:	DM 350	350
Bisherige Kreditkosten	:	DM 0	0
Unterhaltszahlungen	:	DM 0	0
Zusatzaufwendungen für Kinder	:	DM 0	0
Sonstige Verpflichtungen	:	DM 0	0
Lebenshaltungskosten f.Kinder (	2):	DM 600	
Gesamtsumme der Ausgaben	:	DM	

Daten korrekt?

Abbildung 2: Vorbelegung der monatlichen Ausgaben

Definitionen und Erläuterungen, die der Benutzer für die Eingabe der Daten benötigt, sind in einem als Hypertext organisierten *Informationssystem* hinterlegt. Über die Menüleistenfunktion "Rat" kann der Kundenberater jederzeit auf die im aktuellen Kontext benötigten Erläuterungen zugreifen.

Abb. 3 zeigt die Erläuterung zur Ausgabenposition "Miete/Wohnen". Über die Eingabe von Stichworten und durch Verfolgen von Querverweisen wechselt der Kundenberater im Informationssystem zu inhaltlich verwandten Themen (hier z.B. zu "Ausgaben für Wohn-Nebenkosten").

Da es möglich und durchaus üblich ist, mehrere Kredite in Kombination anzubieten (z.B. ein Kredit für einen Autokauf zusammen mit einem Dispo-Kredit), können in einem Beratungsdialog mehrere Kredite gleichzeitig betrachtet werden. Kredite werden durch ihren Verwendungszweck (Autokauf, Erwerb Konsumgut, Dispo, Umschuldung, sonstige Zwecke), die jeweilige Kredithöhe und den Darlehnstyp (pro Monat, per annum) charakterisiert. Abhängig vom Darlehnstyp werden die monatliche Ratenbelastung und die Laufzeit durch unterschiedliche finanzmathematische Formeln ermittelt. Dabei hat der Kundenberater die Möglichkeit, zwischen der Vorgabe der Rate bzw. Tilgung oder der Laufzeit zu wählen und somit verschiedene Finanzierungsvarianten durchzuspielen.

Beratung bei der Bonitätsprüfung zur Kreditvergabe
Arbeitsmittel [Widerrufe] Erkläre [Rat] [Archiv] [Druck] [Ende]

Monatliche Ausgaben des Haushalts

Informationen zur Bonitätsprüfung bei der Kreditvergabe
[Ende] [Vorgänger] [Nachfolger] [Vor] [Zurück] [Historie] [Drucken]

Ausgaben für Miete/Wohnen

Die Mietkosten verstehen sich als Kaltmiete, d.h. ohne Nebenkosten, Heizung, Strom und Wasser. Die -> Ausgaben für Wohn-Nebenkosten werden getrennt ermittelt.

Wohnt der Antragsteller in einer eigenen Eigentumswohnung oder in einem eigenen Haus, so sind monatliche Ratenzahlungen im Rahmen der Wohnungs/Hausfinanzierung als Aufwendungen für Wohnen anzusetzen.

Wohnt der Antragsteller bei Verwandten mietfrei oder bei Abgabe eines Kostgelds, so sind keine Mietkosten anzugeben. Kostgeldzahlungen

> % 62

Abbildung 3: Erläuterungen als Hypertext

Abb. 4 zeigt das Formular zur Erhebung der Kreditdaten für eine PKW-Finanzierung in Höhe von 23.000 DM nach Vorgabe einer Kreditlaufzeit von 47 Monaten. BONITEX berechnet die resultierende Monatsrate, die Kreditlaufzeit in Jahren, den Gesamtbetrag und die Gebühren des Kredits. Erscheint die monatliche Rate dem Kunden zu hoch, kann der Kundenberater eine niedrigere Rate vorgeben. BONITEX korrigiert dann automatisch die Laufzeit und zeigt die Veränderungen an.

Beratung bei der Bonitätsprüfung zur Kreditvergabe
Arbeitsmittel [Widerrufe] Erkläre [Rat] [Archiv] [Druck] [Ende]

Kreditdaten: Darlehnstyp p.M.

Verwendungszweck:		Autokauf	
Darlehnstyp	:	p.M.	
Kredithöhe	:	23.000	DM
Zinssatz	:	0,61	% p.M.
Bearbeitungssatz:		2,00	%
Restkreditvers.	:	150,00	DM
Kontoführung	:	1,00	DM p.M.
Rate/Monat	:	644,62	DM
Laufzeit	:	3,92	Jahre
Gesamtbetrag	:	30.297,10	DM
davon Gebühr	:	463,00	DM

Daten korrekt? ja__

Abbildung 4: Untersuchung der Kreditdaten

2.2 Risikoanalyse

Im Verlauf des Beratungsdialogs analysiert und bewertet BONITEX die in Tabelle 1 dargestellten Einflußfaktoren der Kreditvergabe.

zentraler Einflußfaktor	mögliche Bewertungen
SCHUFA-Auskunft	positiv, tolerierbar, negativ
Belastung Einkommen	gering, mittel, hoch
Angemessenheit der Laufzeit	gegeben, vertretbar, zweifelhaft
Dauerhaftigkeit Einkommen	gewährleistet, 'voraussichtlich gewährleistet', fraglich
Bewertung der Sicherheiten	gut, fragwürdig, unzureichend

Tabelle 1: Einflußfaktoren der Kreditvergabe

Die *SCHUFA-Auskunft* wird auf der Basis der vorgefundenen Einträge als positiv, negativ oder tolerierbar bewertet. Zur Bewertung werden die ca. 80 verschiedenen Auskunftsmerkmale in negative, tolerierbare, neutrale und positive Merkmale klassifiziert. Daneben werden Kenngrößen bestimmt und bewertet, die die SCHUFA-Auskunft insgesamt charakterisieren. Dazu gehört die Anzahl vorliegender Kreditanfragen und Kreditmeldungen sowie die Anzahl laufender Kredite mit bedenklicher Laufzeit.

Abb. 5 zeigt die SCHUFA-Bewertung für einen Kredit (KR) und und einen Leasingvertrag (ML). Im Gesamtobligo werden nur laufende Kredite berücksichtigt.

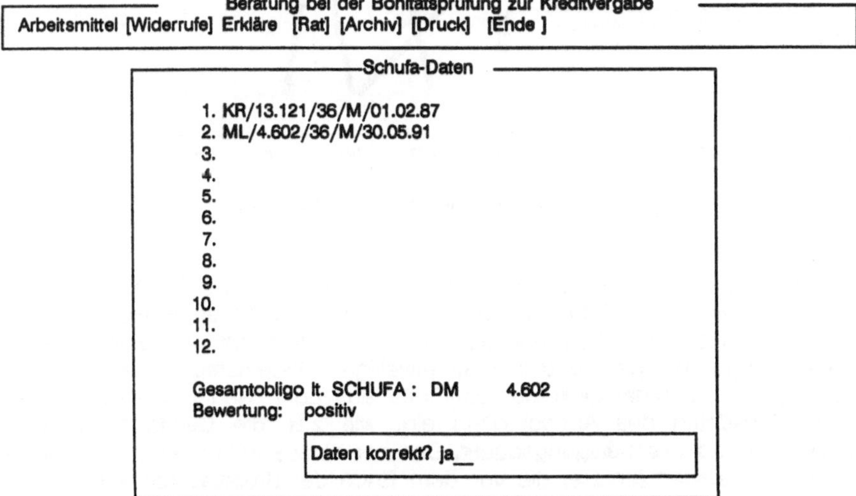

Abbildung 5: Bewertung der SCHUFA-Auskunft

Zur Bewertung der *Einkommensbelastung* berechnet BONITEX aus den monatlichen Haushaltsausgaben und -einnahmen, sowie der errechneten monatlichen Rate des Gesamtkredits einen Belastungsgrad des Einkommens. Der Belastungsgrad wird qualitativ bewertet. Die qualitative Bewertung basiert auf Techniken der "Fuzzy Logic", die die von Menschen praktizierte "unscharfe" sprachliche Interpretation "scharfer" Daten nachbildet. Dazu werden die "scharfen" Daten, wie z.B. der Belastungsgrad des Einkommens, sprachlich interpretiert - z.B. als "hoch", "mittel" oder "gering". Gleichzeitig wird dem "unscharfen" Begriff eine Maßzahl zwischen 0 und 1000 zugeordnet. Sie drückt aus, in welchem Maß das "scharfe" Datum zu der jeweiligen "unscharfen" Menge gehört ([2]). Die jeweiligen Maßzahlen beschreiben Unsicherheiten, die bei den weiteren logischen Schlüssen berücksichtigt werden und sich auf die Sicherheit der Schlußfolgerungen auswirken. Bestehende Unsicherheiten werden daher nicht durch willkürliche Schwellwertdefinition abgeschnitten, sondern im Modell propagiert.

Abb. 6 zeigt die Bewertungsfunktion für die Belastung des monatlichen Einkommens auf der Basis des Belastungsgrads. Danach werden Belastungen zwischen 100% und 105% sowohl als gering als auch als mittel bewertet.

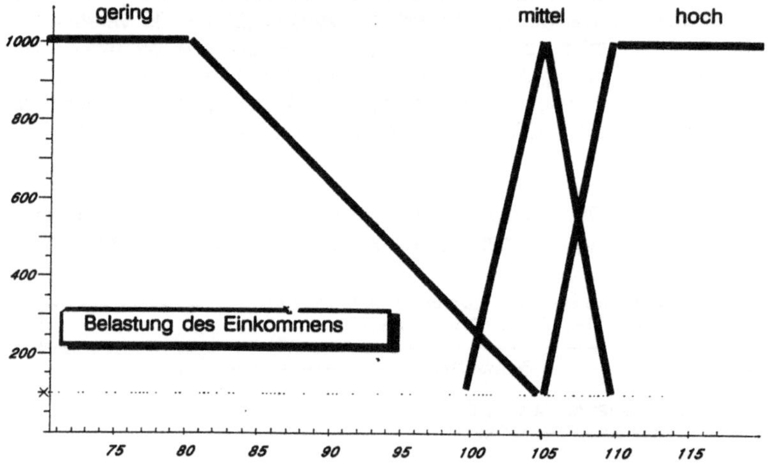

Abbildung 6: Unscharfe Bewertung der Einkommensbelastung

Zur Bewertung der *Dauerhaftigkeit des Einkommens* ermittelt BONITEX die Höhe der nachhaltigen Monatseinkünfte. Dazu werden die monatlichen Einkünfte nach Einkunftsarten unterschieden (Lohn/Gehalt, Vermietung/Verpachtung, Kapitalvermögen, Unterstützungszahlungen) und in ihrer jeweiligen Dauerhaftigkeit bewertet. In die Bewertung der Dauerhaftigkeit der Einkünfte aus Lohn/Gehalt fließen Berufs- und Qualifikationsdaten des Antragstellers ein, wie z.B. die Berufsgruppe, die Berufsausbildung und Beschäftigungsdauer. Darüber hinaus wird untersucht, inwieweit befristete Arbeitsverhältnisse, die vor dem Ende der Kreditlaufzeit enden, die Tragbarkeit des Kredits gefährden.

Die *Angemessenheit der Kreditlaufzeit* wird beurteilt durch eine Analyse der Abweichungen der Kreditlaufzeit von der empfohlenen Laufzeit. Die empfohlene Laufzeit ergibt sich aus dem jeweiligen Verwendungszweck oder - im Fall von Dispo-Krediten - aus dem Ablauf bestimmter Fristen (z.B. bei befristeten Arbeitsverhältnissen).

Sicherheiten unterscheiden sich im Aufwand, der zu ihrer Verwaltung erforderlich ist. Daher sollen Sicherheiten, deren Verwaltung aufwendig ist, möglichst nur dann eingeholt werden, wenn dies tatsächlich notwendig ist. Es wird daher unterschieden zwischen (wenig aufwendigen) Standardsicherheiten und (aufwendigen) Zusatzsicherheiten. Zu den Standardsicherheiten zählen die Abtretung des Arbeitseinkommens und die Restkreditversicherung. Als Zusatzsicherheiten gelten Sicherungsübereignungen, Zessionen, und Bürgschaften. Zusatzsicherheiten werden erst betrachtet, nachdem BONITEX die Risiken der Kreditvergabe untersucht hat. Wenn die Kreditbewilligung risikolos möglich ist, wird darauf hingewiesen, daß Zusatzsicherheiten nicht erforderlich sind. Sie können dennoch vom Kundenberater (unter Angabe einer Begründung) eingeholt werden.

Wenn eine Kreditvergabe von BONITEX als risikoreich eingestuft wird, werden Zusatzsicherheiten immer abgefragt. Zusatzsicherheiten können Risiken heilen. Die Bewertung der Sicherheiten hängt vom Deckungsgrad der Sicherheiten ab. Er wird aus der verwertbaren Höhe der Sicherheiten und der Gesamthöhe des Obligos berechnet.

Abb. 7 zeigt die Erfassung von Höhe und Verwertungsgrad einer Sicherheitsübereignung. Hinweise zur Ermittlung und Abschätzung dieser Werte sind im Informationssystem hinterlegt und stehen dem Kundenberater auf Knopfdruck zur Verfügung.

Beratung bei der Bonitätsprüfung zur Kreditvergabe

Arbeitsmittel [Widerrufe] Erkläre [Rat] [Archiv] [Druck] [Ende]

Sicherheiten: Höhe der Sicherheiten

Art	Verwertungsgrad (%) zulässig	gegeben	Höhe (DM)
Sicherungsübereignungen	0 - 60	60	40.000
Gesamtbetrag der verwertbaren Sicherheiten:			24.000
% Blankoanteil bestehender Restkredite:			0
Verbleibende verwertbare Sicherheiten:			24.000
Gesamtkreditsumme:			23.000

Daten korrekt? ja__

Abbildung 7: Erfassung der Sicherheiten

2.3 Ergebnispräsentation

Am Ende des Beratungsdialogs werden auf der Basis der untersuchten Einzelfaktoren Risiken und Ablehnungsgründe identifiziert und eine zusammenfassende Bewertung der Kreditbewilligung vorgenommen. Aufgrund der in BONITEX enthaltenen Zuständigkeitsregelungen wird festgelegt, ob die Kreditvergabe im Schalterbereich direkt entschieden werden kann oder ob der Antrag an die Kreditabteilung weiterzuleiten ist.

Abb. 8 zeigt ein Beispiel für eine empfehlenswerte Kreditbewilligung. Die Zahl hinter der Bewertung der Einkommensbelastung drückt aus, daß die Bewertung nur mit geringer Sicherheit erfolgt.

```
------------- Beratung bei der Bonitätsprüfung zur Kreditvergabe -------------
Arbeitsmittel   [Widerrufe]   Erkläre   [Rat]   [Archiv]   [Druck]   [Ende ]

Kreditbewilligung      : empfehlenswert
                         ohne Kreditabteilung entscheidbar
Hinweis                :
Ablehnungsgründe       : nicht vorhanden
-------------------------------------------------------------------------------
Bonität des Kunden            : gut
Schufa-Auskunft               : positiv
Belastung Einkommen           : gering (168)

Dauerhaftigkeit Einkommen:      gewährl.
Angemessenheit Laufzeit       : gegeben
Sicherheiten                  :
-------------------------------------------------------------------------------
Risiken:     nicht vorhanden
```

Abbildung 8: Ergebnis der Risikoprüfung

Der Beratungsdialog erfordert selten mehr als 5 Minuten. Wir konnten feststellen, daß ein Benutzer in dieser kurzen Zeit oft nicht in der Lage ist, die eingegebenen Daten mental zu verarbeiten und zu einem eigenen Gesamteindruck zu kommen. Daher ist es für die Akzeptanz des Systems und für die Argumentation im Kundengespräch wichtig, daß BONITEX die Ergebnisse erläutern kann. Hierzu verfügt BONITEX über eine Erklärungskomponente. Ergebnisse, die auf der Bewertung von numerischen Daten beruhen, werden in Form sog. Sichten erläutert. Eine Sicht ist eine Zusammenstellung der Fakten, auf die sich Berechnungen und Bewertungen stützen. Schlußfolgerungen auf der Basis von Regeln werden durch Anzeige der jeweiligen Regeln begründet. Dabei übersetzt eine natürlichsprachliche Generierungskomponente die Regeln automatisch aus der internen formalen Repräsentation in deutschen Text.

Abb. 9 zeigt die Sicht zur Erläuterung der Einkommensbelastung und Abb. 10 die natürlichsprachliche Erklärung zur Arbeitsplatzsicherheit. Sie basiert auf folgender BONITEX-Regel:

```
RULE    940
IF      Antragsteller . 'berufliche Qualifikation' = hoch
AND     Beschäftigung . Dauer = lang; mittel
THEN    Arbeitsplatz . Sicherheit = gewährleistet (800)
END
```

Beratung bei der Bonitätsprüfung zur Kreditvergabe
Arbeitsmittel [Widerrufe] Erkläre [Rat] [Archiv] [Druck] [Ende]
Eink
Belastung Ei
Dauerhaftigk
Dauerhaftigk
Nachhaltiges
Sicherheit d
Bonität des
Schufa-Ausku
Belastung Ei
Dauerhaftigk
Angemessenhe
Sicherheiten
Risiken: nicht vorhanden
Gründe
Erklärung: Belastung der Gesamteinkünfte
Monatliche Ausgaben: 3.000 DM
Raten des Gesamtkredits: 644,62 DM
Monatseinkünfte: 3.700 DM
Belastungsgrad: 98%
Belastung: gering (168)
Ok

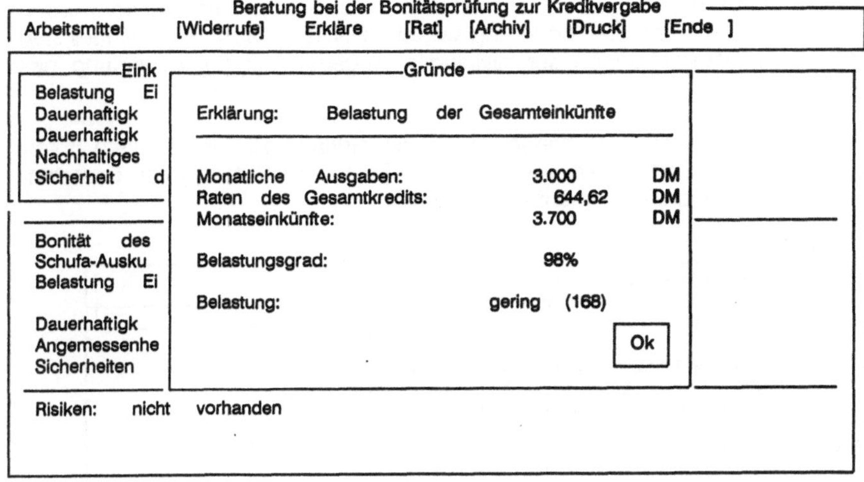

Abbildung 9: Erklärung der Einkommensbelastung

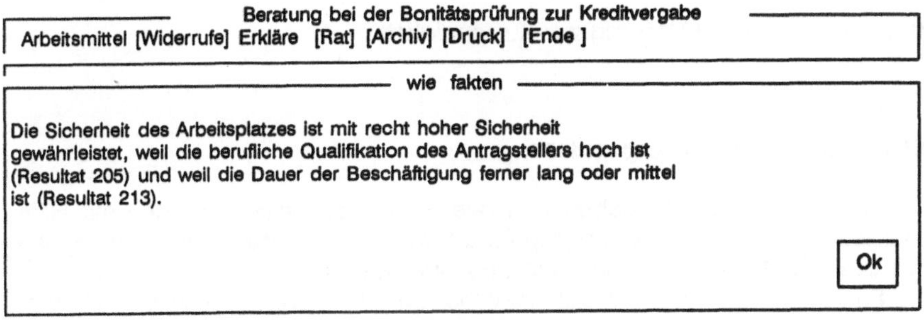

Beratung bei der Bonitätsprüfung zur Kreditvergabe
Arbeitsmittel [Widerrufe] Erkläre [Rat] [Archiv] [Druck] [Ende]
wie fakten
Die Sicherheit des Arbeitsplatzes ist mit recht hoher Sicherheit gewährleistet, weil die berufliche Qualifikation des Antragstellers hoch ist (Resultat 205) und weil die Dauer der Beschäftigung ferner lang oder mittel ist (Resultat 213).
Ok

Abbildung 10: Erklärung der Arbeitsplatzsicherheit

2.4 Exploration

Erklärungen dienen in BONITEX noch einem weiteren Zweck. Mit Hilfe von Erklärungen kann der Kundenberater die Auswirkung der Falldaten auf die Kreditempfehlung nachvollziehen und Entscheidungsspielräume (z.B. hinsichtlich Kredithöhe, Rate oder Laufzeit) erkennen. Besondere Bedeutung haben dabei negative Erklärungen, die - wie in Abb. 11 - begründen, warum bestimmte Ergebnisse nicht abgeleitet werden konnten. Dazu werden die untersuchten Regeln im Zusammenhang verbalisiert und nicht erfüllte Bedingungen gesondert hervorgehoben. Zusätzlich können alle ausgefüllten Bildschirmformulare angewählt und angezeigt werden. Hierdurch kann der Kundenberater zusammen mit dem Kunden die Kundenwünsche überdenken und ändern.

Dazu steht ihm in der Menüleiste die Funktion "Widerrufe" zur Verfügung. Nach Anwahl der Widerrufe-Funktion kann der Kundenberater auswählen, in welchen

Formularen er Änderungen vornehmen will. Die ausgewählten Formulare werden erneut angezeigt. Nach erfolgter Änderung wertet BONITEX das interne Modell neu aus und zeigt die Auswirkungen der revidierten Angaben auf die Bewertung des Kreditantrags neu an.

Die in BONITEX realisierten Funktionen (Hypertext, Erklärungen, Widerrufen) unterstützen flexible Interaktionsformen, wie sie z.B. in [3] für die Nutzung von Expertensystemen als "Explorationsinstrumente" gefordert werden.

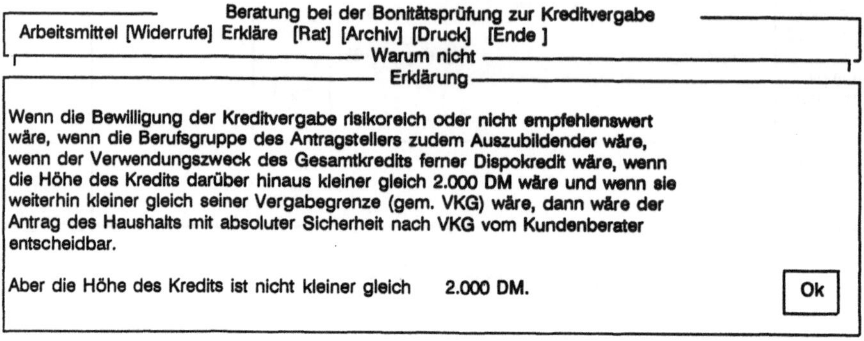

Beratung bei der Bonitätsprüfung zur Kreditvergabe

Arbeitsmittel [Widerrufe] Erkläre [Rat] [Archiv] [Druck] [Ende]

Warum nicht

Erklärung

Wenn die Bewilligung der Kreditvergabe risikoreich oder nicht empfehlenswert wäre, wenn die Berufsgruppe des Antragstellers zudem Auszubildender wäre, wenn der Verwendungszweck des Gesamtkredits ferner Dispokredit wäre, wenn die Höhe des Kredits darüber hinaus kleiner gleich 2.000 DM wäre und wenn sie weiterhin kleiner gleich seiner Vergabegrenze (gem. VKG) wäre, dann wäre der Antrag des Haushalts mit absoluter Sicherheit nach VKG vom Kundenberater entscheidbar.

Aber die Höhe des Kredits ist nicht kleiner gleich 2.000 DM.

Ok

Abbildung 11: Negative Erklärung zur Zuständigkeit

2.5 Weiterverarbeitung der Ergebnisse

Der jeweilige Fall, d.h. alle Eingaben und relevanten Ergebnisse, können mit Hilfe der Menüleistenfunktion "Archiv" abgespeichert werden. Bei Bedarf wird der archivierte Fall in BONITEX neu geladen und neu durchgespielt. Dabei können mit der Widerrufe-Funktion Vorgaben, die sich zwischenzeitlich geändert haben, modifiziert werden.

Für den Ausdruck eines Kreditprotokolls stellt BONITEX die Druck-Funktion zur Verfügung. Im dreiseitigen Kreditprotokoll sind alle wichtigen Daten, Bewertungen und Empfehlungen tabellarisch zusammengefaßt. Die erste Seite des Protokolls wird vom Kunden unterschrieben und ersetzt die bisher manuell erfaßte Selbstauskunft.

Darüber hinaus soll BONITEX um Schnittstellen oder Funktionen erweitert werden, die es erlauben, die Daten in BONITEX für eine automatische oder halbautomatische Erstellung des Kreditvertrags zu nutzen.

3 Projektverlauf

Wesentliche Komponenten von BONITEX und das Grundmodell der Risikoprüfung wurden im Rahmen des Auftragsprojekts CESAR für Siemens Nixdorf am FAW Ulm entwickelt. BONITEX basiert auf der Expertensystem-Entwicklungsumgebung TWAICE ([4], [5]) und kann auf MS-DOS PC's eingesetzt werden, die mit mindestens einem 386er-Prozessor und 6MB Speicher ausgestattet sind.

Im CESAR-Projekt stand jedoch nicht der praktische Einsatz des Systems im Vordergrund, sondern die Fragestellung, inwieweit im Bereich Banken und Versicherungen Branchenlösungen (sog. customized oder semicustomized shells) entwickelt werden können ([6]). Veröffentlichungen zu BONITEX stießen auf das Interesse der Volksbank Hermannsburg-Bergen eG, die im Rahmen einer geplanten Neuorganisation des Kreditgeschäfts die Dezentralsierung des Kleinkreditgeschäfts anstrebte und die damit verbundenen Risiken erkannt hatte.

In Zusammenarbeit mit dem zuständigen SNI-Vertrieb und der Organisations- und Kreditabteilung der Volksbank Hermannsburg-Bergen wurde BONITEX evaluiert, verfeinert und für den Filialeinsatz vorbereitet. Im Sinne eines iterativen, risikogesteuerten Projektmanagements ([8]) wurden dabei folgende Phasen durchlaufen:

3.1 Prüfung der Adäquatheit des BONITEX-Modells

Um die Adäquatheit des Modells zur Risikoprüfung zu prüfen, wurde mit den Kreditexperten der Volksbank ein zweitägiger Review durchgeführt, bei dem 20 anonymisierte Praxisfälle durchgespielt wurden. Dabei wurde deutlich, daß die von BONITEX abgegebenen Bewertungen und Empfehlungen nach geringfügigen Anpassungen des Modells durchweg die Zustimmung der Experten fanden. Beim Review wurde intensiv von den Explorationstechniken in BONITEX Gebrauch gemacht, um Grenzfallbetrachtungen durchzuführen. Gerade die Grenzfallbetrachtungen trugen wesentlich dazu bei, das Vertrauen der Experten in das BONITEX-Modell zu erhöhen. Bei der Analyse der Praxisfälle wurde jedoch auch deutlich, daß verschiedene, in der Praxis mögliche Konstellationen im BONITEX-Modell noch nicht ausreichend berücksichtigt wurden und eine Verfeinerung des Modells nötig war.

3.2 Prüfung der Wirtschaftlichkeit und Einsetzbarkeit

Schon beim Review wurde deutlich, daß BONITEX sich in keinem Fall gegen ein ablehnendes Votum der Kreditexperten entscheidet. Die erhofften Rationalisierungseffekte treten jedoch nur dann ein, wenn trotz der größeren Strenge von BONITEX ausreichend viele Kreditanträge tatsächlich als risikolos und damit in der Filiale entscheidbar klassifiziert werden. Diese Fragestellung konnte nur durch einen Pilottest in der Volksbank entschieden werden. Darüber hinaus sollte der Pilottest darüber Auskunft geben, ob das System in der DV-Umgebung der Volksbank einsetzbar ist und ob es von den Mitarbeitern akzeptiert wird.

Der Pilotversuch fand in der Kreditabteilung statt und dauerte 4 Wochen. Dabei zeigte es sich, daß 55% aller Kreditanträge von BONITEX positiv entschieden wurden. Eine Analyse der Ablehnungen ergab, daß durch akzeptable Verfeinerungen des Modells die Zustimmungsquote auf 70% gesteigert werden kann. Der Pilotversuch belegte außerdem, daß eine zweistündige Einweisung der Anwender für das Arbeiten mit BONITEX ausreicht. Der Pilotversuch verlief ohne Probleme und die vorsorglich eingerichtete Hotline blieb ungenutzt.

3.3 Vorbereitung zum Filialeinsatz

Zur Vorbereitung des Filialeinsatzes wurde BONITEX um die Funktion zum Ausdruck des Kreditprotokolls erweitert und das BONITEX-Modell auf der Grundlage der Piloterfahrungen verbessert. Parallel dazu wurde in der Volksbank Hermannsburg- Bergen die Schulung vorbereitet. Sie umfaßt nicht nur die Einführung von BONITEX, sondern auch alle anderen Verfahrensschritte im Zusammenhang mit der Vergabe von Konsumentenkrediten. Die Schulung und Einführung von BONITEX in den Filialen ist für August 1993 geplant.

Das in BONITEX enthaltene Modell wurde implementationsunabhängig im Sinne von KADS ([7]) beschrieben. Da das in BONITEX realisierte Kontrollwissen sehr einfach ist und von Beginn an akzeptiert war, konzentriert sich die Modellbeschreibung auf das Domänwissen, d.h. auf die relevanten Konzepte, Eigenschaften, Relationen und Regeln. Die Modellbeschreibung wurde fortlaufend aktualisiert und bildete das verbindliche Kommunikationsmedium zwischen Entwicklern und Kreditexperten. Auf der Basis der Modellbeschreibung entstehen auch die Schulungsunterlagen.

4 Quantitativer und strategischer Nutzen

Nach den Ergebnissen des Pilotversuchs können die Kundenberater im Schalterbereich mit BONITEX in ca. 70% aller Fälle einen Konsumentenkredit als "sicher" erkennen und auch ohne Einschalten der Kreditabteilung abwickeln. Da auch die Erstellung der Kreditverträge im Schalterbereich weitgehend computergestützt erfolgen wird, vergrößert sich der Bearbeitungsaufwand im Schalterbereich gegenüber der heutigen Arbeitsweise nicht. BONITEX ermöglicht es daher, 70% der in der Kreditabteilung für die Bearbeitung von Konsumentenkrediten anfallenden Aufwände einzusparen und die frei werdenden Ressourcen auf die Bearbeitung lohnenderer Kreditgeschäfte zu lenken.

Risikoreiche Kreditanträge werden von BONITEX erkannt und zur Weiterleitung an die Kreditabteilung vorgeschlagen, wo - wie bisher - eine genaue Einzelprüfung unter Beachtung aller kundenspezifischen Daten erfolgen kann. Dabei wird der Kreditexperte durch das von BONITEX erstellte Kreditprotokoll unterstützt, das alle entscheidungsrelevanten Daten enthält.

Im Fall von "sicheren" Kreditanträgen muß der Kunde nicht mehr auf eine Entscheidung der zentralen Kreditabteilung warten. Wenn alle nötigen Vertragsanlagen verfügbar sind, kann er sofort über die Kreditsumme verfügen. Hierdurch werden mit BONITEX Wettbewerbsvorteile erzielt, die bei einer zurückgehenden Kundenbindung zunehmend wichtig werden.

Mit Hilfe einer Pflegekomponente können die Kreditexperten in der Kreditabteilung wesentliche Gewichtungsfaktoren und Bewertungsgrößen des in BONITEX enthaltenen Modells verändern. Das Expertensystem stellt somit ein Medium zur Verbreitung der Bankstrategie im Kreditbereich dar und erlaubt es, auf neue Kreditstrategien flexibel zu reagieren. Durch den dezentralen Einsatz wird ein Multiplikatoreffekt erreicht, der hilft, die stark beanspruchten Experten in der Kreditabteilung zu entlasten.

5 Zusammenfassung

Die bisherigen Erfahrungen der Volksbank Hermannsburg-Bergen belegen, daß mit einem wissensbasierten System zur Risikoprüfung bei der Kreditvergabe erhebliche Rationalisierungseffekte zu erzielen sind. Außerdem wird der Bearbeitungsprozeß beschleunigt und somit der Kundenservice verbessert. Die weiteren Erfahrungen im Filialeinsatz werden zeigen, ob sich dieser Ansatz auch im Tagesgeschäft bewähren wird. Ermutigt durch den bisherigen Verlauf des Projekts wird der SNI-Vertrieb BONITEX auch anderen interessierten Kreditinstituten anbieten.

Literatur

[1] KESS-Team: Neue Technologien setzt Masstäbe im Kreditgeschäft, FORUM 2/93: Mitarbeiter-Zeitschrift der Deutschen Bank

[2] Constantin von Altrock: Über den Daumen gepeilt, c't 1991, Heft 3

[3] Thomas Herrmann, Bodo Busch, Marita Geenen: Vielfalt von Interaktionsmöglichkeiten - ein Gestaltungsziel bei Expertensystemen, in: Ackermann, Ulrich: Software-Ergonomie '91, Stuttgart, Teubner 1991

[4] Bernhard Mescheder, Thomas Westerhoff: Offene Architekturen in Expertensystem-Shells, in: Angewandte Informatik 9/88

[5] Werner Mellis: TWAICE - a Knowledge Engineering Tool, Information Systems, Vol 15, No.1, 1990

[6] H. Feller, H. Klos: CESAR - Expertensystem-Shells im Finanzdienstleistungsbereich, FAW Technical Report Nr. FAW-TR-91005, 1991

[7] B.J. Wielinga, A.Th. Schreiber, J.A. Breuker: KADS: A Modelling Approach to Knowledge Engineering, in: B.R. Gaines, J.H. Boose: Knowledge Acquisition Journal, Special Issue: The KADS approach to knowledge engineering, Band 4/1, Academic Press, 1992

[8] C. Bauer, C. Löckenhoff: Das ESPRIT-Projekt KADS-II, Proceedings 6. Workshop der Fachgruppe 1.5.1 Knowledge Engineering, 16.-17. Juni 1992, TU Dresden

Application of Neural Networks in Pulp Production

D. Obradovic[1], G. Deco[1], H. Furumoto[2], and C. Fricke[3]
Siemens AG
(1) Corporate Research and Development, ZFE ST SN 41
(2) Bereich Anlagetechnik, Zellstoff und Papier, ANL A 221
(3) Siemens Stockholm

Abstract

This paper presents an application of neural networks in control of the pulp production process. The pulp is produced in a chemical reaction where wood is dissolved by the so called "cooking solution." One of the main quality indicators of the produced pulp is the permanganate number. The latter strongly depends on the reaction time, temperature, and pressure profiles and is not available for measurement during the production process. The pressure and temperature evolution during the process is usually regulated by process automation system. Consequently, the process time is left as the only remaining variable that has major impact on the process outcome. If the reaction is stopped too soon or too late, the corresponding pulp quality is different from the desired one. Therefore, in order to achieve the desired permanganate number it is essential to make accurate prediction of the reaction time. A neural network model of the process which is used to predict the necessary time of reaction is described herein. This neural model was tested at Cellulose do Caima in Portugal where it proved significantly more accurate (30%) than the previously used analytical model. Furthermore, it was implemented in the commercially available automation system "Teleperm M" produced by Siemens AG.

1.0 Pulp Production Process

Pulp is produced in closed vessels whose volume is in the range of 250m^3. There are four such vessels in Cellulose do Caima, Portugal. Each vessel, i.e. reactor, is filled with wood and the cooking solution which consists of magnesiumbisulfate and SO_2. The content of each vessel is heated up to the temperature of 132°C. Lignin, the main component of wood, is by the resulting chemical reaction dissolved. After several hours this process results in the creation of pulp, a fibrous material which is further used in paper and textile industries.

The quality of the produced pulp is, among others, associated with the permanganate concentration, i.e. permanganate number. The latter strongly depends on the following variables:

1) Quality of wood including its humidity, structure, etc.
2) Pressure evolution over the process time
3) Temperature evolution over the process time

4) Concentration of the chemicals
5) Heating time
6) Reaction Time (duration of the lignin dissolving process).

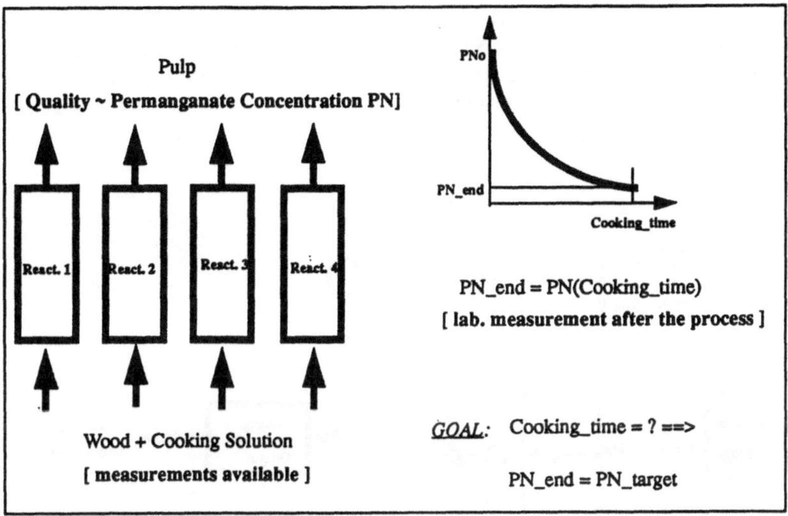

Figure 1. Pulp Production Diagram

Some variables such as the wood quality and the chemical concentrations are available for measurement at the beginning of the process. Furthermore, the heating time and the desired pressure and temperature profiles are set in advance. At Cellulose do Caima, Portugal, an automation system (Teleperm M produced by Siemens AG) is used to control the temperature and the pressure changes. The set values for the controllers are derived by a Fuzzy Logic based program (1993) that operates on interpolated heuristic rules. The Fuzzy Logic implementation has already resulted in the considerable energy and environmental cost reduction.

One of the main goals of the automation system is to bring the temperature in the desired fashion to the 132°C. This point corresponds to the beginning of an isothermal chemical reaction where lignin is being dissolved over the several hours period of time. Therefore, the final stage of the over-all process is almost stationary meaning that most of the variables settle their values around a constant operating point. In this regime, the permanganate number shows almost exponential decay over extended reaction time as shown in Figure 1. Unfortunately, the permanganate number cannot be measured during the process and, hence, it has to be estimated. Only when the process is stopped, the laboratory measurements indicate whether the achieved quality was close to or apart from the desired one. Therefore, a prediction of the necessary reaction time corresponding to the desired permanganate concentration has to be performed using available measurements. In other words, a suitable model of the pulp production process is needed to translate the available variables and desired pulp quality into the needed reaction time. Until recently, the best available model was an analytical model of the process derived on simplified chemical kinematic equations. Unfortunately, this model proved not to be sufficiently accurate in the application at Cellulose do Caima, Portugal. Therefore, there was a need to develope a more accurate prediction model by using data collected from the process. The neural networks proved to be an ideal modelling tool in extracting hidden dependencies from the available measurements of process variables.

2.0 Neural Network in Reaction-Time Prediction

Neural networks are nonlinear continuous maps that can successfully model input-output relations presented in the form of data sets. Since all the variables that influence the permanganate number with exception of reaction time are available for measurement during the process, we can collect data sets that characterize the changes in reaction outcome due to the changes in these variables.

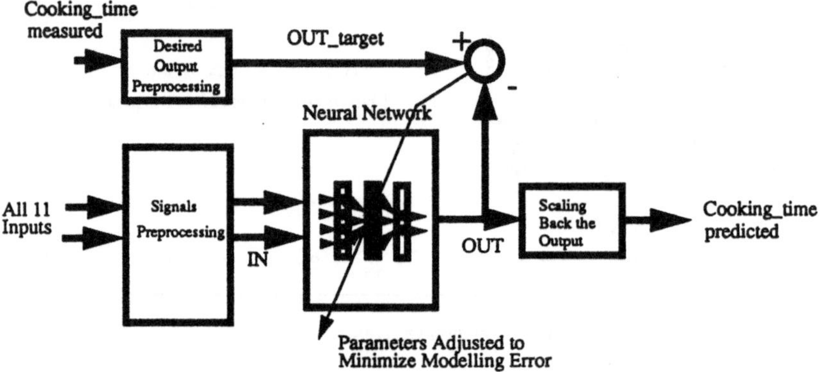

Figure 2. Neural Network Cooking_Time Model

A Multilayer perceptron with ten elements in a single hidden layer was trained on real_world data collected at Cellulose do Caima in Portugal from July 1992 until January 1993. The reactor number indicator plus ten physical variables corresponding to the groups defined in Section 1.0 were used as network inputs. One of these ten variables corresponds to the permanganate number. In the training phase the measured permanganate numbers from past process runs are used, while in the application phase the desired permanganate number is presented to the network. The distinction between four reactors at Cellulose do Caima was necessary due to their differences in volume and condition. Hence, the neural network in Figure 2 illustrates four separate models obtained by setting the input corresponding to the reactor number to the appropriate value. In order to avoid problems emerging from different magnitude ranges and units, all the input variables were appropriately transformed into dimensionless variables with magnitude in the range [0,1]. In Figure 2, the scaled input variables are defined as the vector signal IN. The same type of scaling was performed on the past Cooking_time values that correspond to the presented eleven input variables. The resulting signal is defined as OUT_target.

The neural network output, defined as OUT, depends on the value of the network parameters. It is important to mention that the network output is dimensionless and that a "back-scaling" is needed to recover the actual Cooking_time. If the parameters are chosen in such a way that OUT is very close to OUT_target over the input data from the past process runs, then the network represents a sufficiently accurate model of the Cooking_time dependency of the process variables. Once when this model is available, it can be used for prediction of the Cooking_time for the future process executions. Consequently, the eleven variables from a current reaction (now including the desired permanganate concentration) are presented to the network model whose output is then used to predict the necessary reaction time. After stopping the reaction according to the network output, the actual permanganate number is determined by the laboratory tests. If it is close to the desired one, the model is acceptable. On the other hand, if the actual permanganate number differs significantly from the desired one, the model has to be further improved. Therefore, the model derivation in this case corresponds to the parameter adjustment of the network in such a way that the signal OUT approaches OUT_target for the presented, "training," data set. Furthermore, the obtained model had to be applied to an independent data set in order to test its prediction abilities.

The available data from the Cellulose do Caima was divided in two data sets. As previously explained, the fist data set was used for training the network, i.e. to adjust its parameters until OUT gets sufficiently close to OUT_target. We refer to this data set as the "training" set. The measure of closeness was chosen as the Mean Square Error (MSE) over this data set. The parameters of the network are initialized randomly and two different learning (training) algorithms were applied in order to obtain the desired network output. The first learning algorithm was the Stochastic Learning (1978) with automatic pruning. The second algorithm was the Batch Quasi-Newton Algorithm (1987) with pruning at the end of training. Pruning stands for the process of removing all the unnecessary network parameters and its result is a simplified model.

Due to the nonstationarity of the process, the available data set for training was not large. Consequently, the derivation of accurate process models for each reactor (by specifying reactor number in network input in Figure 2) was not immediately achievable. In order to circumvent this problem, the training was performed in two phases. In the first phase a single network was trained by using data from all four reactors. This was performed by omitting the reactor number from the network inputs presented in Figure 2. Therefore, the phase one results in the single neural network model that captures common characteristics of process in all four reactors. In the second phase, this model was copied in four identical networks which were then separately "fine-tuned" by using data from individual reactors. Therefore, the second phase resulted in an individual neural model for each reactor. The two-phase learning process is depicted in Figure 3.

Both learning algorithms, that will be described in the following section, are iterative. In every successive iteration the network parameters are changed so that the MSE decreases. Unfortunately, this process can continue to the point when the network starts learning the noise contained in the training data set. In order to avoid this phenomena, the network is in every iteration tested on a separate, second, data set that was not used for training. We refer to the second data set as a generalization set. While the network is learning the "essentials" of the process, the MSE on both data sets decreases. Once when the MSE on the generalization set starts increasing while the MSE of the training set continue to decrease, the learning is stopped. This is due to the fact that the network has begun to learn the nonessentials (noise) from the training set. Therefore, the MSE on the generalization set is used as a stopping criterion for the learning processes.

3.0 Learning Algorithms

The goal of the network training is to minimize the MSE over the data sets. The expression for this error is defined as:

$$MSE = \left(\frac{1}{N}\right)\sum_{i}^{N}\left[OUT(i,par) - (OUT_{target}(i))\right]^2 = \left(\frac{1}{N}\right)\sum_{i}^{N}SE(i) \qquad \text{(EQ 1)}$$

where N stands for the number of elements in the appropriate data set and "par" is a vector containing network parameters. Individual squared errors are defined as SE(i).

The output of the network is a highly nonlinear function of its parameters. Therefore, finding optimal parameter values represents a nontrivial optimization problem which usually contains multiple local min-

ima. In order to gain confidence in the model that we wanted to develop, we applied two different nonlinear optimization techniques for minimization of the MSE. The difference between these techniques is in the way they search the parameter space for the acceptable optimum. If both methods result in the similar value of the MSE for both training and validation sets, as it turned to be the case, we will believe that the network has captured the essential input/output relation from the available data.
Both optimization methods applied herein update the parameters recursively according to the following formula:

$$par_{j+1} = par_j + \alpha F \quad \text{(EQ 2)}$$

where "j" stands for the iteration number, α is a scalar, and F is an "update" function. In the batch Quasi_Newton method the function F depends on the gradient of MSE evaluated at "j" and "j-1" iteration. Since all the elements in the training set are used to calculate these gradients, this is a batch method. Formula for the Quasi_Newton optimization is well known and can be found in the literature (1987). An advantage of this method is that it converges fast to the minima once when it is in its vicinity. On the other hand, it requires some additional effort (line search (1987)) in the region far from a minimum. Although the speed of convergence is favorable, too big parameter changes corresponding to the optimization on the training set might result on the MSE increase on the generalization data set. Therefore, in order to gain confidence in the solution of the Quasi-Newton method we have repeated the minimization of the MSE with a substantially different training algorithm. The latter was the Stochastic Learning algorithm. Here the update function F depends only at the current gradient (1986) of a randomly chosen squared error SE(i). The choice of the element "i" of the training set is performed according to the uniform distribution (1983) over all the elements of the same set. Therefore, the parameter update process is not batch and it is stochastic due to the stochastic way of choosing a data point used for the next parameter update. The possible advantage of this method is that the parameter update in equation (EQ2) is incremental and stochastic. Therefore, the large portion of the parameter space is searched and the local minima are usually avoided. In addition, the small parameter updates on the training set give us a freedom to monitor the MSE on the generalization set and stop the optimization accordingly. Unfortunately, this learning algorithm requires several order of magnitude more parameter updates than the batch Quasi-Newton method. Finally, the sensitivity of the resulting model of each reactor with respect to its parameters was checked and the nonsignificant parameters were omitted.

The initial number of parameters was 131 due to the 10 sigmoidal elements in the hidden layer. The number of iterations with the Quasi-Newton method with the line search was in the order of one hundred over the whole training set containing 166 data points. The generalization data set contained 43 points. The other measured data points from the period before December 1992 were available but they were not used due to the fact that the process is not stationary. The Stochastic Learning algorithms was run over the same data sets and it required several thousand iteration to reach the same value of the MSE as the Quasi-Newton method. Both algorithms ended up in minima that correspond to the standard deviation of the error on the generalization data set of approximately 15 minutes. Furthermore, the sensitivity analysis and pruning procedures in both algorithms showed that the number of essential parameters in the neural network model is in the range of 50. All computation was performed off-line at the Siemens Corporate Research and Development Center, Munich, Germany. The resulted parameter values are then implemented at Cellulose do Caima, Portugal, where they were used for prediction of the necessary Cooking_time in the pulp production.

4.0 On-Site Implementation

The network parameters obtained by model derivation based on past process data were implemented in the on-line control system at Cellulose do Caima, Portugal. Teleperm M, a programmable on-line control system produced by Siemens AG, is used to control all four reactors at the plant. It sequentially monitors all the system variables and produces the necessary control action. One of the tasks of this system is the Cooking_time prediction. Originally, an analytic model of the permanganate concentration change was used for prediction. Teleperm M was programmed to start calculating the reaction time estimate once when the process has stabilized around desired 132°C.

The neural network module was implemented in parallel to the existing analytic model in Teleperm M. Consequently, two different estimates were available for stopping the process. The parameters previously obtained in the off-line training were loaded into the neural network module by using a special interactive program KOPAS. The process was run in the regime close to the ones used for collecting the training and generalization data. The end of the process was determined by randomly choosing one of the two available Cooking_time estimates. The errors in permanganate concentration were computed and assigned to the corresponding estimate. Finally, the errors corresponding to one week of 3 reaction/day in all 4 reactors are compared. The results showed that the neural network prediction model was in **30%** more cases more accurate than the originally used analytic model. This increased accuracy further improves the results of the previously implemented fuzzy logic rules in the automation systems. The latter resulted in 8% reduction of wood consumption and 14% reduction in consumed energy (1993).

The implementation of the Neural Network at the site is depicted in the Figure 4. The correspondence between the target output (measured Cooking_time) and the neural network output is presented in Figure 5.

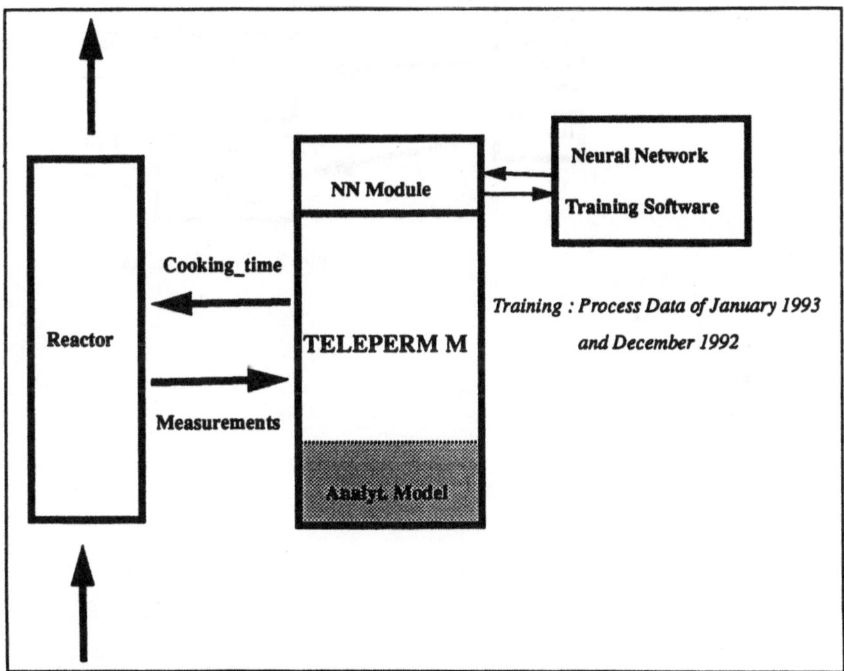

1) First Industrial Application of Neural Networks in Pulp Production
2) Integrated into a Commercially Available Product - **Teleperm M by Siemens AG**
3) FIRST TEST - 10. 02. 1993 in Cellulose do Caima / Portugal ===> 30% MORE ACCURATE than the Analytical Model

Figure 4. Teleperm M Implementation

1) Initial Training Stage

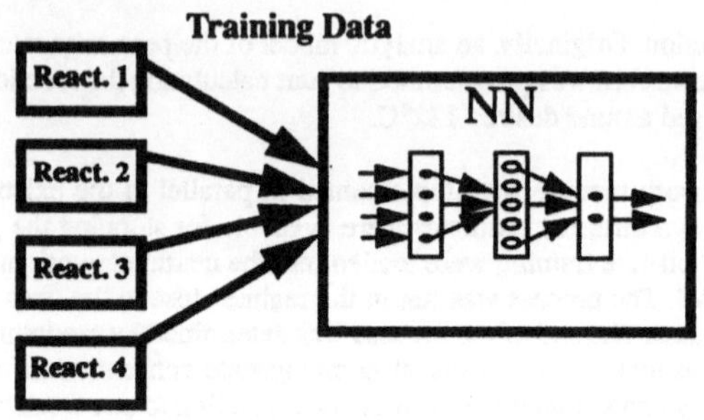

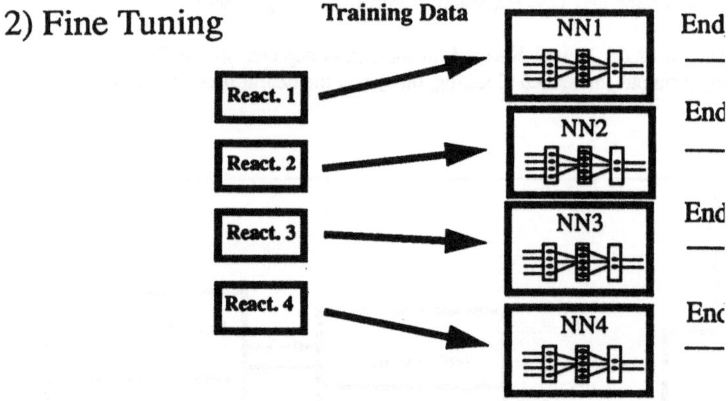

Figure 3. Two-Phase Trainin

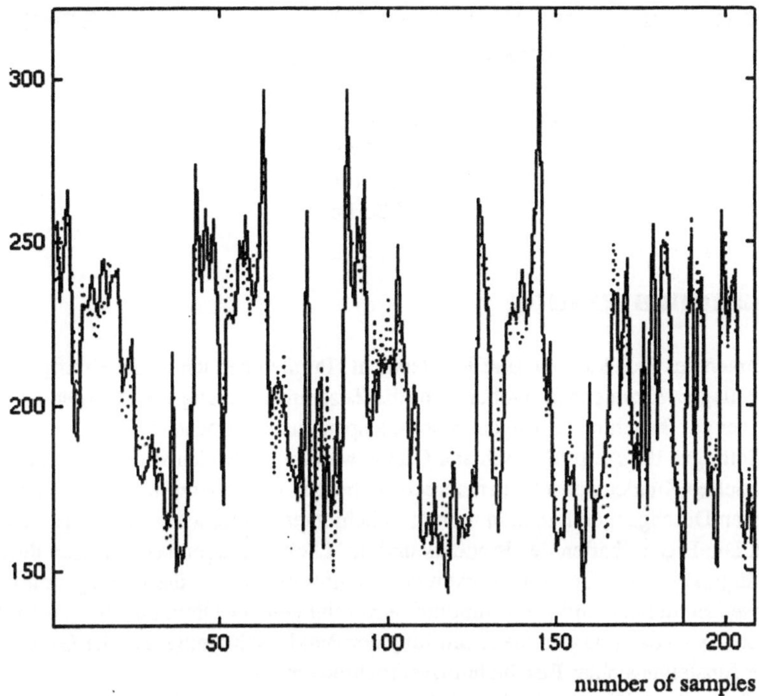

Figure 5. Model Output vs. Experimental Reaction Time

References

Frieden B.,1983, "Probability, statistical, optics and data testing", Springer series in Information Sciences, Springer-Verlag, Heidelberg, New York.

Rumelhart D., Hinton G. and Willians J., 1986, "Learning internal representations by error propagation", Parallel Distributed Processing: Explorations in the Microstructure of Cognition. Vol. 1 Foundations. MIT Press, Cambridge, Mass.

Kushner H. and Clark D., 1978, "Stochastic Approximation Methods for Constrained and Unconstrained Systems,"Springer-Verlag, New York.

Ljung L., 1987, "System Identification: Theory for the User," Prentice-Hall, Englewood Cliffs, New Jersey.

Furumoto H. and Gerdemann U., 1993, "Ausformen von Prozeßführungsräumen mit Fuzzy Logik: am Beispiel der Zellstoffkocher in Cellulose do Caima, Portugal," Siemens Symposium FUZZY 93, München.

WUEVEL - ein wissensbasiertes System zur Unterstützung bei der Ermittlung von Vorgabedaten zur Einrichtung von Lackieranlagen

Sabine Abraham, Volker Wenning
VW-GEDAS
Pascalstraße 11
10587 Berlin

1 Zusammenfassung

Der im Rahmen des Projektes WUEVEL untersuchte Problembereich ist der Konfiguration von Fertigungsanlagen zuzurechnen, wobei nicht die Zusammensetzung der Anlagen sondern die Ermittlung der zur Steuerung benötigten Maschinenparameter betrachtet wird.
Im Werk Göttingen der Alcan Deutschland GmbH werden auf Rollen angelieferte Aluminiumbänder speziellen Kundenwünschen entsprechend beschichtet. Hierzu werden auf das Band in verschiedenen Durchgängen Lacke in mehreren Schichten aufgetragen und in speziellen Öfen getrocknet. Die Eigenschaften des Produkts und der Lackieranlagen beeinflussen durch komplexe Abhängigkeiten die Geschwindigkeit des Aluminiumbandes, die Konfiguration der Beschichtungseinrichtungen und die Temperatureinstellungen der Öfen. Die Aufgaben des wissensbasierten Systems umfassen die Ermittlung der Bandgeschwindigkeit, der Ofenbedingungen und der Einstellungen der Beschichtungseinrichtungen.
Zielgröße für die Produktion ist die Gewährleistung gleichbleibend hoher Qualität bei gleichzeitiger Reduktion der Fertigungskosten. Dies kann nur durch die Ermittlung optimaler Produktionsparameter sichergestellt werden. Der Versuch, diese Problematik mit Hilfe konventioneller Softwaretechnik zu formalisieren, ist unter anderem deshalb gescheitert, weil sich die implementierten Algorithmen als zu unflexibel erwiesen.

2 Anwendungsgebiet Oberflächenbeschichtung

Das Aluminium wird in Form von auf Rollen gewickelten Bändern angeliefert. Die Aluminiumbänder, bis zu zwei Millimeter stark und etwa 2 Meter breit, werden durch die Beschichtungsanlage geführt, in der verschiedene Bearbeitungsstationen installiert sind. In bis zu vier Beschichtungseinrichtungen, sogenannten Coatern, werden dem Auftrag entsprechend Lacke in mehreren Schichten auf die Ober- oder Unterseite der Bänder aufgetragen. Unmittelbar nach den Coatern sind in der Beschichtungsstraße Öfen mit je fünf Temperaturzonen installiert, durch die das Band auf einem Luftpolster hindurchgeführt wird, um die im Lack enthaltenen Lösungsmittel verdampfen und diese nach Absaugung verbrennen zu können. Das beschichtete Aluminium wird anschließend wieder auf Rollen gewickelt und zur Weiterverarbeitung an den Kunden ausgeliefert. Das lackierte Aluminium dient beispielsweise der Herstellung von Fassadenteilen.
Die zu ermittelnden Vorgabedaten beziehen sich auf die Geschwindigkeit des Bandes, die Konfiguration der Coater sowie die Einstellung der Ofenzonentemperaturen und der entsprechenden Absaugmengen. Bei der Einstellung der Absaugmengen sind gesetzliche Vorschriften einzuhal-

ten: Es ist sicherzustellen, daß die in den Öfen enthaltenen Lösungsmittel nur 25 % der Menge betragen, bei dem sich das Luft-Lösungsmittel-Gemisch selbst entzünden würde. Diese untere Explosionsgrenze ist ein für jedes einzelne Lösungsmittel spezifischer Wert, wobei in einem Lack bis zu 10 verschiedene Lösungsmittel enthalten sein können. Die untere Explosionsgrenze des in der Abluft enthaltenen Lösungsmittelgemisches kann aus den unteren Explosionsgrenzen der einzelnen Lösungsmittel berechnet werden. Spezifisch für jeden Lack ist die sogenannte PMT (Peak Metal Temperature), die das Band im Ofen mindestens erreichen muß, damit der Lack optimal eingebrannt werden kann.
Die Abhängigkeiten, die zwischen den verschiedenen Vorgabedaten bestehen, sind äußerst komplex. Aus Gründen der Produktionsauslastung sollte das Band mit möglichst hoher Geschwindigkeit durch die Anlage geführt werden. Ist die Bandgeschwindigkeit jedoch zu hoch, wird eventuell die untere Explosionsgrenze der Absaugluft überschritten. Auch kann die Verweildauer des Bandes zu kurz sein, um das Aluminium auf die erforderliche PMT aufzuheizen. Die Konfiguration der Coater ist abhängig von der Art und der Schichtdicke des aufzutragenden Lackes, der Bandseite und produktionstechnischen Faktoren, wie etwa den Umrüstzeiten. Alle genannten Parameter beeinflussen wesentlich die Qualität der Beschichtung.

3 Industrielles Einsatzfeld

Die für einen Auftrag relevanten Eingangsparameter sind die Auftragsnummer, die Nummer des Beschichtungssystems - der Beschreibung des Beschichtungsaufbaus - sowie die Banddicke und die Bandbreite. Die für die Ermittlung der Vorgabedaten benötigten Daten liegen sehr diversifiziert vor. So konnten bisher über Tabellen mit Hilfe der Nummer des Beschichtungssystem die auf das Band aufzutragenden Lacke, die Anzahl und Reihenfolge der Lackschichten und die Schichtnummer und Ofenzuordnung ermittelt werden. Lackdatenblätter geben Auskunft über die erforderliche PMT und die im Lack enthaltenen Lösungsmittel, deren untere Explosionsgrenze speziellen Lösungmitteltabellen entnommen werden kann.
Die Ermittlung der Vorgabedaten erfolgt zur Zeit überwiegend aufgrund von Erfahrungen, über die mit dieser Aufgabe betraute Experten verfügen. Zur Optimierung ihrer Tätigkeit sind Vorgabedaten für Beschichtungen in Tabellen zusammengefaßt, auf die die Experten zurückgreifen, so daß in etwa 80 % der Fälle die oben beschriebene Vorgehensweise nur teilweise befolgt werden muß. Auf das Erfahrungswissen verlassen sich die Experten auch, um die mit mathematischen Formeln exakt berechneten Werte praxisgerecht zu adaptieren.
Durch die Diversifikation der Informationsquellen ist die als Routineaufgabe anzusehende Tätigkeit dennoch sehr aufwendig, so daß für andere Aufgaben, beispielsweise für die Optimierung der Beschichtungsvorgänge, wenig Raum bleibt. Für neue Mitarbeiter sind die Aufzeichnungen nur bedingt erklärungsfähig. Die Aufzeichnungen erfassen auch nur Beschichtungen, die bereits durchgeführt worden sind. Ändern sich wesentliche Parameter - wie zum Beispiel gesetzliche Bestimmungen oder Geschwindigkeiten - ist die Durchführung dieser Änderungen in dem sehr umfangreichen Tabellenmaterial ausgesprochen zeitintensiv. Desweiteren ist der Aufbau weiterer Beschichtungsanlagen geplant, die gerade in der Anlaufphase eine intensive Betreuung durch diese Spezialisten erfordern, so daß eine zusätzliche Arbeitsbelastung der Fachleute zu erwarten ist. Die Zielsetzung des wissensbasierten Systems ist es, als Assistenzsystem die Experten bei Ermittlung der Vorgabedaten zu unterstützen und Übertragungsfehler bei der Auswertung der Tabellen zu minimieren.

4 Wissensakquisition

Die Wissensakquisition gliederte sich in mehrere Teile:
Grundlegende Informationen über Beschichtungssysteme, Lack- und Lösungsmitteleigenschaften, die bisher in schriftlicher Form in Tabellen vorlagen, wurden gesammelt und strukturiert, um sie dem System WUEVEL als Dateien im File-System des Zielrechners direkt zur Verfügung zu stellen. Die in den Tabellen enthaltenen Informationen sowie die wechselseitigen Abhängigkeiten zwischen den verschiedenen Informationsquellen bildeten die Grundlage für den wesentlichen Teil der Objektmodellierung.
Aufgrund der Vorgehensweise der Experten bei der Ermittlung der Anlagenkonfiguration konnten Anforderungen an die Systemoberfläche und -bedienung, aber auch die funktionale Struktur abgeleitet werden. Auch hier fließen die wechselseitigen Abhängigkeiten der einzelnen Ausgangsparameter ein.
Berechnungsvorschriften für die unteren Explosionsgrenzen, die erforderlichen Absaugmengen und die maximale Bandgeschwindigkeit wurden für die Implementierung aufbereitet und speziell bezüglich ihrer Integration in die verschiedenen Stufen der Objekthierarchie transformiert. Daraus ergeben sich in Abhängigkeit von der jeweiligen Beschichtung anlagentechnische Restriktionen für die Ausgangsparameter.
Wissen sowohl über direkte Zusammenhänge als auch über deren Struktur und Zusammenwirken konnten von den Experten direkt als "Wenn ... dann..."-Aussagen formuliert und durch einen Regelformalismus zur Auswahl und Ermittlung der Ergebnisparameter in der Wissensbasis abgebildet werden. Dieses Wissen ergänzt Berechnungsvorschriften für einzelne Parameter und Informationen aus verschiedenen Nachschlagewerken. Um die spätere Aktualisierung der Wissensbasis zu erleichtern, wurden die Regeln in Regelmengen modularisiert, die jeweils einer thematischen Einheit zugeordnet sind, zum Beispiel Regeln zur Ermittlung der Geschwindigkeit oder zur Konfiguration eines Coaters; spezielle Strategieregelmengen selektieren die optimalen Parameter. Die Abhängigkeit der Ergebnisse untereinander - speziell von der Anlagengeschwindigkeit - beeinflußte ebenfalls die funktionale Struktur.

5 Systembeschreibung

Wissensbasierte Systeme sind charakterisiert durch eine strikte Trennung zwischen dem Wissen, auf dem das System operiert und den Inferenzen, die festlegen, welche Schlußfolgerungen mit Bezug auf die Benutzeranforderungen hieraus abgeleitet werden. Nach diesem Prinzip wurde für die objekt- und regelorientierte Repräsentation des Wissens die Entwicklungsumgebung babylon für die Implementierung des Systems WUEVEL eingesetzt.
Zielrechner ist in diesem Fall eine SUN Workstation, die in die EDV-Umgebung integriert wurde, um die Übermittlung der aktualisierten Dateien mit geringstem Aufwand sicherzustellen. Das System ist mit einer graphischen Systemoberfläche ausgestattet, die mit Hilfe des in babylon integrierten Interface-Builders realisiert wurde und über die verschiedenste Systemfunktionen durch Anklicken von maussensitiven Sinnbildern aufgerufen werden können. Textfelder ermöglichen die Eingabe der auftragsrelevanten Parameter durch den Systembenutzer und die Ausgabe der ermittelten Vorgabedaten.
Die Aktualisierung der Wissensbasis erfolgt durch einen Systemadministrator, der im Umgang mit der Entwicklungsumgebung speziell geschult wurde.

5.1 Integration des Systems in die Arbeitsabläufe

Im ersten Schritt werden die auftragsspezifischen Parameter vom Systembenutzer über die Systemoberfläche eingegeben. Auftragsinformationen sind:

- das Beschichtungssystem,
- die Bandbreite und
- die Banddicke des zu beschichtenden Aluminiumbandes.

Auf die Informationen über das Beschichtungssystem selbst, die verwendeten Lacke und Lösungsmittel, die bisher, wie oben beschrieben, in Tabellen abgelegt waren, greift das System über Dateien zu, die zentral gewartet werden. In der nächsten Ausbaustufe des Systems werden diese Dateien durch eine Datenbank ersetzt, auf der die gesamten für die Produktion relevanten Daten gespeichert sind. Zum Zeitpunkt der Systementwicklung war diese Datenbank noch nicht verfügbar. Bild 1 zeigt den Systemaufbau und die externen Schnittstellen.

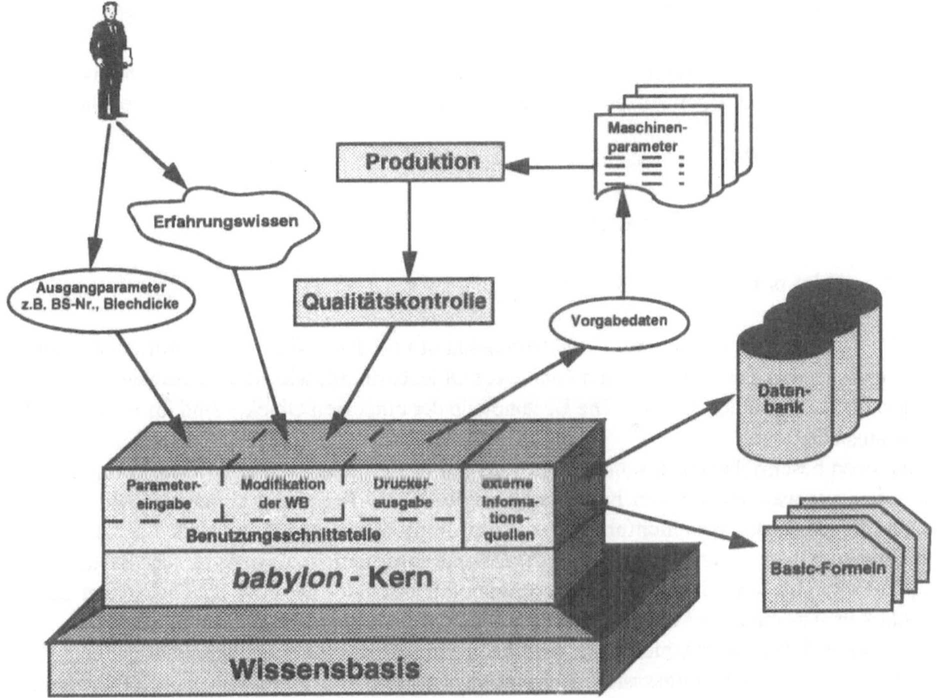

Bild 1: Systemaufbau und externe Schnittstellen

Aufgrund dieser Informationen, dem in der Wissensbasis gespeicherten Fakten- und Regelwissen und den implementierten Berechnungsvorschriften ist das System in der Lage, die wichtigsten Parameter einer Anlagenkonfiguration zu ermitteln, die bei Durchführung des Beschichtungsauftrages direkt an der Anlage einzustellen sind. Dies sind im einzelnen:

- Anlagengeschwindigkeit,
- Absaugmengen der Öfen,
- Ofenzonentemperaturen,

- Rollenanordnung der Coater,
- Lackzulauf an den Coatern,
- Filter,
- Additive,
- Walzentypen und -geschwindigkeiten und
- Bemerkungen bezüglich Auftragsspezifikationen.

Diese Werte werden als vom System ermittelte Vorgabedaten auf der Systemoberfläche angezeigt. Eingriffsmöglichkeiten sind für den Benutzer zum Beispiel durch Angabe einer vom ihm gewählten Bandgeschwindigkeit gegeben. Auf Benutzeranforderung übernimmt das System die modifizierten Werte und ermittelt aufgrund der gegebenen Abhängigkeiten die übrigen Vorgabedaten, so daß die Konsistenz der Ergebnisgrößen in jedem Fall sichergestellt ist. Die erneut ermittelten Vorgabedaten werden dann in einem speziellen Bereich auf dem Bildschirm angezeigt.

Um eine maximale Flexibilität zu gewährleisten, hat der Anwender die Möglichkeit, die durch das System ermittelten Daten einzeln zu verändern, beispielsweise durch das Einfügen weiterer Bemerkungen. In diesem Fall ist er jedoch für die Konsistenz der Parameter selbst verantwortlich. Auf Anforderung werden die überschriebenen Vorgabedaten dann vom System übernommen und stehen durch einen Ausdruck direkt als Arbeitsanweisung für die Maschineneinrichter zur Verfügung.

5.2 Wissensmodellierung

5.2.1 Objektstruktur

Aus der von den Experten verwendeten Nomenklatur und den zwischen den Auftragsbestandteilen bestehenden Zusammenhängen konnte die Objektstruktur, wie sie auszugsweise in Bild 2 dargestellt ist, modelliert werden. Die Bestandteile der einzelnen Objekte sind im Bild nur teilweise angezeigt.

In den oben beschriebenen Beschichtungssystemen ist definiert, in wieviel Durchgängen welche Öfen mit welchen Lacken beschickt werden sollen. Ferner ist neben der Angabe der Schichtdicken in der Beschichtungssystemdatei implizit die Anordnung der Lackschichten (übereinander oder nebeneinander) enthalten. Diese Informationen werden in der Bestandteil-Objekt-Hierarchie abgebildet, wobei jede einzelne Eigenschaft - wie etwa die Dicke einer Lackschicht - als Attribut zu der entsprechenden Klasse definiert ist (siehe Bild 3).

Die gesamte Beschichtungshierarchie wird nach Eingabe der Auftragsparameter (Bandbreite, Banddicke und Beschichtungssystem-Nummer) dynamisch instanziiert und aus den Dateien mit den entsprechenden Werten versehen.

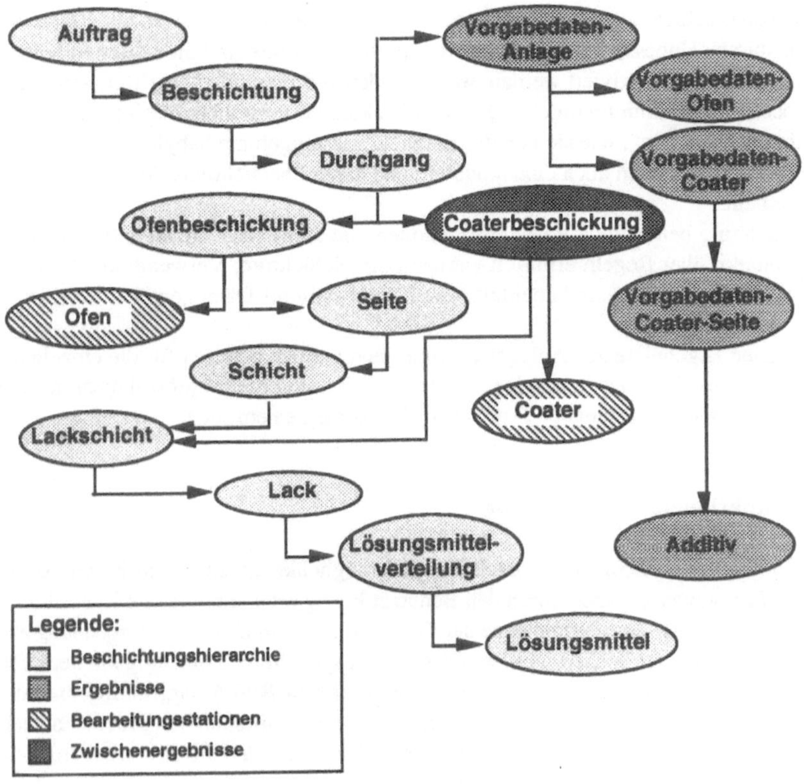

Bild 2: Darstellung der Objekthierarchie

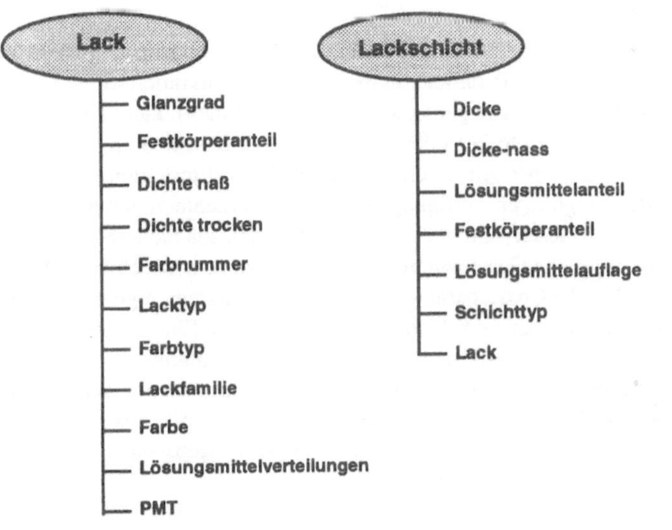

Bild 3: Attribute von Lacken und Lackschichten

Berechnungsvorschriften sind entsprechend ihrer Ergebnisklasse direkt in der Beschichtungshierarchie durch „Unbestimmt-Dämonen“ repräsentiert. Dieses sind im weitesten Sinne Funktionen, die genau dann aktiviert werden, wenn auf den Wert lesend zugegriffen wird und dieser vorher noch nicht bestimmt wurde, so daß nur die aktuell erforderliche Aktion ausgeführt wird. „Unbestimmt-Dämonen“, wie sie von der Entwicklungsumgebung babylon zur Verfügung gestellt werden, ermöglichen auch eine modulare und daher übersichtliche Modellierung der einzelnen Formeln.

Die Beschichtung betreffende Basisinformationen, die nicht aus Dateien entnommen werden können, sondern über Regeln ermittelt werden (z.B. Schichttyp: Verwendung des Lackes als Grundlack, Decklack etc.), sind ebenfalls durch „Unbestimmt-Dämonen“ in die Objekthierarchie integriert.

Die ermittelten Ergebnisse zur Anlagenkonfiguration werden getrennt für die einzelnen Anlagenteile in Vorgabedatensätzen abgelegt. Sind für bestimmte Ergebnisgrößen mehrere Alternativen möglich, werden die optimalen Datensätze über Strategien ermittelt.

5.2.2 Funktionale Modellierung

Um für ein Assistenzsystem ausreichende Eingriffsmöglichkeiten zu gewährleisten, können die ermittelten Fertigungsvorgaben durch den Benutzer korrigiert werden (siehe Kapitel 5.1). Aufgrund der funktionalen Zusammenhänge der Ergebnisgrößen muß die Neuberechnung abhängiger Fertigungsparameter initiiert werden. Dies betrifft speziell die Abhängigkeit der Ofen- und Coaterparameter von der Anlagengeschwindigkeit, wie in Bild 4 dargestellt, aber auch die Bemerkungen bezüglich Auftragsspezifika, die von allen ermittelten Vorgabedaten beeinflußt werden. Ändert der Benutzer die Anlagengeschwindigkeit, werden die davon abhängigen Parameter nach Benutzeranforderung neu ermittelt.

5.2.3 Regelformalismus

Die von den Experten angegebenen "Wenn ... dann..."-Aussagen wurden bezüglich ihrer Funktion und der ermittelten Parameter in Regelmengen strukturiert. So wird z.B. die Anlagengeschwindigkeit berechnet (anlagentechnische Restriktionen), kann aber auch aus der Banddicke, diversen Lackeigenschaften oder dem Aufbau der Beschichtung folgen (Qualitätsaspekt der Beschichtung). Ähnliches gilt für die Ofen- und Coater-Einstellungen.

Die Selektion der endgültigen Fertigungsparameter übernehmen parameterspezifische Selektionskriterien. Für die Geschwindigkeit bedeutet dies, daß aus Sicherheits- und Qualitätsaspekten die minimale ermittelte Geschwindigkeit mit der dazu zu ermittelnden Absaugmenge gefahren werden muß. Für die Coaterparameter übernehmen Strategieregelmengen die Auswahl der optimalen Datensätze aus den verschiedenen Möglichkeiten. Eine analoge Vorgehensweise gibt es auch für die dateigestützte Auswahl der Ofenzonentemperaturen.

Weitere Regelmengen werden zur Ermittlung von Basisinformation benötigt. Dies betrifft die Information, welche Lackschicht in welchem Coater aufgetragen wird, die Verwendung des Lackes (Decklack, Grundlack etc.), Additive und andere Eigenschaften, die zur Ermittlung der Anlagenkonfiguration erforderlich sind.

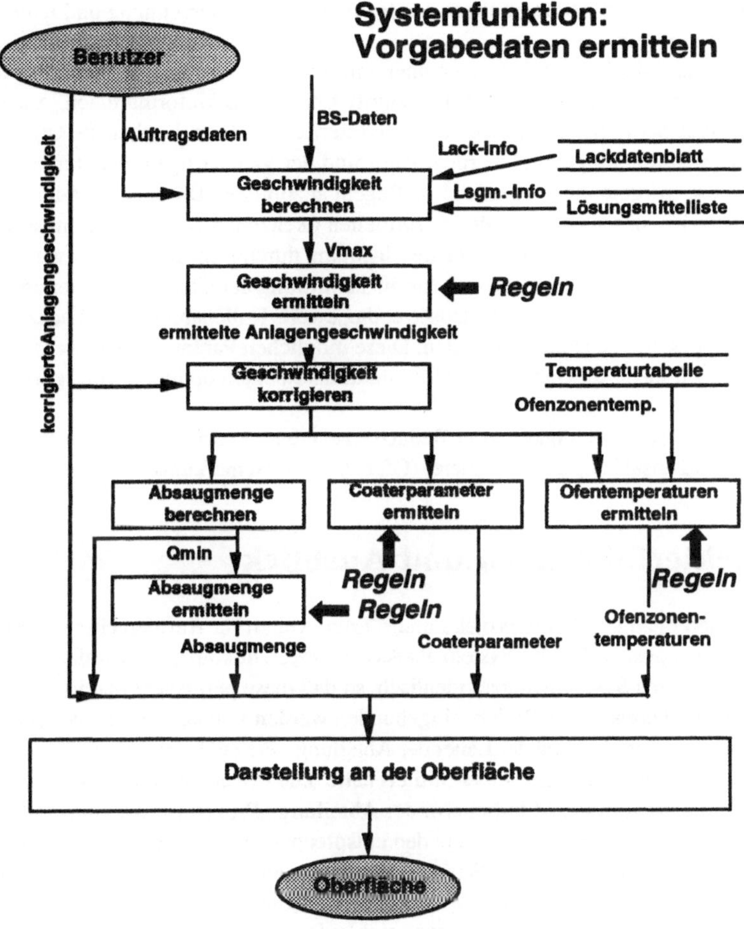

Bild 4: Ablaufmodellierung der Vorgabedatenermittlung

5.3 Systemarbeitsweise

Aufgrund der eingegebenen Auftragsdaten und der Daten des Beschichtungssystems generiert das System WUEVEL eine auftragsbezogene Datenstruktur, die aus dynamische Instanzen aufgebaut ist. Aus diesen Daten werden zunächst Basisinformationen abgeleitet, wie etwa die Coater-Beschickung, d.h. die Zuordnung der Lackschichten zu den Coatern.
Die Geschwindigkeitsermittlung gestaltet sich folgendermaßen: durch Zugriff auf den Wert der errechneten Geschwindigkeit durch eine Regelmenge zur Geschwindigkeitsermittlung wird automatisch die Geschwindigkeitsberechnung initiiert, die einen Wert errechnet, der die anlagentechnisch maximale Geschwindigkeit darstellt, die aufgrund der Beschichtungseigenschaften möglich ist. Durch weitere Regelmengen wird ermittelt, ob diese berechnete Geschwindigkeit aus Qualitätsaspekten weiter reduziert werden muß. Die Feststellung der zu dieser Anlagenge-

schwindigkeit gehörigen Absaugmengen erfolgt analog durch Berechnung und Korrektur aufgrund von Erfahrungswissen.
Die Datei, aus der initial die Ofenzonentemperaturen gelesen werden, ist ebenfalls erfahrungsbasiert strukturiert. Schlüssel für den Datenzugriff sind die Lackinformationen. Aus der Datei können Aussagen der Form „Für alle grauen Polyesterlacke in Ofen 1 gelten die Ofenzonentemperaturen X, Y und Z" abgeleitet werden. Aufgrund der gleichartigen Struktur wurde darauf verzichtet, diese Informationen ebenfalls als Regeln abzubilden. Die Interpretation wird direkt beim Datenzugriff vorgenommen. Die so ermittelten Ofenzonentemperaturen müssen entsprechend der Verwendung des Lackes in der Beschichtung durch Regeln korrigiert werden.
Durch die Anwendung der Regelmengen für die Ermittlung der Coaterparameter erhält man je nach Beschichtung mehrere Coater-Datensätze, die jeweils Rollenanordnung, Lackzulauf, Walzentypen und -geschwindigkeiten enthalten. Diese möglichen Parametersätze werden aufgrund der Strategien auf die unter Qualitäts- und Produktionsaspekten optimale Konfiguration eingegrenzt.
Wird die Anlagengeschwindigkeit vom Benutzer geändert, so erfolgt eine erneute Ermittlung der geschwindigkeitsabhängigen Parameter (Ofen, Coater, Bemerkungen).

6 Projekterfahrungen und Ausblick

Die äußeren Bedingungen für die Projektdurchführung waren für Auftraggeber und Systementwickler durchweg positiv. Da das System als Assistenzsystem konzipiert wurde, sind die Fachleute und die späteren Systembenutzer identisch, so daß diese permanent bereits bei der Erstellung des Pflichtenheftes in das Projekt eingebunden werden konnten. Als Projektleiter bei der Alcan Deutschland GmbH stand der Leiter der Abteilung „Prozeß Entwicklung" zur Verfügung, der das Projekt mit den Experten selber initiiert hatte. Die Pflege der Wissensbasis übernimmt als Systemadministrator eine Mitarbeiterin der Abteilung „Prozeß Entwicklung", die im Umgang mit der Entwicklungsumgebung und den entsprechenden Editoren geschult ist. Während der Pflichtenhefterstellung und der Wissensakquisition standen sowohl der Projektleiter als auch die Experten jederzeit als Ansprechpartner zu Verfügung.
Die Entwicklungsumgebung babylon erwies sich aufgrund seiner modularen Strukturen und den flexiblen Wissensrepräsentationsmechanismen als besonders geeignet zur Realisierung dieses Systems. Wesentliche Vorteile boten die dynamische Instanziierung, die Modellierungsmöglichkeiten für Teil-Ganzes-Beziehungen und Mengen, die Abfragesprache BQL mit generierenden Variablen und die Strukturierungsmöglichkeiten über Regelmengen, die die Darstellung von Strategien auf beliebig vielen Meta-Ebenen erlauben.
Die Formalisierung und Strukturierung des Wissens und der Informationsquellen, die während der Wissensakquisition notwendigerweise durchgeführt wurde, ist bereits zu diesem Zeitpunkt als ein positives Ergebnis anzusehen, das den Mitarbeitern von Alcan eine optimierte Vorgehensweise bei der Ermittlung der Vorgabedaten ermöglicht.
Die Wissensbasis des Systems WUEVEL befindet sich jetzt in einer mehrmonatigen Evaluierungsphase durch die Anwender (Experten), um die Konsistenz und Vollständigkeit des abgespeicherten Wissens zu überprüfen. In dieser Phase wird insbesondere die Aktualisierung der Wissensbasis intensiv von den Systementwicklern betreut. In der nächsten Ausbaustufe ist die vollständige Integration des System durch eine Datenbankanbindung vorgesehen, über die das System auf die erforderlichen Informationen über Beschichtungssysteme, Lacke und Lösungsmittel zugreifen kann.

Verbmobil
Translation of Face-To-Face Dialogs

Wolfgang Wahlster

German Research Center for Artificial Intelligence (DFKI)
Stuhlsatzenhausweg 3
D-6600 Saarbrücken 11, Germany

phone: +49 681 302 5252 or 2363
fax: +49 681 302 5341
Internet: wahlster@dfki.uni-sb.de

Abstract

Verbmobil is a long-term project on the translation of spontaneous language in negotiation dialogs. We describe the goals of the project, the chosen discourse domains and the initial project schedule. We discuss some of the distinguishing features of Verbmobil and introduce the notion of translation on demand and variable depth of processing in speech translation. We describe the role of anytime modules for efficient dialog translation in close to real time.

The long-term vision behind the project Verbmobil is a portable translation device that you can carry to a meeting with speakers of other foreign languages and it will translate what you say for them.

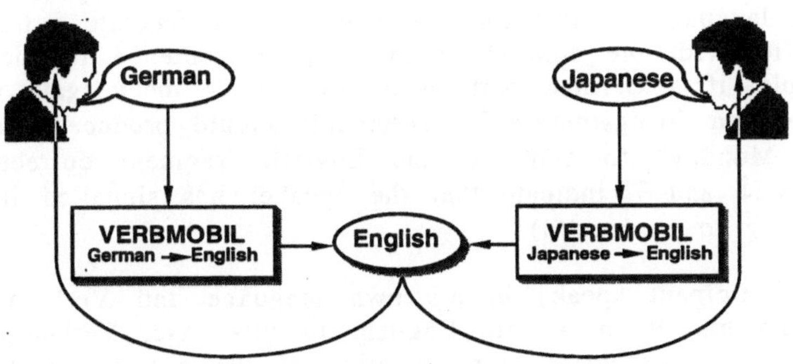

Fig. 1: English as the Common Dialog Language in Verbmobil

This very ambitious scientific goal will be persued in a series of well-defined project phases. The first versions of Verbmobil will provide translation on demand for the two participants who have a passive knowledge of English but of which neither is a fluent speaker. We assume that most of the dialog will be conducted in English as a common dialog language. This is a realistic assumption for most international technical or business discussions. But for uncommon words or phrases, complex constructions and critical segments of the negotiation dialog the participants may want to switch back to their native language. This means that they need translation help and therefore turn to their Verbmobil devices.

In the course of the conversation each dialog partner can activate his version of Verbmobil (eg. German-to-English or Japanese-to-English translation) and signal that he is now speaking in his native language (eg. German or Japanese), and that what he says should be translated into English (see Fig. 1).

This means that there are three input modes for Verbmobil:

1) Both dialog participants speak English with a German or Japanese accent. In this case, no translation is necessary, but Verbmobil has to follow the conversation and extract context information for subsequent translation tasks. This is an extremely difficult problem, since the input can be ill-formed in many ways, so that various phonetic and grammatical constraints have to be relaxed in order to cope with the foreign accent and unusual constructions. Often Verbmobil will extract only a very shallow discourse model using key-word spotting or other partial analysis techniques.

2) In the course of an utterance, a participant switches from English as the common dialog language back to German or Japanese as his native language. In this case, Verbmobil must generate a translation that fits with the context of the English sentence fragment. For example, if a German participant says "Let's meet again in June ↓außer am Pfingstmontag↑" Verbmobil should produce "except on Whit Monday" to complete the English fragment correctly (the arrows ↓ and ↑ indicate that the speaker has signalled the code switching to Verbmobil).

3) The participant speaks in his own language and Verbmobil will translate his utterance into English. In this case, Verbmobil must generate an appropriate approximation of the communicative intent of the input, in close to real time. In many situations, Verbmobil will be able to find translations that preserve most but not necessary all of the content of the original, since translation is inescapably a matter of compromise.

Clarification subdialogs play an important role in the conversational setting discussed above, since the dialog partners are no fluent speakers of English and Verbmobil is an imperfect understander and translator. In the Verbmobil project, two types of clarification subdialogs are studied (see Fig. 2):

1) Clarification subdialogs between the participants are conducted in English. There are two variants of this type of subdialog: both dialog partners use English or Verbmobil translates their utterances from their native language into English.

2) Clarification subdialogs between Verbmobil and one participant are conducted in the native language of the respective dialog partner.

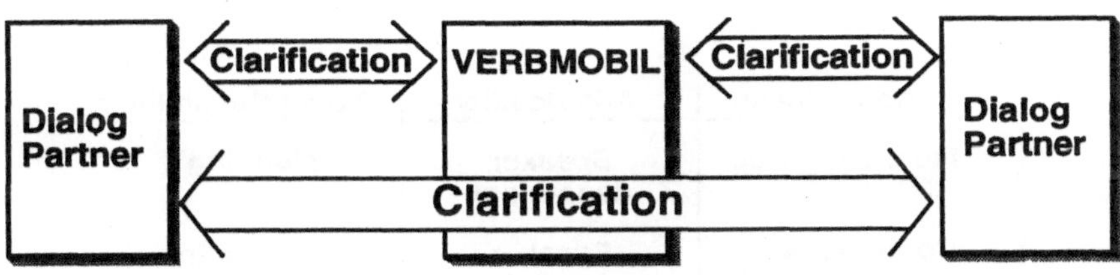

Fig. 2: Two Types of Clarification Subdialogs

The Project Goals

There are four distinguishing features of the Verbmobil approach:

- speaker-adaptive recognition of spontaneous speech
- negotiation dialogs in face-to-face situations
- portable translation device that can be tailored to the individual user and to specified application domains
- three language scenario (English, German, Japanese) with English as a dialog language, ensuring system transparency and user acceptance.

In contrast to previous projects on speech translation (cf. [2], [5]) Verbmobil does not deal with telephone conversations but with face-to-face dialogs in a small meeting room. In face-to-face dialog translation we can exploit the fact that information passes between the participants not only on the linguistic channel but also on various nonverbal and paralinguistic channels. The hearer can merge information from the translation with information from gestural motions of the hands, fingers, head and eyes, eyeblinks, eyebrows movements, change of body posture and orientation. The research program includes some empirical investigations of translation and interpreting as done by humans in similar situations.

Verbmobil does not deal with read speech input, but with incrementally produced spontaneous dialog contributions. Such utterances are rarely well-formed, since speakers make errors and correct them. Verbmobil has to deal with false starts, aborted phrases, speech repairs, hesitations, interjections, self-correction phrases and many other characteristic features of spontaneous speech (see Fig. 3).

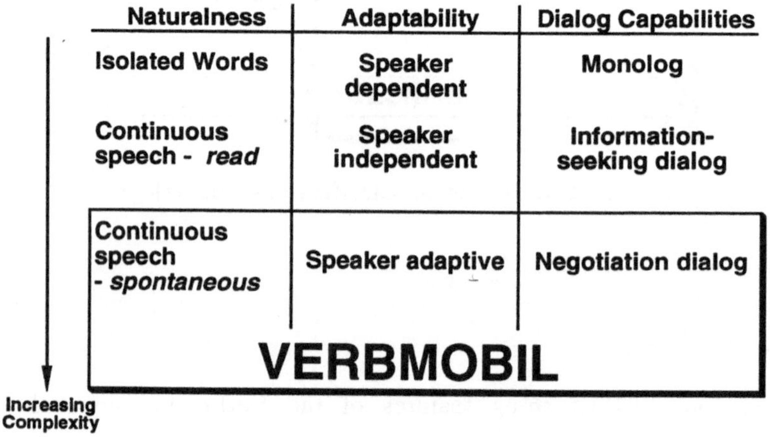

Naturalness	Adaptability	Dialog Capabilities
Isolated Words	**Speaker dependent**	**Monolog**
Continuous speech - *read*	**Speaker independent**	**Information-seeking dialog**
Continuous speech - *spontaneous*	**Speaker adaptive**	**Negotiation dialog**

VERBMOBIL

Increasing Complexity

Fig. 3: Challenges of Language Technology

In the discourse situation studied for the initial demonstrator the dialog partners discuss a possible date for their next meeting using a calendar in front of them. After the development of the initial demonstrator, the domain of discourse will be extended considerably for the first research prototype. Two negotiation tasks will be considered for the research prototype (see Fig. 4).

Note that the appointment scheduling task is a subtask of both scenarios considered for the research prototype. The domains chosen deal with linguistically ordinary language, so that the linguistic knowledge sources can simply be extended when the domain is scaled up. In all conversational settings studied in the Verbmobil project the subject matter is limited and the aims of the dialog partners are known in advance. We take it that both dialog partners come to a meeting in a spirit of cooperation and that they are highly motivated to reach a successful conclusion.

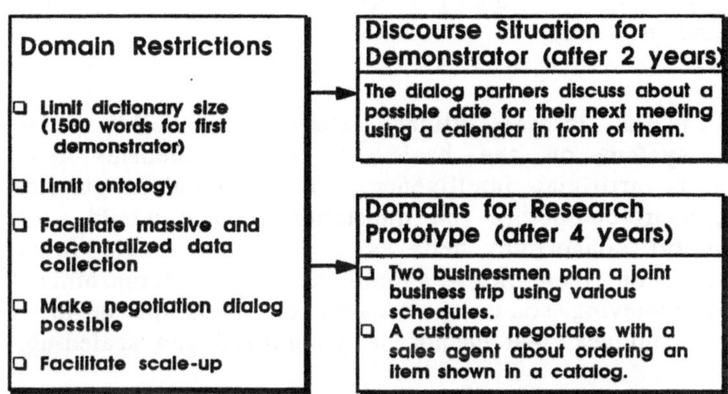

Fig. 4: Discourse Domains for Verbmobil.

Verbmobil channels energy into key areas of language technology and integrates major subfields of advanced information technology like

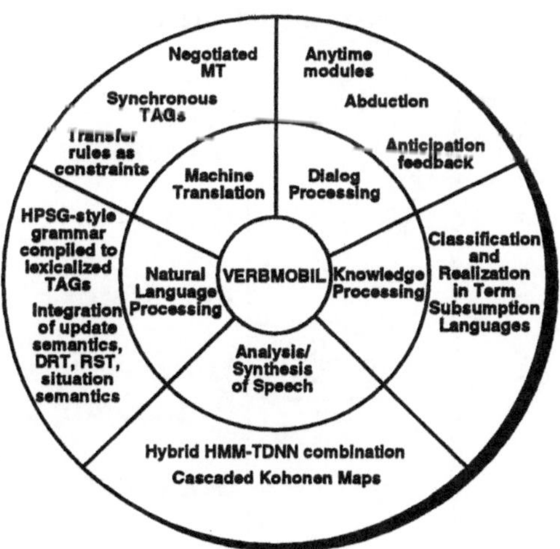

Fig. 5: Integrating Major Subfields of Language Technology

natural language processing, speech recognition and synthesis, machine translation, dialog and knowledge processing (cf. Fig. 5).

Since there in no doubt, that the fact that language is always situated is very important for translation and that a proper translation almost always depends on context, Verbmobil must integrate research on translation with work on dialog processing as well as knowledge representation and reasoning.

Verbmobil is an interdisciplinary attempt to build a face-to-face translation system on the basis of current theories that leading researchers in artificial intelligence, computational linguistics, speech processing, neuro-computing and translation science would subscribe to. The Verbmobil consortium believes that the scientific foundation of dialog translation technology should never be compromised in the interests of achieving some functionality or speed-ups in the short run by ad hoc techniques, that cannot be generalized and scaled-up.

Anytime Modules for Face-to-Face Dialog Translation

Obviously, there is a tradeoff between run-time and quality of results in systems for face-to-face dialog translation. Verbmobil's analysis should not be deeper than necessary, its translation should be as shallow as possible, and its generation process should start as soon as possible.

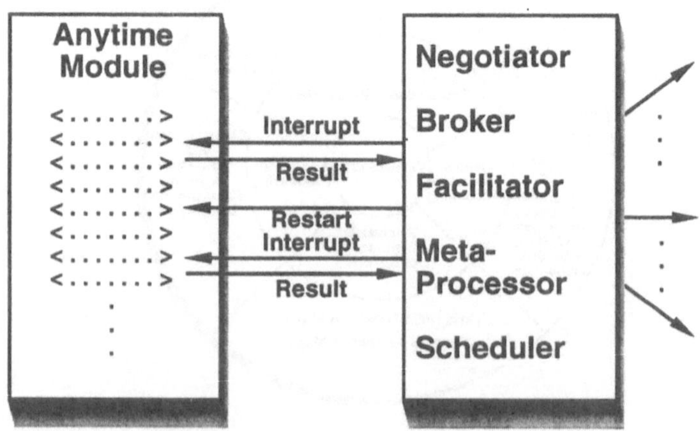

Fig. 6: Anytime Modules as Coroutines

This means that the major components of the system must work in an incremental mode allowing the immediate processing of parts of a stepwise provided input. These modules will be realized as anytime modules for the sake of resource-bounded processing of discourse.

Anytime modules are modules whose quality of results improve gradually as computation time increases. They yield imperfect but not useless results if interrupted before completion. If an anytime module is restarted, it can improve what it has generated so far.

For Verbmobil anytime modules are needed on various levels of granularity, e.g.

- speech analysis, parsing, transfer, generation
- pronoun resolution, focus detection, lexical choice

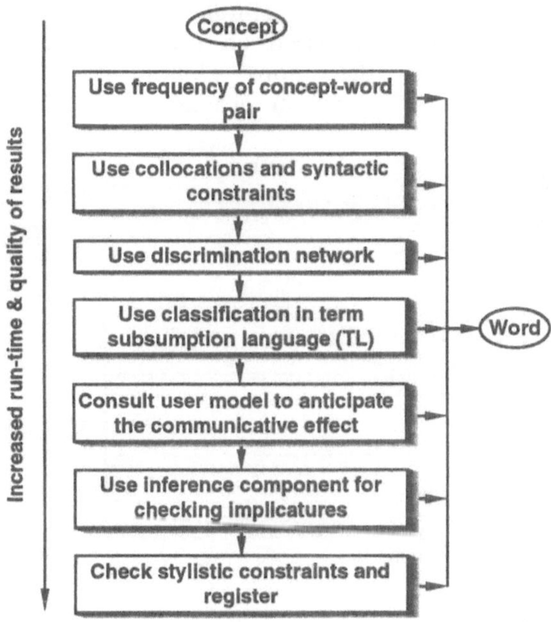

Fig. 7: Lexical Choice as an Anytime Module

All Verbmobil modules integrate a wide spectrum of layered methods: from simple and low cost to complex and expensive techniques. This can be illustrated by the problem of lexical choice. If lexical choice is implemented as an anytime module, the quality of the results can be measured in terms of the precision of communicating the intended concept in a given situation. The concept-to-word mapping can be achieved by a wide spectrum of techniques from very fast methods using the frequency of concept-word pairs to very elaborate methods like checking possible communicative effects and implicatures.

The concept of anytime modules is tightly connected to the idea of variable depth of processing in a speech translation system. Verbmobil will use a multi-layered semantic respresentation language, that allows for all kinds of underspecification in the surface-oriented layers. In many cases, ambiguous quantifier scope or PP attachment in the source language need not be resolved before being translated, since a corresponding ambiguity can be captured in the target language. This leads to the new problem of language generation from disjunctive semantic structures.

It is important that each layer of the semantic representation language comes with a specialized inference component, so that even on the level of surface-oriented representations simple inferences can be drawn. While these inferences may be based on primitive rewriting techniques, the inference engine on the more elaborate levels of meaning representation may be a full theorem prover.

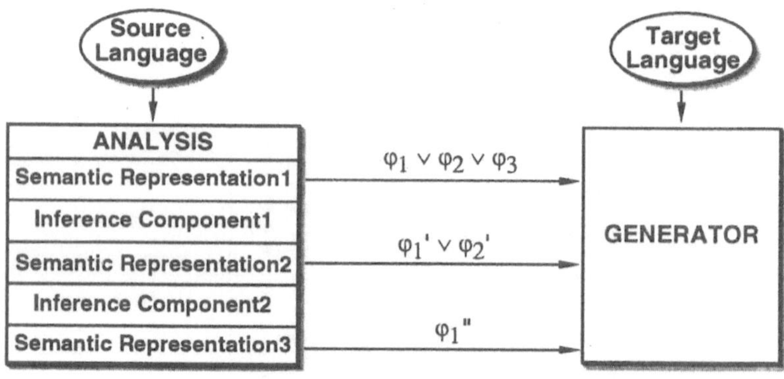

Fig. 8: The Notion of Variable Depth of Processing

The Project Structure

The Verbmobil project is funded by the German Ministry for Research and Technology (BMFT) and an industrial consortium. For the first four years of the project the BMFT funding amounts to 60 Million Deutschmarks.

The BMFT commisioned two feasibility studies on the goals of Verbmobil: one from a consortium of German industrial and academic research groups (see [3]) and another from the Center for the Study of

Language and Information (CSLI) in the US (see [1]). Based on the positive recommendations of the two independent studies a detailed project plan and schedule was prepared (see [4]), that formed the basis of a call for proposals in July 1992. An international advisory and review board was appointed by the BMFT consisting of 10 well-known experts in speech, language and translation technology. The scientific review of all submitted proposals was finished at the end of January 1993. The main phase of the project is starting in May 1993.

The project is planned for 8 to 10 years and the first phase of 4 years is structured by 2 major milestones: a demonstrator after 2 years and a research prototype after 4 years (see Fig. 9). The central project coordination task and the implementation of the demonstrator and research prototype will be carried by the German Research Center for AI (DFKI).

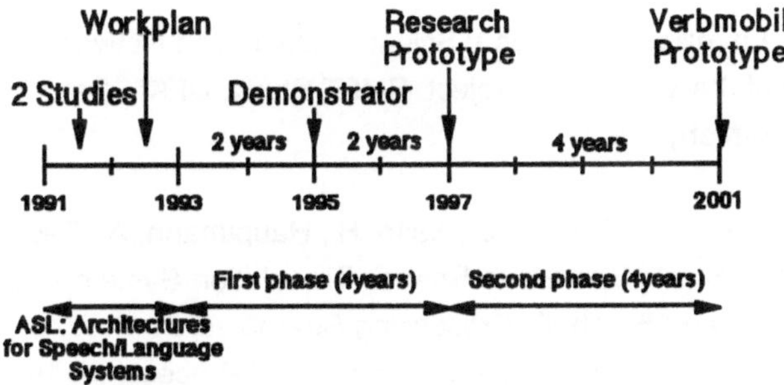

Fig. 9: The Project Schedule for Verbmobil

The success of such an ambitious translation project obviously depends on international cooperation. It is planned to have an intensive collaboration with the ATR Interpreting Telecommunications Research Laboratories in Kyoto. In March 1993, this well-known Japanese center for speech translation research started a new project that will end in March 2000. Like Verbmobil this project deals with the translation of spontaneous dialog language. The funding amounts to 16 billion yen. Data collection, speech modules and linguistic knowledge sources for the Japanese language are the major areas of the planned collaboration. For work packages concerning the English language, cooperations have been prepared with three US research groups: Carnegie Mellon University, CSLI at Stanford University and the International Computer Science Institute (ICSI) at Berkeley.

References:

[1] Kay, M., Gawron, J.M., Norvig, P.: Verbmobil: A Translation System for Face-to-Face Dialog. BMFT Study, CSLI, Stanford Univ., August 1991.

[2] Morimoto, T., Shikano, K., Iida, H., Kurematsu, A. : Integration of Speech Recognition and Language Processing in the Spoken Language Translation System SL-TRANS. In: Proc. of the Intern. Conference on Speech and Language Processing, 1990, p. 921 - 928.

[3] Verbmobil-Consortium: A Portable Translation Device. BMFT Study, Siemens, Munich, August 1991 (in German).

[4] Wahlster, W., Engelkamp, J. (eds.): Scientific Goals and Networks of Work Packages of the Verbmobil Project. BMFT Study, DFKI, Saarbrücken, April 1992 (in German).

[5] Waibel, A., Jain, A.N., McNair, A..E., Saito, H., Hauptmann, A., Tebelskis, J. (1991): JANUS - A Speech-to-Speech Translation System Using Connectionist and Symbolic Processing Strategies. In: Proc. of the 1991 Intern. Conf. on Acoustics, Speech, and Signal Processing, 1991, p.793 - 796.

Springer-Verlag und Umwelt

Als internationaler wissenschaftlicher Verlag sind wir uns unserer besonderen Verpflichtung der Umwelt gegenüber bewußt und beziehen umweltorientierte Grundsätze in Unternehmensentscheidungen mit ein.

Von unseren Geschäftspartnern (Druckereien, Papierfabriken, Verpackungsherstellern usw.) verlangen wir, daß sie sowohl beim Herstellungsprozeß selbst als auch beim Einsatz der zur Verwendung kommenden Materialien ökologische Gesichtspunkte berücksichtigen.

Das für dieses Buch verwendete Papier ist aus chlorfrei bzw. chlorarm hergestelltem Zellstoff gefertigt und im ph-Wert neutral.